山东地方史文库（第三辑）

韩寓群　主编

山东工业史

刘德军　张玉玲　著

山东人民出版社·济南
国家一级出版社　全国百佳图书出版单位

大汶口文化时期的镶绿松石骨雕筒（泰安市大汶口遗址出土）

大汶口文化时期的玉笄、黄玉铲（泰安市大汶口遗址出土）

西周时期的玉龙（济南市济阳区刘台子墓地出土）

商代的玉柄形饰、玉戚（潍坊青州市苏埠屯墓群出土）

明代的青玉砚、白玉花形杯、镶宝石金带扣（济宁邹城市明鲁王墓出土）

北辛文化时期的黄陶盖鼎（枣庄滕州市北辛遗址出土）

大汶口文化时期的八角星纹彩陶豆（泰安市大汶口遗址出土）

龙山文化时期的蛋壳黑陶高柄杯（日照市东海峪遗址出土）

龙山文化时期的橙黄陶鬶（潍坊市姚官庄遗址出土）

隋代的青釉四系罐（济宁市兖州北门大街出土）

战国时期的虎头王字瓦当（淄博市临淄出土）

战国时期的树木·飞鸟·双鹿瓦当（淄博市临淄出土）

金代的白釉加彩女俑（济宁市曲阜杨家院出土）

东汉时期的纺织画像石（枣庄滕州市龙阳店出土）

明代的织金缎盘龙袍（济宁邹城市明鲁王墓出土）

明代的乌纱折上巾（济宁邹城市明鲁王墓出土）

秦代的铁权（威海市环翠区茼山镇和平村出土）

商代的祖辛方鼎（济南市长清区归德镇小屯村出土）

西周时期的裸人铜方奁（日照市莒县出土）

西汉时期的鎏金铜环、鎏金龙形车饰（曲阜济宁市九龙山汉墓出土）

隋代的鎏金青铜弥勒造像、青铜菩萨造像（山东博物馆藏）

明代的朱漆彩绘木马（济宁邹城市明鲁王墓出土）

1905 年的济南电灯公司

1912 年 8 月，孙中山先生参观烟台张裕公司，题赠“品重醴泉”四字

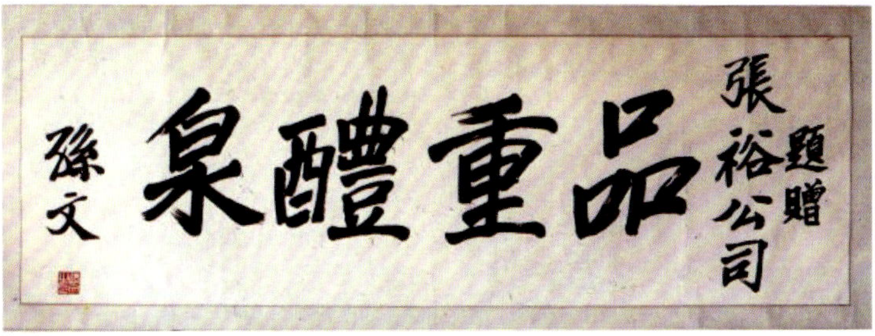

仁丰纱厂生产车间（济南）

张裕“张振勋红酒”巴拿马丁等金牌奖章

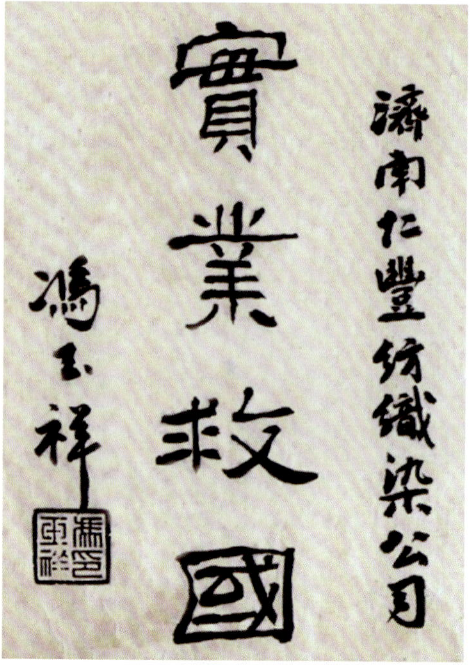

冯玉祥为仁丰纱厂题字——“实业救国”

济南火柴厂生产的部分传统产品

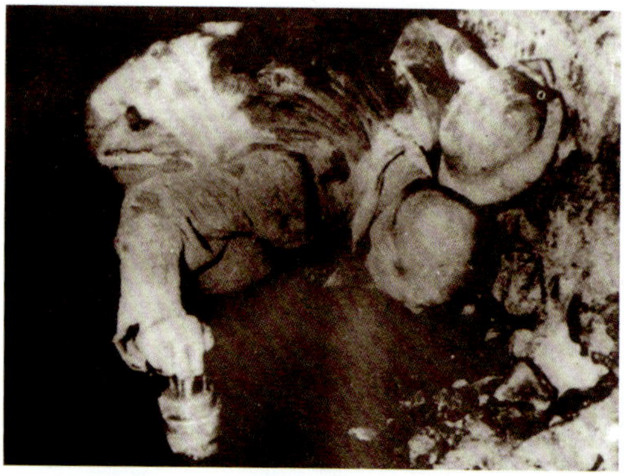

日伪时期，枣庄兴成煤业公司煤矿工人在井下“喝趴水”的情景

1947 年 7 月，胶东军区军工部第一届英模大会甲级英模合影

《山东地方史文库》总序

山东是中华文明的发祥地之一。根据考古发现，四五十万年前，我们的祖先就在今山东沂源一带劳动、生息、繁衍，过着原始社会的生活。在四五千年前的虞舜时代，相当于考古学上的龙山文化后期，山东地区即已进入了人类的文明时代。山东历史悠久，文化灿烂，名人辈出。这里曾产生许多伟大的思想家、政治家、军事家、科学家、发明家、文学家和艺术家，其中最著名的有思想家和教育家孔子，思想家墨子、孟子、庄子、荀子，政治家管仲、晏婴、诸葛亮、房玄龄、刘晏，军事家孙武、吴起、孙膑、戚继光，科学家和发明家扁鹊、鲁班、氾胜之、贾思勰、燕肃、王祯，文学家和艺术家王羲之、刘勰、颜真卿、李清照、辛弃疾、蒲松龄、孔尚任，以及中国共产党山东党组织的创始人王尽美、邓恩铭等，其余多如璀璨明星，不可胜数。这些先贤们的思想和业绩都已载入史册，成为中华优秀传统文化的一个重要组成部分，时至今日，仍具有广泛而深远的影响。

山东的历史，是一部丰富多彩的历史，是一部灿烂辉煌的历史。山东人民在历史上所创造的物质文明和精神文明值得后人去发掘、探讨、借鉴和发扬光大。自20世纪80年代以来，在中共山东省委、山东省政府的大力支持下，省内从事社会科学研究的专家学者在山东地方史的研究方面做了许多卓有成效的工作，编写出版了包括《山东通史》在内的一批研究地方史的著作，为后人探讨和研究山东历史奠定了很好的基础。

《山东通史》从纵的方面记述山东自远古至近现代的历史发展进程，包括山东社会形态的变化、重大历史事件、重要典章制度和重要历史人物的传记;《山东地方史文库》专史系列则是从横的方面研究山东历代政治、经济、军事、文化、教育、科技、社会风俗、中外交往等方方面面的历史。采取这样纵横交错、互为补充的研究方法,可以让人们更加全面和系统地了解和认识山东历史,更能领悟到我们的先人所创造的博大精深的思想、灿烂辉煌的文化以及多姿多彩的社会生活,也可以从中总结和吸取先辈们给我们留下的宝贵而丰富的经验教训。毛泽东同志曾说过:“历史的经验值得注意。”邓小平同志也说:“历史上成功的经验是宝贵财富,错误的经验、失败的经验也是宝贵财富。”邓小平同志还有一句名言:“总结历史是为了开辟未来。”研究和学习山东的历史,可以使我们更加深入认识山东的昨天,更好地把握今天,从而创造出更加美好的明天。

盛世修史,是我国的一个优良传统。多年来,中共山东省委、山东省政府在党中央领导下,以毛泽东思想、邓小平理论、“三个代表”重要思想、科学发展观以及习近平新时代中国特色社会主义思想为指导,带领山东人民沿着中国特色社会主义道路奋勇前进,无论是在发展经济还是提高人民群众的生活水平上,都取得了突出的成就,进入了山东历史上发展较快的又一个历史时期。《山东地方史文库》(第三辑)的编写出版,不仅继承和弘扬了山东悠久而丰厚的历史文化,而且有助于我们吸取前人的经验和智慧,为社会主义和谐社会建设提供有益的历史借鉴。

编写《山东地方史文库》(以下简称《文库》)的动议酝酿于 2006 年 3 月,当时担任省长的我意识到自己有义不容辞的责任。这个想法得到了山东师范大学以及省内从事山东地方史研究的专家教授的热烈响应和支持,尤其是安作璋教授,不顾年事已高,担任《文库》学术顾问,尽心竭力做了大量的组织工作、领导工作,山东师范大学的领导同志以及山东地方史研究所为此《文库》的编纂作出了很大贡献。作为主编,我感谢来自省内有关高等学校、科研院所的各位主编、作者和出版社的编辑同志为编写出版这一套高质量、高品位的《山东地方史文库》付出的辛勤劳动,感谢省党史委、史志办等有关部门领导的大力支持和帮助。《文库》的编写出版，仅是一个良好的开端，希望同志们在此基础上总结经验，再接再厉，为今后编写好出版好《文库》中的其他各类专史继续努力。

是为序。

韩寓群

2018 年 5 月

序

山东自古号称“文明礼仪之邦”,历史悠久,文化灿烂。在这块雄踞陆海、美丽而富饶的大地上,曾涌现许多伟大的思想家、科学家、发明家、政治家、军事家、文学家和艺术家。他们以博大精深的思想和智慧,与广大劳动人民共同创造了大量造福于人类的精神财富和物质财富,推动了生产力的发展和社会的进步,从而构成了山东历史丰厚而富有特色的内容,谱写了山东历史绚丽多彩的篇章。

本次编写出版的《山东地方史文库》专史系列,包括《山东工业史》《山东农业史》《山东商贸史》《山东交通史》《山东海防史》《山东艺术史》《山东宗教史》《山东慈善史》《山东盐业史》《山东天算史》10 部著作,较全面地研究和反映了山东古代至中华人民共和国成立前工业、农业、商贸、交通、海防、艺术、宗教、慈善、盐业、天算等领域发展变化的历程。《山东地方史文库》专史系列和已出版的《山东通史》一样,在编写思路和结构上都采取纵横相结合的方法。不同的是,《山东通史》以纵带横,纵中有横;《山东地方史文库》专史系列则是以横带纵,横中有纵。如果说《山东通史》是从纵的方面系统地探讨山东历史各个领域的发展演变,那么《山东地方史文库》专史系列则是从横的方面对山东历史不同领域进行重点的研究。也可以说,《山东地方史文库》专史系列是对《山东通史》中一些重要领域的细化和补充,这两个系列的著作交相辉映、相得益彰,比较系统而全面地体现了山东大地丰富的历史及厚重的文化积淀。

《山东地方史文库》专史系列各卷的作者，大都是山东省高校和科研机构中多年从事有关领域研究的教授、研究员等专家学者，他们在山东历史的研究方面均有较高的理论水平、丰富的资料积累和写作经验，因此其撰写的书稿都体现出比较高的研究水平。各卷作者在撰稿中都注意吸收当今学术界最新研究成果，并在此基础上力求有所创新；对有争议的问题则采取了比较客观的立场和实事求是的态度。10 部专史大都具有资料翔实、内容丰富、思路清晰、系统条理、文字流畅、深入浅出等优点，另附有与文中内容相关的多种图表，以便于读者更好地阅读和理解。

近年来，山东学者对于山东历史的研究取得了长足进步，推出了《山东通史》《齐鲁文化通史》《济南通史》《齐鲁历史文化丛书》《山东革命文化丛书》《山东当代文化丛书》《齐鲁诸子名家志》《山左名贤遗书》《齐鲁文化经典文库》《山东文献集成》等多部大型系列著作（省直各部门、各地市县的研究成果尚未包括在内），表明山东地方史的研究已走在全国各省地方史研究的前列，对于研究山东、宣传山东、存史求真、资政育人起到了重要作用。本次《山东地方史文库》中 10 部专史的出版，对山东地方史研究来说，无论从深度还是广度上看，都有新的开拓，也是山东省文化建设工程的又一项重大成果，对于推进山东经济建设、政治建设、文化建设、社会建设、生态文明建设，都具有重要的理论价值和现实意义。

我衷心希望参加编写的作者和出版社的同志们，在老省长、《山东地方史文库》总主编韩寓群同志的领导和山东师范大学校领导的支持下，善始善终地做好《山东地方史文库》专史系列的编写和出版工作，并预祝这项艰巨而光荣的历史任务圆满成功。

安作璋

2018 年 7 月

前　言

山东是中国工业的发源地之一，有着光辉灿烂的发展历程。在山东全省为实现富民强省与全面建成小康社会宏伟目标努力奋斗的时代背景下，来研究山东工业史，笔者认为，不能不思考四个问题：山东工业史研究的意义，山东工业史研究的主要内容，山东工业史研究运用的方法，山东工业史研究需要说明的问题。笔者曾主编《山东通史·当代卷》等多部著作并参与了《山东通史·现代卷》的撰写，这更促使笔者有意识地对这些问题进行思考。借此机会，谨将一些初步的认识梳理阐述如下，以与史学界前辈、专家及朋友交流、讨论。

一、山东工业史研究的意义与缘由

山东工业史研究的意义与缘由问题，一方面是说笔者为什么研究山东工业史，另一方面是说笔者对研究山东工业史有割舍不断的情缘。

（一）山东工业史研究的意义

关于为什么研究山东工业史，只想概括性地阐明以下三点认识：

第一，研究山东工业史，具有重要的历史意义。这主要是因为：山东工业发展实践与山东农业发展相结合，共同构成了中华物质文明体系的坚实基础；山东工业发展实践以富有特色的大量工业发明创造，形成了山东工业发展的独特体系；山东工业发展实践以一系列独具匠心的工业发明，对人类文明进步和近代世界发展作出了贡献；山东工业发展实践凝聚了山东先民对于自然以及对人与自然关系丰富而独到的认识。

第二，研究山东工业史，具有重要的现实意义。这主要是因为：山东工业发展实践的优秀成果,既是中华民族优秀文化的有机组成部分,也是物质文化发展史的重要组成部分;山东先民的伟大创造和贡献,为我们中华民族增添了无限光彩,并推动了生产力的不断发展;山东勤劳智慧先民的许多贡献,是我们中华民族的荣耀,也反映了山东人民对世界工业文化所作出的巨大贡献;山东工业发展实践的经验和教训,从来都是一笔宝贵的财富,可以使后来者以史为鉴,服务当今、创造未来。

第三,研究山东工业史,具有重要的文化价值。这主要是因为:山东工业遗产是工业文明的物质载体(其中亦包括许多非物质文化遗产),是山东古代、近代社会形成及由此而演化的社会形态的物质文化基础。其价值大体可归为:历史价值、经济价值、技术价值、生活价值等。因此,研究山东工业物质文化遗产,可以为当代山东的经济发展提供有益启示。如在正确处理山东古代、近代工业文化与科学利用自然资源的关系问题上,如何落实科学发展观、走生态文明道路,就有重要的借鉴价值。再如,在正确处理山东古代、近代工业文化与吸纳民间资本的关系问题上,山东工业物质文化遗产同样有重要的借鉴价值。还有,爱国主义是山东古代、近代工业文化的精神内涵之一,研究山东工业物质文化遗产,可以增强人们的爱国主义情操。

(二)研究山东工业史的缘由

1978 年 8 月,笔者从山东师范学院(现为山东师范大学)毕业,被分配到山东轻工业学院[现为齐鲁工业大学(山东省科学院)]任教至今,一直与研究山东地方史有割舍不断的因缘。

一是在笔者所授课 6 万余人次的学生中,学习陶瓷、玻璃、造纸、酿造、机械、工业设计等专业的大学生有 2 万余人次,这很自然地就使笔者对中国与山东工业发展史等方面的问题予以关注和学习,并由此产生了浓厚的兴趣。

二是 1989 年 12 月,笔者参与组织成立了“山东一轻系统思想政治工作研究会”,并任常务理事、副秘书长。至 2005 年,笔者不仅实地考察了绝大多数(700 多家企业)山东轻工企业,而且 1989 年 7 月至 1997 年 6 月间,先后主编了《山东轻工业志》《齐鲁企业精英》《齐鲁企业之星》《中国传统文化与当代企业文化》《中国轻工业文化建设》《企业文化研究概览》《企业形象塑造》等10余部图书，产生了较好的社会反响。由此，笔者对学习与研究山东地方史，特别是山东工业史有了较深刻的认识。

三是1988至1992年间，笔者申报了山东省社会科学规划项目“山东轻工业发展战略研究”（存申报书与编写提纲），后山东省盐务局议定，让笔者主编《山东盐业发展史》（存个人拟撰编写提纲与搜集山东各地市盐业史志资料近千万字）。尽管这两个项目有因未成，但笔者写一部山东工业史方面专著的心结始终未放得下。

四是1992至2010年间，笔者得到了老师贾蔚昌教授与安作璋教授的厚爱，先后参编了《山东通史·现代卷》（撰文近6万字）、《山东通史·现代卷》（修补出版），主编了《山东通史·当代卷》（118万字）。这两部书均为安作璋教授任总主编的《山东通史》之分卷，笔者完成了任务，得到了老师与读者的认可。

五是2007至2011年间，笔者得知老师安作璋教授倡导著述出版《山东地方史文库》系列之“专史”，并由山东省原省长韩寓群任总主编。自那时起，老师安作璋教授与好友朱亚非教授就多次与笔者谈及主持撰著《山东地方史文库》（第三辑）中的分卷之事。2012年12月，笔者正式认领了《山东地方史文库》（第三辑）中的《山东工业史》分卷，从此笔者又开始走上了忙碌且有意义的山东工业史研究之路。

二、山东工业史研究的五个主要内容

山东工业发展史，时限长、领域宽，需要研究的问题很多。这里，我们立足于史学范畴与学术著作的要求，着力对研究山东工业史的内容阐述以下五个主要问题：

（一）考察山东各个历史时期的工业发展和演变

从原始社会手工业的出现到1949年中华人民共和国成立，山东工业经历了艰难的发展和演变过程。具体地说，可划分为先秦、秦汉、魏晋南北朝、隋唐五代、宋金元、明清、清末、民国等八个时期。其中，前六个时期为山东古代手工业发展和演变的历史，后两个时期为山东近代工业发展和演变的历史。

我们在山东工业史的研究中，试图按照这种对历史分期的界定，依次对山东工业的发展和演变过程进行考察。然而，由于山东各个历史时期的工业发展情况，既是前一时期的延续，又各有其特点，因此我们在进行研究的时候，不仅按山东工业发展的历史分期，力求客观地阐述各个时期的发展与演变的历史全貌，包括工业生产力的发展和工业生产结构的变化，而且还就山东工业某一部门或山东工业某一地区的发展情况，与前一时期进行比较，以期更好地反映山东工业发展的纵向历史演变轨迹。

（二）探讨山东各个工业部门的起源及其分化

从原始社会手工业的出现到1949年中华人民共和国成立，山东工业中开始出现的是制石、制陶等原始手工业，且其发展变化一直延续至1840年山东近代工业的转型。同时，在山东工业历史发展的整个过程中，工业部门是逐步增多的，有的是从农业副业中分化出来的，有的是从其他工业部门中分化出来的。山东工业的这种发展趋势，就使得整个工业部门的结构愈分愈细。因此，这不仅使山东各个工业部门的创始时期（起源）并不一致，有前有后，而且也使山东工业在其发展中呈现较为复杂的分化态势。

我们在山东工业史的研究中，着力于探讨山东工业各部门的起源及后来的发展与分化情况。然而，由于历史跨度长，特别是受历史档案记载缺乏与研究成果状况及我们自身能力所限，我们对山东工业各部门的起源及其分化情况的阐述不可能是到位的，有的工业部门甚至无法涉及，这也是有待于后续进行深入研究的。

（三）研究山东官府工业与民间工业的消长及相互关系

从原始社会手工业的出现到1949年中华人民共和国成立，社会制度与生产方式是不同的。从工业经营方式来说，山东古代的手工业与近代工业生产，可以划分为官府工业与民间工业两大类型。而在民间工业中，又包括城市工业与农村家庭工业两种。特别是在山东整个封建社会的各个历史时期，并存着的这两种不同类型的工业生产经营方式的相互影响是尤为明显的。

我们在山东工业史的研究中，尽力按山东官府工业与民间工业两大类型来作综合研究（只有官府工业或只有民间工业的部门除外）。按历史分期或朝代，既分别对山东官府工业、民间工业这两大类型的生产情况进行了叙述,又阐述了它们之间的相互影响。但需要说明的是,我们对山东官府工业与民间工业之间相互影响的阐述,还有待于作深入的挖掘与研究。

（四）总结山东工业发展各个时期的重大成就

从原始社会手工业的出现到1949年中华人民共和国成立,由于先民的聪明智慧,山东工业发展在各个历史时期都取得了重大成就。具体表现在:一方面,山东古代手工业的重要部门如制玉业、纺织业、冶金业、陶瓷业等,整体发展成就斐然,形成了独具特色的山东手工业文化谱系。另一方面,山东工业多项产品成果辉煌,深刻地体现了山东古代科学技术和文化艺术的最高水准。如:先秦时期,山东的石器、骨器制造业处于领先地位,制盐业处于重要的地位,铜器制造业代表了中国的发展水平,山东酿酒业是中国酿酒业的发明者,漆器业在全国处于领先地位。再如:秦汉时期,山东冶铁业在全国居重要地位,制盐业兴盛,制铜业发展迅速,当时的山东是全国的丝织业中心,更是丝绸之路的重要源头,是全国著名的漆器产地之一和全国制陶业比较发达的地区之一,等等。所有这些,不仅造福于山东人民,而且是对全人类的贡献。

我们在山东工业史的研究中,试图按照山东工业发展的历史分期,不仅在各章中按时序性、地区性、典型性对山东工业生产部门的发展速度、工业结构、生产技术、产品质量、影响与地位等作较翔实的阐发,而且在各章中又明确地概述了这一时期山东工业发展的辉煌成就,以期凸显山东手工业(工业)发展的历史地位。然而,山东工业发展的辉煌成就,更是一个重大的课题,需要研究的东西很多,涉及的范围较广,尤需作深入的研究。

（五）分析山东工业发展的历史特点

从原始社会手工业的出现到1949年中华人民共和国成立,山东工业的发展不仅在工业结构方面具有时序性、地区性、典型性等特征,而且在产品质量方面也具有自身的特征。李大钊曾讲过:把人类的生活整个地纵着去看,便是历史;横着去看,便是社会。具体到山东工业发展的历史,纵着看,它是山东历史与中国历史长河的一环,有着自身历史发展的鲜明特点。横着看,山东工业发展史,包括古代山东官府手工业、古代山东民间手工业、近现代山东工业等。同时,这些大的方面的工业范畴又可分为石器、陶瓷器、铁器、铜器、纺织、酿酒、煤矿等若干行业的生产,并且与中国社会的政治、经济、文化等方面密切相关,构成了山东工业发展历史的独特面貌。

我们在研究的过程中,尤其注意到突出山东工业发展的历史特点,并按照山东工业发展的时期,在各章中着力作了较为深入的阐述,以勾勒出山东工业的时代面貌,试图使人们更深刻地了解山东工业的历史发展进程,认识中国社会的发展规律。

三、山东工业史研究凸显的两种方法

我们深知,研究山东工业史的方法很多。然而,山东工业史作为特定的历史范畴,尤其需要有与之相适应的核心思维方式。由此,这里我们着力阐述研究山东工业史所凸显的以下两种重要方法:

(一)山东工业史的系统性研究方法

所谓山东工业史的系统性研究方法,就是以中国历史时期为经,以山东工业部门为纬进行综合而全面的研究。这主要是因为:其一,就山东工业自身属性的内涵来说,它是山东工业通史;就山东工业史自身属性的外延而论,它又是山东通史中的一个"专史"。其二,就山东工业的发展过程来说,它历史悠久;就山东工业史的内容而论,它又极为丰富。其三,就山东工业史的学科归属来说,它不仅是山东经济史的重要组成部分,而且又与山东科学技术史、山东文化史等联系密切。由此,这就决定了山东工业史的研究必须坚持系统性研究方法。

具体来说,山东工业史的系统性研究方法的主要表现为:

第一,山东工业史的分期研究法。指立足于历史长河,按中国原始社会山东手工业史、中国奴隶社会山东手工业史、中国封建社会山东手工业史、中国半殖民地半封建社会山东工业史的分期研究,由此展现山东工业发展的历史全貌。

第二,山东工业史的整体研究法。指站在宏观角度,对山东工业通史进行地区性、行业性的整合,探讨它的长期发展的历史状况,分析它在中国工业化进程中的地位,全面评价它在中国社会经济中的作用。

第三,山东工业史的分类研究法。指从整体研究中,通过归纳分析,找出山东工业某一类特点相同的对象,进行专门研究,分析它形成的原因、发展的过程与结果,以期能够在山东工业的分类研究上有所突破。

第四,山东工业史的地区研究法。指站在中观或微观的角度,对一村、一乡、一县或更大的区域山东工业进行更加深入的探讨,尤其应加强对若干山东工业发展较好的地区的研究,准确把握山东不同区域的工业经济的特点。

第五,山东工业史的行业研究法。指对山东若干重要的工业行业,如棉纺织业、蚕丝业、陶瓷业等,进行分门别类的研究,弄清山东不同工业行业间的差异及其在山东乃至全国工业经济史上的地位。

总之,山东工业史的系统性研究方法,就是要立足于历史长河,将整体研究与区域研究、行业研究结合起来。整体研究只有建立在地区研究、行业研究的基础上,才能把握地区、行业间的差异性与不平衡性;地区研究、行业研究只有上升到整体研究,才能克服微观研究中"只见树木、不见森林"的缺憾,否则,研究结论就会走向片面,给人造成错觉和误解。

(二)"政治、经济、文化三大领域契合"的研究方法

政治、经济、文化是山东从古代到近代社会的三大领域,而山东工业的发展,则是在山东乃至中国社会的政治演进中曲折前行的,是山东经济史乃至中国经济史的缩影,更是一种物质文化,并体现着精神文化的范畴。由此,就决定了研究山东工业史必须契合于山东政治、经济与文化这三者的紧密关系上。主要表现为:

第一,要把山东工业发展的历史进程置于中国社会政治演变的大背景中进行考察。中国社会从古代到近代社会的演变,从根本上来说,是中国政治制度的更替。而山东工业的发展历史,就是在中国社会从古代到近代社会政治制度演变历史条件下的发展史。因此,只有把山东工业发展的历史置于中国社会政治演变的大背景中去考察,才能搞清楚山东工业发展和成就的社会历史与社会政治根源。由此,我们认为,从先秦到民国的山东工业史,依据中国社会从古代(原始社会、奴隶社会、封建社会)到近代(半殖民地半封建社会)的历史发展逻辑,可划分为八个时期,即先秦时期的山东手工业、秦汉时期的山东手工业、魏晋南北朝时期的山东手工业、隋唐五代时期的山东手工业、宋金元时期的山东手工业、明清时期的山东手工业、清末时期的山东工业、民国时期的山东工业。我们的研究及成果,试图体现山东

工业发展历史的社会政治性质前提。

第二，要把山东工业发展的历史作为山东乃至中国经济史的重要组成部分来考察。从先秦到民国的山东工业史，是山东经济史乃至中国经济史的缩影。而所谓经济史，主要涉及的是社会生产力和社会生产关系两个方面。其中，社会生产力主要包括劳动者、劳动对象和劳动资料，科学技术是第一生产力。因此，我们可将经济史定义为，社会生产力和生产关系（社会经济制度）产生、发展、演变的历史。进而毫无疑问地说，山东工业史是山东经济史乃至中国经济史的重要组成部分。由此，只有把山东工业发展的历史作为山东乃至中国经济史的重要组成部分来考察研究，才能弄清楚山东工业发展与成就在山东乃至中国经济史中的产生、发展、演变中的重要作用。我们的研究及成果，试图体现山东工业发展历史的社会经济性质主题。

第三，要把山东工业发展的历史作为山东乃至中国物质文化史的重要组成部分来考察。山东工业发展的诸领域或部门的成就，从更深层的内蕴来说，它更是一种物质文化，即在山东工业发展中所创造的一切物质产品、技术。其中，物质产品满足了人们的生存和发展需要；而物质产品的艺术魅力、道德表现等，则又是一种精神文化的范畴。由此，只有把山东工业发展的历史作为山东乃至中国物质文化史的重要组成部分来考察研究，才能真正地认知山东工业的发展与成就在山东乃至中国物质文化史中产生、发展、演变中的重要作用。我们的研究及成果，试图体现山东工业发展历史的社会文化性质的底蕴。

四、山东工业史研究需说明的三个问题

我们作为“当代人”撰写《山东工业史》，既感到光荣又责任重大，义不容辞，所幸总算写出来了。除上述所阐明的研究山东工业史的重大意义、主要内容、核心方法外，还有必要对一些应该交代的问题作如下说明。

（一）关于《山东工业史》撰写的体例架构与内容取舍的问题

我们写作《山东工业史》的过程，实际上是一个不断割舍的过程。在区区 50 万字的有限篇幅里，根本不可能对古代山东手工业与近代山东工业一一备述，因此不得不作出必要的取舍。这些取舍涉及整体设计、主要内容等

各方面。

第一,《山东工业史》架构的体例倾向。我们偏向于章标题,以中国历史分期贯通古代山东手工业与近代山东工业生产发展的整体历史;章内以“专题”的形式来编织全书的经纬,在此基础上形成山东工业发展历史独具特色的文化谱系,由此展现《山东工业史》作为学术著作的价值取向。

第二,《山东工业史》撰稿的内容取舍。古代山东手工业与近代山东工业行业门类众多,不胜枚举,全景扫描各行各业实在力有不逮,因此在尽可能照顾到较多工业行业的基础上,对制陶业、制盐业、纺织业、制铜业、冶铁业、采煤业、漆器业、酿酒业等给予了更多的关注,原因在于:这些工业行业或是面广量大,与民众生活息息相关;或是地位显赫,对国计民生影响甚巨;或是形态独特,带有浓厚的山东地方色彩;或是研究尚不充分,需给予更多关注。总之,《山东工业史》的写作,主要是考虑到山东工业诸多行业的重要程度和典型意义,力求能够尽量全面而又比较集中地反映出古代山东手工业与近代山东工业生产发展的不同类型和实际状态,由此展现《山东工业史》作为学术著作的内容取向。

(二)关于《山东工业史》书稿撰写的文献资料使用问题

在《山东工业史》书稿的写作中,我们参考使用了大量的历史文献资料。大体来说,使用的资料可分为四种:一是《史记》《左传》《管子》《汉书》等史书文献资料;二是《山东通志》《济南府志》《临清州志》《兖州府志》《青州府志》等地方志文献资料;三是张光明著的《齐文化的考古发现与研究》,王守功、张振国编著的《山东考古新发现》,张学海著的《考古学反映的山东古史演进》等考古文献资料;四是史学界专家、学者研究山东工业史发表的学术论著,如:王阁森、唐致卿主编的《齐国史》,陈冬生、王赛时主编的《山东经济史(古代卷)》,祝慈寿著的《中国古代工业史》,姜颖著的《山东丝绸史》,张照东著的《宋元山东区域经济研究》,刘大可、张照东主编的《山东经济史(近代卷)》,庄维民、刘大可著的《日本工商资本与近代山东》,王守中、郭大松著的《近代山东城市变迁史》,朱玉湘主编的《山东革命根据地财政史稿》,以及张实的硕士学位论文《先秦时期的纺织》、曹艳芳的博士学位论文《山东出土商代青铜器研究》、纪丽真的博士学位论文《明清山东盐业研究》、赵华玲的硕士学位论文《淄博地区古代玻璃历史发展的研究》等。对此,我们深表谢意,参考资料除随文于页下注明出处外,并在本卷后附上主要参考文献目录。

(三)关于《山东工业史》图片文献资料的使用问题

《山东工业史》一书,共使用了几十幅图片文献资料。其主要精选自《山东省博物馆藏品选粹》(山东省博物馆,1999年)、《山东省博物馆藏珍·工艺品卷》(山东文化音像出版社2004年版)、《山东博物馆藏图录》(山东博物馆年代未详)及个别采选于相关学术著作中的彩图。我们在本书图片文献资料的使用上,既注意了其支撑书稿主要内容的典型价值性,又注明了图片文献资料的属性与出处。在图片文献资料编排上,按类别与时间顺序而分别集中置入相应位置。需要说明的是我们使用的所有图片文献资料,不仅是经过精心加工处理而成,而且技术含量较高,更不涉及版权问题。

总之,撰写《山东工业史》要说明的问题较多,我们只能用历史记录告诉人们山东工业发展所展现的古代与近代的艰辛历程、光辉成就、显著特点及宝贵经验。时间在飞逝,历史在延伸。我们所撰写的《山东工业史》,是一部保存历史记录的学术著作。我们认为,这部《山东工业史》不仅留下了我们三年多用心血著述的学术研究之路,而且也将会产生良好的社会效果。

刘德军

2016年12月26日

于济南长清大学城齐鲁工业大学宅内

目　录

第一章　先秦时期的山东手工业

先秦时期,包括史前时期、夏商周时期、春秋战国时期。史前时期东夷人的手工业,同中原地区同期相比并不落后,而且有些手工业,如石器、骨器制造业,纺织业,人工酿酒业,制盐业,造船业等,都处于领先的地位;夏商周时期、春秋战国时期,山东的陶器制造、青铜器冶铸、丝麻纺织、骨角器制作、漆器生产、煮盐等手工业都有很大的进步和发展。先秦时期山东手工业的发达,促进了劳动分工的发展,提高了生产力。本章着力从九个行业对先秦时期的山东手工业作较为深入的阐述。

一、先秦时期山东的石、骨器制造业

中国史前时期(约200万年前—前2070年)按照考古年代主要分为旧石器时代、新石器时代以及青铜时代。史前时期的东夷人,与同期中原地区的人们一样,创造了自己的文化谱系。其中,东夷人的石器、骨器制造业,处于领先的地位。

(一) 石器制造业

1. 旧石器时代山东的石器制造业

石器是人类最早使用的生产工具。因此,制石工艺产生得很早,它是随着人类的产生而产生的。山东境内最早的人类——沂源猿人已开始使用石质生产工具。

山东旧石器时代早期阶段发现石器的遗址有:淄博市沂源县土门镇鲁山之阳骑子鞍山的东南麓洞穴、临沂市沂水县西北诸葛镇范家旺村南山顶的洼洞和日照市东港区丝山乡秦家官庄遗址。1981年10月,在山东省中部的淄博市沂源县土门镇鲁山的阳骑子鞍山的东南麓洞穴遗址中，发现了原始的打制石器。1983 年，在临沂市沂水县诸葛镇范家旺村南山顶的洼洞采集到 7 件用石炭岩制作的石核、石片和石砸器；在日照市东港区丝山乡秦家官庄遗址出土 10 件石器，同时，在附近的冲沟和地层中还采集到石器 20 件。这些石核、石片、砍砸器、刮削器等，是山东猿人狩猎的工具，都是简单打制而成的。山东沂源猿人和北京猿人所处地质年代同属更新世中期，他们在大致相同的自然环境中，依靠简单打制的石器和结成群体的力量，采取果实，捕获野兽，与大自然进行着艰苦的斗争，谋求自身的生存和发展。①

目前发现的山东旧石器时代晚期的石器遗址有：淄博市沂源县鲁山之阳的土门乡千人洞、淄博市沂源县土门乡芝芳村柏坪山北坡上崖洞、临沂市沂水县西南湖埠西村北等遗址。1965 年，在沂源县鲁山之阳的土门乡千人洞遗址发现一些具有旧石器时代特点的石器 38 件，其中包括刮削器 15 件、石片 10 件、石核 13 件，原料都是脉石英，均用直接打击法制作。② 刮削器以单刃面居多，单面修制；石片有薄、厚两种，均用直接打击法制成；石核都不太大，台面有天然的，也有人工制成的。1981 年，在沂源县土门乡芝芳村柏坪山北坡上崖洞遗址采集到 50 多块石英石制作的旧石器，多用直接打击法制作，单面修理，有的有明显的使用痕迹。其主要器类为尖状器、刮削器和石梭。据推断，该遗址距今有七八万年。在沂水县西南湖埠西村北遗址采集到粗大打击石 12 件，器类为刮削器、砍砸器、石核和石球，具有我国旧石器文化的一般特征。③

上述山东发现的旧石器时代的石器证明：沂沭河流域存在着一个漫长的旧石器时代。

经过漫长的旧石器时代，山东沂沭河流域又发展起细石器文化，进入中石器时代。沂沭河流域的细石器文化，以 1982 年发现的临沂凤凰岭细石器为代表。在临沂凤凰岭一地，一次就采集石器 700 余件，原料以石英岩、脉石英为主，还有燧石、火石岩和脉岩等。凤凰岭细石器包括石核石器和石片

① 王阁森、唐致卿主编：《齐国史》，山东人民出版社 1992 年版，第 76—77 页。
② 张学海：《考古学反映的山东古史演进》，山东文艺出版社 2004 年版，第 14 页。
③ 王阁森、唐致卿主编：《齐国史》，山东人民出版社 1992 年版，第 77—78 页。

石器两大类。前者有船底形石核、楔形石核、锥形石核、棱柱状石核、漏斗状石核、双台面石核,后者有拇指盖状小刮削器、龟背状圆头刮削器、斧状刮削器、斜刃刮削器、石片圆刮器、小石片刮削器、小长石片、尖状器、凿形器、舌形器等。[①] 其主要特点是:其一,大部分细石器经过人工二次修制;其二,打制的石器精致多样,器形规律,各有一定的形制和用途;其三,根据出土石器原料非来自当地,而是来自几十里乃至几百里外等情况看,凤凰岭可能是一处古代石器加工场所。[②]

在发现临沂凤凰岭细石器遗址后的两年中,相继在临沂市东北的汤头镇和当时临沂地区所属的青峰岭、苍山(今山东兰陵)、郯城、临沭、莒南、莒县、沂水等地,发现了众多的细石器遗址和地点,其中以青峰岭遗址、汤头镇泉上屯遗址和郯城县黑龙潭、白鸡窝等地点较为重要。从这些遗址和地点采集的细石器,其器类、器形、制法和质地等,与凤凰岭细石器基本一致,同属鲁东南地区的细石器文化。根据马陵山白鸡窝 08 地点和青峰岭遗址提供的地层资料,沂沭流域的细石器文化处于更新世晚期之末,距今一万年至两三万年。[③] 陈冬生、王赛时认为,如此推断不误,则山东远古人类石器制造手工业的产生当始于距今一万至七八千年前的中石器时代。[④]

2. 新石器时代山东的石器制造手工业

进入新石器时代后,山东地区的新石器时代文化谱系,由互相承袭的后李文化、北辛文化、大汶口文化、龙山文化、岳石文化构成。在新石器时代,山东的石器加工技术有了一个飞跃式的发展,在全国史前文化中居领先地位。

后李文化时期,最早年代可达到距今 8163 年和距今 7851 年。[⑤] 当时,社会生产力水平较落后,可能还处在刀耕火种阶段。生产工具器类少,品种单调,主要有石质的斧、铲、镰、凿、支脚、磨盘和磨棒等。支脚一般仅打制成毛坯,磨棒、磨盘和有些支脚是精心琢修而成的。斧、凿、铲和镰等多先打

---

① 王阁森、唐致卿主编:《齐国史》,山东人民出版社 1992 年版,第 78 页。

② 徐淑彬:《山东临沂县凤凰岭发现细石器》,《考古》1983 年第 5 期。

③ 王阁森、唐致卿主编:《齐国史》,山东人民出版社 1992 年版,第 79 页。

④ 陈冬生、王赛时主编:《山东经济史(古代卷)》,济南出版社 1998 年版,第 26 页。

⑤ 张学海:《考古学反映的山东古史演进》,山东文艺出版社 2004 年版,第 44 页。

制、琢修后再进行磨制。[①]

北辛文化,约从距今7300年到6100年,前后延续1200年。早期北辛文化的资料很少,石器中打制的占多数,制作比较粗糙,器形有斧、铲、凿、磨盘、磨棒、砍砸器等。中期北辛文化的石器数量多,打制石器比例降低,磨制石器增多,器形更趋规整,形态已完全固定,器形有斧、铲、刀、磨盘、磨棒、锤、砍砸器、刮削器等。[②] 有研究者认为,这个时期大量的石铲、石刀、石镰、鹿角锄、磨盘、磨棒等农业生产工具的出土,表明当时已进入了锄耕农业阶段。[③] 北辛文化时期属新石器时代早期,尽管这个时期的农业生产水平与后李文化时期差别不大,但当时人们已经用石铲、石刀、石镰、石磨盘、石磨棒等工具,从事原始的农业生产和加工农业产品。[④] 农业生产工具有打制和磨制两种,其中打制石器占较大比例,器类主要有石质的斧、敲砸器、铲、刀、盘状器和鹿角锄等。磨制石器以铲为多,另有刀、镰、磨盘、磨棒、斧、锛、凿、匕首、棒形器等。制作工艺是,一般先打制成坯,再经琢制或磨制而成。从石铲上留下的使用痕迹观察,石铲入土深度约7厘米。石铲、鹿角锄等松土工具的广泛使用,说明北辛文化时期已经脱离刀耕火种,进入早期锄耕农业阶段。[⑤]

具体来说,北辛文化时期的石器制作技术有了很大进步。主要表现在:其一,制石方法从打制发展到磨制。尽管此时出土的石器仍以打制为主,磨制尚不普遍,但磨制石器的出现标志着新石器时代的到来。磨制工艺的发明,是东夷族制石工艺技术的一大飞跃。其二,石器种类大增,出现了许多新的石器,如斧、铲、镰等。其三,石器规范化、定型化。其四,石质农业生产工具大量出现。[⑥]

大汶口文化,约从距今6100年到4600年,前后延续1500年。大汶口文化早期的资料显示,石器的制作得到明显发展,器形以兼有手工业、农业生产功能的石斧和翻土工具石铲为主,尤其以石斧最多,石锛也不少。石

---

① 何德亮:《海岱地区古代社会的文明化进程》,《中原文物》2005年第4期。
② 张学海:《考古学反映的山东古史演进》,山东文艺出版社2004年版,第47—48页。
③ 逄振镐:《东夷人的灿烂文化》,《烟台师范学院学报(哲学社会科学版)》1992年第4期。
④ 王阁森、唐致卿主编:《齐国史》,山东人民出版社1992年版,第80页。
⑤ 何德亮:《海岱地区古代社会的文明化进程》,《中原文物》2005年第4期。
⑥ 陈冬生、王赛时主编:《山东经济史(古代卷)》,济南出版社1998年版,第26页。

斧、石锛的器形已大、中、小成系列，石斧中的大石斧，高达30厘米，细琢而成，刃部磨光，形体十分规整，石锛都通体精磨。[①] 对此，有研究者认为，大汶口文化时期，农业生产水平有了一定提高。早期阶段，石质生产工具种类较少，一般只有斧、穿孔的铲和磨盘、磨棒等，有的采用半打半磨，有的则通体琢制，仅刃部磨光。中、晚期石质生产工具多制作精致，种类增多，质料多样。选材上大部分是硬度高的大理石、蛋白石等，主要有铲、镰、刀以及角锄、牙刀、牙镰等工具，斧、铲等通体磨光，棱角分明，刃口锋利。[②]

具体来说，大汶口文化时期的石制工艺技术比北辛文化时期有很大进步，主要表现在：其一，这个时期的石器，不仅磨制，而且出现了琢制和磨光。其二，石器出现了穿孔技术。穿孔的方法有二：一种是琢法，另一种是管穿法。由于穿孔技术的发明，大汶口文化时期的石质生产工具有很多都有穿孔，有的还穿数孔。其三，石器的种类齐全，并进一步分工。出土石器的种类有斧、铲、锤、刀、镞、锛、凿、石矛等。石器进一步分工，如锛，根据用途的不同，又分大、中、小三型。由此可见，大汶口文化时期的东夷人已经比较熟练地掌握了石器的制造技术，石器制造业已成为当时重要的手工业部门之一。[③]

龙山文化，约从距今4600年到4000年，前后延续600年。龙山文化时期的社会性质，相当于我国古代史传说时代唐尧虞舜的氏族社会军事民主制阶段，而与之衔接的夏代，与晚期龙山文化更有密切的契合衔接关系。因此，龙山文化也可以被认为是早期的夏文化。[④]

龙山文化时期，东夷人的石器制造技术较大汶口文化时期又有进步。从已发现的石器看，这个时期，石器的磨光、钻孔技术都很精湛。石器手工业者能够根据不同工具的需要选择适合的石料。如锛、凿、雕刻器等这样一些加工工具，则选择硬度较高的石料。特别是石刀、石凿、石镞之类的石器制作，更为精致，钻孔技术很高。器形主要有斧、铲、锛、钺、凿、刀、镰、箭头等。其中以扁平钻孔的铲(钺)、扁平长方形的锛、双孔半月形的刀、弯月形

---

① 张学海：《考古学反映的山东古史演进》，山东文艺出版社2004年版，第66页。

② 何德亮：《海岱地区古代社会的文明化进程》，《中原文物》2005年第4期。

③ 陈冬生、王赛时主编：《山东经济史（古代卷）》，济南出版社1998年版，第26—27页。

④ 王阁森、唐致卿主编：《齐国史》，山东人民出版社1992年版，第88页。

的镰和各式箭头最具代表性。[①] 山东章丘县(今济南章丘区)龙山镇的城子崖作为龙山文化的发源地,出土的新石器时代的各种石制工具很多,主要有斧、铲、锤、锛、凿、刀、矢、砺、磨等。这些石器大部分取材于泰山山脉的各种岩石,多数石质坚硬,通体磨光,制作精致。[②]

岳石文化,相对年代晚于龙山文化时期而早于晚商,绝对年代约为公元前2000年至公元前1500年,年代大致与中原地区的夏王朝和早商时期相当,正处在我国青铜时代的初期发展阶段。岳石文化主要分布于黄河下游以泰沂山脉为核心的沿海地带,鼎盛时期和这一区域内的大汶口文化、龙山文化的分布范围大致相同。[③]

岳石文化时期,石器的种类和制作技术基本上沿袭了龙山文化时期的石器制作技术。出土的石器种类主要有斧、锛、刀、凿、铲、镞、纺轮、砺石、网坠、敲砸器等。其中,以生产工具为绝大多数,且特征显著,区域性明显。有研究者认为,能够确定属于岳石文化时期的农具总计610多件,其中石器460件,占农具总数的75%,是岳石文化时期的主要农具。器形主要有镬、锄、刀和铲,种类比较少。但这些石器造型新颖奇特,制作方法特殊,并且都有一定的分布范围,特征十分鲜明。其一,石镬80余件,占石器农具总数的17%,虽然数量不多,但独具特色,是岳石文化所特有的一种典型农具。其二,石锄30余件,占各种石制农具总数的7%稍弱。虽然其数量不及方孔石镬的一半,但它同样也是岳石文化所特有的一种典型农具。其三,双孔石刀200件,占岳石文化时期石制农具总数的43%,不仅数量大,而且分布范围也较广,是岳石文化时期的又一特有典型农具。其四,石铲150件,占岳石文化时期石制农具总数的33%,也是岳石文化普遍流行的一种具有特色的农具。最具特征的典型器物是半月形双孔石刀。石刀均为弧背直刃的半月形,一面微外鼓,一面微内凹,中央近背部对琢双孔,斜刃,表面多磨光;呈青褐色,变质岩石,质地坚硬;大小都相差不多,长10厘米、宽5厘米左右;双孔都是琢制而成,琢痕清晰,孔壁上常留有皮条或是绳子的勒痕,有的勒痕摩擦时间长久,因而形成了光滑的凹槽;刃部留有垂直的使用擦痕,却没有

① 刘敦愿:《日照两城镇龙山文化遗址调查》,《考古学报》1958年第1期。
② 王阁森、唐致卿主编:《齐国史》,山东人民出版社1992年版,第89页。
③ 任相宏:《岳石文化的农具》,《考古》1995年第10期。

像孔壁上的那种光滑凹槽。泗水尹家城、牟平照格庄半月形双孔石刀出土量最大，尹家城有130件，占该遗址石制农具的39%；照格庄22件，占该遗址石制农具的40%。临沂后明坡、广饶营子、海阳司马台、长岛后口等遗址均有发现，少者1件，多者数件。由此可见，半月形双孔石刀分布范围很广，和方孔的石镢、石锄不同。这集中反映了当时人们对农业生产的重视和对农具改革的基本思想，体现了当时农业生产的具体过程和农业发展的水平①，更是岳石文化时期东夷人石器手工业的一大进步。

（二）玉器制造业

玉是石的一种，石之美者称为玉。玉是石中的高级质料，在自然界中稀少难得，加工不易。所以，在山东新石器时代以前的考古发掘中很少发现玉。山东地区是中国的玉器发源地之一。

后李文化是山东地区新石器时代早期文化，距今8000年左右。在山东潍坊前埠下的后李文化遗址中，出土了1件长方形玉凿，墨绿色，带白色沁斑，是中国境内最早的真正意义的玉器之一。真正意义的玉器的出现，标志着玉器已经摆脱石器工具而单独成为一个门类，人们已经开始有意识地甄选玉料，注意到玉的自然之美，并有目的地赋予玉器独特的社会功能。

到距今5000年前后，即新石器时代中晚期，中国的玉器制作业已经非常发达，在中国沿海地带，即山东、辽宁、江苏、浙江、广东等地区形成了一个大规模使用玉器的弧形地带。这个时期的玉器制作已经进入成熟阶段，除各种样式的玉质装饰品外，圭（包括斧、铲类）、璧、琮、璜、璇玑等玉质礼器已趋向完善。这些玉礼器，不但象征了部落首领的权力，而且还是原始巫师沟通人、神的中介灵物，一般人不可拥有。②

大汶口文化时期山东的玉器非常丰富。这个时期的玉器大致分生产工具和装饰品两类。生产工具主要是玉铲和玉矛头。出土的两件玉铲都是经手工业者精心制作而成的。器形非常规矩，通体光洁无瑕，堪称古代玉器的珍品，反映了大汶口文化时期玉器制造手工业的发展水平。③ 研究者认为，

① 任相宏：《岳石文化的农具》，《考古》1995年第10期。

② 肖贵田、李梦：《山东古代玉器浅谈》，《收藏家》2010年第8期。

③ 陈冬生、王赛时主编：《山东经济史（古代卷）》，济南出版社1998年版，第28页。

玉斧、玉铲、玉钺等这类玉器，虽然形似斧钺工具，但制作精细，并无使用痕迹，不再是生产工具或兵器了，而是权力的象征，具有礼器的性质，应称之为“圭”，持有者应是部落的军事首领。① 另一类是装饰品，有坠、环、指环、臂环、镯、佩、琀、笄、镞形器、人面形玉饰、鞍形玉饰、三角形玉饰、管等10余种之多。这些玉质装饰品，制作比较精细，磨、琢、钻等制作技术以及玉饰的组合、造型技术等都相当高，表现了大汶口文化时期东夷人制作手工业的发达水平。② 除做装饰品，玉饰品还是财富和地位的象征。在济宁邹城市野店遗址中，甚至发现11件玉佩件组成的玉串饰，十分奢华，显然这类装饰品的使用者也不是一般的部落成员。璇玑的形状类似玉璧，但边缘有齿，因此也有人将其称之为牙璧，它在大汶口文化晚期开始出现，是一种特别的玉器。人们推测璇玑在使用时应该是转动的，为一种测算天文或自然现象的宗教法器。权杖礼器有圭、斧、钺、璋、刀、铲、鸟形杖等。玉圭形状大体是长方形铲状，因形状不一，分为很多种类，用途也不一，有的用于祭祀，有的用于象征身份。③

龙山文化时期，东夷玉器制作手工业在大汶口文化时期的基础上，又有很大的发展和提高，并达到了东夷史前玉器制作的繁荣时期。其主要表现在以下几个方面：

1. 玉器出土的主要地点和种类。现已发现的玉器出土地点主要有：日照的两城镇、胶县（今青岛胶州市）的三里河、安丘的景芝镇、五莲的丹土村、章丘县的龙山镇城子崖等地。出土玉器的种类有：仿生产工具类有扁平穿孔玉斧、扁平长方形玉锛、扁平带孔石斧形玉刀等，装饰品类有玉珠、镯、璧、坠、簪、玉环、鸟形饰、鸟头形饰等，其他还有不少半成品、原材料、薄玉扳等。④ 在章丘县龙山镇城子崖发现用作装饰的玉器有3件。⑤

2. 玉坑的发现和出现玉器手工作坊的可能性。20世纪30年代初，在日照两城镇龙山文化遗址中发现了一个玉坑。当时曾有成坑的玉器发现。除

① 肖贵田、李梦：《山东古代玉器浅谈》，《收藏家》2010年第8期。
② 陈冬生、王赛时主编：《山东经济史（古代卷）》，济南出版社1998年版，第28页。
③ 肖贵田、李梦：《山东古代玉器浅谈》，《收藏家》2010年第8期。
④ 陈冬生、王赛时主编：《山东经济史（古代卷）》，济南出版社1998年版，第28页。
⑤ 王阁森、唐致卿主编：《齐国史》，山东人民出版社1992年版，第89页。

玉器外,还有很多玉的原料、成品和半成品。① 据此推断,这里很可能是一个玉器作坊。

3. 精致的玉质装饰品。据现有发掘资料看,玉质装饰品以安丘景芝镇、胶县三里河和临朐西朱村出土的最具代表性,最为精致。景芝镇龙山文化墓葬出土的玉质装饰品有镯、璧、坠、管形珠等,三里河龙山文化墓葬出土的玉质装饰品是以鸟形、鸟头形、玉珠等配合组成的。② 临朐西朱村的一座墓葬中出土了一件玉簪,簪首为头冠状,乳白色,透雕镂空,上镶绿松石,其下为竹节状笄,墨绿色,其制作工艺和艺术效果堪称中国史前玉器集大成者。③ 在五莲丹土遗址曾发现一窑穴内有 3 件软玉琢磨的玉器。其中,玉钺长 30.8 厘米、宽 8.8 厘米、厚 1 厘米,上端一个圆孔,中上部偏侧有另一个圆孔,内镶嵌短柱形翠珠;玉琮内圆外方,直径7.3厘米,高3.5厘米,四角外侧饰以三条横线和一个小圆圈;玉钏作短管形。3 件玉器中,尤以钺的制作十分精致,不仅如此大而扁薄的钺在同类玉器中是罕见的,而且其镶嵌的绿珠的外径,与钺的穿孔内径紧密吻合;翠的硬度达摩氏 7 度以上。既要磨制小小的翠珠,又要求圆周规整不差分毫和台面平,这充分显示了两城类型琢磨玉器的先进技术。④

4. 玉质生产工具性质的演变与纯"礼器"的出现。玉质生产工具开始时同一般石器一样,都是实用性的。后来,随着玉的日益贵重和部落酋长、军事首领权力的增大,用贵重的玉制造的生产工具成为权力的象征,玉质生产工具从单一的实用性逐渐向"礼器"性转化。大汶口文化的晚期,玉质生产工具便出现了实用器与礼器的双重性质。到龙山文化时期,便出现了纯粹象征威权的礼器性质的玉器。例如,日照两城镇遗址出土的两件玉器,一件是扁平穿孔玉斧,据形制看,不像是实用器;另一件是莹润精致的长方形扁平玉锛,其正反两面均有兽面纹(又叫饕餮纹),显然是一件象征威严、权力的礼器。⑤ 日照两城镇遗址发现了一件龙山文化时期的兽面纹玉圭,两面均

---

① 刘敦愿:《有关日照两城镇玉坑玉器的资料》,《考古》1988 年第 2 期。

② 陈冬生、王赛时主编:《山东经济史(古代卷)》,济南出版社 1998 年版,第 29 页。

③ 肖贵田、李梦:《山东古代玉器浅谈》,《收藏家》2010 年第 8 期。

④ 王阁森、唐致卿主编:《齐国史》,山东人民出版社 1992 年版,第 90—91 页。

⑤ 刘敦愿:《有关日照两城镇玉坑玉器的资料》,《考古》1988 年第 2 期;刘敦愿:《记两城镇遗址发现的两件石器》,《考古》1972 年第 4 期。

线刻繁缛的兽面图案,这种神奇的图案至今仍让人捉摸不透。但毫无疑问,这件玉圭因为有了神奇的图案而显得无比尊贵,无论这种图案刻画的是族徽还是巫神,这件玉圭所彰显的权力应该是独一无二的。[①] 龙山文化时期,部分玉器从实用器完全变成纯粹象征性的礼器,这是东夷族原始社会的一大进步。它的出现,标志着东夷文明社会曙光的到来。

综上所述,大汶口文化时期、龙山文化时期,山东出土和采集的玉器集中于泰安大汶口、邹城市野店、莒县凌阳河、兖州王因、日照两城镇、胶县三里河、安丘景芝镇、五莲县丹土村和滕县(今山东滕州)庄里等遗址。山东区域的玉器表现出以下的特征:

首先,绿松石在山东区域玉器材质中占有重要地位。在邹城市野店遗址大汶口文化时期墓葬中,墓主人的右耳旁有一件形如鱼头的绿松石坠[②]。临沂市大范庄遗址大汶口文化时期12号墓葬有绿松石佩[③]。兖州市王因遗址大汶口文化时期墓葬出土绿松石坠18件,都随葬在耳边的位置。[④] 临朐县西朱村遗址龙山文化中晚期墓葬内有绿松石坠饰和串饰,棺内头骨的左侧还有980多件绿松石薄片。[⑤]

其次,玉质生产工具在玉器中占主导地位。山东区域出土的玉质生产工具主要有玉斧、玉锛、玉铲、玉凿等。在龙山文化时期,这些器物经常与玉钺、玉圭、玉璋、玉琮和玉璧等礼仪类用玉同时出土,并且用料精良,磨制精细,说明这一时期玉器的社会地位已经开始确立,是财富的象征、社会等级的表现。

最后,世俗权力在山东区域的社会生活中占有重要地位。临朐县西朱村遗址,202和203是两座龙山文化中晚期阶段的大墓,距今4200—4100年。202墓葬随葬的玉器有玉钺2件、玉刀1件、玉冠饰1件、玉簪1件、玉坠饰4件、绿松石串饰18件。203墓葬随葬的玉器有玉钺3件、玉环1件、绿松石坠饰5件,另外还有陶器、石器、骨器共63件。[⑥]

---

① 肖贵田、李梦:《山东古代玉器浅谈》,《收藏家》2010年第8期。

② 山东省博物馆、山东省文物考古研究所:《邹县野店》,文物出版社1985年版,第94页。

③ 临沂文物组:《山东临沂大范庄新石器时代墓葬的发掘》,《考古》1975年第1期。

④ 中国社会科学院考古研究所:《山东王因——新石器时代遗址发掘报告》,科学出版社2000年版,第275—280页。

⑤ 中国社会科学院考古研究所山东工作队:《山东临朐朱封龙山文化墓葬》,《考古》1990年第7期。

⑥ 赵荦:《新石器时代中国玉器的区域特征》,《中原文物》2011年第6期。

商代和西周时期，礼玉的政治和社会意义愈加完善。玉器不仅象征天子，而且还象征着国家的权力，类似斧钺之类的玉兵器比较多见，礼玉作为国家制度进入了社会生活，并影响着人们对玉器的价值取向。青州、滕州、济阳等地是山东地区出土商代、西周玉器较多的地方。滕州前掌大遗址是一处商代中期到西周时期的遗址，发掘的中小贵族墓葬出土了一批工艺水平较高的玉器。济阳刘台子西周墓地，出土的各类玉器多达900余件。山东各地出土的玉器有佩饰，有戈、钺等玉兵器，最有特色的还是模仿各类禽兽的“肖生”玉器，常见的有鱼、牛、龙、虎、兔、蝉、鸟、鹿、龟等，都是象征吉祥寓意的动物形象。①

春秋战国时期，人们又赋予玉以“德”的涵义，以此比喻个人高尚的情操。圣人孔子的一句名言——“君子比德于玉”。这句名言流传千古，孔子还以儒家标准的十一种美德和玉相比附。自此，玉器成为君子的化身、美德的象征，个人佩玉之风渐盛，甚至达到玉不离身的程度。山东春秋战国时期玉器的发现地点广泛，临淄、莒南、沂水、临沂、曲阜、长清等地贵族墓葬中多有出土。除传统礼器外，人体佩件和其他装饰品十分丰富，特别是成组的佩饰，十分引人注目。沂水刘家店子出土的春秋时期的玉牌串饰，由25枚单件组成，方形玉牌颜色不一，有青色、黄色、绿色，牌上还雕刻兽面纹；而临沂郎家庄出土的水晶玛瑙串饰，更为奢华，单件达70余枚，有白水晶环、管，有紫水晶珠，还有玛瑙珠等。

（三）骨器制造业

东夷族的骨器（包括角器、牙器）制作是一门古老的手工业。东夷族自从事猎取动物起，便开始了以动物骨骼为原料进行加工的骨器制作。考古发掘资料证明，山东发现最早的骨器是在沂水县南洼洞旧石器早期文化遗址中发现的一件残破的鹿角。鹿角有明显的砍砸痕。② 这是目前山东发现的最早的经过加工的鹿角。

东夷人的骨器制作正式成为一门专门的手工业，那是进入新石器时代

---

① 中国社会科学院考古研究所山东工作队：《山东临朐朱封龙山文化墓葬》，《考古》1990年第7期。

② 徐淑彬、马玺伦、孔凡刚：《山东省沂水县南洼洞发现旧石器》，《考古》1985年第8期。

以后的事。

北辛文化时期,出土骨器数量较多。以滕县北辛文化遗址为例,出土的骨器有镞、鱼镖、鹿角矛形器、鹿角钩形器、鹿角锄、凿、匕、刮削器、梭形器、两端锥形器、针、锥、笄、扁平骨饰、牙饰、圆钮鹿角器、鹿角器、骨管等近 20 种。骨器制作的大体过程是:先截、切骨料,再用劈、削、刮等方法制成器物的雏形,然后进行精工磨制而成。①

大汶口文化时期,东夷人的骨器制造业得到飞速发展。其情况大致如下:

其一,骨器的种类、数量较北辛文化时期大为增加,出土的骨器极为丰富。如泰安大汶口遗址,发掘墓葬 133 座,出土遗物(包括陶器在内)千余件,其中骨、角、牙器多达 304 件,几乎占全部随葬器物的 1/3,种类多达 20 余种。②

其二,骨器的制作方法与北辛文化时期基本相同。

其三,出现了穿孔技术。现已出土的大汶口文化时期的骨器当中,有相当一部分实行穿孔,以便捆绑,这是大汶口文化时期骨器制作业的一大进步。例如,泰安大汶口遗址出土的骨镰、骨矛均穿一孔。邹县(今济宁邹城市)野店大汶口文化墓葬出土的鹿角叉(M50:43)穿双孔。③ 穿孔便于捆绑,便于人们在使用过程中用力,从而更有效地发挥骨器的作用,提高生产力。

其四,出现了雕镂镶嵌技术。在已出土的大汶口文化时期的骨器当中,有一部分是精致的珍品,它们大多进行了精工细雕的雕镂镶嵌。这是大汶口文化时期骨器制作的又一大进步。例如:大汶口遗址等 1 次发掘出土 16 件骨雕筒,10 件花瓣纹象牙雕筒,7 件象牙琮。其中 1 件透雕象牙筒,筒身周围布满剔透的花瓣纹样,在当时没有金属工具的情况下,达到如此精美细致的程度是十分不容易的。有的骨雕筒还镶嵌绿松石。筒壁一侧多有四个圆孔,以便佩戴。特别是泰安大汶口遗址的 1 件透雕 16 齿象牙梳,保存相当完整。它全长 16.7 厘米,有 16 个细密的梳齿,齿长 4.6 厘米,齿尖扁薄,梳把稍厚,把的顶部刻 4 个豁口,近顶部穿 3 个圆孔,梳把雕镂 3 道同等距

① 吴汝祚、万树瀛:《山东滕县北辛遗址发掘报告》,《考古学报》1984 年第 2 期。

② 山东省文物管理处、济南市博物馆编:《大汶口——新石器时代墓葬发掘报告》,文物出版社 1974 年版。

③ 山东省博物馆、山东省文物考古研究所:《邹县野店》,文物出版社 1985 年版。

离的微弧短线组成的“8”字形镂孔，内填“T”字形图案，外界框由单行短条孔组成“门”形孔。另外，还有制作精细的骨指环、獐牙勾形器等。如此高超的透雕技术和镶嵌技术，代表了中国新石器时代骨角牙器制造业的最高水平[1]，也说明东夷人已掌握了比较发达的雕镂镶嵌工艺技术。

其五，出现了骨器制作手工业者。上述大汶口文化时期出土的大量精致的骨、角、牙器，清楚地告诉人们：在当时的社会生产力条件下，如果没有专门从事骨器制造业的手工业者，要制作出那么多、那么精致的骨器，是根本不可能的。考古发掘资料也证明了这一点。例如泰安大汶口遗址墓地有6座墓（M4、M9、M17、M26、M106、M125）随葬的骨器达到随葬品的半数以上或接近半数，随葬的石、骨、角、牙质的生产工具又基本上都是骨、角、牙器的手工业加工工具。这说明，这些墓主生前可能都是一些专门从事骨器制造的手工业者。[2]

由以上几方面看，大汶口文化时期东夷族的骨器制造手工业是非常发达的。

龙山文化时期，东夷族的骨器制造业的基本情况有以下几个方面。[3]

龙山文化遗址已发现不少骨器，但出土的骨器远没有大汶口文化时期那样丰富。骨、角、牙器的制作基本上延续了大汶口文化时期的截、劈、削、磨等制作技术，明显的创新技术至今尚未发现。但已出土的骨器也有其自身的特点：

其一，骨质生产工具占骨器总数的比例增加。从诸城呈子、泰安大汶口、邹县野店、江苏邳县大墩子4个遗址出土的骨质生产工具所占骨器总数的比例看，龙山文化时期明显高于大汶口文化时期。这说明龙山文化时期的骨器制造手工业主要是制造生产工具。

其二，装饰品和雕刻物所占比例大为减少。这同生产工具所占比例增加是相联系的。在骨器当中，生产工具的比例增加了，其他方面，如装饰品和雕刻物等，所占比例就减少了。

其三，镞的生产量大增。考古发掘资料证明，龙山文化时期，不仅石质镞的出土量大增，而且骨、角质的镞也比大汶口文化时期多得多。如泰安大

---

① 何德亮：《大汶口文化的文明化过程》，《济南教育学院学报》2003年第6期。
② 陈冬生、王赛时主编：《山东经济史（古代卷）》，济南出版社1998年版，第31页。
③ 陈冬生、王赛时主编：《山东经济史（古代卷）》，济南出版社1998年版，第32页。

汶口墓地共出土骨器404件,其中骨镞50件,占骨器总数的12.3%。在大汶口文化遗址中,这是骨镞所占比例最大的一个。而根据潍坊姚官庄、鲁家口和茌平尚庄3个龙山文化遗址的统计,骨镞占出土骨器总数的比例大约为1/3,显然高于大汶口文化时期。

岳石文化时期,由于金属冶炼手工业的发展,人们较多地使用金属(铜器)工具,致使这个时期的骨器制造业远不如大汶口、龙山文化时期那样发达。尽管如此,在岳石文化时期,骨器制造业仍然是一个不可缺少的生产部门,且岳石文化中有一套特征显著、区域性明显的骨器、角器等农业生产工具。有研究者统计,能够确定属于岳石文化的骨器、角器只有40件,仅占农具总数610多件的7%。具体情况如下:

其一,骨器共计35件,占岳石文化农具总数的6%,器形有铲、锥、凿。

骨铲,4件,都是利用牛的肩胛骨,依其基本形状经过切削、打磨等工序制作而成。平面是长方形或梯形,斜刃,形状和石铲相同或相近。有的骨铲使用时间长,磨损严重,刃部留有使用擦痕,擦痕条纹清晰,与铲体平行。骨铲大小与石铲相同,长12厘米、宽6厘米左右。其形状、擦痕、大小都与石铲相同或相近,因而两者的用途也应是相同或相近的。骨铲顶部也无穿孔和捆绑痕迹,所以其使用方式也应是相同的。骨铲主要见于牟平照格庄,其他遗址尤其是内陆遗址很少发现。

骨锥,29件,利用动物骨关节部分,经过切削、磨制加工等工序制作而成。关节部位为柄,另一端磨出锥尖。大小不等,多数长在7—13厘米之间。尖部磨损,有细而呈竖向的使用擦痕。这种粗壮型的骨锥有别于那种用于生活领域的纤细型骨锥,非常适合于作物点播或禾苗插栽,应是一种农具。因为只有用于农业与土壤接触摩擦,尖部才能产生这样的使用擦痕。大多数遗址都有骨锥出土,但只有牟平照格庄和泗水尹家城的数量最多,照格庄9件,尹家城15件。从分布上可以看出,骨锥的分布范围要比骨铲大得多,是岳石文化普遍流行的一种农具。

骨凿,2件,泗水尹家城、牟平照格庄各出1件。这两件也是用动物骨关节部分制作而成,制作较精致。器身较扁,长条形,斜刃。骨凿质地较软,难以作为木工工具,较适合于禾苗栽培,也应是一种农具。

其二,角器共发现5件,占岳石文化各种农具总数的1%。其中,牟平照格庄3件,泗水尹家城2件。从完整者观察,形制只一种,形状近似锄、镐,系利用鹿角枝杈经截取加工而成,制作较粗糙。其用途也应与锄相同,也是一种农具。

其三,由于岳石文化分布范围较广,自然环境差别大,所以在农具方面形成了泰沂山脉南、北和半岛三个相对独立而内部又统一的小区,并各自呈现一些特点。泰沂山脉以南、以北,骨器数量少,不见骨铲;半岛地区流行骨器,尤其是骨铲。①

山东宁阳县堡头遗址,初步认为其时代为新石器时期末和商代前期,属于过渡性的遗址。墓中的殉葬品有石器、骨角器(包括装饰品)。生产工具202件,玉类61件,骨角器275件(包括雕刻艺术品)。骨、角、牙器发现较多,证明当时把大量骨器用于手工制造业,并且式样多、制作精。这些骨器,一部分属于生产工具,如凿、锥、镰之类;一部分用于渔猎,如带倒钩的枪、箭镞、鱼钩等;一部分属于生活用具,如针、细锥、匕、弯月形束发器等;一部分属于艺术品,如透雕类。②

总之,出土的岳石文化时期的骨器和角器是辅助性农具,居次要地位,这也从一个侧面反映了当时人们对农具改革的基本思想。

二、先秦时期山东的制陶业

陶器和瓷器是人类在劳动生活中发明创造的,它长期广泛应用于社会生活的各个方面,凝聚了人类自古以来的审美情趣和爱好,是古代生活的真实写照和古代文化的载体。

陶器制造业是东夷族最发达的手工业之一。山东陶器的出现,是整个社会生产力发展到一定水平的产物,同时,它又促进了社会生产力的发展,促进了人类的长期定居生活。

(一)东夷史前制陶业的产生与发展

考古发掘资料证明,山东及其周围地区新石器时代的文化发展,是独立产生、发展、土生土长的土著文化。由此,开始形成了独具特色的山东早期制陶业文化。

---

① 任相宏:《岳石文化的农具》,《考古》1995年第10期。

② 杨子范:《山东宁阳县堡头遗址清理简报》,《文物》1959年第10期。

1. 后李文化时期的制陶业

东夷制陶业起源于何时，至今未见出土资料，暂不可断定。但后李文化时期发现的陶器陶系，则是山东省乃至全国迄今年代最早的新石器时代考古学文化之一。

从考古资料看，后李文化时期的陶器陶系单一，均为夹沙陶，未见泥质陶。陶器的胎质与地层土的成分基本一致，表明当时主要是利用未经特别处理的自然土来制作陶器的，可见个别羼云母、蚌壳和粗沙粒的现象。制陶工艺比较原始，多为分段手制。圜底器的底部多为泥饼地模成形，厚度较大。上部为泥条盘筑，再经拍打涂抹。部分钵类施有不甚典型的红陶衣，少数器物的内外器壁上尚留有刮抹痕迹和陶拍凹坑。平底器的制法有两种。一种是先分别做出器底和器身，然后对接，底径较大者多属此类。另一种是将圜底器的底部压成小平底。圈足多见于小型器皿，是由圜底附加泥条捏抹而成。器形不甚规整，器口圆度较差，较大的器形口部都用双层叠沿或泥条堆纹加固。粗沙陶和夹蚌陶多见于器盖，表面极为粗糙。陶器的烧成温度多数较低，火候不均，相当数量的陶器，特别是盛器，遇水即溃。有的遗址火候较高的陶片稍多。陶色以红褐陶和红陶占多数，另有极少的灰褐陶和黑褐陶。由于火候不匀，陶色斑驳，红褐陶的陶壁内外呈不同程度的灰、橙、黄、黑等色。未见彩陶和彩绘陶。陶片中常见修补用的穿孔。陶器的装饰，除极个别的器物腹部有一至三周并列窄泥条堆纹外，仅见于器物的口部，种类有匕戳纹、指甲按压纹和手捏纹等，主要施于沿器的外唇部、附加堆纹上及器錾外缘上。绳纹极少，多见于敞口器的口沿部。①

陶器的种类单调，造型厚拙、古朴。个体一般较大，相当一部分器物的口径和高度均可达40—50厘米。根据后李遗址的统计，深腹或浅腹的圜底器约占陶器的90%；平底器较少，见于部分罐、钵和碗类；有少量的圈足器、乳丁足器和弧足器，乳丁足器通常有3—8个乳丁。在小荆山遗址和泗河遗址，还发现了提梁式唇錾器、匜形器，以及猪和小型面像等陶塑。具体器类有釜、盆、钵、碗、罐、盂和极少量的高颈束颈瓶、小口壶、陶支脚等，后李、西河遗址还发现了圈足较高的原始陶豆。②

---

① 王永波、张春玲：《齐鲁史前文化与三代礼器》，齐鲁书社2004年版，第65—66页。

② 王永波、张春玲：《齐鲁史前文化与三代礼器》，齐鲁书社2004年版，第66—67页。

叠沿圜底陶釜是后李文化唯一的炊具,也是这一文化最具代表性的典型器物,占全部陶器的 2/3 以上。这些陶釜与相配套的支脚一起,构成了鼎类三足器产生发展的造型基础。其他如深腹圈足碗、较高圈足的原始陶豆对后续文化的器物造型也产生了深远的影响。[①]

综上所述,可以把后李文化时期东夷人制陶手工业的特征归纳为:从造型风格上说,流行圜底器,有少量的平底器和乳丁足器,主要有三足和五足。从陶器的组合上看,除少量的陶鼎外,以釜、盆、钵和陶支脚等为基本组合,有少量的豆形器。从陶器的具体特征上说,流行的圜底器——圜底罐、罐型釜、盆形鼎等,在造型上有递演关系。从陶器的装饰上说,流行附加泥条堆纹、指甲纹和刮抹纹,不见彩陶。从制作工艺上说,为分段手制。

2. 北辛文化时期的制陶业

北辛文化时期东夷人的制陶手工业,就现有考古资料看,已达到相当高的水平。

据北辛文化时期的典型——滕县遗址发掘出土的陶器看,这个时期的陶器分夹砂陶和泥质陶两种:夹砂陶以砂质黄褐色陶为多,陶质稍软,火候不高;而泥质陶器以红色为主,陶色纯正,火候较高。主要器形有鼎、釜、深腹圜底罐、钵、碗、盆、壶、支座等。鼎都呈釜形,锥形足,腹上部大多饰窄堆纹组成的各种纹饰,也有饰压划纹等,圜底或略尖。其中,外侧有一周划纹的红顶钵、敞口的釜、筒形深腹圜底罐、小口短颈双耳罐和各种形式的支座等,都是具有典型性的器物。此外,还出土少量彩陶,主要是黑彩,也有红彩。[②] 觚形杯是北辛文化晚期的典型器物。如兖州王因遗址的早期,即第四文化层(北辛文化层),就出土 5 件觚形杯。[③] 这种觚形杯到大汶口文化时期发展成为高柄杯。

纹饰,主要见于夹砂陶器器表,有堆纹、划纹、蓖纹、乳丁纹、指甲纹、锥刺纹、剔刺纹、压划纹、席纹和彩陶等。有的陶器是两种纹饰并用,如堆纹和乳丁纹、划纹和蓖纹、蓖纹和乳丁纹等。在堆纹中,以窄堆纹(宽 1 毫米左右)富有特色。常见几条窄堆纹为一组,组成曲折纹;有成组窄堆纹

---

① 王永波、张春玲:《齐鲁史前文化与三代礼器》,齐鲁书社 2004 年版,第 67 页。

② 陈冬生、王赛时主编:《山东经济史(古代卷)》,济南出版社 1998 年版,第 33 页。

③ 胡秉华:《山东兖州王因新石器时代遗址发掘简报》,《考古》1979 年第 1 期。

的上部饰连续的菱形纹;有的以短的窄堆纹组成曲折纹,其下有连续的直窄堆纹;有的以稍粗的短堆纹,纵横排列成编织纹;有以稍粗的短堆纹,组成带状纹;有的以交叉的斜行窄堆纹组成菱形方格纹;等等。这种窄堆纹,有的制作成绳纹形状,有的在窄堆纹上加凹点纹,变化繁多,具有代表性。蓖纹变化也较多。[①] 有的较浅而模糊,有的较粗显,以竖直的为多,有的组成直线曲折纹。还有的蓖纹较细浅,做窄堆纹的底纹。乳丁纹有呈带状排列的,有的以疏密不同的变化组成纹饰。压划纹较深而明显,纹饰以压为主,纹内较光滑。压划纹组成的纹饰也不同,有的呈相叠的回字形纹,有的呈相叠的直线曲折纹,有的呈正倒三角形纹内填以斜直线等。蓖纹、压划纹也有一定的代表性。

北辛文化时期所有陶器的制法都是手制,采用泥条盘筑法。小口双耳罐、小口壶等小口器皿,内表较粗糙。夹砂陶器的器壁都较厚,一般厚 0.8 厘米左右,大型陶器有的厚 1.5 厘米左右。陶质一般较软。泥质陶的器壁都较薄,陶质较硬。钵、碗、盆、盘等大口器皿,内外表面都经磨光,尤其是红顶钵,制作更为精致,器壁厚 0.4 厘米左右,火候高,质地硬。总体来说,当时的烧陶技术并不高,烧出的陶器质地软,硬度不高,尤其表现在实心支座的烧制上。[②]

3. 大汶口文化时期的制陶业

大汶口文化时期的制陶业,在北辛文化的基础上有很大的发展。这个时期的制陶业分为早、中、晚三期。

大汶口文化早期,制陶技术已超过了北辛文化。此时制陶虽仍是手制,火候也不算太高,但陶器种类增多了。北辛文化流传下来的鼎、钵、壶等类陶器,样式有了变化。陶质仍以夹砂红陶为主,夹砂灰陶、泥质灰陶和泥质黑陶为数不多。鼎类器物就有釜形鼎、罐形鼎、壶形鼎、盆形鼎等多种器形。在这些器物上盛行扳手。陶器的纹饰,有划纹、堆纹、锥刺纹、戳印纹等。[③] 这一时期,又大量地使用豆、盆、罐等器物,出现了大口尊和彩陶器。彩陶有单彩的,也有多色的。还有一种特有的器物,是觚形杯,通体瘦高,泥质灰

① 陈冬生、王赛时主编:《山东经济史(古代卷)》,济南出版社 1998 年版,第 33—34 页。
② 陈冬生、王赛时主编:《山东经济史(古代卷)》,济南出版社 1998 年版,第 34 页。
③ 陈冬生、王赛时主编:《山东经济史(古代卷)》,济南出版社 1998 年版,第 34 页。

陶,呈喇叭形。这种器物是由筒状平底杯发展而来,以后这种杯的底部加饰三足乳丁,再渐变为杯身细长并出现三足,成为觚形杯。如兖州王因遗址中期墓葬(第三层墓葬)出土的觚形杯就是这样的。[①] 此外,饰有花瓣纹、涡纹、星形纹等纹样的多色彩陶钵、盆等,仍然存在。

大汶口文化中期,陶器仍以夹砂褐陶和泥质红陶为多,灰陶比例逐渐增加。陶器的制法仍以手制为主,但已开始出现了轮制技术。极少数器物的器壁上可以清楚地看到轮旋痕迹。此外,有一部分陶器大小相等,形状相同,但又非轮制而成。这类陶器可能是采用模制法制作的。所谓模制法,就是先制成固定的模子,然后用模子一个一个或一部分一部分地制出陶器。轮制技术的水平开始并不高,仅在一些鼎、罐类的口沿上进行慢轮修整加工,而在一些小件陶器上则用快轮制成。尽管如此,轮制技术的出现是制陶手工业技术的一大进步。它必将极大地加快陶器生产的发展和制陶技术的提高。[②] 陶器的典型器物有折腹鼎、实足鬶、背壶、高柄豆、盉、尊形器、单耳杯、仿兽形陶器等,并开始出现无腹大袋足鬶(即俗称"地瓜鬶")。器物的装饰也较复杂,如用编织纹、花瓣纹的大镂孔来装饰器物等。

另外,这个时期彩陶继续盛行。在潍县(今山东潍坊)鲁家口遗址和大汶口文化早期遗址中都发现了一定数量的彩陶。彩陶的"纹饰主要绘于盆、罐、壶、钵等的口沿或肩、腹部,以红、白、褐三种颜色最常见,黑色不多,偶见黄、紫两种颜色。纹样大致可分为三类:一类是多色的,主要图案是圆点弧线三角纹或花瓣纹,多施红或白色陶衣;一类是双色的,多用白和褐色两种颜色,花纹多为几何形图案,如菱形交叉、套三角形、连栅纹等;一类是单色的,构图比较简单,黑彩只见三角网纹一种。彩陶大多数为泥质红陶,只有极少数单色彩是绘在泥质磨光灰陶上的"[③]。泰安大汶口遗址出土彩陶器皿 32 件。器形有鼎、豆、壶、罐、杯、盉、钵七种,以壶为最多。这里出土的彩陶,除一件为夹砂红陶外,余者全部是泥质红陶,外表全部经过磨光,大都是红色陶器。彩色有红、黑和黑白兼用三种,都是烧前绘好的。彩陶纹饰的设

---

① 胡秉华:《山东兖州王因新石器时代遗址发掘简报》,《考古》1979 年第 1 期。
② 陈冬生、王赛时主编:《山东经济史(古代卷)》,济南出版社 1998 年版,第 34—35 页。
③ 韩榕:《潍县鲁家口新石器时代遗址》,《考古学报》1985 年第 3 期。

色,底彩有原地、原地施红衣和红衣上又铺黑色宽带三种。画彩有原地绘黑彩和红彩、红衣上绘黑彩、红衣上铺施黑色宽带以后绘白彩、红衣上兼画黑白二彩等五种。纹饰都是几何图案,不见动植物纹,其中以平行弦纹作界隔,中间绘连三角纹或网纹,为最常见的主题。连三角纹有双道与多道、一层或多层、顶角相对、相错或辫交等不同变化。纹饰大都施于壶、罐、鼎等器表的上半部,可归为两类:一类是惯用黑彩,线条较粗,布局不够严谨、协调;一类是黑白彩兼施,线条工细而显明,图案经过精心设计,既匀称又合理。①

大汶口文化晚期,制陶业有较大的发展。这个时期,轮制技术已从中期用于制造小件陶器发展到用在生产大件的陶器上。“已能制作高达半米以上六层透雕的编织纹大镂孔圈足豆或器座,代表着当时较高的制陶工艺水平和陶工们高超的技艺。在造型上,出现三足器、圈足器等多种型式的制品。”②例如,邹县野店遗址出土的豆,分盆形、盘形和钵形三种。盘形豆 1 型 1 式,折腹浅盘形,下附粗喇叭形圈足,圈足上端饰有多道瓦纹和三层或四层编织纹大镂孔装饰纹,全器较高大。烧窑技术也有很大的改进,开始烧制一种薄胎磨光黑陶。如高柄杯,胎厚仅 1 至 2 毫米,造型别致,杯柄装饰有划纹、弦纹和镂孔,为龙山文化蛋壳陶的问世奠定了基础。泰安大汶口遗址晚期墓出土的 7 件黑陶高柄杯,“陶质细腻,表面透黑,器壁匀薄,不超过 2 毫米,侈口,下部外鼓或折收,杯身较深,空心镂孔,细柄,浅盘式圈足,各有通心高柄覆豆式盖”③。随着烧窑技术的进步,这个时期还能烧制一种薄胎、质硬、色泽明丽的白陶、黄陶和粉色陶器。典型器物,除上述外,还有篮纹鼎、无腹大袋足鬶、白陶小袋足鬶、台座折腹豆、宽肩壶、黑陶高柄杯、陶瓶、通体瘦高的背壶、垂腹尊形器等。与此同时,彩陶已明显减少,出现了新的纹饰篮纹。④

4. 龙山文化时期的制陶业

东夷族的制陶业发展到龙山文化时期,已达到史前制陶技术水平的最

---

① 山东省文物管理处、济南市博物馆编:《大汶口——新石器时代墓葬发掘报告》,文物出版社 1974 年版,第 52 页。

② 山东省博物馆、山东省文物考古研究所:《邹县野店》,文物出版社 1985 年版,第 129 页。

③ 山东省文物管理处、济南市博物馆编:《大汶口——新石器时代墓葬发掘报告》,文物出版社 1974 年版,第 82 页。

④ 陈冬生、王赛时主编:《山东经济史(古代卷)》,济南出版社 1998 年版,第 35—36 页。

高峰，在整个中华古文明制陶业发展史上处于领先地位。根据潍坊市姚官庄龙山文化遗址出土的陶器[①]可知，当时的制陶技术复杂，工艺高超。

（1）陶器的质料，可分为五种陶系。第一种是细砂陶，数量最多，占总数的60.7%，羼和砂粒较细，质坚硬，火候高。第二种是泥质陶，数量仅次于细砂陶，占总数的28.4%。陶土未经淘洗，一般火候较高，质地坚硬。第三种是粗砂陶，数量不多，仅占总数的7%左右，陶质粗糙，羼和的砂粒较粗，质地松。第四种是夹滑石末粗陶，数量较少，仅占0.45%，但陶质坚硬，表面润滑。第五种是细泥陶，陶土经过淘洗，纯净，无其他羼和料，尤其是薄胎高柄杯，陶质非常细腻，不含任何杂质，陶胎极薄而均匀，陶色非常纯正，表里透黑，乌黑发光，烧制火候极高，质地极坚硬，叩之声音清脆悦耳，不渗水。[②]

（2）陶器的制法，普遍采用轮制。多数陶器器底能看出偏心圆痕迹，器身内外都有快轮旋转时形成的紧密平行线。因此，器物造型最为规整和优美。一般陶器下部多呈假圈足状，但仍有少数陶器采用手制。

（3）陶器的纹饰，以素面为多。其中大部分表面打磨精致，有光泽。器物上所使用的纹饰也是多种多样的，有压纹、划纹、堆纹、凸弦纹、凹弦纹、篮纹、镂孔、窝纹等。其中，以前五种纹饰为最常见。

（4）陶器的器形，有鬶、盉、甗、鼎、杯、蛋壳豆形器、碗、盂、匜形器、盆、盘、豆、尊形器、大口尊、瓶、罐、瓮、器盖等几十种。特别是，这个时期有一整套的磨光陶器器物群，构成龙山文化最突出的特征。其中，最富有特色的是"鬼脸式"足的曲腹盆形鼎、三角形足罐形鼎、三足盘、高圈足豆、蛋壳高柄杯、陶杯、带耳带盖罍以及白陶鬶、盉类盛水器等，都表现了龙山文化时期东夷人制陶业的发达。[③]

这里，重点谈一下蛋壳陶。以蛋壳高柄杯为代表的驰名中外的蛋壳陶，代表龙山文化制陶业的最高水平。前面说过，这种蛋壳陶是由大汶口晚期的黑陶高柄杯发展而来的。它的最突出特点是"薄如纸，明如镜，黑如漆"，是龙山文化最典型的器物。这种蛋壳高柄杯制作工艺技术特别高，对陶土

---

① 山东省文物考古研究所等：《山东姚官庄遗址发掘报告》，《文物资料丛刊（5）》，文物出版社1981年版。

② 陈冬生、王赛时主编：《山东经济史（古代卷）》，济南出版社1998年版，第35—36页。

③ 陈冬生、王赛时主编：《山东经济史（古代卷）》，济南出版社1998年版，第37页。

处理有严格要求，质料全部是细泥质黑陶，不含任何杂质，无任何羼和料。制法是将圈足、柄、杯、盘口四部分分别轮制，然后粘接成型。接着，再进行纹饰和镂孔。陶胎极薄，最薄部位多在盘口，薄至0.2—0.3毫米，一般在0.5毫米左右。柄部和底座，陶胎略厚一点，但一般也不超过1—2毫米。整个陶器的高度最高不超过25厘米，其重量最轻的不足50克，多数为50—70克。最后是纯熟的烧窑技术和火候的控制。只有经过上述制烧过程中数道重要关口，才能制造出这种器形小、器壁薄、结构复杂、光亮细腻、造型美观的蛋壳陶。[①] 蛋壳陶在潍坊姚官庄，日照东海峪、两城镇，胶县三里河，临沂大范庄，诸城呈子等龙山文化遗址中都有较多的出土，是龙山文化时期制陶工艺中的珍品，充分反映了龙山文化时期东夷族制陶工艺的高超技术。

钟华南先生根据自己多年对蛋壳黑陶模拟实验的经验提出，黑陶高柄杯经历了三个成型发展阶段：惯性陶轮成型阶段、拉坯成型阶段、拉坯与车制相结合的成型阶段。前两个阶段是用圆钝刀刃来成型陶坯，最后一阶段是用与坯体接触面小的薄刃尖锐锋利刀具来成型陶坯。用于蛋壳黑陶成型的陶轮不仅仅是快速陶轮，而且是高精度的惯性快速陶轮。这种陶轮可以说是世界最早最精密的手工机械。蛋壳黑陶烧制方法的关键是使用专用的匣钵。陶坯在匣钵内不受燃烧气流的冲击和火焰的直接舔烧，保证陶坯在匣钵内达到既定的烧成温度，并使陶坯的受热均匀而不易变形或破损。“特别是那平整光滑的喇叭口内壁，使陶坯最脆弱的口沿部分有所依托，在烧成的收缩过程中更不易变形和损坏。整个匣钵的造型设计除达到防护陶坯的目的外，也便于陶坯的呈色。”[②]以上的研究和模拟实验，为解开龙山文化蛋壳陶制作的奥妙取得了重大进展。但是，到目前为止，除蛋壳陶和匣钵这两种烧制蛋壳的确凿实物外，其他像陶轮、转盘之类的机械，以及刀具、刀架等，至今未见。因此，龙山文化时期的蛋壳陶的制作、烧制还是一个谜，需要今后考古的新发现和进一步的研究。

5. 岳石文化时期的制陶业

岳石文化时期，东夷人的陶器制造业开始走下坡路。这是当时制陶业

---

① 陈冬生、王赛时主编：《山东经济史（古代卷）》，济南出版社1998年版，第37页。

② 钟华南：《大汶口——龙山文化黑陶高柄杯的模拟试验》，《考古学文化论集》，文物出版社1989年版，第272页。

的基本趋势。

岳石文化时期的陶器,以夹砂褐陶和泥质黑皮灰胎陶为主。夹砂陶器中半数以上用云母做羼和料,并有少量兼含滑石。夹砂陶器以手制者居多,而泥质陶则以轮制为多。但不论是夹砂陶还是泥质陶,也无论是手制还是轮制,岳石文化的所有陶器的器壁都普遍较厚。其制作与龙山文化陶器相比,明显比较粗糙厚笨。像龙山文化常见的那种乌黑发亮、胎薄质细的黑陶器几乎不见,尤其是蛋壳陶已绝迹。如平度东岳石村岳石文化遗址①出土的陶器,陶质以夹砂红陶为最多,约占一半,夹砂灰陶与泥质灰陶次之,泥质黑陶又次之,泥质黄陶最少。夹砂陶的火候较高,陶质较硬,往往颜色不纯,在同一件陶器上部分呈红色和灰色。泥质陶器土多经过淘洗,一般火候较高,陶质较硬。泥质黑陶仅表面呈黑色,内胎呈灰色。陶器制法有手制和轮制两种,以手制为主。夹砂陶器一般都为手制,表面抹平。泥质陶器一般都为轮制,表面抹平,少数经过磨光的工序。牟平照格庄遗址,出土完整的和可复原的陶器60余件。据出土陶片看,夹砂陶约占陶片总数的70%,泥质陶约占30%。②

岳石文化时期的陶器承继龙山文化陶器而来,陶器种类也很多,主要有罐、尊、器盖、簋形器、盂、豆、鼎、皿、杯等十几种。其中,最具特征的典型器物是甗、罐、尊、簋形器、器盖、豆等。

甗:一般为夹砂灰陶,也有个别夹砂红陶。手制、敞口,直壁向外斜伸、束腰、三袋足,外表多有烟熏痕迹,有些内壁有白色水锈。

罐:多为夹砂红陶,其次为夹砂灰陶,有很少泥质灰陶与泥质黑陶,还有个别泥质黄陶。皆平底,有些夹砂罐的外表有烟熏痕迹。

尊:皆为泥质灰陶,轮制,小平底,成假圈足形,有的直壁略向外斜,近口部与腹部各有凸棱一周;有的腹部略鼓,近口部有凸棱一周。

簋:有泥质灰陶、黑陶与黄陶三种,皆为轮制,近口部与腹下部各有凸棱一周,底部附有矮圈足或三足,有的直壁略向外斜,底略下凹;有的腹部微鼓,平底、三弧形足。

器盖:多为泥质灰陶,少量泥质黑陶,个别泥质黄陶,盖身皆轮制,顶部

---

① 中国社会科学院考古研究所山东队等:《山东平度东岳石村新石器时代遗址与战国墓》,《考古》1962年第10期。

② 韩榕:《山东牟平照格庄遗址》,《考古学报》1986年第4期。

绝大多数附一圆钮,有的附一环钮。

豆:多为泥质灰陶,少量为泥质黑陶,个别泥质黄陶,皆轮制,敞口,浅盘,直壁向外斜伸,盘内壁有凸棱一周,圈足较高,其中部略向内收而下端外侈。①

岳石文化陶器的纹饰,主要有凹凸纹、附加堆纹、乳丁纹、压印纹、刻划纹、戳印纹及镂孔等。

总之,岳石文化时期东夷的制陶业,一方面具有本时期制陶业自身的特点;另一方面,同大汶口、龙山文化制陶业相比,可明显地看出其显得粗糙、笨拙,有衰落的趋势。这除了社会的、经济的原因外,很可能与这个时期青铜制造业的兴起有着直接的关系。

(二)奴隶制度时期的山东制陶业

从公元前21世纪夏朝建立开始,到公元前221年,是中国的奴隶社会,即中国的夏、商、周、春秋战国时期都是奴隶制度。奴隶制时代山东的制陶业较为繁荣,水平仍然相当高。

1. 山东制陶业发展状况

夏朝是我国历史上建立的第一个奴隶制国家。根据淄博地区已发现的"岳石文化"考证,这一时期的山东陶器生产仍很发达,主要集中在临淄、桓台、淄川、沂源、周村境内。②

山东商代制陶手工业与夏代相比,有较大发展,出现了原始瓷器,成为国内最早的瓷器产地之一,并为以后历代相继创制出铅釉陶、青釉瓷、黑釉瓷、白瓷等奠定了基础。例如,比较发达的淄博地区以烧制泥质灰陶和夹砂灰陶为主,主要分布在临淄、张店、淄川、桓台、周村等地。从商代到西周大约900年的时间里,淄博的制陶工艺显著进步,并烧出釉陶器。西周初年,武王封姜尚为齐国君,都治临淄。齐国对制陶手工业颇为重视,专门设有主管制陶手工业的官吏——陶正,管理陶器生产,临淄附近出现了规模较大的制陶作坊。齐国制陶业较前代发达,始制白釉陶器及砖、瓦等建筑用陶。临

---

① 中国社会科学院考古研究所山东队等:《山东平度东岳石村新石器时代遗址与战国墓》,《考古》1962年第10期。

② 傅海伦编著:《山东科学技术史》,山东人民出版社2011年版,第27页。

淄齐国历史博物馆在发掘齐景公殉马坑下西周墓时,出土了两件青釉瓷豆,这是淄博地区目前发现最早的原始瓷器,说明淄博地区早在西周时期已发明并使用了原始瓷器,这在淄博陶瓷史研究中具有重要的价值。淄博瓷器的生产组织形式,则出现了官营和民营制陶作坊。[①]

商、西周和春秋时期,制陶业繁荣。大辛庄遗址中出土的陶器丰富多样,富于变化,有陶制锥足鬲、篱星鬲、团底尊、大口尊、假腹豆等,还发现釉陶器和刻纹白陶。章丘县党家乡小董家村出土商代盛水器双耳褐陶罐、泥质硬褐陶,颈部阴刻陶文"田"字。长岛县珍珠门遗址出土商代晚期或西周早期炊煮器素面鬲,由粗砂陶制成,红褐、灰黑二色杂驳,大敞口,外卷沿,浑圆腹,下部为3个乳状高袋足,具有山东东部的地方特色。莱阳前河前村出土有东周仿铜陶盉,其两侧及颈部、腹部皆有刻画的圆形符号,有鹿、龟、鱼、蟹等,其余形体怪异。大量陶器的出土,充分反映了当时制陶业的发达。[②]

特别是淄博地区,陶器生产不仅大量制造生活器皿,而且开始转向砖、瓦、下水管道、建筑陶等,出现了用灰陶制作的量器和随葬用的彩绘陶、陶俑及动物雕塑等。春秋时期(前770—前476),淄博地区各地仍以生产鬲、鬶、盆、豆等日用灰陶器和瓦、水管道等建筑陶为主,制陶业中出现了产品分工。战国时期(前475—前221),淄博地区制陶业开始形成作坊集中的手工业生产,许多私营作坊出现,产品由日用生活品扩大到明器、陶制工具。随着城邑建设的扩大,建筑陶制造空前发展。[③]

2. 齐国的制陶业

齐国(前11世纪—前221年),先后存在800多年,成为有周一代雄居东方的大国、富国、强国。齐国建立后,齐地的制陶业有了长足的发展,这为齐国陶器的种类日趋丰富提供了坚实的社会基础和技术支持。首先是齐国专设"陶正",管理从业人数众多的制陶业。从出土的陶文看,战国时仅临淄就有10多个乡、50多个里从事制陶业,从业者达数百人,这从一个侧面反映了临淄乡里制陶业的盛况。其次是原始青瓷器即石灰釉的出现,说明齐国

---

① 傅海伦编著:《山东科学技术史》,山东人民出版社2011年版,第27—28页。

② 陈新岗、张秀娈:《山东经济史》,山东人民出版社2011年版,第44页。

③ 傅海伦编著:《山东科学技术史》,山东人民出版社2011年版,第28页。

的制陶技术发展到了一个崭新的阶段。20 世纪 70 年代中期,在山东益都(今山东青州)、济南大辛庄等商后期遗址中,发现了青釉豆等的标本。春秋时期这一技术得到进一步发展,青釉使陶器表面有了一层薄薄的光亮,经现代科学手段定量定性分析后,认为烧成温度在 1200℃左右,已基本烧熔,于是出现了原始的瓷器即青釉瓷。釉的出现在制陶史上具有划时代的意义,它预示着瓷器的即将诞生。① 再次是烧制技术的发展进步。齐国的陶窑与以前相比呈现规模更大、设计更加合理的特点。如在章丘宁家埠遗址发现的三处窑址,窑是利用断崖的自然地势建成的,由窑室、窑床、火膛和火门四部分构成。窑室为圆形筒状,直径 1.7 米,残存最高处 2.8 米。窑壁是用草泥抹平后烧成的,极为坚硬。窑床的大部分已塌陷,只有一个火眼保存完好,火眼呈长条形,上窄下宽。这反映了春秋时期齐国制陶与烧制技术的进步。从业人员多,技术进步,就势必使陶器的数量大幅增加,因而为陶器因功用不同而形成不同的类别提供了可能。从功用角度看,齐国的陶器主要分为日常生活类陶器、陶俑、陶礼器、陶明器、陶制工具以及各种工艺品、建筑陶器等。

(1)齐国的生活类陶器

齐国的日常生活类陶器是在先齐地区陶器的器形上,因社会经济发展和生产力水平的不断进步而渐进过来的。在龙山文化时期,齐地的陶器中平底器最多,三足器次之,圈足器也比较多,但是圆底器基本不见。常见的器形主要有罐、鼎、豆、鬶、盉、甗、杯、壶、盆、鬲、匜等。春秋时期,齐国陶器还是以平底足和袋状三足器为主,兼有少量圈足器。其质料以泥质灰陶为主,夹砂灰陶次之,并有一些夹砂红陶和夹砂棕陶。常见的器形有用作炊器的鼎、鬶、鬲、釜、甑,做食用器的杯、豆、盘,做盛用器的瓮、盆、罐等。随着工商业的发展,战国时期的制陶业出现了更为集中和专业化的倾向,器形与春秋时期相比无大的变化。齐国日用陶器的特色主要是在功用方面有了较为细致的区分,尤其表现在蒸、煮、饮用具上。如在先齐地区最早通常将陶鼎作为做饭的主要工具,之后则多用鬲和甗;鬶则是专门用于烧水的器具;盘、碗、盆、豆等器皿则主要用于盛饭菜等。特别值得一提的是专用于盛酒或饮酒的器具,盛酒的工具主要有陶罍、陶尊等。陶罍应是储藏酒的工具。齐国

① 李英森等:《齐国经济史》,齐鲁书社 1997 年版,第 393—394 页。

的酒杯以单把杯较常见,杯子的大小、样式较为丰富。齐国的陶制饮酒杯造型至今仍有影响,现在我们常用的杯子与当时的杯子在造型上并没有质的变化。

(2)齐国的陶俑

人殉在齐立国后已明显比商少见,尤其是战国时期人殉已十分少见,用木俑和陶俑随葬的风俗日盛。用陶俑等随葬可以说是对人殉的替代。齐国的陶俑胎质一般较粗,陶土不经过淘洗,火候也较低,胎质疏松。齐国的陶俑形体较小。1972 年,在临淄郎家庄一号东周殉人墓出土了一批陶乐舞俑。这批陶乐舞俑有侍俑和杂技俑两类,杂技俑有说唱俑和骑俑两种,说唱俑为男俑。该墓出土的这批陶俑是目前我国发现最早的陶俑,且和人殉共存。它不仅印证了齐国制陶业的高度发达,也为研究我国人物雕塑史和古代俑殉制提供了重要的实物资料。[①] 1973 年,在山东长岛王沟东周墓也出土了一批彩绘乐舞陶俑,有人物、动物等。人物多数做立姿,呈舒臂屈体舞蹈状;个别做跪姿,似为奏乐者。[②] 特别是 1990 年在山东章丘女郎山战国墓出土的一组彩绘乐舞陶俑,对研究齐国陶俑的造型、内容、艺术风格及制陶工艺甚为珍贵。这批彩绘乐舞陶俑共 38 件,由 26 件人物俑、4 件乐器、8 只祥鸟组成。其中,人物俑包括歌舞俑、演奏俑、观赏俑等不同种类。姿态有坐有立,身高 7.6—8.8 厘米,均为泥制黑陶捏塑而成,表面保留着鲜艳的彩绘服饰。[③] 这组彩绘乐舞陶俑,以保存完整、组合有序、造型生动、风格写实而引人注目,为迄今发现的东周陶塑中难得一见的珍品,无疑是形神兼备、生活气息最为浓郁的战国陶塑佳作。这些陶俑的出现,标志着齐国陶器的用途已从实用器向娱乐、观赏或明器方向发展,对秦汉殉葬陶俑的制作与发展有着重要的影响与启示。齐国的陶俑应该与先齐地区的陶塑有着传承关系,先齐地区在龙山文化时期就已经有了陶塑人面像。20 世纪 60 年代初,在潍坊姚官庄发现了一件陶塑人面像,为泥质橙红陶,是用手捏塑而成的。整体呈扁圆形,额面低窄,眉脊隆起,眼球外突,鼻子偏低,颧骨较高,嘴部不甚明显,背面呈现不规则的内凹,穿有未透的小孔,长 6.5 厘米,最宽处 5.9

① 山东省博物馆:《临淄郎家庄一号东周殉人墓》,《考古学报》1977 年第 1 期。
② 烟台市文物管理委员会:《山东长岛王沟东周墓群》,《考古学报》1993 年第 1 期。
③ 李曰训:《山东章丘女郎山战国墓出土乐舞陶俑及有关问题》,《文物》1993 年第 3 期。

厘米。[1] 整个造型古朴稚拙。特别值得一提的是,这件陶塑从造型上看不像是华夏人种。事实上,从商周青铜器的造型看,也是以兽面为多,人的形象很少,即使有也多为神人的形象。因此,齐国陶塑中的人面像不仿照本族的人的形象塑造应该是个规律。齐国的陶俑,无论是临淄郎家庄还是长岛王沟、章丘女郎山出土的来看,其服装的样式十分相似,都身着彩条衣裙,反映出齐国陶俑造型与纹饰的共同特点,也充分体现了齐国陶俑的鲜明艺术特色。

(3)齐国的陶礼器与陶明器

齐国的陶礼器最早的大概是从鼎开始的,在齐地龙山文化晚期鼎就开始做礼器使用。临淄桐林遗址城址 5 号灰坑出土的 5 个陶鼎,形制一样,只是大小不同,有人认为其有列鼎的含义。在古代文献记载中,夏代有列鼎之制,山东龙山文化出现的这一组鼎或许就是列鼎的雏形。在龙山文化晚期,一部分鼎已经从实用器的范畴内单列出来,成为礼器。在桓台前埠葵丘遗址的一座房址中,出土了一套龙山文化陶器,其中有橙色陶鬶 1 件,陶盘 1 件,不同造型的黑陶杯 3 件,黑陶豆 1 件,黑陶尊 2 件和大小陶鼎各 1 件。这些器物造型精致,小巧玲珑,出土时多数放于陶盘之上,其中 1 件高柄杯还用麻制品包裹,显然是 1 套组合礼器。[2] 齐国建立后,由于当时的社会环境已经比较稳定,统治秩序也已较为完善,因而宗法思想渐次浓厚,宗法制度也逐渐完备,所以除日用饮食陶具外,以鼎、罍等祭祀所用之物为最占势力,其器多为陶制,上面多用象征天威的云纹和雷纹装饰。[3] 齐国陶器中最值得一提的是颇具特色的陶明器。考古发掘的资料表明,在春秋战国时代齐国的陶器多出自一些中、小型的贵族墓葬中,而那些规格较高、形制较大的上层贵族墓则较少用陶器随葬,随葬品主要是青铜器、玉器等珍贵品种。凡陪葬不起青铜器和玉器等珍品的社会中下层群体,多以仿青铜器做陪葬器物。战国时期常见的仿青铜器有鼎、豆、壶、盘、匜、敦等基本组合陶器。常见仿青铜陶器的出现,是齐国陶器的特征之一。因而可以推断,当时齐国的冥用陶器应该是相当发达的一个种类。齐国明器的制作和使用,对齐国

① 文物编辑委员会:《文物资料丛刊(5)》,文物出版社 1981 年版,第 36 页。
② 张连利、傅红山编:《山东淄博文物精粹》,山东画报出版社 2002 年版,第 17 页。
③ 吴仁敬、辛安潮:《中国陶瓷史》,团结出版社 2006 年版,第 6 页。

故地后世的葬俗影响深远，如在淄博金岭的东汉墓中就出土了成体系的陶制明器。包括泥质灰陶陶楼，分为上下两层，上层通面阔 135 厘米，进深 17 厘米；下层通面阔 131 厘米，进深 16.4 厘米；楼高 37 厘米。同时出土的还有陶井架、陶享堂、陶仓、陶马厩、陶猪圈、陶灶等。

（4）种类繁多的齐陶工具和工艺品

与上述几类陶器不同，齐国的制陶业在发展繁荣的同时，也适应社会生活的需要不断创新出了许多新的、用途广泛的陶制品。其中，最具代表性的是齐国的陶制工具。齐国陶制工具，早期以纺轮、陶拍、刀、镞、网坠等为主；到了后期，典型的代表器物则是模具和量具。1958 年，临淄齐故城出土了一批陶器，其中不但有钵、罐、盆、豆、鬲、盘、碗等生活用具，而且还包括钱范、三角形范、量形器、陶轮盘等陶器。[①] 其中的钱范、三角形范，就是铸造刀币或其他器物的模型，是一种典型的标准工具。量形器，则是用来度量散装物品多少的计量工具。陶轮盘，则可能是制造陶器的依托或辅助工具。钱范、三角形范和陶轮盘的出土，反映出战国时齐国陶制品的用途已经扩大到标准工具和实用量器。与作为实用工具不同的是，齐国还有着相当数量的陶制工艺品，这些器物通常并非生活必需品。代表性的器物就是乐器，其中特别值得一提的是陶埙，仅发现过 4 件。陶埙是鹅蛋形吹奏乐器，上边有陶文“令司乐作太室埙”或“令作韶埙”。韶就是韶乐，齐国的韶乐因孔子闻韶三月不知肉味的典故而风靡古今。韶埙是目前唯一能见到的、演奏韶乐的实物，弥足珍贵。在先齐地区还出土了一件充满生活情趣、制作工艺匠心独运的娱乐用陶。1991 年，山东章丘龙山镇城子崖遗址出土了一件泥制黑陶陶响器，长 8.8 厘米、宽 7.8 厘米、厚 3.5 厘米，体积刚好适合握于手中。它的外形酷似一个缩头乌龟，扁圆的器身分制成阴阳两面，阳面磨光突起似龟背，阴面粗糙略凹似龟腹，环绕器身捏塑出 6 个长条形的突，巧如龟的 4 条短腿与头尾。突的两侧有细长方形的镂孔，透过小孔可以看到“龟”的空心腹中数颗直径约 4 毫米的泥丸。在“龟”的腹部也有 4 个直径约 3 毫米的圆形小孔，这些孔应为出声孔。当摇动“龟”体时，其腹中的泥丸就会滚动撞击器壁发出清脆悦耳的响铃声，也正因此，此器一般被称为“陶响器”。

---

① 山东省文物管理处：《山东临淄齐故城试掘简报》，《考古》1961 年第 1 期。

(5)独具特色的齐国建筑用陶

商周时期,在烧制日用生活陶器的同时,也越来越多地烧制建筑陶器。齐地所出建筑用陶多见灰砖、空心砖、铺地砖、板瓦、筒瓦、水道管头之类。齐故城内曾出土大量的陶制瓦当、水管、花纹砖等,可见当时齐国诸城邑建筑中已经广泛使用它们。上述建筑用材中最具代表性的是瓦当,其时代特征明显,出土量多,为齐故城所仅见。① 瓦当是古代建筑屋檐上的构件,主要是为了保护檐椽免受风雨侵蚀,同时它也是一种装饰艺术,尤其是采用美丽花纹的瓦当,可以使建筑物更加绚丽多彩。瓦当初用于西周时期,多用于东周时代。它由素面瓦当发展为饰纹瓦当,后又出现了文字瓦当,其形制也由半瓦当发展为圆形瓦当。齐国瓦当有代表性的纹饰是以树木纹为母体,左右两边配以各种动物或人物形象,形成鲜明的齐瓦当艺术特色。② 瓦当多为混质灰陶,陶质细腻。齐瓦当的制作一般分为五个步骤:制坯、续制筒瓦、切割、晾干、烧成。③ 齐国的瓦当以临淄齐故城出土量为最,制作也最精,从总量看至今出土的数量有万块之多,而以形状、大小、纹样归类,也达 500 多种。春秋战国是瓦当纹饰的发展繁荣期,由于各国政治、经济、文化的相对封闭,各国的瓦当无论在形式还是内容上都有很大的不同。齐国瓦当纹饰以树木纹数量最多,变化也最丰富。以树木纹为中心进行布局,成为齐半瓦当最基本的构图特征。瓦当的图案、纹饰内容朴实,能反映当时的社会生活、信仰及图腾崇拜,极具装饰性和艺术性,方寸之间融入了丰富的社会观念和思想意识,成为探讨古代社会的珍贵资料。还有一种特殊的建筑用陶,就是瓮棺。瓮棺的出现,不仅使齐国陶器的用途更加广泛,也丰富了齐国建筑用陶的种类,更为后世修炼坐化瓮葬开了先河。④

3. 鲁国出土的陶器

鲁国(前 11 世纪至前 256 年),先后传 25 世,36 位君主,历时 800 年左右。鲁国建立后,鲁地的制陶业有了一定的发展,是古代山东手工业的重要组成部分。

1973 年至 1978 年在鲁国故城的发掘中,发现 3 处大型制陶手工业作坊

---

① 张光明:《齐文化的考古发现与研究》,齐鲁书社 2004 年版,第 90 页。
② 张越:《齐瓦当艺术表现手法初探》,《管子学刊》1991 年第 2 期。
③ 李发林:《齐故城瓦当》,文物出版社 1990 年版,第 188 页。
④ 宣兆琦、李金海主编:《齐文化通论》(上),新华出版社 2000 年版,第 263 页。

遗址。除属于西周时期的弹簧厂制陶作坊遗址外,还有两处:一处是南张羊制陶作坊遗址,面积约 2.25 万平方米,发现窑址和陶片极为丰富,时代从西周中期、晚期一直延续到春秋晚期。另一处是橡胶厂大型制陶作坊遗址,范围 16 万平方米。①

陶器遗址和墓葬大多出土的比较丰富的陶器,充分反映了春秋时期鲁国制陶业的发达。② 鲁故城出土陶片、瓦片数以万计。春秋时期陶器的主要特点表现在三个方面:其一,陶系。陶色比较单一,基本上都是灰陶,但色泽较深。其二,纹饰。主要是绳纹。这个时期的"绳纹比西周早期的粗绳纹细而较晚期的细绳纹粗。其特征是纹络较浅,绳股的痕迹清晰,如同谷粒连接一般。甑、盆肩部的斜列绳纹消失,颈下纹饰全系横列;盆已不施指抹纹,罐上的指抹纹草率,在鬲上则流行一种特别粗壮的粗绳纹,暗纹仍不规整"③。其三,陶器种类和器形。春秋时期出现陶盘,晚期出现盖豆、陶鼎和单耳杯。陶釜也可能产生于晚期。陶鬲,春秋时期有两类:一类敛口,有肩、乳丁足或尖足,近平底器身呈方形,可能是鬲的最后形式。另一类器身高,呈竖长方形,其中有的下腹肥胖,绳纹特别粗壮,肩饰细绳纹,腹饰特别粗的绳纹。陶盆的口沿除暗纹外,有的还施几道粗凹弦纹。陶盆的颈部,春秋时期多束颈,有不显的肩。春秋早期肩部斜列的绳纹逐渐消失,通体饰横绳纹,纹饰较西周早、中期细,而较晚期粗,纹路较浅。春秋晚期的陶盆敛口,有肩、腹,圜底。器口常有粗突棱,沿面饰瓦纹,沿下突棱发达,春秋早、中期肩部饰斜列绳纹的作风至此消失。④

4. 莒国墓葬出土的陶器

莒南大店两座春秋莒墓出土大量陶器。一号墓出土陶器 37 件,鼎 7、敦 6、壶 7、罐 2、甗 1、豆 14;二号墓出土陶器 58 件,鼎 7、鬲 6、壶 8、罐 2、豆 12、鉴 1、甗 1、投壶 1、器盖 20。形制,如鼎,灰陶,带黑陶衣。附耳,圜底,蹄足,子口,无钮平顶盖。朱绘花纹,腹部绘三角雷纹,耳及盖沿绘重环纹,盖顶绘"S"形漩涡纹,富有特色。⑤

---

① 山东省文物考古研究所等:《曲阜鲁国故城》,齐鲁书社 1982 年版,第 18 页。

② 陈冬生、王赛时主编:《山东经济史(古代卷)》,济南出版社 1998 年版,第 119 页。

③ 山东省文物考古研究所等:《曲阜鲁国故城》,齐鲁书社 1982 年版,第 86—87 页。

④ 陈冬生、王赛时主编:《山东经济史(古代卷)》,济南出版社 1998 年版,第 120 页。

⑤ 山东省博物馆等:《莒南大店春秋时期莒国殉人墓》,《考古学报》1978 年第 3 期。

沂水刘家店子的两座春秋莒国墓出土有陶器。一号墓出土陶罐 13 件。其形制为泥质灰陶。覆钵状盖,斜沿,束颈,折肩,收腹,小平底。腹饰细绳纹,肩、盖施朱、白彩绘。二号墓仅拾一些陶器残片,计有鬲、豆、簋、罐四种。①

三、先秦时期山东的纺织业

先秦时期的纺织生产是当时社会生产的一个重要部门,纺织经济成为国家重要的经济支柱。先秦时期的山东纺织,主要指新石器时代的东夷纺织(即原始手工纺织时期,夏代以前的原始社会)和奴隶制时代的齐国、鲁国纺织(即手工机具纺织形成时期,夏至战国时期)。新石器时代后期和夏商时代,是山东纺织手工业的兴起时期。

(一)东夷史前纺织业的产生与发展

史前时期(新石器时代)的山东及其周围地区是中国古文明的摇篮——黄河流域新石器时代四个大的文化中心地之一,是中国古文明的起源地之一。考古发掘资料证明,山东及周围地区新石器时代文化的发展序列是:最早的新石器时代文化是后李文化,而后是北辛文化、大汶口文化、龙山文化,最后是岳石文化。这是山东及周围地区范围内独立产生、发展、土生土长的土著文化。

东夷人的原始纺织手工业,应该是从原始人长期穿树叶、树皮、兽皮的漫长实践过程中,随着社会生产力的不断发展和生产水平的不断提高而逐渐发明产生的。原始的纺织业最早应该是从最原始的编织业逐步发展而来的。东夷人在新石器时代中国纺织业的产生和发展过程中,有着自己的特殊贡献。从新石器时代山东所经历了的四个发展阶段的考古发掘中,可以看出山东纺织业发展的轨迹。

1. 北辛文化时期的纺织业

北辛文化距今 7500—5950 年,主要分布在济南、淄博、滨州、潍坊地区,它是母系氏族社会向父系氏族社会的过渡时期,也是氏族社会向方国转变的时期。

① 罗勋章:《山东沂水刘家店子春秋墓发掘简报》,《文物》1984 年第 9 期。

在遥远的古代,当人们的经济生活还处于“刀耕火种”的时候,纺线穿衣,御寒遮体,已经成为谋生的必要手段之一。随着人们生活经验的不断积累,简单的纺织技术亦随之产生。纺轮,就是最原始的纺织工具,它证明了原始纺织业的存在。

从目前已发现的考古发掘资料看,东夷人最早编织物的遗迹当始于北辛文化时期,因为在北辛文化的典型遗址即滕县北辛遗址发现了最早的编织物遗迹。根据对遗迹的观察,这种编织物是席。席纹遗留在陶器底部,是东夷人在制陶过程中把未干的陶器放在编织的席上而印上去的。据发掘报告说:“席纹都在器底部,可能是制陶过程中遗留下来的痕迹。从纹痕观察,席篾宽0.25—0.4厘米。主要采用一经一纬的人字形编织法,还有三经三纬和多经多纬的人字形编织法。”[①]据上述报告可知,席的编织种类多种多样,编织技术比较熟练,北辛文化时期东夷人的编织技术已经不是初创阶段的水平,而已发展到相当高的水平。尽管当时编织的是席,但高超的编织技术为山东纺织业的产生奠定了基础。

山东纺织工具的出土,最早也是始于北辛文化时期。据滕县北辛遗址的发掘报告可知,出土的缝纫纺织工具主要有以下几种。一是骨质梭形器3件,2件形似扁宽骨锥,磨制光滑,顶部穿有一孔,孔下端有一沟槽与孔相接,其中1件长8.8厘米;另1件体较细长,一端残,另一端制成叉形,残长6.5厘米。二是骨针36件,一端穿有一孔,长短不一,其中有长8.6厘米的,也有长2.6厘米的。三是两端锥形器1件,骨质,体较宽,两端呈扇锥形,长6.9厘米。四是锥25件,骨质或角质。其中16件是利用打碎的兽类长骨制成,锥尖部分磨光。有的器形较粗壮,有的器形较细小。有4件一端保持骨骼或鹿角原形,另一端磨成锥尖。有2件是把兽牙的根部切去约一半,再加工磨制。锥的长短不一,长者12厘米,短者仅4厘米。[②]

在其他北辛文化时期的遗址里,除以上缝纫纺织工具的出土外,还发现纺轮。如,兖州洄城村北辛文化遗址曾采集到泥灰质灰陶残纺轮1件,扁平状。江苏大墩子遗址下文化层即北辛文化层出土陶纺轮1件,泥质红陶,扁

① 吴汝祚、万树瀛:《山东滕县北辛遗址发掘报告》,《考古学报》1984年第2期。

② 吴汝祚、万树瀛:《山东滕县北辛遗址发掘报告》,《考古学报》1984年第2期。

平圆饼形,中有穿孔。纺轮是纺纱拈线的工具,它的出现表明东夷人纺织业的产生。

北辛文化时期纺织品的遗迹至今尚未发现。但根据以上纺织缝纫工具的分析判断,当时似已有了纺织业的产生。如此判断不误,则东夷人的纺织业至今已有了7000多年的历史。

2. 大汶口文化时期的纺织业

大汶口文化距今6100—4600年,属新石器时代中期文化,是父系氏族社会的典型文化形态,其晚期全盛时的分布范围包括山东全境、苏皖两省的淮河以北地区和豫东广大区域。这是山东真正意义上纺织技术开始的时期,东夷人已有了相当发达的纺织手工业。因为在这个时期的文化遗址中不仅出土了许多形制多样、大小不一的纺织、缝纫工具,而且发现了器物上的布纹痕迹。有关这方面的考古发掘资料已相当丰富,远非北辛文化时期所能比。下面就几个主要遗址出土的资料简述如下。

(1)泰安大汶口墓地遗迹。1959年,在泰安大汶口发掘出大汶口文化墓葬133座,出土了许多纺织工具和纺织品的痕迹。一是纺轮31件。其中,石质的26件,陶质的5件。石纺轮用片麻岩、大理岩等制成,扁圆形,中央穿孔,无反正面。陶质纺轮都是泥质灰陶。31件纺轮出土于20座墓中,约占墓葬总数的15%,说明当时纺织生产的普遍性。二是骨梭形器4件。由宽扁兽肢骨制成,留有自然凹槽,一端有自然孔可引线,另一端有刃尖。发掘报告说,"用途不甚清楚"。但据形制观察,很像后来缝纫麻袋包的大长针,很可能是缝纫编织物或粗纺织物的工具。三是骨针20件。长的达18.2厘米。粗者7毫米,最细者只有1毫米。针的一端有鼻,孔径小的和现在大的纳鞋针相当,细到只能穿过一根细线。这不仅证明了当时骨针制作之精细,同时也反映了纺织缝纫技术的进步。此外,还出土专门盛骨针的骨针管4件。其中的1件,内贮孔径不到0.7毫米的精细骨针8枚。另1件,内贮无鼻针料13枚。还出土锥47件,出土于17座墓中,其中骨锥43件,角锥4件。锥出土的数量超过针一倍多,说明锥的用途在当时比针还要广泛。四是布纹痕迹的发现。在泰安大汶口文化墓葬的随葬陶器上发现了布纹痕迹。有两种:一种是粗布纹的痕迹,它是在筒形杯的底部印上去的。一种是细密的布纹痕迹,它是在陶质背壶的底部发现的。在大汶口墓葬10号墓(一单人女性墓)，还发现“周身覆有一层厚约2厘米的黑灰，疑为衣着”，可惜已朽成“黑灰”，详情无法确知。

(2)曲阜西夏侯墓地遗迹。在该遗址的两次发掘中发现不少陶器的底部印有布纹痕迹。第一次发掘出土的陶器中，有20件陶器底部印有布纹痕迹。发掘报告说:“在鼎、小鼎、背壶、罐和尊形器等共20件陶器的底部，印有平纹布痕，当是将泥坯放在垫布上的时候留下的。以一件背壶底部的布痕最为细密清晰，一平方厘米经纬线各10根，绝大多数的为6根或8根。”①第二次发掘时，出土的陶器底部又发现印有布纹的痕迹，“布纹见于器底，纹较粗，每平方厘米经纬线各约6—9根;方格纹只发现一片，为夹砂红陶，外表有红色陶衣，纹痕模糊”。在上层墓(属大汶口文化晚期)出土陶器的底部印有平纹布纹。发掘报告说:有的平底小鼎、钵的底部和大口罐的盖顶印有平纹布纹，从印痕较清晰的两件观察，1平方厘米经纬线分别为5—6根和8—9根。②

(3)邹县野店墓地遗迹。出土纺轮14件，有石质和陶质两种。出土骨针3件，骨锥2件。在出土陶器的底部发现印有粗布纹的痕迹。据纹样分析，“(布)纹较硬直而粗糙，可能是麻类的纤维，为一经一纬交织组成的平纹布，每平方厘米约八根经纬线”③。

(4)曲阜南兴埠墓地遗迹。出土石纺轮和陶纺轮各1件，骨锥1件。在出土的甑箅和甑的底部印有细布纹，也有的较粗，每平方厘米的经纬线各7—8根。

(5)滕县岗上村墓地遗迹。出土泥质红陶纺轮1件，泥质灰纺轮2件。在罐底上印有粗糙的麻布纹，每平方厘米内平均有7—8根经纬线。④

(6)胶东长岛县大钦岛北村三条沟墓地遗迹。出土的陶罐底部印有布纹的痕迹，系平纹织法，每平方厘米为8—11根，经稀纬密。⑤

根据以上出土资料分析可知:其一，大汶口文化时期出土布纹痕迹的遗

---

① 高广仁、任式楠:《山东曲阜西夏侯遗址第一次发掘报告》，《考古学报》1964年第2期。

② 中国社会科学院考古所山东工作队:《西夏侯遗址第二次发掘报告》，《考古学报》1986年第3期。

③ 山东省博物馆、山东省文物考古研究所:《邹县野店》，文物出版社1985年版，第43页。

④ 王思礼、蒋英炬:《山东滕县岗上村新石器时代墓葬试掘报告》，《考古》1963年第7期。

⑤ 北京大学考古实习队等:《山东长岛县史前遗址》，《史前研究》1983年第1期。

址较多,分布范围广,从鲁西直到胶东半岛的最东端。其二,大汶口文化时期的细布纹密度一般为每平方厘米7—8根,个别地方已达到每平方厘米10根,这可能就是当时的最高水平。其三,大汶口文化时期的东夷居民已有了专门从事纺织业的手工业者了。因此,可以说,大汶口文化时期,东夷人的纺织业已很普遍,纺织技术已达到相当高的水平。

3. 龙山文化时期的纺织业

龙山文化距今4600—4000年,其分布范围与大汶口文化晚期大致相当,即以泰沂山地为中心,西到聊城、菏泽、商丘和周口东部,南达淮河流域,东至黄海,北至鲁冀交界地带。这一时期出土的纺轮数量更大,较之前制作精细、形体轻巧,而且陶器上残留的布纹制作水平更高。这里,举出三处遗址出土的资料加以说明。

(1)胶州市三里河龙山文化遗址。该遗址除出土石质纺轮、骨锥外,还发现两件铜锥形器。[①] 据对实物的观察,铜锥一段稍粗,另一段较细,两端对接处的面积形状相近,可能是同一件铜锥的两段。[②] 尽管这仅仅是一件铜锥,但意义非同一般,它的出土标志着龙山文化时期金属(铜质)缝纫工具的产生,具有划时代的重大意义。

(2)潍坊姚官庄龙山文化遗址。该遗址出土的纺织业的考古资料反映了龙山文化时期东夷人纺织业的发展。一方面,从纺织工具看,在龙山文化灰坑及地层中出土的生产工具,共出土石器194件,其中石纺轮就有9件。骨角牙器共50件,而骨锥就占去了14件。出土的陶质生产工具共58件,而其中纺轮就多达43件,占出土陶质生产工具总数的74.1%。不难看出,纺织工具在生产工具中所占比例有很大的增加。纺织工具的大增表明龙山文化时期东夷人纺织业的进一步发展。另一方面,从布纹痕迹看,发现少数出土器物的底部留有布纹痕迹,反映了当时的纺织业又有发展。正如发掘报告所提出的那样:纺织在龙山文化中也在不断发展。与大汶口文化晚期的布纹相比,姚官庄龙山文化遗址中的布纹紧密而纤细,每平方厘米的经纬线可达10—11根,已与现代农家自织的粗布纹的粗细近似。这个时期的纺

---

① 吴汝祚:《山东胶县三里河遗址发掘简报》,《考古》1977年第4期。

② 孙淑芸、韩汝玢:《中国早期铜器的初步研究》,《考古学报》1981年第3期。

织工具一定有了不少的改进和提高，纺织技术亦日益熟练。[①]

（3）潍县鲁家口龙山文化遗址。该遗址出土的纺织资料相当丰富。一是纺织工具。共出土陶器102件，其中陶纺轮25件，占陶器总数的24.5%。此外，还有用陶片制作的纺轮25件，另有孔未穿透的半成品8件。出土骨针6件，骨锥6件。二是布纹痕迹。发现布纹陶片（多见于夹砂陶罐底部），布为平纹，经纬线密度为每平方厘米9—11根。[②]

需指出的是，龙山文化中出土的骨锥、骨针和骨梭，形制较前增多，“骨锥有几种不同的样式，扁平带孔的和粗针式的为普通样式。骨针有细长的，有一端带孔的，有两端都是尖的。骨梭是‘穿线以便织物的工具’，其形有二：扁平式，一端有尖，‘有的一端穿孔，有的两端穿孔’；空筒式，‘一端有尖，中部有孔，以备线之穿入’”[③]，这说明当时人们已经相当熟悉纺织和缝纫了。此外，龙山文化的骨梭，空筒式较扁平式为进步，可能是后世船形梭的雏形。[④]

根据上述遗址出土的考古资料可知，龙山文化时期东夷人的纺织手工业的生产技术水平比大汶口文化时期又有进步。其主要表现在：一是出土的纺织工具（主要是纺轮）在出土的生产工具中或陶器中所占比例较大，反映了该时期纺织业有相当的普遍性。二是金属缝纫工具的出现，标志着金属纺织工具的开始，这在纺织手工业的发展史上具有重大意义，在整个社会生产力的发展史上也是从石器走上金属工具的重大突破。

4. 岳石文化时期的纺织业

岳石文化时期为公元前1900—公元前1500年，它是由龙山文化发展而来的一种东夷人土著文化，属于王国时代，其分布范围与龙山文化大体一致。岳石文化遗址，同大汶口文化、龙山文化遗址相比，发现少得多，人们对岳石文化整个面貌的认识也有许多模糊之处。至于已发现的岳石文化纺织业的考古资料就更少了。仅就已公布的考古发掘资料看，能够反映岳石文化时期纺织业概况的，只有平度东岳石村、牟平照格庄和泗水尹家城三处

---

① 山东省文物考古研究所等：《山东姚官庄遗址发掘报告》，《文物资料丛刊（5）》，文物出版社1981年版。

② 韩榕：《潍县鲁家口新石器时代遗址》，《考古学报》1985年第3期。

③ 尹达：《中国新石器时代》，《尹达集》，中国社会科学出版社2006年版，第102页。

④ 张保丰：《中国丝绸史稿》，学林出版社1989年版，第61页。

遗址。

(1)平度东岳石村遗址。一是出土纺织工具陶纺轮2件。1件剖面成梭形,中央穿孔,两面都有弦纹。另1件,系用泥质灰陶尊底改制而成,器形较大,中央穿孔。石纺轮1件,扁圆形,中央钻孔。二是出土骨针8件。均在后端穿孔,其中有7件为细长形,制作精细;1件为扁平形,中部较宽,后端较窄,平顶。三是出土骨锥8件。其中有6件为长条形,1件为中空,1件为粗短。①

(2)牟平照格庄遗址。该遗址岳石文化层出土的纺织工具较丰富。一是纺轮17件。其中,陶纺轮15件,石纺轮2件。二是骨锥45件,角锥8件。长的是13.2厘米,最短的只有4.5厘米,一般在8—10厘米长。三是骨针135件,为骨器中数量最多者,磨制极精细。②

(3)泗水尹家城遗址。出土的纺织工具有:纺轮80件,骨锥53件,骨梭1件,角锥9件,牙锥8件,蚌锥18件,骨针35件。最重要的是发现铜锥2件,三棱形锥,两侧面内凹,平顶,扁尖,一件长6.1厘米,一件残长3.4厘米。③ 虽然数量较少,但它确凿地证明了岳石文化时期东夷人已掌握青铜冶炼技术,是东夷人社会生产力发展的又一标志。

岳石文化时期,除纺织工具外,至今尚未发现布纹痕迹,因此布纹密度如何不得而知。但仅从以上已出土的岳石文化时期的纺织缝纫工具的资料看,纺轮、骨针、骨锥数量较多,在生产工具中所占比例较大,特别是青铜锥的发现,表明了岳石文化时期东夷人纺织工具的进步和纺织业的发达。

从上述四个历史发展阶段的情况中可以看出:第一,纺织工具种类越来越多、数量越来越大,经历了从北辛文化中的骨锥、骨针和梭形器,到大汶口文化和龙山文化中的纺轮、骨针、骨锥、骨梭的演变。第二,纺织工具的质量越来越高、制作越来越精致,如骨针越来越细,从粗为7毫米细到0.3毫米不等;骨锥与骨梭也都出现了不同的形制,对后世纺织事业的影响很大;各种工具磨制越来越光滑。第三,直接出现了纺织品,在大汶口文化和龙山文化中直接出现了布纹,并且龙山文化中每平方厘米布纹密度为10—11根,

---

① 中国社会科学院考古研究所山东队等:《山东平度东岳石村新石器时代遗址与战国墓》,《考古》1962年第10期。

② 韩榕:《山东牟平照格庄遗址》,《考古学报》1986年第4期。

③ 山东大学历史系考古专业教研室编:《泗水尹家城》,文物出版社1990年版。

明显高于大汶口文化时期的8根左右。第四，岳石文化中器物上的刻纹和印痕表明，山东已开始对桑蚕业有了一定的认识，或许直接开始了植树养蚕活动。①

总之，东夷人在我国纺织手工业的发展史上作出了自己的巨大贡献，为以后齐鲁古国纺织业的蓬勃发展奠定了基础。从纺织原料到纺织技术、纺织机具，再到纺织经济贸易都取得了长足的发展，对秦汉的纺织发展及后来闻名于世的“丝绸之路”都起到了一定的铺垫作用。

（二）齐鲁时期的山东纺织业

齐鲁时期是指姜太公封齐、伯禽就封于鲁，到秦始皇灭齐（前221）这一历史时期，大致来说是西周初年（前1046）到公元前221年，共800多年的历史，包括西周、春秋和战国三个发展阶段。西周建立后，周政权周围存在着夏商遗族及夷狄等的威胁，为了保护周王室的安全，周王朝实行了分封制，齐、鲁两大诸侯国因此而建立。齐国经过姜太公、齐桓公、田齐威王等的励精图治，实力大增，逐渐成为诸侯国中的强国，并且在开疆拓土、逐鹿群雄的过程中，经济也得到了发展；鲁国则一直坚持奉行以农业为主的方针，所以鲁国的蚕桑丝绸业也得到相应的发展。②

1. 西周时期齐国、鲁国的纺织业

在西周时期，纺织生产已是社会生产的主要形式之一，并且成为国家赋税的主要来源之一，家庭手工业纺织生产已在社会经济中占有比较重要的地位。据《周礼》记载，西周初期，统治者对纺织手工业者设置专门机构和官吏进行管理，从纺、织到印染和服饰制造，都有专门机构和官吏管理，其分工比商代更细致。在天官下设有典妇功、缝人、典丝、染人等职，在地官下设有掌葛、掌染草等职，其中典妇功就是管理丝绸生产的纺织官员。

西周时期，《史记·齐太公世家》载，“人民多归齐，齐为大国”。《史记·货殖列传》也载：农、工、商、虞，“此四者，民所衣食之原也。原大则饶，原小则鲜。上则富国，下则富家。贫富之道，莫之夺予，而巧者有余，拙者不足。故太公望封于营丘，地泻卤，人民寡，于是太公劝其女功，极技巧，通鱼

---

① 姜颖：《山东丝绸史》，齐鲁书社2013年版，第14页。

② 姜颖：《山东丝绸史》，齐鲁书社2013年版，第23页。

盐，则人物归之，繦至而辐凑。故齐冠带衣履天下”。西周时期，齐国的纺织业有了相当的发展。齐地主要包括兖州、青州的大部分地区。《尚书·禹贡》载，兖州“厥贡漆丝，厥篚织文”，“织文”指绫罗一类的丝织品。而青州“厥贡盐絺，海物惟错。……莱夷作牧，厥篚檿丝”。其中，“絺”是指细葛布，而“檿丝”即指柞蚕丝。可见很早以前齐地就以盛产“织文”“檿丝”等纺织品而闻名于世。

从史料记载中可以知道，齐国生产的丝织品有绢、罗、绮、锦、绣、纱、纨、缣、縠、缟、绡、縠等品种。其中的纱是经纬丝纤细、经纬密度最小的丝织品，织物稀疏、轻薄。周代，纱已经作为礼服衣料在宫中使用。纨是平纹类织物中较为细密的丝织品，光泽极好。《释名》：“纨，涣也，细泽有光，涣涣然也。”《汉书·地理志下》注：“冰纨，纨细密坚如冰者也。”“冰纨”是指细致、鲜洁、纯白的丝织品，是平纹类织物中的上品。缣也是一种细密的丝织品，但它是用双根丝线并合，以增加丝线的宽度来达到致密的效果。《汉书·外戚传》注曰：“缣即今之绢也。”由此可见，当时对缣的定义是一种重平类织物。缣不但致密，而且增加了织物的厚度。縠与纱相似，也是一种轻薄、有孔眼的丝织品。縠的特点是织物表面有细微的皱纹，且形成孔眼。这种皱纹是将丝线加以强捻，并通过丝织物的脱胶使丝线产生退捻时形成的。这种工艺技术较复杂，具有一定的难度。绡、缟属于织后不谏的生丝织品。《说文》：“绡，生丝也。……未湅之丝曰绡。”《礼记·玉藻》疏：“缟是生绢。”罗是较为轻薄透孔的丝织物，经丝互相纠结，孔眼疏朗，与纱、縠相比孔眼更稳定、牢固，不会产生滑移。罗是丝织品中的上品，迄今所知的商周罗织物皆为四经绞的素罗。绮是平纹地起经浮花的提花织物，以不同浮长的经线反射光线的能力不同，形成暗花图案。绮与罗、縠一样，同属于较高档的丝织品。《战国策·齐四》曰：“下宫糅罗纨、曳绮縠，而士不得以为缘”，说的是这几种丝织品很珍贵。锦是“织彩为文”的彩色提花丝织物，是丝织品中最为精致、绚丽的珍品。锦因它的制作工艺复杂，耗时费力，技术含量高，故《释名》有“其价如金”的评语。《左传》中有“贿荀偃束锦、加璧”“子有美锦，不使人学制焉”等记载。①

西周时期，家蚕养殖遍及各国，而鲁国更为典型，以农业发达而著称，鲁

① 张越、张要登：《齐国染织工艺及对后世的影响》，《齐鲁学刊》2009年第2期。

地乃至鲁西南是一个“颇有桑麻之业”[①]之地。故《左传·哀公八年》有“舍于蚕室”句,“蚕室”为鲁国一地名,此地约在今临沂市平邑县境内。既然“蚕室”已被作为地理名称,那么当时肯定已经进行室内养蚕。这个时期的桑树有乔木式和灌木式两种,前者即荆桑,后者即地桑。地桑原由鲁地育成,所以也叫鲁桑。“荆桑多椹,鲁桑少椹。”[②]而且鲁桑植株矮,易于采摘,还枝繁叶嫩,产量也高。鲁缟、鲁锦等丝织品在当时已十分有名,都充分证明鲁国的桑蚕养殖达到了较高水平。

2. 春秋战国时期齐国、鲁国的纺织业

春秋战国时期,是我国历史上从奴隶社会向封建社会转变的时期,社会经济形态发生了巨大的变化,社会生产力得到了很大发展,纺织生产当然也有极大的进步,发展纺织业成了春秋战国时期各国富国强民、发展经济的重要国策。[③] 而山东纺织业的发展,除有得天独厚的自然条件外,也与政府的大力支持和鼓励有着直接的关系。

春秋时期,在鲁地,姬姓鲁国之祖周族原本就是一个善于经营农业的民族,极重视农业的发展,同时也发展了与农业有关的丝麻纺织业。《左传·成公二年》载:楚人伐鲁,“侵及阳桥,孟孙请往赂之。以执斫、执针、织纴,皆百人”。据杜预注:“执斫,匠人。执针,女工。织纴,织缯布者。”显然,后者为从事丝织工作的人。鲁缟是一种白色生绢,为鲁国著名的丝织品,后人称赞说:“强弩之末,力不能穿鲁缟。”[④]据《管子·轻重戊》载:“鲁、梁之民,俗为绨。”绨是一种质地粗厚、平滑而有光泽的丝织品。鲁国又生产锦,据载:鲁国的锦也可以货到齐国,其数量当不在少。虽然大概是由于气候与水土等原因,鲁地还很少发现当时遗留下来的织物,但可以肯定地说,鲁国的丝织品种类一定不少,而且比较精良,纺织业技术也达到了较高水平。[⑤]

春秋时期,在齐地,齐政府除了给种植丝麻生产者以“黄金一斤,直食八石”的奖励外,还特别把纺织业提到国计民生的高度。《管子·揆度》载:

---

① 《汉书·地理志下》。

② 《农书·种植》。

③ 张实:《先秦时期的纺织》,东华大学2006年硕士学位论文。

④ 《昭明文选·论盛孝章书》。

⑤ 杨朝明:《试论鲁国的重农传统和农业生产》,《中国农史》1990年第3期。

"上女衣五,中女衣四,下女衣三。农有常业,女有常事。一农不耕,民有为之饥者;一女不织,民有为之寒者。饥寒冻饿,必起于粪土。"

齐地纺织业的发达,已有丰富的考古资料为证。20 世纪 70 年代初,在临淄齐国故城郎家庄一号东周墓发掘时,发现了一批丝织品和丝编织物,共有绢、锦、丝编织物、刺绣残片、麻织品等五种。其中,绢,平纹组织,每平方厘米经丝 76 根,纬丝 36 根。锦,标本为经二重组织,每平方厘米约经丝 56×2根。丝编织物有两种:一种是手工缝制成的丝履鞋帮的部分,一种是丝履上鞋面的一部分。刺绣残片,在绢地上以丝缕用锁绣针法刺绣,以2—3道并成块面花纹。出土的麻织品,是麻布残片,每平方厘米经线 19 根,纬线 13 根。①

根据史料记载,齐国纺织品的精炼工艺主要包括练丝、练帛、练麻的技术。

(1)成熟的"涑丝"技术。蚕丝未练之前,丝胶较多,织物的手感硬。练后的蚕丝除去了表层的丝胶,织物也因此变得柔软,光泽也较柔和。春秋战国时期齐国的练丝技术已经比较成熟,出土的各种丝织品绝大部分是练过的熟丝,质感和手感都很好。

(2)精湛的"涑帛"技术。丝织物的脱胶工艺称为"涑帛"。《考工记》中对涑帛工艺技术有明确记载:"涑帛,以栏为灰,渥淳其帛,实诸泽器,淫之以蜃。"

(3)麻纤维的精练技术。麻纤维的精练也叫"脱胶",古代称作"治"。由于齐国当时的普通民众毕竟还是以麻质纤维的衣物为主,所以当时齐国的练麻技术也是相当完备的。

这里要特别指出的是,周村丝绸,齐本产丝名地,练纨织造,在春秋时代已负盛名。至战国之世,于陵织造绵绸更为当时所称许。而织户之多,实占齐境织绸区之冠。

上述说明,春秋战国时期,从纺织品制作技术看,山东的纺织水平已相当高,纺织业十分发达,对秦汉的纺织发展及后来闻名于世的"丝绸之路"都起到了一定的铺垫作用。②

---

① 陈冬生、王赛时主编:《山东经济史(古代卷)》,济南出版社 1998 年版,第 122 页。

② 张越、张要登:《齐国染织工艺及对后世的影响》,《齐鲁学刊》2009 年第 2 期。

3. 春秋战国时期的鲁绣

鲁绣即“山东绣”，又称“衣线绣”，亦称“墨绣”，系文献中记载最早的绣种之一，是中国北方民间刺绣的代表。它最迟自春秋战国时期在齐鲁大地起源，传承至今已有2600多年的历史。鲁绣是山东省非物质文化遗产的重要组成部分。

刺绣最早是用于服装上的装饰，主要为帝王公卿享用。到了春秋战国时期，礼崩乐坏，刺绣便由帝王公卿的章服发展到民间。当时齐鲁地区的织绣最为发达，素有“齐纨”“鲁缟”之说，可见，这一地区妇女高超的刺绣技艺已闻名全国。《史记·货殖列传》上有所谓“冠带衣履天下”之称，汉代学者王充也曾在《论衡》一书中感叹道：“齐郡世刺绣，恒女无不能。”这说明当时刺绣已相当普及。①

四、先秦时期山东的制盐业

山东位于我国东部沿海，海岸线长达3000余公里，海岸地貌以海岸滩涂和泥质海滩为主。山东的气候属暖温带季风气候，据研究，四五千年前，山东大部分时间的年平均气温高于现在2℃，要温暖湿润得多，植被茂盛。漫长的海岸线、优越的海岸地貌、四季特点分明的气候，为山东古先民发展盐业提供了得天独厚的条件。山东古先民在长期的生活、生产实践中，不断积累经验，使山东的盐业由小而大，逐渐发展起来。②

（一）先周时期山东的盐业

盐是人类生活不可或缺的物质，尽管我们无法知道人类从什么时候开始食用盐，但是从山东分布密集而广泛的史前文化遗存可以断定，山东地区有着丰富的盐业资源可供远古居民选用，即所谓古先民“向盐而居”，否则，在无盐的条件下要想进行正常的生活、生产是不可想象的。据文献记载，传说中的黄帝、尧、舜都在山东留有他们活动的痕迹。《史记·五帝本纪》载：“（黄帝）东至于海，登丸山，及岱宗。”岱宗即泰山，“丸山”据《括地志》记载：“丸山即丹山，在青州临朐县界朱虚故县西北二十里，丹水出焉。”至尧

① 山东省博物馆编：《山东省博物馆藏鲁绣精粹》，文物出版社2010年版，第5页。
② 吕世忠：《先秦时期山东的盐业》，《盐业史研究》1998年第3期。

时,命羲仲理东方嵎夷青州之地,直接把青州作为其辖区。舜即位后,巡视东方至于岱宗,在羽山杀了治水无方的鲧。《括地志》称:“羽山在沂州临沂县界。”由此看来,黄帝、尧、舜之所以选择在山东一带活动,除了山东地区当时的经济文化发展水平较高外,另外应当有一个很重要的原因,就是山东有丰富的盐业资源,能满足人体之所需。

山东古代先民懂得食用盐经历了一个极其漫长的过程,开始时应该是偶然尝到了天然盐或咸水,感觉比较好,于是转而有意识地找盐、食盐。盐的食用,增强了古先民的体质,也增加了他们的智慧,于是他们便开始有目的地生产盐——盐的生产应该是这样开始的。

从盐业史的角度看,最早的盐业生产是煮盐即煮海为盐。煮海为盐起码要具备三个条件:一是认识到海水中含有盐分,可以加工食用;二是火已被广泛利用,燃料充足;三是手工制品水平高,可用于煮盐。到大汶口文化时期,山东地区已具备了上述条件。前两个条件不言而喻,第三个条件,大汶口文化时期,已经产生了制陶器的手工业者,陶器生产形成一定规模,达到了一定水平。所以,山东的煮盐业应始于大汶口文化时期,这与文献所载也是一致的。据《世本·作》篇记载:早在公元前2600年(亦即大汶口文化时期),胶东地区就有“夙沙氏煮海为盐”。夙沙氏又称宿沙氏,当为大汶口文化时期居住在胶东地区的一个部族或酋长,煮海为盐或许为集体智慧的结晶,后被托于一人。

到了夏代即岳石文化时期,山东土著居民——夷人的力量相当强大,其经济、文化均达到了很高的水平,对夏王朝构成了严重威胁,东夷首领中的后羿、寒浞居然先后摄代夏政,成为夏王朝不得不专门对付的一股强大势力,夏王朝统治者不得不更加注意这一地区。这一时期,山东的盐业已初具规模,并且成为全国重要的海盐产地。唯其如此,禹行九州定贡物时,盐被定为青州的贡物,这在其他地区是没有的。《史记·夏本纪》称:“海岱维青州,堣夷既略,潍、淄其道。其土白坟,海滨广泻,厥田斥卤。田上下,赋中上。厥贡盐絺,海物维错,岱畎丝、枲、铅、松、怪石,莱夷为牧,其篚酓丝。浮于汶,通于济。”

商代前期,国都数次迁移,但都离不开鲁西南一带,离出产海盐的青州相去不远。盘庚迁殷后,殷都离青州也不远。这一时期,山东地区的经济文化水平较之夏代有了更进一步的发展,与商王朝的关系比夏代要密切得多,而且有几个势力较大的方国,如薄姑、奄、莱。青州作为向王朝贡海盐的基地没有改变,人们还认识到了食盐在烹调中的作用,所谓“若作和羹,尔惟盐梅”[①],说明饮食文化的发达。姜太公为商末周族重臣,他不能不注意到山东的盐业资源。周初分封,他一到齐国,即将盐业确立为齐国国民经济的主要产业,这从一个侧面反映了商代山东盐业的发展情况。

商代是青铜器高度发达的时期,在山东济南、平阴等地都曾发现过商代青铜器作坊遗址,证明商代山东青铜冶炼手工业之发达。考虑到商代的青铜器主要是礼器和兵器,而且主要供王室使用,所以可推测出商代山东煮海盐使用的工具仍然是陶器,使用青铜器的可能性不大。

目前,有些甲骨文、金文和竹简文字等资料可能直接或间接涉及山东地区商代的盐业情况。《尔雅》:“盐,卤也,天生曰卤,人生曰盐。”东周时期开始出现“盐”字。甲骨文中“卤”字即为“盐”字。“卤小臣其又(有)邑”[②],杨升南先生认为,望乘、妇好、唐这样的贵族才有封邑,拥有邑的“卤小臣”,在武丁朝中的地位是不会很低的,其职位可能是主掌武丁朝的盐务大臣。“壬午……令……取卤。二月”[③],“取卤”意指商王自产盐地征收所需的盐。“(不)氐(致)卤”[④],“己酉卜,宾,贞戎卤。[?]氐(致)卤五”[⑤]。“致盐”即诸侯或臣下、贵族向王贡纳盐物。[⑥] 杨升南等学者认为,甲骨文所记录的盐业活动发生在晋西南盐池一带,武丁征伐西北的目的之一就是保护那里的盐业资源。[⑦] 有学者根据考古发现和晚商考古学文化的分布,认为晚商时期(殷墟时期),商人的势力已退出晋西南地区。[⑧] 但恰巧这个时期,渤海南部沿海地区,殷商文化、经济、聚落突然繁荣起来,出现了多处规模巨大的制盐

---

① 《尚书·商书·说命下》。

② 《甲骨文合集》5596。

③ 《甲骨文合集》7022。

④ 《甲骨文合集》19497。

⑤ 《甲骨文合集》7023。

⑥ 释文依杨升南,见《从“卤小臣”说武丁对西北征伐的经济目的》,台湾师范大学国文系等编《甲骨文发现一百周年学术研讨会论文集》,台北文史哲出版社有限公司 1998 年版,第 221—226 页。

⑦ 释文依杨升南,见《从“卤小臣”说武丁对西北征伐的经济目的》,台湾师范大学国文系等编《甲骨文发现一百周年学术研讨会论文集》,台北文史哲出版社有限公司 1998 年版,第 221—226 页。

⑧ 刘绪:《商文化在北方的进退》,发表在 2006 年台北“周边与中心:殷墟时期安阳及安阳以外地区的考古发现与研究”学术研讨会上的论文。

遗存群,形成了不同功能区聚落格局,说明这里应是商王朝(商代晚期)的盐业生产中心。[①] 因此,甲骨文中所提及的盐(卤)业活动可能与这一带有关。

1957 年,村民在山东滨城(今山东滨州)兰家遗址取土时发现了一批商代铜器,时代属于殷墟三、四期。其中一件铜卣有铭文,方辉先生隶定为“卤”,并以此论证了这里的出土遗物与商代盐业活动有关。[②]

荆门包山二号楚墓第 147 号简[③],有“陈[?]、宋献为(楚)王煮盐于海”一段话,是目前最早的言及煮海盐的记载。林沄先生认为,“陈”字为齐国田氏之陈的写法,陈[?]可能是来自齐国的煮盐技师。[④]

有必要指出的是,夏商时期青州向王朝提供的盐贡,还不能说是严格意义上的盐税,但可以肯定,盐贡已是盐税的雏形。

(二) 西周、东周时期山东的盐业

西周时期,山东的盐业得到了进一步的发展,主要原因是:其一,夏商两代山东的盐业生产已初具规模,为王朝所倚重。王朝的倚重,又反过来刺激着山东的盐业生产,从而为西周时期山东盐业的发展打下了良好的基础。其二,周初,佐周灭商的功臣吕尚东封于齐。吕尚是周朝创业的关键人物,对海盐在生活中的地位了如指掌,而且他所就封的齐国,正是青州之地,自然条件很差,不利于发展农业生产,但吕尚没有丧失信心,而是因地制宜,提出了“便鱼盐之利”的发展鱼盐业的方针。这一方针的确立,不仅为齐国找到了自身的经济优势,培育了齐国经济的增长点,而且客观上推动了山东的盐业生产。《史记·货殖列传》称:“故太公望封于营丘,地泻卤,人民寡,于是太公劝其女功,极技巧,通鱼盐,则人物归之,繦至而辐凑。故齐冠带衣履天下,海岱之间敛袂而往朝焉。”[⑤]

西周王朝高度重视盐的使用,为此专门设置了“盐人”。《周礼·天官冢宰·盐人》载:“盐人掌盐之政令,以共百事之盐。祭祀,共其苦盐散盐。

---

① 北京大学中国考古学研究中心鲁北沿海地区先秦盐业考古课题组(燕生东、兰玉富):《2007 年鲁北沿海地区先秦盐业考古工作的主要收获》,北京大学震旦古代文明研究中心编《古代文明研究通讯》2008 年总第 36 期。

② 方辉:《商周时期鲁北地区海盐业的考古学研究》,《考古》2004 年第 4 期。

③ 湖北省荆沙铁路考古队:《包山楚简》图版六十七,文物出版社 1991 年版。

④ 林沄:《读包山楚简札记七则》,《江汉考古》1992 年第 4 期。

⑤ 吕世忠:《先秦时期山东的盐业》,《盐业史研究》1998 年第 3 期。

宾客,共其形盐散盐。王之膳羞,共饴盐。后及世子亦如之。凡齐事,鬻盐以待戒令。”这里不仅列举了盐的不同用途,而且还列举了盐的种类。设官管理盐的使用,证明西周时期盐文化已发展到相当的水平。《周礼》中提到的散盐是海盐,也就是山东贡的海盐。海盐比较珍贵,只在祭祀和接待宾客时才使用,周王室的膳食中也没有,而是以其他盐代替。这一方面说明当时山东的海盐生产能力比较低,产量少,无法满足王朝大量的海盐需求,另一方面也反映出山东距周王朝路途遥远,贡海盐极其艰苦。①

因此,我们说西周时期山东的盐业有了进一步的发展,是相对于夏商而言的。对于西周时期山东的盐产量,我们不能估计过高。可贵之处在于,姜太公将盐业作为齐国国民经济的主要产业,初步建立了盐外贸体系,既带动了山东地区盐业的发展,也促进了山东经济的发展。

除齐国外,位于胶东半岛的莱国也是一个较强大的诸侯国。莱国三面环海,盐业生产开展较早,在山东盐业中占有重要地位。但因史料不足,难述其详。

据《管子·轻重甲》《管子·地数》《管子·海王》等篇记载②,东周时期齐国首次施行了食盐官营制度。综合学者们的研究,其食盐官营制度主要包含了以下内容。③ 首先,食盐的民产、官征收制度。《管子·轻重甲》说“齐有渠展之盐,请君伐菹薪,煮沸火为盐,正(同征)而积之”,“十月始正(征),至于正月,成盐三万六千钟”,盐是征收而来,说明制盐非官为;又说“孟春既至,农事且起”,“北海之众,无得聚庸而煮盐”。看来,政府对民产的控制,主要表现在对食盐资源的管理和生产时间上。其次,实行食盐官府专运,无论本地产还是由外输入,皆由政府统制经营,还利用官府的限产,待食盐价格上涨后,再“以四什之贾(价),循河、济之流,南输梁、赵、宋、卫、濮阳”④。最后,是食盐的官卖,除食盐出口和转手贸易外,管仲特别强调在国内的官卖,按人口卖盐征税。《管子·海王》载:“海王之国,谨正盐筴。”所谓“盐”就是按人口册籍出卖食盐,以稳收盐利。曾仰丰先生曾精辟地指出:“管子之意,以盐为人民日用所必

① 吕世忠:《先秦时期山东的盐业》,《盐业史研究》1998 年第 3 期。

② 张固也:《〈管子·轻重〉成书年代新论》,《国学研究》第十一卷,北京大学出版社 2003 年版,第 129—146 页。

③ 郭正忠主编:《中国盐政史(古代篇)》,人民出版社 1999 年版,第 26—28 页。

④ 《管子·地数》。

需,若明令征税,则人民鲜有不疾首蹙额呼号相告,以图抵抗者,不如寓租税于专卖之中,使人民于不知不觉之间,无从逃脱,则盐利收入,其数必巨,公家不必另筹税源,而国用已足,此乃专卖之优点,故《海王》一篇,实为千古言盐政之祖。"①管仲的盐禁制度,在中国盐业发展史上具有重要的地位。食盐之官营,虽不大利于民却大利于国家。自此,秦汉以降的历朝历代,盐业管理制度继承了管仲的食盐官营政策并日趋严密。

(三) 春秋战国时期山东的盐业

姜太公封于齐时,只有自然条件差的方圆百里之地,而且局势很不稳定,莱国曾多次与之争营丘。西周一代,齐国虽经两次迁都,终于站稳了脚跟,但其版图并没有大的扩展。春秋时期,这种状况有了改变。这一时期,齐国国力有了较大提高。公元前690年,齐襄公灭纪国。公元前685年,齐桓公即位,开始扩张领土,公元前684年灭谭国,公元前681年灭遂国。公元前567年(齐灵公时)齐又灭莱、破棠。至是,山东半岛及鲁北地区才尽入齐之版图。我们说的山东的盐业主要是齐国的盐业。

如果说西周时期山东的盐业生产、流通尚处于无政府状态的话,那么春秋时期那种无政府状态完全改变了。改变的标志是管仲在齐国厉行的改革。

管仲相齐后,协助齐桓公在齐国推行了一系列的重大改革。这些改革措施中,影响最大、效益最显著的改革莫过于推行"官山海"之策了。所谓"官山海",即实行盐铁专卖,因为盐和铁都是人们生产生活中一日不可或缺的物资,在生产力处于较低水平的春秋时期,盐、铁无疑是特殊的产品,具有战略意义。管仲认为,实行盐铁专卖,国君就可以依靠盐、铁之利保证国家机器的正常运转,无须开辟其他税源。

管仲认为,要实行盐的专卖,首先要正盐策,即征税于盐之策。管子说:"十口之家十人食盐,百口之家百人食盐。终月,大男食盐五升少半,大女食盐三升少半,吾子食盐二升少半。此其大历也。盐百升而釜。令盐之重升加分强,釜五十也。升加一强,釜百也。升加二强,釜二百也。钟二千,十钟

① 曾仰丰:《中国盐政史》,上海书店出版社1984年版,第6页,根据商务印书馆1937年版影印。

二万，百钟二十万，千钟二百万。万乘之国，人数开口千万也。禺策之，商日二百万，十日二千万，一月六千万。万乘之国，正九百万也。月人三十钱之籍，为钱三千万。今吾非籍之诸君吾子，而有二国之籍者六千万。使君施令曰：吾将籍于诸君吾子。则必嚣号。今夫给之盐策，则百倍归于上，人无以避此者，数也。”①也就是说，管仲的正盐策，是按照人口数预算耗盐量，将人头税附加到盐价中，不再另征人头税。这样任何人都无法逃避，于不知不觉中交纳了税收。管仲不愧为千古理财能手，实际运作中尽管未必像他算得那么精确，但寓税于盐比单纯征税至少多获利一倍，而且不致激化矛盾。

为了限制盐的产量，并不误农业生产，管仲规定：“孟春既至，农事且起。……北海之众，无得聚庸而煮盐。若此，则盐必坐长而十倍。”②从“聚庸而煮盐”看，当时的生产规模是比较大的，场面比较壮观。

为了获取最大的盐业利润，管仲看到单靠齐国的生产能力难以达到目的，于是他向齐桓公提出了“因人之山海”的策略。他说：“因人之山海假之。名有海之国雠盐于吾国，釜十五，吾受而官出之以百。我未与其本事也，受人之事，以重相推。”③与此相配套的措施是“通齐国之鱼盐于东莱，使关市几而不征”，即免除关税，从东莱进口盐（每釜十五），齐国再以官价（釜一百）出卖，从中赚取五倍多的差价。

管仲看到，没有海盐资源的诸侯国须受食于人，而且他们需求量大，必然要依靠齐国供给海盐。用这种人人都必须消费的特殊商品作为一种贸易手段，无疑会增强本国的经济实力。为此，管仲建议齐桓公：“请以令粜之梁、赵、宋、卫、濮阳。彼尽馈食之也。国无盐则肿，守圉之国，用盐独甚。”④此举一出，齐国得成金万余斤。无盐之国明知齐国故意加价，怎奈“国无盐则肿”，也不得不源源不断地进口齐盐。显然，管仲把盐当成了削弱邻国、充实齐国的工具。

管仲时期，齐国境内的煮盐业，以民制为主，官制为辅，有计划地组织生产，然后由官府统一收购、统一定价、统一销售，并且建立了盐外贸体制，进出口亦由官府垄断。管仲独擅盐利的政策，春秋时期齐国年产盐达 36000

① 《管子·海王》。
② 《管子·轻重甲》。
③ 《管子·海王》。
④ 《管子·轻重甲》。

钟(1 钟合今 384 千克)[1],使齐国迅速走上了富强之路,不久,齐桓公成为春秋首霸。

那么,管仲时期山东的盐产区又在何处呢?《管子·轻重甲》云:“今齐有渠展之盐,请君伐菹薪,煮沸水为盐,正而积之。”“渠展”在何处已不可考,“沸水”即“济水”。可以推断,临淄北部沿渤海一带应为齐国的盐产区。位于胶东半岛的莱国,也是山东地区的一大盐产区,所以管仲才“通齐国之鱼盐于东莱”。公元前 567 年齐灭莱以后,齐国便据有了山东的绝大部分盐产区。

春秋后期,齐景公废除了民制为主、官制为辅的制盐政策,改民制为官制,尽夺民利,且卖价昂贵,百姓怨声载道。晏婴为此提醒过齐景公,他说:“山林之木,衡鹿守之;泽之萑蒲,舟鲛守之;薮之薪蒸,虞候守之;海之盐蜃,祈望守之。……布常无艺,征敛无度……民人苦病,夫妇皆诅。”[2]除了盐外,还提到了其他山林薮泽之产。齐景公也还能听取晏婴的意见,使有司宽政、毁关、去禁、薄敛、已责,让利于民。尽管如此,春秋末期的齐国仍不可避免地为陈氏所取代。晏婴早在公元前 539 年已看出端倪,他说:“此季世也,吾弗知。齐其为陈氏矣。公弃其民,而归于陈氏。齐旧四量,豆、区、釜、钟。四升为豆,各自其四,以登于釜。釜十则钟。陈氏三量,皆登一焉,钟乃大矣。以家量贷,而以公量收之。山木如市,弗加于山;鱼、盐、蜃、蛤,弗加于海。民参其力,二入于公,而衣食其一。公聚朽蠹,而三老冻馁。国之诸市,屦贱踊贵。民人痛疾,而或燠休之。其爱之如父母,而归之如流水。欲无获民,将焉辟之?”[3]

陈姓(田氏)行阴德,大量贷,小量收,其中就有盐。经过几代人不懈的努力,陈姓(田氏)完成代齐的事业,姜齐政权变成了田齐政权。在这里可以说,盐是陈姓(田氏)夺取政权的一种工具。

经过春秋时期大国争霸兼并之后,到战国时期,山东除齐国外,只剩下鲁、莒、邹、郯、任、薛、滕等国。鲁、莒等国国力日益削弱,先后为大国所灭。只有齐国日益发展壮大,成为“战国七雄”之一,在历史舞台上发挥了重要作

---

① 山东省地方史志编纂委员会:《山东省志·一轻工业志》,山东人民出版社 1993 年版。

② 《左传·昭公二十年》。

③ 《左传·昭公三年》。

用,为战国史写下了光辉的篇章。

当时的齐国,可谓国强民富,兵强马壮,到处呈现一片蓬勃发展、繁荣昌盛的景象。《战国策·齐策一》是这样描述的:"齐南有太山,东有琅邪,西有清河,北有渤海,此所谓四塞之国也。齐地方二千里,带甲数十万,粟如丘山,齐车之良,五家之兵,疾如锥矢,战如雷电,解如风雨。即有军役,未尝倍太山、绝清河、涉渤海也。临淄之中七万户,臣窃度之,下户三男子,三七二十一万,不待发于远县,而临淄之卒,固以二十一万矣。临淄甚富而实,其民无不吹竽、鼓瑟、击筑、弹琴、斗鸡、走犬、六博、蹋鞠者;临淄之途,车毂击,人肩摩,连衽成帷,举袂成幕,挥汗成雨;家敦而富,志高而扬。"

自管仲创"官山海"始,以税收为目的,历行国家专卖、官营专卖、间接专卖、"折中法"、"盐钞法"、"钞法"、"引法"、"开中法"、"纲法"、"票法"等。①《史记·货殖列传》描述说:"齐带山海,膏壤千里,宜桑麻,人民多文彩、布帛、鱼盐。临淄亦海岱之间一都会也。"

战国时期,齐国完全据有胶东半岛和鲁北地区,基本控制了海岸线,沿海的盐业资源取之不尽、用之不竭,而且政令统一、畅通无阻。自太公以来,齐国历代统治者都十分重视盐业生产,至齐桓公时代更上一层楼,在产、供、销等方面积累了丰富的经验,盐业成为齐国的主要产业。田氏行阴德时,盐也是重要物资,因而田齐政权重视盐业亦属情理之中的事情。鼓风设备的使用,大大提高了煮盐的能力,在煮海史上具有划时代的意义。战国时期虽有燕国的海盐和楚国的海盐以及河东、西北的池盐,但在列国市场上均无法和齐盐抗衡。

战国时期,社会经济全面进步,齐国走在前列。农业、手工业、商业的发展及人口的增加、水陆交通的发达、城市的发展,对齐国盐业的发展无疑都起了巨大的推动作用。

农业的发展,为盐业提供了充足的粮食保证和其他农副产品的供应;手工业的发展,为盐业提供了诸如鼓风机、铁器一类的生产工具以及一大批消费盐的手工业工人;商业的发展,促进了盐业的流通。根据考古发掘

① 山东省地方史志编纂委员会:《山东省志·一轻工业志》,山东人民出版社 1993 年版,第 87 页。

出土的各种齐币及齐币铸范地点来看，在整个现今的山东及其相邻地区，均有齐币出土，可见齐国商业之发达。人口的增加，一方面加大了盐的需求量（其他诸侯国人口的增加必然加大盐的消耗量，亦不得不加大进口齐国海盐的数量），另一方面为盐业生产提供了劳动力资源。据学者考证，齐国境内有6条陆上交通线和1条水路可与境内外联系，如此发达的交通，在当时其他诸侯国并不多见，为盐的运销提供了有利条件。经济发展的一个重要结果是城市的发展，临淄就是战国时期最大的都市之一，城市居民的饮食水平一般比较高，也比较讲究，饮食文化发达，盐的消费自然要大一些。

战国时期，战争成为社会的主旋律，齐国也未能幸免。为了支付庞大的军费开支，齐国不得不想尽一切办法增加财政收入，而大力发展盐业生产无疑是一个最简捷、最有成效的办法。从这个意义上讲，战争又是战国时期齐国盐业的助推器。

考古发现的五枚战国"徙盐之玺"铜玺，赵平安先生认为，铜玺没有边框，上面有突出部分，属于典型的齐玺风格，徙盐应为齐国与盐运输有关的官名。① "徙盐之玺"是在食盐的流通过程中使用的官印，其目的是保证盐的正常流通以及有效征税或避免重复征税。"徙盐之玺"铜玺的发现，从一个侧面说明春秋战国时期齐国对食盐销售的控制。

春秋战国时期山东的煮盐工具，仍然以陶器为主。从当时的冶铁、冶铜水平推断，有可能使用过铁锅、铜盘一类的东西，因无确切资料，阙疑可也。

综合上述情况，可以得出关于先秦山东盐业的几个结论：

一是先秦时期山东是世界上盐业生产开展最早的地区之一，至少可追溯到公元前2600年亦即大汶口文化时期。事实上，先秦山东古先民偶然尝食盐的情况当更早一些，只是谈不上生产罢了。山东古先民为后世山东及全国的盐业奠定了基础，为中国盐业乃至世界盐业作出了不朽的贡献。

二是先秦山东得地利之便，盛产海盐。海盐亦即《周礼》中所讲的"散盐"。山东的海盐除自己消耗外，还必须向王朝进贡。在春秋战国时代，还向周边国家提供了大量的海盐，换回了巨额利润。山东的海盐在整个先秦时代都占有举足轻重的地位，非其他地区、其他盐种可比。

---

① 赵平安：《战国文字中的盐字及相关问题研究》，《考古》2004年第8期。

三是管仲开世界史上盐专卖的滥觞。管仲首创的盐专卖及其创立的其他有关盐业的生产、流通、管理体制，为我国盐业发展作出了巨大贡献，被誉为“千古盐政之祖”，其影响至今犹存。

四是盐业在先秦山东政治生活中尤其是齐国的政治生活中发挥了巨大作用。夏、商、周王朝需要仰赖于山东的盐，因而不能不格外看重山东。周初分封，封吕尚到山东，原因固然很多，但是山东的鱼盐之利不能不说是一个诱因。齐国擅海盐之利得以存在，又因盐之利成为“春秋五霸”之首、“战国七雄”之一，盐甚至可以说是齐国的立国之本。在自然经济条件下，拥有海盐资源的山东在政治生活中比其他地区发挥更大的作用也是情理中的事。

五是先秦山东的盐产量并不高。这主要是由当时的生产力水平所决定的。即使如《管子·轻重甲》所载“十月始正，至于正月，成盐三万六千钟”，这三万六千钟若按人均占有量也仍然是比较少的，更何况还要用于进贡、外销。可以肯定的一点是，时代愈往后产量愈高。

五、先秦时期山东的铜器制造业

东夷人究竟何时发明并使用铜器，目前学术界的观点不尽一致。这里，我们根据已有的考古资料作以下阐述。

（一）东夷人的铜器制造业

据现有考古资料分析，东夷人最早使用金属（铜）工具可能始于大汶口文化时期。因为在泰安大汶口一号墓出土的一件孔雀绿色骨凿，经化验，含铜量为9.9%，证明为铜质所污染，污染源可能是铜器。又根据当时出土的白陶，经过实验得知：烧制白陶的窑温达1200—1400摄氏度，而纯铜的熔点只有1085摄氏度。白陶的烧制温度早已超过了冶炼铜的温度。这为大汶口文化时期出现炼铜技术提供了客观可能性。但在已发现的大汶口文化遗址里，至今尚未发现真正的铜器。[①]

东夷人真正的铜器最早发现于龙山文化遗址。现已发现出土铜器的龙

---

① 陈冬生、王赛时主编：《山东经济史（古代卷）》，济南出版社1998年版，第43页。

山文化遗址有6处:胶县三里河遗址出土2件铜锥形器。[①] 临沂大范庄出土过铜工具。[②] 诸城呈子遗址又发现铜片。[③] 日照尧王城遗址出土过一些铜渣。[④] 栖霞杨家圈遗址发现残铜条1件和一些铜渣。[⑤] 长岛县店子遗址也发现残铜片。[⑥] 其中,对胶县三里河遗址出土的铜锥进行化验的结果是:铜锥属黄铜器,系铸造,但含杂质较多,有锌、锡、铅、硫、铁、硅等成分。黄铜器成分中含有如此多的杂质,“说明所用原料是不纯的,熔炼方法是比较原始的”[⑦]。但黄铜的出现又一般晚于青铜。因此,学者多认为,山东龙山文化时期的东夷人已经掌握了冶铜所必需的高温条件,已有了自己的冶炼铜和制铜手工业,“龙山文化已经进入铜器时代”。

岳石文化时期,东夷人已学会了冶炼铜和锡的合金——青铜。山东出土的铜器主要有:牟平照格庄遗址,出土1件完整的铜锥;[⑧]泗水尹家城遗址出土铜器较丰富,有镞1件、刀5件、锥2件、环1件、铜片5件;[⑨]益都赫家庄遗址发现青铜小件。[⑩] 牟平照格庄遗址铜锥鉴定为青铜,尖锋利,长6.2厘米,径0.5厘米。其化验“以激光光谱分析含铜为大量,锡为中等,还有少量铁、银、铬和微量铅,是一种含杂质的青铜”[⑪]。以上出土铜器资料尽管不多,但大多数是铜质生产工具,表明岳石文化时期制铜业又有进一步发展。

山东出土的商代青铜器,包括两类:一类出土地点与器物年代确切或比较确切,另一类出土地点与器物年代基本确切。从收集的公开发表的资料来看,截至2008年12月底,山东出土商代有铭青铜器的数量有295件,铭

---

① 吴汝祚:《山东胶县三里河遗址发掘简报》,《考古》1977年第4期。

② 临沂地区文管所、日照县图书馆:《日照尧王城龙山文化遗址试掘简报》,《史前研究》1985年第4期。

③ 严文明:《论中国的铜石并用时代》,《史前研究》1984年第1期。

④ 临沂地区文管所、日照县图书馆:《日照尧王城龙山文化遗址试掘简报》,《史前研究》1985年第4期。

⑤ 山东省文物考古研究所等:《山东栖霞杨家圈遗址发掘简报》,《史前研究》1984年第3期。

⑥ 严文明:《论中国的铜石并用时代》,《史前研究》1984年第1期。

⑦ 陈冬生、王赛时主编:《山东经济史(古代卷)》,济南出版社1998年版,第48页。

⑧ 韩榕:《山东牟平照格庄遗址》,《考古学报》1986年第4期。

⑨ 山东大学历史系考古专业教研室:《泗水尹家城》,《考古学报》,文物出版社1990年版,第202—204页。

⑩ 中国考古学会:《中国考古学年鉴(1984年)》,文物出版社1985年版,第118页。

⑪ 孙淑芸、韩汝玢:《中国早期铜器的初步研究》,《考古学报》1981年第3期。

文337篇。[①]

山东有商代青铜器出土并见诸资料发表的计有济南、长清、平阴、章丘、桓台、潍坊、寿光、青州、安丘、滨州、惠民、泰安、新泰、滕州、邹县、泗水、费县、苍山、沂水等地，涉及青铜器组群近60批。时代从二里冈上层时期延续至商代末期，门类十分庞杂繁多，几乎囊括了目前中原地区所见的各种器类。山东地区出土的商代青铜器的分型定式，包括鼎、瓶、鬲、簋、豆等食器类，爵、觚、觯、角、斝、罍、尊、卣、方彝、盉、斗等酒器类和水器类（盘）等三类青铜器；青铜乐器的分型定式，主要为铙、铃两类器物；青铜兵器的分型定式，主要包括钺、戈、矛、刀、镞等五类器物。

山东地区出土的商代青铜器可以划分为6段。[②]

第1段，遗存不丰富，出土青铜器地点较少，主要见于长清归德前平，济南大辛庄，滕州大康留、吕楼、轩辕庄、前掌大等地点。这一阶段遗址均集中在泰沂山脉一线以西的地区，主要位于山东与中原接壤的平原地带上，范围非常小。主要器形有鬲、爵、觚、耳、斝、尊、盉、戈、镞等。总体而言，此段青铜器出土地点较少，数量较少，种类也较少。

第2段，遗存非常不丰富，出土青铜器的地点很少，主要见于滕州前掌大、济南大辛庄、桓台史家等地。此段遗址较之前段铜器分布地点少，向山东地区腹地的延伸主要表现在鲁北地区已经达到淄水流域。主要器形有圆鼎、爵、觚、斝、戈等，此外还有铜盘、铜钺、铜刀等。总体而言，本段青铜器出土地点少，数量和种类均较少。

第3段，遗存不丰富，出土青铜器地点大大增加，主要见于济南大辛庄，长清小屯，泰安龙门口，桓台史家，青州苏埠屯，潍坊桑家庄，惠民大郭，滕州级索、井亭，沂水信家庄等地。此段青铜器分布范围较广，鲁北和鲁南地区都有较大的延伸：鲁北地区青铜器的分布地点已经越过淄河流域，而在潍河流域有所分布，并且向北延伸至惠民地区；鲁南地区的青铜器分布地点已经跨过鲁中南，而在鲁东南的沂水地区有零星分布。主要器形有方鼎、圆鼎、爵、觚、卣、铃、钺、戈、矛、刀、镞等，此外还有铜甗、盘、铙、钺等器。总体而言，本段铜器出土地点多，数量和种类均有明显增加。

---

① 张晓明：《山东出土商代青铜器铭文字频状况探析》，《管子学刊》2012年第1期。

② 曹艳芳：《山东出土商代青铜器研究》，山东大学2006年博士学位论文。

第4段,遗存较为丰富,出土青铜器的地点较前段又有所增加,主要见于济南大辛庄、长清小屯、济南刘家庄、桓台史家、青州苏埠屯、平阴洪范臧庄等地。此段青铜器的分布较前段没有进一步的扩展,但在前段的分布范围上有所细化,在鲁北地区表现得较为明显,鲁南地区不明显。主要器形有方鼎、圆鼎、爵、觚、觯、尊、卣、斗、铃、铙、戈、刀、镞等。此外,还有弓形器、当卢、轭首饰、削、凿、锛等器。总体而言,本段铜器出土地点较多,种类和数量均较为齐全和丰富。

第5段,遗存十分丰富,出土青铜器的地点也非常多。主要见于济南大辛庄、济南刘家庄、章丘涧溪、桓台史家、青州苏埠屯、寿光古城、潍坊岳泉、潍坊院上、宾县(今山东滨州)兰家、滕州种寨、滕州前掌大、滕州井亭、邹城西丁、邹城化肥厂、泗水寺台村、费县等地。此段在分布范围上,鲁北地区分布地点更加密集,而鲁南地区的分布范围有较大的扩展,直抵鲁东南一带。主要器形有方鼎、圆鼎、颜、爵、肆、尊、卣、觯、觚、斗、戈、钺、刀、镞、矛、铃等。总体而言,本段青铜器出土地点较多,种类和数量均十分齐全和丰富。

第6段,遗存非常丰富,出土青铜器的地点更加密集。主要见于:济南大辛庄,济南刘家庄,桓台史家,寿光古城村,潍坊钓鱼台,新泰府前街,滕州前掌大,滕州井亭,邹县砖瓦场、小西韦,泗水窨垌堆,费县,苍山东高尧,沂水信家庄等地。此段青铜器在分布范围上,鲁北地区较前段没有明显的变化,但鲁南地区出土青铜器的地点明显增多,鲁东南腹地也有较多的发现,分布点进一步密集。主要器形有方鼎、圆鼎、鬲、甗、簋、爵、聋盉、豆、角、尊、罍、卣、觯、觚、斗、戈等。总体而言,本段青铜器出土地点多,数量也非常多,但种类较前段略有减少。

以上归纳和总结可以看出,山东商代青铜器所见器类,食器有鼎、瓶、鬲、簋、豆等;酒器有觚、爵、珲、尊、卣、觯、蘼、壁、角、方彝、斗等,不见壶、瓿、方聋、觥、鸟兽尊等器类;水器有盘,不见盂类。兵器有刀、戈、钺、镞、矛等,乐器有铃、铙等。第一期器类以酒器为主,第二期食器的种类和数量开始增多,到第三期时酒器和食器基本并重,甚至还出现了单独以食器作为随葬品的现象。而各期段铜器的形制、纹饰、铭文和组合的演化特征也分别与中原二里冈至殷墟四期的演化特征是基本一致的,唯有忝、觚、球腹卣、弧壁方鼎、戈等少量器形在中原地区罕见同类形制,当是山东地区具有地方特征的器形。①

（二）西周时期的山东冶铜业

西周时期，山东冶铜业取得一定发展。这主要表现在出土的西周时期的青铜器上。

1931 年，青州苏埠屯出土两批青铜器，其中第二批属西周时期，有鼎 1、盉 1、角 2、觚 2、觯 1，共 7 件。②

1965 年，在齐古都城东北部河崖头村，一次出土西周晚期青铜器 13 件。其中，有大铜盂 1 件，高 43.5 厘米，口径 62 厘米，重 35.5 千克，是山东出土同类器物中最大的一件，是国家一级文物藏品。③

1965 年，邹县七家峪村 2 座西周墓中出土青铜器 24 件，有盘 1、匜 1、簋 8、鼎 6、鬲 5、罐 2、穿带壶 1。④

1968 年，在曲阜北关出土铜器 15 件，有簋 6、豆 2、车軎 1、铜铃 6。⑤

1977 年和 1981 年，在临朐泉头村先后发现两座（甲、乙）西周晚期至春秋早期（可能是齐国贵族齐趫父夫妇墓）墓葬，共出土青铜器 21 件：甲墓有鼎 2、鬲 5、盘 1、匜 1、舟 1、戈 1，乙墓有鼎 3、鬲 2、簋 2、盘 1、匜 1、壶 1。⑥

1984 年，在齐古城大城东北部东古城村西一座西周墓中出土器物 30 余件。其中，铜器 18 件，有鼎 3、簋 2、甗 1、盘 1、壶 1、锹 1、戈 1、矛 1、镩 1、軎 2、辖 1、衔 2、镳 1。⑦

商、西周山东出土的青铜器是合金，其铜和锡的成分，根据器物和用途不同而采用不同的比例，通常是锐利的工具和武器加锡较多，以增大硬度，一般器皿则加锡较少。因此，调剂（调配合理的铜锡比例）必须依靠经验丰富的工匠。商、西周工匠通过长期实践掌握了比较科学的比例。《考工记》

---

① 曹艳芳：《山东出土商代青铜器研究》，山东大学 2006 年博士学位论文。

② 郭宝钧：《商周铜器群综合研究》，文物出版社 1981 年版，第 176 页。

③ 临淄区政协文史资料委员会、《临淄巡古》编辑组：《临淄巡古》，山东大学出版社 1989 年版，第 131 页。

④ 王轩：《山东邹县七家峪村出土的西周青铜器》，《考古》1965 年第 11 期。

⑤ 齐文涛：《概述近年来山东出土的商周青铜器》，《文物》1972 年第 5 期。

⑥ 临朐县文化馆、潍坊地区文物管理委员会：《山东临朐发现齐、鄩、鲁诸国铜器》，《文物》1983 年第 12 期。

⑦ 李剑、张龙海：《山东临淄齐国故城西周墓》，《考古》1988 年第 1 期。

载,钟鼎之齐(剂)是“六分其金而锡居一”,即铜占85.71%、锡占14.29%;弋戟之齐(剂)是“四分其金而锡居一”,即铜占80%、锡占20%。今人曾化验了一个商代早期的铜尊,发现大致铜占91.29%、锡占7.1%、铅占1.12%。含锡偏低,是早期青铜器应有的现象。又据对商代晚期的后母戊大鼎的合金成分的科学分析,其中铜占84.77%、锡占11.64%、铅占2.79%。另分析作为兵器的戈的合金成分,则是铜占80%、锡占20%,均已和《考工记》所述接近。①

以上出土青铜器,不少是制作精致的珍品,反映了西周时期山东冶铜手工业的发展。

(三)春秋时期的山东冶铜业

春秋时期,山东青铜制造业的发展主要表现在两个方面:冶铜遗址的发现和大量青铜器的出土。

1. 冶铜遗址

已发现的春秋时期的冶铜遗址主要集中在齐鲁两国故都临淄和曲阜。

齐都临淄共发现两处冶铜遗址:一处在小城南部,范围东西约80米,南北100余米,面积约8000平方米;另一处在大城东北部,范围东西约150米,南北100米,面积约15000平方米。两处冶铜遗址均始自春秋前期,直至战国时期。②

鲁都曲阜共发现冶铜遗址两处:一处是盛果寺冶铜遗址,位于鲁城北部,范围东西约350米,南北约250米,面积约87500平方米;另一处是药圃冶铜遗址,位于鲁国西北部,范围南北约200米,东西约70米,面积约14000平方米。两处冶铜遗址均始自西周后期,直至春秋时期。③

2. 出土的青铜器

现已出土的春秋时期的青铜器数量较多,充分反映了当时青铜器制造业的发展水平。现简要介绍如下:

(1)临淄郎家庄一号墓出土的铜器等金属器物及其制造。该墓虽经多次被盗,但仍留下了上千件随葬器物,主要有:金带钩2件,铜带钩8件,金

---

① 郑学檬主编:《中国企业史(古代卷)》,企业管理出版社2002年版,第14—15页。
② 群力:《临淄齐国故城勘探纪要》,《文物》1972年第5期。
③ 山东省文物考古研究所等编:《曲阜鲁国故城》,齐鲁书社1982年版,第16页。

镶边1件,金箔有厚、薄2种,包金贝形铜泡10件,贝形铜泡12件,铜镞45枚,铜铺首衔环5件,铜节约22件,壁形铜环8枚,铜凿1件,铜冒3件,铜环18件,圆形铜泡、铜箍、铜铃、盖弓帽、兽面小铜饰等数件。该墓随葬坑随葬的金属器物有:车軎14件,带钩56件,铜镜1枚,节约53枚。共随葬金属器物300件左右。这些金属器物,不仅数量多,而且制造精致,反映了当时金属制造手工业技术水平之高超。①

(2)鲁国故城曲阜出土的青铜器。已知甲组春秋墓19座,其中随葬铜器的墓10座。随葬的铜器共140件,主要有:鼎2、盆2、盨3、盘2、匜1、舟7、戈4、盖豆2、剑1、器帽2、环3、铃3、镞10、軎2、镳4、衔2、辔饰90件。其中,比较精致、并能反映制造技术水平的主要青铜器有鼎、盆、盘、匜等。如盆,敛口,斜沿,颈部微收,平底,肩部两侧有兽首衔环系钮,颈饰简化蝉纹,腹饰鸟纹,鸟目作乳丁状。器高11厘米,口径21.3厘米,通宽26厘米。再如匜,口部和流下饰变形窃曲纹,腹饰瓦纹;龙形把首,两目和双角突出,龙背有扉,龙身饰重环纹,四足作龙爪。器高37厘米,宽17厘米。②

乙组已知春秋末年到战国初期的墓4座,出土铜器不多,只有M2出土铜铃12件、泡2件,M4出土铜削1件。

(3)新泰郭家泉东周墓地出土的铜器。该墓地已发现春秋中期的墓3座,春秋战国之际的墓10座。其中,只有4座墓出土铜器,共11件,有:舟1、戈5、剑4、镞1。出土的剑,除1件明器(M1:7)外,其余3件均装在鞘内,鞘为木质,外髹黑漆。M2:7,圆脊,后段残断,残长31厘米,脊厚0.93厘米。M20:7,剑身较宽,两刃前聚为锋,棱形脊,窄格,圆首,柱形茎。茎向外渐粗,中空深入2/3。长48厘米,脊厚1厘米。郭家泉墓地处鲁国境内,墓葬习俗又同曲阜鲁国故城甲组墓相一致。因此,郭家泉墓地出土铜器,自然反映了春秋时期鲁国铜制手工业的情况。③

(4)滕县城郊后荆沟村出土的青铜器。在一座残墓中出土青铜器15件:有簋2、盘1、匜1、簠2、罐2、鼎2、匕2、鬲2、不知名器1件。其中,反映青铜器制造技术水平的铜器有:簋2件,形制大小基本相同。器身椭圆,子

① 山东省博物馆:《临淄郎家庄一号东周殉人墓》,《考古学报》1977年第1期。

② 陈冬生、王赛时主编:《山东经济史(古代卷)》,济南出版社1998年版,第115页。

③ 山东大学历史系考古专业、山东省新泰市文化局:《山东新泰郭家泉东周墓》,《考古学报》1989年第4期。

母口带盖,盖呈覆盘状,盖顶有圆足形捉手。腹部铸对称的两兽首形附耳。圈足外铸3个伏兽形足。盖及身饰瓦纹和窃曲纹,顶饰蟠龙纹,圈足间饰重环纹。通高26厘米,腹深13厘米,壁厚1厘米。[①] 后荆沟村地处古滕国地,该地出土的青铜器反映了春秋时期古滕国的铜器制作水平。

(5)莒南大店出土的青铜器。1975年,莒南大店清理发掘两座春秋莒国墓葬(一号墓和二号墓),共出土青铜器120余件。其中,一号墓出土青铜器112件。其种类和典型器物有:

容器8件:鼎2、敦3、壶1、盘1、舟1。典型器物如:鼎,附耳中空,子母口,圜底,蹄足,盖上三兽形钮。盖、耳、腹均饰蟠虺纹,足饰兽面纹。兵器9件:剑1、矛1、箭镞7。车器95件:车伞盖1、軎21、辖17、筒帽1、节约35、合页5、环2、凤纹饰3、井字形铜器2、铜管3、铜铺首1、铜帽3、锁环器1。二号墓出土铜器两类13件,容器类有:卣2、舟2。其他类有:车辖1、箭镞2、环1、盖钮5。[②]

(6)沂水刘家店子出土的铜器。1978年,在沂水刘家店子发掘清理春秋莒国墓2座,出土铜器相当丰富。一号墓出土铜器115件。其中,一类为礼器,55件:鼎16、鬲9、簋7、壶7、盆2、盘1、舟2、盂1、罍4、瓿2、盉1、匜1、甗1、罐1。较精致的器物有:一是鼎,有镬鼎、平盖鼎、无盖鼎、附耳鼎等数种。其中,镬鼎2件,平盖,中有一矩形钮。敛口,立耳外侈,平沿外折,下腹微鼓,底略平,蹄足截面呈圆形。盖饰象鼻纹,腹饰兽面纹、象鼻纹。二是壶7件。其中6件形制相同。盖略鼓,盖顶有二盘龙捉手,龙昂首作盘旋追逐状。壶口近直,高领,颈两侧有兽首衔环耳,腹外鼓,最大径在下部,圈足较高。颈、腹饰蟠螭纹、变异夔纹。三是盆2件。覆钵状盖,盖顶三虎钮,作爬行状,虎背有使用磨损痕迹,盖中部有一对铺首衔环,盖沿有四兽首卡钮。盆束颈,斜沿,方唇,折肩,腹斜收,小底内凹,肩两侧有兽首衔环首。器盖、身饰蟠虺乳丁纹。另一类为兵器29件:剑、戈3,另有斤、斧、盖斗、车"承弓"器、构件,三通、器帽等杂器31件。二号墓出土铜器11件:鼎9、镭2。[③]

---

① 万树瀛:《滕县后荆沟村出土不娶簋等青铜器群》,《文物》1981年第9期。
② 山东省博物馆等:《莒南大店春秋时期莒国殉人墓》,《考古学报》1978年第3期。
③ 陈冬生、王赛时主编:《山东经济史(古代卷)》,济南出版社1998年版,第118—119页。

铜簠,古代盛食器,是重要的礼器之一。春秋时期,特别是早期,铜簠的造型多沿用西周晚期的形制,流行带盖、兽耳垂珥、圈足下附三小足的造型,装饰也以西周后期常见的瓦纹、窃曲纹、重环纹等为主要装饰纹样。到后期,个别地方出现新的造型因素,地域色彩较浓,器物的装饰多以蟠虺纹为主纹,如山东沂水刘家店子 M1 出土的簠①,盖顶的八瓣镂孔莲状捉手相当华美,是对西周时期花瓣形捉手的发展,这种艺术处理手法也见于这个时期壶等有盖器物,所以它也是具有新的时代特征的新的造型因素。其盖沿的四枚兽首小卡钮的设置,使器与盖扣合更为紧密,既美观也实用。器、盖饰鳞纹、蟠螭纹,喇叭形圈足饰镂孔鳞纹。这种器身修长而又华丽的造型,其他地区很少见到。

上述莒南大店和沂水刘家店子均属古莒国地,墓葬也是莒国墓葬。出土铜器反映了古莒国铜器制作业的发展水平。

六、先秦时期山东的人工酿酒业

东夷族是我国最早的人工酿酒业的发明者。

（一）北辛文化时期山东的人工酿酒业

东夷人的人工酿酒业始于何时？山东省史学界有代表性的观点是:东夷人的人工酿酒可能发明于北辛文化时期。

有研究者认为,东夷族是一个喜欢饮酒的民族。《后汉书·东夷传》云:“东夷率皆土著,喜饮酒歌舞。”过去一般认为,龙山文化时期便开始了人工酿酒。因为龙山文化时期出土了大量高柄杯。这种高柄杯,根据考古专家的鉴定,非一般的饮用器具,而是祭祀祖先或神灵的酒具。而高柄杯的发现,最早始于北辛文化时期。北辛文化时期,原始农业已进入锄耕农业阶段,粮食除食用外,已开始有了剩余,为人工酿酒业的产生提供了可能。因此,人工酿酒业发明于北辛文化是可能的。如此说不误,则北辛文化时期的原始居民已开始饮酒了②,而我国的人工酿酒业至今已有 7000 多年的历史了。

---

① 山东省文物考古研究所等:《山东沂水刘家店子春秋墓发掘简报》,《文物》1984 年第 9 期。

② 逄振镐:《史前东夷饮食生活方式》,《中国农史》1994 年第 4 期。

（二）大汶口文化时期山东的人工酿酒业

如果说北辛文化酿酒业的产生还有疑问的话，那么，到了大汶口文化时期，东夷人的酿酒业则是肯定无疑了。其主要根据如下：

其一，大汶口文化时期农业生产有了很大的发展。胶县三里河大汶口文化层内竟发现有近5立方米的专门贮藏粮食的窑穴，同时还发现有1立方米炭化了的粟粒。这清楚地表明，大汶口文化时期已有相当可观的剩余粮食。[①]

其二，大汶口文化时期手工业技术已达到相当高的水平，特别是制陶业已有较大的发展。盛液体的陶质容器、酒器的数量与种类都有较大的增长。例如，泰安大汶口墓地，共发掘墓葬133座，出土陶器1015件，其中杯171件，高柄杯93件，高柄杯占杯类总数的54.4%，占陶器总数的9.16%。[②] 邹县野店大汶口文化墓葬89座，出土陶器600余件（不包括器盖），其中瓢形杯62件，高柄杯47件，镂孔高柄杯39件。三种杯都属酒具，共148件，占陶器总数的24.33%。仅镂孔高柄杯一项就占陶器总数的6.5%。[③] 这表明大汶口文化时期，东夷人的酿酒业有了一定的发展。

其三，东夷人的饮酒之风比较兴盛。1979年，在莒县陵阳河大汶口文化晚期墓葬的发掘中，出土了一组成套的酿酒用具，有沥酒漏缸、接酒盆、盛酒瓮、盛贮发酵物品的大口尊等。这一发现表明，远在5000年前，山东半岛的居民已经开始进行谷物酿酒。这套最古老的酿酒器具，都集中于陵阳河“墓17”。大口尊出土时内壁有水锈状沉淀物，是酒曲发酵物品或液体的残迹。可以断定，大口尊是用以盛贮谷物发酵的酿酒用具。同时出土的沥酒漏缸系夹粗砂褐陶质品，直口内凸，唇沿饰一凹弦纹，直壁，平底，底部中间有大圆形镂孔一个，孔径10厘米，是酿酒专用的过滤器。以上两种器具须配合使用，先将谷物在大口尊内发酵成熟，再用沥酒漏缸进行过滤，去滓取清。这是我国古老的米酒酿制工序。除了这两种最主要的酿酒器，“墓17”中还发现了接酒盆、盛酒瓮，以及盉、单耳杯、觯形杯、

---

① 陈冬生、王赛时主编：《山东经济史（古代卷）》，济南出版社1998年版，第44页。

② 山东省文物管理处、济南市博物馆编：《大汶口——新石器时代墓葬发掘报告》，文物出版社1974年版。

③ 山东省博物馆、山东省文物考古研究所：《邹县野店》，文物出版社1985年版。

小型单耳杯、厚胎及薄胎镂孔高柄杯一类饮酒用具,计100余件。属于酿酒用途的还有陶鼎等炊煮器,用以煮熟谷米,待冷却后,将熟饭用作酿酒原料。这些丰富的酿酒器和饮酒具充分说明,5000年前的山东半岛已经具备了一定的酿酒规模。[①] 有研究者指出,大汶口文化晚期阶段,酿酒业非常盛行,墓葬中大量陶鬶、壶、高柄杯、盉等专用酒器的发现,就是酿酒业盛行的重要标志,从一个侧面反映出当时酿酒业的发达程度。尉迟寺遗址出土大量水容器,研究者认为这类器物与酿酒和饮酒有关。大汶口遗址42座墓葬随葬高柄杯、筒形杯、单把杯等,大部分为酒器。临沂大范庄遗址出土725件陶器,其中酒器644件。陵阳河遗址出土1400多件陶器,高柄杯650多件,特别是瓮、壶、漏器等,作为谷物发酵、储酒、沥酒之用,为研究大汶口文化酿酒工艺提供了重要实物资料。[②]

这里需指出的是,饮酒之风多盛行于氏族内部的大富有者和较富有者中,在普通氏族成员中,特别是在那些贫困的氏族成员中,可能很少喝到酒。例如,泰安大汶口墓葬出土高柄杯93件,出土于21座墓中,全部在随葬品200件以下至11件以上者墓中。随葬品10件以下的60座墓中(不包括无随葬品的8座墓)竟无一随葬高柄杯的。[③] 邹县野店大汶口文化墓葬89座,共随葬镂孔高柄杯39件,出自15座墓中,平均每墓2.6件。而这15座墓全部出自最富有者的32座墓葬中。[④] 凡有镂孔高柄杯的墓,一般都是随葬品丰富的墓、大型墓。可见,大汶口文化时期,饮酒之风均盛行于富有者之中,贫困者是喝不到酒的。

其四,大汶口文化时期人工酿酒摹画图像的发现。莒县陵阳河遗址出土陶尊的颈部发现一个图像文字。据王树明先生的考证,此图像文字的含义当与酿酒有关。[⑤] 据此可知,大汶口文化时期已不是人工酿酒业的初创阶段,而是进入了酿酒业的发展时期。[⑥]

---

① 王赛时:《古代山东酿酒述略》,《中国烹饪研究》1997年第2期。

② 何德亮:《大汶口文化考古五十年历史回顾》,《南方文物》2009年第4期。

③ 山东省文物管理处、济南市博物馆编:《大汶口——新石器时代墓葬发掘报告》,文物出版社1974年版。

④ 山东省博物馆、山东省文物考古研究所:《邹县野店》,文物出版社1985年版。

⑤ 王树明:《谈陵阳河与大朱村出土的陶尊"文字"》,《山东史前文化论文集》,齐鲁书社1986年版,第269页。

⑥ 陈冬生、王赛时主编:《山东经济史(古代卷)》,济南出版社1998年版,第45页。

总之，大汶口文化反映出来的农业定居生活、较发达的制陶业和丰富多彩的物质文化面貌，都说明当时已具备人工酿酒的物质条件，而且也有酒器出现。这些酒器中，除一些壶、杯、觚等，还发现有大口尊、瓮、底部有孔的漏器等大型陶器，它们可作为糖化、发酵、储存、沥酒之用。这些都标志着大汶口文化已有人工酿酒业的存在和发展。①

（三）龙山文化时期山东的人工酿酒业

龙山文化时期，随着社会经济的发展，东夷族酿酒业有很大的发展。其主要表现在：

其一，农业生产有了很大的发展。

其二，大型带盖的贮盛陶器，如瓮、缸等，大量发现。

其三，大量酒器的发掘出土。除各种高柄杯外，又出现了一种更珍贵的酒器，这就是驰名中外的蛋壳高柄怀。如前所述，这是纯粹祭祀用的礼器。商周时期整套盛酒礼器的出现，盖来源于龙山文化的蛋壳高柄怀。②

其四，东夷居民饮酒之风比大汶口文化时期更盛。《后汉书·东夷传》载："东夷率皆土著，喜饮酒歌舞。"到了殷商时期，殷纣王"好酒淫乐""以酒为池，悬肉为林……为长夜之饮"③。殷人尚酒风气之盛行，都是东夷人饮酒盛风的继续。④

（四）春秋战国时期山东的人工酿酒业

春秋战国时期，山东境内谷物酿酒即已相当盛行，并延续数千年，长盛不衰。《诗经·鲁颂·泮水》有"鲁侯戾止，在泮饮酒。既饮旨酒，永锡难老"的记载。⑤

春秋时期，鲁国立都于曲阜一带，号称礼仪之邦，其酿酒业也相当发达。孔子居住在曲阜，对当地所产的酒品就甚为挑剔。《论语·乡党》记载其言：

① 秦含章：《白酒春秋——中国蒸馏酒的演变及发展趋向（中）》，《酿酒科技》2000 年第 6 期。

② 陈冬生、王赛时主编：《山东经济史（古代卷）》，济南出版社 1998 年版，第 45 页。

③ 《史记·殷本纪》。

④ 逄振镐：《史前东夷饮食生活方式》，《中国农史》1994 年第 4 期。

⑤ 山东省地方史志编纂委员会：《山东省志·一轻工业志》，山东人民出版社 1993 年版，第 194 页。

“沽酒市脯不食。”也就是说，买来的酒和肉干不吃。当时市井所沽，还不符合孔子的口味。鲁国出产的酒称之曰“鲁酒”，但在各诸侯国的酒品中，鲁酒还稍显淡薄，故《庄子·胠箧》中有“鲁酒薄”之说。据说楚宣公朝会各国诸侯，鲁恭公所献美酒味道不浓，于是楚国就出兵讨伐鲁国，引起了楚、鲁、魏、赵诸国的一场战争，这就是历史上“鲁酒薄而邯郸围”的典故。许慎注《淮南子》云：“楚令诸侯，鲁、赵俱献酒于楚王，鲁酒薄而赵酒厚。”但无论如何，鲁酒终有一定的名气，以至后世称鲁中地区的美酒，仍冠以“鲁酒”之号。

山东省的黄酒酿制历史，最早可以上溯到夏禹时代，最有名的品种是即墨老酒和苍山美酒。

即墨酿造老酒，源自一个“酉”字，“酉”是酒的古称，现存最早的甲骨文中就有“酉”字记载。1975 年，在即墨出土了距今已有 5000 年左右的陶器“小酒杯”、商代提酒用的陶器“堤梁卣”和喝酒用的“爵”、周代温酒用的“舟”、汉代行酒令用的“投壶”和喝酒用的“角”，都证明从原始社会开始，即墨就酿有酒。到了春秋战国时期，即墨一带的酿造老酒已极为兴盛，成为当地民间最常用的助兴饮料和祭品，俗称“醪酒”。据《战国策·齐策六》记载，公元前 284 年，燕将乐毅攻齐，唯即墨久攻不下，即墨大夫战死，众推田单为将，率众守城拒敌，百姓以醪酒犒赏将士，鼓舞斗志，田单巧布火牛阵，大破燕军，百姓倾城中之酒庆贺，大宴数日。可见当时酿酒之多，喝酒之盛。

苍山美酒始酿于商代，古卜辞中的“鬯其酒”记载，便是苍山美酒的最早见证，迄今已有 3000 多年的历史。战国时期，这里为楚国重邑，曾对中国思想变革产生巨大影响的一代圣哲荀子，在这里两任苍山令，为苍山酒业的发展奠定了历史文化基础。

七、先秦时期山东的冶铁业

铁的发现和使用，是人类历史上一件了不起的大事情。铁“是历史上起过革命作用的各种原料中最后的和最重要的一种原料”，“铁使更大面积的农田耕作，开垦广阔的森林地区成为可能，它给手工业工人提供了一种其坚硬和锐利非石头或当时所知道的其他金属所能抵挡的工具”①。

---

① 吴杏全：《从商代铁刃铜钺谈我国用铁的历史》，《河北经贸大学学报（综合版）》2009 年第 3 期。

（一）中国发明和使用铁始于商代

“铜”“铁”二字，标志着两个不同的历史时代和社会形态，“铜”指的是铜器时代奴隶社会，“铁”则指铁器时代封建社会。

中国是何时开始冶铁并使用铁器的？这个问题自20世纪20年代开始，经过了长期的争论，目前可归纳为以下四种说法：夏代及夏代以前冶铁起源说、商代冶铁起源说、西周冶铁起源说、春秋冶铁起源说。①

有研究者认为，我国发明和使用铁，从现有考古资料看，当始于商代。理由是：1972年，在河北藁城县台西村商代遗址出土一件铁刃铜钺。据化验，当时的铁属陨铁。何时出现人工炼铁，至今尚无确证。②

有研究者强调指出，1972年在藁城县台西村商代遗址出土的铁刃铜钺，是一件其貌不扬而又非同小可的珍稀之物。钺身呈长方形，器身后半部的上下两面均饰有并排的乳丁纹，其中一面两排各为6枚，另一面分别为7枚和8枚。前半部镶嵌铁刃，铁刃已断失。残存铁刃的后段夹于青铜器身内，铁刃厚约2毫米，据X射线透视，夹入部分约10毫米。内方形，中部有一圆穿，内身有阑相隔，上下两阑，阑短而窄。全钺残长11.1厘米，阑宽8.5厘米。有关商代用铁的资料，在台西商代遗址中还有两项极为重要的发现，即在F4的北墙外发现几块铁渣，在遗址中还发现铁矿石两块，标本C:16重100克，是一块很纯的赤铁矿石。经考古学家研究发现，这件铁刃铜钺极有价值，它是一件令世人震惊的稀世珍宝，对研究人类用铁的历史具有举足轻重的作用。这件文物的发现，把我国用铁的历史从春秋末期上溯到了商代中期。仅隔5年，即1977年，在北京平谷发现了一座商代中期墓葬，在出土的青铜器中也有一件铁刃青铜钺，形状和台西出土的铁刃铜钺近似而略小。北京平谷刘家河铁刃铜钺出土在冀北，藁城台西铁刃铜钺发现在冀中，两者确凿地证明，我国商代人用铁绝非偶然。③

河北藁城和北京平谷刘家河出土的商代铁刃铜钺，虽然利用的是天然陨铁，陨铁器虽然不是从矿石冶炼的铁，但它毕竟与铜有质的区别，它的出

---

① 孙危：《中国早期冶铁相关问题小考》，《考古与文物》2009年第1期。

② 陈冬生、王赛时主编：《山东经济史（古代卷）》，济南出版社1998年版，第111页。

③ 吴杏全：《从商代铁刃铜钺谈我国用铁的历史》，《河北经贸大学学报》（综合版）2009年第3期。

现说明商代人已经对金属铁有所认识,并且加热锻打之后,制成器件而加以利用。[①] 铁刃铜钺以无声的语言证实:早在3300多年前,我国劳动人民已经使用铁。藁城铁刃铜钺的发现,向我们提示了我国用铁历程的脉络与线索,显示了我国古代劳动人民的聪明才智和发展科学技术的能力。春秋战国以后,铁器的使用日益广泛,它意味着"铁器时代"的到来。而商代铁刃铜钺正预兆了"铁器时代"的黎明。[②]

(二)春秋时期山东冶铁业的崛起

根据考古资料和文献资料相互印证,我国是在春秋中期后半叶进入铁器时代的。现有资料表明,出土的春秋战国之交以前的铁器,已遍及楚、吴、齐、晋、郑、秦等国。出土的铁器,如楚的削、鼎形器,齐的削,晋的农具,秦的铁剑等,各有地方特点,说明各个国家都有了自己的冶铁作坊,冶铁业在江淮流域已普遍兴起了。[③]

从山东各地出土的铁器及文献记载分析,山东与我国其他地区是同步进入铁器时代的。春秋时期,山东冶铁业的崛起,主要表现在以下几个方面:

其一,春秋时期,山东冶铁资料比较丰富。

从文献资料看,有《国语·齐语》《管子·海王》《管子·轻重乙》等记载。《国语·齐语》载:"美金以铸剑戟,试诸狗马;恶金以铸锄、夷、斤、斸,试诸壤土。"史学界一般认为,"美金"指铜,"恶金"指铁。用铁铸造农具。《管子·海王》又载"今铁官之数曰",可知齐国有专管冶铁业的铁官。《管子·轻重乙》载:"请以令断山木,鼓山铁,是可以无籍而用足。"很明显,这是针对开山矿冶炼铁而言的。当时冶铁业的规模已相当大。据传世的叔夷钟铭载,齐灵公说:"余命汝司予莱,陶铁徒四千,为汝敌寮。"[④]齐灵公一次赐叔夷大夫"陶铁徒四千",莱地冶铁业的实际情况也就可想而知了。

从考古发掘资料看,山东境内出土的属春秋时期的铁器主要有:一是1956年,在青岛崂山郊区东古镇遗址,"出土铁带钩1件,器身作长条形,断

① 谢辰生:《文物的价值和作用》,载《中国大百科全书》,中国大百科全书出版社1995年版。

② 叶史:《藁城商代铁刃铜钺及其意义》,《文物》1976年第11期。

③ 岩青:《也谈我国开始冶铁的年代》,《文史哲》1982年第4期。

④ 郭沫若:《两周金文辞大系图录考释》(下编),转引自王阁森、唐致卿主编《齐国史》,山东人民出版社1992年版,第297页。

面近方,钩首残,无钮。长6.8厘米、最宽处0.9厘米、厚0.5厘米”①。二是1971年至1972年,在临淄郎家庄一号东周墓中发现“铁削2件,形制相同,均残损。较完整的一件(M1:1),直柄怀首,弧背,削锋残缺,残长21.5厘米”②。三是1982年,在新泰郭家泉东周墓出土“铁器2件。M8出土,锈蚀严重。8:8,为一凹形铁条,中部有扭结,两端顶部微内曲。观其形状,似原为一扁梯形铁箍,后截去梯形的顶段。宽17厘米、铁条直径1.2厘米”,“8:7,是一件不知名块状物上的铁箍,系用铁条缠绕一周扭结固定在上面的。截面形状锈蚀不清,带锈直径约0.8厘米”。③

其二,春秋时期齐国实行“官山海”禁榷政策,铁矿资源归属国有,进行严格控制。

《管子·地数》记载:“山上有赭者,其下有铁……此山之见荣者也。苟山之见荣者,谨封而为禁。有动封山者,罪死而不赦;有犯令者,左足入,左足断;右足入,右足断。然则其与犯之远矣。此天财地利之所在。”而就铁业具体的生产经营,齐国则方式灵活,采取国、民合营或承包民营的方式,三七分利,民得其七,君得其三。然后政府运用轻重之术,操纵价格,亦可达专卖之目的。《管子·轻重乙》记载:“与民量其重,计其赢,民得其七,君得其三。有杂之以轻重,守之以高下。若此,则民疾作而为上虏矣。”铁业经营,实获大利在国家,但合营或民营的做法有利于调动民间力量,发挥冶铁工匠的积极性,在经济利益的诱使下,有助于推动冶铁技术的进步。④

其三,春秋时期,铁的冶炼技术得到相当的发展。

有研究者指出,春秋中后期和战国初年,冶铁技术有了突破性的发展,由炼铜演变来的竖炉(鼓风炉)开始应用,炼铁炉使用了巨大的鼓风设备,燃料开始使用木炭。木炭燃烧能产生高温,并生成还原一氧化碳气体,使铁矿石中的氧化铁还原成金属铁;鼓风设备开始应用冶囊,风力很强,使炉内气体压力加大,穿透炉内料层,同时使燃烧强度提高,使铁的渗碳速度加快,遂使冶铁业解决了主要技术难题。从冶铁工艺流程上说,块炼铁接近于纯铁,

---

① 山东省文物管理处:《青岛市崂山郊区东古镇村东周遗址》,《考古》1959年第3期。

② 山东省博物馆:《临淄郎家庄一号东周殉人墓》,《考古学报》1977年第1期。

③ 山东大学历史系考古专业、山东省新泰市文化局:《山东新泰郭家泉东周墓》,《考古学报》1989年第4期。

④ 戴吾三:《齐国科技发展原因试析》,《管子学刊》1995年第4期。

质地柔软而易于锻造，渗透过2%后，便成为可以铸造的生铁。冶铁术的另一重大进步是生铁的柔化，往往采取如下方法：一是将白口铁退火处理，获得韧性铸铁（亦称玛钢）；二是炼出铸造性能好的炭口铁；三是用生铁炼钢。生铁柔化技术是我国冶金史上的一项重大发明创造。[①] 有研究者认为，至迟在春秋晚期，即公元前6世纪末叶，古代劳动人民创造了在较低温度（800℃—1000℃）下用木炭还原铁矿石的办法，得到比较纯净但质地疏松的铁块，经过锻造，夹进一些夹杂物，这种方法曾被称为低温固体还原法或块炼法，其产品则被称为“熟铁”或“海绵铁”。[②] 总之，在春秋中后期，冶铁技术有了突破性的发展，并学会了炼钢，冶铁业成为手工业的一个重要部门。

其四，春秋早期的青铜器上已出现了用铁器刻铭的实例。

铁字古代异文作“銕”，“銕”字从金从夷，或以为铁就是古代东夷人率先发明的。[③] 春秋中期的《叔夷钟》铜器铭文记载，当时齐国的冶铁作坊中有四千多工匠，可见当时的冶炼规模之大。考古发现证明：在春秋早期的青铜器上已出现了用铁器刻铭的实例。山东滕县古薛城发现的春秋早期的铜盏上有刻画的花纹图案[④]，山东临淄春秋晚期墓中出土了铁工具与镂刻的铜浦首[⑤]。这表明，铁器在春秋时期普遍使用了。

（三）战国时期山东冶铁业的发展

战国时期山东冶铁业的发展，主要表现在以下几个方面：

其一，战国时期，齐国有官营冶铁手工业机构。

根据对齐临淄故城的勘察，临淄故城分大城和小城，宫殿区在小城内。手工业作坊分别分布在大城内和小城内。小城内有2处铸铁作坊，以及铸钱和铸铜作坊各1处。大城内有铸铁作坊2处，铸铜作坊1处。小城内的作坊面积都很小，铸铁作坊大的一处面积1万余平方米，小的一处仅4000平方米左右。而大城内的铸铁作坊规模宏大，小的一处面积3万至4万平方米，大的一处达40余万平方米。铸铜作坊也是大城内的大于小城内的。

---

① 王阁森、唐致卿主编：《齐国史》，山东人民出版社1992年版，第295—297页。
② 李众：《中国封建社会前期钢铁冶炼技术发展的探讨》，《考古学报》1975年第2期。
③ 安作璋：《山东地方古代社会初探》，《破与立》1979年第4期。
④ 万树瀛：《山东滕县出土杞薛铜器》，《文物》1978年第4期。
⑤ 山东省博物馆：《临淄郎家庄一号东周殉人墓》，《考古学报》1977年第1期。

由此可知,小城内的作坊应是为齐王室服务的机构设的,而大城内的作坊当为齐中央政府机构所设,服务对象是面向全国,故规模巨大。《管子·海王》《管子·轻重乙》等都言齐有铁官,临淄大城内的铸铁作坊应当为齐铁官下属的作坊。西汉初在临淄设有铁官,考古工作者亦在临淄汉代冶铸铁作坊遗址中发现有"齐铁官丞""齐采铁印"的封泥,此应当因战国晚期齐故铁官而沿袭所设。①

其二,战国时期铁器多且普遍应用于社会生活。

战国时期的齐国,随着冶铁技术的进步和冶铁工业的发展,铁器越来越多,并普遍应用于生产、生活和军事中。其中,铁制农具有耒、耜、铫、镰、铚、铲、耨、锄等,铁制手工具有斧、锯、锥、凿、锤、针、刀、削、锉等,铁制兵器有铁剑、铁钩钜、铁铗、铁甲、铁杖、铁殳、宛钜、铁鉇(shī)、铁矛、铁锦、铁幕、铁室等,其他铁器有铁笼、铁鍱(yè)、铁纂、铁什、铁锅等。②

其三,战国时期,铁的冶炼技术已普遍应用在农业上。

战国中后期,齐国铁器开始普遍应用于社会生产。《管子·轻重乙》载:"一农之事,必有一耜、一铫、一镰、一耨、一锥、一铚,然后成为农;一车必有一斤、一锯、一釭、一钻、一凿、一銶、一轲,然后成为车;一女必有一刀、一锥、一针、一鉥,然后成为女。"这反映了战国中后期齐国铁制生产工具的普遍使用。《孟子·滕文公上》载,孟子询问其弟子陈相道:"许子以釜甑爨,以铁耕乎?"意思是说当时若不用铁制生产工具耕种,是不可思议的事。说明孟子生活的战国中期中原地区(包括齐国)的铁耕已非常普遍。③

其四,战国时期,出土铁农具在考古中得到证明。

就出土铁农具的年代看,战国时期山东出土铁农具的重要地点有两处:

一处是临淄齐国故城。临淄是战国时期重要的冶铁工业基地之一。故城南牛山、稷山西城金岭铁山,都有丰富的矿产资源。故城内发现冶铁遗址很多,其中范围比较集中的有 6 处。大城东北部遗址,在崔家庄东北至村西一带,面积是3 万—4 万平方米。大城西部遗址,在石佛堂村一带,面积是 4 万—5 万平方米。④ 特别是古城还出土过成套农具,主要器形有铲、插、锄、

① 徐学书:《战国晚期官营冶铁手工业初探》,《文博》1990 年第 2 期。
② 王阁森、唐致卿主编:《齐国史》,山东人民出版社 1992 年版,第 428 页。
③ 王阁森、唐致卿主编:《齐国史》,山东人民出版社 1992 年版,第 416 页。
④ 群力:《临淄齐国故城勘探纪要》,《文物》1972 年第 5 期。

镬、镰和犁铧等。[①] 铲，略呈“空首布”状，唯銎部较大而长，銎为长方形。通长17.3厘米，刃宽11.3厘米。插，横长方形，直刃，宽13.7厘米。锄，分三型：Ⅰ型半圆形，弧刃，高14厘米、宽18厘米；Ⅱ型凹字形，微弧刃；Ⅲ型三齿形，上端有横向长方形孔，齿长11.5厘米。镢，长条形，上端有竖向椭圆孔，全长21厘米。镰，弧背凹刃，全长27厘米。犁铧，呈“V”形，中间交接处有三角脊，铸制。[②]

另一处是滕县古薛城，于该遗址中心黄殿岗发现冶铁遗址，并出土犁铧和铲。[③]

战国中晚期，农业已基本上使用铁农具了，铁兵器却大都是零星地出现。许多规模宏大的冶铁作坊根本不铸铁兵器，如齐都临淄故城发现炼铁遗址6处，分布面积达90余万平方米，却没有发现一件铁兵器及铸造铁兵器的遗迹。[④]

其五，战国晚期，铁的冶炼技术又有重大进步。

1958年，在临淄故城考古发现的数件铁制农具在制作工艺上，比春秋时期有了重大进步，有的已由可锻铸铁制成，初步具备了坚硬、锋利、耐用的性能。在造型设计上，铁犁呈“V”形，前端尖锐，后端宽阔，能加强刺土力，能破土划沟，“比过去依靠人力耕作用的耒耜，显然是耕作技术上的一次重大革新”[⑤]。铁镢有两种：一是长条形，上端有孔；一是箭式三齿形。铁镢的出现，在掘土工具上是一大改进，用时执柄，挥动双臂，力由上向下掘，入土后由前向后拉，是开垦荒地、挖掘沟渠的好工具。铁镰为略带弧的扁长条形，刃薄脊厚，尖细长，便于收割农作物。铁锄呈凹形，便于整地、锄草等。在全部耕作、收获过程中使用一整套铁农具，说明农业劳动手段和生产技术的进步，也表明战国中后期铁农具已基本形制，能适应农业生产的要求。[⑥]

战国晚期，冶铁工匠已经掌握了把上述块炼铁固态渗碳制钢的方法。钢的含碳范围为0.02%—2.0%，含碳量的下限和熟铁或纯铁没有严格界

① 山东省文物管理处：《山东临淄齐故城试掘简报》，《考古》1961年第6期。
② 吴诗池：《综述山东出土的农业生产工具》，《农业考古》1990年第1期。
③ 庄冬明：《滕县古薛城发现战国时代冶铁遗址》，《文物参考资料》1957年第5期。
④ 群力：《临淄齐国故城勘探纪要》，《文物》1972年第5期。
⑤ 杨宽：《我国历史上铁农具的改革及其作用》，《历史研究》1980年第5期。
⑥ 王阁森、唐致卿主编：《齐国史》，山东人民出版社1992年版，第416—417页。

限。将纯铁于木炭中在900℃以上长时间加热或在锻造时在木炭中反复加热,碳渗入铁内,成为钢;温度愈高,渗碳愈快。①

八、先秦时期山东的漆器业

中国漆,特指天然漆,是一种优质天然涂料,具有多种理化特性,素有“涂料之王”的美称。用漆涂在各种器物的表面上所制作的日常器具及工艺品、美术品等,一般称为漆器。先秦时期山东的漆器,是中华民族杰出的发明和创造,它承载着中华优秀文化,对人类文明作出了难以磨灭的贡献。先秦时期,山东漆器非常发达,古兖州范围内是重要的漆器产地,且在全国处于领先地位。

（一）山东出土的先周时期的漆器

考古发现,伴随着制陶手工业的发明和发展,距今8000年以前,我们的祖先已经将生漆作为装饰颜料画在陶器上,为进一步制作漆器创造了物质条件和技术条件。

从新石器时代起,我国先民就已经认识了漆的性能并用以制器。在器物上髹漆最初可能是产生于人们的涂绘、标记符号以及对实用器物美感的追求,源于生产工具、木器制造业的发展。②

夏王朝时期,中国跨进文明社会的门槛,进入了青铜时代,完成了一次历史性的飞跃。青铜器制作工具的发展,进一步刺激了漆器手工业的发展。此时漆器装饰艺术已经开始在祭器、礼乐器上使用,漆器种类渐多,地域分布亦更为广袤。《韩非子·十过》所记述的“作为食器”“作为祭器”“流漆墨其上”“墨漆其外,而朱画其内”“觞酌有采”“樽俎有饰”“食器雕琢,觞酌刻镂”,都可以证明漆器装饰艺术已开始向多样性发展。这一时期,漆还被用作贡品朝贡,这在《尚书·夏书·禹贡》有载:“兖州:厥贡漆、丝。豫州:厥贡漆、枲、絺、纻。”③

夏商时期的漆器装饰手法繁多,有表里各施一种漆的,有单施朱漆或黑

① 李众:《中国封建社会前期钢铁冶炼技术发展的探讨》,《考古学报》1975年第2期。
② 张飞龙:《中国漆文化历史渊源研究》,《中国生漆》2006年第1期。
③ 《尚书·夏书·禹贡》。

漆的,有在黑漆地上画红彩的,有在漆器表面贴以金箔的,有镶以绿松石的,还有雕花漆器等。益都苏埠屯的虎纹和兽面纹漆器是利用浑圆形、条形龟甲和蚌片镶嵌而成的。[①]

据目前的考古发现所知,至迟在商代就已出现漆器。在商代,漆器制造业已初具规模,形成了特有的体系,表现为漆器数量和种类不断增多,色彩和图案越来越丰富,已使用了彩绘、贴金片、镶绿松石等装饰技法。[②] 在已发掘的山东益都苏埠屯第一号奴隶殉葬墓中就发现了一块较大的漆皮,应是棺床痕迹。[③]

田野考古发现,西周漆器集中在黄河中下游地区。山东临近洛邑的上村岭虢国墓地,也有用漆器随葬的现象。在鲁国故城的发掘中,多次见到木制品髹漆的痕迹。[④] 在漆器上,西周匠师继承了漆器的工艺传统,除前代已使用的装饰技法外,还运用了嵌蚌泡这一全新的髹漆工艺[⑤],镶嵌螺、锢的装饰技法得到广泛的应用。

西周时期的漆器,基本上是“百工”生产的产品,填补了手工业发展史上一项空白。[⑥] 依其用途大体可划分四大类,即饮食器、容器、家具、武器(木质部分)。若从其器形而言,饮食器中有豆、簋、碗、杯、盘,容器中有罍、壶、盒、筒形器,家具中有俎,武器中有盾。诸种器物以饮食器和容器出土数量较多,品类亦全,质量较好,因而在一定程度上反映了西周是古代东方漆木器生产最发达的地区。

(二) 山东出土的春秋时期的漆器

现已考古发现春秋时期山东的漆器实物并不多,但所反映的水平较高。山东出土的春秋时期的漆器主要如下:

一是1978年在沂水刘家店春秋墓出土的漆器。嵌金漆勺(M1:18)1件。木胎,已朽,所附膝皮背面本质纹理清晰可辨。勺呈圆形,扁平柄内窄

---

① 罗勋章在《刘家店子春秋墓琐考》一文中补记有益都(今山东青州)苏埠屯商代墓葬出土漆器的内容,见《文物》1984年第9期。

② 张飞龙:《中国漆文化历史渊源研究》,《中国生漆》2006年第1期。

③ 山东省博物馆:《山东益都苏埠屯第一号奴隶殉葬墓》,《文物》1972年第8期。

④ 山东省文物考古研究所等:《曲阜鲁国故城》,齐鲁书社1982年版。

⑤ 张飞龙:《中国漆文化历史渊源研究》,《中国生漆》2006年第1期。

⑥ 张永山:《西周漆器概述》,《华夏考古》1988年第2期。

外宽。勺外壁与柄面嵌有三角形、菱形压花金箔片和金贝共计65枚。金贝仿天然贝,正中有竖沟一道。勺外壁分三层镶嵌,上层金贝,菱形金箔片相间施用;中层金贝上下相错;下层三角形金箔片组成锯齿状纹带。所嵌金贝凸出器表,金箔片与漆地平齐。勺径8厘米,深4厘米,柄长约15厘米,柄外端宽7厘米。① 这件嵌金漆勺是迄今所见嵌金器件中最早的一例。嵌金漆勺的工艺风格和西周时期的螺钿工艺基本相似。立体的嵌件是早期金银嵌漆器的特点,反映了早期的金银嵌漆工艺技术。

二是1982年在新泰郭家泉东周墓出土的春秋中期和春秋战国之际的漆器。M1、M2、M8、M20出土的4件剑鞘,均外髹黑漆,M2的棺盖上有一片凹形红色漆皮,长46厘米,宽60厘米,似为漆盾。M20左侧棺椁之间,有一件长约102厘米、厚0.15厘米的髹黑漆革制品,似为革盾。此外,在M10棺下西半部的随葬品之上,还发现有多层重叠的黑漆片。②

三是齐墓随葬漆器的有5座。其中,一座位于临淄齐故城东北部,墓被盗扰,但发现了著名的殉马坑,在墓的器物库内发现了残存的漆片。③ 另外四座墓位于山东海阳市嘴子前④,随葬的漆器除朽毁严重者外,能辨器形的有箱、盾、甲、罐、俎、梳、勺、编钟架等。此外,这四座墓的棺椁也皆髹黑漆或红漆。漆器所饰纹样有变体龙纹、勾连纹、云朵纹、"S"形卷云纹、变体蟠虺纹等。⑤

春秋时期,山东漆器的使用具有等级性。在已发现的考古资料中,漆器均出土于较大型的齐国贵族墓葬。春秋时期的齐故城五号东周墓,规模巨大,疑为齐景公墓;海阳嘴子前墓群所代表的则是一处远在胶东半岛的田氏封邑,其中四号墓墓主人则是田氏家族中的显赫人物;临淄郎家庄一号东周殉人墓,墓主人应为卿大夫一级的大贵族;山东长清县岗辛村战国墓规模巨大,随葬品丰富,墓主人身份也是地位较高的贵族;章丘市绣惠镇女郎山一号战国墓,规模较大,随葬品甚多,墓主应为齐国的高级将领;临淄商王墓地

① 罗勋章:《山东沂水刘家店子春秋墓发掘简报》,《文物》1984年第9期。

② 陈冬生、王赛时主编:《山东经济史(古代卷)》,济南出版社1998年版,第126页。

③ 山东省文物考古研究所:《齐故城五号东周墓及大型殉马坑的发掘》,《文物》1984年第9期。

④ 烟台市博物馆、海阳市博物馆:《海阳嘴子前》,齐鲁书社2002年版。

⑤ 李鸿雁:《齐国漆器及相关问题初探》,《管子学刊》2014年第4期。

战国墓、临淄东夏庄战国墓、临淄相家庄六号墓，其墓主身份也应是卿大夫一级的贵族。由此观之，漆器在随葬品中属于比较珍贵的奢侈用品，仅有少数级别较高的上层贵族才能享用。

春秋时期，制作漆器要先制成器胎，然后多次髹漆才能制成漆器。髹漆所用涂料具有耐潮、耐高温、耐腐蚀等特殊功能，又可以配制出不同色彩。齐国漆器均施鲜艳的彩绘。着彩所用涂料，深色用漆称“漆绘”，浅色用油称“油彩”。漆绘是用生漆制成的半透明的漆液，加上各种颜料，描绘于已涂漆的器物上，色泽光亮不易脱落，大多数漆器的花纹都用此法描绘；油彩是用油汁（桐油或荏油）调颜料，绘描于已涂漆的器物上，所绘花纹因油脂年久老化易于脱落。在漆器上描绘花纹是齐国漆器的主要装饰技法，花纹内容丰富多彩。春秋时期，齐国东部地区的漆器上流行变体龙纹、变体蟠虺纹、兽形纹、三角勾线纹、“S”形卷云纹和勾连纹等，显现许多独特的地域特色。[①]

（三）山东出土的战国时期的漆器

漆在战国时期应用得很广。齐国的髹漆业较发达，反映的水平相当高。其主要表现在：

一是战国时期的齐墓随葬漆器的较多。

战国时期的齐墓随葬漆器见于资料发表的有临淄郎家庄一号东周殉人墓、山东长清岗辛村战国墓、章丘绣惠镇女郎山一号战国墓、临淄商王墓地战国墓、临淄东夏庄墓地战国墓、临淄相家庄六号墓等。

临淄郎家庄一号东周殉人墓属战国早期墓，出土的漆器皆腐朽，可辨器形的有雕花彩绘条形器 1 件，朱地黑彩羊形器 1 件，施红黄绿三彩的镇墓兽 1 件，黑地红彩的漆豆 4 件。漆器所饰纹样有竹节纹、浪花纹、波状勾连纹、环带纹、锯齿纹、兽纹、鸡、鸟、人物、花草、建筑纹等。[②]

长清岗辛战国墓出土漆木箱 1 件，其余彩绘多成碎片，图案原貌已不可辨识。[③]

章丘绣惠镇女郎山一号战国墓出土的器物库和棺室木板皆髹漆，有红、

---

① 李鸿雁：《齐国漆器及相关问题初探》，《管子学刊》2014 年第 4 期。

② 山东省博物馆：《临淄郎家庄一号东周殉人墓》，《考古学报》1977 年第 1 期。

③ 山东省博物馆、长清县文化馆：《山东、长清岗辛战国墓》，《考古》1980 年第 4 期。

黑、白、黄等多种颜色。[①]

临淄商王墓地四座战国晚期墓都随葬漆器，但腐朽较甚。根据漆器金属附件和漆胎朽迹分析，漆器有木胎和夹纻两类：较大漆器为木胎，小型漆器为夹纻胎，均为黑漆朱彩，可辨器形的有盘、樽、壶、瓶、盒、案、奁、耳杯等，约计26件。漆器的装饰纹样有垂叶纹、龙纹、云纹、带纹等。[②]

临淄东夏庄墓地分别有四号战国墓和六号战国墓随葬漆器。四号墓漆器为木胎，外髹黑漆，朱绘纹饰。纹饰多为三角雷纹和卷云纹，线条流畅，色泽艳丽。器形可辨的有豆、盒、敦、舟、方盘、壶和耳杯等。六号墓随葬了一批木胎漆器，器形可辨的有豆、耳杯、盾和一些兵器柄。漆器纹饰有黑底朱彩、红底黑彩或绿底朱彩等。临淄相家庄六号墓战国墓出土的漆木器均已腐朽，器形可辨的有豆、盖豆、簠、壶、罍、盘、卮、匜、剑等，数量达30余件。漆胎均为木质，器表多髹黑漆，并有朱红色彩绘。漆器纹样多为三角纹。[③]

二是战国晚期齐国有较多的复合工艺漆器。

战国晚期齐墓出土的漆器中，出现了较多的复合工艺漆器。即在漆器的制作过程中，与齐国较为发达的金属细工工艺巧妙结合，创造出许多美观实用的漆器产品。如临淄商王墓地战国墓出土的漆案、樽、壶、瓶、盒、奁等，都属这类产品。这类漆器都附加了银、铜构件，既坚固耐磨，又美观实用。这种复合工艺的出现早于我国其他各地。

在临淄商王墓地战国墓中还出土了两件较大的圆形漆盘，口径约43厘米，口部镶嵌银釦，内壁及内底镶嵌银片纹饰，内壁饰垂叶纹，内底饰相互缠绕的龙纹，空间处填充云纹，布局匀称，与造型巧妙结合融为一体。这两件漆盘是我国最早使用平脱工艺的漆器。[④]

三是临淄郎家庄一号墓出土的漆器图案精美。

战国时期，齐国漆器上的花纹开始呈现浓厚的生活因素。

1971—1972年临淄郎家庄一号墓出土的漆器图案，有长方形和圆形两种，基本上都是黑地朱彩，个别是红地黑彩，偶有用白色勾边的。题材有几

---

① 山东省文物考古研究所：《济青高级公路章丘工段考古发掘报告集》，齐鲁书社1993年版。

② 淄博市博物馆、齐故城博物馆：《临淄商王墓地》，齐鲁书社1997年版。

③ 李鸿雁：《齐国漆器及相关问题初探》，《管子学刊》2014年第4期。

④ 李鸿雁：《齐国漆器及相关问题初探》，《管子学刊》2014年第4期。

何图案和写实图案两种。几何图案的单体可分为 9 种：方形的或长方形的，斜长方形的，浪花纹，叶状云纹，波状勾连纹，交错三角形，简化（曲线纹），由斜、直线和锯齿纹组成的带状图案，单线锯齿纹等。出土漆器图案非常精美，有研究者列了 8 种图案。①

总之，考古发现战国时期的齐墓随葬漆器上的图案，构图严整规矩，线条纯熟流畅，描纹动物神态活灵活现。② 对此，祝慈寿认为，战国漆器图案的成就，在中国工艺美术史上占有重要地位，它是继承了商代铜器图案结构的艺术传统，在技术上进一步发挥了灵活性而成。战国漆器的花纹，是中国古代装饰图案中最灿烂的，对于后代的艺术有很大的影响。③

九、先秦时期的山东原始玻璃

我国早期原始玻璃，大约在西周 – 春秋时期，这一时期主要有珠、管、剑饰等。山东有两地发现先秦时期的原始玻璃。

（一）曲阜鲁国故城玻璃的发现

1978 年，山东省曲阜鲁国故城 47 号西周晚期墓中出土了 3 颗浅蓝色料珠。从出土资料看，早期出土的玻璃制品多为釉砂，从时间看最早为西周初年，约公元前 11 世纪后叶，时代最晚的为春秋初期，为公元前 8 世纪中叶。

（二）淄博地区古代玻璃的发现

淄博是古代齐国都城，历史文化遗产丰富，其中包含古代玻璃。淄博地区发现的古玻璃包括正式发掘的出土品、民间收藏家收藏的本地古玻璃样本等，主要有：

1. 淄博市临淄区郎家庄一号东周墓中，出土料珠 9 枚，有球形和扁圆形 2 种，饰豆青、淡蓝、白色鱼目纹。同时还出土有带穿孔的“料饰”1 件。这种料珠是典型的“蜻蜓眼”式，仅从眼的形制看，就有凸起型和不凸起型两类。该

① 陈冬生、王赛时主编：《山东经济史（古代卷）》，济南出版社 1998 年版，第 123—124 页。
② 山东省博物馆：《临淄郎家庄一号东周殉人墓》，《考古学报》1977 年第 1 期。
③ 王阁森、唐致卿主编：《齐国史》，山东人民出版社 1992 年版，第 431 页。

大墓年代考证为公元前500至公元前400年,为春秋末–战国早期贵族大墓。

2. 淄博市临淄区商王村战国墓地出土的玻璃球,浅蓝色,质地晶莹细密,表面局部白色蚀变,为罕见的大件单色玻璃珠。直径4.4厘米,孔径1.1厘米。

3. 淄博市临淄区商王村M1战国晚期墓地出土簪型器17件,环1件,珠1颗。

4. 淄博市桓台县博物馆收藏的战国琉璃璧1件。

5. 1952年,博山西冶街北首宋家林古墓中,出土3颗料珠,直径3厘米,表面斑驳锈蚀,从锈蚀情况看,年代应远早于元代,但当时并没有作科学鉴定,无法确定其年代。

赵华玲认为,淄博地区是古齐国都城所在地,在西周至汉代的800余年时间里,齐国故都临淄持续繁荣,是东方文化的中心区域,制陶、冶铜、丝绸、制车等技术处于领先地位,这一时期也是我国古代玻璃制造技术启蒙、发展、成熟的时期。齐国故城曾出土过精美的西周挂釉青瓷器,从出土的春秋时期的玻璃珠饰和战国商王墓地的大琉璃珠等文物可以窥出,当时淄博的玻璃生产技术已达到相当高的水平。①

(三)先秦时期淄博地区玻璃样品描述

1号:釉砂蜻蜓眼串珠(本地称作陶胎蜻蜓眼),时代为春秋–战国,由4个直径为0.8厘米和4个直径为1.5厘米的珠子组成,玻砂珠内部尚未完全玻璃化,应为石英烧结体,外部挂多彩玻璃釉,主要有绿、浅蓝、白、棕红等颜色。

2号:玻璃璧残件,时代为战国,璧宽5.3厘米,厚0.5厘米,外径长9.8厘米,表面呈谷纹纹饰,外观呈青玉色,断面为乳白色,玉质感强,背部表面风化严重,有较厚的风化层,正面略有风化,用强光照射,有一定的透光性。

3号:蓝色蜻蜓眼珠,时代为战国,齐国故城出土常见样式,直径1.6厘米,高1.6厘米,呈蓝色,灯光照射下呈漂亮的蓝宝石色,有多个眼嵌于玻璃珠表面,大眼分三层排布,每层有三个,层与层之间相间排列,相邻两眼间有小的嵌眼线式排布,但已脱落,镶嵌眼睛的坑表面留有风化的浅黄色残

---

① 赵华玲:《淄博地区古代玻璃历史发展的研究》,苏州大学2008年硕士学位论文。

留物。

4 号:红色蜻蜓眼珠,时代为战国,直径 1.9 厘米,高 2.0 厘米,中间有穿孔,孔径 0.35 厘米,孔径较小。灯光照射下呈漂亮的红宝石色,有多个眼嵌于玻璃珠表面,分三层排布,每层都是四个,每个眼由七层黑白相间的圆圈组成。

5 号:浅蓝色玻璃料,时间为战国 - 汉代,呈砣形,高 5.5 厘米,底宽 6.2 厘米,厚 4.6 厘米。表面有一定风化,成许多点状小坑,透明性较好,内部有许多小气泡。

赵华玲对先秦时期淄博地区的玻璃样品进行分析后,认为:

第一,1 号样属釉砂料珠,还不是严格意义上的玻璃,淄博当地俗称陶胎琉璃。其是烧结温度偏低而产生的石英烧结,但该类陶胎琉璃产于战国,其胎体由硅酸盐烧结而成,表面涂有多种颜色的玻璃釉,呈现突出的蜻蜓眼效果。特别需要说明的是,这种釉砂珠,在真正琉璃珠出现后,仍然使用,特别是战国 - 西汉初年出现较多。至今发现的较早的釉砂起始于西周①,至春秋中晚期,陕西和河南地区都有较多釉砂和玻砂出土,考古界一般把它们称料珠、琉璃珠。其实淄博地区也出土较多,且外观和制备工艺与河南、陕西出土的十分相似。陕西、河南、山东皆属于黄河流域,是中华文明的发祥地之一,从新石器时代起这些地区的制陶技术一直领先于周边地区,由制陶技术发展而来的玻璃技术也首先在该地区产生发展,这是技术发展的必然结果。②

釉砂的制造与陶瓷技术的发展有着直接的关系,淄博地区早在龙山文化时期,已经开始生产涂有白色陶衣的陶器,并出现白陶,至商周时期,出现了挂釉的原始瓷器。原始瓷器的生产说明人们已经选用优质瓷土矿来生产,并使用助熔剂制备瓷釉,炉温达到 1000℃ 以上,并具备了生产釉砂类装饰珠的技术条件。

第二,2、3、4、5 号样品,是淄博地区从战国早期到汉代古玻璃,从成分分析结果看,玻璃的种类主要是含铅和钡比较高的硅酸盐玻璃,这也是当时中原地区主要的玻璃类型。淄博地区出土的相同纹饰的玉璧较多,皆出于

---

① 杨伯达:《西周玻璃的初步研究》,《故宫博物院季刊》1980 年第 2 期。

② 赵华玲:《淄博地区古代玻璃历史发展的研究》,苏州大学 2008 年硕士学位论文。

战国至汉代的贵族墓中,是典型的齐国玉璧型制,应当是淄博本地制造的玻璃璧,有与玉璧相同的作用,是贵族墓葬礼制用器。此类玻璃璧在淄博市桓台县博物馆也藏有一件完好品,属典型齐国玉璧造型,其型制与楚国及中原地区有别,当属齐国本地制造。①

十、先秦时期山东手工业发展的特点

先秦时期山东手工业,是中国古代手工业与社会经济的重要组成部分,也是山东乃至中国古代手工业经济发展水平的标志之一。

综观先秦时期山东手工业的发展演变,可以十分清晰地归纳出如下鲜明特点:

1. 先秦时期山东石器制造业,随着农业和各种新的手工业的发生和发展,有巨大的发展和进步

第一,新石器时代的石器制造技术,是在继承旧石器时代技术的基础上发展起来的。旧石器时代以打制石器为主要标志。新石器时代石器制造业的发展进步,突出表现在石器种类和数量的增加,特别是出现了大量前所未有的农业工具。到新石器时代中期,各种农具已定型、配套。② 砍伐林木用的有石斧、石磷,翻土用的有石爵、石耜、石锄,收获用的有石刀、石镰,加工谷物用的有石磨盘、石磨棒、石杵。此外,还有石质采猎工具矛、镞、弹丸、网坠、石球以及传统的砍砸器、刮削器、尖状器,石质手工工具磅、凿、锥、锤、纺轮、石砧、研磨器、两端器、砺石。到新石器时代晚期,石臿、石耜、石锄的数量增加,质量提高。如石臿、石耜为适应不同用途而有窄刃的、宽刃的,且多带肩有孔、安柄使用。在石锄中又分化出体长厚重、利于垦耕的石镢。总之,中国新石器时代的石器,大量的是各种生产工具,广泛应用于农业、手工业、渔猎和日常生活,在当时的生产中起着决定性的作用。③

第二,山东新石器时代石器的特征较为明显。其可初步概括为这样几点:一是早期继续大量使用打制石器,也开始较普遍地使用磨制石器。二是磨制工艺的普遍使用,使石器器形规整,并日趋定型化,提高了效用。三是

---

① 赵华玲:《淄博地区古代玻璃历史发展的研究》,苏州大学 2008 年硕士学位论文。

② 李根蟠、黄崇岳、卢勋:《中国原始社会经济研究》,中国社会科学出版社 1987 年版,第 190 页。

③ 周自强主编:《中国经济通史·先秦(上)》,经济日报出版社 2007 年版,第 90—91 页。

中、晚期有发达的穿孔工艺，且较为盛行。穿孔是为了更好地装柄以制成复合工具，这是新石器时代石器所特有的，反映了工具的进步性。四是流行石铲、石刀、石镰等农业生产工具，这是中国新石器时代农业发展的重要物证。五是有些新石器的形制，如斧、锛、镰、镞等，还给予后世金属器中的同类器物以重要的影响。①

2. 先秦时期山东手工业的发展演变过程，是一个农业和手工业分工的逐步演变过程

第一，先秦时期山东手工业的发展演变过程，所体现的农业和手工业之间的分工发生发展的辩证关系是：一方面，农业的发展和粮食产量的增加，是一部分人脱离或部分脱离农业而从事手工业生产活动的物质基础和前提；另一方面，手工业的逐渐专业化，并从农业中分离出来成为独立的生产部门，又不断给农业劳动者提供优质的农具等生产资料和部分生活用品，从而不断推动了农业生产的发展和人们生活的改善。②

第二，考古发掘资料表明，山东新石器时代和铜石并用时代农业的发展过程，同时也是部分手工业先后逐渐从农业中分离出来成为独立生产部门的过程。在大汶口文化的若干墓葬中，有随葬大量的陶器，如山东曲阜西夏侯一号墓随葬陶器 119 件，其中有鼎 31 件，豆 42 件。③ 临沂大范庄 17 号墓随葬陶器 85 件，其中背水壶即有 41 件，瓶 32 件；同地 18 号墓随葬陶器 76 件，仅背水壶就有 44 件。④ 莒县大朱村一座墓中，单是高柄杯就有 103 件。⑤ 随着陶车的发明和运用，生产规模扩大了，出现了专门从事陶器制作的家庭。制陶业随之也逐渐成为独立的生产行业之一，男子成了这一生产的主要承担者。⑥ 大汶口文化晚期出现的制陶业的专业化，到龙山文化时代又得到了进一步的发展。龙山文化中的蛋壳黑陶杯是这个时期制陶技术的最高成就。要制作这样薄如蛋壳的精品，不仅需要有长期的丰富经验，还得有熟

---

① 《中国大百科全书·考古学》“中国新石器时代的石器”条（作者佟柱臣），中国大百科全书出版社 1986 年版，第706 页。

② 周自强主编：《中国经济通史·先秦》（上），经济日报出版社 2007 年版，第 65—66 页。

③ 中国科学院考古研究所山东队：《山东曲阜西夏侯遗址第一次发掘报告》，《考古学报》1964 年第 2 期。

④ 临沂文物组：《山东临沂大范庄新石器时代墓葬的发掘》，《考古》1975 年第 1 期。

⑤ 苏秉琦主编：《中国通史》第二卷《远古时代》，上海人民出版社 1994 年版，第 243 页。

⑥ 宋兆麟、黎家芳、杜耀西：《中国原始社会史》，文物出版社 1983 年版，第 273 页。

练的技术才行。这也说明当时的制陶业已经非常专业化了,并且为某些富有经验的家族所掌握。①

3. 在先秦时期山东手工业的发展演变过程中,出现和存在着明显的贫富差别、阶级差别和各阶级之间的矛盾对立

第一,大量考古资料表明,私有制的显著发展、悬殊的贫富差别和阶级对立的出现,是在父系氏族社会阶段。这是父系时期普遍产生的规律性现象,具有历史必然性,其中以大汶口文化最为典型,是我国私有制出现的重要例证。②

山东大汶口墓地是父系氏族公社时期的公共墓地,年代在公元前2800年左右。在该墓地发掘的133座墓中,61号墓只有1件陶鼎;70号墓只有一把石斧(钺)。中型墓稍大,随葬品特多,有的墓有一二百件,有的墓近300件,其中多为玉器、象牙器等珍贵物品。例如埋葬一位女性(50岁左右)的10号墓,死者手握獐牙,右臂佩玉镯,头拢象牙梳,额头戴一串27件长方形石片饰,颈部绕一串31颗管状石珠,胸前佩一串19片松绿石饰。此外还有大量随葬品分别放置在椁内外和中央小坑,计有:制作精致、造型优美的陶器82件。有单白陶器25件(另有器盖3件),包括鼎、壶、鬶、盉、单把杯和高柄杯等,制作精美,且多成双成对。其中的38件单黑陶瓶,造型生动、做工精细。石器4件。玉器2件(内有一极为精致的墨玉钺)。象牙器5件(雕筒2、管1、片2)。骨器1件(雕筒)。③

第二,大汶口文化中贫富分化的现象,在许多墓地都表现得非常明显。如在山东莒县陵阳河发掘的45座墓,分为四群,分别位于遗址北部河滩山、遗址西北河滩上、遗址东北、遗址东南,其中只有位于遗址北部河滩上的第一群是大墓,其他三群都是小墓。这些属大汶口文化晚期的墓葬,本身又可分为早、中、晚三期,其中属于大墓的第一墓群的墓主人,不但自始至终都比较富有,而且越来越富。例如:早期的24号墓,长4.3米,宽2.1米,有木椁,随葬猪下颚骨29块,残存陶器35件,还有石臂环、骨矛和玉坠等装饰品。中期的25号墓,长3.4米,残存陶器35件,还有石臂环、骨矛和玉坠等

---

① 中国硅酸盐学会主编:《中国陶瓷史》,文物出版社1987年版,第22页。

② 宋兆麟:《我国私有制出现的重要例证》,《光明日报》1975年5月6日。

③ 周自强主编:《中国经济通史·先秦》(上),经济日报出版社2007年版,第109—110页。

装饰品；陶器73件，还有石环、石管等。晚期的6号墓，有陶器161件，其中仅高柄杯即达93件。此外，还有石钺、石璧、骨雕筒、石坠饰等。① 上述情况表明，在原始社会晚期，随着私有制的发生发展，先秦时期山东地区已经出现和存在着明显的贫富差别、阶级差别和各阶级之间的矛盾对立。

4. 先秦时期的商、西周山东官营手工业经济组织的特点十分突出

商、西周为奴隶制社会，受政治环境和经济发展水平的限制，山东官营手工业经济组织表现出四个特点：

第一，山东官营手工业作场远比民营作场发达。根据考古资料，结合文献记载，可以看出，从商朝开始，直至西周，有相当生产规模、有一定的管理形式和分工的专门化生产组织——较大型手工业作场，是官府控制的手工业部门，特别是从青铜铸造业、制陶业、骨器制作业、玉器制作业等行业中产生和发展起来。②

第二，从山东官营手工业内部的行业来看，能形成具有一定的生产规模和工艺分工的劳动与经营组织的行业极其有限，突出的只有青铜冶炼和铸造业，其他如制陶业、酿酒业、骨器和玉器制作业等，较大规模的作场很少见。这与当时的社会生产力布局是相适应的。③

第三，山东官营手工业内部的行业分工开始多样化、细化。商、西周的社会分工程度，主要表现为手工业内部的行业分工开始多样化。西周初"工"的来源主要有三：一是来自被征服的殷民。二是来自被征服的其他部落。如《左传·成公二年》记载，鲁国受到楚军的入侵，只好用300名纺织工人作为礼品去贿赂以求得妥协。三是来自周人中的工匠。这就是说，西周各类工匠的身份并不相同，除奴隶外，也有一部分"工"的地位大体上近似于庶人，他们和庶人一起构成周代的平民阶级。④ 随着社会生产力的缓慢发展，西周的山东官营手工业内部分工进一步细化。《考工记》多处提到"百工"，如说："国有六职，百工与居一焉。""审曲面执，以饬五材，以辨民器，谓之百工。"可见西周工匠种类繁多，反映手工业内部的行业分工的确有了进

① 山东省考古研究所等：《山东莒县陵阳河大汶口文化墓葬发掘简报》，《史前研究》1987年第3期。

② 郑学檬主编：《中国企业史（古代卷）》，企业管理出版社2002年版，第2页。

③ 郑学檬主编：《中国企业史（古代卷）》，企业管理出版社2002年版，第1页。

④ 郑学檬主编：《中国企业史（古代卷）》，企业管理出版社2002年版，第27—28页。

一步的发展。这就为以分工协作为特征的较大规模的作场的出现,提供了技术基础和专门人才。①

第四,商、西周山东官营手工业的工艺和分工协作情况,当以齐国为典型。《考工记》就是记述齐国官营手工业各个工种的设计规范和制造工艺的文献。杨宽认为:从它使用的度量衡和方言等方面来看,是齐国人的记载。从它的内容来看,并不是出于一人一时的手笔。各部分记载的格局并不一致,有些部分前后重复,该是当时各个工种的制作工艺和操作经验,经人整理后加以编集而成。从它的思想倾向以及其反映的手工业分工比较细密、工艺比较进步来看,编成当在战国初期。②

5. 先秦时期的山东家庭副业手工业一直比较活跃

先秦时期的山东家庭副业手工业,是手工业的基本类型之一,自始至终都比较活跃。

从整体上看,先秦时期的山东家庭副业手工业比较活跃是有深刻原因的。以纺织品生产为例,其中至少包括以下两个方面的原因:一是与政府的赋税内容中主要包括纺织品有关;二是纺织品是居民的日常生活必需品,纺织品与粮食同样重要。正因为如此,在古代往往是"衣食"连称。这种情况在后来就更加普遍,以至于一些比较开明的官吏将百姓称为"衣食父母"。首先在私营工商业政策方面,春秋末期至战国时期,一些国家为富国强兵,也对其多采取鼓励宽容政策。其最具代表性的就是"通商惠工"政策(《左传·闵公二年》)。此外,对私营工商业仍采取"弛关市之征"的办法,鼓励其他国的工商者前来本国从事生产或商业活动。这无疑促使其经济迅速发展起来。在春秋末卿大夫与公室的夺权斗争中,一些公室或卿大夫也为了争取工商阶层的支持,推行一些积极发展工商的政策,如鲁哀公为在与"三桓"的斗争中壮大自己的力量,曾"废泽梁之禁,弛关市之征,以为民惠"(《说苑·指武》)。如战国时齐国私营工商业的繁荣,就应该与田氏在夺权斗争中所制定的优惠工商的政策有直接的关系。③ 这一做法成为整个古代社会的一个基本国策而被广泛实施。

---

① 郑学檬主编:《中国企业史(古代卷)》,企业管理出版社 2002 年版,第 2—3 页。

② 杨宽:《战国史》,上海人民出版社 1980 年版,第 81 页。

③ 杨善群:《春秋战国时代私营工商业简论》,《上海社会科学院学术季刊》1996 年第 1 期。

第二章　秦汉时期的山东手工业

秦汉时期(前221—220),随着封建制度的巩固,山东手工业生产日趋成熟,尤以汉代取得长足进步。两汉时期的山东手工业生产也发展到更高的水平,冶铁、煮盐、纺织这三项传统手工业仍处于领先地位,而且山东的制铜业、制陶业、漆器制造业、酿酒业也相当发达,炼钢业有了很大进步。本章直切秦汉时期的手工业政策,着力从八个行业对秦汉时期特别是汉代的山东手工业作较为深入的阐述。

一、秦汉时期的手工业政策

秦朝的手工业政策沿袭战国时期的传统,实行发展官府手工业、抑制私营手工业(尤其是私营大手工业),鼓励家庭纺织业的政策。

(一) 秦代的手工业政策

秦朝沿袭秦国以来的制度法令,并加以完善,这主要体现在秦律的《工律》《均工》《工程》《司空》等篇中,不仅有具体的官府手工业的管理模式、质量管理、技术鉴定等方面的内容,也还有许多对官府手工业进行具体指导的政策、法规。从秦律的相关条文来看,其政策与战国时期有一贯性。①

秦朝对关乎国计的手工业部门,不允许民间经营,如武器制造业,都是在中央官府工场和各郡县的工官所管辖的工场中进行。对铸钱业,同样实行禁断,一般是不允许民间经营的。对盐铁业,本来也是处在官府的垄断之

---

① 蔡锋:《秦汉手工业政策略论》,《西北师大学报》(社会科学版)2004年第5期。

下,原则上实行垄断经营[①],但在战国以来商品货币关系的影响下,官府亦不能完全垄断,因而也允许民间进行经营。但规模最大、生产量最大的仍然是官府手工业。

对民间经营的手工业,有秦一代原则上是进行抑制的,但也比较灵活,并未完全垄断,仍然给私营手工业一些发展的空间。在抑制方面,秦朝采取的政策最主要的是限制山东六国的私营大手工业发展,为此,秦朝多次将六国的大手工业主迁徙到边远地区。“迁”本来是秦律中的一种流刑,就是把罪犯押解到荒远地区或便于监督的地区。[②]

还需要指出的是,秦朝在实行以上政策的同时,还采取了重税压榨的措施。

对家庭副业形式的小手工业,秦朝始终没有将其视作末业而加以抑制,相反,却采取奖勤罚懒的措施,鼓励家庭以纺织业为主的手工业生产。

(二)汉代的手工业政策

汉兴,四海为一,却百废待兴,封建政府有迫切恢复经济、发展生产的愿望,为此,不仅采取许多措施发展农业生产,也同时对手工业生产进行鼓励,“开关梁,弛山泽之禁”。秦朝对一些关乎国计民生的手工业,“颛川泽之利,管山林之饶”[③],即实行官府垄断政策,而汉初任民自由经营手工业,使民间手工业在西汉前中期达到空前繁荣。纵观两汉时期,在官府手工业政策方面,前后政策虽稍有变化,但一直采取发展官府手工业为主的政策,而对民间手工业时抑时放,时禁时弛,从而产生了一些不良的影响。[④]

1. 官府手工业政策

汉初,不论是大型的手工业,还是小型的作坊手工业,一般都允许私人经营。但同时,一些重要的手工业如铸币、铸铁、服装纺织,汉中央和地方仍有规模极大的手工场。

---

① 秦朝对一些关乎国计民生的手工业,《汉书·食货志上》:“颛川泽之利,管山林之饶”,即实行官府垄断政策。

② 《军爵律》:“从军当以劳论及赐,未拜而死,有(罪)恶(废)耐(迁)其后,及法耐者,皆不得受其爵及赐。”知“迁”为一种刑罚。

③ 《汉书·食货志上》。

④ 蔡锋:《秦汉手工业政策略论》,《西北师大学报(社会科学版)》2004年第5期。

其他如战船制造、皇室宫廷的衣饰及酒的生产，在汉初都有专门的官府生产作坊。

汉中期以后，官府在手工业方面的政策主要是实行盐铁官营，收回铸币权，并实行榷酒制度。这一时期，实行盐铁官营的垄断政策，虽然允许民间经营一部分关乎民生的手工业，但课以重税，这即是所谓的“笼天下盐铁，排富商大贾”（《史记·酷吏列传》）。《均工》：“隶臣有巧可以为工者，勿以为人仆养。”实行将盐铁酒等重要必需品收归国营的政策。

东汉时期，仍然承袭了抑制民间私营工商业、扶持官府手工业发展的政策，但由于客观社会经济环境的变化，执行起来缺乏连续性。

2. 私营手工业政策

汉兴，循秦之制，并未改变对私营工商业实行抑制的政策，但抑制之中，仍允许私人经营手工业。《史记·平准书》：“天下已平，高祖乃令贾人不得衣丝乘车，重租税以困辱之。孝惠、高后时，为天下初定，复弛商贾之律，然市井之子孙亦不得仕宦为吏。”

所谓的“复弛商贾之律”，即解除对私人工商业者“不得衣丝乘车，重租税以困辱之”的政策，允许其发展手工业及商业，但抑制的总原则没有变，工商业者除不能做官的限制外，还遭到强制迁徙。《汉书·娄敬传》载娄敬劝高祖语谓：“今陛下虽都关中，实少人。”

西汉末年，封建政府仍未改“抑末”政策的初衷。如在王莽时，实行“五均六”政策，“遂于长安及五都立五均官……皆置交易丞五人，钱府丞一人。工商能采金银铜连锡登龟取贝者，皆自占司市钱府，顺时气而取之”。这是设官控制私营手工业的发展，并对盐、铁、酒等官府经营以外的手工业实行税收及抑制产品价格的政策。即使如此，也还允许民间经营手工业生产。但由于王莽的经济改革尤其是货币改革的失败，西汉末年的经济秩序并不利于私营手工业的发展。

东汉初期，尽管“抑末”政策的基调未变，但随着官营手工业的萎缩，民间私营手工业有所发展。虽也时而实行盐铁官营，在各郡设置工官负责对私营手工业的征税事务，但对民间手工业的放任，实际上也就鼓励了它们的发展。此外，从西汉末年开始，封建政府大量卖官鬻爵，使一大批商人进入统治阶层，而东汉政府中，也不乏大商人，他们的存在，或多或少地影响了封建政府对手工业的决策，这都有利于当时民间手工业的发展。所以，尽管东汉时期商品经济不如西汉时期发达，私营手工业中的大手工业也没有西汉时那样发达，但私营手工业仍取得了一定的发展，尤其是地主田庄中的私营手工业得到了一定的加强与发展。显然，至东汉末年，抑末政策有所减弱。①

（三）秦汉时期的官营手工业

官营手工业是封建专制集权国家的重要经济支柱，因此官府历来十分重视其经营。秦汉时期，凡是手工业，政府几乎全部经营。主要有：采矿业、炼铜业、铜器制造业、铁器制造业、漆器制造业、陶器制造业、煮盐业、纺织业、酿酒业等。

秦汉官府对手工业都设有专门机构进行经营和管理。秦代主要有两大机构：一个是国家财政机关大司农，另一个是税收机关少府。汉代在地方上则设各种专业性的“官”，既管理官营手工业，又管理私营手工业。西汉、东汉与秦虽略有不同，但基本上是承秦之制。从秦汉官府对手工业的管理机构来看，官、私手工业都在官府控制之下。这种控制又一直延续了2000多年。②

秦汉时期，官营手工业由于国家在人力、物力、财力方面的大力支持，手工作坊的经营规模都很大，每个作坊的人数也多，有的多达千人以上。秦汉官府对官营手工业作坊都有成套的生产管理制度和措施。手工作坊行政管理人员有“官”和“吏”，有生产技术管理人员“工师”和“工匠”，有生产劳动的工人“卒”“徒”和奴隶。作坊对不同人员有不同的要求，对产品的质量和规格都有统一标准。在生产过程中，分工细致，流水作业，“物勒工名，以考其诚。工有不当，必行其罪，以穷其情”③。“责以员程，不得取代。不中程辄笞督。”④完成任务、产品质量合格者奖；反之，必给予处罚。

自西汉武帝盐铁官营专卖以后，官府除自己扩大经营范围和规模外，对其他一些手工业，主要是漆器、金银器等各种杂工手工业多的地方，设工官进行经营和管理。所谓经营，就是工官自己开办；所谓管理，就是工官对私营手工业进行收税。《后汉书·百官志》明载：“有工多者置工官，主工税

---

① 蔡锋：《秦汉手工业政策略论》，《西北师大学报（社会科学版）》2004年第5期。
② 陈冬生、王赛时主编：《山东经济史（古代卷）》，济南出版社1998年版，第211页。
③ 《礼记·月令·孟冬之月》。
④ 《汉书·尹翁归传》。

物。”据《汉书 · 地理志》记载,全国共设工官10处,分别是:河内郡的怀、河南郡、颍川郡的阳翟、南阳郡的宛、广汉郡、广汉郡的洛、蜀郡的成都、济南郡的东平陵、泰山郡、泰山郡的奉高。后3处均在山东境内,山东工官占全国工官数的3/10,可见山东各种手工业之发达,以及手工业在全国地位之重要。①

二、秦汉时期的山东冶铁业、制钢技术

冶铁业是秦汉时期三大手工业(冶铁、铸钱、煮盐)之一。山东在秦汉时期特别是汉代冶铁手工业中占有重要的地位。

(一)秦汉时期山东的冶铁遗址与铁器

山东出土的秦汉时期的铁器,表明山东古代冶炼铸造技术已很先进。特别是汉代山东冶铁手工业,在春秋战国冶铁业的基础上又有了很大发展。考古发掘的大量材料证明,汉代冶铁业的发展是战国时期所无法比拟的,汉代山东冶铁业普遍得到发展。②

1. 汉代山东的铁器遗址发现概况

20世纪50年代以来,山东凡发现汉代文化遗存的地方大都有汉代铁器出土,分布范围遍及全省。到目前为止,汉代山东铁器出土地点,据已发表材料的不完全统计,比较大的有十几处。铁器的遗址遍及全省各地,从南部的滕县、苍山、临沂、莱芜,到北部的临淄,从西部的济宁、济南、章丘,一直到东部的青岛、莱西、烟台附近的福山。主要有以下遗址:

20世纪60年代初,山东滕州薛故城内发现一处大面积冶铁遗址,出土铁器铸范之上,有“山阳二”“钜野二”等铭文。其后在1984—1986年薛故城钻探试掘中,又于城内陈庄和渠庄村之间发现汉代冶铁遗址,堆积厚1.2—1.6米。③

1976年,在章丘东平陵故城遗址发现汉代冶铁遗址一处,面积约4.2万平方米。同时,发现冶铁炉残迹、铁渣、铸作模、范及铁器类遗物,采集及试

① 陈冬生、王赛时主编:《山东经济史(古代卷)》,济南出版社1998年版,第212页。

② 逄振镐:《两汉时期山东冶铁手工业的发展》,《东岳论丛》1983年第3期。

③ 李步青:《山东滕县发现铁范》,《考古》1960年第7期;山东省济宁市文物管理局:《薛国故城勘查和墓葬发掘报告》,《考古学报》1991年第4期。

掘凡得铁器350余件,器类约50种,分为农具、工具、兵器、日用品、范具、车马器等。[①] 出土数量之多、种类之齐全、铸造之精良、保存之完好,不仅为山东地区仅见,在全国也是罕见的。出土的铁器中,有8件铸有铭文,其中标明泰山郡铁官产品的锤范及铸“阳丘骑”字样的烙马印等物均属首次发现,实为研究汉代冶铁业难得的一批实物资料。

1977年,发掘属西汉中期的巨野红土山汉墓,也发现大量铁质器皿,出土的405件铁器中,绝大部分为兵器,工具类有斧、环首刀,日用杂器仅灯一种。[②]

1977年,《文物》第7期报道,莱芜县(今山东莱芜)亓省庄发现西汉农具铁范24件,为铸造犁、镰、镢、铲、耙形器的范具,大部分范具之上均铸有姓氏类字样的铭文。

1978—1980年,发掘西汉齐王墓随葬器物坑,发现西汉早期铁器410余件,其中以兵器数量为多,有殳、戟、矛、铍、杆形器计350余件,生产工具4件,其他为车马器具等。[③]

20世纪80年代以来,山东沂水先后发现汉代铁器窖藏两处。两处窖藏均以农具为大宗,另有工具及车马器具之类。[④]

1984年,枣庄地区也不断发现汉代铁器。11月,在张山子镇发现汉代铁器窖藏,出土铁质农具20余件。另外,在台儿庄区滕楼村及峄城区金陵寺乡也都发现铁器窖藏,同样以农具为主。[⑤]

1993年3月,乳山市大浩口村青年农民刘诗忠在村西南小学门前整地时发现一铁器窖藏。[⑥]

2005年,在济南老城区运署街南侧工地发现过一座汉代大型冶铁作坊遗迹,并在发掘现场出土了铁矿渣和红烧土。这是山东首次发现大规模的

---

① 山东省文物考古研究所:《山东章丘市汉东平陵故城遗址调查》,《考古学集刊11》,中国大百科全书出版社1997年版。

② 山东省菏泽地区汉墓发掘小组:《巨野红土山西汉墓》,《考古学报》1983年第4期。

③ 山东省淄博市博物馆:《西汉齐王墓随葬器物坑》,《考古学报》1985年第3期。

④ 马玺伦:《山东沂水出土窖藏铁器》,《考古》1989年第11期;《山东沂水县发现汉代铁器窖藏》,《考古》1988年第6期。

⑤ 山东省枣庄市博物馆(文光):《山东枣庄市出土的古代铁农具》,《农业考古》1987年第2期;石敬东:《山东枣庄市出土一批铁农具》,《农业考古》1991年第2期。

⑥ 姜书振:《山东乳山市大浩口村出土汉代铁器》,《考古》1997年第8期。

汉代冶炼作坊遗址，体现了汉代时期济南地区冶铁业的发展情况。[①]

2009年和2010年，济南市考古研究所在济南市魏家庄的多座汉代墓葬中，发掘出土的随葬铁器近50件，其中铁炉和铁鼎较引人注目。[②]

此外，尚有数量较多的汉代铁器散见于山东各地发现的汉代墓葬、窖穴或遗址中。

就历年发现的铁器种类来看，略可分为兵器、农具、工具、日用品、车马器、范具及其他等7大类。兵器类主要有刀、剑、戟、矛、镞、铍、殳、钺、钩镶、铠甲等，农具类有犁、铧、镬、双齿镬、三齿镬、五齿镬、铲、锄、锸、镰诸类，工具类有斧、锛、锯、锤、夯锤、凿、锲、钳、刀、削、钻、钎等类，日用品有鼎、釜、灯、斗、熨斗、杈、剪、暖炉、案、镇、夹子等。铸造铁器的范具也有较多发现，东平陵城出土了铸造铧冠、铁锸的完整铁质范具各一套及锤范、铁质器物内模等；莱芜亓省庄发现西汉范具全部是铸造农具的，有犁范、双镰范、铲范、镬范、耙范等。除铁质范具外，平陵城等地还发现有铸造铁器用的陶质范具。另外，山东发现汉代铁器中还有为数不少的车马器及齿轮、烙马印诸物，铁器种类有60余种，涉及社会生活的各个方面。

以时代而论，山东出土的汉代铁器以西汉时期为多，东汉时期较少。各类铁器的形制多与其他地区相同时期出土的铁器类似。在这些铁器资料中，既有武帝"笼盐铁"之前的私铸产品，也有明确标明系官营铸器者。就发现的各类铁器总数量而言，兵器最多，农具、工具次之，其他类铁器较少。西汉时期的铁器以兵器为主，工具为次，日用品较少；东汉时期的铁器，生产工具及日用品数量明显增多，兵器数量有所下降，反映了山东地区冶铁业的时代特征。

2. 秦汉时期山东冶铁的重要遗址与铁器

春汉时期，山东冶铁的重要发现有以下几方面。

一是山东文登出土了秦代铁权。[③] 1973年5月文登县苘山公社新权村发现有秦始皇诏文的秦代铁权。铁权保存基本完整，略呈扁圆形，平底，顶上铸半圆形的鼻，权旁镶一块铜诏版。通高19.4厘米、腹围80厘米、底径

---

① 《济南日报》2015年7月21日。

② 《济南日报》2015年7月21日。

③ 蒋英炬、吴文祺：《山东文登发现秦代铁权》，《文物》1974年第7期。

25厘米,重32.257千克。诏版呈长方形,横行11.1厘米、上下最宽8.6厘米,边沿残缺不甚整齐。因权腹围是圆的,所以铜版略有弧度,正好镶在铁权旁一长方形的凹框内。铜版上刻秦始皇二十六年诏文,刻字9行,计40字。诏文读为:"廿〔六年〕,皇〔帝尽〕并兼天下诸侯,黔首大〔安〕,立号为皇帝。乃诏丞相状、绾,法度量,则不壹,歉疑者皆明壹之。"像这样大的秦权,新中国成立后曾相继出土4个,除山东文登出土的铁权,还有山西左云出土的铁权,重32.5千克;西安出土的高奴铜权,重30.75千克;江苏盱眙出土的铜权,重30.43千克(鼻有残失)。秦权的出土地点皆相距遥遥千里,而重量则非常接近,说明秦始皇在辽阔的疆域内统一了度量衡。这一功绩是不可磨灭的。我们的祖先聪明若斯,将"杠杆原理"运用得淋漓尽致,一根有刻度的等臂衡杆,一枚充当"砝码"的权,就成为提供准确称量的天平。秦代的衡制是以战国时期秦国的衡制为标准制定的,计量单位有石、钧、斤、两、锱、铢,其衡制为:1石=4钧=120斤,1斤=16两,1两=4锱=24铢。秦权的重量有4钧(120斤)、1钧(30斤)、20斤、16斤、9斤、8斤、5斤、1斤数种。据折算,秦一斤应为现在的250克,这件巨大的"秤砣",为罕见的4钧铁权。《汉书·律历志上》曰:"权者,铢、两、斤、钧、石也。所以称物平施,知轻重也。"也就是知物之重量。《孟子·梁惠王上》曰:"权,然后知轻重。""权"早就出现在古书的记载中,秦铁权的出土,使古人智慧的结晶直观地展现在我们面前,是秦代统一度量衡的历史见证。1982年,山东文登出土的秦代铁权被定为国家一级文物。

二是临淄、莱芜是秦汉时期山东的冶铁中心。临淄是著名的冶铁中心之一,冶铁遗址数量多,面积大;出土铁器数量多,种类齐全,足可以证明当时临淄冶铁业的繁盛。西汉时,武帝在全国设置铁官48处,齐地就有18处。临淄齐故城发现的汉代冶铁遗址,约有40万平方米。[①] 目前临淄齐故城勘探发现6处冶铁遗址,这在全国是罕见的。另外临淄商王墓地3座墓中出土铁器103件,临淄窝托齐王墓5个陪葬坑,出土铁器401件,均是周至汉墓葬中早期铁器出土量较大的。再例如,山东莱芜的资源早有开发。莱芜一直是中国历史上重要的冶铁中心,有3000多年的冶炼史。从商周时期,这里就开始铸造青铜器;秦汉时期,就兴起了"采冶之务"。到了汉代,冶

① 逄振镐:《两汉时期山东冶铁手工业的发展》,《东岳论丛》1983年第3期。

铁发达，冶铁文化源远流长。汉初，高祖刘邦为取得地方豪强支持，放宽对私营工商业的控制，将冶铁、煮盐、铸钱三大行业允许民间私营。汉武帝时期，为加强中央集权、解决财政危机，对盐、铁产业加强控制，实行官营，在48个产铁地区设置铁官，专事铁的开采、冶炼和铸造。莱芜铁官设在嬴城，所产之铁称为“嬴铁”，当时因其技术含量高、铁器种类多、质量好而著称于世。

三是东平陵城是汉代综合性的冶铁铸造业生产基地。东平陵城手工业的发达首先反映在冶铁铸造业上。这里发现有大面积冶铁遗址及冶铁炉残迹，出土了大量的汉代铁器。1976年一次调查所得汉代铁器即多达300件，其中农具类有犁、铧冠、铲、锸、镬、双齿镬、三齿镬等，工具有斧、斨、锯、锤、夯锤、凿、钳、刀、削、钻等，兵器则钺、戟、剑、铍、刀、矛、镞、钩镶俱全，日用品有鼎、釜、灯、杈、夹子数种，还有铸造铧冠、锸、锤等器的铁质范具以及车马器、齿轮、烙马印诸物，铁器种类达40余种。这次出土铁器，其数量多、器类全、铸造精良、保存完好，极为罕见。这说明，两汉时期的东平陵城，已不是生产某种铁器产品的一般冶铁业作坊，而是一处综合性的冶铁铸造业生产基地，可以想见其冶铁手工业的规模应该是比较大的。部分铁器的金相检查还表明，铁器中既有铁素体可锻铸铁、珠光体可锻铸铁、亚共晶白口铁，也有钢制品，其中一件铁折经检验，其顶部的碳含量介于现在的中－高碳钢之间，而刃部的碳含量已近似现在的高碳工具钢。各类器物根据其不同的使用性能采用不同的铸造工艺，其淬火、柔化处理、夹钢等种种热处理技术，充分反映出汉代东平陵城的冶铸技术已经达到相当成熟的地步。[①]

四是济南市魏家庄出土一批非常罕见的汉代铁器。[②] 2009年和2010年，济南市考古研究所对位于济南市魏家庄片区的多座墓葬进行了抢救性考古发掘。这批汉代墓葬中，发掘出土的随葬铁器近50件。其中，有30余件铁剑和铁削，铁剑多为长剑，两件铁剑配有玉剑彘。特别重要的是，还出土了铁鼎11件、铁釜4件、铁鐎斗1件、铁炉1件等铁制容器。铁鼎的口径、腹径、高分别在22厘米、30厘米、30厘米左右。这些铁器分别出土于不同的墓葬中，基本上同类铁器在每座墓葬中只随葬一件。单就整体数量来

---

① 郑同修：《东平陵两汉手工业重镇》，《文物天地》1996年第5期。

② 《济南日报》2015年7月21日。

说,除了数量在山东,甚至是全国的考古发掘中罕见外,部分铁器在山东地区和国内都较为少见。其中,汉代铁鼎数量10余件,超过全国汉墓发现铁鼎的总和,这是一大发现。另一个是铁炉,这是全国第一次发现汉代铁质炉子,而且在烟囱部位有两个拐弯,说明在汉代时济南人就懂得使用烟囱了。而这个拐弯是向下的,就很奇怪了,猜想有可能是当时室内在餐桌旁使用的,可以让烟直接排入地下设置的烟道。当然这种想法还需要进一步研究,但炉子本身极其独特的设计就让今人惊叹不已。这些铁器的出土数量之多和密度之大为国内罕见,对研究汉代济南乃至山东地区的冶铁史、科技史、丧葬史和礼仪制度都具有重要的意义。铁鼎为什么这么集中出现,在铜器时代结束之后,铁鼎的出现意味着什么呢?这是一种时代转换的标志。而且,在此之前国内其他地方发现的铁鼎均被认为是炊具,而研究者李铭认为铁鼎应该是一种礼器。因为在当时,铁鼎的制作工艺非常复杂,其铸造、冶炼的工艺,包括温度、火候等都远远高于铜鼎,铸造工艺的复杂程度也远高于普通的农具。加上当时的统治政府对冶铁有很严格政策上的限制,所以当时的铁鼎不会是一般的生活用具。

汉代时期铜质鼎越来越少,但礼制依然在延续,铁鼎就成为铜鼎理所当然的替代品,而非实用器。而且在考古过程中发现,这些铁鼎在墓葬中的摆放位置就应该是作为礼器陪葬的。所以,这些铁鼎对于研究礼制的发展、汉代的社会制度和风俗都具有极高的研究价值。

经过近两年不间断的研究,李铭认为,魏家庄考古的发掘和发现,尤其是这些铁器的发现,可以印证两件事:第一是济南城在汉代时期经济很发达,再加上济南泉水众多,这或许是济南郡治所后来搬迁到这里的一个主要原因;再一个就是这些铁器可以证明,济南在汉代时期的冶铁技术非常高超,冶铁及铁器制造数量是非常可观的,应该是当时的一个冶铁中心,甚至可以称作当时的冶铁"之都"。

(二)两汉时期的冶铁业政策与山东的冶铁业

研究山东两汉时期的冶铁业生产规模,首先需要了解两汉时期政府的冶铁业政策。

1. 两汉时期的冶铁业政策

根据文献记载,两汉前后400年间,政府对冶铁手工业的政策可分为三个大的历史阶段。①

第一阶段,西汉刘邦建国至武帝元封元年(前110)。这一时期的冶铁业政策是允许人民自由采矿、冶铸、经营,史称"纵民煮铸"。《汉书·食货志上》曰:"汉兴……盐铁皆归于民。"《盐铁论·错币篇》记载文帝之时,"纵民得铸钱、冶铁、煮铸"。这一政策一直持续到武帝"笼盐铁"之前,极盛于文帝之时。考古资料反映,近年来山东地区不断发现属西汉前期铁器,如莱芜县亓省庄出土铸有"李""汜"等姓氏标识的铁质铸范,无疑是汉初"纵民煮铸"政策实行期间的私营产品,此与后来铁器之上铸以铁官标志的情形迥然异趣,证实汉初这种"纵民煮铸"政策是信而有征的。

第二阶段,武帝元封元年(前110)至西汉末年。这一时期的冶铁业为国家垄断,即所谓"笼盐铁"。冶铁业的经营权全部收归国有,实行冶铁国家专卖制,严禁郡国及私人经营,并于全国40郡中设置铁官进行统一管理。《汉书·食货志下》载,武帝元封元年,郡国置盐铁官。同时制定了法律,"敢私铸铁器鬻盐者,钛左趾,没入其器物"。元帝时,因自然灾害曾一度罢免盐铁官,但三年后又恢复,至新莽时期亦未有变。前述铸有"山阳二""大山二"等铁官标志的铁器产品,即这一时期冶铁专卖制实行的有力证据。

第三阶段,东汉时期从光武中兴至东汉末年。东汉时期的冶铁业一改武帝后的冶铁专卖制,而采取一种宽松的政策。《后汉书·郑众传》载章帝建初六年(81):"议复盐铁官,众谏以为不可。"可证在此以前,专卖制已废除,东汉大司农属官中将铁官一职省减,也说明了这个事实。而《后汉书·百官三》又载:"郡国盐官、铁官本属司农,中兴皆属郡县。"有研究者以为,东汉初年铁官继续存在是事实,前者所要"议复盐铁官"当指西汉"笼盐铁"时期直属中央大司农的铁官。也就是说,所要"议复"的是是否专卖的问题,说明在此以前没有实行冶铁专卖制。"中兴皆属郡县"的铁官或是就郡国自行设立的铁官而言的,此时中央已不再直接参与冶铁业生产,冶铁业由各郡国自行管理,铁官也仅隶属各郡国。废除冶铁专卖,允许郡国经营,这是东汉时期冶铁业政策放宽的第一步。其后章帝时"探观旧典,复收盐铁",又一度实行专卖,但也仅4年,即"罢盐铁之禁,纵民煮铸,入税县官"②。从西汉

① 郑同修:《山东发现的汉代铁器及相关问题》,《中原文物》1998年第4期。

② 《后汉书·和帝纪》。

初年的“纵民煮铸”、允许私人自由经营，经过武帝后的“笼盐铁”政策至东汉纳税制度的确立，两汉冶铁业的管理逐步变革和完善。

不同的冶铁业管理政策对冶铁业生产的影响是巨大的。西汉初年“纵民煮铸”，大大刺激了冶铁业的迅猛发展。冶铸业的高额利润，诱使人们纷纷弃农经营，尤其是一些地方豪强、富商大贾更是抓紧时机投机钻营，因此而聚财货千百万者不胜其数，山东地区尤其如此。也就是在这样的历史背景下，出现了曹邴氏这类私营冶铁大王，形成了我国历史上第一个冶铁业生产的高潮。

武帝以后实行盐铁国家专卖，统一管理，生产资料及技术人员集中，便于大规模生产，但弊端也很快显现出来。首先，官营作坊冶铸生产，多为兵器，农器较少。《盐铁论·水旱篇》载：“县官鼓铸铁器，大抵多为大器，务应员程，不给民用，民用钝弊，割草不痛……百姓苦之。”其所谓大器，即指煮盐用具及兵器，而人们生产生活常用农具、工具、日常用品的生产数量较少。而且生产铁器质量不佳，价格昂贵。《汉书·食货志下》载：“县官作盐铁，器苦恶，贾贵，或强令民买之。”另外，因铁官的怙恶不悛及对冶铸工人的残酷压迫，严重挫伤了生产者的积极性，导致铁官徒起义，形成新的社会矛盾。

东汉光武中兴以后，废除了冶铁国家专卖制度，特别是纳税制度确立后，允许官营、私营并存，郡国官营冶铁业与私人作坊再度兴起。各地出土铁器实物中，属东汉时期的铁器不仅数量巨大，且精良之器颇多，反映了东汉时期的冶铁业生产不仅得到了进一步发展，而且冶铸工艺水平也日臻成熟。

2. 两汉时期铁官在山东的设立

汉代铁官在山东地区的设立情况及其内部的管理机制前后并不一致。据文献记载，铁官的设立，是在武帝“笼盐铁”之后，但据考古发现实物资料，山东地区汉代铁官的设立应该更早。现藏北京大学历史系封泥中有“齐铁官印”“齐铁官长”“齐铁官丞”“临淄铁丞”封泥4枚，陈直先生考订其均为齐悼惠王、齐哀王时物，当于西汉高祖至文景时代①，是汉初山东境内的齐国即设有铁官的有力证据。因汉初实行“纵民煮铸”政策，中央政府并不直接参与冶铁业生产，所以这一时期的铁官应为各郡国自行设立、自行管理的，

① 陈直：《两汉经济史料论丛》，陕西人民出版社1958年版。

我们不妨将其称之为郡国铁官。由封泥印文可知，铁官内至少有长、丞两种官职，制度已相当完备。

武帝时实行冶铁国家专营，设立的铁官已与郡国铁官迥然不同。《汉书·百官公卿表》记："大司农属官有……斡官、铁市两长、丞。"可知铁官直属中央大司农，有长有丞的机构设置显然沿袭了郡国的做法。铁官长、丞之下设置有直接管理冶铸生产的小官吏，而具体从事冶铸生产的则主要是"卒、徒"两种。《汉书·贡禹传》载"今汉家铸钱及诸铁官，皆置吏、卒、徒，攻山取铜铁"，即指明了"笼盐铁"时期铁官内从事冶铁业生产人员的组成情况。

这类直属中央大司农的铁官，山东地区共设立12处。据目前的考古发现，这12处铁官已有4处得到了证实。章丘东平陵城遗址即为汉代东平陵故城所在，此地不仅发现大批汉代铁器实物资料，同时发现大面积汉代冶铁遗址，汉代东平陵铁官无疑即设于此。在出土铁器之中，一件锤范之上铸有"大山二"字样铭文，按"大山"即"泰山"，证实了泰山郡铁官存在的事实。文献记载泰山郡铁官设置于嬴，结合近年莱芜城子县汉故嬴县遗址发现大面积冶铁遗址的情况，汉嬴铁官即设于此地也应无疑义。另外，早在20世纪60年代初，滕县薛故城内即发现有"山阳二""钜野二"字样铭文的铁器铸范，明确其为王莽改"山阳"为"钜野"后的铁官标志产品，是山阳郡铁官存在的确证。临淄发现的面积逾40万平方米的汉代冶铁遗址，与文献记载临淄设有铁官的情况相合。其余铁官，目前虽尚无考古发现来证实，但由以上4处铁官来看，《汉书·地理志》所记的铁官情况应该是可信的。

至于东汉铁官设置情况，文献记载较为简略，在何地设立，更是语焉不详。东汉以"出铁多者置铁官"，《后汉书·郡国志》中注明"有铁"之地，当属出铁较多地区，或即为东汉铁官设置之地。换言之，今山东地区5处"有铁"地区，应即设立铁官的地点。据上所述，这一时期铁官的设立、任免与管理亦当属各郡县掌握，铁官的性质或与西汉初年相近。

3. 山东两汉时期冶铁业生产规模

汉代冶铁业是在周代以来冶铁业基础上发展起来的。到两汉时期，我国的冶铁业已经走过了较长一段历程，冶铸工艺已经达到相当高的水平，铁器已被广泛采用。冶铁铸造业已成为汉代手工业的重要支柱而备受政府重视。关于汉代山东地区冶铁业的生产规模，我们可从文献记载、考古发现及汉画像石诸方面加以考察。

文献资料显示，山东地区两汉时期的冶铁手工业十分发达，西汉初年这一地区的私营冶铁业即具有相当大的规模。《盐铁论·复古篇》载："往者豪强大家，得管山海之利，采铁石鼓铸，煮海为盐。一家聚众或至千余人。"《禁耕篇》又曰："异时盐铁未笼，布衣有朐邴，人君有吴王，皆盐铁初议也。吴王专山泽之饶，薄赋其民，赈赡穷乏，以成私威。"此"往者""异时"均指的是西汉初年的一段历史，而所谓"布衣有朐邴"，乃是指鲁人曹邴氏，此人在汉初为全国最大的冶铁业大王，反映当时山东地区的私营冶铁业竟能与诸侯王相提并论，其规模之大、财富之巨、私营冶铁业之发达可见一斑。武帝时期，盐铁业为官府垄断，各地区冶铁业均由国家设立铁官管理。据《汉书·地理志》记载，当时全国共设立铁官 48 处，今山东地区即有 12 处之多。它们分别是济南郡的东平陵、历城，齐郡的临淄，鲁国的鲁，东莱郡的东岸，千乘郡的千乘，泰山郡的嬴，胶东国的郁秩，城阳国的莒以及山阳郡、琅琊郡、东平国等，约占全国铁官总数的 1/4，覆盖面几达今山东全省。东汉时期，史籍中未载何处设置铁官，仅《后汉书·郡国志》在各郡国属地中，注明某地"有铁"，这种标明"有铁"之地，全国计 32 处，今山东地区仍有 5 处之多，约占全国总数的 1/6。《后汉书·百官志》云："出铁多者置铁官，主鼓铸。"以此论之，汉代铁官设置之地自然应属"出铁多"的地区了。《汉书·食货志下》又载："郡不出铁者置小铁官，使属在所县。""郡不出铁"一语，我们也不应简单理解成并无冶铸生产，只是出铁少、生产规模小而已，或以铸旧器为主，否则便没必要设立小铁官进行管理。即便如此，仅以上述所列铁官及"有铁"之地所占比例，山东地区亦为全国之最。

汉代冶铁业管理机构内部已有了分工。《汉书·食货志上》载："工巧奴与从事，为作田器。"说明田器制造在西汉时期即由一般铁器生产品分离出来。《后汉书·百官志》曰："太仆属下，考工令一人。"（注："主作兵器弓弩刀铠之属。"）东汉时期，铜兵器已普遍为铁器所取代，因此所谓"兵器弓弩刀铠之属"应主要为铁制产品，兵器制造大概也已独立。而山东地区冶铁生产的分工或者更早，《续封泥考略》《临淄封泥文字目录》所载属西汉早期的"临淄采铁""采铁"等封泥，证明早在西汉初年汉高祖至景帝时期，采铁即已与冶铁分开，各有专门的管理机构。管理机构的分工应该是冶铸业规模扩大、发展到一定水平的产物，此又可作为山东汉代冶铁业生产规模的又一证据。

从考古资料分析，山东地区近年发现的两汉铁器不仅数量多，而且器类全，冶铁遗址面积大，无不反映出山东汉代冶铁业生产规模的巨大。

汉代石刻画像反映社会生活的内容应即汉代现实生活的写照。山东滕县宏道院发现汉代画像石，其上有冶铸、锻造等内容，反映的应是当时山东地区冶铁业生产的实际情况。该石第四层画像为冶铁生产情况。画面上有11人，其中3人操皮橐鼓铸，右侧4人锻打，其余人或审视铁器或执器操作。① 根据《汉书·五行志上》中"成帝河平二年正月，沛郡铁官铸铁，铁不下，隆隆如雷声，又如鼓音，工十三人，惊走"的记载及画面内容，经中国历史博物馆(今中国国家博物馆)研究推测，"当时每一铁官有鼓风炉八十座，每座以十三人计，每一大作坊有工人一千多人"②。结合大面积冶铁遗址发现的事实，这一推测或去实际情况不远。若以此为据进一步推论，当时山东地区的12处铁官中，官营冶铁作坊直接从事鼓风冶铸的人员至少也应在万人以上。加上私铸，从事冶铁业人员之多就可想而知了。

(三) 汉代山东冶铁技术的进步

矿石的冶炼，冶铁炉的构造、大小，及产铁量的多少等，可以反映冶铁业的生产规模及工艺水平。山东地区由于这方面工作做得较少，目前尚缺乏系统的资料。1976年，章丘东平陵城调查曾发现汉代冶铁炉，惜未留下详细资料。与山东毗邻的河南郑州、登封等地，20世纪70年代发现汉代冶铁炉有圆形、椭圆形两种，其大者据推测，"年产生铁约60吨"③，可作为汉代山东冶铁炉的参证。具体来说，汉代山东冶铁技术的进步，突出表现在以下两个大的方面：

一是冶铁鼓风机的普遍使用。目前完整的鼓风设备尚未发现，仅河南郑州古荥镇发现有残破鼓风管。④ 1930年，山东滕县宏道院汉墓出土的画像石对鼓风机图形的描绘，为了解汉代鼓风机的构造提供了珍贵资料。一块长方形画像石上的冶铁鼓风机图是：左边有一椭圆形物即"橐"，旁有四人

① 山东省博物馆、山东省文物考古研究所：《山东汉代画像石选集》图341，齐鲁书社1982年版。

② 陈直：《两汉经济史料论丛》，陕西人民出版社1958年版。

③ 刘云彩：《中国古代高炉的起源和演变》，《文物》1978年第2期。

④ 郑州市博物馆：《郑州古荥镇汉代冶铁遗址发掘简报》，《文物》1978年第2期。

做鼓风动作，中部有三人做打铁状；右边的形象不太清楚，但从画面来看，可能在矿坑中开矿或运矿石。图中鼓风橐是怎样构造的，王振铎先生认为："这个所谓韦橐皮橐，应该是由三个木环，两块圆板，外敷以皮革所制成的。……在结构上应该是四根吊挂在屋梁的吊杆，用来拉持皮橐，使皮橐固定……另有一条横木，中段结固在皮橐的圆板上，两头伸展出去固定在左右的墙垣或柱身，这样才能便于操纵推拉，才能使支点、力点和重点都有了着落。排气进气的风门，分别设在两头的圆板上，排气管下通地管，外接炼炉，它的运动规律，应如图中所表示的情况，这样我们也就才有可能肯定画像石中的皮橐形象应是进气的体形。围绕皮橐画像中的四个人像，比较突出的是两个人在前做推拉的动作。其余二人，坐卧在地面和墙垣横木之间。由于冶铁鼓风机需要一种不可间断的劳动必需轮流替换劳动力的使用，如果我的这个推论不谬，画像石中的鼓风机应该有四个劳动力轮流操作，可能是两人一组。"①根据炼炉大小需要的不同，鼓风机自然也有大小之分。宏道院画像石中的一种，从人的比例和操作人数看，显然是一种大型的鼓风机，其鼓风能力，有人据图推算认为，橐的容积约 0.23 立方米，每分钟鼓风量有二三立方米。② 只有这种大型鼓风机，才能和汉代大型炼铁炉相适应。因此，画像石鼓风机图是汉代冶铁鼓风机的真实反映，也是汉代山东大型冶铁鼓风机普遍使用和山东冶铁业大发展的一个真实写照。随着冶铁业的不断发展，技术不断更新，鼓风机也在不断改进。东汉光武帝建武七年(31)，南阳太守杜诗在总结炼铁工人使用人力鼓风机实践经验的基础上，发明了水力鼓风机。《后汉书·杜诗传》载："(杜诗)造作水排，铸为农器，用力少，见功多，百姓便之。"③水力鼓风机是我国古代劳动人民的一大发明。中国应用水力鼓风机，比欧洲早 1200 多年。这是我国古代劳动人民为世界冶金史的发展作出的又一伟大贡献。

二是最能反映汉代山东冶铸工艺水平的还是发现的铁器本身。其具体表现在以下六点：

其一，山东发现汉代铁器不仅数量多，且种类齐全，全国各地发现的汉

---

① 王振铎：《汉代冶铁鼓风机的复原》，《文物》1959 年第 5 期。
② 刘云珍：《中国古代高炉的起源和演变》，《文物》1978 年第 2 期。
③ 《后汉书·杜诗传》。

代铁器种类,这里几乎无一不有。联系大面积冶铁遗址、铸作范具发现的实际情况及文献关于铁官的记载,这些铁器当属山东本地产品。

其二,生铁柔化处理技术与可锻铸铁在两汉时期已被熟练掌握和普遍使用。铁矿冶炼首先得到的是生铁产品,必须经过柔化处理方可制造铁器。山东地区发现两汉铁器的金相检查结果表明,生铁的柔化处理技术已被熟练掌握,大部分铁器由可锻铸铁制成,如东平陵城出土铧冠、铲、钺等经检验分别为生铁柔化后的珠光体可锻铸铁及铁素体可锻铸铁制成,齿轮则由亚共晶白口铁柔化形成的强韧性铸铁制成。再如薛城冶铁遗址出土的西汉铁斧范,已全部消灭了白口组织,成为很完善的铁素体基体黑心可锻铸铁(或称展性铸铁)。生铁中含硫量的高低是冶铁技术高低的一个标志,据鉴定莱芜县牛泉公社亓省庄村出土的西汉农具铁范,含硫量仅为0.28%。[①] 研究者指出:不同铁器产品,据其不同的使用性能,而采取不同的柔化处理技术,说明当时的铁器生产已积累了丰富的经验。“就是从现代冶铁标准看,含硫量也是低的,这说明两千多年前我国劳动人们已经积累了丰富的冶铁经验。”[②]

其三,铁器局部热处理技术与“夹钢”技术的使用。东平陵城发现铁钺的金相检查表明,其顶部及刃部分别采用了不同的热处理技术,顶部经二次加热处理,具有较好的可塑性,而刃部经石墨化退火后又经过类似淬火加回火的处理,因而较为坚韧,可作为山东两汉铁器局部热处理技术使用的典范。同时发现一件铁铲,其刃部经检验分为三层的夹刃,反映汉代山东地区已有了锻打刀刃的“夹钢”技术。[③]

其四,烤蓝和淬火技术。烤蓝和淬火是铁器防锈和提高硬度、强度的技术处理。考古发掘的实物证明,汉代山东冶铁业中的烤蓝和淬火技术水平是相当高的。如1978年在莱西县(今山东莱西)岱墅西汉木椁墓里挖出钢剑一把,刀一件,削一件。发掘报告说:这些兵器,全身烤蓝处理,锈迹很少,淬火度很强,锋刃犀利。证明当时在胶东地区铁器业的冶炼、锻打、淬火等

① 山东省文物考古研究所:《山东章丘市汉东平陵故城遗址调查》,载《考古学集刊11》,中国大百科全书出版社1997年版。

② 山东省博物馆:《山东省莱芜县西汉农具铁范》,《文物》1977年第7期。

③ 山东省文物考古研究所:《山东章丘市汉东平陵故城遗址调查》,《考古学集刊11》,中国大百科全书出版社1997年版。

技术,已经达到较高水平。[①] 山东东部的胶东冶铁技术水平尚且如此,山东内地的技术水平,当比此更高。这是山东冶铁技术的一大进步,也是山东古代劳动人民为我国冶金史的发展所作出的又一贡献。

其五,生铁含硫量低。生铁中含硫量的高低是冶铁技术高低的一个标志。汉代山东冶铁业炼出来的生铁含硫量比较低。例如,前面提到的,在莱芜发现的西汉前期的农具铁范,经北京钢铁学院和中国冶金史编写组鉴定:"含硫量(0.028%)很低,就是从现代冶铁标准看,含硫量也是低的。这说明两千多年前我国劳动人民已经积累了丰富的冶铁经验。"[②]这是山东古代冶炼生铁技术史上的一个奇迹。

其六,钢制品的普遍使用又反映出山东地区汉代冶铁业已臻于成熟。山东发现较早的钢制品是莱西岱墅西汉墓出土的钢剑,此剑"经烤蓝处理,锈迹很少,淬火度很强,锋刃犀利"[③]。苍山下庄纸坊汉墓发现东汉永初六年(112)钢刀,其上错金铭文"永初六年五月丙午造卅湅(炼)大刀,吉羊(祥),宜子孙"字样,经鉴定,是以炒钢做原料,经多次加热锻冶而成,从其断面上观察到的分层现象,与铭文中湅数基本一致。[④] 又东平陵城出土铁斧,也属钢制品,其顶部介于现在的中-高碳钢之间,而刃部的碳含量已近似现在的高碳工具钢。[⑤]从烤蓝技术、炒钢的使用,到近似高碳工具钢的出现,都反映出山东地区汉代冶铁技术的不断进步,当时的冶铸工艺已达到相当高的水平。

上述种种表明,汉代山东冶铸技术先进,这是本地区汉代冶铁业的一个重要特点,也是为政府高度重视的重要原因。

(四)汉代山东的制钢技术

汉代发明了炒钢、百炼钢、铸铁脱碳钢等新技术。

1974年山东苍山县汉墓出土一把环首钢刀,全长111.5厘米,刀身宽3

---

① 烟台地区文物管理组、莱西县文化馆:《山东莱西岱墅西汉木椁墓》,《文物》1980年第12期。

② 山东省博物馆:《山东省莱芜县西汉农具铁范》,《文物》1977年第7期。

③ 烟台地区文物管理组、莱西县文化馆:《山东莱西县岱墅西汉木椁墓》,《文物》1980年第12期。

④ 孙机:《汉代物质文化资料图说》,上海古籍出版社2011年版,第13页。

⑤ 山东省文物考古研究所:《山东章丘市汉东平陵故城遗址调查》,《考古学集刊11》,中国大百科全书出版社1997年版。

厘米,刀背厚1厘米,环首呈椭圆形,环内径2—3.5厘米。由刀身上的错金火焰纹和隶书铭文可知,这把大刀也是用“卅炼”工艺制成的。①

山东苍山汉墓出土的“卅炼”环首钢刀,经过金相鉴定,刃部由组织均匀、晶体很细的珠光体组成,有很少量的铁素体,估计含碳量在0.6%—0.7%。刃部经过淬火,虽经锈蚀,还可见少量马氏体。钢中变形量较大的细长硅酸盐数目较多,但尺寸很小,大部厚度2.5—5微米、宽度25—40微米,少数宽达60微米,这是锻造时和基体的钢一起高度变形的产物。除硅酸盐外,尚有少量变形较小的灰色氧化铁夹杂物。这些夹杂物显然与西汉中叶以前用块炼铁渗碳制成的刀剑中的夹杂物有差别,它没有大块以氧化亚铁和含铁较多的硅酸盐共晶夹杂,而以细长硅酸盐夹杂为主,夹杂物数目多,细薄分散,变形量很大,而分布比较均匀(刘胜书刀中最大夹杂长2.5毫米,而这把钢刀中夹杂约长0.05毫米,相差50倍);但可以看出夹杂物排列成行,表现有分层存在。这些成行夹杂物在刀的外缘行间较密,中间较疏。钢的各部分含碳量均匀,这也和西汉中期以前用块炼铁渗碳制成的钢不同。把这种钢刀和现代熟铁相比,夹杂物很相似,但数量较少,约占体积的1%,较熟铁少1/3至一半,夹杂物也较细,分层比较明显。根据含碳量分布和夹杂物形态来分析,这种钢刀不是用炒成的熟铁再用固体表面渗碳制成的钢锻造而成,而是用炒钢方法取得的含碳量较高的钢为原料,再经过反复折叠锻打而成。②

华觉明先生认为,山东苍山县汉墓出土环首钢刀,所谓“卅炼”说明它是经过30次左右反复锻炼(即三十火)制成的。“每加热锻打一次,称为一‘火’或一‘炼’,这些术语,至今流传应用。”杨宽认为,所谓“卅炼”“五十炼”和“百炼”的“炼”,既包括加热次数,也包括折叠锻打次数。因为这时的炒钢技术水平,要炼制成含碳量高、含杂质少而组织均匀的优质钢,只能先制成薄钢片再经反复锻打而成。要制成有一定长度的优质钢的刀剑,又必须把一定数量的薄钢片陆续折叠和反复锻打,要陆续折叠和反复锻打是非加热不可的。因此在当时,这种“百炼”的利器,同时又有“百辟”的称呼。

① 刘心健、陈自经:《山东苍山发现东汉永初纪年铁刀》,《文物》1974年第12期。
② 杨宽:《中国古代冶铁技术发展史》,上海人民出版社2004年版,第250—251页。

“辟”是“襞”的假借字,就是襞积折叠而加以锻打的意思。[1]

值得注意的是,从西汉到东汉、三国,主要钢铁兵器有了很大的变化,就是长剑逐渐消失,而代之以环首长刀。山东沂南画像石墓墓门的横额上刻有战斗图,图中作战双方除使用弓箭外,主要格斗武器就是环首长刀[2],说明东汉末年已把环首长刀作为主要武器。

因此,苍山的东汉卅炼环首钢刀的出土,不仅说明早在1800年前山东出现了炼钢技术,而且说明在汉代此炼钢的方法与刀剑组织层数之间是有一定关系的,炼钢技术有了很大进步。欧洲用炒钢法冶炼熟铁的技术在18世纪中叶才出现。

三、汉代盐制与山东煮盐业的发展

秦朝统治历时很短,自公元前221年统一全国,到公元前206年灭亡,前后存在仅15年。有关秦代山东盐业的资料比较缺乏,其产区位置和生产情况不可详考。汉代盐业在中国早期封建社会里算是发展的黄金时代。从汉代食盐产地的发展、演变过程看,汉代为山东盐业大发展阶段。

(一)汉代盐制及其特点

汉代时,山东是中国的重要产盐地。要了解汉代山东食盐产地的发展、演变过程,首先必须介绍一下汉代的盐制。

汉代的盐制上继春秋战国,下启历代。汉代的盐制,经历了民营、官营、民营征税等,可分为六个阶段:汉初盐业采民制,汉武帝时期的盐业官营,西汉后期的盐业民营,王莽时期的盐专卖,东汉初年仍是盐官营,自和帝始盐业实行民营征税。特别是盐专卖制度是在春秋时期管仲“官山海”的基础上发展起来的,出现了古代盐专卖的第二次高潮,因而在古代盐政中有极其重要的地位。[3]

具体来说,汉代的盐制有如下主要特点[4]:

---

① 杨宽:《中国古代冶铁技术发展史》,上海人民出版社2004年版,第252页。

② 南京博物院:《沂南古画像石墓发掘报告》,文化部文物管理局,1956年,第12页,图版24。

③ 罗庆康、罗威:《汉代盐制研究》,《盐业史研究》1995年第1期。

④ 罗庆康:《汉代盐制特点述评》,《盐业史研究》1998年第1期。

第一,汉代盐制经历了开放、抑制又开放的过程。两汉统治长达426年,盐业民营至少有217年;盐业专卖时续时断不到200年,但官营真正坚持得好的也不过40年。事实上,即使是官营,有时也存在民营,如元帝曾起罢盐官;又如和帝曾叙述过章帝“复收盐铁”[①],说明章帝之前与明帝之间盐业一度私营。有时全国范围实行官营,但个别地方是私营,如东汉初第五伦“常与奴载盐北至太原贩卖”[②],就是民营。

第二,汉代盐制不论是民营还是官营,均设置盐官管理。从西汉武帝元狩六年(前117)起,在产海盐的渤海、黄海之区和西北、西南产池盐、井盐之地,都设有盐官。据《汉书·地理志》记载,在河东、太原等27郡设盐官35处。经考证,在朔方县、青岭县、临江县、西县、广牧县、南广县、渔阳郡、广陵郡等8处也设有盐官,共43处。[③] 不过,盐民营或盐官营时期的盐官职掌有所不同。盐官营时期,盐官职掌所在郡国的盐生产、运输与销售,将整个生产过程、流通过程都统一管起来,不受所在郡国的管辖,直接向中央大司农(在汉武帝中期前属少府)负责,盐利归官;东汉属郡县。盐民营时期,主要是收盐税。《后汉书·百官志》曰:“凡郡县出盐多者置盐官,主盐税。”[④]

第三,汉代盐价与汉民的食盐消费量。西汉前期,由于实行开放的盐铁政策,盐价较低,有些年份,盐与五谷价格基本相当。汉武帝实行盐铁专营政策后,盐的价格有了较大的增长,达到每石(釜)300—1100钱。东汉时期,盐价最低为每石400钱,最高达到每石8000钱,正常时期的盐价大约为每石800钱,盐与粟、谷的比价大约为8∶1。[⑤] 汉民用盐有一定的数量。所谓“十口之家,十人食盐;百口之家,百人食盐。终月,大男食盐五升少半,大女食盐三升少半,吾子食盐二升少半,此其大历也”[⑥]。一家五口,二大三小,每月需盐16升多,每年需盐至少192升。

第四,不管是官营还是民营,都是榨取广大劳动者的血汗。汉代官营盐

---

① 《后汉书·和帝纪》。
② 《东观汉记·第五伦传》。
③ 罗庆康:《汉代专卖制度研究》,中国文史出版社1991年版,第72页。
④ 罗庆康:《汉代盐制特点述评》,《盐业史研究》1998年第1期。
⑤ 丁邦友、魏晓明:《关于汉代盐价的历史考察》,《商丘师范学院学报》2007年第2期。
⑥ 《管子·海王》。

作坊,完全是榨取卒、徒、奴的所有劳动,即所谓“卒徒工匠,故民得占租鼓铸煮盐之时”①。卒,这是指的成年男子每年在郡县无偿服役一月的“更卒”。煮盐也多驱使更卒,官府不必付任何报酬。徒,指刑徒,是已科罪犯,不是法定的劳役对象,而是临时增加的无偿劳役。在盐铁作坊中,“卒徒烦而力作不尽”②,其意是说更卒、刑徒被迫劳动,没有积极性,不肯为官府出力。奴,一般是家内服役,但在官府作坊中进行无偿劳役的也不乏其例。在民营盐业中,也是靠榨取流民、亡命、奴隶等的剩余劳动。

第五,盐的储藏量与盐的开发有些不同步。中国盐产十分丰富,以海盐为最,池盐次之,井盐、岩盐又次之。但从盐的开发来看,以池盐的开发最早,海盐、井盐次之,岩盐又次之。不同步的原因有:(1)与产地有关系,(2)与加工的难易有关,(3)与燃料有关,(4)与管理的难易有关。

第六,两汉盐业专卖在历史上具有重要的地位。盐业专卖创始于管仲,而完善于两汉,所以,真正发挥它的最大功能,也应该是两汉。汉武帝、王莽等以最高统治者的地位,通过行政上的强制手段,对盐的生产与运销加以垄断;并从中央到地方设有主管部门和盐官,促使中央到地方的官吏层层加以推行,为政府营利。不论从专卖内容还是从专营方式、办法及原则来看,都是中国的独创,都比欧洲先行1000多年。

(二)秦汉时期山东盐业发展的文献叙述③

盐产地的多少是反映盐业生产状况的主要指标。而现存史籍的记录则是秦汉时期山东盐业发展的有力佐证。

1. 秦代山东盐业的大概情形

有关秦代山东盐业的资料比较缺乏,但我们从现存史籍的零星记录中,仍能领略其大概情形。据《汉书·食货志上》记载,秦朝时,“盐铁之利,二十倍于古”。《说苑·臣术篇》谓:“秦穆公使贾人载盐,征诸贾人。”④另据《太平御览》卷八百六十五载,秦国灭齐之前,曾要齐国“献鱼

---

① 《盐铁论·水旱篇》。

② 《盐铁论·水旱篇》。

③ 张照东:《古代山东食盐产地考略》,《盐业史研究》1991年第1期。

④ 《秦会要·食货》引《说苑·臣术篇》语。

盐之地”，并称：“齐负海，有鱼盐之利。”①《史记·平淮书》亦载，齐人刁间、东郭咸阳和鲁人猗顿，皆以煮海制盐起家，致富数千万。② 刁间、猗顿和东郭咸阳生活的时代，为战国末年至西汉初年。东郭咸阳与南阳孔仅还被汉武帝任命为大农令盐铁丞，进行盐铁改革，“募民自给费，因官器作煮盐，官与牢盆”，禁止私煮和贩卖食盐，实行食盐官营，增加国家赋税。其盐业改革可能是在东周齐国盐政的基础进行的。故《史记》所反映的情况应包括秦朝在内。据此可知，秦代山东的食盐生产仍十分兴盛，其食盐产区当在原齐国煮盐旧地的滨海沿岸。

2. 汉代山东盐业发展的文献叙述

西汉时期，山东食盐产地有较大发展。汉武帝实行盐铁专卖制以后，政府始在各主要产盐地区设置盐官。据《汉书·地理志》记载，汉代全国共设盐官 37 处，而山东地区即设有 11 处，约占西汉盐官总数的 30%，为全国盐官设置数量最多、分布最为集中的地区，足见山东盐产之丰富。这 11 处设立盐官的郡县是：千乘郡（治所在今淄博高青县），北海郡都昌县（今潍坊昌邑市）、寿光县，东莱郡曲成县（今烟台莱州市东）、东牟县（今烟台牟平区）、㡉县（今烟台龙口市西南）、昌阳县（今山东莱阳东南）、当利县（今烟台莱州市西南），琅琊郡海曲县（今山东日照西）、计斤县（今山东胶州市西南）、长广县（今烟台莱阳市东）。③ 汉代盐官均设于食盐产地，且为产盐旺盛的地区。据此可证，上述 11 处设置过盐官的郡县，即为汉代山东的主要食盐产地。

另据《文献通考》载，西汉时山东设立过盐官的地区还有东平郡。④ 但《汉书·地理志》未见记载，其他史籍亦未有提及。而《元和郡县图志》又称东平在两汉时期为无盐地。⑤ 且东平距海甚远，从盐业生产的自然条件来看，出盐的可能性不大。由此可证，东平置盐官之说似缺乏准确依据，疑为《文献通考》记载有误。因此，在考察西汉时期山东食盐产地的过程中，未将东平计算在内。

---

① 《太平御览·饮食部》。
② 《史记·货殖列传》。
③ 《汉书·地理志》。
④ 《文献通考·征榷考》。
⑤ 《元和郡县图志·河南道》。

从西汉盐官设置的地理区域来看,山东盐官设置最为稠密和广泛。可知当时山东食盐产地比前代有了大幅度增加,其地理分布亦有所扩展。先秦时山东产盐地区仅集中在渤海沿岸的莱州湾地区,黄海沿岸是否产盐尚无确凿资料证明。至西汉时期,不仅渤海沿岸有6处食盐产地(即千乘、都昌、寿光、曲成、㢓、当利),而且黄海沿岸也有5处地区盛产食盐(即东牟、昌阳、海曲、计斤、长广)。可见当时山东产盐区域已从渤海区域扩大到黄海沿岸,初步奠定了后代山东食盐产地的基础。以后各代产地数量虽有增加,但基本上未超出这个地理范围。

东汉时期,山东盐官设置大致仍循西汉旧制,其食盐产地也无大的变化。所异者,仅在于西汉盐官本属中央司农,东汉时则改属地方郡县,不再隶属中央。从职权范围看,西汉盐官主食盐专卖,东汉时盐官则专主征收盐税。

传世的汉代早期"琅琊左盐"封泥和"琅琊左盐""琅左盐丞"铜印[①],说明了汉代琅琊郡盐官的设立情况。尹湾《东海郡属县乡吏员定薄》内记录了东海郡属县内的盐官人员设置与级别,有长、丞、令史、啬夫、佐。[②] 在《集薄》上,称盐铁官为"都官",显示这些官员直属于中央政府。[③] 这些材料反映了西汉时期的盐业官营制度。

3. 秦汉时期山东盐业发展考证的结论

张照东等根据以上考证、分析,得出以下几点结论:第一,山东海岸线曲折、漫长,滩涂宽阔,盐业资源极为丰富,是我国古代最早生产海盐的地区。如果从夏代山东青州贡纳海盐算起,山东渤海沿岸的盐业开发已有3500多年的历史。此后,山东的海盐生产一直在全国占有十分重要的地位,成为中国历代王朝主要的食盐产区之一。第二,古代山东食盐产地,主要分布在渤海湾、莱州湾和山东半岛南北两岸。西汉以前,食盐产区集中在渤海沿岸的黄河入海口地区。西汉以后,盐区逐渐向黄海沿岸延伸,一直扩展到山东半岛南岸的日照县。第三,从古代山东食盐产地的发展、演变过程看,先秦至

① 牛济普:《汉代官印分期例举》,《中原文物》1998年第1期。

② 连云港市博物馆等:《尹湾汉墓简牍》,中华书局1997年版,第84页。

③ 朱荣莉:《西汉东海郡的海盐生产与管理》,《尹湾汉墓简牍综述》,科学出版社1997年版,第154—156页。

西汉时期为大发展阶段。①

（三）山东半岛出土的汉代盐业用器

山东半岛的掖县（今山东莱州）、蓬莱等地相继出土了几件古代盐业用器，已收藏的计有煮盐用的铁釜1件、铜盘2件、封包检验用的铜印1件等。铁釜、铜印分别介绍如下。②

1. 铁釜

1972年，在掖县路旺乡当利故城遗址出土了铁釜，现藏于烟台市博物馆。铁釜（YB铁220）大口，深腹，口沿下有两道凸棱，双环耳，圜底。口径66厘米，腹深40厘米，壁厚2.6厘米。

当利，汉县名，属东莱郡，地处胶莱河入海口东岸，西北距海5公里。海滩地势低平，至今是规模巨大的盐场，汉时曾设盐官于此。当利故城现有遗址4.5万平方米，汉代文化层厚达1.5米。文物普查中采集到众多的陶器、铁器等，其中包括汉代常见的云纹瓦当、“君宜侯王”瓦当、小口大陶瓮以及这件铁釜。

铁釜体大厚重，口沿处又设有巨大的环形耳，以便扛抬搬动，当非一般的生活用器，而应该是供多人生产劳作的器具。《史记·平准书》记“愿募民自给费，因官器作煮盐，官与牢盆”，“（东郭）咸阳，齐之大煮盐”，“敢私铸铁器煮盐者，钛左趾，没人其器物”。这几条材料说明：（1）汉时以烧煮海水之法取盐。（2）盐业官营，煮盐必用“官器”。（3）煮盐之器为铁器，名曰“牢盆”。即谓煮盐，需用大量海水，故煮盐之器需有较大容量。铁釜不但为铁铸，而且体大、腹深，正具有容量大这一特点，与《史记》所载诸多相合。我们认为，铁釜可能就是史籍记载的煮盐官器——牢盆，时代可能在东汉或更晚一些。

2. 铜印

1981年3月，铜印出土于掖县西由镇街西头村，系农民在村西北挖排水沟时，在地表以下1米深处挖出，现藏于掖县博物馆。铜印（YB铜8301）印面为方形薄板，长25.5厘米、宽23.7厘米、厚1.5厘米。印背正中连铸一

---

① 张照东：《古代山东食盐产地考略》，《盐业史研究》1991年第1期。

② 林仙庭、崔天勇：《山东半岛出土的几件古盐业用器》，《考古》1992年第12期。

柄,柄内曲尺形,高7.8厘米、长10.3厘米,方体,中空,柄侧有一对穿小孔,用时当装有木柄。印面上部有凹纹图案,横列二兽,右一虎,圆目张口,尾上蜷;左一独角牛形兽,垂尾,低首,伸角。二兽一噬一牴,作相搏状,类似图案在汉画中习见。① 虎为汉代"四灵"之一,是威武的象征。牛形兽,一角,当为兕。《尔雅·释兽》曰:"兕,似牛,一角",常与虎并提。虎兕相搏应是铜印所代表的官法之威严的象征。

印面中下部为印文。印文阴文,四字。田字格布局,左读为"右主盐官"。字呈方体而略扁,篆书体,与一般汉印等文字略近。其中"主"字与"官"字都是汉代印文的流行书体。"右"字不似通常汉印书体,其字体方正,转笔亦为方折,与"杜陵右尉"印文相似。② "盐"字与汉印文中的"盐"字略有不同,但与《东海神庙碑》③中的隶书体"盐"字较为接近。从整个书体风格看来,此印文基本保持了汉印简直方正的特点,但又较汉印文流行的方体圆转的通常篆法稍有变化,转角之笔全为方折,呈工正僵直之势,与曹魏"关中侯印"、西晋"殿中都尉"印④颇具相似之处。综合印文书体及纹样风格,铜盐印的年代应在东汉以后,约为魏晋或稍晚。

铜印的出土地点西去2.5公里即为渤海海岸,一片广阔的粉沙型海滩,古称"万里沙",历代都是胶东著名盐场。此地西汉时属东莱郡曲成县,设盐官,隶大司农⑤;曹魏设"司盐都尉""司盐监盐官",晋设"司盐都尉""司盐监承"。⑥ 这件罕见的大型铜印,可能正是朝廷设于地方的盐官之用印。印体硕大,印文及图像凹深至1厘米,可知其用法当如封泥,为海盐封包,或可直接加压盖印在盐坨上,以便运销之时官方核验,以杜私煮私贩。因盐坨等物件体大,故须用大印,曲尺形加木柄的印柄,也更有利于执印操作加力。由此印可知当时盐业生产、运销之盛。

上述出土的煮盐铁釜和盐官用印以其突出的地方和行业特色,反映了

---

① 山东省博物馆、山东省文物考古研究所:《山东汉画像石选集》,齐鲁书社1982年版。

② 〔清〕袁日省、谢景卿、孟昭鸿编:《汉印分韵合编》。

③ 中国文字研究社编:《正草隶篆四体大字典》,(香港)中外出版社1979年版。

④ 郑绍宗:《河北古代官印集释》,《文物》1984年第9期。

⑤ 《史记·平准书》东汉时为曲成侯国,《后汉书·郡国志》中"其郡有盐官""郡国盐官"皆隶郡县。

⑥ 〔清〕黄本骥:《历代职官表》。

海盐生产的不同阶段,同时也是胶东盐业历史的有力见证。

四、秦汉时期山东制铜业的发展

山东是我国最早发明和使用铜的地区之一。在制铜业的发展史上,汉代山东的制铜业也发展迅速。

(一)秦汉政府制铜业经营管理机构的设立

制铜业是秦汉时期重要的手工业之一,尤其是其中的炼铜,直接关系着铸钱业的发展。因此,秦汉政府历来对炼铜业十分重视。秦代,在中央设立专官——少府,进行直接管理和控制。少府的收入直接为皇帝所有,供皇帝私用。冶铜业同冶铁、铸钱等手工业一样,无论是官营的,还是私营的,都归少府统一掌管。少府设官营作坊进行经营。对私营的则征收赋税或实物。当时的管理是很严的。董仲舒说:"至秦则不然,用商鞅之法,改帝王之制……又颛川泽之利……管山林之饶。"①私人冶铸必须经政府批准,否则不能私自经营。秦亡以后,"汉承秦制"。直到汉武帝以前,仍沿袭秦制,炼铜制铜业归少府掌管,但实行的政策与秦不同。汉政府对私营炼铜等手工业推行自由经营的政策。史载"汉兴,海内为一,开关梁,弛山泽之禁"②,"使民放铸"③。

汉武帝时,随着盐铁官营专卖政策的推行,炼铜业也收归政府管理,禁止私人采铜。汉武帝在中央大司农官和少府之外,又设专官管理炼铜和各种铜器制造。《汉书·百官公卿表》云:"水衡都尉,武帝元鼎二年(前115)初置,掌上林苑,有五丞。属官有上林、均输……钟官、技巧、六厩、辩铜九官令丞。"注引如淳曰:"锺官,主铸钱官也。辩铜,主分别铜之种类也。"严禁私人采铜铸钱,但不禁止私人制铜。武帝后,除在全国产铜要地丹阳郡设铜官管理官营铜的开采冶炼外,又在其他各地设工官管理。工官除管理制铜业外,也管理其他手工业;既管理官营的,也管理私营的。据《汉书·地理志》载,汉设工官10处,山东就有3处(济南郡的东平陵、泰山郡和泰山郡的

---

① 《汉书·食货志上》。
② 《史记·货殖列传》。
③ 《汉书·食货志下》。

奉高),占全国的3/10。各地工官除管理官办作坊、就地制造官府所需的铜器等各种手工业品外,还“主工税物”①,负责征收各地私营制铜等手工业者的税。

东汉时,政府管理官、私铜器制造业的主要管理机构,在中央有少府属官尚方令和太仆卿属官考工令。“尚方令一人,六百石。本注曰:掌上手工作御刀剑诸好器物。丞一人。”②“考工令一人,六百石。本注曰:主作兵器弓弩刀铠之属,成则传执金吾入武库,及主织绶诸杂工。左右丞各一人。”③在地方则仍沿袭西汉设工官进行管理和收税的制度。《后汉书·百官志》说:“其郡有盐官、铁官、工官、都水官者,随事广狭置令、长及丞,秩次皆如县、道,无分士,给均本吏。本注曰:凡郡县出盐多者置盐官,主盐税。出铁多者置铁官,主鼓铸。有工多者置工官,主工税物。”注引胡广曰:“铸铜为器械,当铸冶之时,扇炽其火,谓之鼓铸。”鼓铸并非单指冶铁,也包括炼铜制铜业。

汉代山东采铜业的具体情况,限于资料,不能详述。但有些记载还是可做参考的。例如,《魏书·食货志》有这样的记载:“南青州苑烛山、齐州商山并是往昔铜官,旧迹见在。”所记青州、齐州的“往昔铜官”,虽未明指是汉代的,但既是“往昔”,当可作汉代开采、炼铜的参考。另据《山东通志》记载,山东产铜地有峄县(今山东枣庄薛城区)的葛峰山(史载撷项采葛峰之铜以铸鼎)、招远县(今山东招远)的宪恩庄、宁海州(今山东牟平)的桂山(旧开铜矿于此),也说明山东还是有铜矿可采的。根据这些记载可以推知,汉代山东所设工官当非虚设,可能与炼铜制铜业的发展有关。

(二)山东出土的铜器与制铜业发展

秦汉时期的山东制铜业同先秦时期相比,仍处于发展的阶段。新中国成立以来,考古发掘出土的大量铜器就是明证。1977年冬,在沂水县(今山东沂水)刘家店子发掘两座春秋大墓,出土铜器200多件。这是新中国成立以来山东省发现的先秦墓中随葬铜器最多的一次。可是,同年在巨野红土

① 《后汉书·百官志》。
② 《后汉书·百官志》。
③ 《后汉书·百官志》。

山一座西汉墓中出土铜器 526 件。[①] 1978 年至 1980 年，在临淄大武乡窝托村发掘的一座西汉齐王刘襄墓，出土铜器达 6751 件，且均属实用器，其中容器及生活用具 75 件，乐器 2 件，车马器 4352 件，兵器 1904 件，仪仗器及其他 418 件。[②] 数量之多、制作之精美，在全国实不多见。章丘洛庄汉墓 5 号坑出土的 95 件青铜器，包括鼎、钵、盆、匜、勺、釜、权、量等，以及大量青铜乐器，被考古学家誉为“2000 年前的地下音乐厅”。这些乐器中最大最重的叫作淳虞，最小的叫作铎，只有半个手掌大，内部有一个金属条，一摇晃就能发出很有节奏感的声音。洛庄汉墓的乐器坑，集我国汉代青铜乐器之大成，表现出汉代山东高超的冶铜业技术。

据不完全统计，新中国成立以来，山东出土秦汉铜器（钱币除外），至少也有 80 余种、8000 件左右（残毁不成形者不计），不仅种类多、数量大，而且分布也很广：西起巨野、嘉祥、梁山、东平，东到半岛东端的福山，北自宁津、禹城，南至苍山、临沂，遍布全省各地，多达 30 处。这些事实都说明秦汉时期山东制铜业还是有一定发展的。

但是，这是不是说，秦汉山东制铜业和先秦制铜业完全一样、没有区别呢？不是。二者相比，有两点明显的不同：其一，在普及程度上不同。先秦的铜器制品基本上是为最上层的豪华贵族所享用，而秦汉时期已普及中下层，甚至平民当中也拥有少量的铜器。其二，制铜业的重点不同。先秦制铜业主要表现在铜兵器和铜制生产工具上。到了汉代，由于冶铁业的大发展和铁制工具的普遍使用，以及漆器、瓷器的发展，许多铜制器具已为大量的铁器、漆器、瓷器所代替，铜器的地位日益为铁器所排挤。例如，以兵器为例，临淄窝托村西汉齐王墓随葬器物坑出土的 191 件手持兵器中，“铁制者 169 件，占 88.5%，铜制者仅占 11.5%。铁兵器占主导地位”[③]。在这种情况下，汉代制铜业的发展，就不像冶铁业那样全面的大发展，而只是在某些方面的发展，主要表现在铸钱、铜镜、漆木器铜饰、铜车马饰和日常生活用器等器物的精工制作上。这里我们想就铸钱业以外的其他几项铜器的制造工艺技术水平作一简要叙述。

---

① 山东省菏泽地区汉墓发掘小组：《巨野红土山西汉墓》，《考古学报》1983 年第 4 期。

② 山东省淄博市博物馆：《西汉齐王墓随葬器物坑》，《考古学报》1985 年第 2 期。

③ 山东省淄博市博物馆：《西汉齐王墓随葬器物坑》，《考古学报》1985 年第 2 期。

1. 铜镜的制造

铜镜,又名青铜镜。它是由铜、锡、铅的合金制成的。汉代青铜镜的形制、纹饰和制作技术都是从战国的工艺水平发展而来的。铜镜的制造是两汉手工业的重点之一。两汉铜镜的制造,有官营,也有私营。官营铜镜制造业由少府属官尚方令主管。在曲阜鲁国故城发掘的东汉前期墓葬就出土了一件铸有“尚方”铭文的铜镜,表明这是官府尚方令铸造的。新中国成立以来,在山东省出土的铜镜,据不完全的统计,有 53 件(残毁不成形者不计),其中西汉 27 件,东汉 25 件,“汉代”1 件。两汉铜镜数基本相等,说明西汉东汉铜镜制造业都在发展,无衰落的迹象。

汉代在铜镜上铸铭文,是与先秦最大的不同点。53 件铜镜中,有铭文的 18 件,占铜镜总数的 34%。铜镜铭文的内容大多是吉祥之语,古雅俊伟,如“见日之光,长毋相忘”“见日之光,天下大阳”“子子长存”“子孙宜官”等等。这是四言铭文,也有三言、七言的,七言的字数较多。山东省发现的七言铜镜铭文字数最多的,是曲阜出土的长达 42 个字的“尚方镜”铭文:“尚方作竟(镜)真大好,上有山(仙)人不知老。渴饮玉泉饥食枣,孚(浮)游天下敖四海。寿如金石为国保,乐未央贵富昌兮。”①在铜镜的大小厚度上,东汉和西汉是有不同的。西汉铜镜平均直径为 13.85 厘米(仅就有尺寸的圆形铜镜计算,下同),平均厚度为 0.44 厘米;东汉铜镜平均直径为 11.2 厘米,平均厚度为 0.21 厘米。西汉铜镜一般比东汉的大而厚。在纹饰上,除装饰以各种禽兽外,西汉以连弧纹、连珠纹、蟠螭纹为多,而东汉则以锯齿纹、云纹为多。在铭文上,西汉是以“昭明”“日光”铭文为多,而东汉则以“子孙”铭文为多。这都反映着不同的时代表现在铜镜制造的风格上的不同。不仅如此,不同地区所制造的铜镜也不一样。根据已出土的铜镜资料,我们初步认为,在两汉时期,山东铜镜的制造业,大体可分为三个各具特点的地区:胶东鲁北地区、临沂地区和鲁西南地区。

胶东鲁北地区,出土铜镜 18 件,形制以圆钮、半球形钮为多,圆形镜直径大多在 10.5—17.5 厘米,厚 0.2—0.5 厘米,纹饰以连珠纹、连弧纹和云纹为主,铭文多以“昭明”“日光”为主。如临淄窝托村出土的矩形镜,长 115.1 厘米、宽 57.3 厘米、厚 1.2 厘米,重达 56.5 千克。背面花纹凸起,线

① 山东省文物考古研究所等:《曲阜鲁国故城》,齐鲁书社 1982 年版,第 210 页。

条刚劲流畅，边缘饰连弧纹，四角及中间有五个拱形三弦钮，其间饰龙纹，龙首卷曲，张嘴吐舌，栩栩如生[①]，是一件稀世珍品。这充分表明该地区铜镜制造业的独具风格和高超水平。这一地区出土的昭明镜和日光镜也都非常相似。就拿昭明镜来说，莱西的一件铭文是："内清以昭明光，天象辉天日月，心忽天忠，然壅塞泄。"[②]青岛的一件铭文是："内清质以昭明光，而象夫（天？）日月，心忽扬而愿忠，然□□而不□。"[③]博兴的一件是："内清议昭明光，象日月，心忽而扬忠，然壅塞而不泄。"[④]这三件昭明镜，不仅铭文基本相同，而且铜镜的时代（都是西汉中晚期）、形制（都是半球形圆钮，径10.5—17.7厘米、厚0.4—0.5厘米之间）、纹饰（都是连珠纹）也都近似。莱西与青岛不远，只有75公里，而与博兴相距很远，约有250公里。三个地方居然出土相似的铜镜，这说明一个什么问题呢？就目前已出土的资料看，我们有这样一个推测：在这一地区可能有一个铜镜制造地。

临沂地区，出土铜镜12件，都集中在临沂一地，又都是西汉时期的。其中有6件只在《大众日报》上发了一个消息，未见详细报道，暂不作分析。现仅就其余6件分析：形制多为弦钮、圆钮，大小差距较大（径最大者为22.6厘米，最小者7.6厘米），纹饰多为蟠螭纹、漩涡纹。大多无铭文。

鲁西南地区，出土铜镜23件。其中滕县一地就出土13件（全是东汉的）。从时代上讲，除1件标"汉代"外，余者为西汉2件，东汉20件。形制多为弦钮和圆钮。西汉铜镜平均径20厘米、厚0.5厘米，东汉铜镜平均径9.7厘米、厚0.21厘米。东汉铜镜明显比西汉的小而薄。纹饰以锯齿纹、栉齿纹和各种禽兽装饰为多。23件铜镜中，有铭文的有8件。8件中有"子孙"铭文4件。另外，有2件有铭文的铜镜值得一提。一是巨野红土山出土的西汉中期镜1件，铭文是："服春君卿，延年益寿，安乐未央，□□□□。"[⑤]二是上引曲阜鲁国故城出土的东汉"尚方镜"，铭文的最后一句是"乐未央贵富昌兮"。两镜都有"乐未央"。"未央"当指汉长安未央宫，皇帝经常朝会之处。后者是中央少府属官尚方令所造。前者出土的墓葬是汉武帝第五

① 山东省淄博市博物馆：《西汉齐王墓随葬器物坑》，《考古学报》1985年第2期。
② 烟台地区文物组等：《山东莱西县岱墅西汉木椁墓》，《文物》1980年第12期。
③ 孙善德：《青岛市郊区发现汉墓》，《考古》1980年第6期。
④ 李少南：《山东博兴县出土铜镜和货币》，《考古》1984年第11期。
⑤ 山东省菏泽地区汉墓发掘小组：《巨野红土山西汉墓》，《考古学报》1983年第4期。

子、昌邑王刘髆的墓。这面铜镜当是来自朝廷的赏赐,非巨野当地私营所造。可能同“尚方镜”一样,都是官府经营的铜镜制造业所造。余者可能都是私营所造。

根据以上分析,三个地区所出土铜镜各有特点,差异明显。这种差异性说明,除个别铜镜来自朝廷赏赐外,山东各地可能各有自己的铜镜制造地。这一点,我们从山东出土的其他手工业制品中,也可明显看出。譬如汉代漆器,胶东、临沂两地出土情况就有明显的差别。

同样,铜镜的这种明显差别不是偶然的现象。我们知道,这三个地区从先秦以来各自有着不同的历史发展背景。莱夷族以后,胶东鲁北地区是齐国长期统治的。临沂地区在东夷族之后是莒国统治了数百年,再后是楚又统治了200多年,直接受楚文化的影响不少,如临沂铜镜的纹饰蟠螭纹就多是南方楚地的流行纹饰。临沂银雀山3、4号墓出土的两面铜镜(3:26,4:66)“和南方长沙地区战国、西汉前期墓出的铜镜很相近,3:26铜镜和长沙陈家大山土的战国镜几乎一模一样”①。而鲁西南地区,开始是商族的长期居住地,以后是商朝的长期统治。商亡以后,是周封鲁等小国统治。这一地区受商、周、鲁(鲁文化实际上是周文化)文化影响较深。鲁地以南也曾一度被楚占领,但时间很短。因此,我们认为,这三个地区所出铜镜的不同,可能与这三个地区历史背景、传统的文化、风俗、习惯的不同有关。

2. 漆木器铜饰的制造

汉代山东的漆器业是全国漆器制造业发达的地区之一。随着漆器业的发展,原来一部分铜器就被漆器所代替。汉代的漆器主要有两种:木胎漆器和夹纻胎漆器。由于夹纻胎漆器轻巧、坚固耐用、不易变形,比木胎漆器更具优越性,所以汉代夹纻胎漆器有较大的发展。夹纻胎漆器胎质一般都比较薄。为使夹纻胎漆器更加牢固、美观、耐用,往往又在器物的口沿、底部、边缘、耳杯的耳缘等部位镶嵌一些金、银、铜等金属,这叫作铂器。从考古发掘的资料来看,山东东部的文登、福山、掖县,中部的临淄,西部的东平、宁津、巨野等地,都出土了一些漆器上的铜饰件。例如,掖县坊北村一座汉墓出土了一批鎏金铜饰。据发掘报告称:“鎏金铜饰,皆一面鎏金,极为扁薄……铜饰大部分是圆的,只一个是方的。也有半扁的,似镶在器盖上。半

① 山东省博物馆等:《临沂银雀山四座西汉墓葬》,《考古》1975年第6期。

卷形的，像是镶在口缘上。还有若干耳杯铜耳，更无疑问是漆耳杯上脱落下来的。”①

在东平县（今山东东平）王陵山汉墓中也出土了许多漆木器铜饰和鎏金铜饰。发掘报告说：“另外有漆木器上的鎏金铜饰……不知其漆器形状，其中有四叶形铜饰、耳杯的铜耳、圆环铜钮、蛇头形铜饰以及转角处的铜饰、木柄上的铜饰等多件。”②这种镶有金银铜饰件的漆器，制作非常精致。

3. 铜车马饰的制造

车马是古代陆上最主要的交通工具，在军事上也具有重要意义。秦汉大一统帝国的形成，随着经济、政治和军事发展的需要，车马工具又有了非常广泛的发展。与此同时，人们为了加固和美观，在车马器上所加的金属（金、银、铜等）饰件也越来越多。这个时期，车马饰件在山东出土的地点虽不多，但数量不少。现以曲阜九龙山、巨野红土山、临淄窝托村三地出土的铜车马饰件为例说明如下。

（1）曲阜九龙山。1970 年发掘 4 座西汉大型崖墓（疑为鲁王之墓），共出土殉葬车 15 辆、马 54 匹。铜制品有：衔镳 28 副，当卢 15 件，兽头饰 24 件，带具、车辖 15 件，盖弓帽 149 件，辔饰、盖杆饰、铺首、T 形饰 13 件，钩、箱 48 件，軎 35 件，环 33 件，共 23 种、360 件。③ 这些铜车马饰大多是错金银、镶嵌玛瑙及绿松石，造价昂贵，制作精致。

（2）巨野红土山。1977 年发掘汉武帝第五子、昌邑王刘髆的墓。出土铜车马饰件计有：辖軎 2 件，盖弓帽 44 件，链 5 件，方策 1 件，箍 7 件，环 11 件，钉 5 件，兽面饰 2 件，兽首饰 1 件，马衔 1 件，铜饰 6 件，还有多尖形车构件多件，共 85 件以上。这些铜饰件制作也很精致。如多尖形车构件（车 17），表面皆鎏金，线刻流云纹，并有虎、鹿、鸟等纹样。④

（3）临淄窝托村。1978 年至 1980 年发掘西汉初齐王墓随葬器物坑，有专葬车马的坑(4 号坑)共殉车 4 辆、马 13 匹。出土铜车马器有：车軎 4 对，轪 16 件，车垫 4 件，盖弓帽 62 件，节约 67 件，泡 1084 件，管络饰 2938 件，马

① 刘桂芳：《山东掖县古墓出土的鎏金器和其他文物》，《文物参考资料》1956 年第 12 期。
② 山东省博物馆：《山东东平王陵山汉墓清理简报》，《考古》1966 年第 4 期。
③ 烟台地区文物组等：《山东莱西县岱墅西汉木椁墓》，《文物》1980 年第 12 期。
④ 山东省菏泽地区汉墓发掘小组：《巨野红土山西汉墓》，《考古学报》1983 年第 4 期。

衔12件，环105件，共22种、4352件。[①] 出土数量之多，在山东首屈一指。制作也很精致。在22种车马器中，有9种饰鎏金纹饰，其中数量最多的管络饰、泡等都有部分鎏金纹饰。

4. 铜兵器的制造

秦汉时期，铁兵器虽日益代替铜兵器，但铜兵器在制铜业中仍占有比较重要的地位。据不完全的统计，新中国成立以来，山东地区出土西汉铜弩机89件、镞2155件、戈6件、剑6件、矛14件、戟4件、刀1件，共2275件；出土东汉铜弩机5件、剑1件，共6件。据上述数字可知：其一，两汉共出土铜兵器2281件，占两汉铜器总数8000件的28.5%，说明两汉铜兵器的制造在制铜业中仍占有一定地位；其二，东汉出土铜兵器很少，只有6件，占西汉出土铜兵器的0.26%，铜兵器在东汉的地位迅速下降。

两汉铜兵器的制造，主要是以弩机为重点，其次是矛、戈、剑、戟。铜兵器的制造技术很高，也很精致。例如：巨野红土山刘髆墓出土铜弩机12件，皆鎏金，有的还刻有铭文。山东弩机的制造地，见于铭文记载的有：临淄铸的，有"临淄发弩"封泥为证；馆陶铸的，有"馆陶部小"弩机为证。[②] 临淄窝托村出土的72件铜弩机，大小不一，构造相同，均为实用器，是西汉初齐王墓随葬坑的随葬器物。窝托村东北距齐故城遗址只有23公里，可能就是齐都临淄当地制造。该墓随葬器物坑还出土矛14件、戟4件、剑2件、戈2件。[③] 红土山汉墓出土铜剑3件，形制基本相同。剑身两面起脊，刃薄而锋利，制造精致。如该墓122号铜剑，"圆柱茎，上有两周凸棱。格饰云纹。木鞘已朽，涂黑臻朱绘，饰有玉璏、玉珌。玉珌扁方形，一面浮雕两只虎和平雕云气纹，雕琢精细，形象生动；另一面平雕饕餮纹。玉璏长方形浮雕两只虎。剑残长52.8厘米、径长8.5厘米"[④]。上述事实足证汉代铜兵器制造之精致。

5. 生活日用铜器的制造

生活日用铜器的制造也是汉代铜器制造业的重点之一。从山东省出土的铜器来看，生活日用铜器的制造，种类多、质量高，主要表现在工艺的精工

① 贾振国：《西汉齐王墓随葬器物坑》，《考古学报》1985年第2期。

② 陈直：《两汉经济史料论丛》，陕西人民出版社1958年版，第142、144页。

③ 贾振国：《西汉齐王墓随葬器物坑》，《考古学报》1985年第2期。

④ 山东省菏泽地区汉墓发掘小组：《巨野红土山西汉墓》，《考古学报》1983年第4期。

制作上。现将出土的生活日用铜器分类举要叙述如下。

(1)食器。食器主要有鼎、鬲、豆、釜、罐、盘、甑、勺等。铜豆,如青岛崂山古庙大队的一座汉墓出土1件铜豆,敛口,鼓腹,两侧有对称小扁形竖钮,腹中部有一道较宽的凸弦纹,细柄,柄中部有一凸棱,圈足,豆盘口径10厘米、足径7厘米、通高12厘米。① 铜鼎,如寿光纪国故城附近出土的2件铜鼎,形制相同,大小有差异。大鼎,通高28.2厘米、口径23.5厘米;小鼎,通高17厘米、口径13.5厘米。腹上部均有一道伸出体外的宽扁平沿,两耳呈圆环状,腹部皆作横椭圆形,足中部三棱形,下端近蹄形,蹄上有弦纹一道,子母口。腹、足部烟熏痕较厚,说明鼎是经过长期使用过的。② 铜釜,如临沂金雀山西汉周氏墓出土2件铜釜,"形制大小皆相同。敛口,折沿稍向上翘,鼓腹,圜底。外径19厘米、内径16.8厘米、高11厘米。两釜皆有使用痕迹"③。其中M13:7破损断裂后至少经过了两次修补。从修补情况看,可知当时的修补技术、修补办法是用铜片作补丁贴入釜内,钻眼铆接。计大小补丁13块,最小的一块用铆钉6颗,最大的一块用铆钉26颗。这种钻眼铆钉修补技术一直延续了2000多年之久。

(2)酒器。酒器主要有壶、卣、钫、锺、耳杯、鐎等。壶、卣,如莱西岱墅西汉墓出土壶1件,鎏金,小口,大腹,有盖,子母口。盖上有兽形钮,壶身两侧各有一钮,底有三蹄小足。还出土提梁"卣"1件,也是鎏金,高21.2厘米、口径12厘米。直筒形,有盖,子母口,盖中心有一小钮套环。腹下近底部有周凸出的宽条带纹,下有三小足。提梁的两端各有一兽头,口衔一小串铜环与盒身两钮连接。④

(3)水器。水器主要有洗、缶、匜、盆、垒等。山东出土的洗,制作极为精致华丽。如1981年在苍山县磨山西町村出土一件较大的铜洗,重达6.75公斤,宽沿内凹,通高22厘米、口径42.5厘米,腹径35厘米、底径25厘米。左右有两兽形铺首。腹部饰凸弦纹四道。内底还铸有鹤、鱼纹饰,头向一致。鹤和鱼的上下又各饰五铢钱纹。鹤之间铸有"延熹元年造作工"七字。

① 孙善德:《青岛市郊区发现汉墓》,《考古》1980年第6期。
② 寿光县博物馆:《纪国故城附近出土一批汉代铜器》,《考古》1984年第1期。
③ 临沂市博物馆:《山东临沂金雀山周氏墓群发掘简报》,《文物》1984年第11期。
④ 烟台地区文物组等:《山东莱西县岱墅西汉木椁墓》,《文物》1980年第12期。

铜洗上铸纪年,是件少有的珍品。[①]

(4)日用品。日用品主要有铜刷、带钩、炉、熏炉、灯、熨斗、环剪、镊子、铜印等。在这些日用铜器中,仅举几件介绍。带钩,如曲阜九龙山汉墓出土铜带钩一件,质料是错金银的,又镶嵌玛瑙、绿松石,长 8.2 厘米、中宽 1.2 厘米、钮径 1.3 厘米。[②] 镊子,如莱西岱墅西汉墓出土的一把镊子,是用铜扁条一段,弯成弧形,尾部卷成一朵五瓣小花,借以增强镊柄的弹力。这虽是一点小机巧,但在 2000 年前的汉代实属先进。镊子通长 8.3 厘米、宽 1 厘米。[③] 熏炉,如寿光纪国故城附近出土的一件熏炉,"通高 22.5 厘米。炉下为侈口圆盘,折沿,直径 21.5 厘米,盘下三足,蹄形。盘中有蹄形三足炉碗,口沿饰对称的三朵盛开的花朵;上有镂孔盖,盖顶有一立雕朱雀,昂首展翅,翘尾欲飞,栩栩如生。周围有对称的三只青雀,昂首翘尾,欲与朱雀比翼高飞。盖下沿饰对称的三朵怒放的花朵,有茎,呈 90 度角,花朵向上"[④]。制作极精致、美观。特别是炉与盖的接合处,有特别的合页轴,可以自由启合,又不易炉盖脱离。这说明当时熏炉的制造技术是很高的。临淄窝托村西汉齐王墓随葬器物坑出土鎏金熏炉 2 件,"大小相近,形制相同,通体鎏金。弧形盖,顶饰一环钮,周围透雕盘龙两条,首尾衔接,龙身卷曲盘绕。子母口,曲腹,腹部微凸起一周带纹,饰一对铺首衔环。柄形座,中部略凸,底呈圈足状。均刻有铭文"[⑤]。这 2 件熏炉,制作精致美观,也是珍品。

6. 其他两件铜器

在山东省出土的铜器当中,还有两件铜器很值得在此一提。

其一,巨野红土山西汉墓出土的一件铜器比较特殊,发掘者将其称之为"筒形器"。据发掘报告称:"器作圆筒形,素面。器高 79.3 厘米、口底直径各 47 厘米、壁厚 0.7 厘米。重 74 公斤。腹中部饰有两个对称的铜环,环直径 11.5 厘米。距器底 5 厘米处有一圆孔,孔周外壁稍厚,方形,另铸有一筒形杯状器,长5.8 厘米、口径 4.5 厘米、底径 3.3 厘米、底壁厚 0.3 厘米,甚是光滑。筒形杯状器由筒形器内壁插入圆孔,横置,口在筒形器内,有衔接痕

---

① 心健、自强:《苍山县出土东汉延熹纪年铜洗》,《考古》1983 年第 1 期。
② 山东省博物馆:《曲阜九龙山汉墓发掘简报》,《文物》1972 年第 5 期。
③ 烟台地区文物组等:《山东莱西县岱墅西汉木椁墓》,《文物》1980 年第 12 期。
④ 寿光县博物馆:《纪国故城附近出土一批汉代铜器》,《考古》1984 年第 1 期。
⑤ 山东省淄博市博物馆:《西汉齐王墓随葬器物坑》,《考古学报》1985 年第 2 期。

迹,底在器外。筒形杯状器与器孔外壁浑然一体,甚是牢固。……根据器形及清理时发现的迹象,疑该器是古代的一种计时器。”[①]该墓是汉武帝第五子、昌邑王刘髆的墓。此墓出土的“筒形器”不是一般的铜器。如果“计时器”的看法不误,则筒形器在当时实际上是具有科学仪器的性质。

其二,掖县坊北村东汉墓出土的一件刻花尺,“全部鎏金,两面刻有极细花纹;另一半为两大格,各长 5.9 厘米。五小格内各刻异兽及凤凰等纹。两大格内,一格刻三马拖一圆顶篷车,车上一人持鞭;一格刻一异兽。背面满刻云气、异兽纹”[②]。这件鎏金刻花尺镂刻的图案花纹,细如毛发,车马、人物画像,非常生动和谐。这件精制的鎏金刻花尺在全国也是一件珍品。

以上是山东出土铜器的大致情形。从出土铜器来看,秦汉时期,山东铜器制造业是发展较快的。在我们讲山东制铜业发展的时候,还必须看到不发展的一面,甚至是衰落的一面。据我们初步的观察,就整个汉代来看,东汉和西汉的情况似乎还有些不同。除铜镜制造业这一项东汉并不低于西汉外,其他各项,东汉的制铜业一般不如西汉发达。下面的统计数字或许能对这个问题有一定的说服力:山东在整个汉代出土的约 8000 件铜器当中,西汉铜器是 6800 余件,东汉铜器是 130 余件,东汉铜器还不到西汉的 2% 。这个统计数字虽不一定绝对准确,但大体说来,可以看出这样一个趋势:东汉以后铜器的使用在减少,铜器制造业在走向衰落。究其原因,当是冶铁业、漆器业和瓷器业日益发展的必然结果。[③]

五、秦汉时期山东纺织业与“丝路之源”

秦汉时期,山东的纺织业在春秋战国时期蓬勃发展的基础上又有进一步的发展,而且发展水平相当高。山东不仅是全国的丝织业中心,更是丝绸之路的重要源头。有研究者指出:春秋战国时期是山东蚕桑丝织业发展的第一个黄金阶段,此时山东已是全国的丝织业中心,并获得了“冠带衣履天下”的美誉。秦汉时期,山东的蚕桑丝织业进入发展的第二个黄金阶段。[④]

秦汉纺织业,主要生产以“缯”“帛”为代表的丝织品,或合称“缯帛”,俗

---

① 山东省菏泽地区汉墓发掘小组:《巨野红土山西汉墓》,《考古学报》1983 年第 4 期。
② 刘桂芳:《山东掖县古墓出土的鎏金器和其他文物》,《文物参考资料》1956 年第 12 期。
③ 逄振镐:《秦汉时期山东制铜业的发展》,《东岳论丛》1985 年第 6 期。
④ 姜颖:《秦汉时期山东的蚕桑丝织业》,《管子学刊》2013 年第 2 期。

称“丝绸”“绸缎”。山东的纺织手工业是举世闻名的,“号为冠带衣履天下”。史游《急就章》:“齐国给献素缯帛,飞龙凤凰相追逐。”临淄和东阿是汉代两个纺织手工业的中心,所谓“齐阿之缣”,就是当时著名的“贡品”。[①]

(一) 汉代山东官营纺织手工业

纺织业有私营手工业和官营手工业两大类。其中,生产规模大、技术水平高的则是官营手工业。秦汉时期,山东官营纺织手工业获得了迅速发展。这主要表现在:

其一,山东官营纺织手工业相对集中。早在春秋战国时期,我国丝织业生产相对集中于黄河流域,丝织业重心初步形成。主要分布在:齐国、鲁国、卫国、郑国、魏国、秦国。经西周至两汉,丝织业生产已经遍及全国,同时在黄河流域形成生产重心。《史记·货殖列传》记载:“齐带山海,膏壤千里,宜桑麻,人民多文彩布帛鱼盐”,“故齐冠带衣履天下”。齐国(今山东东北部)丝织品产量巨大,不仅“人民多文采布帛”,而且可以大量输出,达到“冠带衣履天下”的程度。《史记·货殖列传》:“颇有桑麻之业”,又《左传·成公二年》载楚人伐鲁,“孟孙请往赂之,以执斫、执针、织纴,皆百人”。鲁国(今山东中南部)一次即以几百名纺织手工业者作贿赂品,可见丝织业一定相当发达,因此方能以“鲁缟”著称于世。此外,东阿(今聊城东阿县)、亢父(今山东济宁)等地均有名贵丝织品。[②]

其二,山东官府丝织业有完整的管理系统。两汉时期,管官府丝织业的官吏,叫作东织令丞、西织令丞,均属少府。西汉成帝河平元年(前28),“省东织,更名西织为织室”[③]。东汉时,少府设织室令,有丞。[④] 又《后汉书·和熹邓皇后传》谓“御府尚方织室”,是尚方令下也有织室,主管丝织手工业。至于管纺织品、染色的官吏,叫平准令。[⑤]

其三,临淄是两汉时期丝织业生产的中心。临淄是形成最早、生产的产

---

① 安作璋:《两汉时期山东的社会经济和农民起义》,《山东师院学报(哲学社会科学版)》1979年第4期。

② 李宾泓:《我国早期丝织业的分布及其重心的形成》,《中国历史地理论丛》1991年第2期。

③ 《汉书·百官公卿表》。

④ 《后汉书·百官志》。

⑤ 高敏:《秦汉时期的官私手工业》,《南都学坛》1991年第2期。

品品质最高、数量最多的丝织生产中心。临淄在春秋战国时为齐国的国都，又是齐国最主要的丝绸产地。齐国国君曾在临淄设三服之官，作为官府手工业，生产高级丝织品以供宫廷贵族之用。[①] 临淄城在春秋战国时期已有居民7万户，城内"车毂击，人肩摩"[②]，一派繁华景象。到两汉时期，临淄的丝织业进一步发展，丝织生产已成为家庭手工业中不可缺少的主要内容，因此被称为"齐都世刺绣，恒女无不能"[③]。汉代继续在临淄设立三服官，《汉书·贡禹传》载："故时齐三服官，输物不过十笥，方今齐三服官作工各数千人，一岁费数巨万。"正是在丝织业发展的推动下，汉代临淄已成为人口10万户、富饶程度超过首都长安的天下名都了。[④]

其四，齐三服官主要生产高级纺织品。《汉书·贡禹传》颜师古注："三服官主作天子之服，在齐地。"可见，齐三服官是专门生产和供应天子、皇室享用的高级奢侈丝织品。所谓"三服官"，《汉书·元帝纪》李裴注："春献冠帻縰为首服，纨素为冬服，轻绡为夏服，凡三。"可见，临淄三服官每年要为天子、皇室织作春服、夏服、冬服所需要的各种高级纺织品。[⑤] 这又说明临淄三服官生产贡品的规模之大、水平之高。

（二）汉代山东私营纺织手工业

凡不属于官府经营的纺织手工业，均可视为私营纺织手工业。山东私营纺织业，主要由个体农民家庭纺织业、城市私营纺织业、官僚地主经营的纺织业三部分组成。

其一，个体农民家庭纺织业。秦汉时期，广大农村一家一户的小农在生产农产品的同时，还从事少量手工业的生产。他们多数在田边隙地、房前屋后，利用零星小块土地种植桑麻，自己纺织纺织品。汉代山东农村耕织结合的个体家庭纺织业，比比皆是。[⑥] 农村家庭妇女个个是养蚕的能手、纺织的巧工。所谓"齐都世刺绣，恒女无不能；襄邑俗织锦，钝妇无不巧"[⑦]，正是汉

① 《汉书·元帝纪》李斐注："齐旧有三服之官。"
② 《战国策·齐策一》。
③ 《论衡·程材编》。
④ 《汉书·高五王传》："齐临淄十万户，市租千金，人众殷富，巨于长安。"
⑤ 陈冬生、王赛时主编：《山东经济史（古代卷）》，济南出版社1998年版，第216页。
⑥ 高敏：《秦汉时期的官私手工业》，《南都学坛》1991年第2期。
⑦ 《论衡·程材篇》。

代山东农村个体家庭纺织业普遍发展的真实写照。

其二,城市私营纺织业。秦汉时期,城市私营纺织业有很大的发展。史载,各通商大都的工商业者,“帛絮细布千钧,文采千匹”①。一钧是15公斤,千钧就是1.5万公斤。“文采”,颜师古曰:“文,文缯也。帛之有色者曰采。”能够拥有1.5万公斤“帛絮细布”和上千匹彩色丝织品的工商业者,其经营规模是不小的。与山东西界很近的巨鹿(今河北省南部)有陈宝光家这样的大私营纺织业者,陈宝光之妻能织高级丝织品散花绫,“机用一百二十镊,六十日成一匹,匹值万钱”②。对此,有研究者认为,可以推知,山东也会有像陈宝光家这样的城市私营纺织业手工业者。③

其三,官僚地主经营的纺织业。秦汉时期,有不少官僚地主除经营农业外,还经营纺织手工业。在山东,1974年临沂金雀山九号汉墓中出土了一幅长200厘米、宽42厘米的帛画。帛画内容有五组,均为墓主人——一个封建地主阶级显贵妇人对自己身后生活状况的设想,又是墓主人生前实际生活的一个缩影。有研究者认为,帛画第四组中的纺织场面必定是墓主人生前所在的这个封建地主自己所经营的纺织手工业作坊中的一道工序。这就是说,帛画的纺织场面说明,墓主人生前可能是一个经营纺织业的封建官僚地主。④

(三)汉代山东的纺织工具

在纺织工具方面,汉代山东较普遍地使用了纺车、纺织机和提花机。关于纺车,在临沂金雀山九号汉墓帛画中,一劳动妇女正在操作一架纺车,右手用力运转,左手执一工具扬起抽纱。“画中的纺车,基本结构与使用方法同近代民间使用的木制纺车极其相似。”⑤画中的纺车是手摇木制纺车,这种纺车,直到新中国成立初期,在山东偏僻的农村仍在使用。在武梁祠(位于今山东济宁紫云山)东汉石刻画像上,存有纺织机的图案。滕州地区也出土过纺织画像石。《西京杂记》卷一记载巨鹿陈宝光家使用一百二十镊的织

① 《汉书·货殖传》。
② 《西京杂记》卷一。
③ 陈冬生、王赛时主编:《山东经济史(古代卷)》,济南出版社1998年版,第213—214页。
④ 陈冬生、王赛时主编:《山东经济史(古代卷)》,济南出版社1998年版,第215页。
⑤ 逄振镐:《秦汉时期山东纺织手工业的发展》,《齐鲁学刊》1983年第1期。

机织散花绫，这种织机实际上就是一种提花机。巨鹿，在今河北省南部，距山东西界只有70公里。由此推测，向以纺织历史悠久、主作天子之服、全国著名丝织品产地的齐地必定也在使用提花机。

（四）汉代山东蚕桑丝织业生产技术

2013年，姜颖发表的《秦汉时期山东的蚕桑丝织业》一文，对秦汉时期山东蚕桑丝织业在技术方面的发展作了较全面而深入的阐述，认为：秦汉时期，山东蚕桑丝织业在技术方面得到了长足的发展。其主要表现在：

一是缫丝纺织。据《四民月令》记载，四月，“茧既入簇，趣缲，剖线，敬经络”。意即蚕变茧后，就要准备机具、缫丝和纺织了。六月，“命女红织缣缚”①，缚即绢及纱縠之属。虽然到目前为止还没有见到有关秦汉时期山东缫丝方面的明确记载，但从《韩诗外传》卷五中的“茧之性为丝，弗得女工燔以沸汤，抽其统理，不成为丝”，以及《淮南子·泰族训》中的“茧之性为丝，然非得工女煮以热汤而抽其统纪，则不能成丝”（统纪即丝绪）可以断定：当时山东缫丝所用仍是煮茧缫丝法，即将茧倒入锅中煮沸，再由缫丝工索取丝绪的方法。相比于春秋战国来说，此时的进步在于：第一，有了曝茧震蛹储茧法，解决了鲜茧过多缫不及时的问题。《淮南子·缪称训》中有“小人在上位，如寝关曝纩，不得须臾宁”的比喻，其中的曝纩即曝晒蚕茧，使蛹虫挣扎于茧内，至死方休。这种曝茧震蛹储茧法一直延续到两晋时期。第二，缫丝工具除继续沿用手持丝籰外，战国秦汉时期还使用一种辘轳式的缫丝軖，确定了手摇缫丝车的基本形制。②

二是织机明显进步。“织机是衡量纺织技术发展的重要标志。”③秦汉时期山东的纺织工具主要包括纺车、织机和提花机三种。它们不仅有了明确的记载，而且比春秋战国时期有了明显的进步。

纺车见于前面所提到的临沂金雀山九号汉墓出土的彩绘帛画中，这说明，早在2000多年前的西汉时期，山东已具备很高的纺织水平。

织机见于汉代画像石中，“目前所知有织机形象的纺织画像石已达十余

---

① 《四民月令·四月》。
② 朱新予：《中国丝绸史（通论）》，纺织工业出版社1992年版。
③ 张保丰：《中国丝绸史稿》，学林出版社1989年版，第58页。

块,其中山东境内的有滕县宏道院、黄家岭、后台、西户口各一块,龙阳店两块,嘉祥武梁祠、长清孝堂山郭巨祠、济宁晋阳山慈云寺各一块,共九块”。此外,江苏境内有六块,安徽、四川境内各有一块。[①] 山东所发现的刻有织机的汉代画像石占全国的一半多,这足以说明汉代山东纺织业在全国所占有的重要地位。从画像中我们可以看出,汉代织机构造比较简单,看来是当时民间一般家庭所常用的普通小型织机。这种织机有两个特点:一是这种织机是脚踏式的。脚踏式织机早在战国时期就已出现,但真正的实型见于汉代画像石。这说明,脚踏织机在汉代已广泛采用。这是一种进步,因为它有助于织工手脚并用,从而大大地提高织机的效能。同时,它也是世界上最早出现的脚踏织机。欧洲到6世纪才开始出现,13世纪才广泛采用。[②] 二是这种织机是斜式即经纱斜放的织机。斜机的出现是汉代山东纺织事业中的又一大进步。根据汉画像石上的织机图,可将当时的斜织机分成三类:提压式双蹑斜织机、中轴式双蹑斜织机和单蹑斜织机。其中涉及山东的是前两种,如山东宏道院、龙阳店和慈云寺汉画像石上的织机形象可能属于提压式双蹑斜织机,其双蹑对综片的作用是一提一压(下拉),而武梁祠的织机型制属于中轴式双蹑斜织机,其双蹑均用绳子或木杆与一根中轴相连,再由中轴来控制综片开口,这一开口方法与后世立机的开口相似,是汉代斜织机的最主要类型。[③] 织机的纺织效率问题,汉代数学专著《九章算术》卷三中的算题答曰:初日织一寸余,第二日织三寸余,第三日织六寸余,第四日织一尺二寸余,第五日织二尺五寸余。[④] 这虽为假设算题,但估计距事实不远。古代以四丈为一匹,如果每日织二尺五寸,那十六日可成一匹。

提花机是古代织造技术中的最高成就,它能够将素的织物装扮得美丽多姿。从文献记载看,东汉明帝永平二年(59)祭祀天地时,公卿大臣们所穿的五采、织成皆由襄邑所献。[⑤]《西京杂记》也记载,陈宝光妻织散花绫、蒲桃锦等织物,并且传其法。我们可以推断,作为“主作天子之服”的齐地,在提花机出现后,必定会受到影响,很快地掌握提花技术和使用提

① 赵丰、金琳:《纺织考古》,文物出版社2007年版。
② 夏鼐:《我国古代蚕、桑、丝、绸的历史》,《考古》1972年第2期。
③ 赵丰:《丝绸艺术史》,浙江美术学院出版社1992年版。
④ 白尚恕:《九章算术注释》,科学出版社1983年版。
⑤ 《汉书·哀帝纪》注。

花机。

三是练漂染整工艺。练漂是纺织前除去丝胶和杂质，使茧丝由生变熟、由硬变软、由暗变白的过程。春秋战国时使用草木灰汁浸泡织物的水练法，秦汉时期则采用了煮练和捣练两种主动练漂的方法，大大缩短了练漂丝帛的时间。煮练法主要是利用提高温度加速丝胶溶解、从而提高练帛功效的方法。捣练法就是采用砧杵（捣衣石和棒槌），槌捣丝帛以促进丝胶溶解的方法，班婕妤《捣素赋》中的"投香杵，扣玟砧，择鸾声，争凤音。梧因虚而调远，柱由贞而响沉。散繁轻而浮捷，节疏亮而清深"就是使用捣练法的很好反映。①

山东临淄的三服官能为皇室织做出五颜六色的朝服，这说明具有高超的染色技艺和丰富的染料。在山东潍坊昌邑所发现的铜染炉，高 12.7 厘米，长 16 厘米②，是供当时封建地主家庭进行纺织手工业生产的小型用具。汉朝的植物染料很多，西汉史游《急就章》中提到的色彩按色谱名分类，已达 20 多种；东汉时期丝织品的色彩名，在《说文解字》中共有 30 余种之多。其中许多染料为山东当地生产，如茜草素和靛蓝。

四是丝织品的种类与图案。汉代山东丝织品种类繁多，其中有几个典型代表：其一是縰、纨素、轻绡。縰即今日之"方孔纱"或"方眼纱"，纨、素其实都是今天的绢，绡即平纹纺织的、轻薄似纱的薄绸。其二是冰纨、方空縠、吹纶絮。冰纨即细密、坚韧、光鲜洁白如冰的绢；縠即质地轻薄、纤细透亮、表面起绉的平纹纱；方空縠即方孔纱，如同上述的縰；纶为百石官吏系印所用的青丝绶带，是一种细如絮，如同吹絮而成的纱。其三是缟与缣。缟是质地比较细薄而精白的织物，是织成后经过后处理漂练工程的熟绢；缣是质地细致紧密、不漏水的织物，也有染为五色的，是先漂练、再织、后染的平纹织物。汉代丝织品的纹样以祥瑞动物图案为主，就生产皇室所用高级丝织品的山东来说，其纹样极具代表性，如山东嘉祥宋山汉画石刻铭文中记载："交（蛟）龙委蛇，猛虎延视，玄猿登高，狮熊嗥戏，众禽群骤，万狩（兽）云布。"在西汉史游《急就章》末、东汉人增附部分写道："齐国给献素缯帛，飞龙凤凰相追逐。"这里提到了龙凤、蛇虎狮熊、猿禽等动物，有的是想象中的，有的是

① 姜颖：《秦汉时期山东的蚕桑丝织业》，《管子学刊》2013 年第 2 期。
② 史树青：《古代科技事物四考》，《文物》1962 年第 3 期。

现实中的，或者表示祥瑞，或者表示勇猛、威武。丰富的种类和精美的图案反映了汉代山东人民的聪明才智和高超技艺。[①]

（五）山东——“丝路之源”

对丝绸之路的源头，学术界一般认为从西安开始。实际上，西安并非是“丝路之源”。

所谓“丝路之源”，应从生产丝绸的源头算起。[②] 笔者查阅学术界关于“丝路之源”的研究后，认为1993年朱亚非先生的《山东早期的纺织业与北方海上丝绸之路》一文的阐述最有说服力。他的主要观点是：沿丝绸之路西去的丝织品有一部分是来自山东，早期北方海上丝绸之路的源头无疑是在山东。[③] 1998年，陈冬生、王赛时主编的《山东经济史（古代卷）》中的论述持相同观点，但未展开论证。

汉代，张骞开通的丝绸之路自长安出发，西出玉门、阳关，经楼兰、于田、莎车，再翻过葱岭西行，到大月氏（今阿富汗）、安息（今伊朗）、身毒（今印度）；或自安息奔条支（今伊拉克）、黎轩或大秦（今意大利）等地。但在汉代以前，西域“自大宛以西至安息……其地皆无丝漆”[④]，汉代时因“常利得中国缣丝，解以为胡绫绀纹”[⑤]，才逐渐开始兴旺发展起来。汉代多用丝织品到西域诸国换回马匹香料等，如“窦侍中令载杂采七百匹，市月支马、苏合香”“令赍白素三百匹；欲以市月支马、苏合、阘登”[⑥]等，类似记载颇多。这与在玉门以西已多处出土的方眼纱罗、丝锦、绸裙、杂采等汉代产品是相吻合的。

汉代运往西域的丝织品产于何地，难以一一标明，但就当时纺织品生产状况判断，有相当一部分应出自山东。值得引起重视的是在20世纪初，英籍匈牙利人斯坦因曾在敦煌发现了任城亢父缣，上面还有题字云：“任城亢

---

① 姜颖：《秦汉时期山东的蚕桑丝织业》，《管子学刊》2013年第2期。
② 陈冬生、王赛时主编：《山东经济史（古代卷）》，济南出版社1998年版，第217页。
③ 朱亚非：《山东早期的纺织业与北方海上丝绸之路》，《管子学刊》1993年第1期。
④ 《史记·大宛传》。
⑤ 《后汉书·西域大秦传》。
⑥ 《太平御览》卷八百一十四。

父缣一匹，幅广二尺二寸，长四尺，重二十五两，直钱六百一十八。”①敦煌是汉代通往西域的交通要道，而产自济宁的亢父缣，就是自此运往西域的丝织品之一。另外在蒙古国诺颜乌兰古墓和通瓦拉古墓发掘的遗物中，有许多丝织物和毛织物，在绢布上除绣有各种花纹和鸟兽图案外，还有“云昌万岁宜子孙”“交龙”“登高”等织文字样。日本学者认为，这是汉代输入蒙古的，可能是河南和山东所生产。②

汉代产自山东的纺织品，除由陆地运送长安外，还通过黄河、济水等水路运输。山东丝绸生产的中心——临淄靠近济水，水路外运极为方便。《水经·谷水注》称：“下漕渠，东通河、济，南引江淮，方委立输，所由而至。”东通河、济，即指将山东物资通过黄河、济水运往京都。水路的运输能力是相当大的，如汉武帝元封年间（前110—前105），“山东漕益岁六百万石，一岁之中，太仓、甘泉仓满”③。可以推断，汉代自长安经丝绸之路远销中亚、西亚、欧洲的丝绸，应有相当部分产自山东。④

如果说沿丝绸之路西去的丝织品有一部分是来自山东，那么早期北方海上丝绸之路的源头无疑是在山东。北方海上丝绸之路，亦称“东海丝绸之路”，是先秦至隋唐时期自山东沿海经辽东半岛、朝鲜西海岸到日本南部的一条海上交通线。这条海上丝绸之路，有其鲜明的特点，从时间上看，它的形成要早于汉代通往西域的丝绸之路。从形成的方式看，它不像张骞通西域那样，得益于中国封建王朝与外国政府使节之间的往来，而是由民间百姓大规模向海外迁徙造成的。⑤

北方海上丝绸之路，大体上是自琅邪、芝罘、蓬莱一带出发，沿山东海岸北行，渡过长山列岛，先驶入辽东半岛，再转向东南，沿朝鲜西海岸南下，最后渡过对马海峡进入日本九州沿海一带。早在西周，就有“倭人贡畅草”之说。到战国时期，山东沿海已出现了琅邪、芝罘等几个大港口，并有人们自此出海的记载。即便在当时尚不算大的斥山港（今山东荣成石岛一带），也

---

① 《流沙坠简考释·器物类》第42页。转引自陈冬生、王赛时主编《山东经济史（古代卷）》，济南出版社1998年版，第217页。

② 《东洋文化大系·汉魏六朝时代》，转引自朱亚非《山东早期的纺织业与北方海上丝绸之路》，《管子学刊》1993年第1期。

③ 《史记·平准书》。

④ 朱亚非：《山东早期的纺织业与北方海上丝绸之路》，《管子学刊》1993年第1期。

⑤ 朱亚非：《山东早期的纺织业与北方海上丝绸之路》，《管子学刊》1993年第1期。

出现了中朝商人们在此转手文皮(虎、豹等兽皮)的交易活动。由于当时船只等交通工具的简陋和航海技术的落后,自山东沿海东渡必须要依靠左旋回流的漂流并要依海岸而行,以便随时获取粮食和淡水的补给。秦时,齐人徐福率数千童男童女自这条航线东渡日本,成为较大规模的移民集团,为海上丝绸之路的发展和繁荣奠定了基础。此后不久的秦汉之际,由于国内政治局势动荡,战乱频繁,成千上万的山东居民携带家口,并带着生产工具、生活资料沿北方海上丝绸之路迁徙到朝鲜半岛,其中一部分又转赴日本。如《三国志·魏志》中谈到:陈胜等起,天下叛秦,燕、齐、赵民避地朝鲜者数万。另一书中《乌丸鲜卑列传》也谈及。①

秦汉之际,成千上万的山东半岛居民辗转迁居到朝鲜半岛和日本列岛,将山东各种物产和生产技术带往新的家园。所以,山东地区先进的纺织技术和精美的纺织品很快地在朝鲜半岛流传开来。20世纪初,日本人在平壤附近连续发掘出多处汉代古坟,从古坟中出土了大量的绫绢等丝织品残片,织工精细,经一些考古学家研究后认为,是出自汉代齐地三服官的产品。

总之,山东是"丝路之源",山东既是"海上丝绸之路"西路的主要源头,也是东路的主要源头。

六、秦汉时期山东的漆器制造业

山东漆器制造业也相当发达。文献记载,自古以来,"山东多鱼、盐、漆、丝",把漆作为山东四大特产之一。《盐铁论·本议篇》载:"燕、齐之鱼盐旃裘,兖、豫之漆、丝、絺、纻。"说明山东自古以来也是产漆的主要地区之一。山东考古发现的漆器,从目前出土的资料来看,最早当始于春秋时期。汉代山东出土的漆器相当多。据已发现的漆器出土地点,巨野、梁山、东平、济宁、临沂、临淄、安丘、莱西、掖县、长岛、福山等,遍布全省各地。山东是全国著名的漆器制地之一,拥有自己的漆器制造手工业。

山东漆器的发展有着良好的基础,早在先秦之时这一地区的漆器就已非常发达,且在全国处于领先地位。《尚书·禹贡》中记载道:"济河惟兖州。……厥贡漆丝,厥篚织文。"山东地区古兖州范围内在先秦时期是重要

① 朱亚非:《山东早期的纺织业与北方海上丝绸之路》,《管子学刊》1993年第1期。

的漆器产地。

公元前221年,秦统一了中国。在秦代,漆器的制作已经有多道工序和相当的规模,官营工坊和私营作坊并存,不但有官营的漆园,还有严格的律法和管理制度。

汉代是中国漆文化史上的黄金时期。如果说在战国时期的社会生活中,漆器与青铜器还是两相对垒、平分秋色的话,那么在汉代的物质文化舞台上,唯有漆器一枝独秀,独领风骚。汉代漆器工艺有以下六个特点:一是这一时期工艺管理分工明确;二是漆器器型较大;三是胎体以木胎为主,竹胎、夹纻为辅;四是纹饰有动植物纹、云气纹、人物纹等;五是装饰手法以彩绘为主,但是刺划、贴金银片、镶嵌等工艺也多有发现;六是使用功能是作为贵族日常生活用品及贵族之间的馈赠礼品。①

汉代山东漆器手工业同其他手工业一样,也有官营和私营两种。

(一) 汉代山东官营漆器业

汉代山东官营漆器手工业,大体可分为两个阶段,其中,汉初(汉武帝以前)为一个阶段,汉武帝以后至东汉为一个阶段。②

西汉初官营漆器制造手工业,中央办的,由少府属官考工经营,主供皇室享用;地方官府办的,由各郡国经营,主供郡国诸侯王享用。它们制造的漆器,都应有一部分出售,其收入归皇帝和诸侯王之私用。汉初中央办的漆器制造业,在《汉书·贡禹传》里有记载:"蜀、广汉主金银器,岁各用五百万。三工官官费五千万,东西织室亦然。"颜师古注引如淳曰:"《地理志》河内怀、蜀郡成都、广汉皆有工官。工官,主作漆器物者也。"颜师古曰:"三工官,谓少府之属官,考工室也,右工室也,东园匠也。"这是汉朝中央少府设在蜀郡和广汉郡专为皇室"主作漆器物"的工官。山东是否也有类似的工官,未见有记载。但地方官府经营的漆器制造业是存在的。这已被临沂银雀山四号汉墓出土的那些印有戳记的漆器所证明。据《汉书·地理志》载,莒县属城阳国,所辖"县四:莒,阳都,东安,虑"。莒是城阳国的治所。汉代在全国各郡、县以及商业和手工业的中心地,皆设"市"管理工商业。汉高祖时曾

---

① 尤景林:《中国漆器的演变及时代特色》,《南方文坛》2011年第4期。

② 逄振镐:《两汉时期山东漆器手工业的发展》,《齐鲁学刊》1986年第1期。

"立大市"①,当是在全国名都大城所立之市。在各郡国县邑也设市,所谓"天下百郡千县,市邑万数"②便是。市府在管理各市邑的工商业的同时,也兼营一部分手工业,即地方官府手工业。临沂银雀山四号汉墓出土的印有戳记的漆器,就是城阳国直辖的莒县市府经营的漆器手工业作坊生产的。这是一种地方性的官府手工业的制品。

汉初,地方性的官府手工业往往控制在郡国诸侯王手里。他们地广势大,并与"财或累万金,而不佐国家之急"③的富商大贾勾结起来,"专山泽之饶,薄赋其民,赈赡穷乏,以成私威。私威积而逆节之心作"④,形成地方割据势力,与中央对抗。由于地方割据势力的发展,终于在汉景帝三年(前154)爆发了"吴楚七国"武装叛乱。七国中有四国在山东,说明山东地方割据势力相当强大。这次叛乱被镇压后,为加强中央专制集权的统治,打击地方割据势力,汉政府在经济上除设盐铁官实行盐铁官营专卖外,又在各地设工官,由中央直接管理各地私营手工业,同时又兼营部分手工业。《汉书·地理志》载,当时全国共设工官10处,其中山东有3处:济南郡东平陵、泰山郡和泰山郡的奉高,几占全国工官的1/3。尽管工官兼作其他手工业制品,但根据"工官主作漆器物者也"的记载,山东工官多,也说明汉代山东官营漆器制造业比较发达。⑤

(二)汉代山东私营漆器业

汉代山东私营漆器制造业,大体上也可分为西汉初和西汉中期以后至东汉两个阶段。

西汉初,政府对工商业实行自由经营的政策。《史记·货殖列传》载:"汉兴,海内为一,开关梁,弛山泽之禁,是以富商大贾周流天下,交易之物莫不通,得其所欲。"因此,汉初的手工业和商业蓬勃发展起来,私营漆器制造业也同样获得了很大的发展。《史记·货殖列传》又云:汉初至武帝时,各通邑大都,居然出现了拥有"木器髹者千枚""漆千斗"的大商人。"漆千斗",

---

① 《史记·汉兴以来将相名臣年表》。
② 《后汉书·王符传》。
③ 《史记·平准书》。
④ 《盐铁论·禁耕篇》。
⑤ 逄振镐:《两汉时期山东漆器手工业的发展》,《齐鲁学刊》1986年第1期。

如果是商人自用,那么他肯定经营着相当大规模的漆器制造业,如果是为了出卖,则反映了社会上存在着若干私营漆器手工业者。“木器髹者千枚”,则可能是自己经营漆器业制造的,也可能是从市场上购买的。无论是哪种情况,都反映了当时各通邑大都都有许多私营漆器制造业的存在。据《史记·货殖列传》记载,全国通邑大都共 19 个,其中有 3 个——临淄、邹和鲁是山东的,约占全国的 1/6。这个数字说明,山东拥有千斗漆和千件漆器的大商人,以及私营漆器制造业的存在。①

1978 年,在临沂县城北洪家店村一座西汉前期墓中出土部分“当道北里”的漆器。发掘报告称:“随葬的漆木器均已腐朽无存,仅见有残漆片,可辨认的器物有奁、盘、耳杯等物,在耳杯的残耳和漆盘残底上,均发现有‘当道北里’隶书四字。”②此四字发掘报告未有拓片,不知详情,仅作字面分析。《汉书·食货志上》云:“在野曰庐,在邑曰里。”颜师古注曰:“庐各在其田中,而里聚居也。”《说文》:“里,居也。”可见“里”当为汉时市民聚居的地方。“当道北里”,可能是城市内一个地名或私营漆器手工业作坊的名称。即使这四字是漆器买主自己书写的,这种漆器也是私营漆器手工业者的制品。

汉武帝以后,在各地设工官,对私营漆器等各种手工业者进行管理和收取税金。“有工多者置工官,主工税物。”③山东有工官 3 处,约占全国工官总数的 1/3,足见山东从事漆器等私营手工业的人数是不少的。

东汉沿袭西汉工官收税制,私营漆器制造业仍然继续发展。《后汉书·王符传》说:“今举俗舍本农,趋商贾,牛马车舆,填塞道路,游手为巧,充盈都邑,务本者少,浮食者众。”本传注云:“游手为巧,谓雕镂之属也。”“雕镂”即雕文刻镂,指从事精制漆器、扣器和金银器等手工业的人。《王符传》又说:“天下百郡千县,市邑万数,类皆如此。”既然雕镂之属“类皆如此”,则当时山东私营漆器制造业的情况当和全国一样。④

---

① 逄振镐:《两汉时期山东漆器手工业的发展》,《齐鲁学刊》1986 年第 1 期。

② 刘心健:《山东临沂西汉刘疵墓》,《考古》1980 年第 6 期。

③ 《后汉书·王符传》。

④ 逄振镐:《两汉时期山东漆器手工业的发展》,《齐鲁学刊》1986 年第 1 期。

（三）山东出土的汉代漆器和工艺技术

1. 山东汉代出土的漆器

从考古发掘方面的资料来看，山东地区出土的西汉漆器数量是较多的。1986 年，逄振镐先生曾在《两汉时期山东漆器手工业的发展》进行了分析。1989 年 9 月，陈冬生、王赛时主编的《山东经济史（古代卷）》一书中，又对此前山东漆器的考古出土资料作了梳理归纳。[①] 现摘述如下：

（1）临沂地区。1972 年，临沂银雀山一、二号汉墓出土漆器 28 件，其中木胎 17 件、夹纻胎 11 件。1973 年，又在银雀山四号汉墓出土漆器 28 件，其中木胎 24 件、夹纻胎 4 件。1976 年，在银雀山九号汉墓出土木胎漆耳杯 2 件。1978 年，在银雀山 6 座周氏墓中出土漆器 74 件，其中木胎 73 件、夹纻胎 1 件。

（2）胶东地区。1955 年，文登石羊村汉墓出土漆器 11 件和耳杯若干件，其中木胎 9 件、夹纻胎 2 件。1958 年，莱西岱墅东汉墓出土漆器 12 件，全部为夹纻胎。1978 年，又在同村西汉墓中出土漆器 158 件，其中木胎 142 件、卷木胎 1 件、夹纻胎 15 件。

（3）临淄地区。1978—1980 年，在西汉齐王墓随葬器物坑中出土漆器 163 件，还有上千支涂漆的木箭杆，少量为夹纻胎。

上述两项研究成果，均是基于此前考古出土资料。自 1989 年至今的 20 多年间，山东地区的考古工作者又为汉代漆器艺术的研究提供了大量实物资料，其中一些考古发现足以修正人们过去的一些认识。尤其引人瞩目的是 2002 年日照出土的海曲汉墓，总共有 500 余件漆木器发掘出土，数量几与长沙马王堆一号墓和三号墓的数量相当。海曲漆木器被国家文物局评为 2002 年全国十大考古发现之一，其保存之完好、制作之精、数量之多、造型与装饰之美，都是前所未见的。

综合新中国成立后漆器考古发掘状况来看，山东出土的西汉漆器虽多残损难以统计，但研究能够基于残存而管窥全貌。除海曲汉墓大量发现漆木器外，临沂金雀山西汉墓出土漆器有 200 多件，临沂银雀山、烟台莱西、淄博临淄等地的西汉墓出土也在 100 件以上。总体来讲，山东地区西汉漆器出土地点主要集中在鲁南、胶东和鲁中地区，其中日照、临沂、青岛、淄博等

---

① 陈冬生、王赛时主编:《山东经济史（古代卷）》，济南出版社 1998 年版，第 219—220 页。

地出土较多。从时间上来看,西汉早期和中期,尤以武帝时期的作品较多,这与经济的繁荣和国力的强盛密切相关。[①]

这里,须特别提及的是山东以下两处汉墓中出土的漆器:

一处是山东莱西县汉木椁墓中出土的漆器。1958 年初夏,山东莱西县汉木椁墓中出土了一批漆器。有研究者认为,这是山东保存完整而又精美的一批漆器。[②] 从器物作风来判断,这批漆器的时代应为东汉。

另一处是山东日照海曲西汉墓群出土的漆器。2002 年,海曲西汉墓群出土了漆木器 535 件,包括各种形状的奁盒、漆木箱盘、耳杯、瓢、虎子、鸠杖、桌、案、几、板、篦、梳等,尤以制作精细、色彩鲜艳、花纹优美、装饰精致的双层五子奁、七子奁、嵌金圆盒为美,纹饰以各类云纹为主,无论简练与繁缛,线条都纤细而流畅,珍禽异兽错落其间,与所绘纹饰浑然一体。有的嵌金、嵌银,镶嵌的动物栩栩如生,显得十分高贵华丽。部分漆耳杯、漆盘之上还书写有文字,具有较高的研究价值。对此,有研究者认为这是“山东目前发现数量最多、保存最好”[③]的汉代漆器。2013 年,孟迎春等撰文《从山东日照汉墓出土漆器管窥汉代文化》,对日照海曲西汉墓群出土的漆器作了较详细介绍。[④]

有研究者认为,山东日照海曲汉墓的墓葬结构和出土器物深受楚文化的影响,制作工艺水平较高,总体上与南方地区出土的同类器物相同,但纹饰与楚文化同期墓葬中出土漆器的纹饰略有不同,展现了汉代漆器生产的地域性。西汉时期,山东也是漆器的重要产地,银雀山汉墓出土的漆器即表明其为本地产品,因此该墓葬出土的漆器也可能为当地的产品。海曲汉墓漆器的发掘出土,对于研究汉代山东地区的漆器生产具有重要的意义,为研究齐与楚文化的关系以及手工业生产水平提供了珍贵的实物资料。[⑤]

2. 汉代山东漆器的工艺技术

汉代山东漆器的生产技术水平以及表现在漆器上的艺术水平,都是相

---

① 高纪洋、唐济川:《西汉时期山东漆器及其纹饰的美学意味》,《山东师范大学学报(人文社会科学版)》2011 年第 6 期。

② 杨子范、王思礼:《山东莱西县汉木椁墓中出土的漆器》,《文物》1959 年第 4 期。

③ 王守功、张振国编著:《山东考古新发现》,山东人民出版社 2006 年版,第 212 页。

④ 孟迎春等:《从山东日照汉墓出土漆器管窥汉代文化》,《东方收藏》2013 年第 2 期。

⑤ 孟迎春等:《从山东日照汉墓出土漆器管窥汉代文化》,《东方收藏》2013 年第 2 期。

当高的。其主要表现在：

第一，漆器胎质。漆器胎质主要有木胎和夹纻胎。木胎的做法有两种：一种是用整木雕、凿、旋成器形，磨光加工再髹漆。特点是胎骨比较厚实。如文登石羊村出土的漆奁和耳杯，莱西岱墅1978年出土的耳杯，临沂银雀山四号汉墓出土的耳杯等，均为木胎。另一种是先用薄木片卷合，用胶粘成各种器形，磨光加工后髹漆，叫卷木胎。特点是胎骨比较薄。如莱西岱墅1978年出土的大柙，临沂银雀山四号汉墓出土的漆奁、漆盒、卮等，皆为卷木胎。有的卷木胎小漆盒壁厚只有1.3—1.5毫米。夹纻胎是用麻布或绸子合以漆灰等制成的，一层麻布或绸子，一层漆，由多层组成，特点是器壁很薄，非常精美轻巧。如莱西岱墅1958年出土的奁、耳杯和各种形状的榧，1978年出土的漆奁盒和各种小漆盒，临沂银雀山四号汉墓出土的漆盘等，均为夹纻胎。①

夹纻胎漆器精美轻巧，坚固耐用，不易变形，比木胎漆器优越，而其技术也比木胎技术复杂、高级。因之夹纻胎漆器数量的多少，能反映出漆器制造水平的高低。山东出土汉代成形漆器约在241件以上，其中夹纻胎漆器44件，约占全部漆器的18.3%。山东和南方夹纻胎漆器的比例基本一致，说明山东的漆器发展水平并不低于南方。②

夹纻胎漆器和卷木胎漆器，一般来说，胎壁都比较薄。为了使这种胎壁较薄的器物更加牢固、美观，往往在器物的顶盖、口沿、底部边缘、腹部、耳杯的耳缘等部位镶嵌金、银、铜等金属。这就是汉代有名的扣器。《后汉书·和熹邓皇后纪》李贤注："扣言口，以金银缘器也。"扣器产生于战国，盛行于两汉。山东出土的汉代扣器也相当多。如莱西岱墅1978年出土的漆奁、耳杯、梳匣等10余件漆器，"绝大部分口底都用银叶包镶"③。1978年又出土奁盒1件，"盖顶嵌银质花瓣，盖与奁身的腹部各嵌银虎三只"④。

第二，漆器种类。山东出土的汉代漆器，种类很多。据初步统计，有漆奁、耳杯、杯、大小漆盘、仿玳瑁盒、椭圆三格漆盒、梳匣、梳蓖盒、粉盒、胭脂

① 逄振镐：《两汉时期山东漆器手工业的发展》，《齐鲁学刊》1986年第1期。
② 逄振镐：《两汉时期山东漆器手工业的发展》，《齐鲁学刊》1986年第1期。
③ 杨子范、王思礼：《山东莱西县汉木椁墓中出土的漆器》，《文物》1959年第4期。
④ 烟台地区文物管理组、莱西县文化馆：《山东莱西县岱墅西汉木椁墓》，《文物》1980年第12期。

盒、梳妆器盒、圆匣、椭圆匣、小长方匣、长方匣、小方匣、漆碗、漆碟、樽、勺、卮、案、几、木瑟、六博局、六博子、虎形漆器、漆杖、枕、箅、斗、盒等数十种之多。这些漆器,主要是日常生活用具,其中食用具和梳妆用具为大宗。总的特点是,造型优美大方,结构严密科学,制作精致轻巧,反映了汉代山东漆器手工业高超的技术水平。如:文登出土的椭圆三格漆盒,“制作玲珑小巧”①。1978 年莱西岱墅出土 158 件漆器,“造型大方美观,髹漆色泽鲜艳。尤其是仿玳瑁盒和六博局,工艺精致,十分珍贵”②。

最精致珍贵的是临沂银雀山四号汉基出土的双层七子奁。报告称:双层七子奁 1 件,分盖、上层、下层三部分,可依次套合。盖径 31 厘米,通高 20.5 厘米。外黑漆、里红漆,表里皆饰有花纹。里面花纹饰于器盖和上层面,在红地上托出一黑漆圆面再饰花纹,朱黑对比,显得格外醒目。……边饰还有针刻的菱形、三角直线、曲线等组成的几何形图案。奁内上层放铜镜,下层原木板底上刻出七个凹槽,嵌放不同形状的小漆盒。小漆盒制作非常精致,形状有双层圆盒、单层圆盒、团圆形小盒、马蹄形盒、椭圆形盒、盝顶长方盒、盝顶长条形盒(内有小铜刀二),髹漆与花纹大致与其同。它的形制与长沙马王堆一号墓出的双层九子奁相同。③ 由此可见,山东漆器同南方漆器相比,并不逊色。

在山东的各种漆器中,临沂银雀山汉墓出土的漆衣陶器特别值得一提。发掘报告说:“漆衣陶器 21 件。皆出 4 墓。胎质是经过淘洗的泥质灰陶,火候充足,颜色纯灰,质地坚硬。在陶胎烧成后,于器物的表里髹红褐色漆。以别于木、麻等胎质的漆器,称为漆衣陶器。器形有鼎、盒、壶、盘、匜等。器形规整匀称,漆衣色泽鲜亮。”④漆衣陶器在山东是首次发现,在全国也较罕见。此外,在临沂附近还曾出土过髹漆的铁鼎、铁钫等,也有在刀、剑鞘上髹漆的。这反映了汉代山东髹漆手工业的发展和当时社会上模仿漆器的风尚。

第三,漆器纹饰和图案。漆器不仅是精美的生活用品,也是珍贵的工艺

---

① 蒋宝庚、殷汝章:《山东文登县的汉木椁墓和漆器》,《考古学报》1957 年第 1 期。

② 烟台地区文物管理组、莱西县文化馆:《山东莱西县岱墅西汉木椁墓》,《文物》1980 年第 12 期。

③ 山东省博物馆等:《临沂银雀山四座西汉墓葬》,《考古》1975 年第 6 期。

④ 山东省博物馆等:《临沂银雀山四座西汉墓葬》,《考古》1975 年第 6 期。

品。山东出土的汉代漆器所表现出来的艺术水平是相当高的。各种漆器大都装饰以精致华丽的花纹、图案。据出土漆器初步统计，当时山东漆器手工业所使用的漆色，主要有红、黑、黄三色，此外还有朱红、橘红、橘黄、棕、黑褐等。器物上的纹饰图案，主要有云纹、水纹、几何纹、植物纹、动物纹等。云纹又有云气纹、云龙纹、卷云纹，水纹有波纹、卷涡纹，几何纹有点纹、线纹、弦纹、凸弦纹、规矩纹、小三角几何纹、圆点几何纹、菱形几何纹，植物纹有草叶纹、四叶形花纹，动物纹有鸟纹、鸟虫花纹等。雕绘花纹的技法，主要是描绘和刺刻两种，技法臻于完美纯熟。汉代山东制漆器工人，不愧是能工巧匠，他们根据不同的器形、种类，髹以不同的漆色，选择适当的花纹图案，使器形、漆色、纹饰三者有机结合为统一体，从而制成精美珍贵的漆器。如：文登石羊村出土的虎形漆器，"耳、目、口、鼻明晰可辨。耳、口、鼻着红漆，目着黑漆，外绘红边。肤为铁色，有栗色条纹，尾亦铁色"①。其形象大有活虎之状。再如临沂银雀山汉墓出土的双层七子奁，"奁上纹样主要为云气纹，技法是针刻线条配以彩笔勾点表现的，针刻线条的运用非常成熟。画面布局既讲究对称，但也不拘泥于均匀，交错勾连，使整个画面显得繁缛多变。这在装饰艺术方面可算非常成功的创造，反映了我国古代的能工巧匠在绘画装饰艺术上的卓越才能"②。

第四，制造工序与分工。上述精美漆器的制造过程不是一人能够完成的，似应分成数道工序并由专职人员各司其职，协作生产。否则，就难以达到如此高的水平。当时，制造一件漆耳杯（其他漆器也应如此）需要经过素工（制胎工）、髹工（髹漆工）、上工（细漆工）、黄涂工（鎏金工）、画工（绘画工）、汨（雕刻工）、清工（清理工）、造工（工师）等八道工序、若干人的协作才最终完成。将负责每道工序的专人姓名刻印在器上，表示对产品质量的高度负责。山东临沂银雀山出土的印有戳记的漆器，也是表示对产品负责的意思。这是官营漆器作坊的情况。私营漆器手工业虽然分工不一定这样细，但至少也要分成几道工序来做，是肯定无疑的。

3. 汉代山东漆器的纹饰美学

高纪洋等立足于汉代山东漆器的纹饰，较深刻地探析了其所内蕴的美

---

① 蒋宝庚、殷汝章：《山东文登县的汉木椁墓和漆器》，《考古学报》1957 年第 1 期。

② 山东省博物馆等：《临沂银雀山四座西汉墓葬》，《考古》1975 年第 6 期。

学意味。[1] 摘其要者介绍如下：

山东出土的西汉漆器大都装饰有精致华丽的纹样，颜色主要有红、黑两色，此外还有黄、橘红、橘黄、褐、灰等色，装饰手法有彩绘、针刻、金属扣、镶嵌、贴饰等。最为常见的装饰方法为：内部髹朱红漆绘黑褐色图案，外部髹黑褐色漆绘朱红色图案。这些漆器纹饰非常丰富，线条流畅、色彩绚丽，说明工匠已经熟练地掌握了装饰纹样的构成法则，能够结合器物的造型，巧妙地运用装饰手法，恰当选取各种装饰图案，体现出高超的装饰艺术水平。

山东地区西汉漆器的纹饰纹样非常丰富，主要有云气纹、动物纹、几何纹、植物纹、人物纹以及文字等。这些纹饰体现了独特的西汉时代精神，漆器在当时美学思想的影响下，其装饰题材除了反映社会生活的现实题材外，有着较多以神话为题材的内容，人神杂处，营造出一种奇禽异兽与神怪仙人共乐的神话世界。透过这些充满浪漫主义色彩的装饰，我们可以从中感受到汉人对不朽、永生的渴望，对虚幻的神仙世界的向往。

具体来说，汉代山东漆器纹饰的美学意味，主要体现在以下几个方面[2]：

其一，轻盈灵动的云气纹构成主体。轻盈灵动的云气纹是构成山东西汉漆器纹饰的主体。云气纹在山东西汉漆器纹饰中占据绝对优势，有十几种之多，轻盈飘逸，充满动感。云气纹作为一种抽象的装饰纹样，是西汉时期人文信仰和审美心理在漆器上的物化，也是汉代人时代精神的体现。云气纹的广泛流行与汉代黄老思想的盛行息息相关，是中国历史上最浪漫、最富有艺术气质的云纹样式之一。云气纹已是祥瑞、福祉、灵性、精神的载体和象征，甚至具有超凡的神力，是汉代社会现实和神仙思想的集中反映，山东地区西汉漆器云气纹即为一种表现形式。

其二，丰富的动物纹传神写照。在山东西汉漆器纹饰中，动物纹样占有很大的比例，且种类非常丰富，有豹、虎、鹿、牛、熊、獐、凤、鸟、龙、鹤、鱼等，既有自然界中存在的，也有神话传说中的。少数动物纹单独作为漆器上的主要装饰纹样，大多数是相互组合，并作为主要纹样。动物纹样的一个显著

---

① 高纪洋、唐济川：《西汉时期山东漆器及其纹饰的美学意味》，《山东师范大学学报》（人文社会科学版）2011 年第 6 期。

② 高纪洋、唐济川：《西汉时期山东漆器及其纹饰的美学意味》，《山东师范大学学报》（人文社会科学版）2011 年第 6 期。

特点就是多与云气纹相辅相成，各种各样的动物穿梭于云气纹之间，动感十足，即使有些动物被描绘为静态，但能够感受到它们潜在的力量和速度。这些动物纹往往装饰在漆盒、奁、樽、卮等的盖面，盖里和内底，扁壶的正、背面，耳杯、盘、匜的内底，或穿插在卷云纹中间。动物纹饰与流动的云彩穿插相连，在自由随意之中，纹样形象和装饰布局又不失图案化的秩序感，充满动荡活跃的气氛。

其三，多样的几何纹作边饰或分割。几何纹也是山东地区西汉漆器中的主要纹饰之一，大多用于漆器器物的器腹做纹饰分隔带使用，或在口沿、圈足等部位作为边饰使用，少数漆器以几何纹为主纹饰。几何纹样包括以方形、圆形、三角形等为基础的规则几何形和以菱形、多边形、组合形为基础的不规则几何形。几何纹样是由物象的抽象化产生的，变化特征是从单一到丰富、从直线到曲线再到螺旋纹，以其变形灵活、变化多样而更具装饰性。山东出土的西汉漆器，大多数有几何纹饰，但是几何纹主要还是处于从属地位，多与动物、植物、人物等纹样相互配合，使画面的花纹变化多样，图案更加美观。

其四，流动的植物纹辅助填充。山东西汉漆器上的植物纹样，以柿蒂纹、四叶纹、蔓草纹、四瓣花纹等为主。这类纹样不占主导地位，在漆器装饰中所占比例很少，有少数是在器盖上或底部漆器上作为主要装饰纹样，多数作为衬托性辅助装饰纹样出现。在漆器植物纹样的发展过程中出现了很多综合性的结构形式，植物纹与云气纹、几何纹等结合，有时还在其间配以各种飞禽走兽，其飘飘欲仙的姿态体现出浪漫飘逸之美。植物纹样有些为现实中的形象，有些则是根据神话创造的，多具祥瑞含义。这些植物纹饰注重结构形式的流动感，不追求自然形式的逼真临摹，讲究结构形式之间的有机关系，力图通过流动的线形结构来表现。“S”形骨架的缠枝花、卷草纹，成功地表现了花卉的生命律动，纹样如水流宛转、回环往复，表现出缠绵不息的生命力，使人感到不可抑制的动感。

其五，生动的人物纹体现时尚。人物及生活场景在山东西汉漆器的装饰中所占比例较少，但最为直观地反映了汉代人的生活。漆器人物形象纹饰多取自日常生活题材，神话传说主题的比较少。社会生活装饰纹样的组合形式以单独纹样和适合纹样的形式为主。由于社会生活题材多反映在小型的漆器上，人物描绘得比较简单，大多以单线条表现，平涂彩绘较少，用环带形长卷的方式,依据漆器的形状,在器物表面叙述上具有故事性、情节性的主题。

总之,山东地区西汉漆器的装饰纹样以流动飞扬的云气纹为主,将动物纹、植物纹、几何纹、人物及生活场景巧妙地融合在一起,或采用了变形、夸张的手法表现了齐鲁文化的精神内涵与汉朝的蓬勃朝气,或运用写实的手法刻画人物的不同神态以反映时代风貌,或通过富有动感的线条和超乎现实的色彩展现西汉"气韵生动"的美学思想。

七、汉代山东制陶手工业的发展

两汉时期,山东的制陶业获得了进一步的发展,是全国制陶业比较发达的地区之一。

(一)汉代制陶业的管理机构和山东的官私制陶业

1. 汉代政府管理制陶业的机构

汉代政府管理制陶业的机构,在《汉书》的《表》《志》中均无明文记载。但是,根据西安汉城出土的各瓦片上的文字记载,西汉政府管理制陶业的机构,主要是由宗正的属官"都司空"和少府的属官"左右司空"主管的。[①]《汉书·百官公卿表》说:"宗正,秦官,掌亲属,有丞。……属官有都司空令丞。"又说:"少府,秦官,掌山海池泽之税,以给共养,有六丞。属官有……左右司空。"《后汉书·百官志》载:"司空……掌水土事。凡营城起邑、浚沟洫、修坟防之事,则议其利,建其功。凡四方水土功课,岁尽则奏其殿最而行赏罚。"马融曰:司空"掌营城郭,主司空土以居民"。司空本即司工,是掌管工程建设的,极有可能也掌管砖瓦等制陶业。而《汉书·百官公卿表》"都司空令丞"句下,如淳则注曰:"律,司空主水及罪人。贾谊曰:'输之司空,编之徒官。'"据此可知,都司空和左右司空既是主管工程建设的(包括制陶业在内)机构,又是管理刑徒的机构。这说明汉代官府经营的制陶手工作坊中使用大量奴隶进行繁重的劳动。[②]

2. 汉代山东的官私制陶业

汉代山东的制陶业有官营和私营两种。

---

① 陈直:《西汉经济史料论丛》,陕西人民出版社1958年版,第160页。

② 逄振镐:《汉代山东制陶业的发展》,《齐鲁学刊》1987年第5期。

官营制陶手工作坊生产的陶器有一个特点，就是往往在陶器上印有戳记。据出土陶器实物看，这种戳印大多印有“亭”或“×亭”“市”或“×市”等字样。“戳印中的‘亭’和‘市’的意义是相同的，是指汉代各地城市中的手工业和商业区，它们是由官府来管理的。上述的各种戳印，说明了这些陶器是由各地官府中主管手工业和商业的机构所属的作坊制作的。”[①]戳印“市”的陶器，在山东省也有发现，如曲阜汉城遗址就出土戳印“市”字的豆柄，[②]表明在曲阜汉城一带有一个官营制陶手工业作坊。

汉代除官营制陶业外，也存在着大量的私营制陶手工业。在山东出土的陶器中，除有“市”戳记的陶器外，其余的陶器可能就有相当数量是私营手工作坊制造的。例如，在曲阜汉城遗址出土的陶器支座(T1:1)内壁有阳文印记，文为“丁复孺印”[③]，说明曲阜汉城一带还有私营制陶手工作坊的存在。

（二）汉代山东陶器的制作方法与制造技术

1. 山东出土的汉代陶器地点

1987年，逄振镐在《汉代山东制陶业的发展》一文中写道：根据目前已发表的资料来看，山东出土的汉代陶器地点是：胶东6处，鲁北6处，临沂3处，泰安3处，济宁8处，枣庄2处，菏泽4处，聊城1处。共33处，遍布全省各地。出土的成形陶器(包括复原的，残毁不成形者不计)有60余种，合计800余件。[④]

随后，山东出土的汉代陶器地点，主要有：

1993年，栖霞市文管处对该市观里村的三座古墓进行了抢救性发掘，发现了青瓷器，有青瓷壶、陶壶、漆器、木器等。

1996年，郑同修在《东平陵两汉手工业重镇》一文中写道：东平陵城汉代制陶业在出土实物中也有充分反映。陶制器皿有盆、瓮、钵、盘、扁壶、俑、磨诸类。[⑤]

2002年3—4月，烟台市博物馆与各县市区文物部门在公路沿线文物

---

① 王仲殊：《汉代考古学概说》，中华书局1984年版，第79页。

② 山东省文物考古研究所等：《曲阜鲁国故城》，齐鲁书社1982年版，第201—204页。

③ 山东省文物考古研究所等：《曲阜鲁国故城》，齐鲁书社1982年版，第201—204页。

④ 逄振镐：《汉代山东制陶业的发展》，《齐鲁学刊》1987年第5期。

⑤ 郑同修：《东平陵两汉手工业重镇》，《文物天地》1996年第5期。

调查中发现了龙口市埠下王家窑村陶窑。

2002 年发掘的济南危山汉代兵马俑是我国继秦始皇兵马俑、陕西咸阳杨家洼兵马俑之后的第三大兵马俑坑。坑长 9.7 米、宽 1.9 米、深约 70 厘米，共出土彩绘陶质兵马俑 100 多具。

2002 年秋天，海阳市博物馆在中房村九顶梅花岭施工工地清理了一座厂矿墓，出土了一批珍贵的青瓷器和青铜器，随葬品有青瓷器、陶器和青铜器等 17 件。

山东出土的汉代陶器种类多、数量多、分布均匀，说明汉代山东制陶业发展的普遍性。

2. 汉代山东陶器的制作方法与制造技术

汉代陶器的制作方法有轮制、模制和手制三种，以轮制为主。凡属圆形的陶器或陶器的圆形体部分，一般采用轮制的方法。如临沂银雀山一至六号汉墓出土的陶器，临淄西汉齐王墓随葬器物坑出土的陶器，都是轮制为主。其他各地出土的陶器也大多如此。只有那些陶器物的附件部分以及一些小模型器，才采用模制或手制。例如，临沂银雀山一、二号西汉墓出土的陶鼎的足、耳、陶俑①和东平王陵山东汉墓出土的陶鼎矮足、陶斗柄、陶猪、陶狗②等，都是模制或手制。

根据已发掘的出土陶器来看，汉代山东的制陶业主要有灰陶、彩绘陶、漆衣陶、釉陶、明器和砖瓦的制造。下面，我们将这些陶器的制造技术依次予以介绍。

山东出土的汉代陶器，从胎质来讲，有白陶、红陶和灰陶。白陶，如章丘普集镇汉墓的白陶罐③，福山东留公村汉墓出土的白陶罐残片，陶土中掺有石英粒④，宁津庞家寺汉墓白陶陶质洁白、坚硬⑤等，陶质都是白陶。红陶，如临沂银雀山五、六号西汉墓出土的鼎、壶、罐、瓮、盘、博山炉⑥，济宁西汉墓

① 山东省博物馆、临沂文物组：《山东临沂西汉墓发现〈孙子兵法〉和〈孙膑兵法〉竹简的简报》，《文物》1974 年第 2 期。

② 山东省博物馆：《山东东平王陵山汉墓清理简报》，《考古》1966 年第 4 期。

③ 王思礼：《山东章丘县普集镇汉墓清理简报》，《考古通讯》1955 年第 6 期。

④ 李克敏：《山东福山东留公村汉墓清理简报》，《考古通讯》1956 年第 5 期。

⑤ 德州地区文物组等：《山东宁津县庞家寺汉墓》，《文物资料丛刊(4)》，文物出版社 1981 年版。

⑥ 山东省博物馆等：《临沂银雀山四座西汉墓葬》，《考古》1975 年第 6 期。

出土的鼎、盒、壶、碗、灶[①],滕县柴胡店东汉墓出土的鼎、盘、楼[②],章丘普集镇东汉墓出土的陶俑、井、灶、案、盘、壶、耳杯、水瓢、勺、奁、灯、灯盘、狗[③],等等,都是红陶胎质。白陶、红陶在西汉出土陶器中,都只占很少的数量。数量最大的是灰陶。灰陶又有泥质灰陶和夹砂灰陶两种,而以泥质灰陶为大宗。临沂银雀山一至六号汉墓共出土陶器119件,其中泥质红陶36件,占总数的30.25%;夹砂灰陶24件,占总数的20.17%;泥质灰陶59件,占总数的49.58%,几近一半。[④] 其他各地出土的泥质灰陶,所占比例更大。如巨野红土山西汉墓出土陶器29件[⑤],临淄西汉齐王墓随葬器物坑出土陶器79件[⑥],均为泥质灰陶。

汉代灰陶有实用器和明器两大类。明器一般火候较低,也不均匀。如滕县柴胡店东汉墓出土陶器120余件,除个别的罐可能是实用器外,余者全是明器,火候很低,陶质松软,有的几乎一碰即碎。[⑦] 实用器则与之相反,如莱西岱墅西汉墓出土的陶器火候较高[⑧],临沂银雀山四号汉墓出土的挂漆衣的泥质灰陶,火候充足,颜色纯灰,质地坚硬[⑨]。

（三）汉代山东泥质灰陶的制造技术和彩绘陶的盛行

汉代山东陶器的突出特点之一是彩绘陶器的盛行。彩绘陶器在烧成以后绘上彩色的花纹图案,颜色主要有朱、白、黑、黄等。彩绘陶器在文登、临淄、宁津、茌平、济南、曲阜、临沂等地汉墓中都有较多的出土,颜色鲜艳,图案美丽。这些彩绘陶器大体情况如下[⑩]:

第一,彩绘的主要器物。彩绘主要是在陶壶、陶罐、陶盒、陶鼎、陶俑等器物上进行。现从临沂金雀山周氏墓出土的彩绘陶器中举出三件,说明其

---

① 王思礼:《山东济宁发现汉墓一座》,《考古通讯》1957年第1期。
② 山东省博物馆:《山东滕县柴胡店汉墓》,《考古》1963年第8期。
③ 王思礼:《山东章丘县普集镇汉墓清理简报》,《考古通讯》1955年第6期。
④ 山东省博物馆等:《临沂银雀山四座西汉墓葬》,《考古》1975年第6期。
⑤ 山东省菏泽地区汉墓发掘小组:《巨野红土山西汉墓》,《考古学报》1983年第4期。
⑥ 山东省淄博市博物馆:《西汉齐王墓随葬器物坑》,《考古学报》1985年第2期。
⑦ 山东省博物馆:《山东滕县柴胡店汉墓》,《考古》1963年第8期。
⑧ 烟台地区文物管理组、莱西县文化馆:《山东莱西县岱墅西汉木椁墓》,《文物》1980年第12期。
⑨ 山东省博物馆等:《临沂银雀山四座西汉墓葬》,《考古》1975年第6期。
⑩ 逄振镐:《汉代山东制陶业的发展》,《齐鲁学刊》1987年第5期。

特点：

（1）彩绘盒：泥质灰陶。盖与盒均为扁平半球形。通体施白陶衣。盖外表用灰、黄两色绘云气纹，再用黑色线条勾出云气轮廓，并点缀朱红色彩。盒以灰、黄相间为地，用黑线绘波浪纹、弦文。

（2）彩绘鼎：泥质灰陶。盖与鼎腹均为半球形，附耳较小无孔，蹄形足。通体施白陶衣。盖面纹饰与上述盒盖同，鼎腹及附耳纹饰与盒身同。足施黄色，再用黑线勾画兽面纹。

（3）彩陶壶：泥质灰陶。盖为球面形，纹饰与上述盒盖同。……颈部以灰、黄为地，用黑线绘波浪纹、弦纹。肩部以黄色三角纹为地，用朱红线绘三角形。腹部也以灰、黄为地，用黑线绘山字形图案及弦纹、波浪纹。圈足为黄色。①

第二，彩绘的主要纹饰。主要纹饰通常是波浪纹、弦纹、卷云纹。如上述彩绘盒、鼎、壶的纹饰就是波浪纹、弦纹。卷云纹，如临沂银雀山二号西汉墓出土的两件陶鼎，盖顶就绘有卷云纹、弦纹。② 济南大观园一座东汉末年墓出土的彩绘案，长方形，粉红色地，以黑色绘作卷云纹或波浪纹；彩绘壶，腹部饰卷云纹。③ 以彩绘的纹饰、图案来看，有不少是和漆器相同的。因此，汉代彩绘陶器的盛行，可能与当时漆器纹的发展有关。

第三，彩绘纹饰易脱落。由于彩绘是在陶器烧成以后描绘的，所以容易脱落。如上面提到的银雀山二号汉墓出土的陶鼎，原有彩绘图案，因脱落而模糊不清。在金雀山周氏墓出土的女侍俑也有两件彩绘基本脱落。④ 因此可以说，彩绘陶器实用价值不大。

第四，彩绘陶器是专为随葬而作。王仲殊先生说：彩绘陶器“除了在坟墓中发现的以外，在居住址里却没有发现过这种彩绘的陶器，因而可以肯定它们是专为随葬而作的”⑤。这个看法是正确的。山东所出土彩绘陶器也是全部出自墓葬，无一件例外，说明彩绘陶器的确是专为随葬而作。这就难

---

① 临沂市博物馆：《山东临沂金雀山周氏墓群发掘简报》，《文物》1984 年第 11 期。

② 山东省博物馆、临沂文物组：《山东临沂西汉墓发现〈孙子兵法〉和〈孙膑兵法〉等竹简的简报》，《文物》1974 年第 2 期。

③ 山东省文物管理委员会：《济南大观园的一个汉墓》，《考古通讯》1955 年第 4 期。

④ 临沂市博物馆：《山东临沂金雀山周氏墓群发掘简报》，《文物》1984 年第 11 期。

⑤ 王仲殊：《汉代考古学概说》，中华书局 1984 年版，第 76 页。

怪彩绘易脱落,无多大实用价值。实际上它属于明器的性质。

(四)釉陶的发明、制造及其意义

汉代制陶业的另一新发明是在陶器上施釉,从而形成釉陶。釉陶在山东省不少地方有出土,其中最早发现釉陶的临沂就有两处:一处是金雀山的周氏西汉墓,一处是银雀山的五、六号汉墓。这两处墓葬在时间上都是在西汉武帝以后。另外,在济宁的一座汉墓里也发现了西汉末期的釉陶。山东省出土釉陶的地点,属西汉时期的就这 3 处,共出土釉陶 39 件。其余的则属于东汉时期,计有崂山、宁津、禹城、章丘、嘉祥、滕县等 6 处,共出土釉陶 145 件。尤其是高唐县固河汉墓中出土的绿釉陶楼最为杰出,楼高 140 厘米,共分 4 层,结构十分雄伟,釉陶表面光滑,硬度和防水性增强,便于擦洗,反映出汉代山东陶工的技术水平。显然,釉陶在东汉要比西汉更为普及。

下面我们再从胎质、釉色、种类等方面来分析一下汉代山东的釉陶制作技术。

1. 胎质。胎质有红陶、灰陶之分,又以红陶为最多。如银雀山五、六号汉墓 28 件釉陶①、济宁汉墓 8 件釉陶②、章丘普集镇汉墓 71 件釉陶③、禹城汉墓 33 件釉陶④,全是红陶。而滕县柴胡店汉墓出土的 29 件釉陶中,主要也是红陶,灰陶很少。⑤

2. 釉色。釉色大多是绿色、灰绿色和黄色。如禹城汉墓出土的 33 件釉陶、章丘普集镇汉墓出土的 71 件釉陶,全是敷绿釉。宁津庞家寺汉墓出土的 45 件袖陶,是灰绿色居多。⑥ 临沂金雀山周氏墓所出釉陶则全是黄色。⑦釉陶也有其他颜色的,像棕褐色、黄褐色、朱色等,不过数量很少。

3. 种类。山东出土釉陶的数量并不太多,但种类不少。据粗略统计,容器类的有鼎、盒、壶、罐、匜、豆、盉、瓷、鐎壶、耳杯、瓢、勺、碗等,生活日用品类的有案、奁、博山炉、十二连枝灯等,屋舍、用具模型类的有屋、楼、方阙、

---

① 山东省博物馆等:《临沂银雀山四座西汉墓葬》,《考古》1975 年第 6 期。
② 王思礼:《山东济宁发现汉墓一座》,《考古通讯》1957 年第 1 期。
③ 王思礼:《山东章丘县普集镇汉墓清理简报》,《考古通讯》1955 年第 6 期。
④ 山东省文物管理委员会:《禹城汉墓清理简报》,《文物参考资料》1955 年第 6 期。
⑤ 山东省博物馆:《山东滕县柴胡店汉墓》,《考古》1963 年第 8 期。
⑥ 德州地区文物组等:《山东宁津县庞家寺汉墓》,《文物资料丛刊(4)》,文物出版社 1981 年版。
⑦ 临沂市博物馆:《山东临沂金雀山周氏墓群发掘简报》,《文物》1984 年第 11 期。

灶、井、磨、碓、猪圈等,动物模型类的有鸡、狗、鹅、鸭、猪等,还有釉陶厨俑等,共36种之多。

釉陶的制作要求较高的工艺水平。它的表面所施的釉含铅量很高,将釉料涂在陶器上,经过窑烧以后,就融化成具有不同色彩的玻璃质表面。济宁西汉墓和临沂金雀山西汉周氏墓出土的釉陶都是黄釉,章丘普集镇东汉墓和禹城东汉墓出土的釉陶都是绿釉,崂山古庙东汉墓出土的都是灰绿釉,这5处釉陶器的釉色全是一种颜色。这种现象又作何解释呢？这只能有一种解释:就是汉代制陶手工业者已经掌握了釉料成分的人工配方技术,能够根据釉料成分配方的不同而烧制出所需要的颜色。这是西汉中期以后我国劳动人民制陶技术的一大发明。

釉陶表面光滑,增加硬度和不透水性,便于擦洗,不易被脏物腥气所染污,比一般陶器更美观、牢固和实用,不愧为陶器发展史上的一大进步。两汉的釉陶正处在正式瓷产生前的一个非常重要的阶段。如果说有人把两汉的釉(又叫“铅釉”“软釉”“北方釉”)称之为“原始的瓷”是过分的话,那么把釉看成“为陶的加工,为瓷的先声”[①],那是再恰当不过的了。

(五)汉代山东陶制明器的制作技术

汉代在丧葬习俗上,已经革除了殉葬奴隶的恶习,陶俑以及仿实物或动物模型逐渐成为主要随葬品,于是,制作大批陶质明器便成为汉代制陶业的一项重要任务。就出土情况看,陶质明器在中原地区虽在秦、西汉前期即有所见,但普遍流行则是在西汉中期以后。山东在汉初却已流行。如临沂银雀山属文景时期的三、四号汉墓就出土了大量的陶质的俑、井、灶、磨、臼、狗等明器,说明山东陶质明器生产的发达。

山东陶明器的种类,大致可分为三大类:陶俑类,居舍、用具类,动物模型类。[②]

1.陶俑类。陶俑类有顶水壶女俑、女侍俑、厨俑、骑马俑、牧马俑、牵马俑、养牛俑、凶丑俑等。陶俑的制作,有模制,有手制,也有将头、肢、身分节制作,然后合装在一起的。所制陶俑,神态生动活泼,非常逼真,可以说是当

① 陈直:《西汉经济史料论丛》,陕西人民出版社1958年版,第162页。
② 逄振镐:《汉代山东制陶业的发展》,《齐鲁学刊》1987年第5期。

时社会生活一个侧面的缩影。

女侍俑:6 件,先施白陶衣,再用黑、灰、朱三色绘鬓发、眉目、双唇、衣领、衣褶、鞋等。长发垂背,末梢成环状。浅灰色长袍,肥大拖地,交领右衽广袖,双手垂拱于袖中,足着方头鞋。M13:17 高 31.5 厘米。

顶水壶女俑:2 件。先施白陶衣,再以墨染鬓发眉目,朱绘双唇。长发垂背,发梢鼓起成垂髻状。浅灰色长袍上绘深色袍缘,交领右衽广袖,双手垂拱于袖中。足着黑色双角履。头顶水壶为淡黄色,实心,直颈,鼓腹,大圈足。通高 22.3 厘米,壶高 5.5 厘米,俑高 16.8 厘米。

牧马俑:1 套。包括牧马人与马各一件。牧马人身材高大粗壮,光头,短衣齐膝,双手拢于袖内,赤脚肥大。马缺耳、腿、尾,只在相应部位留有 7 个小孔。高 26.5 厘米,长 35 厘米。

养牛俑:1 套。包括养牛人与牛各一件。养牛人身材矮小,面容苍老,光头,短衣齐膝,双手拢于袖内,双脚着鞋。高 15 厘米。牛缺角、腿、尾,也在相应部位留 7 个小孔。高 13 厘米,长 42 厘米。①

厨俑:绿釉红陶。高 34 厘米,坐式,右手持刀,左手按鱼,鱼在俑前的案板上,案下放一盆。他目睁口张,神气十足,表现极为生动。②

陶俑的盛行,表明奴隶制殉葬奴隶的恶习已彻底消灭和封建制的完全形成。

2. 居舍、用具类。主要有屋、仓、楼、方阙、井、猪圈及厕所、马车、灶、鼎、壶、盘、耳环、奁、案、甑、勺、碓、臼、磨、炉、灯等,达 30 余种。制作方法是:用具类的,多用轮制;模型类的,多模拟实物用模制和手制。这类器物都是实用器具的一个缩影,制作也相当精致、逼真。

陶楼:分 4 层,用两个圈座套叠。通高 144 厘米,长 64 厘米,宽 30 厘米。各层饰有斗拱及廓沿,楼顶为四阿式,有鸟形脊饰。底部有台阶及立柱一对,柱上有鸟形陶饰。每层有长方形小窗 3—5 个,窗口各有小陶俑一个,作向前招手状。③

猪圈:2 件。一件有一间厕所,前有台阶,三面围墙。墙的转角上有顶。

---

① 临沂市博物馆:《山东临沂金雀山周氏墓群发掘简报》,《文物》1984 年第 11 期。

② 王思礼:《山东章丘县普集镇汉墓清理简报》,《考古通讯》1955 年第 6 期。

③ 德州地区文物组等:《山东宁津县庞家寺汉墓》,《文物资料丛刊(4)》,文物出版社 1981 年版。

另一件有两间厕所,一间无顶,前有台阶,两边着高围墙,表面涂粉……并绘以黄色花纹。

陶井:绿釉红陶。有井桶、井架,共高 56 厘米。在井身上有“带”形纹 4 道,每 2 条间夹一波浪纹,腰部左右有铺首,上部微缩,侈口。有券式的井架,架顶有两根支柱,柱中间有眼,柱上有一个五脊形屋顶……井边有一立俑,身旁放一尖底的水桶。①

3. 动物模型类。有鸡、狗、鹅、鸭、猪、马、牛、朱雀、鱼等。多采用模制和手制。模制,一般是一模两半,合模而成。模制后,用手略加工,就成为栩栩如生、神态活现的动物模型。

陶狗:长 33 厘米,颈有圈,圈上有一环,耳朵直立,稍向前弯,尾向上卷,腿略作走势,张口作吠状,姿态凶猛,应为猎狗。②

陶鱼:模制。泥质灰陶,表面施黑陶衣,身饰鱼鳞纹。造型精美,摇之有声。③

陶猪:合模制成,中空无孔。身涂粉。长 12 厘米、高 6.5 厘米。④

上述屋舍、用具和动物模型都是封建庄园里的常见物。这些常见物的盛行,反映了汉代特别是东汉封建地主庄园经济的发展。

(六)汉代山东砖瓦的制造

汉代社会经济比较发达,建筑事业也是如此。砖和瓦是主要建筑材料之一。随着建筑业的发展,砖瓦的需要量日益增多。砖瓦的制造就成为汉代制陶业的一个重要方面。

1. 汉代山东“砖”

砖,最早产生于战国,主要是用于造墓的大型空心砖。西汉是制作空心砖的极盛时期,东汉时则衰落、绝迹。空心砖在山东也有发现。如曲阜纪庄的一座汉墓,全墓共用 12 块空心砖砌成。空心砖有大小两种:大的一种长1.15 米、宽 0.4 米、厚 0.2 米,砖的正面印有回形纹和云纹组成的图案,背面平素。砖的两侧,一侧有图案,另一侧有 5 个圆孔。砖的两端,

---

① 王思礼:《山东章丘县普集镇汉墓清理简报》,《考古通讯》1955 年第 6 期。

② 王思礼:《山东章丘县普集镇汉墓清理简报》,《考古通讯》1955 年第 6 期。

③ 山东省菏泽地区汉墓发掘小组:《巨野红土山西汉墓》,《考古学报》1983 年第 4 期。

④ 山东省博物馆:《山东东平王陵山汉墓清理简报》,《考古》1966 年第 4 期。

也是一端有图案,另一端平素无纹。小的一种长 1 米、宽 0.4 米、厚 0.2 米,也是在砖的正面、一侧和一端印有回形纹和云纹组成的图案。侧面只有 4 个圆孔。①

西汉前期出现了一种小型的实心砖。同大型空心砖相比,它具有很大的实用性,特别是广泛适用于各种建筑,当然也适合于建墓。故它一产生,就有强大的生命力,很快地推广开来。到东汉时,就完全取代了空心砖的地位。此后,一直沿用了 2000 余年而不衰。从大型空心砖到小型实心砖,这是制砖业上的一大进步,也是汉代制陶业和建筑业的一大发明。

方砖在山东也有出土。其中以曲阜周公庙宫殿区遗址出土的为最多。这里出的铺地用的方砖有花纹砖和素面砖之分。花纹砖又有三种:第一种是面饰四区斜角对称的回纹,第二种是砖面饰斜列方形回纹,第三种是砖面饰由平行直线、交叉线、三角形等组成的几何图案。素面砖的砖面磨光,砖背素平,边长 14 厘米、厚 4 厘米。此外,还出土了不少散水和散水砖。散水上圆头弹头形,通高 9.5 厘米。散水砖呈方形,面上布满馒头状的凸钉,砖背素平。②

2. 汉代山东"瓦"

瓦的发明比砖早,西周初期即已有之。战国时,瓦按用途的不同分为板瓦和筒瓦两种。筒瓦前端的瓦当(多为半圆形的),有素面的,也有花纹的。汉代圆形瓦当盛行。瓦当上的花纹也统一了。汉瓦在山东省内也有不少发现,如滕县、邹县,尤其是曲阜都有出土。现以曲阜周公庙等地出土的汉瓦为例,说明如下③:

(1)板瓦。瓦的背纹有指压凹痕和布纹两种。西汉前期的瓦,瓦头略向上翘,瓦的前半部内外皆饰瓦纹,后半部表面饰交错绳纹或竖绳纹,尾端有一划纹,内面抹平,有的内面都有拍压痕迹。西汉后期的瓦,瓦面饰竖行的粗绳纹,里面有显明的细布纹,两侧有内切痕迹。瓦的前端抹光,饰以三道瓦纹,瓦头内面削薄。东汉的瓦面前部抹平的范围较宽,约为 15 厘米,表面饰竖列的细绳纹,有的留有条形的刮压痕迹。内面有整齐的

---

① 孔次青:《山东曲阜纪庄发现汉代空心砖》,《考古》1964 年第 9 期。
② 山东省文物考古研究所等:《曲阜鲁国故城》,齐鲁书社 1982 年版,第 201—204 页。
③ 山东省文物考古研究所等:《曲阜鲁国故城》,齐鲁书社 1982 年版,第 201—203 页。

布纹。

(2)筒瓦。瓦的纹饰基本上有指压凹纹和布纹两种。前者多见于西汉早期,后者见于西汉中期以后。如复原的一件西汉筒瓦,子口式瓦唇较短,瓦面饰细而浅的不规则的绳纹,有若干道抹纹或划纹截断绳纹,内面凹凸不平,有显明的指压凹痕,两侧有内切痕迹。瓦长 34 厘米,宽 15—16 厘米,高 8 厘米,厚 1 厘米,子口径 12 厘米。东汉的筒瓦,有一种形体较大,瓦坯较厚,子口式瓦唇较长,而下收较深,呈规整的台阶状,横断面成半筒形,瓦面饰较粗的竖列粗绳纹,里面有细麻布纹,制作工整。瓦长 43.5 厘米,宽 16.5 厘米,高 8.5 厘米,厚 1.3 厘米。

(3)瓦当。瓦当全是圆瓦当。西汉前期,瓦当中心的纹饰是莲心纹。西汉中期以后,莲心纹为圆泡纹所代替。西汉时期瓦当的主体纹饰是卷云纹,纹饰都讲究对称。这里举三个例子:西汉前期的一件(T 704:1),中心饰七子组成的莲心纹;西汉后期的一件(T 701:6),中心饰小型凸起的圆泡纹,直径 17 厘米;东汉的一件(T 706:2),中心饰大型圆泡纹,周围饰四区扇面形花瓣纹。周沿背面抹平,附有布纹瓦,直径 16 厘米。瓦当上用吉祥文字作装饰,也是始于西汉。曲阜九龙山西汉墓出土的圆瓦当饰有四个卷云纹,中心有“无极”两字。①

综上所述,足见两汉时期山东的制陶业是全国制陶业比较发达的地区之一。

八、汉代酿酒政策与山东酿酒业的发展

酿酒业是汉代规模较大的一项手工业,在当时社会经济中占有重要的地位。考证和分析汉代酿酒业的发展状况,对于研究汉代经济史和我国酿酒史,是很有必要的。

(一)汉代酿酒业的具体政策

汉代的统治者对于酿酒业十分重视,陆续制定了一些具体的政策,先后采用了禁酒、榷酒、税酒三种不同的政策。②

① 山东省博物馆:《曲阜九龙山汉墓发掘简报》,《文物》1972 年第 5 期。

② 余华青、张廷皓:《汉代酿酒业探讨》,《历史研究》1980 年第 5 期。

1.“禁酒”

汉代采取的禁酒政策,是在前代禁酒政策的基础上发展而来的。汉初有禁止群饮的戒律,规定:“三人已上无故群饮,罚金四两。”①这项禁令,同周人严令禁止群饮一样,也是出自防“奸恶”于微渐的意图。汉初去秦未远,秦末农民起义的威力,继续威胁着汉初的统治者。这就是汉初制定禁止群饮法令的根本原因。除禁止群饮外,汉代禁酒政策还有一项重要内容,即灾荒之年禁民酤酒。制定这项政策的出发点,同前世禁酒不同,有着更为深刻的社会经济方面的意义,是西汉重农抑末思想在酒业政策中的体现,对于稳定农业起着积极的作用。

2. 榷酒

榷酒,是汉代统治阶级采取的又一项重要的酒业政策。榷酒政策,史无前例,为汉代首创。所谓榷酒,是“榷酒酤”的简称,又称作酒榷、榷沽。榷酒的含义,即是指官府对酒类的专卖。汉武帝天汉三年(前98),“初榷酒酤”②。汉武帝为了扩大财政收入,加强中央政府的财权,抑制和打击大工商的势力,断然起用了一批所谓“兴利之臣”,实行了一系列的经济改革。榷酒政策始于此时,即是改革的一项内容。榷酒政策在实施了18年之后,于昭帝始元六年(前81)废止。王莽时期,榷酒政策再次复活。

3. 税酒

税酒,是汉代酒业政策的又一种形式。汉昭帝废止榷酒后,开放酒禁,“令民得以律占租,卖酒升四钱”③。在实行榷酒之前,私营酒肆作坊亦纳税。这种税收属于市租范畴,作为皇室和封君的“私奉养”。榷酒期间,酒类专卖的收入由少府移交至大司农,成为国家财政的一部分。昭帝废止榷酒之后,将酒税自市租中分离出来,使其自成一项,仍由国家收取。这样,朝廷在丧失酒类专卖的收入后,仍可从酒税中得到一些补偿。“卖酒升四钱”,是官定的售价,并非税率。官定酒价的目的,是为了限民不得厚利。收取酒税的政策,大致从西汉中期之后一直延续到东汉。实行税酒的政策,鼓励了酒业的个体经营。税酒和榷酒相比,对酿酒业的发展无疑有利得多。汉代酒

---

① 《史记·孝文本纪》“集解”文颖注。

② 《汉书·武帝纪》。

③ 《汉书·昭帝纪》。

类品种的增多，以及酒的度数的提高，主要集中在西汉中期之后，这与榷酒的废止和税酒的实行不无关系。

（二）汉代酿酒技术的提高

在我国古代酿酒业的发展过程中，汉代是一个十分重要的时期，其标志之一，就是酿酒技术比前有了很大提高。其主要表现在造曲技术的发展、酒的质量不断提高和酒类品种的增多三个方面。[①]

1. 造曲技术的发展

酒是碳水化合物经过发酵形成的。根据酿造原理，在使用谷物酿酒时，由于谷物中的淀粉不能直接与酵母菌起作用，所以必须首先经过糖化的过程，即把淀粉分解为麦芽糖或葡萄糖，而后发酵转化为酒精。糖化和酒化，是酿酒工艺中不可缺少的两个主要过程。

我国古代劳动人民很早就在实践中逐步认识和掌握了这一原理，发明了使用曲蘖酿酒的方法。《尚书·说命》中记载："若作酒醴，尔惟曲蘖。"《礼记·礼运》中亦载："犹酒之有蘖也。"曲，《说文》释为"酒母"，《释名》释为"朽也，郁之使生衣朽败也"。蘖，《说文》释为"芽米"，《释名》释为"缺也，渍麦覆之，使生芽开缺也"。这就是说，曲是发霉长毛的谷物，充当"酒母"，蘖则是充当酿酒原料的发芽谷物。

这种曲蘖同时并用的酿造方法，至迟到汉代时已经发生了变化。在有关汉代酿酒的记载中，都是直接以未经发芽糖化的谷物作为原料，只用曲而不用蘖。由此可知，这种曲当是含有大量的霉菌和酵母菌，兼有糖化和酒化两种作用，可以使酿酒的两个主要过程合二为一地同时进行。这种酿酒方法，是我国古代劳动人民在酿酒业中的一项重大发明，至今仍在一些酒类生产中沿用，被称为"复式发酵法"。"复式发酵法"的创始年代可能在汉代之前，而汉代酿酒已经普遍使用这种方法了。

2. 酒的质量不断提高

汉代普遍以曲酿酒，大大促进了酿酒质量的不断提高。王莽时，鲁匡建议"法古令官作酒"，其中提到"一酿用粗米二斛，曲一斛，得成酒六斛

---

① 余华青、张廷皓：《汉代酿酒业探讨》，《历史研究》1980年第5期。

六斗"[1],这是我国酿酒史上关于用曲比例的最早记载。另据东汉末年的一条记载,九斛米或十斛米的酿酒原料,只需用曲三十斤。[2] 两相比较,到东汉末,用曲量已由过去的50%,大幅度地下降为不到10%。用曲量的减少,反映出曲中霉菌和酵母菌的纯度有了提高,曲的糖化和酒化能力得到了增强。

汉代酿酒技术的发展,还表现为成酒度数(酒精含量)的提高。汉代酿制的酒,一般度数很低。根据鲁匡所言,西汉末年至王莽时,粗米二斛可得成酒六斛六斗,原料与成酒之间的比例高达330%。出酒量如此之高,说明成酒中水分含量高而酒精含量低。东汉之后,开始出现了一些度数较高的酒。《汉书·平当传》有如淳注云:"稻米一斗得酒一斗为上尊,稷米一斗得酒一斗为中尊,粟米一斗得酒一斗为下尊。"如淳是三国时人,他所说的出酒量,较西汉末年粗米二斛"得成酒六斛六斗"的比例有了明显的下降,酒的度数也会有相应的提高。

酒的度数的提高,反映出酿造技术有了很大进步。汉代人在长期实践中,不断丰富和发展了前世所积累的酿酒经验,注意到"作酒既有米曲之数,又有功沽之巧"[3],不但重视了原料和酒曲之间的比例关系,而且在酿造工艺和方法上有了新的发展。大约在东汉时,出现了一种被称为"九酝"的新的酿造方法。所谓"九酝酒法",就是在酿造过程中,采取连续投料的方法,分批追加原料,以保持一定浓度的糖分,造成酵母菌充分发酵的有利条件,使酿成的酒更为醇厚,正如北宋人朱肱在《北山酒经》里所总结得那样,"酒以投多为善,要在曲力相及"。采用这种方法酿成的酒,"虽久多完",可以保存较长时间而不易酸败。九酝酒法的出现,对于提高酒的度数起到了很大作用,并对后世的酿酒方法产生了一定的影响。在《齐民要术》所总结的造酒法中,连续投料的酿造方法占有重要地位。贾思勰指出,以这种方法酿成的酒"香美势力,倍胜常酒"[4]。

3. 酒类品种的增多

酒类品种的增多,是汉代酿酒技术发展的又一突出表现。

---

① 《汉书·食货志下》。
② 《全上古三代秦汉三国六朝文·奏上九酝酒法》。
③ 《周礼·酒正》郑玄注。
④ 《齐民要术》卷七。

关于汉代以前的酒名，史籍中记载很少。汉代以后，酒名开始大量出现，这与酒的品种迅速增多的状况是相适应的。

汉代的酒名，主要散见于一些文论、诗赋、野史、杂记、字书、方志，以及出土的竹木简牍和陶器的文字中。根据这些酒名，汉代人对于酒的命名和分类，大致有以下几种类型：

第一，以酿酒的主要原料分类。汉代酿酒的原料有谷物和果物两类，果物酒不多见，主要是谷物酒。以谷物冠名的酒，见于记载的有：稻酒、黍酒、秫酒、米酒。关于汉代的果物酒，现可考者有葡萄酒和甘蔗酒。

第二，以酿酒所用的配料命名。为了增加酒的色味，汉代酿酒时常常杂以香料或草药，因此，出现了一些以这类配料命名的酒。如：椒酒、柏酒、桂酒、兰英酒、菊花酒、百末旨酒。

第三，以酿造时间和方法分类。汉代酿酒多在冬、春两季，亦有在秋季者，所以有“春醴”“春酒”“冬酿”“冬酒”“秋酿”等名称。

第四，以酒的色味分类。以酒的颜色称呼的酒有黄酒、白酒，以酒味称呼的有恬酒、甘醇、旨酒、香酒。

总之，造曲技术的发展、成酒度数的提高、酒类品种的增多，都充分说明汉代酿酒技术比前有了迅速的发展。

（三）从汉画像石图像看汉代山东酿酒手工业

山东是我国掌握酿酒工艺最早的地区之一。考古材料表明，远在新石器时代的大汶口文化晚期，劳动人民已发明了酿酒。[①] 汉代，是山东酿酒业发展的重要时期，酿酒工艺和技术得到较大的提高，这可从山东汉画像石中的酿酒图像得到一定程度的反映。

目前已发现的有四幅，分别刻在嘉祥县洪山、华林，沂南县北寨和诸城市前凉台等村汉墓出土的画像石上。

(1)洪山酿酒图像。一个大木架上安置一小缸，木架下放置一只大陶缸，右旁一裸露上身的男子双手持一方袋，口咬着方袋的一角，似对着小缸

① 王树明：《谈陵阳河与大朱村出土的陶尊“文字”》，《山东史前文化论文集》，齐鲁书社1986年版。

挤压。①

(2)华林酿酒图像。左边二人相对而立,各以一手共扶一陶瓮,一手共执一勺;中间地上置一陶缸,缸左一妇女双手持两支小棒支撑的小布袋伸向陶缸,缸右一妇女跽坐,双手前伸似欲帮助操作;右边残缺,可辨三人往来奔忙。②

(3)北寨酿酒图像。属丰收宴享图的一部分。厨房外边安置一灶,一人爬伏于灶前添柴加火蒸煮甑中的稻谷或黍子,灶左边放置两个大陶壶,灶的右上方放置一缸。上方一人,头戴巾,赤上身,下着短裙,其前有一长几,几上放两大缸,其中一缸上放有方形框架,此人正捧物准备放于框架上。几的上方地上放置一大扁壶和一盘,盘中放酒樽。赤身从后有一个五层架子,其中有三层放有梭形物品。③

(4)前凉台酿酒图像。1967 年,在诸城前凉台西村发现一座大型东汉墓葬,出土筑墓的画像石多块,其中一块为《庖厨图》,通高 1.52 米、宽 0.76 米,以阴线刻的手法,描绘了一个庞大而宏伟的酿造场面,是当时世族豪门酿造炊厨的真实写照。《庖厨图》所绘共 43 人,分酿酒、宰牲、烹饪三大部分,其中有关酿酒的刻画极为逼真。画像上,有女仆二人主灶,一人添柴,一人洗刷甑沿。甑中所蒸,可能是用于酿酒的米饭。灶旁有一男子劈柴,有一女子手握木杆,正在大盆中搅拌,似在拌曲掺料。另有一组人正在进行过滤的工序:一人用双层过滤器滤酒;另一人用滤袋兜渣,将清质酒液滤入大盆内;还有一人正在压榨酒糟,进行最后的压挤和取酒排糟的工作。整个滤酒流程井然有序。在酒台旁边,一男子手持瓠瓢,准备舀酒,地下排列着几个大酒壶,台上则堆放酒瓮。这幅完整的酿造画像,形象地再现了东汉时代山东半岛的酿酒工艺,为我们研究当时的酿酒状况提供了不可多得的宝贵素材。④

文献记载和考古发现证明:“我国古代所谓酒乃米酒,其酿造过程是:先将谷米煮熟,待冷却后再加以酒曲,密封、恒温贮藏之,以发酵酿酒。当谷米、酒曲发酵好之后,再进行过滤,以除其糟粕,即所谓缩酒。秦汉以后,缩

---

① 山东省博物馆等:《山东汉代画像石选集》,齐鲁书社 1982 年版。

② 山东省博物馆等:《山东汉代画像石选集》,齐鲁书社 1982 年版。

③ 曾昭燏、蒋宝庚、黎忠义:《沂南古画像石墓发掘报告》,文化部文物管理局 1956 年版。

④ 王赛时:《古代山东酿酒述略》,《中国烹饪研究》1997 年第 2 期。

酒又叫姊酒，也叫沥酒。也就是我们通常所说的酒之取清去滓，或曰滤除其糟粕这一工艺过程。”①上述四幅酿酒图像所表示的正是这一酿酒工艺的全过程。灶上大甑所蒸煮的应是作为酿酒的主要原料稻谷之物。在大缸、瓮边执勺者应是正在放置酒曲或捞取酒醪。执棍搅拌者可能是把酒曲与谷物拌匀。安置于大缸木架上的小缸，当为漏酒器，其下有一小孔，酒醪放于漏缸中，酒液由小孔流入大缸，糟粕留于漏缸中，即沥酒。持袋是在放置于大缸木框架上用于挤压的，应为挤酒，即把酒醪放于布袋中，通过挤压，除去糟粕，获得好酒。至于图中的勺、壶、樽、缸、瓮等器具，应该为取酒、储酒、发酵之用。②

汉代是我国酿酒业发展的重要时期，曲已在酿酒业普遍使用。《汉书·食货志下》载：“一酿用粗米二斛曲一斛，得成酒六斛六斗。”这是我国酿酒用曲比例的较早记载。酒的质量是以酿的次数多少来分等级的，酿的次数越多，酒的质量越高，当时已有上尊、中尊、下尊之分。画像中的沥酒，当属下尊。

山东自古以来就是酿酒之乡。两汉时期，优越的自然条件为农业生产发展提供了基础，使山东成了当时重要的产粮区，也为酿酒制曲技术的发展创造了条件。画像石中的酿酒图像从一个侧面反映了当时山东酿酒业的发展。同时，我们透过酿酒图像可以看出，汉代政府虽然不断实行“官酤”，但由于遭到人民的反对，政府实际上很难控制酿酒和售卖。北寨、前凉台酿酒图像为整个庖厨活动的一部分，规模较大，且有监督酿酒的人员，这正说明当时官僚地主庄园有着自己的酿酒作坊，除供应自己饮用外，大部分酒还是售卖。华林、洪山酿酒图像构图简单，规模很小，很可能是反映民间酿酒的情景。③

九、汉代山东的造纸

山东是中国造纸术的发祥地之一，自古民间造纸业发达，纸品精良，享有盛誉。

① 王树明：《“亚丑”推论》，《东夷古国史研究》第二辑，三秦出版社1990年版，第79页。

② 吴文祺：《从山东汉画像石图象看汉代手工业》，《中原文物》1991年第3期。

③ 吴文祺：《从山东汉画像石图象看汉代手工业》，《中原文物》1991年第3期。

(一)东汉山东制造的“左伯纸”

东汉末年,著名的书法家、学者,东莱(今山东莱州)人左伯,在研习书法的过程中,发现已为世人广泛使用的蔡伦纸尚有不足,便借鉴蔡伦造纸的经验,总结前人的造纸工艺并加以改进,在继蔡伦纸问世80余年的公元180年前后,制造出了品质优于蔡伦纸的“左伯纸”。同蔡伦纸相比,左伯纸纤维细腻且分布均匀,表面精细并有光泽。它与韦诞墨、张芝笔并称为“文房三大名品”,深受文人学士特别是书法家推崇,在民间享有盛誉。

(二)汉代山东手工纸产区与制作工艺

汉代以来,山东的手工纸产区主要分布在今高青、惠民、阳信、泰安、蒙阴、临朐等地,以作坊形式生产。作坊一般设在家庭农舍中,农忙时停业,农闲时开业,极少常年生产。操作者大多是家庭成员,少量雇工也多系本村或邻村亲朋。①

汉代,山东各地的手工纸作坊一般分为操作室、石灰池、石灰槽、石碾、水池几个部分。石灰槽用砖砌筑,长、宽各1丈,深约9尺,建在室外距水源较近处,用以浸渍桑皮等原料。水池建在室内,砖砌成,长、宽各3尺,深5尺,中间用竹帘分隔为前后两档:前档放置厚纸浆,后档放置薄纸浆。水池后有穴,供操作者站立。石碾一般建在室外,系槽式。操作工具主要有剁料斧、抄纸帘、纸架、皮刀、晒纸刷等。

汉代,山东手工造纸经千百年来劳动人民的实践、改革,形成了一整套较规范的工艺程序,各地大同小异。阳谷毛头纸、高青桑皮纸的生产工艺是山东手工纸生产工艺的代表。其中,阳谷毛头纸工艺的流程为:选料──→切断──→浸泡──→碾压──→冲洗──→浸石灰水──→汽蒸(置锅上蒸12小时)──→碾浆──→洗浆──→打浆(打池)──→捞纸──→压纸──→晒纸(贴于墙上日晒)──→揭纸──→打包。高青桑皮纸工艺的流程为:捆把──→揭缸(浸石灰水)──→压缸──→再揭缸──→蒸煮──→碾料──→洗料──→晒料──→再碾料──→再洗料──→砸料──→切断──→搅拌──→抄纸──→揭纸──→晒纸(贴于墙上日晒)──→整选

① 山东省地方史志编纂委员会:《山东省志·一轻工业志》,山东人民出版社1993年版,第110页。

——→打包。汉代，山东手工纸品种主要有桑皮纸、草纸、麻纸、土纸（窗户纸）、迷信纸等，其中桑皮纸（俗称毛头纸）出产最早、产量最高。[①]

总之，公元2世纪造纸术在我国各地推广以后，纸就成了缣帛、简牍的有力的竞争者。公元3到4世纪，纸已经基本取代了帛、简而成为我国唯一的书写材料，有力地促进了我国科学文化的传播和发展。

十、秦汉时期山东手工业发展的成就与特点

秦汉时期（前221—220），是中国封建社会初步巩固发展的时代，也是中国历史上的第一个大一统时期。秦汉时代的山东手工业，是沿着战国时期的趋势而向前发展的，特点十分鲜明。

综观秦汉时期山东手工业的发展演变，十分清晰地呈现如下鲜明特点：

1.汉代山东手工业的发展，主要表现为手工业部门的增加与手工艺技术的提高

手工业部门的增加与手工艺技术的提高是互相影响的。汉代山东某个工业部门的创立或发展，往往会带动其他有关部门的创立或发展。例如，山东冶铁手工业的发展，使农具制造和兵器制造成为独立的工业部门。又如，山东冶铜手工业的兴起，使铸钱工业和铜器制造成为独立的工业部门。有些新兴的工业，往往在某个地区首先发展起来，这是由于山东地区的生产条件优越，从而形成了山东一些地区性的工业。在山东手工业历史发展的过程中，除了不断产生新的行业外，有的是在生产过程的某个阶段，日益演变成为独立的部门。如，在纺织工业的发展过程中，先有丝织业，后有棉纺织业；其后棉纺织业日益发展，又分为轧花、纺纱、织布、印染等部门。在矿冶铸造工业方面，也日益分化为采矿、冶炼、铸造等工业部门。[②]

2.汉代的官府纺织工业与民间纺织工业都很发达

汉代的山东官府纺织工业与民间纺织工业都很发达。一是汉代的山东官府纺织工业规模很大。汉皇室在齐郡临淄设服官之所，称为“三服官”。“三服”系指春、夏、冬三季所需丝织品而言（见《汉书·元帝纪》注引李斐解

---

① 山东省地方史志编纂委员会：《山东省志·一轻工业志》，山东人民出版社1993年版，第111—114页。

② 祝慈寿：《中国古代工业史》，学林出版社1988年版，第36—37页。

释)。初时,“三服官”的生产规模很小。其后到汉元帝时(前48—前33),“三服官”扩充到各有织工数千人,每年费钱数万万;少府所属的东西织室则每年费钱仅五千万,规模远不及齐“三服官”。当时少府所属各官府工业主要用徒及奴来从事生产,“三服官”所在地的生产则使用纺织女工(民间工匠和女佣)。[①] 二是汉代的山东丝织品不仅产量大,而且花色品种十分丰富多样。在“缯”或“帛”的总称下,就有纨、绮、缣、绨、绸、缦、縈、素、练、绫、绢、縠、缟,以及锦、绣、纱、罗、缎等花色品种。[②]

西汉时期,山东农业的迅速发展和铁器的广泛使用,促使山东手工业生产进一步发展。西汉,山东不仅能够生产铁制的长剑、长矛、环首大刀等兵器,而且也广泛使用铁制的生活器皿和杂用工具,这说明汉代山东铁器的使用已相当广泛。在铁器铸造方面,东汉时山东已熟练地掌握了层叠铸造这一先进技术。山东冶铁效率和铸造技术的提高,进一步促进了铁器的普遍使用。考古发掘资料证明,东汉时期的铁制用具,已普遍应用到人民生活的各个方面。铁钉、铁锅、铁刀、铁剪、铁灯等的大量出土,即为有力证据。[③]

3. 汉代山东手工业的兴衰与国家政策联系密切

汉代400余年山东官民手工业的兴衰,与国家政策的联系更为直接和明显。陈直曾概括地指出:两汉手工业发展的过程可分为四个阶段:第一阶段在西汉初期,是为紊乱时期;第二阶段在西汉中期武帝时,是为繁荣发达时期;第三阶段,在西汉中期以后,至东汉初中期,是为继承繁荣时期;第四阶段在东汉末期,是为衰落时期,唯造纸业发达。[④]

汉代的官府手工业,是汉代政府机构的组成部分。这种官府手工业可分为两大类。一类是铸铜、制漆、纺织等手工业部门,产品主要不是商品,而是为统治集团特别是皇室享用的。这些手工业部门凭借政权权力(包括中央与郡国),拥有丰富的人力和物力资源,并且大多是不计成本的,所以其产品在当时最为精美。这一类官府手工业部门体现了浓厚的自然经济特点。另一类手工业是冶铁、煮盐、铸钱等,是有关国计民生的部门,铁、盐主要是作为商品出售的,铸钱则是统一货币、稳定物价的措施。它们是汉朝经济命

① 祝慈寿:《中国古代工业史》,学林出版社1988年版,第17页。
② 祝慈寿:《中国古代工业史》,学林出版社1988年版,第18页。
③ 祝慈寿:《中国古代工业史》,学林出版社1988年版,第15—16页。
④ 陈直:《两汉经济史料论丛》,陕西人民出版社1958年版,第193页。

脉的重要组成部分，在当时具有巩固中央集权的作用。

汉末社会经济受到战乱极其严重的破坏。曾经是手工业作场的山东一些重要基地的城市也毁于兵火，包括工匠在内的大量人口死亡或流亡他处，“名都空而不居，百里绝而无民者，不可胜数”①。

4. 汉代山东的官营作场空前发展

这里，我们主要以汉代山东的官营冶铁作场空前发展的情况为例。

一是从经济背景上来看。汉代山东官营冶铁作场的空前发展，除政治的和财政的原因外，从根本上看是经济原因，即与民营冶铁作场的发展一样，是政府和民间对铁器的消费需求都空前扩大的必然结果。特别是人口大量增长带来对生产资料和生活资料的更多需求，铁器需求即为一大宗，而尤以政府对铁兵器、农民对铁农具的需求为最。

二是从汉代官营冶铁作场的布局上看。《山海经 · 五藏经》记载，汉武帝所设 49 处铁官，在山东有 12 处。另截至 1980 年，各地已发现汉代冶铁遗址共 30 多处，其中有的已做过发掘。遗址面积多在 1 万平方米以上，有的达 10 多万平方米，冶铁规模远比战国时大。如临淄故城几处汉代冶铁遗址是在战国的基础上发展起来的，其面积合计达 40 万平方米，比已知的当地战国冶铁遗址大 8—10 倍。② 汉代官营冶铁作场的布局，从空间上看呈现扩展之势。就内部分工而言，汉代官营冶铁手工作场的布局可分为两种类型。根据考古勘察，一种类型为设在矿区或矿区附近城镇的冶铁作场，以采矿冶炼生铁为主，一般兼营铸造和铁器热处理加工；另一种类型为位于远离矿区的大城市的冶铁作场，一般是利用生铁材料从事铸造、热处理加工、炒钢和锻造。汉代山东的官营冶铁作场同样如此。

三是从官营冶铁作场的组织管理来看。汉承秦制，官营冶铁作场设铁官管理。据《汉书 · 地理志》记载，汉代全国设铁官 40 余处，其中山东有 12 处：山阳郡的昌邑（今济宁金乡县西北）、千乘郡的千乘（今淄博博兴县西北）、济南郡的东平陵（今济南章丘区西北）和历城（今济南历城区）、琅琊郡的东武（今山东潍坊诸城市）、泰山郡的嬴（今济南莱芜区西北）、齐郡的临淄（今淄博东北临淄北）、东莱郡的东牟（今烟台牟平区）、胶东国的郁秩

---

① 《全上古三代秦汉三国六朝文 · 昌言》。

② 群力：《临淄齐国故城勘探纪要》，《文物》1972 年第 5 期。

（今青岛平度市）、城阳国的莒（今日照莒县）、东平国的东平（今泰安东平县东）、鲁国的鲁（今济宁曲阜市）等。铁官的地位相当于县一级，下有属官。铁官作为一个独立的管理机构，其所在地必然是官营冶铁作场比较多的地区。官营冶铁作场使用的劳动力，包括工、卒、徒三种，这三种人的待遇不同。1930 年，在山东滕县宏道院出土一块汉代冶铁石刻画像，图中有 12 个人正在作场操作，其中 4 人用皮囊为炼炉鼓风，余者则持锤锻制器物。中国历史博物馆（今中国国家博物馆）的研究推测，每一铁官若有鼓风炉 80 座，每座以 13 人计，每一大作场应有工人 1000 多人。

四是从官营冶铁技术的不断进步与发展来看。在两汉时，山东由于生铁炒炼熟铁和钢铁的技术有了提高，许多手工业工具和兵器多用熟铁和钢铁来锻制。山东苍山出土的东汉永初六年（112）造的“卅湅大刀”，就是炒钢产品[①]，表明炼钢技术有了进一步发展。在东汉初年，发明了水力鼓风炉，并得到了推广，使冶铁技术大为进步。中国的这一发明，要比欧洲早 1200 年。它对于冶铁手工业的发展及铁的生产率的提高，都具有重大作用。另外，冶铁用的燃料，已开始使用石炭（煤），这比欧洲至少要早 1700 年。[②]

5. 汉代山东官营作场劳动力的来源及其时代身份地位

秦汉时期的官营作场，劳动力有四种来源：一是官奴婢。“汉律，罪人妻子没为奴婢，黥面。”[③]二是徒，徒是犯罪罚作的人。汉承秦制，自钳以下刑谓之“作”，所以徒刑也称“作刑”。三是卒，卒即更卒，是秦汉成年人应承担的一种徭役。更卒多数是具有平民身份的农民。四是工匠，是具有技艺的身份比较自由的劳动者。汉代官营作场的劳力，在劳动密集型的冶铸和煮盐中，以更卒和刑徒为主。不过，在汉武帝和王莽两个时期，受政府政策的影响，官营作场使用的官奴婢来源大量增多。特别是民间手工业者脱离农业而向城市集中，这些分化出来的独立手工业者，集中于城市以后，又被封建政府强迫到官府作坊中去服役。汉代山东的劳动力的来源及其时代身份地位，也同样如此。

---

① 祝慈寿：《中国古代工业史》，学林出版社 1988 年版，第 981 页。

② 祝慈寿：《中国古代工业史》，学林出版社 1988 年版，第 51 页。

③ 《三国志·魏志·毛玠传》。

第三章 魏晋南北朝时期的山东手工业

魏晋南北朝(220—589),又称三国两晋南北朝,是中国历史上的一段只有37年大一统,而余下朝代更迭较快并有多国并存的时代。这一时期,山东的手工业从多个渠道全面展开,显示了一定的经济优势,主要表现在纺织、煮盐、造船和矿冶方面,其他如造纸、酿酒、制陶等手工业,也有一定程度的发展。本章着力从八个行业对魏晋南北朝时期的山东手工业作较为深入的阐述。

一、魏晋南北朝时期山东蚕桑丝绸业的发展

魏晋南北朝时期是中国历史上第二个分裂时期。在这一时期,山东的蚕桑丝绸业面临着许多不利的发展因素,如随着全国经济重心的南移,山东逐渐失去了全国蚕桑丝绸业中心的地位;政权的频繁更迭,使山东失去了安定的发展环境;偏冷的气候,使山东失去了良好的自然条件。但同时,这一时期也存在着山东蚕桑丝绸业发展的诸多有利因素,如历届政权所推行的促进蚕桑丝绸业发展的土地、税收和货币政策,众多官员所实施的劝课农桑政策,以及种桑养蚕和缫丝纺织等方面的技术进步。因此,山东的蚕桑丝绸业不仅没有停滞或倒退,而且仍然是全国蚕桑丝绸业发展的中心之一。[①]

(一)山东地理环境对蚕桑丝绸业的影响

魏晋时期我国实行州、郡(国)、县三级管理体制,其时山东的地理范围

① 姜颖:《山东丝绸史》,齐鲁书社2013年版,第114页。

基本包括青州、兖州全部，冀州、徐州各一部分。南北朝时期，除南朝宋统治一段时间外，山东主要属于北朝的势力范围，先是由北魏统治，后由北齐、北周统治。北魏时期设兖州、青州、齐州、济州、光州、南青州、胶州、北徐州、西兖州等。北齐、北周时期的行政区划，大体沿袭北魏。①

与以往相比，魏晋南北朝时期山东的地理环境发生了一定的变化，这种变化主要表现在，该时期出现了一些不利于蚕桑丝绸业发展的因素。

从自然地理环境看，山东拥有肥沃的土壤和充足的水源，仍具有发展蚕桑丝绸业的优势。但是，从气候方面看，此时出现了不利于蚕桑丝绸业发展的状况，主要表现为气候由春秋战国、秦汉时期的以温暖为主转为比较寒冷。这一气候特征对于适宜温暖湿润气候的蚕桑业的发展是不利的。

从人文环境看，魏晋南北朝是我国自秦统一后的第一个分裂与动荡时期，一系列的战争和动乱给经济的发展带来了很大的破坏，蚕桑丝绸业的发展自然也受到了影响，如晋怀帝永嘉以后，后赵、前燕、前秦、后晋、南朝宋、北魏、北齐、北周相继统治过山东，政局变动频繁，行政区划管理较为混乱，许多生产劳动者被迫参战，这些都影响到经济的发展。

从另一方面看，山东的蚕桑丝绸业相对来说也有较好的发展环境。第一，山东不是主要战场，所以相对来说受到的破坏要小一些。第二，不少政权在统治时期都非常重视地方的治理和经济发展，这为山东蚕桑丝绸业的恢复发展提供了一线生机。如曹魏时期，王凌治青州，“是时海滨乘丧乱之后，法度未整。凌布政施教，赏善罚恶，甚有纲纪，百姓称之，不容于口”②。再如胡质都督青、徐诸军事时，便“广农积谷，有兼年之储，置东征台，且佃且守。又通渠诸郡，利舟楫，严设备以待敌。海边无事”③。南朝宋时，申恬任青州刺史，当时“齐地连岁兴兵，百姓凋弊，恬初防卫边境，劝课农桑，二三年间，遂皆优实”④。

正是由于魏晋南北朝时期山东蚕桑丝绸业的发展出现了有利与不利的两方面条件，所以该时期山东蚕桑丝绸业的发展地位、规模等都开始出现了微妙的变化。正如同全国的经济重心随着战乱的出现而由北向南转移一

---

① 姜颖：《山东丝绸史》，齐鲁书社 2013 年版，第 114—116 页。
② 《三国志·魏书·王凌传》。
③ 《三国志·魏书·胡质传》。
④ 《宋书·申恬传》。

样，全国蚕桑丝绸业的中心也开始了由北向南的转移。但是，需要指出的是，这种转移是逐步进行的。在该时期，山东蚕桑丝绸业还保持着相当的规模，在全国蚕桑丝绸业中仍占有举足轻重的地位。[①]

（二）山东蚕桑丝绸业的发展状况[②]

魏晋南北朝时期山东的蚕桑丝绸业，与秦汉时期相比有了很大变化。这主要表现在生产方式、生产规模和质量、山东蚕桑丝绸业在全国的地位以及山东本身蚕织业生产中心的变化等方面。

1. 生产方式

生产方式是指社会生活必需的物质资料的谋取方式，在丝织行业即指从事丝织品生产的方式，它包括生产类型、生产管理和生产者的地位等方面。我国古代手工业生产基本表现为三种类型，即官营（府）手工业、私营专业手工业和家庭手工业。

魏晋南北朝时期，由于战乱、政权更迭等原因，总体而言，北方的手工业都受到沉重打击。但相对来说，官府手工业和家庭手工业得到发展，而私营手工业的发展则出现了曲折。具体来说，以北魏孝文帝改革为界，分成前后两个时期，前期政府控制手工业生产者，限制打击私营专业手工业者；后期政策略有放松。

在上述背景下，魏晋南北朝时期山东的丝绸业受到很大影响，除整体水平下降外，一方面，私营专业手工业受到很大打击，在这方面最为典型的是毕义云家族。毕义云，祖籍东平须昌（今山东东平县西北），家住兖州北部，为豪强世家，“资产宅宇，足称豪室”，曾祖毕众敬告老还乡时，曾献孝文帝“仙人文绫一百匹”。高洋称帝后，毕义云官至御史中丞，其性情严酷刚烈，弹劾勋臣国戚，引起权贵们的不满，因而屡遭诬告，有一次就因家中私藏织机和工匠被告发坐罪，即“坐私藏工匠，家有十余机织锦，并造金银器物，乃被禁止”[③]。毕义云家有织机 10 多台，并雇用工匠纺织高级丝织品锦，这足以称得上私营的专业手工业者，与男耕女织的家庭手工业有极大的差别。

---

① 姜颖：《山东丝绸史》，齐鲁书社 2013 年版，第 118 页。

② 姜颖：《山东丝绸史》，齐鲁书社 2013 年版，第 119—126 页。

③ 《北史 · 毕众敬传》。

孝文帝改革之后，仍以私藏工匠和家藏织机作为政治斗争的手段，表明限制与打击私营手工业成为北朝政府的惯性思维。另一方面，孝文帝改革后，随着政策的放宽，山东的纺织手工业重新得到发展，特别明显的是私营专业手工业者纷纷出现，琅琊王氏，东平毕氏，清河崔氏、张氏、宋氏，青州房氏，泰山羊氏，巨野人李典等大批豪强地主，都拥有自己的庄园和作坊，成为蚕桑丝绸业生产方面的豪强大户。如北魏时清河东武城人张烈（字徽仙），随祖居齐郡临淄，当时"青州有崔徽伯、房徽叔，与烈并有令誉，时人号曰'三徽'"，其中张烈"家产畜殖，僮客甚多"。[①] 由此可以推断，其他两人同样是青州的名门望族。

2. 生产规模和质量

魏晋南北朝时期，山东的蚕桑丝绸业生产规模和质量与秦汉时期相比都有所不及，但山东蚕桑丝绸业仍继续发展。

关于魏晋南北朝时期山东蚕桑丝绸业发展的情况，一些典籍，如北魏贾思勰的《齐民要术》、北齐颜之推的《颜氏家训》以及相关正史中都有些微记载，如《颜氏家训·治家》称："河北妇人，织纴组紃之事，黼黻锦绣罗绮之工，大优于江东也。"这里的河北，当指北方，包括山东在内的广大地区；江东指长江以南地区。可见，当时北方妇女纺织刺绣的功夫绝对胜过江南妇女。

此外，有关当时山东蚕桑丝绸业的情况还可以根据绢帛的货币地位以及当时的赋税收入、服饰衣料进行分析。

从绢帛的货币地位方面来说，魏晋以来，由于政权更迭频繁，货币相当混乱，所以绢帛逐渐取得了市场上流通货币的地位。正如李剑农先生所说："钱币虽未明令废弃，然其在交换中之地位及主要任务，已渐为绢帛占去。钱币之主要任务应为一切物价之标准；自钱制混乱，其自身之价格，恒在动摇不定之状态中，已不能有一定之标准，反不若绢帛之价较为稳定，因此在交换时，诸物多以绢帛评价。在两汉时，黄金一斤值钱万，凡言物价，皆称若干金或若干钱。至魏、晋以来，则凡涉及物价，多称若干匹。"[②]绢帛能取得流通货币的地位，这一点本身就表明了包括山东丝绸业在内的全国丝绸业的发展。当然，这一政策反过来也推动了丝绸业的发展。

---

① 《魏书·张烈传》。

② 李剑农：《中国古代经济史稿》，武汉大学出版社 2006 年版，第 339—340 页。

从赋税收入方面来说，自曹操实行“亩课田租，户调绢绵”的税收制度，户调就成为一种定制。调即调拨，是赋税收入的一种，所调之物由各地的物产确定。在南北朝时，由于产丝区主要还是集中在黄河流域，因此，“中原国家一般调以丝绸，而南方六朝均调麻布”①，这也说明黄河流域仍是全国丝织业的中心，而山东居其一。从户调情况看，曹魏及其前后时期，冀州、豫州、青州、并州和司隶等地的地位很重要。西晋文学家左思的《魏都赋》中有“锦绣襄邑，罗绮朝歌。绵纩房子，缣总清河”之说。从东汉到隋，山东西北一部分区域便属于清河郡，如平原西北、临清、东武城等，所以说，清河缣出名，同样也有山东的一部分功劳。北魏孝文帝时期开始实行“户调帛二匹、絮二斤、丝一斤”的制度，并且“所调各随其土所出”②，因之上贡绵、绢及丝的就达 19 州，其中就有青、齐、济、兖、徐等州。

从服饰衣料来看，北周时期，随着经济的恢复和发展，政府对服饰衣料的规定有所放松，北周武帝建德六年（577）九月下令：“民庶已上，唯听衣绸、绵绸、丝布、圆绫、纱、绢、绡、葛、布等九种，余悉停断。朝祭之服，不拘此例。”③从此，普通百姓也可以享用多种丝织服饰，这不仅刺激了丝绸业的发展，同时也间接地反映出当时山东丝绸业的发达。

不过，从北魏孝文帝太和八年（484）所规定的赋税征收情况看，山东的丝绸业发展也不是很均衡的，除前面提到的几个州贡绵绢和丝外，还有部分地区贡麻布，如“青州北海郡之胶东县，平昌郡之东武平昌县，高密郡之昌安、高密、夷安、黔陬县，泰州河东之蒲坂、汾阴县，东徐州东莞郡之莒、诸、东莞县……徐州北济阴郡之离狐、丰县，东海郡之赣榆、襄贲县，皆以麻布充税”④。可见，当时山东的中部，如青、齐、济等州，以及南部的兖、徐等州，都是盛产丝织品的地区，而东部、东南部，如胶东、平昌、高密、莒、诸、东莞、襄贲等地区，丝绸业却不够发达，主要以盛产麻布为主。

3. 山东蚕桑丝绸业在全国的地位

尽管魏晋南北朝时期山东蚕桑丝绸业的生产无法与春秋战国及秦汉时期相比，并且全国的经济重心已经开始向南方转移，但是，此时南方的蚕桑

---

① 朱新予主编：《中国丝绸史（通论）》，纺织工业出版社 1992 年版，第 132 页。
② 《魏书·食货志》。
③ 《周书·武帝纪》。
④ 《魏书·食货志》。

丝绸业尚未发展起来,“南方普通服物,似仍为麻葛织品”①,蚕桑丝绸业生产仍以北方为主,而在北方,又主要是黄河中下游地区。从北周武帝建德六年(577)诏令开始,丝织物已成为民庶以上之常服。既然当时民庶以上都可以服用丝织品,那么,丝织品的需求量是很大的,山东自然也需承担丝织品生产的重任,因此,当时山东仍是全国蚕桑丝绸业的中心之一,正如《晋书·食货志》中的“兖、豫漆丝之廥”,这是对当时山东部分地区丝织业发展水平的一种反映。因此,可以说,魏晋南北朝时期,山东的蚕桑丝绸业处在中心地位开始动摇的转折时期:一方面是丝绸业的继续发展,出现了大纹绫、连珠孔雀罗等高级丝织品;另一方面,河北定州、四川成都等新的丝织业中心开始出现,形成与山东竞争之势。②

4. 山东自身蚕桑丝绸业中心的转移

魏晋南北朝时期,山东自身的蚕桑丝绸业中心由临淄转移到青州,变化的主要原因是临淄在东西方贸易中中枢地位的丧失。西晋以前,山东东西方的商道从旧章丘县城,经青阳店、浒山泊、邹平县城、礼参店,到达旧长山县城,再一路向东直趋临淄。但永嘉五年(311),随着临淄东南广固城(今山东青州西北)的兴建及其军事地位的逐渐提高,东西方的商道便从长山转向东南的广固城,即经姜家铺、固悬、房镇、石村,渡郑黄沟到达张店,然后由张店转向正东,经金岭镇、辛店、淄河店,南向广固城。广固城废弃后,益都代之成为东西大道新线的枢纽。③ 随着商路的转移和商业贸易地位的加强,青州的丝织品因此而传到各地,成为热销产品。在当时的南北贸易中,南朝尤其喜爱山东丝绢,公认“青州绢号天下第一”,并大量购买。从考古发掘来看,青州绢还大量西销,青州成为丝绸之路的一个重要源头。1971 年,在今青州曾发掘有一座北齐石室墓,墓主人是一位商人,墓中出土了八幅画像石,其中三幅生动地反映了当时的丝绸贸易情况:第一幅是《驼运图》,细致地描绘了墓主人当年亲率商队远赴西域,从事丝绸外销的生活片断。第二幅是《象戏图》,表明了墓主人的踪迹所至。第三幅是《商谈图》,描绘了一位远道而来的胡商,可能是波斯萨珊王朝的商人,正在向墓主人求购商品,包括丝绢的场面。④

---

① 李剑农:《中国古代经济史稿》,武汉大学出版社 2006 年版,第 317 页。
② 姜颖:《山东丝绸史》,齐鲁书社 2013 年版,第 124 页。
③ 安作璋主编:《山东通史(魏晋南北朝卷)》,人民出版社 2009 年版,第 172—173 页。
④ 夏名采:《益都北齐石室墓线刻画像》,《文物》1985 年第 10 期。

（三）山东蚕桑丝绸业的生产技术

关于魏晋南北朝时期山东蚕桑丝绸业的生产技术，最有参考价值的资料是贾思勰的《齐民要术》。贾思勰，北魏益都（今山东青州）人，曾经做过青州高阳郡（今山东临淄西北）太守，到过河北、河南、山西等许多地方，中年回家乡从事农牧业生产，掌握了多种农业生产技术，晚年他将所收集到的以及亲身积累的有关农业生产的经验、资料等分析、整理、总结，编成巨著——《齐民要术》。因此，《齐民要术》是这一时期北方蚕桑丝绸业，尤其是山东蚕桑丝绸业发展状况的最好反映。[①]

贾思勰的《齐民要术》，涉及山东的蚕桑丝绸业生产技术主要是缫丝、纺织、练漂染整等方面的内容。

1. 缫丝

秦汉时人们所用储茧的方法是曝茧震蛹法。魏晋南北朝时，人们又研究出了更好的储茧方法，即以盐杀茧法。《齐民要术》记载：

> 全不作茧，用火易练而丝明。日曝死者，虽白而漕脆，缣练衣着，几将倍矣，甚者，虚实失岁功；坚脆悬绝，资生要理，安可不知哉？

该记载表明，当时处理茧的方法有两种：一是日晒法，二是盐杀法。日晒法与盐杀法相比，优点是丝白，但缺点更为明显，一是丝薄而脆，薄脆则易断，不利于缫丝和纺织；二是用料多，日晒法所得丝在纺织时极为浪费，所用的丝料是盐杀法所得丝的几倍；三是日晒法所得丝有时直接无法使用，到头来白白浪费了一年的工夫。总之，盐杀法几乎不损害丝的品质，完全可以克服日晒法的缺点，所以盐杀法的出现是当时人们对丝绸业发展的一种极大贡献。[②]

2. 纺织

在纺车方面，东晋顾恺之曾为刘向的《列女传·鲁寡陶婴》画了配图（三锭脚踏纺车），配图中鲁寡陶婴所用为脚踏纺车，寡陶婴虽为东周时代人物，但画作于东晋，表明至迟到东晋时，脚踏纺车已普及。

---

① 姜颖：《山东丝绸史》，齐鲁书社2013年版，第127页。
② 姜颖：《山东丝绸史》，齐鲁书社2013年版，第135页。

我国的织机到魏晋南北朝时共发生了两次重大变化。第一次是西汉巨鹿人陈宝光妻发明的织机，“机用一百二十镊，六十日成一匹，匹直万钱”[①]。第二次是三国马钧时，晋代傅玄在《傅子》中谈到三国马钧时说：“旧绫机五十综者五十蹑，六十综者六十蹑，先生患其丧功费日，乃皆易以十二蹑。”[②]由于文献对这一改良的记载过于简单，所以目前出现两种解释。周启澄先生认为，蹑就是控制开口用的踏脚杆，赵丰先生据此进行了复原研究。[③] 夏鼐先生认为，汉代丝绸都是平纹织物，织机上只需要两个脚踏板就够了。至于提花综的多少，便要视花纹的需要而定。因此，“镊”可能是竹或金属制的用以夹挟“提花线束”（综）以便向上举起的东西。至于“蹑”，或者是取其“以踏板牵动杠杆提综”之意，引申为用以举起提花综的设备。汉代的一百二十镊（蹑）过于复杂，于是，人们一再进行简化，到马钧时，已简化到五六十综和镊（蹑），但马钧认为还是过于繁杂、费功耗时，于是发挥聪明才智，简化到十二镊（蹑），从而大大简化了劳动强度，提高了劳动效率。总的来说，我国的织机经历了由简到繁，又从繁到简的两次飞跃。马钧是扶风人（今陕西兴平东南），曾担任魏朝给事中，其发明的织机在北方得到推广，这对山东丝绸业的发展也是一种很大的促进。[④]

3. 练漂染整

魏晋南北朝时期，山东在总结过去丝绸精练工艺的基础上，出现了灰练与水练两种新方法。灰练的原理是利用灰中的碱性物质使丝脱胶，这是一种将春秋战国时期的灰练和秦汉时期的煮练相结合的办法，具体做法是将丝或丝织物在灰水中煮，温度一般在沸点。这种方法的优点是用时短，可以通过加热和碱性物质作用快速溶解丝胶，省掉了春秋战国时期放在灰水中长期浸泡的过程；缺点是灰的碱性强，缓冲能力弱，较难控制，易造成灰伤。水练法是一种利用水的浸泡与捣练（即拍击）相结合的办法，“以水浸绢令没，一日数度回转之。六七日，水微臭，然后拍出，柔韧洁白，大胜用灰”[⑤]。它先依靠水中微生物的水解作用，通过各种蛋白水解酶，分解丝胶蛋白，从

① 《西京杂记》卷一。
② 《三国志 · 魏书 · 方技传》注。
③ 赵丰主编：《中国丝绸通史》，苏州大学出版社 2005 年版，第 151 页。
④ 姜颖：《山东丝绸史》，齐鲁书社 2013 年版，第 136—137 页。
⑤ 《齐民要术》卷三。

而达到脱胶的目的。然后对丝或丝织物进行捣练,使丝胶完全分解脱落。这种方法的缺点在于用时长,仅浸泡就需约一周时间,另外还需一个捣练过程,但它的优点显著,那就是丝织物不易受伤,且所练丝织物更洁白柔韧,质地更佳。

关于染料,与秦汉时期相比,此时有了很大变化,如红色染料中原来唱主角的茜草逐渐被红花所取代,并且在《齐民要术》中还详细记载了种红花与制备红花的方法。黄色染料仍以地黄为主。蓝色染料中除蓼蓝和菘蓝外,还增加了从印度输入的木蓝。蓝色染料在汉以前是直接使用的,《齐民要术》卷五中开始出现了制靛蓝的方法,这是染料制作技术上的又一大进步。①

(四)山东丝织品的种类及用途

1. 丝织品的种类

魏晋南北朝时期,山东丝织品的种类可参考三国魏时张揖撰写的《广雅》和南朝梁顾野王撰写的《玉篇》。《玉篇》虽为南朝作品,但因当时南朝的丝织品纺织技术多源自北方,所以,其中所记丝织品品种仍可作为山东丝织品种类的参考,它记载了20多种丝织品,如缯、绮、縠、缣、绨、缟、练、紬、绫、绣、绢、纱、纨、素等。锦的主要产地是以邺城(曹魏时称魏郡,今河北临漳县)为中心的魏地和以成都为中心的蜀地。魏地一般情况下是指以邺城和大梁(战国时为魏都,今河南开封)为中心,包括河南、山西、河北、江苏、山东等省的部分地区。②

此外,《北史·祖珽传》记载,祖珽为北齐仓曹参军时,"出山东大文绫并连珠孔雀罗等百余匹,令诸妪掷摴蒱赌之,以为戏乐"。这些大文绫和连珠孔雀罗等精美丝织品是包括山东在内的东方郡国课输入仓的。还有,颜之推的《颜氏家训·治家》中所说的"河北妇人,织纴组紃之事,黼黻锦绣罗绮之工,大优于江东",都充分说明当时山东丝织品种类仍然是很丰富的。③

魏晋南北朝时期,丝织品的规格仍按旧制,即"民间所织绢、布,皆幅广二尺二寸,长四十尺为一匹,六十尺为一端,令任服用"。只是后来市场上出

① 姜颖:《山东丝绸史》,齐鲁书社2013年版,第137—138页。
② 朱新予主编:《中国丝绸史(通论)》,纺织工业出版社1992年版,第120页。
③ 姜颖:《山东丝绸史》,齐鲁书社2013年版,第138页。

现了混乱局面，粗制滥造、不按尺度的情况时有发生。为此，北魏孝文帝延兴三年(473)秋七月，“更立严制，令一准前式，违者罪各有差，有司不检察与同罪”[①]。从此，丝织品的规格基本按旧制。

2. 丝织品的用途

魏晋南北朝时期，山东的丝织品除缴纳贡物以供皇室贵族享用、用于宫府赏赐、用来制作器物外，在税收和货币方面的作用更为明显。

(1)赏赐与官俸

东平须昌人毕众敬，曾任兖州刺史，赐爵东平公，告老还乡时，朝廷赐绢二百匹，去世时，孝文帝“诏于兖州赐绢一千匹，以供葬事”[②]。清河人崔衡，任泰州刺史，徙爵齐郡公，劝课农桑，治理有功，去世后，孝文帝赐帛一千匹。北魏至东魏时的大臣、泰山巨平人羊敦，公平正直，为政威严，常接济疾苦，官俸未至时，命家人以挖野菜、采藕根为生，朝廷以其清白，赐谷一千斛、绢一百匹。[③] 山东的大纹绫、连珠孔雀罗、阿缟是当时最高贵的丝织品。

(2)税收

自从曹操首创“亩课田租，户调绢绵”的税收制度起，丝织品在缴纳租税方面具有了不同寻常的含义，以后历朝历代一直奉行以丝织品缴纳赋税的制度，如西晋武帝时实行“丁男之户，岁输绢三匹，绵三斤，女及次丁男为户者半输”[④]的税收制度。北魏孝文帝延兴三年(473)秋七月，诏河南六州(青、徐、兖、豫、齐、东徐)之民户收绢一匹，绵一斤，租三十石。北魏孝文帝太和八年(484)又实行了如下制度：“先是，天下户以九品混通，户调帛二匹、絮二斤、丝一斤、粟二十石；又入帛一匹二丈，委之州库，以供调外之费。至是，户增帛三匹，粟二石九斗，以为官司之禄。后增调外帛满二匹。”[⑤]东西魏、北齐北周基本沿袭这一制度，收取丝织品成为当时的一种定制。

(3)充当货币及贵重物品

曹魏黄初二年(221)，魏文帝索性罢了五铢钱，“使百姓以谷帛为市”[⑥]。

---

① 《魏书 · 食货志》。

② 《魏书 · 毕众敬传》。

③ 姜颖：《山东丝绸史》，齐鲁书社 2013 年版，第 139 页。

④ 《晋书 · 食货志》。

⑤ 《魏书 · 食货志》。

⑥ 《晋书 · 食货志》。

北魏初期，贸易中以实物货币为主，孝文帝太和十九年(495)开始铸造太和五铢，自此，北魏市场上开始钱帛兼行。但由于钱币质量差、地方势力割据等原因，钱币流通不广，丝绸等货币更为盛行。丝绸货币被用于许多方面：有的用于货物交换，有的用于购买官位，还有的用于衡量经济作物收成。据《魏书·食货志》记载，曾有大臣建议，以绢作送租调进京的车船的费用，并且得到准许，尽管当时没能完全实施，但足以看出绢所起的货币作用。①

(4)日常生活用品

当时人们常以絮、缟、帛、纱缦等做衣服。如平原人刘怀慰，持丧不食醯酱，冬日不用絮衣。絮衣即绵衣，当时是由熟丝的纤维制成的。北朝渤海蓚人高乾，为魏庄帝举哀，三军缟素。南齐时，济阴宛句人卞彬，着帛冠十二年不改易。……妇为傅蚕室。前秦时，韦逞母宋氏，不知何郡人，曾迁徙到山东冀州，投奔到胶东富人程安寿门下。宋氏依靠父亲传授的《周宫》音义，年八十，“家立讲堂，置生员百二十人，隔绛纱幔而受业，号宋氏为宣文君，赐侍婢十人”②。

(5)制作器物

据《齐民要术》记载，绵绢帛还可以做乐器或袋子、筛网用，如卷五记载，用柘叶饲养出来的蚕丝，质地优良，可以做琴瑟等乐器的弦，声音清越响亮，即“柘叶饲蚕，丝好。作琴瑟等弦，清鸣响彻，胜于凡丝远矣”。做燕脂时，将白米粉“泻去上清汁，至淳处止，倾着帛练角袋子中悬之”。做米粉时，“接取白汁，绢袋滤着别瓮中”。卷八记载的治羹臛伤咸法，可“取车辙中干土末，绵筛，以两重帛作袋子盛之，绳系令坚坚，沉着铛中。须臾则淡，便引出”③。

(五)山东蚕桑丝绸业的贸易与传播

魏晋南北朝时期，山东许多在域外任职的官员，推动当地蚕桑丝绸业发展，加强了山东蚕桑丝绸业的传播以及与外界的沟通交流。如三国时济北人颜斐，为京兆太守。京兆自马超乱后，人民多不业农，斐到任后，令属县整阡陌，树桑果。西晋武帝泰始初年，高平(今济宁金乡县)人王宏为汲郡太

① 姜颖：《山东丝绸史》，齐鲁书社2013年版，第140—141页。
② 《晋书·列女传》。
③ 姜颖：《山东丝绸史》，齐鲁书社2013年版，第141页。

守,“抚百姓如家,耕桑树艺,屋宇阡陌,莫不躬自教示,曲尽事宜,在郡有殊绩”①。东海郯人徐摛,梁武帝中大通三年(531)出任新安太守,为治清静,教民礼义,劝课农桑,期月之中,风俗便改。②

丝织品也是对外贸易中的重要商品。长期以来,山东轻软华丽的丝绸源源不断地运往四面八方。在当时的南北贸易中,南朝尤其喜爱齐地丝绢,公认“青州绢号天下第一”。而青州北齐石室墓中的线刻画像,更是形象直观地反映了当时山东与西方开展贸易的场景。在青州北齐石室墓中共发现了8幅具有独立主题的线刻画像,包括《驼运图》、《商谈图》、《车御图》、《出行图》(2幅)、《饮食图》、《主仆交谈图》、《象戏图》等,这些画像形象、全面地反映了墓主人生前的生活经历。从画像场景中可以推断:第一,墓主人是一位身材高大、穿着考究、面相丰满、身份高贵的商人。主人公在画像中多次出现,上唇留须,头戴上翘折巾式冠或巾子,一长簪横贯于冠和发髻之中,系腰带,佩挂香囊,下穿紧腿裤,脚穿软底尖头皮靴,外穿适时的中式服装,如直裾肥袖便服,或斜领窄袖长衫;出行时前簇后拥,并有华盖、团扇等仪仗;经商、饮食时都有仆人相伴、服侍,仆人中有中原人,也有深目勾鼻、头发卷曲的西方人。第二,墓主人的经商范围远及中、西亚。第三,墓主人开展贸易的主要商品应当是丝织品。《驼运图》中,驼峰两侧为成卷的织物;《商谈图》中,墓主人端坐于束腰坐墩上,左手执物半举,右腿盘于左膝上,双目注视着对面的商人,一副自信和高贵的形象。而对面深目勾鼻、头发卷曲的商人,穿着考究,面相肥胖,手捧一物,双腿弯曲,流露出殷勤献媚的姿态。是什么商品能使双方的地位形成鲜明的对照呢?是什么能使齐地商人如此自傲而尊贵、西方商人如此仰慕而谦卑呢?当时中国最吸引西方的还是丝织品,驼峰两侧成卷的织物,最大的可能就是丝织品。按照“百里不贩樵,千里不贩籴”③的民俗,齐地商人远途跋涉,也不可能贩卖物重价廉的商品,而最具有吸引力的当然是西方人喜爱的、轻便的丝织品。此外,在青州附近的石窟中还发现了为数不少的胡服供养人造像。这说明,北朝中晚期的青州,如同北魏都城洛阳一样,曾经汇集了各路前来开展贸易的外商,他们有的已

① 《晋书·王宏传》。
② 姜颖:《山东丝绸史》,齐鲁书社2013年版,第141—142页。
③ 《史记·货殖列传》。

在此设店开铺，长期定居。青州已成为黄河下游最为重要和繁荣的商业经济中心之一，成为丝绸之路的一个重要源头。①

二、魏晋南北朝时期的山东制盐业

山东的制盐业，首先要从魏晋南北朝时期中国制盐业的管理谈及。

（一）魏晋南北朝时期制盐业的管理

魏晋南北朝时期是中国历史上长期分裂的时期。公元220年，汉献帝禅位，曹丕称帝，建立魏国，出现了分裂的局面。公元589年，隋朝灭陈，统一全国。分裂的局面持续时间长达360多年。

三国时期的盐制，皆趋重于专卖，其官制亦略相同。魏有司盐都尉、司盐监丞；蜀有盐府校尉；吴于海盐（地名）设司盐校尉，于东莞设司盐都尉，并有司盐监丞。按司盐之职，魏始置之，蜀与吴皆仿魏制，以品秩言，都尉及校尉较高，监丞较低。

晋承魏后，置度支尚书，主国计。盐务隶于度支尚书（犹今之财政部长），而唐代盐事隶尚书省，即原于此。其地方官制，有司盐都尉、司盐监丞，均沿魏旧。西晋时期，亦主行专卖制。按自东汉章帝建初末年至章和二年（83—88）实行专卖制后，魏蜀吴三国以迄于西晋，均趋重专卖制。至东晋及南朝行征税制。北朝的东魏与高齐，亦行专卖制于沧、瀛、幽、青四州。

南朝的制盐工业相当发达。宋、齐、梁时是允许民间制盐的。到陈文帝（560—566）时，则将盐收归官府专卖。当时江南地区的吴郡、海盐（今浙江海盐县），是产盐的重要地方。据《太平寰宇记·吴郡记》载："海滨广斥，盐田相望。"②在江北地区，南兖州境内的盐城（今江苏盐城市），亦有许多盐场。据当时人阮升之《南兖州记》载："南兖州，地有盐亭百二十三所，县人以鱼盐为业，略不耕种，擅利巨海，用致饶沃。公私商运，充实四远，舶舻千计。"③

北朝时，盐的制造，主要由官府经营。河东郡有盐池，"池水东西七十

---

① 姜颖：《山东丝绸史》，齐鲁书社2013年版，第143—145页。

② 《太平寰宇记·吴郡记》。

③ 《太平寰宇记·南兖州记》。

里，南北十七里，紫色澄渟，浑而不流，水出石盐，自然凝成，朝取夕复，终无减损。……又有女盐池，在解州西北三里，东西二十五里，南北二十里，其西南为静林等涧”。这个盐池，很早就设官司掌管。

北魏时，先亦“立官司以收税利”。孝文帝时，曾“开盐池之禁，与民共之”，但为豪强所垄断，反致伤害贫民，于是复立盐司。宣武帝及孝明帝时，盐司时置时罢，大体官营时多，否则便为豪强所占夺。[①] 东魏北齐间，海盐产量甚大。“自迁邺后，于沧、瀛、幽、青四州之境，傍海煮盐。沧州（今河北南皮县东南）置灶一千四百八十四，瀛州置灶四百五十二，幽州置灶一百八十，青州置灶五百四十六。又于邯郸（今河北邯郸市西南）置灶四，计终岁合收盐二十万九千七百二斛四升，军国所资，得以周赡矣。”[②]另外需要指出的是，沧州所属的乐陵郡也在今山东境内，因此，沧州的1484处盐灶，有相当一部分应在与沧州邻界的黄河三角洲地区。这些海盐，全部由官府掌管，作为财政收入的重要来源。

北周时，制盐工业主要亦归官府经营。据《隋书·食货志》载：“掌盐（官名）掌四盐之政令。一曰散盐，煮海（水）以成之，二曰盬盐，引池以化之，三曰形盐，物地（亦作‘掘地’）以出之；四曰饴盐，于戎以取之。凡盬盐、形盐，每地为之禁，百姓取之，皆税焉。”[③]

（二）魏晋南北朝时期山东制盐业的发展

魏晋南北朝时期的山东食盐产地，史籍记载较为分散。限于材料，我们只能对魏晋南北朝时期山东的制盐业发展情况作一般性的述介。

山东地区海岸线长，潮汛大，海水中含盐量高，这就为山东沿海的煮盐业提供了优越条件。魏晋南北朝时期，煮盐始终是山东手工业生产中的一个重要项目，也是当时地方财政的一项大宗收入，受到当权者的高度重视。

魏晋南北朝时期，时局动荡不安，而可以用来充作军费的盐利更为各政权所重视，作为当时最大盐产地的山东亦不能幸免。《晋书》记载，尚书潘聪

---

① 参阅《魏书·食货志》《魏书·高祖纪下》《魏书·世宗纪》。

② 《魏书·食货志》。其中每年合收盐数，《通典·磁铁》中为“二十万九千七百八斛四斗”。

③ 《隋书·食货志》。

建议慕容德，“青齐沃壤，号曰东秦，土方两千，户余十万，四塞之固，负海之饶，可谓用武之国。……广固者，曹嶷之所营，山川阻峻，足为帝王之都”①。于是慕容德在广固城称帝，国号南燕，他“立冶于商山，置盐官于乌常泽，以广军国之用”②，南燕“步兵三十七万，车一万七千乘，铁骑五万三千”③。由此可见此国的强大实力，而它后面所依靠的，就是山东的盐业。

三国魏晋时期，山东先后为“石赵、慕容、符秦、元魏所据”，盐业生产衰退“不逮往古”④。有关这一时期山东食盐生产情况，史籍中也多语焉不详，难以考证出当时山东食盐产地的确切位置，只能根据现存的零星资料推断其大致地理方位。据《魏书・食货志》记载，北魏“自迁邺后，于沧、瀛、幽、青四州之境，傍海煮盐”，并在上述四州置盐灶 2214 个（其中包括邯郸盐灶 4 个），岁计合收盐 209702 斛 4 升。时青州设置盐灶 5 里 6 个，约占全国盐灶总数的 25%，为北方中国的第二大产盐地区。⑤ 另据《隋书・食货志》载，东魏时，政府“于沧、瀛、幽、青四州之境，傍海置盐官，以煮海。每岁收钱，军国之资，得以周赡”⑥。由此可知，青州是当时全国著名的四大海盐产地之一。

东魏时期，山东盐业的地位开始动摇，“自迁邺后，于沧、瀛、幽、青四州之境，傍海煮盐。沧州置灶一千四百八十四，瀛州置灶四百五十二，幽州置灶一百八十，青州置灶五百四十六。又于邯郸置灶四，计终岁合收盐二十万九千七百二斛四升，军国所资，得以周赡矣”⑦。由此可以看出，山东盐业在动荡之中，虽然仍有重要地位，但开始落后于条件更好的沧州。

北朝时期，政府对山东的煮盐业实行官方控制，即把海盐的产、销权全部收归官营，由官府一手垄断。凡产盐地段均设盐官，监督盐户生产，盐产品由政府统购统销。当时，山东的煮盐业以青州地域最为发达，沿渤海一线尽设盐务，盐灶设置以及盐产量仅次于河北沧州，雄居全国第二位。

北魏、东魏时期青州的辖境，大致在今山东德州，齐河以东，马颊河以

---

① 《晋书・席容德载记》。
② 《晋书・席容德载记》。
③ 《晋书・席容德载记》。
④ 曾仰丰：《中国盐政史》，商务印书馆 1937 年版，第 66—67 页。
⑤ 《魏书・食货志》，另《通典》卷十、《通志》卷六十二和《文献通考》卷十五也有类似记录。
⑥ 《隋书・食货志》。
⑦ 《魏书・食货志》。

南,济南、临朐、安丘、高密、莱阳、栖霞、乳山以北和以东的广大地区。据此可以推断,南北朝时期山东的食盐产地,仍主要分布在北起渤海湾、莱州湾,至山东半岛南北两岸的滨海区域。

一是关于长广郡当利县盐产地问题。《水经注》卷二十六曰:"(胶水)又北迳平度县。汉武帝元朔二年(前127),封淄川懿王子刘衍为侯国,王莽更名之曰利卢也。县有土山,胶水北历土山,注于海。海南、土山以北悉盐坑,相承修煮不辍。"平度,西汉旧县,北魏时期没有这个县名。从《水经注》所述盐坑位置来看,这些盐坑大致位于长广郡当利县(治所在今山东莱州市西南三十六里)境内。①

二是关于乐安郡寿光县盐产地问题。《晋书》卷一百二十七《慕容德载记》曰:"立冶于商山,置盐官于乌常泽,以广军国之用。"乌常泽在今山东寿光市东北五十里,临近大海,可以从事海盐生产。当时乌常泽属于乐安郡寿光县。②

三是关于东海郡郁洲盐产地问题。《南齐书》卷十四《州郡上》曰:"青州,宋泰始初淮北没虏。六年,始治郁(州)[洲]上。郁(州)[洲]在海中,周回数百里,岛出白鹿,土有田畴、鱼盐之利。"由此可见,郁洲岛(今江苏连云港市云台山一带)为海盐产地。《南史》卷七十《王洪范传》亦曰:"先是青州资鱼盐之货。"上述两条材料所说的"青州"都是指南朝宋泰始年间(465—471)侨置于郁洲的青州。郁洲岛属东海郡。③

由此不难看出,山东煮盐业在整个北魏、东魏国民经济中也占有相当重要的地位,同时也是山东手工业经济向国家提供财政收入的主要组成部分。煮盐业的兴旺,无论从国家财政角度还是从地方经济利益方面,都可谓举足轻重。

三、魏晋南北朝时期的山东冶铁、冶铜业

魏晋南北朝时期的冶金业与铸造业,过去不为人们所注意,其实这一时代的冶铁业、冶铜业、金银器物制造业等,都在恢复和发展。这种情况,可以

---

① 吉成名:《论魏晋南北朝食盐产地》,《盐业史研究》2012年第2期。

② 吉成名:《论魏晋南北朝食盐产地》,《盐业史研究》2012年第2期。

③ 吉成名:《论魏晋南北朝食盐产地》,《盐业史研究》2012年第2期。

从官府冶铁工业的管理机构、冶铁设备和技术的发展、几种铜合金的创制这些方面充分反映出来。

（一）魏晋南北朝时期冶铁生产的分布及其变迁①

汉末大乱，铁的生产遭受很大的破坏，曹操曾改铁制刑具为木制。② 曹操统一北方后，始在河北设“司金都尉”“监冶谒者”等职，专门管理冶铁事业；其中韩暨大力发展水冶，“在职七年，器用充实”③。曹魏立国后，又在白超垒（今河南新安县铁门镇东）、京兆（今陕西西安西北）、天水（今甘肃甘谷县东南）、南安（今甘肃陇西渭水东岸）等地发展铁冶。刘备据有益州，以张裔为司金中郎将，“典作农战之器”④；越嶲郡的定笮、台登、卑水3县（治所分别在今四川盐源县南、冕宁县东、会理县东北）产铁，蜀汉设官管理后“器用周赡”⑤。孙吴立国东南，铁冶以武昌（今湖北鄂城）较为发达，“采武昌山铜铁，作千口剑、万口刀”⑥。

西晋统一全国之后，设“卫尉”一职，专管江北“冶令三十九、户五千三百五十”⑦。而江南只有梅根冶（今安徽贵池市东北）和冶塘（今湖北武汉市武昌区东南），不属卫尉管辖。永嘉之乱以后，江北诸冶大都遭到破坏而废弃，而江南的梅根、冶塘两冶乃显得日益重要。东晋的冶铁业还从长江流域向珠江流域发展，据《晋书・庾翼传》记载：“时东土多赋役，百姓乃从海道入广州，刺史邓岳大开鼓铸，诸夷因此知造兵器。”这反映了当时冶铁业不仅在汉族地区、同时也向少数民族地区传播的事实。不过，迨至东晋末年，江南诸铁冶因“收入甚微”而只保留了铜官大冶（即梅根冶）和都邑小冶各一处，“余者罢之”⑧。

十六国时，战争频繁，矿业生产几乎无可称述，唯因军事需要而尚有一

---

① 薛亚玲：《中国历代冶铁生产的分布及其变迁述论》，《殷都学刊》2001年第1期；马志冰：《魏晋南北朝盐铁管理制度述论》，《史学月刊》1992年第1期。

② 《文献通考・刑考三》。

③ 《三国志・魏志・韩暨传》。

④ 《三国志・蜀志・张裔传》。

⑤ 《三国志・蜀志・张嶷传》。

⑥ 《太平御览・刀剑录》。

⑦ 《宋书・王弘传》。

⑧ 《晋书・石季龙载记》。

定的冶铸业。如后赵石虎曾在渑池建立铁冶,徙刑徒于此处冶铁。[①] 南燕慕容德也在商山(今山东桓台县东南)建立铁冶。[②] 此时的西域,社会相对安定,“屈茨北二百里有山,夜则火光,昼日但烟,人取此山石炭冶此山铁,恒充三十六国用”[③]。这反映了当时屈茨(今新疆库车)冶铁业的发达。

北朝以北魏时相州的冶铁作坊“牵口冶”最为有名(故地今河南浚县北十八里之牵城),“常锻炼为刀,送于武库”[④]。南朝梁时浮山堰(在今安徽嘉山县北),梁武帝下令“引(建康)东、西二冶铁器,大则釜鬲、小则鋘锄,数千万斤,沉于堰所”[⑤],足见东、西二冶铁器的产量相当可观。

由上可见,魏晋南北朝时期,北方与南方的冶铁工业,其恢复和发展的过程并不相同。总体说来,北方经历了两个阶段:第一阶段是北魏统一中原地区以前,当时的冶铁工业和铁器铸造工业,一度陷于停顿状态(兵器铸造是例外);第二阶段是北魏统一中原地区以后,这是恢复阶段。在南方,由于未曾遭受战争的破坏,所以冶铁工业是直接在汉代和东吴已有的基础上,进一步发展起来的。[⑥]

(二)魏晋南北朝时期山东冶铁、冶铜业的发展[⑦]

山东地区矿藏丰足,冶炼技术进步,从汉末以来就享誉全国。到魏晋南北朝时期,山东各州的矿冶开采犹见增长,并一直保持着较强的生产能力。

北魏时,山东矿冶行业大多被官方所垄断。由于鲜卑族拓跋氏入主山东,并以山东为基地,南下徐淮,与南朝争战,需要大量的矿冶产品赶制兵器,所以,北魏政权在山东境内凡有铁可采的地方,即设立铁官,用官方的力量来大规模地采矿、冶炼、铸造兵刃和其他铁器。如《魏书·太祖记》记载,天赐元年(404)五月,“置山东诸冶,发州郡徒谪造兵甲”。一时间,山东成为北魏出产金属兵器物资的主要基地。

山东地区矿冶及锻造能力较强,许多城镇中都储备了大量的铁器,作为

① 《晋书·慕容德载记》。
② 《水经·河水注》引《释氏西域记》。
③ 《魏书·食货志》。
④ 《梁书·康绚传》。
⑤ 《全唐诗·戏题王宰画山水歌图》。
⑥ 祝慈寿著:《中国古代工业史》,学林出版社1988年版,第299页。
⑦ 陈冬生、王赛时主编:《山东经济史(古代卷)》,济南出版社1998年版,第268—270页。

战略物资。外来势力攻下山东城邑，都能从城中获取大量的铁器。如北魏大将慕容白曜攻克青州东阳城，就获得“箭十八万八千，刀二万二千四百，甲胄各三千三百”，另外还有“铜五千斤”。[①] 刘宋大军北伐时，一举攻克北魏重镇碻磝（在今山东茌平县），获得了北魏贮存的部分物资，其中“铁三万斤，大小铁器九千余口，余器杖杂物称此”[②]。可见，无论哪方势力立足山东，都能够充分利用山东地区的矿冶实力，打造出各种各样的铁器和其他金属器材，并在保证供应的情况下，贮备出数目可观的库藏。

随着北魏政权在山东统治的稳固，矿冶行业也逐渐从军用领域走向民用领域，生产能力和合作范围都进一步扩大，并且得到了充分的开发。孝文帝延兴时，崔鉴为东徐州（今山东沂水）刺史，“于州内冶铜，以为农具，兵民获利”[③]。太和年间（227—232），崔挺为光州（今山东莱州）刺史，“先是州内少铁，器用皆求之他境，挺表复铁官，公私有赖”[④]。经过一段时间的开发，山东的矿冶行业更是遍布境内各地，取得了巨大的成就。

魏晋南北朝时期的铜矿，分布范围较广。北方的铜矿，主要分布在今河南和山东两省境内。据《魏书》载：“尚书崔亮奏：‘南兖州苑烛山（今山东沂水县一带）、齐州商山（今山东桓台县东南），并是往昔铜官，旧迹见在。谨按铸钱方兴，用铜处广，既有冶利，并宜开铸。’诏从之。”[⑤]在当时山东的矿冶行业中，铁冶占第一位，铜冶占第二位，在此基础上，铸钱业也相应地发展起来。[⑥]

魏晋南北朝时期的金银矿，分布很广。北方的金银矿，主要分布在今山东、陕西、山西三省境内。据《晋书·地道记》载：“（金乡）县（今山东金乡西北四十里）多山，所冶名金山……凿而得金。”[⑦]

除官方铁、铜之官所能控制的矿冶基地外，民间百姓也往往私自冶炼，自探矿源，形成了分散但又颇具实力的民营矿冶风潮。尤其是豪强大族，自能潜霸矿区，聚众冶炼，规模不容忽视。《魏书·辛绍先传附子馥传》记载：“长白山连接三齐、瑕丘，数州之界，多有盗贼。……又诸州豪右，在山鼓铸，

---

① 《魏书·慕容白曜传》。
② 《宋书·索虏传》。
③ 《魏书·崔鉴传》。
④ 《魏书·崔挺传》。
⑤ 《魏书·食货志》。
⑥ 陈冬生、王赛时主编：《山东经济史（古代卷）》，济南出版社1998年版，第269页。
⑦ 转引《晋书·地道记》。

奸党多依之，又得密送兵仗”，为此，地方官曾恳请朝廷用武力“破罢诸冶”，取消这些民间豪强自发经营的矿冶场所。尽管如此，北朝时期的民间矿冶风潮仍然在山东各地久行不止，为山东矿冶整体规模的扩大奠定了一定的基础。①

随着冶铁技术的进步，铁农具在山东得到了广泛使用。至迟到南北朝时期，山东已采用铁农具平整碎土。据《王祯农书》卷十二《农器图谱》、卷二《耒耜门》的解释，就是人字耙，“铸铁为齿”。这应该是战国时代铁的五齿耙的进一步发展。人字耙的结构，是在人字形的木框下，装有一排长铁齿。使用时，把它放在已耕垦的土壤上，由牛拖拉前进，或由人站在耙上，或用一定重量的砖块、石块压在耙上，以增加它的压力，来耙碎土条或土块，并铲除耕土中留存的杂草，使得耕土又细又实，达到防旱保墒的作用。这种用牛拖拉的铁齿耙，唐代以后长期流行。与铁齿耙差不多同时发明的有“劳”，或作“耢”。劳的结构，是在长方形木框上，编有许多排木条。使用的方法和铁齿耙相同，这是为了把已经耙好的耕土，进一步磨碎磨平，使组织更加细密，防旱保墒的效果更好。《齐民要术》就曾指出：“再劳地熟，旱亦保泽也。”②

南北朝时期碎土整地农具铁齿耙和劳的出现，使得山东与黄河流域地区农业上的精耕细作技术大为提高，加强了防旱保墒工作，这对于农业生产的发展起了很大的作用。

《魏书·食货志》记载，山东地区的矿冶产品还被用来铸钱。

四、魏晋南北朝时期的山东制瓷业

瓷器是中国发明的，也是中国著名的特产之一。中国由陶器向瓷器过渡，经历了“陶器、原始青瓷、瓷器”这一个过程。

（一）魏晋南北朝时期山东制瓷业发展概况

三国时期，烧造青瓷的中心地区在今浙江上虞、绍兴一带。北方中原地区，在魏末晋初的墓葬中发现的瓷器不多。北魏迁都洛阳以后，北朝时期的

---

① 陈冬生、王赛时主编：《山东经济史（古代卷）》，济南出版社1998年版，第269—270页。
② 杨宽著：《中国古代冶铁技术发展史》，上海人民出版社2004年版，第141页。

墓中,瓷器逐渐增多,到北齐时期迅速增加,如罐、瓶、尊、盘、碗、痰盂、高足盘等,均为常见。北齐以后,北方瓷器的烧造地点,主要集中在海河流域的南半部,如卫河、漳河、滏阳河、滹沱河流域等潼关以东的地区。①

东魏(534—550)、北齐(550—577),是中原制瓷工业史上的一个重要时期。出土的这个时期的瓷器,与南方青瓷有明显区别:第一,北方瓷器造型新颖,粗犷雄伟,胎体厚重,胎色浅灰,颗粒结构比较粗糙;釉层薄,玻璃质较强,颜色青中泛黄。南方瓷器造型比较秀气,胎体较薄,胎色青灰,颗粒结构较细,釉色青绿发翠,有的略带暗黄。第二,胎料的化学组成,经有关部门鉴定,北方瓷器 Al_2O_3 的含量较高,在26%以上,最高达30%。第三,北方瓷器烧成温度较高,在1200℃ ±20℃时还在生烧。②

魏晋南北朝时期,在中国化学史上是一个大发展的时期,特别是由于炼丹术的发展,人们积累了丰富的关于物质变化的经验。这个时期出现了在世界化学史上占有重要地位的炼丹家,如魏伯阳、葛洪、陶弘景等。化学工艺的发展,必然影响到瓷器的釉、胎原料的配制。人们对于火焰能够改变物质性能,也有了进一步的认识。鼓风设备的发展、水碓的推广,为烧窑工艺的提高和制瓷原料的粉碎加工提供了有利的条件。因此,两晋以后的青瓷,质量显著提高,制瓷工艺发展到了一个新阶段。

(二)魏晋南北朝时期制瓷工艺的主要成就

魏晋南北朝时期制瓷工艺的成就,主要表现在以下几方面③:

1. 原料加工工艺的进步

魏晋南北朝时期的瓷器制造,对瓷土的选择比较严格,原料粉碎和淘洗得比汉代细,所以杂质较少。捏练和陈腐的工艺过程较密。因此,这个时期的瓷器,胎体孔隙度的比例较小,釉层不大起泡,釉层与胎体密结。

2. 白瓷的烧成

白瓷烧成的重要条件,首先要胎体洁白,而白胎的制成是很不容易的。在高岭矿或高岭黏土中,普遍含有铁元素。铁元素的呈色性能很强,如果瓷

---

① 祝慈寿:《中国古代工业史》,学林出版社1988年版,第324页。

② 祝慈寿:《中国古代工业史》,学林出版社1988年版,第324—325页。

③ 祝慈寿:《中国古代工业史》,学林出版社1988年版,第326—327页。

土中含量在1%以上就呈灰白色,成分越多则颜色越重。要使胎体发白,必须清除原料中的铁成分。

河南安阳北齐范粹墓出土的白瓷,是中国迄今所见最早的白瓷。这批瓷器,反映了北朝时期制瓷工艺的突飞猛进。范粹墓出土的瓷器能做到胎体白净,说明当时的制瓷工匠不仅已认识到制瓷原料中金属元素的呈色性能,而且能采取有效措施将铁的成分控制在1%以下。当时工匠们还能分析出釉层的厚薄对金属元素呈色反映的作用,因此,出土的白瓷釉层又薄又细又匀,这在施釉工艺上是一大进步。

北朝以前,1000多年来都是以还原焰烧制青瓷,而到北朝晚期,则以氧化焰烧成了白瓷,并且能做到火焰纯,没有水分和含硫物质进入污染釉层。这是中国烧窑工艺上的一项新成就。

3. 釉中挂彩技艺的发明

这时的工匠,不仅能在原料中排除铁元素,还能加进铜元素作出绚丽的彩饰。如范粹墓出土的瓷器上有白釉挂绿彩,濮阳李云墓出土的陶器上有淡黄釉挂绿彩的装饰。

釉中挂彩技艺的发明,是汉代以来釉陶配釉工艺的提高和发展,并能进一步应用到瓷器上去。唐代斑驳灿烂的唐三彩,就是加上多种呈色金属元素用同样方法烧出来的。

4. 烧成了稳定的黑瓷

黑瓷是在青瓷成就的基础上发明的。东汉有些瓷器釉色发黑,但颜色不纯,多呈黑褐色,光泽发涩,很不成熟,以前人们也不认为它是黑色。到东晋时期,就能稳定地烧出漆黑光亮、美观实用的黑瓷,为中国制瓷工业的发展增加了新品种,尤其为民间日用瓷器的大量生产开辟了新的途径。这在制瓷工艺上也是一项新成就。

五、魏晋南北朝时期的山东造船业

魏晋南北朝时期,山东造船业成就显著。

(一)魏晋时期的造船业

魏晋南北朝时期的交通工具,仍为船与车。在船只方面,大的有楼船,快的有舸。魏晋时期所造的楼船,比汉武帝时特制的楼船还要大些。据《晋书·王浚传》载:“(王)浚乃作大舰连舡,方百二十步,受二千余人,以木为城,起楼橹,开四出门,其上皆得驰马来往。”①

魏晋时期所造的舸,行驶甚速。据《太平御览》载:“孙权名舸为马,言飞驰如马之走陆地也。”②又载:“顾荣征侍中见王路塞绝,便乘舡而还。过下邳,遂解舫为单舸,一日一夜行五六百里,乃得免。”③

三国时期,孙吴曾建立官府造船工业。据《三国志·吴志》载:张纮之孙张尚,因触犯孙皓,“送建安作船”④。《元和郡县图志》载:“(福州)郡之有冶县……吴于此立曲郍(典船)都尉,主谪徙之人作船于此。”⑤吴以谪徙之人造船,系沿袭汉制。

江南地区的交通运输工具,一般依靠船只。在魏晋时期,海船不算大的,尚能载马80匹。东吴亡时,东吴政府的船,被西晋政府接收的,达5000艘以上。⑥

(二)南北朝时期的造船业

南朝时期,民间造船工业亦相当发达。隋文帝平陈后下令谓:“吴越之人,往承敝俗,所在之处,私造大船,因相聚结,致有侵害。其江南诸州,人间有船长三丈已上,悉括入官。”⑦隋文帝为了巩固中央政权,竟下令没收民间大船,足见南朝时期民间的造船工业是很盛的。

北朝的造船,始于北魏。据文献载,北魏太武帝神䴥年间(428—431),因闻刘宋欲来进攻,“乃诏冀、定、相三州,造船三千艘”⑧,刁雍在薄骨律镇造船二百艘,“一船胜(装)谷二千斛”⑨,用以漕运军粮至沃野镇(今内蒙古鄂尔多斯境)。以上都是官府造船事例。孝文帝太和年间(477—499),曾诏“其营船之夫,赐爵一级”。北魏官府掌握着大量的造船工匠,刁雍造船

① 《晋书·王浚传》。
② 《太平御览·江表传》。
③ 《太平御览·晋书》。
④ 《三国志·吴志·张纮传》。
⑤ 《元和郡县图志》“福州”条。
⑥ 参见《三国志·吴志·孙皓传》,注引《晋阳秋》。
⑦ 《隋书·高祖纪下》。
⑧ 《魏书·世祖纪上》。
⑨ 《魏书·刁雍传》。

时,就曾由官府派遣造船工匠去。

(三) 魏晋南北朝时期山东造船业的发展[①]

造船业是山东沿海各地的优势手工业。山东海岸关镇素以捕鱼作业、运输贸易著称,船只往来频繁,沿海造船为业者为数不少。同时,山东境内河道纵横,湖泊星布,水上交通十分发达,与之相关,内河造船业与修船业也发展起来。沿黄河、济水、沂水、潍水诸河流,以及东平湖、巨野湖等泽区,都出现了造船的基地。山东发生战乱时,许多居民都乘船举族南下避乱。如东晋初年,曹嶷占居青州,讨伐异己,掖人苏峻为其所迫,"率其所部数百家泛海南渡",直下广陵(江苏扬州),船队浩浩荡荡。[②] 如果当时苏峻不拥有先进而众多的海船,是难以群族齐迁、长途泛海而去的。又如平原人明僧绍,刘宋时"隐长广郡崂山,聚徒立学。淮北没虏,乃南渡江"[③]。这些史料都说明当时山东人泛海远渡的能力非常出色,同时也从一个侧面揭示了山东造船业的发达。

后赵时期,石季龙就凭借山东的造船实力,大制军用舰船,从海道攻掠四方,形成了一股强大的海军势力。《晋书·蔡谟传》记载:"季龙于青州造船数百,掠缘海诸县。"后来,后赵政权准备从山东跨海赴辽东,攻击前燕慕容氏,"令青州造船千艘,以谋击燕",同时调集青州沿海的运粮船,"以船三百艘运谷三十万斛诣高句丽"[④],对前燕政权形成两面夹击。仅从当时青州成百上千的造船量就可以看出,山东的造船业规模宏大,且技术先进,在北方地区恐怕名列前茅。

六、魏晋南北朝时期山东酿酒技术的发展

在汉代,制曲技术已有相当的发展。至晋代时,全国各地都已用曲酿酒。

北朝时期,山东名酒开始显露锋芒,最早出名的有"昆仑觞"和"碧筒

---

① 本部分参考了陈冬生、王赛时主编的《山东经济史(古代卷)》一书(济南出版社1998年版,第267—268页)。

② 《晋书·苏峻传》。

③ 《南齐书·明僧绍传》。

④ 《资治通鉴·晋咸康四年》。

杯”,始源都在今济南一带。《酉阳杂俎》卷七记载:“魏贾琳家累千金,博学善著作。有苍头善别水,常令乘小艇于黄河中,以瓠匏接河源水,一日不过七八升,经宿,器中色赤如绛,以酿酒,名昆仑觞。酒之芳味,世中所绝,曾以三十斛上魏庄帝。”又载:“历城北有使君林,魏正始中,郑公懿三伏之际,每率宾僚避暑于此。取大莲叶置砚格上,盛酒三升,以簪刺叶,令与柄通,屈茎上轮菌如象鼻,传吸之,名为碧筒杯。历下学之,言酒味杂莲气,香冷胜于水。”昆仑觞的超绝在于对酿酒水质的鉴选,而碧筒杯则是采用独特的饮吸方式。这种饮酒方式,一直流传到后世,与秦蜀黔桂的咂嘛酒异曲同工。①

北魏时,山东人贾思勰撰有《齐民要术》一书,曾记载了北方各地的酿酒方法,其中也着重记载了山东境内普遍流行的黍米酒和粟米酒。黍米酒造价昂贵,多为豪门富户酝酿;而粟米酒价廉物美,寻常人家,皆可饮用。关于这两种酒的酿造过程,《齐民要术》卷七有翔实的阐述:“黍米酎法:亦以正月作,七月熟。……黍摊冷,以曲末于瓮中和之,挼令调均。擘破块,著瓮中。盆合泥封,五月暂开,悉同穄酎法,芬香美酽。”又记述粟米酒法:“粟米皆得作酒,然青谷米最佳。治曲、淘米,必须细净。……四酘毕,四七二十八日,酒熟。……气味香美,不减黍米酒。贫薄之家,所宜用之。黍米贵而难得故也。”从贾思勰所述可以看出,米酒的酿造注重治曲和选米,讲究卫生清洁,并使用连续下料的方法,即所谓“酘”,以增厚酒力,促使发酵。北魏时期的山东酒,已达到相当完美的酿造水平。②

中国古代记载酿酒技术的书,最著名的是北魏贾思勰的《齐民要术》、宋代朱翼中的《北山酒经》。从这两部书中能够看出中国从5世纪以来在制曲酿酒方法上的不断改进。《齐民要术》一书,是中国古代流传至今很完整的、最早的一部农业技术书籍,在第七卷中,叙述造曲酿酒的方法。该书共载有十二种曲的制法,包括神曲(五种)、笨曲(三种)、白醪曲、女曲、黄衣、黄蒸(各一种)。南北朝时期的造曲法,至宋代又有发展,《北山酒经》中对此有详细记载。③

---

① 王赛时:《古代山东酿酒述略》,《中国烹饪研究》1997年第2期。
② 王赛时:《古代山东酿酒述略》,《中国烹饪研究》1997年第2期。
③ 祝慈寿:《中国古代工业史》,学林出版社1988年版,第350页。

七、魏晋南北朝时期的玉器与山东出土情况

魏晋南北朝时期(220—589),战乱频繁,社会生产力受到严重破坏。玉器制作因种种条件的制约,由两汉的高峰衰落下来。因此,出现了数量少、工艺不精、品种不齐、新品缺乏的衰落现象。

魏晋南北朝时期,中国社会处在一个南北分裂、动荡不安、战乱频频的大环境下,整个社会的发展受到极大的影响和限制。在这样的社会条件下,玉器的发展同样受到了抑制。尤其是曹魏文帝下令禁止使用玉衣,致使葬玉一落千丈。从这一时期墓葬出土玉器的情况来看,大部分仅有简括的玉豚、玉蝉之类的玉雕,而且仅在有限的范围内存在。

魏晋南北朝是玉器发展的低潮期。对这一时期遗物的考古发掘,发现的玉器很少,其中很多器物的风格同汉代一致,可能是汉代遗玉,新的玉器品种和新的类型只是个别现象。因此,玉器总体面貌,表现为仅是汉代玉器的延续,总量大减,且少有创新品类出现,甚至"真玉"作品相对有减,代之以滑石、绿松石、青金石等的雕刻。这些都表现出这一时期属玉器发展史上的低潮期。这种局面形成的主要原因是,自三国曹魏时起朝廷明令禁止厚葬。以往以玉器作为葬礼的做法受到限制,战争连绵不绝,交通不畅,玉材来源受阻,数量不足,动摇了玉器制作的物质基础。魏晋时期玄风大盛,贵族、士大夫着力突破传统礼教的藩篱,致使礼仪玉器制作很少。佛教文化及其艺术品异军突起,大量佛像石刻如云冈、龙门石窟的兴建,可能吸引了众多的玉器工匠,而影响到玉器的创作;道教推崇"食玉",很多玉料被食用而遭浪费。但这个时期出品的玉石瑞兽最富时代气息和艺术感染力,品格极高,成为中国传统雕塑史及玉器史上的光辉篇章。

魏晋南北朝时期的玉器用途,主要有三类:(1)生活用具——有玉杯、玉带钩、玉印等。(2)装饰审美用——主要是玉珩及其他佩饰。(3)陈设鉴赏用——多为玉辟邪、玉瑞兽。当时玉器的装饰风格有三个特点:第一,是汉代玉器装饰风格的沿袭;第二,是唐代粗阴线装饰的肇始;第三,玉器总体装饰风格以素面为主。

1951 年,山东东阿三国曹魏曹植墓出土玉磺 4 件:1 件,外径 8.1 厘米、内径 3.4 厘米;1 件,外径 8.1 厘米、内径 3.4 厘米;1 件,长 11.8 厘米、宽 5.65 厘米;1 件,长 8.6 厘米、宽 3.3 厘米。4 件均为青色,系佩饰,均具三国

早期风格，是曹魏时期的标准器型，均与汉代玉璜相同。山东出土的魏晋南北朝玉器，作为魏晋南北朝文化组成之一，它的“艺术精神”，充分展示出这一伟大变革时期的艺术之美。

八、魏晋南北朝时期的染纸与补纸技术

早在汉魏时，中国就用黄柏汁染纸，除增添黄色外，还因染液中小柏碱的存在而具有防蛀作用。从现存晋以来的黄纸观之，很少有被虫蛀的，这种技术在唐代传播到日本。

北魏贾思勰的《齐民要术》中，有一节讲到纸的“入潢”，即染纸的手法。其法为，先将黄蘗（亦称黄柏，系一种“止消渴、杀蛀虫”的植物）泡在水里，浸出纯汁。然后把渣滓捣烂来煮，煮过装入布袋，挤出渣里的汁，再取出捣煮，前后捣三次，煮两次，所得的汁，与最初泡出的纯汁掺合在一起。以之染纸，变成黄色，不生蛀虫。①

已经写过的纸，亦能采取上述染法。但如果若干纸张已粘成一卷书，则最好过一夏天再染，纸的衔接处才不致脱离。未过夏的书卷，先用熨斗烫过接缝之处，然后入潢，以免脱开。这是中国关于染纸最早的详细记载。

在2世纪的著作刘熙的《释名》中，已将“潢”字解释为“染纸”，但对当时的染纸方法不得而知。我们现今所看到的南北朝及隋唐时代的写本卷子，大都是经过“入潢”手续的，所以都变成黄色，而且不生蛀虫。②

九、魏晋南北朝时期山东手工业发展的成就与特点

魏晋南北朝时期的山东手工业，在北方战乱多发中恢复和发展，成就较为显著，特点也较为明显。

（一）魏晋南北朝时期山东手工业发展的成就

魏晋南北朝时期，山东的手工业从多个渠道全面展开，显示出了一定的经济优势。这主要表现在纺织、煮盐、造船和矿冶等方面，其他如造纸、酿

---

① 〔北魏〕贾思勰《齐民要术·杂说》云：“凡打纸，欲生则坚厚，特宜入潢。”

② 参阅周一良：《纸与印刷术——中国对世界文明的伟大贡献》，载李光璧、钱君晔编《中国科学技术发明和科学技术人物论集》，生活·读书·新知三联书店1955年版，第7—8页。

酒、制陶等手工业，也有一定程度的发展。

1. 魏晋南北朝时期山东纺织业一直保持着全国同行中的领先地位

魏晋南北朝时期，山东的丝织业呈现出一派兴旺景象。据《周书·武帝纪下》记载，山东出产的丝织品有衣绸、绵绸、丝布、圆绫、纱、绢、绡等7种。这些丝织品中的精品还要定额上交朝廷。北齐时，祖珽就曾调用山东出产的优质绫罗。史载当时仓曹“出山东大文绫并连珠孔雀罗等百余匹”[1]。

为了加强山东地区绫罗精织品的生产，北魏政权曾多次搜括丝织工匠，使之注籍为官方织户。北朝时期，山东的绫罗户、织锦户都很有名气，其中“齐纨”“阿缟”等丝织物誉满天下。齐纨是青州织户生产的丝织品，阿缟是东阿县的丝织特产。山东地区出产的大纹绫、连珠孔雀罗和阿缟，都代表了当时山东丝织品的最高水平。

2. 魏晋南北朝时期山东矿冶业开采尤为兴盛

魏晋南北朝时期，山东地区成为全国最重要的铁器生产基地之一。北魏时，山东矿冶行业大多被官方所垄断。北魏政权在山东境内凡有铁可采的地方，即设立铁官，用官方的力量来大规模地采矿、冶炼，铸造兵刃和其他铁器。山东成为北魏政权出产金属兵器物资的主要基地。

山东地区矿冶及锻造能力很强，许多城镇中都储备了大量的铁器，作为战略物资。外来势力攻下山东城邑，都能从城中获取大量的铁器。经过一段时间的开发，山东矿冶行业更是遍布境内各地，取得了巨大的成就。

随着北魏政权在山东统治的稳固，矿冶行业也逐渐从军用领域走向民用领域，统治者开始组织农具的生产。在魏晋南北朝时期山东的矿冶行业中，铁冶占第一位，铜冶占第二位，在此基础上，铸钱业也相应地发展起来。山东地区的矿冶产品还被用来铸铜。除官方铁、铜之官所能控制的矿冶基地外，民间百姓也往往私自冶炼，自探矿源，形成了分散但又颇具实力的民营矿冶风潮。尤其是豪强大族，自能潜霸矿区，聚众冶炼，规模不容忽视。

3. 魏晋南北朝时期山东煮盐业举足轻重

魏晋南北朝时期，煮盐始终是山东手工业生产中的一个重要项目，也是当时地方财政的一项大宗收入，受到当权者的高度重视。

---

① 《北齐书·祖珽传》。

北魏时期,山东地区的盐业生产是以官方为主导的。其方法,或是彻底垄断,政府置盐池都将自产自销;或是允许民间采盐,官方收取一定的税和盐户的贡物。到东魏末孝静帝的武定年间(543—550),崔暹建议沧、瀛、幽、青四州实行官煮,至此东魏朝廷开始向青州以外的山东产盐区征税。当时,山东的煮盐业以青州地域最为发达,沿渤海一线尽设盐务,盐灶设置以及盐产量仅次于河北沧州,雄居全国第二位。

山东煮盐业在整个北魏国民经济中占有相当重要的地位,同时也是山东手工业经济向国家提供财政收入的主要组成部分。

4.魏晋南北朝时期造船业是山东沿海各地的优势手工业

魏晋南北朝时期,山东海岸关镇素以捕鱼作业、运输贸易著称,船只往来频繁,沿海造船为业者为数不少。同时,山东境内河道纵横,湖泊星布,水上交通十分发达。与之相关,内河造船业与修船业也发展起来。沿黄河、济水、沂水、潍水诸河流,以及东平湖、巨野湖等泽区,都出现了造船的基地。

后赵时期,石季龙就凭借山东的造船实力,大造军用舰船,从海道攻掠四方,形成了一股强大的海军势力。山东的造船业规模宏大,且技术先进,在北方地区是名列前茅的。

(二)魏晋南北朝时期山东手工业发展的特点

魏晋南北朝时期山东手工业的发展演变,十分清晰地呈现如下鲜明特点:

第一,总体来说,魏晋南北朝时期山东的手工业生产发展缓慢。

魏晋南北朝时期,山东的手工业生产遇到了很大的社会阻力。这是因为,连续不断的战乱给手工业以极大破坏,手工业者经常失去经营操作的条件;同时,外来势力的掳掠以及本地工匠的大量外逃,也使得山东手工业的实力大损;再加上手工业产品的市场日趋萎缩,手工业生产显得不太景气。就是在这种艰难环境下,山东的手工业者仍然以顽强的毅力和生存信心坚持生产,使山东地区的手工业经济得以缓慢发展。

第二,从经营体系来说,魏晋南北朝时期山东官营、私营专业手工业自主天地。

魏晋南北朝时期,山东手工业大致可分为官营手工业和私营专业手工业两个体系。官营手工业是地方官开设的手工作坊及工场,他们或网罗或调征工匠,营造官府所需的建筑、器物及一切手工业品。在官营手工业生产的产品中,有很大一部分还要上交朝廷、官府。私营专业手工业是以民间百工为主的劳动群体,这些手工业者们往往祖传世袭,掌握一门手工操作技艺,并以此谋生。在世家大族势力迅猛发展的时期,许多庄园主都拥有庞大的私人工匠团体。在庄园之内,几乎百工齐全,建筑工、木工、冶炼工、皮革工、陶工等,使地主庄园俨然成为一处可以独立为生的自主天地。值得一提的是,魏晋南北朝时期的手工业者,其身份地位极为低下,仅仅高于奴婢,难以与自耕农相比,所以这种人为的歧视,又大大降低了手工业者生产的积极性。

第三,从主要部门来说,有些手工业在发展中显示出经济优势。

魏晋南北朝时期,山东的手工业从多个渠道全面展开,显示出了一定的经济优势,这主要表现在:山东地区的丝织与麻织一直保持着在全国同行中的领先地位;煮盐业兴旺,无论从国家财政角度还是从地方经济利益方面,都可谓举足轻重;山东矿冶行业遍布境内各地,取得了巨大的成就;山东的造船业规模大,且技术先进,在北方地区是名列前茅的。其他如造纸、酿酒、制陶等手工业,也有一定程度的发展。

第四章　隋唐五代时期的山东手工业

隋唐五代时期(581—960),是中国历史上著名的隋唐盛世,亦即中国封建社会的第二个鼎盛期。隋唐五代时期,山东手工业进一步发展,主要成就突出表现在纺织业、煮盐业、矿冶业、陶瓷业、桥梁建筑业、酿酒业等方面,且在全国占有重要的地位。本章着力从六个行业对隋唐五代时期的山东手工业作较为深入的阐述。

一、隋唐五代时期的山东纺织业

隋唐五代时期,山东地区的桑蚕业十分兴旺,由此带动了纺织业的大发展。作为当时国民经济重要组成部分的棉、丝纺织行业,受到了政府的高度关注。

(一)山东纺织业发展概述

唐代纺织业少府监下辖的织染署,“织纴之作有十”,分别为布、绢、绝、纱、绫、罗、锦、绮、𫄧、褐;“组绶之作有五”,分别是组、绶、绦、绳、缨;“䌷线之作有四”,分别是䌷、线、弦、网;“练染之作有六”,分别是青、绛、黄、白、皂、紫。[①] 同时,织染署的产品种类众多,天子之冠二、冕六、弁二、帻二、帽一,太子之冠三、冕二、弁一、帻一,臣下之冠五、冕五、弁二、帻三。[②] 可见唐代织染署内部分工之细。

隋唐五代时期,以家庭手工纺织为主的机织操作分布于齐鲁各地,人

① 《唐六典·少府监》。
② 《唐六典·少府监》。

们不断改进纺织机械，利用一切可以调动的劳力，全力投入到纺织生产中去。在家庭纺织中，妇女占有突出的地位。据《太平广记》卷二七一所引《玉堂闲话》记载，兖州贺氏一家，父母专营农业，丈夫负担贩卖，而妻子到他人家庭从事机织，收益最大，“其姑已老且病……妇佣织以资之，所得佣直，尽归其姑”。可见，当时兖州的家庭机织，由于规模扩大，还常常吸收外家妇女为之操作，付给的佣资也相当可观，足以赡养亲属。李白曾说任城一带“杼轴和鸣，误轴和鸣，机罕齾蛾之女，物不知化，陶然自春”①，纺织女工已是全负荷地从事生产。山东妇女素以勤劳吃苦著称，并且致力于家庭织作。李白诗“鲁人重织作，机杼鸣帘栊”②，杜甫诗“齐纨鲁缟车班班，男耕女桑不相失”③，就反映了盛唐时代山东纺织业机杼齐动、女工全力以赴织作的繁忙景象。正是在这种局面下，山东纺织业得到了飞速发展。

隋唐五代时期，山东出产的纺织品享有很高的声誉，所谓“齐纨鲁缟”，自古名不虚传，到隋唐时代更是巧夺天工，锦上添花。唐代诗人涉足鲁境，对山东丝织品都是称颂不绝，李白为此写下了多首诗篇。《李太白全集》卷一七《送鲁郡刘长史迁弘农长史》诗云：“鲁缟如白烟，五缣不成束。临行赠贫交，一尺重山岳。”同书卷二五《寄远》诗云：“鲁缟玉如霜。”④

隋唐五代时期，虽然山东纺织业分散于各个小农家庭和地主庄园，但也突出地集中于几座大城市，形成了齐鲁纺织中心，其中青州、兖州和郓州的纺织业规模最为宏大。青州的纺织业实力在山东境内首屈一指，唐人独孤及说此地“海岱贡篚，衣履天下”⑤，决非虚言。青州不但向全省乃至全国输送精美的纺织品，而且在本地也是抖锦披绫，衣着千变万化，引导着服装潮流。柳宗元《送叔平学士知青州》诗云：“物饶三服丽，居乐五民游”⑥，就反映了这种情形。青州纺织业的繁荣，同时也带来了染业和刺绣的兴旺。薛用弱《集异记・补编》记载：“李清，北海人，代传染业。……家富于财，素为

---

① 《李太白全集・任城县厅壁记》。

② 《李太白全集・五月东鲁行答汶上翁》。

③ 《全唐诗・忆昔二首》。

④ 陈冬生、王赛时主编：《山东经济史(古代卷)》，济南出版社 1998 年版，第 295 页。

⑤ 《全唐文・李公神道碑铭》。

⑥ 嘉靖《青州府志》卷一八引《送叔平学士知青州》。

州里之豪眦。"此为操染业致富之一例。李少康于唐玄宗时任青州刺史，鉴于"俗尚夸侈"，从事刺绣加工业的人员太多，因而"使刺绣倚市者，悉返耕织"。[①] 这也间接说明，围绕纺织业，出现了若多项加工行业，使得纺织体系不断扩充和膨胀。[②]

（二）山东蚕桑丝绸业的发展状况

隋唐时期山东的蚕桑丝绸业展现出前所未有的态势：生产范围空前扩大，产品种类明显增多，质量显著提高。隋唐时代，山东的蚕桑丝绸业又以安史之乱为界分成前后两个时期，前期山东的蚕桑丝绸业仍是全国的中心之一，但安史之乱后，北方面临方镇割据的动荡局面，人口大量南迁，黄河中下游经济受到很大影响，长江流域经济的发展明显超过北方。[③]

1. 地理环境对山东蚕桑丝绸业的影响

与魏晋南北朝时期相比，隋唐时期山东又出现了有利于蚕桑丝绸业发展的自然与人文地理环境。

从自然地理环境方面看，隋唐时期山东又出现了温暖湿润的气候。这种温暖湿润的气候一直持续了整个隋唐时代，根据《文献通考 · 物异二十》记载，唐穆宗长庆四年（824）五月，淄、青州，登州、蓬莱山谷间，约四十里，野蚕成茧，其丝可织。如此大规模的野蚕成茧壮举，如果没有温暖的气候条件，是不可能出现的。当然，也有学者认为，这一温暖气候出现于隋至盛唐时期（6 世纪中叶—8 世纪初），中唐至五代初又进入寒冷时期（8 世纪中叶—9 世纪末）。[④] 尽管两种说法有所不同，但值得肯定的是，隋唐时期大部分时间是温暖的。祥和温暖的生态环境为山东蚕桑丝绸业的发展提供了良好的条件。

从人文地理环境方面看，隋与唐代前期出现了与魏晋南北朝不同的局面。589 年，隋朝的统一结束了中国封建史上近 400 年的分裂动荡局面，中国历史再次进入大一统时期，这为全国经济的发展提供了一个良好的契机，为中国封建社会进入繁盛的隋唐时代奠定了政治基础与经济基础。唐代出

---

① 《全唐文 · 李公神道碑铭》。
② 陈冬生、王赛时主编：《山东经济史（古代卷）》，济南出版社 1998 年版，第 295—296 页。
③ 姜颖：《山东丝绸史》，齐鲁书社 2013 年版，第 151 页。
④ 张丕远主编：《中国历史气候变化》，山东科学技术出版社 1996 年版，第 290—292 页。

现了贞观之治与开元盛世等治世,政治清明,社会安定,社会发展进入封建社会的鼎盛时期。这些为隋唐时代山东蚕桑丝绸业的发展提供了良好的社会环境。但是,隋末和唐末农民大起义、唐代中期的安史之乱等,又严重阻碍了山东蚕桑丝绸业的发展。①

隋唐时代山东蚕桑丝绸业的波动,从人口的变化中就可以显示出来。隋唐时期人口分布呈降—升—降的曲线运动趋势,这与战争和动乱有关。隋末农民战争的爆发,导致唐初人口的锐减和北方人口的大量南迁,最终出现了自汉以来长达600多年第一次南方人口超过北方的局面;经过唐前期的恢复和发展,唐代中期,户数最多、人口密度最大的地区再次集中于河北、河南两道,不过,这一时期江南道人口激增;安史之乱导致唐朝后期人口再度锐减。在这个变化曲线中,虽然居于主导地位的还是黄河下游的河南、河北两道,但是,此时它们已面临着来自南方的挑战,贞观年间(627—649)南方人口超过北方,虽然是暂时的,但它是全国人口重心南移的开端,是南方经济后来居上的一个信号和起点。人口变化既是山东蚕桑丝绸业变化的反映,同时又影响了山东蚕桑丝绸业的发展。②

2. 山东蚕桑丝绸业发展的主要表现

隋唐时期山东蚕桑丝绸业的发展状况主要表现在以下几个方面:

一是唐代山东实现了蚕桑丝绸业分布区域的全覆盖。唐代是我国封建社会的鼎盛时期,蚕桑丝绸业分布区域明显扩大。据卢华语先生统计,当时全国有315个州,其中185个州有蚕桑丝绸生产。在这个庞大的蚕桑丝绸业分布区域中,黄河下游和长江下游分布情况最为突出。当时黄河中上游地区共63州,其中产蚕桑丝绸的有29州,占总州数的46%;黄河下游有51州,并全部有蚕桑丝绸业生产,蚕桑丝绸业覆盖率达100%。这说明,隋唐时代,北方的蚕桑丝绸业主要集中在黄河下游地区,关中地区的丝绸业已经衰落。长江中上游地区共103州,其中产蚕桑丝绸的70州,占总州数的68%;长江下游有28州,其中27州有蚕桑丝绸业生产,蚕桑丝绸业覆盖率高达96%。可见,隋唐时期,长江流域蚕桑丝绸业也以下游为主。总体来说,当时各地相差悬殊,并且,黄河下游州数几乎是长江下游州数的两倍,所以,至

---

① 姜颖:《山东丝绸史》,齐鲁书社2013年版,第154页。
② 姜颖:《山东丝绸史》,齐鲁书社2013年版,第154—156页。

少安史之乱前,在蚕桑丝绸业生产方面,占优势的仍是黄河下游地区。①

二是山东蚕桑丝绸业生产区域的分布经历了由小到大的发展过程。据《魏书·食货志》记载,北魏太和八年(484),实行以户调养官、所调各随其土所出的政策时,只有兖、徐、青、齐、济等州贡绵绢及丝,而光州及青州北海郡之胶东县,胶州平昌郡之东武、平昌县,高密郡之昌安、高密、夷安、黔陬县,东徐州东莞郡之莒、诸、东莞县,徐州北济阴郡之离狐县,东海郡之襄贲县等,皆以麻布充税。《隋书·地理志》所记各地风俗物产,当提及蚕桑丝绸业时,也只提及山东的北海、齐郡、东莱、高密。这些记载表明,即使在蚕桑丝绸业发达的黄河下游,其发展也是极不均衡的,唐代之前,有的州并不以蚕桑丝绸业生产为主,有的州或许还没有蚕桑丝绸业生产。但到唐代天宝年间(742—755),经过百余年的发展,蚕桑丝绸业在山东已可谓遍地开花,蚕桑丝绸区域州县相连,跨州接道,大范围地合成一片。无论是农业发达的腹心地带,还是边远的周边地区,无论是原来蚕桑丝绸业发达的区域,还是原来不进贡蚕桑丝织品的区域,无论河谷、平川还是山地丘陵,到处桑柘翳野,普遍养蚕投梭。②

(三)唐代山东丝织业的重要地位

由于山东纺织业发达,丝织品与其他织品产量丰足,所以唐中期以前,山东的丝织业地位非常重要。

第一,从缴纳赋税和进献土贡的情况看,山东是全国重要的蚕桑丝绸生产区域。

隋唐时期丝织品的税收方式主要有两种:一是缴纳租庸调中的调;二是土贡,即各地进献给朝廷的珍贵土特产品。据《唐六典·户部郎中员外郎》记载,起初,各地贡赋项目完全按官府意愿确定,多非土产,“或本处不产,而外处市供;或当土所宜,缘无额遂止”。直到唐玄宗开元二十五年(737)规定“凡天下十道,任土所出,为贡赋之差”③,才实现了各地贡赋与土产的有机结合。因此,根据古代文献所记载的赋税缴纳和土贡进献情况,也可以看

① 姜颖:《山东丝绸史》,齐鲁书社2013年版,第156—157页。
② 姜颖:《山东丝绸史》,齐鲁书社2013年版,第157—158页。
③ 《旧唐书·职官志》。

出当时山东蚕桑丝绸业的发展状况。河南道共28州,赋绢、絁、绵、布。除陈、许、汝、颍四州调絁、绵,唐州调麻布,其余各州,包括河南府、陕、郑、汴、蔡、豫、亳、宋、曹、滑、濮、郓、济、齐、淄、徐、兖、泗、沂、青、莱、登、密、海等,赋税一律为绢及绵。这说明,时至唐代,河南道所涉及的山东所有的州皆以丝织品缴纳赋税,这是唐代山东蚕桑丝绸业生产范围扩大到全境的一个重要表现。①

从《唐六典》卷三、《新唐书·地理志》、《元和郡县图志》中的"开元贡"等记载中,可以看出唐代前后期山东上贡丝织品的情况。当时黄河中上游地区生产蚕桑丝绸的29州中,上贡丝织品的仅5州,占产区的17.2%;黄河下游生产蚕桑丝绸的51州中,唐代前期上贡丝织品的38州,占产区的74.5%,后期44州,占产区的86.3%。因此说,当时黄河流域上贡丝织品的区域主要集中在下游地区。

安史之乱前,进贡丝织品的区域主要在河北、河南两道。河北道前期贡丝织品的有18州,其中涉及山东的有4州,即魏(其中辖今山东莘县、冠县等)、博、德、棣,占总州数的22.2%;后期20州,其中涉及山东的有5州,即魏、博、德、贝(其中辖今山东武城、夏津、临清等)、沧(其中辖今山东无棣、乐陵等),棣转入河南道,但增加了贝、沧二州,占总州数的25%。河南道前期贡丝织品的有20州,其中涉及山东的有8州,即青、兖、郓、曹、宋(其中辖今山东曹县、单县)、徐(其中辖今山东滕州、微山)、泗(其中辖今山东临沂之郯城)、濮(其中辖今山东鄄城),占总州数的40%;后期24州,其中涉及山东的有10州,即宋、徐、泗、郓、曹、濮、青、棣、兖、齐,增加了棣、齐,占总州数的41.7%。总体来说,河北、河南两道,前期上贡丝织品的共38州,山东占12州,占总州数中的31.6%;后期上贡丝织品的共44州,山东占15州,占总州数的34.1%。从数字看,河北与河南两道,无论前期还是后期,在上贡丝织品的州中,山东都占1/3左右。②

进一步说,唐代山东各州郡的贡赋丝织品情况如下:

唐代涉及山东的19个州府,除登州外,都有不同类别和数额的丝织品贡赋到官府。具体表现为:第一,在赋税方面,除密州赋絁布,登州赋麻、布

---

① 姜颖:《山东丝绸史》,齐鲁书社2013年版,第158—159页。
② 姜颖:《山东丝绸史》,齐鲁书社2013年版,第160—161页。

外,其他各州赋税中基本都有绵和绢。对于登、密二州,说法不一,据《唐六典》卷三记载,登、密两州也是缴纳绢及绵的,可见登、密二州也生产蚕桑丝织品,无贡赋,只能说明生产程度较低,与其他物品相比不占优势,所以,在贡赋中,没有将丝织品作为项目。第二,在土贡方面,密、登、淄、莱、沂几个州,或者贡货布、布,或者贡其他。总之,相对于唐代以前这些州主要以麻、葛生产为主来说,蚕桑丝绸业生产的发展是当地经济的一大进步,但是,相对于其他上贡丝织品的州来说,这些州蚕桑丝绸业的生产是有一定差距的,特别是登、密二州。所以说,尽管当时山东的蚕桑丝绸业实现了生产区域的全覆盖,但发展也是不平衡的。①

第二,从丝织品生产品牌看,山东位居前列。

唐代山东具有众多的丝织品牌,如河北道前期,德州贡绫,后期又增加了博、贝贡绫,沧州贡丝布;河南道前期兖州贡镜花绫,青州贡仙纹(文)绫,后期又增加了徐州的双丝绫、兖州的双距绫。魏州的花䌷、绵䌷、平䌷也是重要的组成部分。这些都表明,唐代山东是全国丝织业生产的大户之一,在全国丝织业生产中占有重要地位。

绫是一种在绮的基础上发展起来的斜纹底上起花的丝织品,纹理像冰绫,从六朝开始发展,到唐代达到高峰。当时全国贡绫的州共有 30 个,而山东就占有 6 个,即河北道的博、贝、德,河南道的徐、青、兖,特别是兖州,该地所生产的绫是非常有名气的,仅次于河北道定州和河南道蔡州,位列第三。②

青州的北海绢和曹州的成武缣也都是当时著名的产品。宋代的《太平广记》有“天下唯北海绢最佳”之说。关于唐代的绢价,按《新唐书 · 食货志》记载,天宝初,海内富实,青、齐间绢一匹钱二百,但到唐末,最高时一匹为钱三千二百,最低时一匹为钱一千六百。相比来说,三卫所卖北海绢每匹为天宝年间(742—755)绢价的 50 倍,晚唐时绢价的 3—6 倍,简直是天价。由此可见,青州绢在京城长安有着极高的声誉,与清河绢齐名。成武即成武县,在唐朝属曹州,以盛产双丝绢(双丝细绢即缣)而扬名于世。在《唐六典 · 太府寺》所记载的唐代八等绢中,曹州绢位列第二等,这也说明唐代成武绢之发达实不为虚。正是由于河北、河南两道丝织品质量高,所以自隋代

① 姜颖:《山东丝绸史》,齐鲁书社 2013 年版,第 162—163 页。
② 姜颖:《山东丝绸史》,齐鲁书社 2013 年版,第 163 页。

起从两地运送到朝廷的丝织品络绎不绝,“诸州调物,每岁河南自潼关,河北自蒲坂,达于京师,相属于路,昼夜不绝者数月”①。潼关是河南道最西部,蒲坂则是河北道运送进京贡物的重要渡口。正是由于各地的丝织品源源不断地流入京师以及各地府仓,唐玄宗天宝初年出现了“海内富实……天下岁入之物……庸、调绢七百四十万匹,绵百八十余万屯,布千三十五万余端”②的大好局面。

第三,从唐代绢的等级看,山东绢质量在全国明显位列前茅。

从唐代起,我国绢的生产有了等级划分,《唐六典·太府寺》第一次将全国的绢分成八个等级。据记载,当时河南道产绢的州共22个,其中12个州辖今山东各一部分,占河南道产绢州的54.5%;河北道产绢的州共20个,其中6个州辖今山东各一部分,占河北道产绢州的30%。如河南道产绢州涉及山东的有:第一等,宋;第二等,曹;第三等,泗、濮、徐、兖;第四等,齐、郓;第五等,淄、青、沂、密。河北道产绢州涉及山东的有:第三等,魏、德、贝、博;第四等,沧、棣。从上面的记载不难看出,山东绢的生产质量都是比较高的,都在五等以上,特别是曹州绢,名列第二等,这应当与著名的成武绢有关。③

由于山东纺织业发达,丝织品与其他织品产量丰足,所以唐中期以前,山东各州始终是国家纺织品的主要供应地。据《新唐书·地理志》和《元和郡县图志》记,山东14州,贡绫绢者9州,贡丝绵者9州,贡货布者3州,其中青州仙纹绫、兖州镜花绫和双距绫,都是名冠中华的上品。

(四)隋唐时期山东蚕桑丝绸业生产技术

隋唐时期是山东蚕桑丝绸生产的重要阶段,到处可见蚕桑丝绸生产的兴隆景象。但从目前所掌握的情况看,此时在缫丝纺织、染色练漂等工艺方面,基本上是对前几个朝代经验的完善和改进,并没有大的突破,也没有像后世一样进入到总结和深入研究的阶段。所以,这一时期并没有太多的资料表现丝绸生产工艺问题。在此,我们只能参考一些资料,加以简单论述。

---

① 《隋书·食货志》。
② 姜颖:《山东丝绸史》,齐鲁书社2013年版,第164页。
③ 姜颖:《山东丝绸史》,齐鲁书社2013年版,第165页。

1. 缫丝纺织

关于隋唐时期山东缫丝与纺织的具体情况，文献记载并不多，现在我们所能知道的，一是这一时期不仅桑树种植业兴盛，而且纺织业发达，如李白《五月东鲁行答汶上君》中的“五月梅始黄，蚕凋桑柘空。鲁人重织作，机杼鸣帘栊”，杜甫《忆昔》中的“齐纨鲁缟车班班，男耕女桑不相失”，都反映了这一状况。二是这一时期山东仍能制作高级丝织品，除齐纨鲁缟外，此时绫的生产也达到了鼎盛时期，从进贡丝织品看，不仅许多地方进贡一般的绫，青州还能进贡特殊的仙文绫，兖州更是能进贡镜花绫和双距绫。此外，北海的绢、成武的缣也都很有名气。至于说当时缫丝与纺织的工具与方法，尚未看到有关山东的具体记载，只能通过唐代整体的情况作一大致的了解。

根据朱新予先生的考察，唐朝以前我国的文献中没有缫车的名称，而在唐诗中却多处出现缫车的记载，如王建《田家行》诗：“五月虽热麦风清，檐头索索缫车鸣。野蚕作茧人不取，叶间扑扑秋蛾生。麦收上场绢在轴，的知输得官家足。”这首诗表现了野蚕丰收的大好景象，蚕茧多到无人收取，以至在野外扑扑生蛾的程度，其中的“檐头索索缫车鸣”和“麦收上场绢在轴”也表现了农家忙着缫丝和纺织的情景。陆龟蒙《奉和夏初袭美见访题小斋次韵》中有“四邻多是老农家，百树鸡桑半顷麻。尽趁晴（清）明修网架，每和烟雨掉缫车”的诗句。从这些诗中可以推断，唐代已普遍使用缫车，诗中的“掉”是摇动的意思，这说明，当时所用是一种手摇缫车，而不是脚踏缫车；从索索鸣响估计，当时的缫车上已安装了鼓轮，即后来的“响绪”。[①]

至于织机，唐代有许多类型，如提花机可分高楼束综提花机和多综多蹑机两类，素织机可分卧机、立机等类。[②] 从青州、兖州、贝州等可织高级绫的情况看，当时山东必定具有优良的提花机，只是缺少具体文献记载和说明而已。

2. 练漂染整

唐代有关染色以及漂练的工艺，无法得知，只能借助于其他资料。在这方面，朱新予先生做了大量工作，其《中国丝绸史（通论）》可供参考。唐代的练丝由两方面构成：一是煮练，二是捣练。煮练是一种传统的练丝方法，即利用精练剂以及加温的方法练丝。传统的精练剂主要是碱剂，而唐代又

① 姜颖：《山东丝绸史》，齐鲁书社2013年版，第172—173页。

② 朱新予主编：《中国丝绸史（通论）》，纺织工业出版社1992年版，第152页。

发明了胰酶剂酶练法，即充分利用猪胰中蛋白酶对丝胶的高效水解作用练丝的一种方法，这是我国古代劳动人民的一项伟大发明，比国外利用胰酶进行生丝脱胶要早1200多年。捣练法在汉代已出现，其作用就是将经草木灰碱性溶液沸煮、日晒氧化漂白后的丝织品，用杵捣，以加强草木灰水对丝胶的渗透能力，使丝织品脱胶均匀彻底，使丝绸变得更加柔软洁白。在碱剂中，以往主要是楝、蒿、藜、荻、椿等草木灰，唐代又出现了桑紫灰和青蒿灰。就染色来说，唐朝织染署下练染之作有六，除白作为练作外，青、绛、黄、皂、紫五作均为染作，所用材料以植物染料为主。唐朝用于丝绸染色的植物染料有30多种，除传统的茜草、蓝草、紫草等，还出现了苏木、槐花等。媒染剂分铁媒剂（绿矾和铁浆）和铝媒剂（明矾和草木灰）两大类，铁浆是铁在水中氧化后形成的青色沉淀，可用于染青，它是我国最早经化学过程制备的媒染剂。有关山东的染料，《新唐书·地理志》中还特别提到青州贡红蓝、紫草，魏州贡紫草。此外，我国的印花技术在唐代也发展到了顶峰，随着雕版技术的出现，型版印花和手工印花技术此时均已定型，丝织品的成花技术，从传统的画缋、刺绣、提花发展到印花。唐朝丝绸的整理方法也得到发展，除平挺（熨烫）外，还出现了涂层整理法，即用漆或油（主要用大麻油）将丝织物制作成防雨用具的方法。①

（五）隋唐时期山东丝织品的种类及用途

丝织品的种类及用途问题，是隋唐时期山东缫丝业生产中两个十分重要的问题。

1. 丝织品的种类

从《新唐书·地理志》等文献的记载中可以看出，唐代山东丝织品的种类众多，不仅有缴纳赋税的普通丝织品绢、絁（一种粗质的丝织物）、绵，还有上贡朝廷的特殊丝织品绫、绸、丝、锦等，如徐州（领有滕州）的双丝绫、绵䌷，青州北海郡的仙纹绫、丝，兖州鲁郡的镜花绫、双距绫，魏州（领馆陶、冠氏、莘、朝城等）的花䌷、绵䌷、平䌷，博州的绫、平䌷，沧州（领有乐陵、无棣）的丝布，德州平原郡的绫等。绫是唐代制作官服的主要材料，是各地特殊贡品的主要代表。唐代的绫发展出双丝绫、仙纹绫、镜花绫、双距绫等不同织法

① 姜颖：《山东丝绸史》，齐鲁书社2013年版，第174—175页。

和纹理，绸也出现了绵䌷、花䌷、平䌷等不同的种类，这足以说明唐代山东丝织工艺和花样纹理较以往更为丰富。此外，从“齐纨鲁缟”、单州成武缣（双丝细绢）、“天下唯北海绢最佳”等记载中也可以看出，当时的平纹绢类织物，如縠、纱、缣、纨、缟等丝织品在山东仍有生产。

就丝织物花纹图案来说，唐代实现了由动物图案为主向以花鸟图案为主的转折，出现了大窠、小窠等团窠纹，龟甲、双距、仙纹、镜花、十花等几何纹，鹘衔瑞草、雁衔绶带、双孔雀、地黄交枝等折枝、缠枝的花鸟纹。黄河下游以联珠、几何等抽象纹饰为主，如山东的双距、仙纹、镜花等，而长江下游则以生动的折枝、缠枝花鸟等写实纹饰为主，二者形成强烈反差。[①]

2. 丝织品的用途

隋唐时期山东的丝织品主要用于缴纳贡赋、制作服饰、充当货币等。所缴纳的贡赋，则用于官员服饰、俸禄、军需、赠赐等方面。与以往相比，此时在以下几个方面格外突出：

一是做官员服饰。隋代没有过多讲究，但到唐代，情况发生了变化，将官员服饰明确划分了等级，官服按不同等级使用不同材料和不同色彩、花纹，这些官服基本都用绫制作。从唐高祖时起，天子仍以赭黄袍、巾带为常服，但只准天子袍衫使用赤、黄，对臣民又作如下规定：“亲王及三品、二王后，服大科绫罗，色用紫，饰以玉。五品以上服小科绫罗，色用朱，饰以金。六品以上服丝布交梭双紃绫，色用黄。”唐太宗时又规定：“七品服龟甲双巨十花绫，色用绿。九品服丝布杂绫，色用青。”绫制品有不同的品种与花纹，如唐初官服上有大科绫、小科绫、双紃绫，唐太宗时有龟甲、双巨、十花绫，唐文宗时又出现了许多新的纹饰，如：“三品以上服绫，以鹘衔瑞草、雁衔绶带及双孔雀；四品、五品服绫，以地黄交枝；六品以下服绫，小窠无文及隔织、独织。”[②]这些绫品种及纹饰来自不同地方的贡物中，如青州的仙纹绫，兖州的镜花绫、双距绫，徐州的双丝绫等。

二是充当官员俸禄。唐朝官俸，从《唐会要》记载来看，前期主要是粮食和钱，称百官料钱或月俸，但从唐德宗贞元年间（785—804）起，也常加赐一些丝织品，或者将原来的粮钱折合成丝织品，如《唐会要・内外官料钱下》记

① 姜颖：《山东丝绸史》，齐鲁书社 2013 年版，第 176—177 页。
② 《新唐书・车服志》。

载，唐穆宗长庆四年(824)，因京城米价稍贵，政府下令：“户部应给百官俸料，其中一半合给段匹者，回给宫中所粜粟，每斗折钱五十文，其段匹委别贮，至冬籴粟填纳太仓。”唐文宗大和七年(833)，户部侍郎庾敬休上奏：“应文武九品已上，每月料钱，一半合给段匹丝绵等。”可见，到中唐时俸料中已有一半为丝织产品。①

三是用于赐赠。隋唐时代丝织品如同历代一样，一个重要的用途就是赠赐。赠赐的主要形式是奖励将官、提倡孝义之行、慰问父老灾民、贺喜和吊丧等。对于赠赐的数量，也有一定的规定，如《旧唐书·职官志》记载：“凡缣帛之类，有长短、广狭、端匹、屯綟之差。凡赐十段，其率绢三匹，布三端，绵三屯。若杂彩十段，则丝布二匹，紬二匹，绫二匹，缦四匹。若赐蕃客锦彩，率十段则锦一张，绫二匹，缦三匹，绵四匹……正冬之会，称束帛有差者，皆赐绢，五品已上五匹，六品已下三匹，命妇视其夫、子。”唐朝时的赏赐也很多，如宰相房玄龄，临淄人，去世时赐给绢布两千段。大将秦琼，历城(今山东济南历城区)人，因战功卓著，唐太宗一次就赏赐帛七千段。唐朝正谏大夫员半千，齐州全节人，因政见和文才，武后前后赐绢千余匹。《新唐书·孝友传》记述了大量山东的孝贤人士，或者事亲居丧著至行，或者世代同居无间言，或者割骨以疗亲，对这些人，官府皆赐予粟帛，予以嘉奖。开元十三年(725)十月，玄宗到兖州和濮州，“赐河南、北五百里内父老帛”，十一月，赐徐、曹等州父老帛。到五代时期，官方汇集的高级丝织品又成了政府间互赠的重要物品。②

四是用于军费。唐朝大约有41%的纺织品用于军队消费，其中包含大量的丝织品。此时军需中的丝织品，除一部分服用外，大部分则用来交换物品，如买马、市耕牛。我国的良马多产于北方的突厥和回纥民族地区，贞观至麟德40年间，天下以一缣易一马；唐玄宗时，以金帛易马。唐朝还曾为恢复府兵制而以丝绸市耕牛。天宝盛世，每年用于军费的布帛就达1020万匹。③

五是当作货币。隋唐时期，绢帛继续充当实物货币的职能，这种职能不

---

① 姜颖：《山东丝绸史》，齐鲁书社2013年版，第179页。

② 姜颖：《山东丝绸史》，齐鲁书社2013年版，第179—180页。

③ 李仁溥：《中国古代纺织史稿》，岳麓书社1983年版，第104页。

仅没有减弱，相反，唐政府三番五次以法令的形式加以强调和巩固，可以说，以绢帛充当货币的做法在唐代达到了顶点。正是因此，绢帛成为惹人眼红之物，历史上曾因之而发生过劫杀惨案。唐高宗显庆年间(656—661)，馆陶周主簿奉命与另外两人一同出使临渝关互市，因周主簿钱帛稍多，竟被另外两人以囊盛土压杀。[①]

（六）隋唐时期山东蚕桑丝绸业的贸易与传播

隋唐时期山东蚕桑丝绸业的贸易非常盛行，主要表现为内部贸易、与周边少数民族的贸易，以及与国外的贸易。

有关隋唐时代山东丝织品贸易的情况，《太平广记》中“三卫”的故事就是一典型例证。三卫当时到京城长安卖北海绢，两匹绢卖两万钱，是天宝年间(742—756)绢价的50倍，从而获得了“天下唯北海绢最佳”的美誉。

对于丝织品的质量和标准，开元八年(720)颁布的《庸调法》中作了明确规定：“好不过精，恶不至滥，阔者一尺八寸，长者四丈。”[②]也就是说，既要保证质量，又不致过于奢华。关于唐代的绢价，基本上遵循这样的规律：当社会动荡不安时，人们首先需考虑的是腹饥问题，因此，谷贵绢贱；当社会安定发展时，人们可以考虑享受和生活品位问题，于是，谷贱绢贵。天宝年间(742—756)，“青、齐间斗才三钱，绢一匹钱二百”[③]，绢价明显高于粮价。当时海内米斗之价一般为十三钱，而青、齐间米斗与绢之价都较他处为低，这是青、齐经济发达的表现。

在唐代贸易中，丝织品充当着货币的职能，这是唐政府明令规定的，即钱货可以兼用。在与周边少数民族的贸易中，主要是用丝织品换取马匹、耕牛等特产或所需物品。

当时中国通往国外的路径很多，其中朝鲜与日本是山东重要的贸易伙伴。通往朝鲜的海道，在北方以登州为主，唐政府在登州设立了对外开放的港口，“登州东北海行……得新罗西北之长口镇”[④]，再行千里至鸭绿江口，从鸭绿江口向东南陆行可到新罗王城，向西北航行一百多里可至渤海境内。

---

① 姜颖：《山东丝绸史》，齐鲁书社2013年版，第180—181页。

② 《新唐书·食货志》。

③ 《新唐书·食货志》。

④ 《新唐书·地理志》。

这是隋唐时期山东对外交流的一条重要通道。[①]

二、隋唐五代时期的山东煮盐业

隋唐五代是我国的食盐生产进入全面发展的时期。其产区以唐时行政区域划分，属于河北、河南、淮南、江南、岭南五道，也就是今天的河北、山东、江苏、浙江、福建、广东、海南等省。濒临渤海的河北盐产区与濒临黄海的古山东盐产区，形成北方产区，这也是当时海盐生产的最大产区之一。

山东的海岸线回转曲折，长达3000余公里，沿海之滨，潮汐汛大，含盐量高，这就为山东沿海的煮盐业提供了得天独厚的资源。《新唐书·高沐传》曰："山东煮海之饶，得其地可以富国。"汉晋以来，国家在山东海盐产区多设盐官，直到隋唐时代，旧有的盐产区仍在发挥作用，而新辟的盐区也在不断扩充，使山东的海盐产量逐年上升。

（一）隋唐五代时期山东的食盐产地[②]

隋代统治山东仅30余年，时间较为短促，史籍中有关盐业的资料十分缺乏，故对这一时期山东食盐产地的考证，只好暂付阙如，希望将来能有较多的考古发掘材料，对这一段盐业生产的状况加以补充。

关于唐代山东食盐产地的分布区域，《新唐书·地理志》有如下记载："莱州东莱郡掖县有盐井二，胶县有盐，即墨县有盐。……棣州乐安郡渤海县有盐。……密州高密郡诸城县有盐，首县有盐。"[③]《元和郡县图志》亦载："蒲台县海畔有一沙阜，高一丈，周迴二里，俗人呼为斗口淀，是济水入海之处。海潮与济相触，故名。今淀上有甘井可食，海潮虽大，淀终不没，百姓于其下煮盐。"[④]同书卷十一又载，诸城县东南130里处滨海地区，有卤泽9所，"煮盐，今古多收其利"[⑤]。另据《盐法通志》载，棣州有蛤垛盐池，年产海盐数10万斛。[⑥] 此外，据山东大学郑佩欣等学者考证，蓬莱和昌阳县亦为当时

---

① 姜颖：《山东丝绸史》，齐鲁书社2013年版，第182页。
② 张照东：《古代山东食盐产地考略》，《盐业史研究》1991年第1期。
③ 《新唐书·地理志》。
④ 《元和郡县图志·河北道》。
⑤ 《元和郡县图志·河南道》。
⑥ 民国《盐法通志·疆域》。

山东的食盐产地之一。综合以上资料进行整理、分析，可以断定，唐代山东的食盐产地共有9县，即掖县、胶县、即墨、渤海、诸城、莒县、蒲台、蓬莱、昌阳。其中渤海沿岸5处（即蒲台、蓬莱、昌阳、掖县、渤海），黄海沿岸4处（即胶县、即墨、诸城、莒县）。①

五代时期，山东地区历经战乱，盐业生产遭到严重破坏，食盐产地多有废弃，原唐代产盐旧址大都不见史籍记载。据于学义先生考证，五代山东的食盐产地，主要有棣州的渤海、蒲台两县，其次为青州和滨州，但其大体地理位置史籍中未有记载，不可详考。②

可见，山东产盐地分布广，从业人员多，产业历史悠久，构成了隋唐五代时期山东煮盐业的优势。

（二）山东煮盐业的总产值

有关山东煮盐业的总产值，史载不多。据《旧唐书·食货志上》记载，长庆二年（822）以前，"淄青、兖、郓三道，往来粜盐价钱，近取七十万贯，军资给费，优赡有余"。这只是山东三道十二州卖盐所得的收入，至于通过其他途径转出的盐利，就难以准确统计了。③

（三）山东煮盐业的垄断

煮盐业为山东地区提供了一项重要的财源，也通过商业渠道活跃了市场经济。为此，朝廷多次在山东设立盐铁使，对盐业进行国家垄断，并"先于淄青兖郓等道管内，置小铺粜盐，巡院纳榷"④，从中获取巨额利润。盐铁使收管山东盐业，国家收入增加，而地方经济和财政则大为紧缩。史称："自盐铁使收管以来，军府顿绝其利。遂使经行阵者有停粮之怨，服垅亩者兴加税之嗟，犯盐禁者困鞭挞之刑，理生业者乏蚕酱之具。虽县官受私，而郡府益空。"⑤为此，自长庆年间（821—824）始，唐王朝放松了对山东盐业的控制，允许地方官府和军镇获取盐利，从而缓和了地方财政的收支矛盾。

---

① 张照东：《古代山东食盐产地考略》，《盐业史研究》1991年第1期。

② 参见于学义：《五代时期山东的行政沿革与社会经济》，《东岳论丛》1988年第1期。

③ 陈冬生、王赛时主编：《山东经济史（古代卷）》，济南出版社1998年版，第297页。

④ 《唐大令集·停淄青等道粜盐敕》。

⑤ 《唐大令集·停淄青等道粜盐敕》。

三、隋唐五代时期的山东矿冶业

山东境内矿产丰富,到隋唐五代时期得到更充分的开发和利用,大批的矿冶手工业者围聚于矿区和冶炼基地,开采鼓铸,掀起了冶矿生产的新高潮。

(一)山东金属矿冶

山东矿冶以铁为主,产铁区随处可见。据《新唐书·地理志二》记载,齐州的历城县、淄州的淄川县、莱州的昌阳县、沂州的费县和兖州的莱芜县均为冶铁基地。此外,铜、银、锡的矿冶规模也很是可观。沂水县就出产大量的铜,昌阳县出产大量的银。据《元和郡县图志》卷一一记载,昌阳县(今莱阳)有黄银坑,"在县东一百四十里,隋开皇十八年(598),牟州刺史辛公义于此坑冶铸,得黄银献之,大业末,贞观初,更沙汰得之"。唐朝中期以后,山东的矿冶业发展较快,不但旧矿深加发掘,而且开发了许多新的资源,使山东矿冶产量大幅度上升,史称当时:"兖海等道,铜铁甚多……审见滋饶,已令开发。"①山东冶矿的整体实力在不断增强。

地处兖州的莱芜县,到唐朝时已成为全省最大的矿冶基地,所探明的矿物品种、矿产储备以及冶炼能力都位居山东乃至全国之冠。其中韶山矿区一处,自汉代发掘冶铸以来,量逐朝增加,不见衰竭的迹象。《元和郡县图志》卷一〇记载:"韶山,在县西北二十里。其山出铁,汉置铁官,至今鼓铸不绝。"莱芜矿冶以铁、铜为大宗产业,锡次之,其矿区及冶炼工场格外密集。《新唐书·地理志二》记载,莱芜县"有铁冶十三,有铜冶十八,铜坑四。有锡"。这样矿产密集、冶炼集中、矿位丰足、矿种齐全的大型矿冶基地,在当时甚为少见。②

(二)山东冶铁生产的分布

据《新唐书·食货志》载,唐代官营铁冶最初只有铁山5处,到唐宣宗时增加到71处。唐代山东冶铁生产分布,相对集中于胶东半岛。此地最大的冶铁中心为兖州莱芜县,《新唐书·地理志》载有铁冶13处。《新唐书·王涯传》载:"自李师道平,三道十二州皆有铜铁官,岁取冶赋百万。"此十二州

---

① 《册府元龟·邦计部·山泽》。

② 陈冬生、王赛时主编:《山东经济史(古代卷)》,济南出版社1998年版,第298—299页。

是:郓、曹、濮为一道,淄、青、齐、登、莱为一道,兖、海、沂、密为一道,这些地方差不多涵盖了今山东大部地区。《太平寰宇记》载青州有铁冶 18 处,当为唐末五代时事。①

(三) 山东稀有矿石和精良石材

除金属矿冶外,山东还出产大量的稀有矿石和精良石材,这也是当时矿业的一补充项目。《元和郡县图志》卷一一记载,沂州新泰县有障山,"在县东八十里,出硝石、石脑、炬火等石,居人常采为货"。又沂水县有雹山,"在县西北二十八里,出紫石英,好者表里映彻,形若雹状,故名雹山。今犹入贡"。这些矿石和石材在当时的建筑、装饰及其加工行业中都具有较高的使用价值。②

(四) 山东矿冶的税量

唐宣宗时,"天下岁率银二万五千两、铜六十五万五千斤、铅十一万四千斤、锡万七千斤、铁五十三万二千斤"③。"率"是税收量,如按 1/5 的税率计算,则宣宗时各类矿的年产量分别为银 12.5 万两、铜 327.5 万斤、铅 57 万斤、锡 8.5 万斤、铁 266 万斤。

山东矿冶税量相当高。唐朝前期时,除供本境使用外,还远输外地,向外省供应金属制品,国家也依赖山东矿冶的利润增加财政收入。淄青镇割据后,矿冶收入被军镇截留长达 50 年之久。史称当时"兖、郓、淄、青、濮州界,旧有铜铁冶,每年额利百余万"④,收复淄青镇后,这"三道十二州皆有铜铁官,岁取冶赋百万,观察使擅有之,不入公上"⑤。直到太和四年(830),朝廷才逐步收回山东十二州的矿冶利润。

四、隋唐五代时期的山东酿酒业

隋唐五代时期的山东酿酒业进一步发展,酿酒技术更趋成熟,特别是唐代的山东名酒——鲁酒有了更高的知名度,成为山东手工业的重要组成部分。

---

① 薛亚玲:《中国历代冶铁生产的分布及其变迁述论》,《殷都学刊》2001 年第 2 期。

② 陈冬生、王赛时主编:《山东经济史(古代卷)》,济南出版社 1998 年版,第 299 页。

③ 《新唐书 · 食货志》。

④ 《旧唐书 · 王涯传》。

⑤ 《新唐书 · 王涯传》。

（一）隋唐时期山东酿酒业发展概况

从文献材料来看，唐朝已有了“烧酒”，即蒸馏酒，酿酒和饮酒都十分盛行。唐朝的酒政有官营、征收榷酒钱、榷曲等，或多项制度并行，或交替实行。榷酒作为增加国库收入的一项较为稳定的经济政策，一直实施到唐朝灭亡。

隋唐时期，山东地区的酿造技术又有了新的提高，酿酒业的覆盖面也越来越宽。当时每个小农家庭丰年时都能自家酝酿，生产出供自己消费的酒品，产量高者还能将家酿酒馈赠亲友或拿到集市上去出卖。各城镇还出现了许多酿酒作坊，进行较大规模的酿造生产。这些酿酒作坊资金集中，原料充足，并且集中了较多的熟练工匠，能够生产出品种规格整体划一的上好酒品，是酒类市场的主要供应者。①

酿酒业获利甚高，引起了官方的高度重视。《新唐书·食货志》说“唐初无酒禁”，是指唐朝初年，国家允许民间的酿酒业自由发展，利润归民所有。到唐代宗时，国家开始注意到酿酒业的自发势力，于是下令征收酒税，从民间酿酒业中抽取部分利润，作为政府的财政收入。后来，朝廷为了获取酿酒业的大部分利益，又实行了榷酒政策，即国家对酒进行统购统销，民间不得私自造酒和售酒。在此期间，官方自办了许多官营酿酒作坊，自产自销，与民争利。国家从酿酒业中抽取的利润便称为榷酒钱。在民间酿酒业自由发展的时期，山东的私营酿坊遍布于全省各地。在官方榷酒时期，山东酒业产值丰厚，为国家上缴了大量的酒业利润。仅太和元年（827），郓、曹、濮三州交给朝廷的酒税上供钱就达10万贯②，这其中还不包括军州自己的截留部分。如果从整体上看，山东酿酒业已经具有相当可观的赢利额度。③

（二）唐代山东名酒——鲁酒

唐代山东生产的酒都是米酒。这种米酒，用黍米（即大黄米）或糯米酿成，发酵期短，酒精度数低，适宜于日常饮用。米酒分为清酒和浊酒两大类。清酒用曲量高，酿造期稍长，成酒后经过压榨、过滤及高温灭菌处理，因而酒

---

① 陈冬生、王赛时主编：《山东经济史（古代卷）》，济南出版社1998年版，第301页。

② 《册府元龟·邦计部·济军》。

③ 陈冬生、王赛时主编：《山东经济史（古代卷）》，济南出版社1998年版，第301—302页。

液较清澈,酒精含量也较多。这种清酒能够远携并长期保存。浊酒用曲量低,酿造期短,酒熟快,一般三四日至八九日即可出酒,但酒液比较浑浊,酒精含量低。这种浊酒只能在短时期内饮用,不能久存。山东出产的米酒,清、浊两类均有,当时通称鲁酒。

唐代山东名酒——鲁酒,产地在今山东汶上县西。唐天宝元年(742)改平陆县置,治所在今汶上县。郁金香,产地是唐代沂州承县(今山东临沂兰陵县苍山镇)。此酒与中都县(今山东济宁汶上县)酿制的酒都是琥珀色,同属鲁酒的范围。[①] 鲁酒大展光泽,许多人为之传杯送觞,引吭高歌。《全唐诗》卷二四四韩翃《鲁中送鲁使君归郑州》亦云:“齐讴听处妙,鲁酒把来香。”有唐一代,世人垂睐鲁酒,海内共鸣。[②] 另外,《鲁郡尧祠送吴五之琅琊》有“送行奠桂酒”,说明黄河下游地区已有用米酒浸泡桂花酿制的桂酒。文献中就有“北方有葡萄酒、梨酒、枣酒……”的记载,由此可判断黄河下游地区的果酒在当时是非常流行的。还有,唐朝实行榷酒政策后,对酿酒业增收赋税。太和元年(827),郓、曹、濮三州的两税榷酒业,上交榷酒税钱,就达十万贯之多,可见黄河下游地区酿酒业的兴盛。[③]

山东酿酒业在隋唐时期已大有名望,到了唐朝,山东酒有了更高的知名度。尤其是在鲁中一带,鲁酒更享有天下美酒的头衔,人们到此,无不闻香下马,知味停车,畅饮可口的鲁酒。号称“酒中仙”的大诗人李白,周游山东,逗留鲁中,经常品饮当地佳酝,写下了许多歌咏鲁酒的名诗,从而使“鲁酒”之名再传天下。《李太白全集》卷一九《酬中都小吏携斗酒双鱼于逆旅见赠》诗云:“鲁酒若琥珀,汶鱼紫锦鳞。山东豪吏有俊气,手携此物赠远人。”卷一五《秋日鲁郡尧祠亭上宴别杜补阙范侍御》诗云:“鲁酒白玉壶,送行驻金羁。”又《留别西河刘少府》诗云:“闲倾鲁壶酒,笑对刘公荣。”卷一三《沙丘城下寄杜甫》诗云:“鲁酒不可醉,齐歌空复情。”在鲁酒诸品中,最为知名的要算兰陵酒了。李白为此有诗云:“兰陵美酒郁金香,玉碗盛来琥珀光。但使主人能醉客,不知何处是他乡。”[④]在这些诗作中,充满了作者对鲁酒酷

---

① 郭泮溪:《唐代的名酒与饮酒习俗》,《民俗研究》1987 年第 4 期。

② 王赛时:《古代山东酿酒述略》,《中国烹饪研究》1997 年第 2 期。

③ 郑思阳、吴昊:《隋唐时期黄河下游地区的饮食社会图景》,《四川旅游学院学报》2015 年第 6 期。

④ 《李太白全集·客中作》。

爱偏羡和深情厚谊,也反映了鲁酒品质的优良。总之,兴旺发达的山东酿酒业,为社会提供了许多高质量的酒,博得了世人的一致好评。①

(三)隋唐时期山东酿酒技术

隋唐时期,酿酒技术在承继了魏晋方法的基础上,做了诸多改良,使酿制技术更趋成熟。酒的品种有以谷物(黍)为原料的米酒,以水果(葡萄)为原料的果酒,以及以米酒为基质酒,采用浸泡、掺兑、蒸煮等方法渗入动植物药材或香料酿造而成的配制酒。成书于唐末的《四时纂要》显示了当时黄河下游地区酿酒技术的进步。比如书中记载加入捣苍耳汁等作为配方,剉胡叶(即苍耳)煮汁冷后溲料与桑叶、苍耳、艾、茱萸(或野蓼)叶合煮取汁,令如酒色以和曲,这在《齐民要术》中是没有的。

另外,在《齐民要术》中记载为一斗曲用水斗五升(用水量仅为曲的1/2),而《四时纂要》则改为腊日取水一石,置不津器中,浸曲末二斗,后者浸曲用水量是曲末量的五倍,配料浸水量差别很大,这样就显示酿酒量更大了。

(四)隋唐时期山东酒业经营

隋唐时期,黄河下游地区大运河主干沿岸的城镇码头和各州郡治所中,许多新兴的街市和商行非常活跃,出现了大量酒肆店铺。唐代酒肆的经营者,在承袭前代的传统上又独具特色,多用妇女经营卖酒,这在黄河下游地区的城镇中比比皆是,有“酒母,阙下酒妇”的记载。这是为了更好地招徕顾客,一般都由年轻美貌的女子当垆,使生意更加红火,并且经营中早已有人用酒妓作为吸引顾客的手段之一。

另外,唐代时期,大量的胡人进入黄河下游地区,有不少胡人经营酒店业,“胡姬貌如花,当垆笑春风”“落花踏尽游何处,笑入胡姬酒肆中”“胡姬招素手,延客醉金樽”等诗句都是对胡人酒肆的描写。商业的发展和酒肆的繁荣,推动了酒肆交易方式的多样化,比如现钱买卖、以物换酒、赊贷消费等。②

---

① 陈冬生、王赛时主编:《山东经济史(古代卷)》,济南出版社 1998 年版,第 302—303 页。

② 郑思阳、吴昊:《隋唐时期黄河下游地区的饮食社会图景》,《四川旅游学院学报》2015 年第 6 期。

五、隋唐五代时期的山东制瓷业

隋唐时期是我国制瓷业发展的重要时期，这一时期我国制瓷业出现了“南青北白”的局面。山东地区的制瓷业在北朝时代的基础上又有了新的发展，主要表现为窑址的数量有所增加，制瓷作坊的规模有所扩大，制瓷的器类和技术有所提高。

（一）隋代的山东制瓷业

隋代，即6世纪末至7世纪初。这一时期山东瓷窑址数量较多，分布广泛，比较典型的窑址主要有曲阜宋家村窑和徐家村窑。隋代的墓葬，在嘉祥、济南等地发现，出土有隋代的瓷器。隋朝末年，残酷的徭役和对外战争，使社会经济遭到严重破坏，山东制瓷手工业受到很大摧残。因此，这一时期的瓷窑遗址发现较少，主要有泗水县尹家城窑址和大泉窑址。

1. 隋代的淄博寨里窑

1977年，山东淄博在淄川区寨里公社发现了古代瓷窑遗址，并采集了标本；同年冬，山东大学历史系考古专业师生至泰安县（今山东泰安）进行野外考古调查时，在满庄公社中淳于村附近也发现了一处古代瓷窑遗址，还采集了一些瓷片。这两处遗址出土的瓷器和瓷片，其造型、胎质和釉色，与济南市出土的隋瓷有许多共同之处。据此，可以推测这批瓷器应是山东瓷窑的产品，它为研究山东的隋代瓷器和瓷器手工业的发展提供了实物资料。①

2. 隋代的曲阜宋家村窑、徐家村窑

隋代曲阜窑位于山东曲阜，已发现有宋家村和徐家村两处窑址。其中，宋家村窑的遗物有窑具和瓷器。（1）窑具。包括能复原的窑具在内，计有三足支钉、支柱、托座、托板、垫圈、垫钉和匣钵残片等7种。徐家村窑的遗物有三足支钉、支柱、垫圈，瓷器和瓷片全为青釉，计有碗、杯、罐、盘、盆等，皆为瓷土制作，胎质为白色和灰白色两种。（2）瓷器。完整的较少，但多数可以复原。其中宋家村窑碗最多，占半数以上；另外，还有杯、罐、盘口壶、器盖、盘、高足盘、盆、瓶、砚、枕等10余种。② 宋家村窑的青瓷器，其胎质和釉

---

① 宋百川：《济南市洪家楼出土的一批隋代瓷器》，《文物》1981年第4期。

② 宋百川等：《曲阜宋家村古代瓷器窑址的初步调查》，《景德镇陶瓷》1984年第S1期。

色的大致情况是:青灰胎的器物釉色青绿,釉层较厚;灰白胎的器物釉色淡青。这两类瓷器均胎质坚硬,胎釉结合紧密,釉面光泽度好。白胎的器物釉色青黄,胎质松软,釉层薄,光泽度差,有脱釉现象。宋家村窑的器物脱釉现象较少,说明当时的工匠已能比较熟练地掌握住烧制青瓷器的基本工艺。宋家村窑瓷器种类较多,造型规整,体态稳重。值得一提的是,在刻花、贴花和模塑工艺方面,宋家村窑的瓷器都达到了较高的水平。如刻花盘,模印圆形龙纹贴花罐、盘和花蕾形砚足等,尤以狮首人身砚足的造型最为生动,甚似佛坛托扛力士的形象,是不多见的模塑艺术品。宋家村窑烧造瓷器的方法主要还是叠式裸烧法,但也发现了少量的匣钵残片,有可能一些质量较好的器物是使用匣钵烧成的。匣钵的使用,是提高瓷器质量的重要措施。在宋家村窑址发现了匣钵,这是北方地区较早使用匣钵的一例。[①] 总之,宋家村窑瓷器产品按胎釉特征可分三种:一种是青灰胎青绿釉,这种产品釉层较厚;一种是灰白胎淡青釉,这种产品质地坚硬,胎釉结合紧密,釉的光泽性较好;还有一种白胎瓷器,胎质疏松,釉层较薄,光洁度差,而且有薄釉现象,装饰方法有刻花、模印贴花等。[②]

3. 济南洪家楼出土的隋代瓷器

1964 年,济南洪家楼出土一批隋代瓷器,共 17 件,均为青瓷。其中,四系壶 1 件、四系罐 1 件、瓶 7 件、盂 2 件、碗 4 件、杯 2 件。以上 17 件隋代瓷器有如下几个方面的共同特征。造型方面:这批隋瓷造型比例适当,平、直口器物较多,大部为平底足微内凹,浅圈足较少,壶、罐皆四系、复式。胎釉方面:皆为青釉器,施半釉,多青黄色釉,泪滴痕较多,积釉处呈深绿色。土黄或灰胎较多,胎质较粗,器壁多未修整,无护胎釉,故壁面有明显轮旋纹。釉色不够匀净,除四系壶、短颈瓶和杯的釉色较润泽光亮外,余者皆较暗淡。施釉厚者釉面出现细开片纹,薄者则露出胎色。纹饰方面:都是素面,器物上除有弦纹外,无其他装饰花纹。烧造方面:碗内底有三叉形支具烧痕,看来是叠式裸烧而成。其中三件素烧瓶,器形与施釉瓶完全一样,估计像瓶、壶这类器身较高的器物,是先将坯胎素烧后,再施釉烧成。[③]

---

① 宋百川、刘凤君:《山东曲阜、泗水隋唐瓷窑址调查》,《考古》1985 年第 1 期。

② 宁振南:《北方地区隋墓出土瓷器研究》,西北大学 2015 年硕士学位论文。

③ 宋百川:《济南市洪家楼出土的一批隋代瓷器》,《文物》1981 年第 4 期。

济南洪家楼出土的这批瓷器,其造型与河南、河北、陕西、安徽等地隋代墓葬或窑址出土的瓷器基本相同或相似,且已证实是山东瓷窑的产品。由此说明,在隋统一全国后,随着经济、文化交流范围的扩大,北方瓷窑瓷器的制造业互有影响,瓷器的造型在中原地区皆大同小异,已无优劣之分。[①]

4. 滨州博兴县出土的隋代青瓷器

山东省滨州博兴县城东街道张官村周围,20 世纪 80 年代以来不断出土青瓷器。经调查,出土地点是一处规模较大的寺院遗址,《博兴县志》上称"龙华寺"。这些瓷器出土时多是整齐地放在陶缸内,或叠放在坑内。器种有罐、瓶、豆、碗、杯等,计 60 余件。其中有代表性的器物有:八系罐 1 件、四系罐 1 件、四系壶 1 件、长颈瓶 1 件、细颈瓶 1 件、豆 1 件、大碗 1 件、碗 1 件、敛口杯 1 件、杯 1 件。这些青瓷器从造型、纹饰、釉色、胎质等方面看,与过去河北、河南、陕西等地出土的北朝晚期至隋代的青瓷器有相同处,特别是与济南洪家楼隋墓出土的青瓷器基本一致。因此,这批青瓷器的烧造年代,不会晚于隋代。[②]

5. 嘉祥英山徐敏行夫妇墓出土的青釉瓷壶

嘉祥英山徐敏行夫妇墓(开皇四年,即 584 年)出土隋代瓷器:青釉瓷壶 1 件。盘状口,长颈,鼓腹,肩部饰四纽状鼻,平底。器表施釉至腹中下部,不及底。[③]

6. 兖州县旧关村土坑墓出土的一件隋代瓷砚

兖州县旧关村(现济宁兖州区城郊乡旧关村)土坑墓出土 1 件隋代瓷砚[④],青瓷质,圆形。小开片呈冰裂纹状。砚面呈辟雍形,有砚墙、水池,中间为雍台,略凹,台面粗糙,有斑点,以便研墨。台四周上面有印纹 8 组,如水鸟啄鱼图。砚下部由 28 个高浮雕象头组成圈足。砚外部施青釉。通高 9 厘米、口径 20 厘米、底径 28 厘米。隋砚在全国发现不多,而此砚制作精致,不仅具有较高的艺术价值,而且反映了隋代瓷器的工艺水平。曲阜市的宋家村窑址和泗水县的尹家城窑址曾出土过狮首人身足砚、花蕾足砚、蹲狮足

---

① 李取勉:《隋唐时期山东制瓷业述论》,《聊城大学学报》(社会科学版)2009 年第 5 期。

② 常叙政、李少南:《山东博兴县近年出土的青瓷器》,《文物》1985 年第 8 期。

③ 宁振南:《北方地区隋墓出土瓷器研究》,西北大学 2015 年硕士学位论文。

④ 谢华英、王登伦:《山东兖州发现一件隋代瓷砚》,《考古》1995 年第 9 期。

砚,曲阜市、泗水县与兖州区相邻,此件隋代瓷砚极有可能是曲阜市、泗水县的窑址所烧制。因此,此砚也应反映山东地区制瓷业的工艺水平。①

总之,隋代烧制的瓷器均为青釉,器类常见生活用具,也见文房用品。器物造型规整,胎骨细腻,釉色纯正,施釉均匀,装饰技法大量使用刻花、贴花和模塑工艺;装烧技术以叠烧为主,开始出现匣钵套烧。

(二)唐代的山东制瓷业

唐代的山东制瓷业,要论及的主要是山东制瓷业发展分期、山东出土瓷器情况、淄博磁村窑唐代瓷器等三个问题。

1. 唐代的山东制瓷业发展分期

唐代的山东制瓷业发展,可划分为唐初期(7 世纪前半期)、唐中期(7 世纪后半期至 8 世纪)、晚唐时期(9 世纪至 10 世纪初)。目前,山东地区已发现唐代山东制瓷业窑址有泗水尹家城和大泉、淄川磁村、曲阜息陬、宁阳西太平和西瓷窑等处。

唐初期,山东瓷窑遗址发现较少,主要有泗水县尹家城窑址和大泉窑址。器物组合仅有碗、罐、盘等。器物的胎体又趋厚重粗糙,足部多见裂纹。釉汁不均,混浊暗淡,多不垂釉,火候低,脱釉现象严重。纹饰只见弦纹。碗的造型,侈口厚唇,腹壁较斜,实足较矮。罐的变化主要是高实足少了,多为平底。此期仍以青釉为主,出现了少量黑釉、褐釉。烧造方法没有大的变化。这一时期的墓葬尚未发现。②

唐中期,山东瓷窑遗址明显增多,以淄博磁村窑和曲阜息陬窑等为代表。器物组合常见碗、杯、罐、盘、盆、小壶、钵等。器物造型趋向稳重,胎薄质细,火候较高。釉色种类增加,有青釉、黑釉、白釉,还有少量的酱釉和茶叶末釉。在白釉器上出现了施护胎釉的做法,釉汁均匀,光泽度较好,一般不脱釉。但在釉面上还有泛青或灰暗等不成熟的现象。碗的造型多是圆唇,敞口,浅腹,曲壁,大平底或璧形底,有的碗还出现了折沿和折腹。罐变化较大,高实足基本消失,有的敛口、鼓腹,肩安两个条形耳,有的是大口、深

---

① 李取勉:《隋唐时期山东制瓷业述论》,《聊城大学学报》(社会科学版)2009 年第 5 期。

② 宋百川、刘凤君:《山东地区北朝晚期和隋唐时期瓷窑遗址的分布与分期》,《考古》1986 年第 12 期。

腹，肩有两个或四个带式耳，最大腹径在肩部以下。这一时期的墓葬也发现了几处，主要有济南山东大学油库唐墓、山东嘉祥唐墓等，均出土瓷器。①

晚唐时期，山东瓷窑遗址更多，比较典型的有淄博磁村窑、宁阳西磁窑和西太平窑等。器物种类增多，有碗、罐、盆、钵、盘、杯、杯托、注子、瓶、灯、玩具等。器物造型轻巧秀气，壁薄胎细，火候高，制作技术娴熟。釉色以白釉为主，黑釉、青釉、黄釉、酱釉、茶叶末釉次之。白釉渐趋成熟，富有光泽；其他釉色也较纯正，玻璃质感强，脱釉、垂釉现象基本不见。另外还出现了白釉加绿彩的装饰。这个时期的墓葬主要有济南山东大学公教楼唐墓出土瓷器。

这一时期的窑具，在淄博、济宁和枣庄等地较多地发现有叠烧的三足支具，宁阳、新泰等窑址内经常发现一种方形垫板。这种垫板边长 20—30 厘米、厚 2—3 厘米，板上多留有器底的烧痕，有的还粘有垫圈、垫饼或器物的底部。此外还发现许多用瓷土制成的直径 3—4 厘米、残长 10—20 厘米的圆柱，有的圆柱尚粘在方形垫板的角部。宁阳一带这时期的瓷窑可能在使用三足支具叠烧的同时，还使用这种方形垫板层层隔烧。②

2. 唐代山东墓葬出土瓷器情况

关于唐代山东墓葬出土的瓷器，简要介绍如下五地的情况：

（1）张店沣水镇沣水村唐代墓黑釉瓷。1986 年，在张店沣水镇沣水村一座唐代墓葬中出土 1 件黑釉瓷碗，同时出土的还有黑釉瓷盆 1 件，海兽葡萄镜 1 件。该碗敞口大平底，腹壁呈瓜瓣状，胎骨灰白略粗，釉色黑中泛金星，器形规整，高 6 厘米，口径 21.4 厘米，底径 10.3 厘米。为唐代黑釉瓷器的典型器物，代表了山东窑口唐代黑釉瓷器的制瓷水平。③

（2）山东嘉祥唐墓出土的瓷器。1984 年春，嘉祥县义学礼村唐墓出土瓷器四系罐 3 件，皆胎质粗糙，器壁厚重。器内施全釉，外施半釉，器均残。1 件口微敛，直颈，圆腹，饼形足。灰白色胎，施青釉。高 24 厘米、口径 11 厘米、底径 12 厘米。1 件器形与上相似。灰褐色胎，施紫褐釉。高 14 厘米、口

---

① 宋百川、刘凤君：《山东地区北朝晚期和隋唐时期瓷窑遗址的分布与分期》，《考古》1986 年第 12 期。

② 宋百川、刘凤君：《山东地区北朝晚期和隋唐时期瓷窑遗址的分布与分期》，《考古》1986 年第 12 期。

③ 王百灵、于海洋：《山东出土瓷器综述》，《管子学刊》2007 年第 3 期。

径6厘米、底径7厘米。1件口微敛,直颈较高,鼓腹,小圈足。白胎,施白釉,釉厚处呈淡绿色。高24厘米、口径14厘米、底径6.5厘米。碗2件,1件圆唇敞口,弧壁,玉璧底。胎白质细,施白釉,足无釉。高4厘米、口径13.5厘米、底径6厘米。1件残,圆唇敞口,弧壁,底部微凹。胎白,器内施全釉,外施半釉,白釉泛绿。碗内底有3个支烧痕。高7厘米、口径16.5厘米、底径9厘米。①

(3)泰安地区莱芜杨庄出土唐三彩三足炉。出土于泰安地区莱芜杨庄(今济南莱芜区杨庄镇)的唐三彩三足炉,是一件唐三彩炉中少见的优秀作品,它具有唐中期器物的特点,造型浑圆丰满,装饰美观,色彩鲜艳。此炉带盖通高22厘米、口径13.5厘米、腹径22厘米。口略侈,圆唇,短颈,鼓腹,小平底,下有三兽足;肩部饰一道弦纹,堆塑三个铺道与三朵图案形莲花,腹部堆塑三只飞狮和三朵图案形莲花,上下错落相间,飞狮伸展双翼,昂首翘尾,四肢作腾空飞奔状,形象十分雄健生动。炉的肩部施白釉及钴蓝色斑彩。腹部施赭、绿彩,堆塑纹饰施赭、蓝、绿、白四彩。陶胎粉白色,器内施薄薄一层淡绿釉。盖高5厘米,口径15厘米。内无釉,外施白釉及淡绿釉。②嘉祥县核桃园村一座墓葬出土一件唐三彩盘,盘呈圆形,直口,圆唇,平底。盘底饰一组六连环花叶三彩。盘径29.3厘米、高4.5厘米。此盘色彩艳丽,纹饰古拙大方,制作细腻,是唐三彩中的精品。可推测,山东瓷窑有具有生产唐代陶器中的精品——唐三彩的能力。

此外,济南山东大学油库唐墓出土瓷器,跟三彩三足罐同出的白瓷大平底碗,与磁村窑址出土的唐中期碗基本相同。济南山东大学公教楼唐墓中出土的两件白瓷碗,皆为璧形底。一为卷唇,斜壁薄胎,白釉晶莹,瓷质优良;一为花口,浅腹,胎较厚,白釉泛黄,与晚唐瓷窑遗址出土的同类标本相似。

总之,进入隋唐时期,随着政治上的稳定和社会对瓷器的需要,山东瓷器的生产发展较快。但碍于自然条件的限制,瓷器生产的范围仍在瓷土产地附近和水源、燃料充足的地方,而且当时的窑工还没有很好地掌握瓷土再加工技术,其产品比较粗糙,皆系民窑。因此,山东地区唐代之前的古瓷窑

---

① 曹建国、聂萍:《山东嘉祥唐墓出土瓷器》,《文物》1988年第6期。

② 吉爱玲:《山东泰安近年出土的瓷器》,《考古》1988年第1期。

均不见于文献记载。

3. 山东淄博磁村窑唐代瓷器

1976年10月,山东省博物馆和淄博市博物馆等对此窑址进行试掘;同年12月,故宫博物院古陶瓷工作者进行了调查。2006年10月,故宫博物院再次对磁村窑址进行调查。

(1)磁村窑生产的主要器类。两次共采集的标本约300件,器类分为碗、盘、盆、缸、钵、壶、瓶、罐、炉和铃等。碗类是该窑生产最多的品种,各类碗可能要占该窑采集产品总数的70%以上。

(2)磁村窑的釉色品种。根据采集的标本,磁村窑釉色可分为青釉、茶叶末釉、酱釉、白釉、黑釉、褐釉、棕黄釉、翠蓝釉和白地黑花等9个品种。其中,以白釉、黑釉和褐釉为主,青釉和白釉黑花其次,而白釉划花、白釉剔花和翠蓝釉等很少。

淄博淄川区磁村窑址出土的油滴黑釉瓷葫芦瓶①,其烧制年代为唐代晚期。该瓶口呈葫芦状,斜平唇,小口细颈;内外饰黑色薄釉,折角处釉略厚,釉色黑中泛酱色,不甚光亮;釉面烧制出均匀的油滴,油滴外小内大,小者小如针尖,大者直径约2.5厘米。胎骨呈白色,较细硬。口径2.7厘米、残高3.8厘米。油滴黑釉是黑釉瓷器上的一种特殊装饰,油滴黑釉瓷器则是我国黑釉瓷器中的名品之一。② 淄博地区油滴黑釉瓷器的发现,证实了本地区烧制油滴黑釉瓷器的年代可追溯至晚唐,同时也反映了淄博地区烧制瓷器的悠久历史和制瓷工艺。③

(3)磁村窑的装饰特征。磁村窑瓷器属于民用粗瓷,从采集的标本分析,有胎装饰、釉装饰和白釉黑彩绘三种装饰方法。

磁村窑白釉刻划折枝花,纹样的设计突破了传统的几何形图案,追求自由奔放灵动的美感,可谓设计独特,技艺精湛。磁村窑的印花用在棕黄釉器上,用缠枝花、水波游鱼和凤纹做装饰,做工很精致。黑釉起线(粉杠)是磁村窑的代表性作品。

(4)磁村窑瓷的烧造时间。根据磁村窑试掘报告,磁村窑烧制时代为唐

---

① 张光明、毕思良:《山东淄博窑址出土的油滴黑釉瓷器》,《考古》1988年第9期。

② 山东大学历史系考古专业、枣庄市博物馆:《山东枣庄中陈郝瓷窑址》,《考古学报》1989年第3期。

③ 李耴勉:《隋唐时期山东制瓷业述论》,《聊城大学学报》(社会科学版)2009年第5期。

至金、元，分五期。第一期为唐中期，第二期为唐晚期，第三期为五代至北宋早期，第四期为北宋中晚期，第五期为金元时期。从采集的标本看，胎粗而厚，杂质多，釉色分黄绿、青灰、土黄、青褐和淡青色等。其淡青色碗内有3枚大的支钉痕，为唐代中期器物。从采集到的2件褐釉钵看，口沿有釉，器身无釉，并在口沿出现一周贴塑的水波纹，为唐代晚期或稍晚期器物。褐釉戳印纹双系罐与河北邯郸博物馆藏唐代褐釉戳印纹注壶的花纹一样，应为唐代器物。

(5)磁村窑瓷器产品的特点。磁村窑地处山东，与河北、河南窑口关系最为密切，烧制的釉色品种很多与河北和河南瓷窑相似，但在烧造产量、装烧工艺、纹饰、胎、釉和器物的种类上有很多有特色之处。第一，一些釉色品种产量大，质量上乘。磁村窑唐代盛烧黑釉瓷器，产量较河南和陕西量大，器皿以碗最多，瓶、壶、罐、炉等次之。釉质晶莹滋润、色黑如漆，磁村窑的唐代黑釉瓷在北方黑釉瓷中可谓上品。第二，装烧工艺不同。淄博磁村窑黑釉起线纹瓷，起线为白色，线条粗且有立体感，器内施釉，内底刮釉，可套烧其他器物，显然与其他窑口有区别。第三，纹样丰富而精细。磁村窑的棕黄釉印花瓷品种，除常见的缠枝花外，还有四鱼纹和凤穿花纹，装饰题材丰富，花纹也很精细。第四，胎、釉、彩和烧造器物种类不同。磁村窑缸胎，呈浅砖红色。白釉有黄白和洁白色。在用彩方面，磁村窑黑彩有浓淡之分。在器物上，磁村窑烧造的白釉黑花器物主要为盆。

总之，磁村窑烧造的瓷器与北方广大地域内出现的装饰手法相呼应，特别受毗邻的河北、河南等北方著名窑口的影响，在吸收其他瓷窑制瓷技术的基础上，逐渐形成了自己的特色产品。此外，磁村窑对同处鲁西南的本地窑口也产生了很大的影响。①

（三）唐代制瓷工艺与装饰艺术成就②

1. 窑炉结构的改进、烧成温度的提高和火焰气氛的适度控制

烧成是制瓷工艺中决定成败的关键工序之一。瓷器的烧成是在窑炉内进行的，瓷坯在窑炉内高温作用下，发生一系列物理化学反应，才能达到完

---

① 董健丽：《山东淄博磁村窑址调查》，《中原文物》2010年第3期。

② 卢建国：《论唐代制瓷业的大发展》，《文博》1985年第2期。

全坚致细密程度的瓷化现象。窑炉是保持高温,形成适宜火焰的重要设施,窑炉结构的完善与否,在一定程度上制约着瓷器的产量和质量。

唐代山东等北方地区普遍砌筑“马蹄窑”或“馒头窑”。所谓“马蹄窑”,是因为窑炉底部平而呈半圆形,状似马蹄;另有一些窑炉,顶部隆起,外观如馒头,按形状特点称“馒头窑”。马蹄窑与馒头窑虽然名称各异,但其结构基本相同,前部设窑门、火膛,即燃烧部位,中部为窑床,用于装烧瓷坯,后部窑壁,其下设有烟孔,并与烟囱连接,以便排除烟尘。这类窑炉是由升焰式陶窑发展演变而成。唐代马蹄窑与以往同类陶瓷窑炉已有显著改革:窑床平面前宽后窄,前高后低,具有适当的倾斜度,这些技术措施导致火焰呈半倒焰式流通,又可使高温中的瓷坯处于机械平衡均势,重心稳定,防止倒窑。烧成时,火焰由火膛上升,雄雄烈火直喷窑顶,因窑顶无孔道流通,火焰则穿过瓷器坯体之间的孔隙煅烧坯件,再倒折至烟孔,经窑壁后的烟囱散失。按照火焰流通程序,此种窑炉亦称“半倒焰式窑”。燃料多用煤炭。烧成时升温慢,降温也慢,易于保温。经过测试,邢窑、耀州窑烧成温度可达1300℃左右,河南巩县窑烧成温度为1150℃ ±20℃。

在提高烧成温度的同时,陶瓷工匠对火焰气氛操纵适度,窑炉内烟、火相宜,形成还原气氛,使铜、铁等各种金属呈色剂在高温还原焰中分解,形成千峰翠色分的青釉,或其他绚丽斑斓的釉色。

2. 装烧工艺与窑具的改进

唐初之前,各地窑场装烧瓷坯,多采用明火叠烧的办法,凡碗、盘、碟、杯等大宗产品,均重叠装窑,在明火中煅烧。因此,瓷器易出现釉面烟熏、火刺、黏结砂粒、器底留有支烧痕迹、底部胎体厚重等缺陷。大约自唐中期以后,浙江鄞县和东阳象塘、湖南湘阳、河南鹤壁集、陕西铜川等窑场改进装烧方法与窑具,使用筒状匣钵装烧瓷坯,将瓷器生坯重叠置于筒状匣钵内,瓷坯之间以三岔、齿形、环状垫饼或托珠支垫,匣钵之间用耐火泥弥合,再将匣钵重叠装入窑室,形成匣钵柱。烧成过程中,瓷坯受到匣钵的保护,避免与烟尘直接接触,有效地杜绝了烟熏、落砂、火刺等弊病,保证釉面洁净莹润;同时,减少了烧成过程中的损坏,避免了支烧痕迹、胎体厚重等现象。唐代使用匣钵装烧与装窑工艺的改革,是提高瓷器质量的重要措施。

3. 护胎釉的使用

护胎釉又称“化妆土”，是以氧化铝含量较高的高岭土精制成液浆，浸渍、浇注在瓷器坯体上，覆盖坯体在成型过程中形成的孔眼、凹凸痕迹，以及坯体上残存的杂质黑点。护胎釉更能提高瓷器的白度和釉的莹润程度，这也是保证瓷器质量的重要措施之一。护胎釉的使用，在两晋南北朝之际已依稀可见。唐代，各地瓷窑较广泛地使用了护胎釉，尤其是北方窑场，诸如河北曲阳涧磁村窑，河南巩县小黄冶、铁匠炉村窑，陕西铜川黄堡镇、玉华宫窑等，都是先在胎体上施一层洁白的化妆土，而后再罩以玻璃质感强的透明釉。

4. 陶瓷彩料的广泛应用

隋代之前的瓷器，以素面者居多。少部分具有装饰纹样的瓷器，装饰技艺主要是先在瓷坯上刻画各种线条或几何形纹样，而后施釉烧成，形成釉下刻画纹饰，或在器皿外壁堆贴模印或捏塑的植物、动物、宗教内容形象等浮雕型纹饰，极少见到具有颜色釉彩构成的装饰纹样。自唐代始，瓷器的品种多样，除了以青瓷、白瓷为主流的单色釉瓷器外，同时又涌现出了使用陶瓷彩料进行装饰的瓷器新品种，诸如色彩缤纷、斑斓绚丽的加彩、花釉、彩绘、釉下彩等。从此，多种陶瓷彩料开始成为瓷器装饰的重要材料。

唐代瓷器纹饰中，常见的釉彩主要有褐(或酱红)、绿、黄、蓝、白、黑等6种。每种色调深浅不同，有的浓艳，有的淡雅。经过分析，初步肯定这些彩料是以铁、铜、铬、锰、钴等金属氧化物组成。这些呈色剂的主要来源是天然着色矿物与单纯金属氧化物。多种陶瓷彩料的应用，充分显示了唐代陶瓷工匠对彩料原料的采选、粉碎加工、配比，以及他们在烧成温度、火焰气氛中的呈色机理与熔融变化规律方面积累的丰富经验。

5. 绘画书法艺术在瓷器装饰上的采用

唐代的绘画、书法艺术，也被富有艺术创造才能的陶瓷工匠们学习和吸收，大胆地移植到瓷器装饰艺术中来，形成绘画装饰瓷器。陶瓷工匠们以笔为工具，以陶瓷彩料当“颜料”，采用传统的绘画、书法艺术手法，在瓷器上描绘、书写出了丰富多彩的装饰纹样，创造了在釉层上、下彩绘纹饰的瓷器。绘画、书法艺术在唐代瓷器装饰方面的采用，开创了瓷器装饰的新技术、新风格，进一步提高了瓷器装饰艺术水平，创烧出了瓷器新品种。

6. 花釉、釉下彩、搅胎瓷器等新品种的创烧成功

花釉是两种或两种以上的釉彩，在高温烧成中互相熔融，产生窑变，形成掩映交错、绚丽斑斓的装饰釉面。常见的花釉多是以黑釉作底，其间饰以淡蓝、灰白彩斑。彩斑流动淋漓，泼洒豪放。花釉、釉下彩、搅胎瓷器等，是唐代瓷器手工业首创的新品种、新工艺，是制瓷工艺技术和装饰艺术方面的重大突破。这些新品种、新工艺标志着唐代制瓷业的先进水平，为我国瓷器彩绘装饰艺术和钧釉瓷、青花与其他彩瓷的诞生和发展奠定了基础。

7. 瓷器的铁质含量显著降低

唐代陶瓷工匠围绕降低瓷器的铁质含量进行了艰苦的创造性劳动。首先，普遍选用了质地较好的瓷土，主要是高岭土，从根本上大幅度降低了胎体的铁质；同时，又采取陈腐淘洗等技术措施，进一步排除铁质及其他杂质与颗粒。如耀州窑发掘中，即在窑址北部发现大面积淘洗陈腐坩土的“泥池”。自唐代以后，瓷器的含铁显著降低，保持在1%以下。

六、隋唐五代时期的山东造桥业

隋唐五代之际，山东地区的桥梁建筑突飞猛进，造桥技术也有了很大提高，一座座横跨江河的虹桥腾空而起，稳健地屹立在齐鲁大地，给当地人民的交通往来带来了巨大便利。国民经济的发展，物质财富的增加以及民众的繁衍，都为造桥业的蓬勃展开提供了坚实的保障。隋唐时代所造跨河桥梁很多，其中较为著名的是郓州须昌（在今泰安东平市西北）的清水石桥、卢县（今山东济南西部黄河两岸）的刘公桥和兖州任城的阳门桥。

（一）郓州须昌的清水石桥

须昌的清水石桥始建于隋朝，是与赵州桥并称的辉煌建筑，但桥的长度及建造规模都远远超过赵州桥。据《元和郡县图志》卷一〇记载：“清水石桥，在县西三里，隋仁寿元年造，石作华巧，与赵州石桥相埒，长四千五百尺。”（按，其他史书记载此桥长度为四百五十尺，不知孰是）无论怎样，须昌清水石桥的总长在当时是首屈一指的，这充分显示了山东造桥行业的实力。可惜这座划时代的宏伟石桥未能像赵州桥一样安全地保存下来。[①]

---

① 陈冬生、王赛时主编：《山东经济史（古代卷）》，济南出版社1998年版，第300页。

（二）卢县的刘公桥

郓州卢县的刘公桥，是横跨济水的一座大桥，原建于晋宋之际，后损坏，唐朝初年在原桥的基座上又重新架建，并且大面积展宽桥面。据《元和郡县图志》卷一〇记载："刘公桥，架济水，在县东二十七里。宋武帝伐燕过此造桥，故俗呼为刘公桥，隋末废，贞观元年重造，长十二丈，阔一丈二尺。"这座桥在唐代一直是横跨济水的主要通道之一。①

（三）兖州任城的阳门桥

任城（今济宁任城区）的阳门桥是跨建于泗水支流的一座中型桥梁，主要以建造华丽、石材贵重和附属建筑雄伟而著称。其桥为单拱形，全部用巨石砌垒，桥栏采用精美石材雕砌而成，桥端矗立着雕柱华表，桥的南端还建起了远近知名的巨型桥亭，而且造型典雅，具有很高的园林和艺术欣赏价值。《全唐文》卷三六五游方《任城县桥亭记》记载："阳门桥者，跨泗之别流，当鲁之要术。初随时以既济，因大驾而改功。观其壅川为池，因地设险，削金堰于驰道，甃石门以飞桥，夹以朱栏，揭以华表，炳若星汉，拖如虹蜺。……则浚池以广之，筑馆以旌之……郁为层构，在水之阳，压鲜原以迥出，流古墉而却倚，危阁巘巘，反宇峨峨。……自堂徂亭，逦迤幽径，上覆藤筱，前临芰荷。凭高伫目，万象皆见。夫河南之胜有三，桥亭得其一。"这座阳门桥及其附属建筑，后来一直作为附近居民游赏的一个景点。②

（四）黄河和济水间的舟桥

在黄河和济水之间，山东人民为了方便往来，还建起了许多舟桥。这是以船只和缆索组合而成的永久性浮桥，体现了齐鲁造桥工人的聪明才智和建造能力。唐玄宗开元年间（742—756），出任齐州刺史的裴耀卿就在黄、济之间先后造了 3 座浮桥，大大缓解了黄济二水东西居民往来交通不便的困难局面。据《全唐文》卷三一二孙逖《唐齐州刺史裴公德政颂》记载："西自于阳谷，东尽于长清，造舟为三桥，置骑为万驿。"这样，水陆交通联为一体，

---

① 陈冬生、王赛时主编：《山东经济史（古代卷）》，济南出版社 1998 年版，第 300 页。

② 陈冬生、王赛时主编：《山东经济史（古代卷）》，济南出版社 1998 年版，第 300—301 页。

提高了交通及经济活动的效率。[①]

总之,隋唐时代的桥梁建造充分显示了当时建筑业的能力,这也是社会发展和经济活动的需要。

七、隋唐五代时期山东手工业发展的特点

隋唐五代时期,山东手工业进一步发展,在全国占有重要地位。山东手工业不仅有了较大的发展,而且总体上有递增发展趋势。其发展演变特点,具体表现在以下几方面:

第一,山东手工业的发展是社会经济变革的必然。

隋唐五代时期的社会经济经历了重大变革。首先,隋和唐前期承北朝之制,实行均田制,但唐德宗建中元年(780)两税法的实行,宣告了均田制时代的结束。其次,隋和唐前期对均田户计丁征租调力役(庸)。从唐中期开始,至五代都实行两税法。再次,隋唐五代,各种役的负担有减轻的趋势。农民丧失和脱离土地,不仅为山东手工业的发展提供了劳动力,而且刺激了消费品市场的扩大。赋税的征收以土地为主要依据和力役之征的缓和、减轻,标志着农民人身依附关系的松弛。这些都为当时山东手工业的发展注入了新的活力。

第二,山东手工业发展的动力是深厚的文化积淀。

"鲁为儒乡,故其人知书,风俗信厚"[②],深厚的区域文化积淀为山东手工行业的深层次发展提供了持续的创新动力与市场需求背景,山东纺织印染、陶瓷生产等行业正是在"俗弥侈泰"的创新文化氛围中得到持续发展,依赖产品中所附载的审美文化积淀,才有了唐代"衣履天下"的山东服装等行业的繁荣。[③]

第三,山东手工业在社会经济中发挥突出的作用。

隋唐五代时期,山东手工业在社会经济中作用的进一步发挥主要表现在:一是隋唐五代时期,山东手工业总体地位重要。山东形成了齐鲁纺织中心;山东海盐产量逐年上升,旧有的盐产区仍在发挥作用,而新辟的

---

① 陈冬生、王赛时主编:《山东经济史(古代卷)》,济南出版社 1998 年版,第 301 页。

② 《全唐文·太平军节度使厅壁记》。

③ 周尚兵:《隋唐时期山东手工行业的特点》,《山东师范大学学报(人文社会科学版)》2009 年第 5 期。

盐区也在不断扩充;山东矿冶业开发和利用更充分;山东陶瓷业有了进一步的发展;山东酿酒业的覆盖面越来越宽,鲁酒更是享誉天下的美酒。二是山东官营手工业的规模扩大,尤其是山东的纺织、海盐、矿冶、陶瓷、酿酒业等,工人和产量均有大量增加。三是山东的官营手工业内部分工有很大的发展。四是山东民营手工业在受限制的环境中取得了进步,不断向前发展。

第四,山东手工业发展的保证是技术创新。

隋唐五代时期,山东手工业的发展主要表现为猪胰练丝、锻制工艺、以盐杀茧、鲁酒酿造等技术的运用。

一是唐代丝的加工有灰练和胰酶剂精练两种工艺。灰练法是用石灰、蜃矿或者草木灰作为碱剂脱胶,灰练过程中要反复清、蕊、挥、沃,渭之"捣练"。精练法是"水湅法","漱生衣绢法,以水浸绢令没,一日数度回转之。六七日,水微臭,然后拍出,柔韧沽九,大胜有灰"。用猪胰制作的胰酶剂精练丝绢,不仅脱胶完全,色泽艳丽,而且省时省工。

二是山东采矿的技术比较简单,但炼钢铁技术不落后,宿铁法在唐初进一步推广,从私家灌炼成为冶坊中的常规工艺。这一系列技术到唐代中期趋于定型,最终形成以蒸石取铁、炒生为熟、生熟相和、炼成则钢为主,辅以渗碳制钢、夹钢、贴钢等冶炼加工工艺的传统钢铁技术体系,其后被长期沿用,成为定式。随着成熟技术的推广,唐代生产工具生产的核心技术发生了质的变化,发生了由冶铸工艺到锻制工艺的技术转型。运用锻制工艺制作刀剑、手工工具和农具的铁匠铺便大量出现在乡村镇市。

第五,山东手工业发展的不平衡表现得较普遍。

隋唐五代时期,山东经济发展的不平衡在时间上和空间上都表现得很普遍,而山东手工业作为一种经济组织,其发展也同样具有不平衡性。

一是表现在地域之间。山东东部地区落后于西部地区。西部地区与东部地区大致可以青州地区为界,即青州以西地区相对发达,青州以东地区相对落后。产生这种差别的原因主要是西部地区位居中原,发达的技术容易传入,且大部分是平原,土壤肥沃,在以农业为主的自给自足的自然经济形态下,其优势得到了发挥;东部地区则大部分是丘陵,土地较贫瘠,而在自然经济之下,相对闭塞,其海岸线长、天然良港多的优势得不到发挥。

二是表现在部门与行业之间。这主要是因为不同部门的企业利润总体上存在差异。官民企业之间的不平衡是很明显的。从企业规模看,官营企业一般比较大,小者数十人、上百人,大者数百人、上千人,甚至达到数千人,而民营企业规模则比较小,虽然也有数百人,甚至上千人的民营企业,但极为少见。从企业类型看,官营企业由于所使用的工匠不同程度地靠徭役征集而来,具有封建奴役的性质,这使官营企业处于向以雇工劳动为特征的专业生产经营类型过渡的类型,而民营企业则普遍存在于前企业的各种类型中。从经营范围看,官营企业几乎遍及所有有厚利可图的领域,并对有些行业实行垄断,民营企业只能在被允许的行业谋求发展。

三是表现在产品方面。唐朝时期诸州向朝廷进贡的物品中,山东西部的曹州、淮州、郸州、兖州、齐州、博州、德州、棣州、青州、沂州、淄州等,皆有质量高、工艺复杂的绢、绞、紬与绵等;而东部的密州、莱州、登州等则没有这些产品。东部诸州向朝廷进贡的物品中与丝织品相当的是“货布”,即麻布。麻布与丝织品比较起来,所需织作技术低而简单。而且丝织业当时是国家主要的手工业部门,其发展水平标志着国家手工业发展的水平。因此可以看出山东西部手工业发展水平高于东部地区。

第五章　宋金元时期的山东手工业

宋金元时期的山东手工业，是山东古代手工业发展继汉唐之后又一繁荣时期。其中，宋金时期，山东手工业在农业发展的基础上，逐步形成具有地方特点的四大手工业部门（即冶矿、纺织、制盐、陶瓷）和五大生产中心（青州、兖州、登州、莱州、淄州）。13世纪中叶，元朝统治者确立了对山东的统治，山东手工业经济进入相对迟滞与缓慢发展阶段。本章着力从九个行业对宋金元时期的山东手工业作较为深入的阐述。

一、宋金元时代的山东行政区划

宋元时期山东手工业经济的发展，呈现出明显的地域特征。由此，有必要先对宋金元时代的山东行政区划作以下简要概述。

（一）宋代山东行政区划

在行政区划的设置上，北宋（960—1127）初期，基本仿照唐制，全国分为13道。淳化四年（993）十月又并为10道。至道三年（997）改道为路，全国被分成15路，后又有所调整，到徽宗时，全国已设26路。地方行政区划实行路、府（州、军、监）、县（军、监）三级制。今山东地区属京东东路、京东西路及河北东路的一部。京东东路（治青州）所辖山东境内的有济南府（齐州升，治历城）和青（治益都）、密（治诸城）、沂（治临沂）、登（治蓬莱）、莱（治掖县）、淄（治淄川）、潍（治北海，今潍坊）7州；京东西路（治应天府，今河南商丘县）所辖山东境内的有袭庆（兖州升，治瑕县，今兖州）、兴仁（曹州升，治佐城，今定陶西）、东平（郓州升，治郓州，今东平县州城镇）3府和济（治巨野）、单（治单父，今单县）、濮（治鄄城）3州及广济军（驻定陶）；山东北部地区，分属于河北东路的滨州（治渤海，今滨州市滨城镇北）、棣州（治厌次，今惠民县城）、德州（治安德）、博州（治聊城）及大名府、开德府、沧州、恩州、永静军等。全省设4府、14州、1军、2监、88县。

（二）金代山东行政区划

金代（1115—1234）的地方行政区划基本承袭北宋，辖区分为19路，再往下分府、州、县，并改京东东路、京东西路为山东东路、山东西路，这是在历史上第一次把“山东”这个古老的地理区域作为行政区划名称。金末，为抵御蒙古军队的入侵和镇压山东各地的农民起义，金朝统治者命尚书、户部侍郎梁镗行六部尚书事于山东，从此有了“山东行省”的名称。后又设立“东平行省”，为行省制度的开端。

（三）元代山东行政区划

元代（1271—1368），统治阶级为了加强对占领区的控制，沿袭了行省制度，先后在山东地区设立了东平行省、济南行省、山东淮南楚州行省、益都行省、山东行省等。行省下设路、府、州、县，形成了四级地方行政制度。当时山东和河北、山西、内蒙古等地作为元朝的“腹里”地区，是中央特区，由中书省直辖，故山东地区没有设立行省，而是直接设路和直隶州。今山东地区设有东平（驻须城，今东平）、东昌（驻聊城）、济宁（驻巨野）、益都（驻益都，今青州）、济南（驻历城）、般阳（驻淄川）等6路，辖曹、濮、德、高昌、泰安、恩、冠、宁海、棣、莱、滨、峄、沂、滕、莒、密、登、胶、潍、博兴、兖、单、济、陵等24州，共辖103县。由于中书省区域太大，因管理之需，在路之上又设立了肃政廉访司和宣慰司作为监察区域。山东地区分属山东东西道宣慰司（驻益都，今青州）、山东东西道肃政廉访司（驻济南）及燕南河北道肃政廉访司的一部分。

宋金元时代的山东行政区划，使山东具有独特的地理环境和自然优势。山东地区依山临海，河流纵贯，平原与丘陵山区交错，气候温暖湿润。因此，宋金元时代的山东不仅是我国较早开发的经济区域之一，而且使手工业经济的发展水平及速度，均明显高于北方其他地区，在全国占有重要的地位。

二、宋金元时期的山东纺织业

宋金元时期的山东纺织业，是山东古代四大手工业部门之一，地位重要。

（一）宋金元时期山东纺织业发展概述

1. 宋代山东丝织业的兴盛

北宋时期，素有“齐纨”“鲁缟”之称的山东纺织业又有新的发展，其中尤以绫罗䌷绢等丝织品的生产最为驰名。当时山东的丝织品种类花样众多，仅绢绫品种就有数十种，其产品质量均属上乘。如兖州的镜花绫，单州薄缣，博州和棣州小绫，密州的絁，潍州综丝，济南的绵绢，淄州绫絁绢及青州丝绵、隔织绢、仙纹绫，均为享誉全国的丝织珍品。宋政府在青州专门设有织锦院，负责织造军队用的布帛和宫廷官府用的名贵丝织物。该院生产的绵绮、鹿胎、绫透背、六铢龟壳等丝织物，工艺复杂，花纹丰富多彩，为专门上供朝廷之精品，只有河南、四川、江浙等部分地区可以生产。单州成武县织薄缣，“修广合于官度，而重才百铢，望之如雾。著故浣之，亦不纰疏”①。表明宋代山东丝织业在工艺技术多方面比前代又有较大进步。

宋代山东丝织业的兴盛，还可从当时土贡记录中找到有参考价值的原始资料。山东土贡丝织品种类约有 12 种之多，其中不乏镜花绫、双丝绫、仙纹绫、花䌷丝葛、平䌷、综丝絁等名贵精品。贡丝地区多达 17 州。各州所贡丝织数量多寡不一，最多者高达 30 匹，少者也有 10 至 20 匹。这些名优产品，不仅在当地享有盛誉，而且在全国名牌丝织品排行榜中，也占有一席之地。

由于山东地区生产的绫、缣、绢、绸等丝织品质量优良、技术精湛，且产量丰富，故宋政府每年都以和买的名目，在该地区收购大量丝绢布帛。史载，“济州有机户十四，岁受直织绫”。青、齐、郓、濮、淄、潍、沂、密、登、莱等州“市平绝”②。神宗元丰年间(1078—1085)，诸路预买䌷绢，京东转运司请

① 〔南宋〕庄绰：《鸡肋编》卷上，中华书局 1983 年版，第 33 页。

② 《文献通考 · 市籴考》。

增预买数30万,即本路移易。[①] 徽宗大观初年,尚书省言大观库物帛不足,令京东等7路市绢、罗、绫、纱1000匹至3000匹不等。不久,朝廷又从京东等3路市绢帛约50000匹至30000匹有差。[②] 根据《宋会要辑稿》记载,北宋时期,朝廷每年从山东地区征调的赋税丝织品产量大致为:绸54827匹,约占全国绸税总额的13.2%;绢490429匹,约占全国绢税总额的16.7%;绫11452匹,约占全国绫税总额的26%;锦绮鹿胎透背250匹,约占全国锦绮税额的24.8%;布49837匹,约占全国布税总额的10.22%。[③] 从以上统计数字不难看出,宋代山东的丝织品数量是相当巨大的,其绫绢锦绮的织造数量仅次于两浙和四川,名列全国第三名。山东已成为宋朝最重要的丝织品供应基地之一。

除官营纺织作坊外,山东地区的民间丝织业也极为发达。京东、河北一带家庭副业十分普遍,史称,"河朔、山东养蚕之利,逾于稼穑"。单州成武"一邑桑柘,春阴蔽野"[④]。棣州、博州一带,民富蚕桑,契丹谓之"绫绢州"[⑤]。潍州北海县蚕"自织如绢",齐州"野蚕成茧"[⑥]。兖州"蚕者豫事时作,一妇不蚕,比屋詈之。故知兖人可为蚕师"[⑦],其养蚕纺织技术已超过江南吴中,堪称全国一流。随着民间丝织业的发展,山东济州、青州等地出现了一批专门从事纺织生产的专业户,称为"机户"。这些机户拥有独立的家庭手工业作坊,机户织造的产品,主要由官府收买。山东地区机户生产规模虽比官营作坊狭小,且受封建官府剥削压榨,但说明了传统家庭蚕丝业开始从农业中分离出来,成为山东私营手工业作坊的重要组成部分。机户的出现,标志着宋代山东民间丝织业发展水平的提高。[⑧]

山东麻织业在宋代也较为发达,麻布产地主要分布在山东淄、莱、沂等州,其中以登莱端布、沂州沂布最负盛名。据《宋史·食货志》等书记载,宋代布价一般每匹布高达300钱左右,而登莱端布布价在宋真宗咸平年间

---

① 《宋史·食货志》。
② 《宋史·食货志》。
③ 《宋会要辑稿·食货志》。
④ 〔南宋〕庄绰:《鸡肋编》卷上,中华书局1983年版,第9页。
⑤ 《宋史·张洞传》。
⑥ 《文献通考·物异考》。
⑦ 〔北宋〕秦观:《蚕书》"艺苑捃华"本,第一函第一页。
⑧ 张学舒:《两宋民间丝织业的发展》,《中国史研究》1983年第1期。

(998—1003)每匹高达1360钱,沂布布价每匹约为1100钱,可知其质量优良在全国首屈一指。山东的麻布大部分用于缴纳赋税,少量剩余产品供生产者自己留用。宋政府于登、莱、密、沂等州"和市"端布,夏、秋税"折纳布",亦达数十万匹甚至更多。

2. 金代山东丝织业的恢复和发展

宋末金初,山东丝织业因受战乱影响而出现衰落趋势,这种局面直至熙宗时才有所改变。据《金史·食货志》载,金政府曾先后颁布一系列法令奖励农民植桑养蚕,规定:"凡桑枣,民户以多植为勤,少者必植其地十之三。"猛安谋克户"每十亩须栽一亩",违者"以事怠慢轻重科之"。桑被灾不能蚕,则免丝绵绢税。[①] 这些措施的实行,大大促进了山东丝织业的恢复和发展。据金章宗泰和六年(1206)十一月尚书省奏,山东、河南、河北等产丝地区的"商旅多以丝绢易茶,岁费不下百万"[②]。另据《金史·地理志》载,金代各地土贡产品中,久负盛名的山东丝、锦、绫、绢等丝织品仍占有相当大比例,表明金代山东丝织业仍保持传统优势,在全国各产丝地区中处于举足轻重的地位。

金代东平所产丝、绵、绫、锦、绢以及夏津、临清、冠县、朝城所产绉、绢等,远近闻名。山东路统军司发放给镇防甲军、马军、猛安谋克的廪给,即钱、米和山东绢3项。官府也在山东地区征"丝绵绢税"。由于山东人"富家尽服纨绮",以致金人认为"山东富庶甲天下"。金章宗问山东参知政事张万公说:"山东风俗如何?"张万公仅回答了一个字——"奢"。[③] 济南府的济阳"有桑蚕之饶"。金熙宗天眷二年(1139)夏,宋将岳飞率兵10万攻东平府,金军仅5000人,"时桑柘方茂",金帅使人在大面积的桑柘林间广布旗帜以为疑兵,竟使10万宋军不敢进攻,相持数日而退,可见这片桑林之广。

3. 元代山东纺织业继续保持发展势头

到了元代,纺织业继续保持发展势头,其生产规模和生产区域有所扩大。产地主要分布在济南、益都、泰安、东平、德州、济宁、濮州(今河南濮阳)、宁海(今烟台牟平区)、高唐等地,其他州县亦生产丝织品,只是产量

---

① 《金史·食货志》。

② 《金史·食货志》。

③ 《金史·舆服志》。

较少。

元朝建立后，颁行《农桑辑要》一书和农桑杂令，各地区大量植桑。史载，滨州“昔无粗麻今纩缯，新桑遍野”①。临清“有丝及香料不少，并有其他物产及贵重货品甚多”。济南“产丝之饶竟至不可思议。……产丝过度而获利甚巨”②。文天祥被押解北上经过山东时，对此有感而发，如《新济州》言济州“时时见桑树，青青杂阡陌”，《发东阿》言东阿“秋雨桑麻地”③。元文宗至顺虫灾，受灾桑树就多达 40 万棵。桑蚕业的兴盛，为山东的丝纺织业的繁荣奠定了基础。

元代山东的丝织业生产，分为官营、民营两种，其中官营规模较大，品种最为齐全。据《元史》记载，东昌、恩州两地曾专门设置织染局，负责朝廷、官府所用名贵丝织品生产。④ 官营丝织品种众多，规格有 10 余种，主要包括丝、绵、绫、绢、罗、绮、绸等，这些丝织品不仅产量大，花色品种多，而且质地优良。

1975 年，考古工作者在山东邹县（今济宁邹城市）李裕庵墓出土 50 余件纺织品，大部分是丝织品，主要有绸、罗、缎。其中，一幅绸织方巾人物、鸟兽、花纹图案连同框内文字同时织成，针线细密匀称，采用了辫绣、平绣、网绣、打籽绣等多种绣法。在仅有 1 厘米左右的人物上，附加一根丝线，便显出人物面部的眉眼、口鼻和袍服上的束带、交领以及手中的拐杖，具有较典型的“鲁绣”特点，堪称丝织佳品，显示了元代山东丝织技术的高度发展。⑤另一幅绛色绸方巾长 65 厘米，宽 50 厘米，左右两边织成卷草纹图案，上下两端织成三行大小不同、相互交叉的方块纹。上部正中织一老寿星，身穿曳地长袍。老翁右手托一盘，盘内置灵芝，盘下系彩带。左侧有一只仰视的小鹿，左上角织“寿山福海”四字；右侧有一只仙鹤，昂首展翅，右上角织“金玉满堂”四字。方巾下部有 6 行 42 字。这幅绸织方巾上下人物、鸟兽、花纹图案连同框内文字同时织成，针线细密匀称，花纹苍劲雄健，图案异常精美，堪

① 《松雪斋文集》卷八。
② ［意大利］马可波罗著，冯钧译：《马可波罗行记》中册，商务印书馆 1936 年版，第 515—516 页。
③ 《文山全集》卷十四。
④ 《元史·百官志》。
⑤ 山东邹县文物保管所：《邹县元代李裕庵墓清理简报》，《文物》1978 年第 4 期。

称丝织佳品[1]，显示了元代山东丝织技术的高度发展。

李裕庵墓出土的9件刺绣衣物，采用双丝拈线不劈破衣线绣制，花纹苍劲雄健，质地坚实牢固。

元代时，山东的民间丝织业也有较大发展。在元代政府的赋税中，丝料为主要税赋之一。山东亦为元代政府赏赐诸王贵戚"五户丝"的主要地区。根据元朝政府规定，山东等丝织产区，每二户出丝一斤，以给国用；五户出丝一斤，以给诸王功臣。元仁宗延祐年间（1314—1320），山东益都路每年纳丝11518斤，济南路每年纳五户丝9745斤，般阳路每年纳五户丝3656斤，东平路每年纳五户丝8224斤，德州每年纳五户丝3009斤，泰安州每年纳五户丝2425斤，高唐州每年纳丝2399斤，济宁路每年纳五户丝2203斤，濮州每年纳五户丝1836斤，恩州每年纳五户丝1359斤，宁海州每年纳五户丝1812斤。[2] 元太宗八年（1236）与宪宗三年（1253），黄河三角洲的齐东、高苑两县出产的丝，就分别被赏赐给左手九千户合丹大息千户和阿可儿，深得蒙古贵族的喜爱。

元朝五户丝原户数总计约为934994户，延祐六年（1319）全国实有五户丝户数总计约为243254户，实纳丝数总计约为97349斤。按此数字计算，山东五户丝原户数约占全国总数的75%，延祐六年（1319）山东五户丝实有户数约占全国总数的53%，实纳丝数约占全国总数的50.3%。山东五户丝户数及实纳丝数，均在全国名列首位。从各州、路所纳五户丝的数量可以看出，山东民间产丝地区较为广泛，且量很大。

山东民间丝织产品除缴纳赋税外，另有部分丝织品销往全国各地，有些产品还远销高丽等国。高唐州丝绸在元代久负盛名，高丽商人多在每年五月赴高唐购买绵绢，然后经由海路贩运至高丽都城王京（今朝鲜开城）开展贸易。

（二）宋代山东蚕桑丝绸业的发展

宋代，随着经济重心的南移，全国的蚕桑丝绸业中心最终完成了由北向南的转移。但作为传统的蚕桑丝绸业生产基地，无论时事如何变迁，也无论

---

① 山东邹县文物保管所：《邹县元代李裕庵墓清理简报》，《文物》1978年第4期。

② 《元史·食货志》。参见张照东：《宋代山东区域经济研究》，齐鲁书社2006年版，第123页。

经济重心如何转移，可以肯定地说，北宋时期，山东仍然保持着全国蚕桑丝绸业中心之一的地位。

有关宋代山东丝织品生产的情况，《宋史・地理志》《太平寰宇记》《元丰九域志》中都有记载。可以看出，宋代山东蚕桑丝绸业生产表现出以下几方面的特点①：

1. 几乎是家家纺织，处处蚕桑

据记载，当时的山东妇女皆须从事纺织事业，如果有不从事蚕织业的，便会遭到他人的责骂耻笑，如秦观（1049—1100）笔下的兖州就是如此，“予游济河之间，见蚕者豫事时作。一妇不蚕，比屋詈之。故知兖人可为蚕师”②。

2. 出现了一大批著名的丝织品牌

北宋时，山东著名的丝织品品种比唐代明显增多，除青州场院进贡的锦绮、鹿胎、透背等高级丝织品外，各地都有自己的土产或者贡品。

第一，各地除了原有的丝织品种，如青州的仙纹绫，兖州的镜花绫、双距绫，魏州的花䌷、绵䌷、平䌷，徐州的双丝绫，以及各地的绢、绵外，不少州又出现了新的丝织品种，如淄州的绫和绝绢，沧州的绫和大绢，潍州的仙纹绫和综丝素絁。整体来说，宋代各州府的土产较唐代更为丰富多彩。

第二，各州府上贡朝廷的丝织品品种及数量较唐代明显增多。如青州的仙纹绫从10匹增加到30匹，齐州从贡丝葛15匹到贡绢10匹、绵100两，徐州从贡绢20匹到贡双丝绫、䌷、绢各10匹，魏州从贡白绵䌷、白平䌷各8匹到大名府贡花䌷、绵䌷、平䌷各10匹，棣州从原来贡绢10匹到贡绢、絁各10匹，密州从原来贡赀布10匹到贡绢10匹，淄州从原来无贡到贡绫10匹，沧州从原来无贡到贡绢10匹，新增加的潍州贡仙纹绫和综丝絁各20匹，滨州贡绢20匹。

第三，各州的丝织品种，如青州的丝绵、隔织绢、仙纹绫，济南的绵绢，博州的平䌷，潍州的综丝素絁、仙纹绫，棣州的绢絁，淄州的绫、絁绢，密州的絁，兖州的镜花绫，徐州（领滕县）的双丝绫，大名府（领临清、夏津等县）的花䌷、绵䌷、平䌷，以及贡品中未提到的单州的薄缣，都是当时的名牌产品，深

① 姜颖：《山东丝绸史》，齐鲁书社2013年版，第199—208页。

② 〔北宋〕秦观：《蚕书》“艺苑捃华”本，第一函第一页。

受内外商人及少数民族喜爱。[①]

3. 出现了纺织专业户——机户[②]

宋代山东的丝绸业生产主要表现为以下几种形式：一是官营丝织作坊；二是传统的家庭纺织手工业；三是官僚、地主、寺院的纺织手工业；四是机户，即一种专业的纺织手工业生产形式，是纺织手工业生产发展到一定程度的表现，这种生产更多地表现出市场经济的特征。

宋代山东丝绸业生产机户的出现有以下几种途径：一是土地日益减少的自耕农，纺织手工业的收入在这类家庭中所占比重日益增加，以至成为专业的纺织机户；二是专门以蚕丝业为生的农户，大多发展为机户；三是有些城镇居民走上纺织作坊生产的道路。宋代的机户已经很多，当在10万户上下，占全国总户数的0.5%—0.7%。[③] 机户的出现，反映了宋代山东丝织业发展水平的提高。

（三）元代山东丝织业生产的发展

元代，丝织业仍然是山东最重要的手工业生产行业，山东仍是全国的丝绸业中心之一。

1. 元代山东丝织业生产概况

元代的手工业生产形式如宋代一样，有官营手工业生产机构、官僚地主纺织手工业生产作坊、民间纺织作坊和农村家庭副业。元政府在工部下设立自中央到地方的各级有关织染的管理机构，其中在山东设立的官营纺织手工业生产机构有恩州织染局、恩州东昌局等，专门负责朝廷、官府所用名贵丝织品的织造与染色。与以往相比，山东的生产规模、生产区域都有所扩大，生产质量和品种都有所提高和增加。此时官营丝织品种众多，各种规格有10余种，主要包括丝、绵、绫、绢、罗、绮、绸等。丝织品产地主要分布在济南、益都、泰安、东平、德州、济宁、濮州、宁海、高唐、滨州、潍县等地。[④]

2. 元代山东丝绸业发展的具体情况

元代山东丝绸业发展出现了以下几种情况：

---

① 姜颖：《山东丝绸史》，齐鲁书社2013年版，第201页。

② 姜颖：《山东丝绸史》，齐鲁书社2013年版，第206—208页。

③ 漆侠：《宋代经济史》（下册），上海人民出版社1988年版，第644页。

④ 姜颖：《山东丝绸史》，齐鲁书社2013年版，第210页。

第一，山东的桑树种植迅速得到恢复，出现了“田野桑麻一倍增，昔无粗麻今纩缯”的局面。定陶由蚕桑久废变成桑林极目，长清、禹城、馆陶和莘县皆桑树郁然成林，滨州新桑遍野。这些局面的出现与元政府的重视及各地官员的努力有很大关系。

第二，各地丝织业发展兴盛。据《马可波罗行纪》记载，强格里城（即临清）“有丝及香料不少，并有其他物产及贵重货品甚多”；向南的中定府（一说为济南府，一说为东平府）“有商人无数，经营大规模之商业，产丝之饶竟至不可思议”。该城“所辖巨富城市十有一所，商业茂盛，产丝过度而获利甚巨”。再向南的新州码头（即济宁），“船舶之众，未闻未见者，绝不信其有之，此种船舶运载货物往契丹、蛮子之地，运载之多，竟至不可思议，及其归也，载货而来，由是此二河流来往货物之众可以惊人”。在马可波罗的笔下，山东西部沿运河一线，形成一个以济南为中心的丝织网络，西北的临清，西南的东平、济宁，皆丝织业发达，商业茂盛。其实，济南西北的高唐也是丝织业发达的地区。①

3. 元代山东丝绸业的赋税征收

从赋税征收中也可以看出元代山东丝织业之发达。科差是元代的税收之一，主要包括丝料、包银和俸钞三项。丝料按户征收。就丝料来说，元代有“二户丝”和“五户丝”，“二户丝”直接供奉官府，“五户丝”是元朝政府分封给诸王、后妃、公主及功臣的分地食邑，故亦称“五户丝分地”。山东是元政府缴纳五户丝最重要的区域。山东缴纳五户丝的户数，无论原户数还是实有户数，都占全国的一半左右，缴纳五户丝的数量，也占全国总数的一半以上。如果再加上大名府中涉及山东的部分，这一数字还会增大。因此说，元代山东五户丝的征收范围和数量在全国所占的比例是最大的。②

4. 元代山东的织缎技术、刺绣特征

据朱新予先生分析，李裕庵墓出土的女帽，上织杂宝云纹图案，地组织是经五枚，花组织为纬五枚，整件织物织制精密，纹样繁杂却十分清晰，这说明元代山东的织缎技术已达到相当高的水平。当时文武百官公服均用罗织物制成，贵族的帐幕大多亦用罗，所以罗的织作技术水平也很高。时至元

---

① 姜颖:《山东丝绸史》，齐鲁书社 2013 年版，第 210—211 页。

② 姜颖:《山东丝绸史》，齐鲁书社 2013 年版，第 213 页。

代,宋朝十分流行的三经绞罗很少发现,但传统的四经绞罗还占有一定的地位,为出土实物所常见;早就出现、但在元朝以前的绞纱织物中始终不占重要地位的二经绞组织,到元朝却大量盛行。二经绞是在一个位置上有两根经丝和一根纬丝重叠,因此整个织物呈现绉效应。李裕庵墓中出土的鱼莲纹罗女夹袄,就以这种二梭罗作地,平纹起花,显现绉地平花的效应。[①] 墓中出土刺绣品具有典型的鲁绣(也称衣线绣)特征:一是采用较粗的、不劈破的双股捻丝衣线绣成,带有明显的豪放、朴实、健美特色。二是采用接针、平针、套针和打籽等针法,以及辫绣、平绣、网绣、打籽绣等灵活多样的绣法,以增加刺绣内容的丰富性和层次感。如在23厘米长、5厘米宽的狭窄裙带上,能绣出三个层次的画面。上部绣三块骨朵云、两只对首飞翔的凤鸟,接针绣出枝干扭曲的松树,套针绣出玲珑的假山。山左一着长袍的老人拄杖凝视,山右一株灵芝草,山下再以双丝线接针绣出地面。中部绣一身着短装、头扎双髻,在小路上行走的小童,前有一座假山,山上有一鹤一鹿。下部为近水景色,水中有杂草、荷花和一只水鸟,水面另有一只水鸟飞翔。三是针线细密,整齐匀称,特别是在仅有1厘米左右的人物上附加几根丝线,使人物面部眉、眼、口、鼻和袍服束带、交领及手杖等图纹,更加清晰逼真,难度之大,可想而知。这种绣法反映出当时绣工的熟练技巧和刺绣工艺水平。[②]

(四)宋元时期山东蚕桑丝绸业的生产技术

宋元时期是我国蚕桑丝绸技术归纳总结的时期,此时出现了不少研究蚕桑丝绸业的著作,如宋代秦观的《蚕书》、元代政府编写的《农桑辑要》、王祯的《农书》,以及鲁明善的《农桑衣食撮要》、苗好谦的《栽桑图说》等。这些著作,通过大量引用前人的研究成果,以及描写当时的蚕桑生产实际,或者对以往的蚕桑丝绸生产进行归纳总结,或者对南北方的生产技术进行比较研究。因此,这些著作是了解宋元时期山东蚕桑丝绸生产技术的重要参考资料。

1. 缫丝

宋元时代有三种储茧方法:晒、盐浥、笼蒸。前两种方法,《齐民要术·

---

① 朱新予主编:《中国丝绸史(通论)》,纺织工业出版社1992年版,第256—257页。

② 王轩:《谈李裕庵墓中的几件刺绣衣物》,《文物》1978年第4期。

种桑柘》中已有,并指出“用盐杀茧,易缫而丝韧;日曝死者,虽白而薄脆”。可见,晒茧不易杀蛹,且丝的品质会受影响;盐浥是一种稳当方法,且丝的品质也好。但瓮藏盐浥需很多设备,操作程序也较复杂,所以,元时笼蒸法最为流行。《韩氏直说》记载:“用笼三扇,用软草扎一圈,加于釜口,以笼两扇坐于上。其笼不以大小。笼内匀铺茧厚三四指许。频于茧上以手背试之,如手不禁热,可取去底扇,却续添一扇在上。亦不要蒸得过了,过了则软了丝头;亦不要蒸得不及,不及则蛾必钻了。如手背不禁热,恰得合宜。”这是以更番换笼为方法,以手背不禁热为温度要求,以无过无不及为原则的一种杀茧法。为了防止所蒸茧干了丝头,当时还总结出了在釜汤内加盐一两、油半两的经验。这种方法与前两种相比是一种进步,但操作时很难掌握分寸,容易蒸过或不及。①

在唐代手摇缫车的发展基础上,宋代的手摇缫车得到进一步完善。从秦观的《蚕书》中可以看出其基本形制:整个缫车由灶、锅、钱眼(锅面横板中间大钱的方孔,起束丝作用)、锁星(亦称缫星,即导丝滑轮,并有消除丝缕上颣节的作用)、添梯(长约二尺五寸的横动导丝杆,上有丝钩,起引导丝分层卷绕到丝框上的作用)、丝钩、鼓(牡娘墩)、丝軖(绕丝工具,一种有辐撑的四边形或六边形木框)等部分组成。丝軖上有手柄,缫丝时,一人投茧索绪添绪,一人手摇丝纴,将茧锅中的丝头穿过钱眼,绕过锁星,再通过添梯和导丝钩,绕到丝軖上。这种车形制“得之兖人”,因此,是山东缫车的一种反映。关于这种缫车,清代杨屾在《豳风广义》中又以图示方式作了更为清晰的说明。②

脚踏式缫丝车在宋代已经出现,元代初年开始普及。③ 这种车由灶、锅、钱眼、缫星、丝钩、丝軖、曲柄连杆、脚踏板等部件构成。曲柄连杆将脚踏杆与丝軖相连,当脚踏动踏杆做上下往复运动时,曲柄连杆会使丝軖做回转运动,丝軖回转运动的惯性便会带动整台缫车运动。与手摇缫车相比,脚踏式缫车是一种进步,它将手摇柄改成了脚踏装置,使缫丝者可以充分利用两只手从事索绪、添绪等工作,这极大地提高了缫车的功效。

---

① 姜颖:《山东丝绸史》,齐鲁书社 2013 年版,第 229—230 页。

② 姜颖:《山东丝绸史》,齐鲁书社 2013 年版,第 230 页。

③ 赵翰生:《中国古代纺织与印染》,中国国际广播出版社 2010 年版,第 105—106 页。

元代脚踏式缫车有南、北两种。两种缫车构件与形制基本相同，都有灶、釜、钱眼、锁星、丝軖、曲柄、踏绳、足踏板等装置，都使用加热法缫丝。但二者之间也存在极大的不同：第一，北方缫丝习惯用热釜，也叫作火缫，实际上就是将灶中所煮之茧趁热直接缫丝；南方擅长用冷盆，也叫作水缫，这种缫法是将缫车安在水盆上，盆中放温水，先将煮熟的茧子放入盆中，继续浸渍，使茧层进一步软化膨胀，以补煮茧之不足，并且能清除茧层纤维间的杂质和洗清附着于茧层的色素，然后再缫丝。冷缫比热缫多一道工序，速度略慢，效率要低些。第二，南、北方所缫之丝的质量不同。热釜只能缫单缴或双缴粗丝，而冷盆可缫全缴细丝。由于多增加了一道丝胶的溶解工序，所以冷盆所缫之丝，洁净光莹而又坚韧，属于丝中上品，适宜织锦绣缎罗，但这种方法后来未能得到很好地推广，直到现代机器缫丝，才基本上应用了水缫原理。元代山东所用，即为脚踏式热釜缫丝法。第三，北方缫车车架低，机件更为完整，丝的导程相对来说更短，更有利于提高缫丝效率。第四，两种缫车大锅上都接一甑圈，即去底的盆，北方用的是木盆，南方用的则是陶土盆。在甑圈内，北方以一木板在中间拦断，这样可以二人对缫，提高缫丝效率，只是所缫之丝相对来说粗糙些。①

至于缫丝需掌握的温度，《蚕书》云，“常令煮茧之鼎，汤如蟹眼”，即将温度控制在 80 摄氏度左右，水似开非开之时。对于所缫之丝的质量，《士农必用》总结出“细圆匀紧”的标准，即无褊慢节核（接头疙瘩）和粗恶不匀现象。做到这一点，关键在于解决断缺丝绪的衔接问题。宋元时期，人们研究出自然带绪的方法，即将清丝用指面喂在丝窝内，自然带上去，这样便无接头。元代山东使用热釜缫丝，量大但品次，不如宋代丝织品细薄。②

2. 纺织

王祯《农书》卷二十一《蚕桑门》中以图文并茂的形式，详细记载了缫丝之后、纺织之前各种整丝程序以及所用工具，如丝籰、络车、经架、纬车等。

丝籰是一种络丝即收丝工具。丝缫出后，在丝軖之上，不方便使用，因此，需要按织物要求进行整理，整理的第一步就是将之绕于丝籰之上。丝籰，《方言》曰：“兖豫河济之间谓之榬。”郭璞注曰：“所以络丝。”《农书》中

① 姜颖：《山东丝绸史》，齐鲁书社 2013 年版，第 231—232 页。
② 姜颖：《山东丝绸史》，齐鲁书社 2013 年版，第 232 页。

说："必穷贯以轴，乃适于用，为理丝之先具也。"所以，篗是一种由数根竹箸或木杆短辐交互而成，中间有孔，贯之以轴，手持轴柄，用手指推即可转动，并将丝线绕于其上的简单机具，这种工具的发明大大提高了牵经络纬的速度。①

络车是将缫丝车丝軖上的丝绞转移到丝篗上的一种缠丝工具。《方言》曰："兖豫河济之间谓之榬，络谓之格。"郭璞注云："所以转篗络车也。"《说文解字》云："车柎为柅。"《通俗文》曰："张丝曰柅。"这里的"柅"是张丝绞的装置，由竖立地面的四根木棍组成。当时有南、北两种络车，据王祯《农书》记载，北络车，通用于北方，山东所用，自然是这种北络车了。其具体结构与用法："盖以脱軖之丝，张于柅上；上作悬钩，引致绪端，逗于车上。其车之制，必以细轴穿篗，措于车座两柱之间。（谓一柱独高，中为通槽，以贯其篗轴之首；一柱下而管其篗轴之末）人既绳牵轴动，则篗随轴转，丝乃上篗。"这是一种以绳牵轴、轴带篗转的络丝方法，首先将缫丝车丝軖上脱下的丝绞，张于柅上，柅上作一悬钩，将丝绪引过丝钩，逗于车上。络车以细轴穿篗，放在车座的两柱之间。两柱一高一低，高柱上有一通槽，安放篗轴的前端，低柱上有一孔，放篗轴的末端。篗轴上兜绕一绳，工作时，用右手拉绳一引一放，篗轴便随之转动，左手理丝，丝便随之络于篗上。北络车的牵绳掉篗已具有了机械运动的特点，丝篗旋转既安稳又迅速。②

经架，也叫作纼床，是一种整丝工具。整丝是纺织前的一道重要工序，它是将许多篗子上的丝，按需要的长度和幅度，平行排列到经轴上，以便穿筘、上浆、就织。据考察，当时的整经形式主要有经耙式和轴架式两种。但据《农书》中的记载及从难易程度分析，宋元时代山东所用经架，以轴架式为主。经架的形制是两柱之间架一大丝框，框轴处连一手柄。工作时，一人转动经架上的手柄，一人用掌扇理通纽结的经丝，使丝均匀地绕在大丝框上后，再翻卷在经轴上。这种方法简便，并且具有产量高、质量有保证、适应面广的特点，因而受到欢迎。③

纬车，即纺车，又名繀车，是用以纺丝的工具。其具体结构与工作方法

① 姜颖：《山东丝绸史》，齐鲁书社 2013 年版，第 233 页。
② 姜颖：《山东丝绸史》，齐鲁书社 2013 年版，第 234 页。
③ 姜颖：《山东丝绸史》，齐鲁书社 2013 年版，第 234—235 页。

是:“其柎上立柱置轮,轮之上,近以铁条中贯细筒,乃周轮与筒,缭环绳。右手掉轮,则筒随轮转;左手引丝上筒,遂成丝緯,以充织纬。”①即在一立柱上置一大轮,轮中贯一细筒,之间用绳缠绕牵连,当用右手转动大绳轮时,筒即随轮转动,此时左手便引簟子上的丝缕上筒,即纺成纤细的丝。

在纺织方面,王祯在《农书》中画了两种织机:一种如同后世的花机,由二人操作完成,一人织丝,另有一人坐于花楼之上提丝;另一种称之为卧机,这一织机较为简便,由一人操作完成,最适宜于民间小手工业者使用。这种织机很早就出现,如汉代之前为五十综五十蹑、六十综六十蹑,马钧将其改为十二蹑。宋元时代较前大为简便,《农书》中说:“今红女织缯惟用二蹑,又为简要。”由此看来,山东当时所用织机主要是简单的卧机。②

3. 练漂染整

元政府在山东设立官营织染机构——恩州织染局,表明山东丝织染色业的兴盛;《农桑衣食撮要》中也有种收红花、紫草、蓝等染料的记载,从《元丰九域志》土贡中可看出,宋代大名府的紫草业发达,每年上贡50斤紫草。至于捣练,王祯在《农书》卷二十一《砧杵》中提到了新的捣练工具砧杵以及新的捣练方法。捣练工具以往即有,如汉代班婕妤的《捣素赋》、唐代魏璀的《捣练赋》和张萱的《捣练图》中都有反映,但宋元时代所不同的是,将以往的立杵改为卧杵。以往都是女子对立,各执一杵,上下捣练于砧中,其叮咚之声互相应答。卧杵则是对坐捣练,既方便又快捷,容易成帛。卧杵取代立杵是捣练工艺上的一大进步。③

(五)宋金元时期山东丝织品的种类及用途

1. 丝织品的种类

宋元时期,山东丝织品的种类同样是很多的,主要有绫、丝、绢、绵、绸、絁、缣、罗、绮、缎、锦等,与以往不同的是,此时丝织品的种类出现了以下特点:

第一,高级丝织品种类增多。如宋代青州织锦院所生产的、专供皇室宫

---

① 《农书·蚕桑门》。
② 姜颖:《山东丝绸史》,齐鲁书社2013年版,第236页。
③ 姜颖:《山东丝绸史》,齐鲁书社2013年版,第237页。

廷享用的丝织品就有锦绮、鹿胎、透背等,从名字看,有的是丝织品种类,有的可能与花纹图案有关。

第二,丝织品的分类更加细致。从宋代各地上贡朝廷丝织品的名称中可以看出,许多丝织品在不同地区有不同的创意,如绫就有青州和潍州的仙纹绫、青州的花隔织、兖州的镜花绫、徐州(辖滕县)的双丝绫;绸有大名府(辖临清、夏津等县)的花绸、绵绸、平绸,博州的平䌷;絁除普通的外,还有潍州的综丝素絁。细致的丝织品类型的出现,说明宋代山东丝织技术水平的提高。此时四经绞提花罗和二经绞绉地平花罗的盛行,表明罗的织造技术达到了高峰。

第三,宋元时代山东也应当出现了新的丝织手法——销金。销金,即将金丝掺入蚕丝中,用作织物的装饰,增加织物的富丽感,象征尊贵与权势。其实这种织法早就有之,但直到宋元时才广为流行。鉴于民间也多有制作,皇帝不得不多次下令禁限,如宋真宗大中祥符元年(1008),"申明非命服勿服销金,及不许以金银为箔之制"①。仁宗庆历二年(1042)规定,"禁销金为服饰"②。至大四年(1311),元仁宗下令,"禁民间制金箔、销金、织金"③。

李裕庵墓中出土丝织品上的众多花纹图案,如喜鹊闹梅、盘龙回纹、菱纹、斜纹、莲花双鱼纹、荷花鸳鸯纹、缠枝莲纹、杂宝云纹、方棋纹、卷草纹等,不仅表明此时山东的丝织纹样更加丰富,而且与整个中国历史和传统文化的发展同步,时至宋代,中国封建社会呈现出内敛、淡雅、成熟的格调。所以,此时山东丝织品的花纹多以山水花鸟图案为主,喜鹊闹梅、寿山福海、金玉满堂及鱼、鹿、莲等,都带有喜庆美好的寓意象征。④

2. 丝织品的用途

宋元时代,丝织品除以往常规化的需求外,宋代特别显著地是用于军需、议和和赏赐,元代在赏赐和对外交流方面的需求也明显增加。

(1)用于军费与议和

由于北宋经常受到周边少数民族政权的威胁,因此,北宋的军队数量空前,军费需求巨大。从臣僚的奏议中可以推断,当时政府每年收入的大约

① 《宋史·真宗本纪》。
② 《宋史·仁宗本纪》。
③ 《元史·仁宗本纪》。
④ 姜颖:《山东丝绸史》,齐鲁书社2013年版,第238—239页。

2/3用在军需上。当时的军需，除粮草外，还有大量的丝织品，甚至丝织品成为主要的方面，如宋吏陈尧叟曾认为，“国家军须(需)所急，布帛为先”[①]。这些丝织品，或用以购买军需物资，如粮草、军器物料等；或直接用作军需物资，如制作军服、旗帜；或用以赏赐军士等。在靖康元年(1126)和二年(1127)，各付给金绸缎100万匹和1000万匹。宋仁宗天圣年间(1023—1031)以后，兵师、水旱费无常数，三岁一赉军士，内藏除出银钱外，还需出绸绢百万匹，锦绮、鹿胎、透背、绫罗纱縠合50万匹。在战争失利的情况下，软弱的宋政府采用议和的办法，每年又需付给辽、西夏和金大量的丝织品。据统计，北宋每年给辽绢20万匹，西夏绢15万匹。[②]

(2)用于俸禄和赏赐

宋代的官俸是相当繁杂的，《宋史·职官志》详细列举了各级官员所享受的俸绢以及赠给的绢匹，如宰相、枢密使，每年“春、冬服各绫二十匹，绢三十匹，冬绵百两”，如此算来，每人每年绫、绢共100匹，冬绵100两。其他各种官吏均按等级规定支给。宋朝赏赐范围极广，项目极多，除皇族宗室、公卿大臣、功臣、义士、孝子外，每次庆典祭祀活动后都有大规模的赏赐。如宋太宗至道末，“三岁一亲祀郊丘，计缗钱常五百余万，大半以金银、绫绮、絁紬平其直给之”。这一数字约占当时全年缗钱收入的四分之一。宋真宗景德年间(1004—1007)祀南郊，内外赏赉金帛、缗钱总共601万。到仁宗皇祐年间(1049—1053)飨明堂时，增长到1200余万，以致用度不得不减少。[③]

据今人尹良莹先生测算，北宋每年用于议和(包括辽、西夏、金)的丝织品约150万匹，文官俸禄500万匹，武士服装350万匹，边防250万匹，庆典赏赐500万匹，共计1750万匹，以每匹50尺计算，共需丝437500万担，计21875吨；绸29000万米(按：应在2亿米左右)，相当于我国目前真丝绸生产的50%。[④] 这个数字是相当惊人的。这些赏赐俸禄，基本出自内府，而内府的丝织品，其中重要的一部分，出自山东。

金元时代也多有俸禄赏赐，如元代的五户丝，即政府对皇族宗亲和勋臣的一种俸禄和赏赐，其数字也是巨大的。此外，还常有其他赏赐，如金章宗

---

① 《宋史·陈尧佐传》。
② 姜颖：《山东丝绸史》，齐鲁书社2013年版，第239—240页。
③ 姜颖：《山东丝绸史》，齐鲁书社2013年版，第240—241页。
④ 杨丹编著：《丝绸文化》，纺织工业出版社1993年版，第106—107页。

明昌三年(1192),棣州人刘瑜,质其子以给母丧,诏赐粟帛。据方志记载,元代至正年间(1341—1368),密州知州黄济治行第一,帝遣使以金帛褒之。① 长清人严忠嗣,因善战赐币五十端;淄川人赵福,因战功赏绢三十匹;章丘人许琮,因战功而赐缣二百余端。另,还有不少赐锦衣、绣衣者,不详述。

(3)用作货币

宋仁宗景祐四年(1037)秋七月,诏河北州郡密严边备,出三司银及内藏库绢下河北路市籴军储。皇祐二年(1050)闰十一月,河北水,诏蠲民租,出内藏钱四十万缗、绢四十万匹付本路,使措置是岁刍粮。②

(六) 宋金元时期山东蚕桑丝绸业的贸易与传播

宋元时期,山东的丝绸业贸易非常兴盛。从贸易范围来说,有对内贸易和对外贸易两种;就贸易形式来说,包括官方贸易和民间私人贸易两种;就贸易的路线来说,有陆路、水路和海路,两宋期间与高丽、日本等国的贸易主要依靠海路,元代既有陆路也有海路。

北宋时期山东的对内贸易除政府所进行的和买绢贸易,以及政府有时拿出府库所藏购买军需所进行的贸易外,还存在民间贸易。这些贸易主要在东西、南北以及海上三条商路进行:一是青州向西,至齐州、汴京的水陆商路;二是徐州向北,经兖州至德州,甚至到达辽境的南北陆运商路;三是密州向南,至江浙、两广的海上商路。当时进行贸易的商品中重要的一部分就是丝织品,山东的丝织品以质量高、产量大而享有盛誉,时人称之为"东绢"。京东路出产的"东绢"与当时的河北绢并称"精绢",同样受到人们的欢迎。③

北宋时期山东对外贸易的对象主要是高丽和日本,出口货物大部分是传统农业与手工业产品,其中包括丝、绵、帛、绫、绢等。据记载,高丽人很善于织文罗花绫、紧丝锦绢,但他们"不善蚕桑,其丝线织纴,皆仰贾人,自山东、闽、浙来"④。对外贸易的港口主要是登州和莱州,特别是登州,自唐代起就是对外交往的重要口岸。

金统治时期,山东商业贸易的规模和流通量仍然是很大的,无论陆路还

---

① 咸丰《青州府志·名宦传》,清咸丰九年(1859)刻本。
② 姜颖:《山东丝绸史》,齐鲁书社 2013 年版,第 242 页。
③ 姜颖:《山东丝绸史》,齐鲁书社 2013 年版,第 242—243 页。
④ 《宣和奉使高丽图经·土产》。

是海路贸易都很发达。南宋洪迈《夷坚志》卷二十七《宗立本小儿》记载,宗立本,世世为行商,自己一直与妻子从事由山东东部到西部贩卖缣帛的生意,并且也已年老。由此可以推断:第一,宋代山东由东向西,经登州黄县至潍州再到济南一线,一直盛行着商业贸易。第二,丝织品因贵重、轻便易贩运、质量好受人欢迎等特点,而成为当时贸易中的重要物品。

除贸易外,还有蚕桑丝绸业的传播问题。原产山东的优良品种鲁桑,逐渐伴随着北方果树嫁接技术传入嘉湖地区,人们将果树嫁接移用于桑树,使鲁桑通过嫁接改换,在当地自然选择和人为选择,显示出了"青出于蓝,胜于蓝"的稳定优势,逐渐形成了具有江南特点的众多桑树新品种,这就是举世闻名的湖桑。

元代实现了中国的大一统,并且进一步疏通了陆路和水路交通,开通了南北交通的三条海路,极大地便利了山东与海外的联系。因此,元代山东对内贸易相当发达,马可波罗笔下的临清、济南、东平、济宁都是重要的手工业和商业城市。在对外贸易方面,特别是对高丽的贸易相当发达。从宋徽宗时期的《宣和奉使高丽图经》中可以看出,高丽土产主要是麻,他们善于织文罗花绫,但"不善蚕桑",制作丝织服饰所用丝线都得从中国进口。这种情况到元代并没有改变。丝织服饰在高丽是相当贵重的,只有上层社会才能享用,所以山东高唐州的丝织品深受高丽人喜爱,高丽商人经常前往购买,然后贩运到高丽京都王京(今朝鲜开城)出售,获取厚利。一般来说,高丽商人每年五月到次年正月进行着从山东高唐州到高丽京都王京的贸易,往返于高唐、直沽、开城之间。由于商人的大量贩运,高丽出现了争相享用丝织服饰的奢华之风,以至于有人上书,别贵贱,尚俭素。①

三、宋金元时期的山东陶瓷业

宋金元时期是山东陶瓷业的黄金时代。迄今为止,考古工作者已在今山东境内发现宋元陶瓷窑场25处,其数量之多、品种之丰、产量之大,均属空前。这一时期,山东陶瓷生产规模比隋唐明显扩大,工艺技术提高显著。宋金产品涵盖青釉、黑釉、酱色釉、黄釉、白釉、剔花、刻画花、白地黑花、纹胎、釉上彩等诸多品种。元代山东陶瓷品种器型厚重,装饰略显单一,多系

① 姜颖:《山东丝绸史》,齐鲁书社2013年版,第246—247页。

黑釉、褐系黑釉、褐色釉、白地黑花等品种，而烧制品种明显减少。从产品结构来看，宋元时期山东各地瓷窑产品除青州白瓷等高档名品外，大部分瓷窑产品为中、低档生活日用产品。消费层面主要面向普通百姓。另外生产少量名贵精品，供达官贵人、皇宫贵族等上流社会欣赏收藏。

（一）宋金元时期山东制陶业的发展

1. 宋金元时期山东制陶业概况

考古工作者在枣庄市薛城区、齐村区及市郊发现宋代古窑址3处，这些陶瓷烧造窑场已具有相当规模，所制瓷器以白瓷和碗、钵、罐等日常生活用具为多，器物造型朴实稳重，产品讲究实用。其中白釉褐花罐及白釉褐斑碗，采用刻花、剔花工艺装饰，与当时北方广大地域内的装饰手法遥相呼应，构成北宋陶瓷工艺的独特风格。①

元代山东的陶瓷业也极为发达，陶瓷产地主要分布在淄博、枣庄等地，其生产规模比宋金时有所扩大，制瓷技术依然在全国处于领先水平。但淄博磁村窑的产品变得粗糙而单调，呈现出衰落的迹象。

近年来，考古工作者在枣庄发现元代陶瓷窑址。另据文献记载，“元时峄州西北四十里有陶者数千家，岁以陶致富饶”。峄州“钓台居民业陶者甚多，作冶什器贾数千里，获利尤厚”②。可见，峄州陶瓷业在元代是相当发达的。

2. 山东淄博窑金代三彩陶器

淄博市位于山东省的中部，是我国历史悠久的陶瓷产区之一，亦即古代淄博窑所在地。淄博境内，古代窑址星罗棋布，绵延不绝，而且衔接有序，承继关系清楚。

公元1127年，金人南侵，北宋灭亡。宋高宗赵构建南宋，定都杭州，偏安一隅。时山东为金政权统治，虽社会动荡，但陶瓷业非常发达。这一时期的陶瓷业，除淄川磁村的华岩寺窑、西河的西坡地窑外，主要集中在颜神镇城区沿孝妇河南岸数华里的大街一带，品种多为日常用瓷，釉色除单色白釉

---

① 枣庄市文物管理站：《山东枣庄古窑址调查》，《中国古代窑址调查发掘报告集》，文物出版社1984年版，第380、382、384页。

② 光绪《峄县志·物产略》。

瓷、黑釉瓷、油滴釉瓷、茶叶末釉瓷外,还有绞胎瓷和彩瓷,虽然造型简单、装饰草率,但其粗犷不羁、洒脱生动的时代特点非常明显。特别是这个时期生产的黄绿釉彩瓷更是别具一格,既沿袭了“唐三彩”“宋三彩”的制造工艺,又在诸多方面有所创新,可以称为淄博窑“金三彩”。①

淄博窑金三彩釉色艳丽,格调高雅,品种繁多,造型生动,是中国古陶瓷中的艺术精品,堪称淄博历史瑰宝。它的艺术价值、历史价值和收藏价值不言而喻,其名声与价格与日俱增。

(1)金三彩的胎质、釉料及制作工艺

金三彩的陶胎制作采用当地出产的青土,胎土陶炼比较细腻,具有良好的可塑性能,含铁成分极低,胎色为白色或略显红色。成型方法主要是模制法和雕塑法,雕塑法完全是凭手工捏制而成。模制即模子制坯,将泥料或打成泥片置入模型内后,用力压制,稍干取出,即成器坯。有单模成型、合模成型和先多片模压出器形后再粘接成型。模制的痕迹在三彩器物上呈现得非常明显。在出土金三彩器件和残碎片的窑址废墟中,也大量发现模和范,其材质和金三彩器物完全相同。

金三彩的烧成使用二次烧成法。胎坯成型后,首先入窑素烧,出窑冷却后再涂绘上三彩釉汁,干燥后再二次入窑釉烧。由于釉烧温度较素烧温度低,所以成品器型比较规整,几乎没有变形,釉和胎结合紧密,极少有釉层剥落现象。无论素烧和釉烧,全用一种“窑体呈圆筒形,窑顶呈球冠形”的小馒头窑。

金三彩的釉色主要是黄釉、绿釉和微显牙黄色的透明釉,也有少数器物用黑色釉做装饰、点缀。施釉的方法主要是刷釉、沾釉和浇釉法。一般器物施釉都不到底,由于不同颜色的釉料调配得当,色彩的透明度和饱和度都非常高,特别是在烧制过程中,主釉色互相交融,互相渗透,由此又繁衍出介乎于纯色的中间色,使金三彩呈现出溢彩流霞、斑驳淋漓的艺术效果。在有些金三彩器物施绿釉的表面,发现有银白色的一层薄膜,像“银釉”一样,更显得光润亮丽。②

(2)金三彩的器形风格和特征

和唐三彩相比,淄博窑金三彩生产的不是明器,而是当时人们使用的日

---

① 魏传来:《山东淄博窑金代三彩陶器欣赏》,《陶瓷科学与艺术》2009 年第 9 期。

② 魏传来:《山东淄博窑金代三彩陶器欣赏》,《陶瓷科学与艺术》2009 年第 9 期。

常生活用器。主要是集工艺陈设与实用于一体的日常生活用具,如各种各样的象生灯、狮子枕、三足香炉等;佛像,如观音菩萨、怀抱男根的送子(男)神仙等;艺术陈设器,如女真族仕女、宦官、武士、人骑马、骑狮等;以及各种各样的人物动物造型、童嬉等儿童玩具。

淄博窑金三彩在器形设计上广采博取,既体现了汉族传统文化的特点,又具有非常浓厚的北方女真民族文化特点,有着鲜明的时代特征。如金三彩仕女,在发现的金三彩器物中占有很大的比重。她们的体形姿态、衣着打扮,时代感都非常强烈。特别是女真族仕女,穿着非常华丽,当是金代女真贵族最流行、最时髦考究的服饰。她们有的怀抱爱犬,有的手持铜镜,有的双手玩扇,流露出富足骄侈的神态,应该是金代女真族统治阶级奢侈浮华生活的写照。金三彩的菩萨造型也很有特征,如观音菩萨女相装扮,面貌端庄秀美,身材窈窕,衣纹洒脱,一脸善相。值得一提的是金三彩男根和双手怀抱男根的送子(男)神仙,更是形象逼真,气韵生动,反映出了金代生殖崇拜的风俗特点。金三彩武士的形象,则是身材剽焊、肌肉发达、两目圆瞪、英武刚烈,一副剑拔弩张的威严之相。①

(二)宋金元时期山东制瓷业的繁荣

1. 宋金元时期山东制瓷业概况

宋元时期,山东地区的制瓷业经过北朝至隋唐时期的发展,至宋金时期发展到繁荣阶段。元代由于战乱,山东地区的制瓷业出现萧条局面,有些窑址停烧于此时。山东地区目前发现宋元时期的窑址达10余处,其分布与唐代大致相同,范围有所扩大。主要窑址有:淄博磁村窑、博山大街窑、淄川坡地窑,临朐火光窑,泰安宁阳西太平村窑、西瓷窑,枣庄中陈郝窑,泗水后沟窑,临沂朱陈窑,聊城临清窑等。这些窑址,均进行过正式的考古调查或发掘。②

宋元时期,山东地区诸窑口所产瓷器特征明显,风格突出,既受周边窑口的影响,又有地方特色。特别是淄博窑口产品,吸收外地窑口制瓷技术,形成自己的特色。发掘所见,淄博窑产品吸收了磁州窑、钧窑、龙泉窑、建

---

① 魏传来:《山东淄博窑金代三彩陶器欣赏》,《陶瓷科学与艺术》2009年第9期。

② 王百灵、于海洋:《山东出土瓷器综述》,《管子学刊》2007年第3期。

窑、越窑、耀州窑等当时各大名窑的先进技术，并有创新，形成自己的独特风格。此时山东诸窑口所产瓷器虽多属民窑产品，且多烧制日用瓷器，也烧制玩具瓷器和工艺美术瓷器，但生产量大，器类繁多，是这一时期山东地区所用瓷器的主要来源和产销地，故所见窑址、墓葬、窖藏出土瓷器数量也较多，其中不乏精品。尤其是当时淄博窑口烧制的雨点釉、茶叶末釉、黑釉粉杠瓷、纹胎瓷和三彩瓷等工艺美术瓷，制瓷工艺高超，产品各具特色，多为瓷器精品，代表了这一时期山东地区制瓷工艺的最高水平。这一时期，山东诸窑所烧瓷器釉色更加丰富多彩……而且出现了窑变花釉和三彩釉，色彩艳丽；酱色釉、茶叶末釉、油滴釉亦为多见，呈现出绚丽纷呈的局面。①

山东地区已发掘的宋元时期的墓葬亦多有瓷器出土，不仅有山东地方窑口所产瓷器，也多见外地窑口所制瓷器。这一时期瓷器窖藏也较多见，多出土不同时代、不同窑口的瓷器精品。淄博市博山区公安局在 1971 年挖防空洞时发现一座宋代墓葬，出土了一批北宋湖田窑影青瓷器精品，有执壶、熏炉、四系罐、碟、盏、盘十几件，均完整无损，品相极佳，为北宋湖田窑影青瓷器精品，甚为珍贵。1978 年，在临淄淄河店出土一批窖藏瓷器，瓷器盛在一大白釉瓷缸内，保存完好，计 79 件。有定窑白釉印花碗、盘，钧窑瓶、黄釉盘和淄博窑所产的白釉碗等，皆完整，保存较好，均较珍贵。② 1982 年，在博山大街北首出土一批元代窖藏瓷器，瓷器盛在一酱釉瓷缸内，计 17 件，有龙泉窑盘、蔗段洗，湖田窑白釉印花碗，钧窑盘等，均为典型的元代瓷器，代表了元代诸窑口所烧瓷器的工艺水平。③

金代山东制瓷业仍十分发达，淄博、枣庄等传统名窑继续保持发展势头，其生产规模、烧造工艺、装饰技术均有新的突破。据考古工作者调查和发掘，淄博磁村窑、坡地窑，枣庄中陈郝南窑、柏山窑、渴口南窑、渴口北窑、雷村新村窑、齐村窑等窑场，在金朝已普遍使用煤炭做燃料，并采用匣钵叠烧新工艺进行烧制，所制瓷器胎骨坚致，釉面光洁，制作规整，种类增多。主要器物有碗、罐、盘、碟、瓶、壶、匣、钵、器盖、瓷人、瓷狗等。釉色仍以白釉为主，施化妆土，其次为黑釉、紫定酱色釉、黄釉，青釉数量较少。这一时期淄

① 王百灵、于海洋：《山东出土瓷器综述》，《管子学刊》2007 年第 3 期。
② 张光明、杨英吉：《山东临淄出土宋代窖藏瓷器》，《考古》1985 年第 3 期。
③ 张光明、毕思良：《山东淄博出土元代窖藏瓷器》，《文物》1986 年第 12 期。

博、枣庄等地瓷器的装饰技法更加丰富多彩，除北宋中、晚期已出现的剔花、刻花外，还出现了绞胎、白釉黑花、加彩、篦纹、黑釉粉杠等技法。[①] 值得注意的是，白地黑花产品在金代大量涌现，这种瓷器不仅数量多，而且纹饰粗放、造型优美，代表了金代瓷器的主要装饰风格和北方磁州窑系的特色。纹饰多以荷花、水波、浪花、花卉、草叶、鱼纹、弦纹和变体莲瓣纹等图案为题材，所绘纹饰线条简洁流畅，色调对比鲜明，形象生动逼真，表现出较高的制作技巧和工艺水平。

2. 宋元时期山东淄博制瓷业

淄博是宋代山东瓷器产地。近年来，考古工作者在淄博淄川区磁村发掘出宋代瓷窑炉 10 座，成型作坊遗迹 1 处，窑炉 2 座，烘烤炉 1 座，釉料池 1 座，井 1 口，并出土大量瓷器制品。这些瓷器主要有碗、罐、罐盖、盘、碟、杯、杯托、钵、盆、球、俑、瓶、玩具等，其中以碗的数量为最多。釉彩颜色以白釉为主，其次为黑釉、酱色釉，黄釉数量较少。白釉白度极高，釉面光洁，釉色纯正。胎骨白而坚致，胎薄而匀，制作规整。黑釉数量虽少，却达到黑如漆、明如镜的程度。其装饰技法更趋成熟，出现了剔花和刻花新工艺。淄博磁村古窑和坡地古窑等均属民窑，多用本地产的青土制胎，这种青土是煤藏的伴生物，一般处在煤的上层，离地面较近，容易开采，且可塑性较好，宜制作各种各样的产品，但含铁量较高，不能制造细瓷。磁村窑烧制的三彩器造型生动，釉色艳丽，后人称之为“宋三彩”。“宋三彩”既有汉族传统文化的特点，又有浓厚的北方女真民族的文化特色，时代特征十分鲜明。与唐三彩不同，淄博的三彩瓷，不是陪葬用的明器，而是当时人们日常生活中的用器。

由于燃料从烧柴改为烧煤，故淄博各古瓷窑从窑炉结构、窑具到瓷器产品都发生了深刻变化，其生产规模比唐、五代时期也有明显扩大。有学者论证，宋朝官府曾在淄博磁村窑设置瓷窑务机构，专门负责管理该地税务征收，足见其制瓷业之发达。[②]

元代山东制瓷技术依然在全国处于领先水平。但淄博磁村窑的产品变得粗糙而单调，呈现出衰落的迹象。

---

① 山东淄博陶瓷史编写组：《山东淄博市淄川区磁村古窑址试掘简报》，《文物》1978 年第 6 期。

② 山东淄博陶瓷史编写组：《山东淄博市淄川区磁村古窑址试掘简报》，《文物》1978 年第 6 期。

考古工作者陆续在淄川磁村、坡地发掘元代瓷窑遗址2处，并出土大量瓷碗、盆、罐、杯、灯、钵、瓶、碟、盖、俑、球、壶、玩具等瓷器和窑具，所制瓷器以生活用品为多。这些瓷器以白釉为主，其次为黑釉、白地黑花釉、酱釉，黄釉数量较少。白釉白度很高，釉面光洁，胎骨白而坚致，胎质薄而匀，制作规整，种类众多。其装饰技法丰富多彩，有刻花、剔花、蔑纹、白地黑花、加彩、黑釉、白釉粉杠、白釉黑边、胶胎等。尤其是淄川坡地窑所制瓷器纹饰粗放，造型优美，主题花纹有花卉、水草、浪花、荷花、水波、鱼纹、弦纹等。常见一件瓷器上有多种纹样，并题写“清静道德”“风花雪月”等草字，字体草率流畅，表现了窑工熟练的装饰技巧。[①]

四、宋金元时期的山东矿冶业

山东冶矿的开采在宋金元时期颇具优势，矿产种类从金银到铁矿，均有开采。其中尤以金、铁生产最为有名。

（一）金矿和银矿、铜矿的开采

1. 金矿的开采

山东是宋代黄金的主要产区，金矿主要分布在鲁西的沂州（今山东临沂）和兖州，胶东的登州和莱州。从时间上来说，鲁西采金要早于胶东地区（北宋时期胶东地区已分为登州和莱州，登州包括现蓬莱、栖霞、福山、龙口、牟平和乳山等县，首府在蓬莱。莱州包括招远、莱州、莱阳、海阳、莱西、平度等县，首府在莱州）；而在胶东地区，胶东东部早于胶东西部。从北宋初期至中期，胶东金矿的重要性日益显著，终于远远超过鲁西，成为全国之首。

宋初太宗年间，登州和莱州两地的黄金生产就很有名，然数量尚少。北宋中期，由于登、莱两州改进淘金方法，使胶东黄金产量在历史上首次跃居全国首位。“至皇祐中，始大发。四方游民，废农桑来掘地采之，有重二十余两为块者，取之不竭。县官榷买，岁课三千两。”[②]四方之民慕利聚集金矿者，不下数万人。“登州之金三千九两，莱州之金四千一百五十两，此宋皇裕

① 以上考古资料分别参见下面的资料：山东淄博陶瓷史编写组：《山东淄博市淄川区磁村古窑址试掘简报》，《文物》1978年第6期；淄博市博物馆：《山东淄博坡地窑址调查与发掘》，《中国古代窑址调查发掘报告集》，文物出版社1984年版。

② 〔南宋〕吴曾：《能改斋漫录》卷一五，中华书局1979年版，第455页。

(祐)之贡额也。"[1]宋仁宗时期,"天圣中,登、莱采金岁益数千两"[2]。据不完全统计,神宗元丰元年(1078),登州岁收金课4711两,按税率20%计算,年产黄金约23555两。莱州岁收金课4872两,年产黄金约24360两,两地合计岁收金课9583两,年产黄金高达47915两左右。当时全国年金课岁收总计10710两,年产黄金约53550两,登、莱二州的黄金产量约占全国总产量的89.5%,足见宋代山东冶金业之发达。

北宋时期,山东的采金技术也有重大进步,开始采用溜槽淘金法,并逐步取代了原始的木盘淘金。在富产黄金的京东路地区,砂金分选器有了很大发展。据北宋朱彧《萍洲可谈》卷二记载:"两川冶金,沿溪取砂,以木盘淘,得之甚微,且费力。登、莱金坑户止用大木,锯剖之留刃痕。投砂其上,泛以水,砂去,金著锯纹中,甚易得。"人们把独木剖开,凿制成了木溜槽,冲水淘采。山东地区的这种方法便于采用集体劳作的形式,生产效率更高。这种新技术比之传统的木盘淘洗法,具有省时、省力、效率高等特点,极大地促进了冶金技术的革新和黄金生产能力的提高。京东东路的登州、莱州除有淘金活动外,还有开采脉金矿的活动。欧阳修在《赠太子太傅胡公墓志铭》中提到:"庆历六年(1046)夏,河北、河东、京东同时地震,而登、莱尤甚。公以岁推之,曰:'明年丁亥,岁之刑德,皆在北宫。阴生于午,而极于亥。然阴犹强而未即伏,阳犹微而未即胜,此所以震也。是谓龙战之会,而其位在乾。今西北二虏,中国之阴也,宜为之备,不然,必有内盗起于河朔。'明年,王则以贝州叛。公又以为登、莱视京师,为东北隅,乃少阳之位也。今二州并置金坑,多聚民以凿山谷,阳气损泄,故阴乘而动。"从这段话来看,登、莱等州不仅产砂金,也是脉金矿产地。

金、元之际,经历战乱动荡,山东地区的矿冶业生产逐渐衰落下来。但在元代,山东的金矿业仍然得到一定的恢复。

金初,山东各金银坑冶实行官营,世宗大定三年(1163),始允许民间自由开采,政府按税率5%征收矿税。不久,金世宗又诏令各金银坑冶"听民于农隙采银,承纳官课"。章宗时又规定,凡有矿冶之地,"委谋克县令籍数,招募射买"。据统计,金章宗明昌二年(1191),全国"见在金千二百余铤,银

---

① 《天下郡国利病书·山东上·物产》。

② 《宋史·食货志》。

五十五万二千余铤”①。但有关山东各矿冶生产规模、产量、经营管理等的情况,《金史》等书均未有记载,无可查考。

元代,山东的金矿产区主要集中在登、莱、益都、栖霞等地。《元史·食货志》载:“初,金课之兴,自世祖始。其在益都者,至元五年(1268),命于从刚、高兴宗以漏籍民户四千,于登州栖霞县淘焉。至元十五年(1278),又以淘金户二千总管府,依旧淘金,其课于太;府监输纳。”元世祖至元五年(1268),元政府命益都漏籍民户4000户,于登州栖霞县淘金,每户岁输金4钱。凡是产金的地点,官方都设置了场务机构,如“林寺山,在莱阳县东八十里,山多林木,上有古寺。元时尝置金场”。

由于元代统治者多爱奢侈享受,为了增加黄金的收入,元政府对百姓进行了残酷剥削,给采金户带来了沉重的经济负担。例如,莱阳金山矿,“编户置官,岁供金额有增无减。三时砂汰仅得分毫。名曰淘金,实则买金铸纳。户渐逃亡,官复侵剥。大约金户一家之赋,当他户三倍之多,而户不胜其苦”②。可见,元代金课征收之繁重,不仅造成金户大量逃亡,而且严重阻碍了冶金业的发展。

元代各种矿藏的开采和冶炼最初均由政府控制,元代承继宋金制度,在传统的产矿区、冶炼区设置铁冶提举司、金银冶提举司、淘金总管府衙、铜冶总管府之类的机构,管辖签拨或招募来的矿冶户计,从事采冶生产。其中提举司为最高管理机构,提领所则为最基层的管理机构。如泰定帝四年(1327)曾下令益都、淄莱等路淘金总管府向太府监输纳金课。

2. 银矿、铜矿的开采

宋金元时期,山东地区的银矿、铜矿产量都不高,银矿主要分布在登、莱、密等州。“密州民田产银”③,“莱阳产银砂,民有私采者”④。铜矿主要集中在益都、临朐等地。

关于银矿的开采与经营,一般是民户开采、政府银课的方式。北宋政府年收银课,登州为500余两,莱州最高额为340余两,全京东路岁收银课可达4400余两。元代则在济南、般阳(冶所今淄博淄川)、宁海等路设银场提

① 《大明一统志》。
② 《齐乘·山川》。
③ 《宋史·曾公亮传》。
④ 《宋史·荣諲传》。

举司,招募淘银户,开矿冶银。元成宗大德年间(1297—1307),国家金银的禁榷政策被打破。与此同时,山东地区的冶银业中还逐渐恢复了原南宋的抽分制。如沂州宝山“元大历(德?)间,设提举司取矿炼银,倒以官收其三,民得其七”①。抽分制的出现,促使矿冶户与商人或手工业主发生直接的交易活动,扩大了金银作为商品的流通数量和范围。“济南也是元代银矿产区之一。”②

宋代,山东泰山地区也曾发现铜矿,但由于东岳泰山是历代皇帝封禅天地、祈祷祝拜之地,昭示着上天与皇权的尊严,所以在宋真宗大中祥符五年(1012)五月对在东岳泰山地区发现铜矿而颁布了禁采令。当时“入内供奉官江德明言:‘监修东岳庙,民间言山出铜矿,采炼得实,望令兴置冶务。诏不许。’”③山东地区的铜冶是至元年间(1264—1294)开始生产的,规模不大。至元年间(1264—1294),元政府拨调1000余冶户于临朐县七宝山等处开采铜矿。

3. 金银器制作

北宋以后,由于瓷器的兴盛,山东地区的金银器逐渐衰落。宋代金银器的进步主要表现在制作和装饰工艺上,并且出现了大量的私营金银器作坊。从出土文物看,宋代山东的黄金制品加工制作工艺技术明显提高,黄金制品种类广泛,有装饰品、官荐、金银塔、日用品等。

1986年,山东青岛新发现金银字书写佛经——《妙法莲华经》。全经共7卷,每卷长1100多厘米,宽30厘米,共约7万字。这部经文是用金银字书定在特制磁青名纸上的,每卷经文包皆用北宋特有的捻金线织成的糯蒲锦装裱,其制作技术高超精湛,具有极高的工艺价值。④ 这表明山东的镂金技术也达到了相当高的水平。

宋银塔,山东省博物馆所藏,为北宋的佛塔模型,原置于山东莘县宋塔地宫内,1968年拆除砖塔时发现。塔身通体由银片制成,高69.7厘米,底座宽14.6厘米。塔基呈六边形,边长6.6—7.4厘米,每边花形镂孔,每个角有龙头衔风铃。塔座之上为方形塔身,共12层,自下而大小逐层递减。第

---

① 万历《兖州府志·山川》。

② 张照东:《宋元时期济南经济的发展》,载《济南文史论丛初编》,济南出版社2003年版。

③ 《续资治通鉴长编·七大中祥符五年五月癸未》。

④ 中国史学会:《中国历史学年鉴·1987》,人民出版社1988年版,第328页。

一层较高,四周有护栏,前后有门,门内置释迦牟尼、普贤与文殊像。门顶有飞天一对,其上为一周力士斗拱,托单层檐。四角及四檐皆系风铃。释迦牟尼、普贤、文殊、飞天等皆为银鍪金。第二层以上,前后有门,左右为窗,四周护栏,单层檐,四角悬风铃。第二和第三层内置释迦牟尼佛像,第四层内放舍利盒。塔顶部为高耸塔刹,直插云霄。鍪金银塔可以说是罕见的国宝。

(二)铁矿的开采

宋金元时期,山东地区的冶铁业得到进一步发展。

山东地区的铁矿产地主要分布在登州、兖州、青州、莱州、郓州等几个地方。其中兖州的莱芜监是全国四大冶铁中心之一,该监所产生铁大部分用于制造农具和兵器,少量生铁用于铸造宗教建筑物和手工业工具。此外,淄、齐、沂诸州亦为主要产铁之地,如淄州东埠冶、沂州都城冶较为有名。今天淄博的金岭镇铁矿在宋朝就有记载,《太平寰宇记》:“淄川县西山在县北七十里,有铁矿,古今铸矣。亦出磁石。”在今天的山东淄博、临沂等地区,当时也有铁矿的出现。《大明一统志》载:“沂州(今山东临沂)大利冶山在州西南一十里。路旁有巨铁二块。在地中。”可以看出在临沂地区也有铁矿的出现。《大明一统志》还记载:“青州府益都县。金山在县西八十里。金岭镇取此以名。又北十里。即临淄之铁山也。临淄县商山在县西。即古铁山。临朐县海浮山在县西南二十里。下临熏冶泉。又西为三一山。三峰西合而东分。可十余里。北麓有钟乳洞、石虎洞。……又出铅、铁、铜、锡,丹砂之类。山下河水间出金砂。”据《续资治通鉴长编》记载,郓州和青州也是宋代山东地区重要的冶铁基地,“每岁制造诸般军器及上供简铁之类,数目浩瀚”①。登、莱州也是宋代山东重要的铁矿产区,“铁官山,文登西百四十里,去牟平城百里,汉置铁官冶铸遗迹尚存”②。《读史方舆纪要》载:“百润山县东北七十里,山形透迤,涧水交错,旧产铁。又北曲山在县西北三十里,旧亦产铁。”“莱阳县仓山在县东五十里,旧产铁。”《大明一统志》载:“文登县铁官山在县西一百四十里。汉置铁官,冶铸遗迹尚存。招远县出金。蓬莱县出铁。……胶州出金、锡。即墨出铁。”“登州府龙山在府城西四十里,

---

① 《续资治通鉴长编·起神宗元丰六年九月尽其月》。

② 《齐乘·山川》。

上有龙洞山，产铁，尝有场”。除了这些一般的铁矿山外，宋朝的苏颂在《国经本草》中说道：“磁石生泰山山谷及磁山山阴，有铁处则生于其阳。”

北宋时期，闻名全国的冶铁四大监，兖州莱芜监即其一。据载，莱芜监所属铁矿，共有18冶，有冶工千余户、占工千余户，岁收铁课19.8万公斤，元丰元年（1078）实收12.1万公斤，按矿税率20%推算，该监年产生铁约60.5万公斤，其生产规模和产量仅次于当时的徐州利国监，在全国居第二位。此外，据《宋会要辑稿》记载，登州岁收铁课原额1327.5公斤，元丰元年（1078）实收岁课1887.5公斤，按矿税率20%计算，年产生铁9437.5公斤左右。莱州莱阳县元丰元年（1078）实收铁课额2145公斤，冶课生铁原额2400公斤。据此推算该地年产生铁10725公斤左右。以上数字仅粗略统计官营冶铁矿区的铁产量，尚未包括民间私营业的生铁产量。惜史籍对铁课、生铁产量未有记载，详情不得而知。

宋初，山东各官营矿区实行劳役制，生产效率低微，至北宋中期开始改为募役制，生产效率有明显提高。仁宗时，“莱芜冶铁为民病，当役者率破产以偿”。兖州知州梁适“募人为之，自是民不忧冶户，而铁岁溢”①。宋神宗时期，山东官营矿冶改为民间经营，由政府召百姓开采，自备物料烹炼，产品按二八抽分制，官收税二分，其余八分允许坑户自由货卖。矿冶民营方式的实施，扩大了矿产品商品化的比重，极大地推动了山东冶矿业的发展。著名的民间冶铁大户有莱芜吕正臣、登州姜鲁等，共18户。其中莱芜吕正臣兴办的冶铁企业规模最大，所雇用的工徒最多，该企业“斩木锻铁，制器利用，视他工尤精密。人人予一，己独予三；人出取三，我独取一。凡东州之人，一农一工”②，农具器械，皆该企业制作。

关于金代山东地区冶铁业的资料十分缺乏，从《金史·食货志》可知，金朝各坑冶实行官营，置匠官，设官局。金世宗大定三年（1163），政府按税率5%征收矿税，允许民间自由开采。

元代，山东矿冶业由官营转为允许私人采炼，缴纳矿课，提高了生产者的积极性，促进了矿冶业的发展，一度恢复到了北宋时期的水平。元代山东地区的冶铁矿区主要分布在济南、莱芜。《元史·食货志》记载：“产铁之

① 《宋史·梁适传》。
② 《乐静集·吕正臣墓志铭》。

所,在腹里曰济南。”济南冶铁产品种类“有生黄铁,有生青铁,有青瓜铁,有简铁。每引二百斤”[1]。

为加强对山东的管理,元朝政府专门设立济南、莱芜铁冶提举司,职掌冶铁。各府司皆设提举(正四品)、同提举(正五品)、副提举(从六品)各一人。世祖中统四年(1263),在济南等处将一些“漏籍户”为冶户;至元五年(1268),又立济南等处铜冶总管府。元中书省还针对济南、莱芜铁冶“课无所益,而民不胜扰”的情况,奏立济南、莱芜铁冶为都提举司,“以清盐使然里沙、札鲁花赤员外郎田可宜并为都提举,中书椽刑秉仁副之”[2]。元仁宗时期奸相铁木迭儿曾以国家“经用不足”为由建议朝廷“惟预买山东、河间运使来岁盐引,及各冶铁货,庶可以足今岁之用”[3]。至元十六年(1279),山东都转运盐使司掌管莱芜铁冶提举司。结果,各处铁冶“废置不常”,最后亦“听民煽炼,官为抽分”[4]。武宗至大元年(1308),复立济南都提举司,设立宝成、通知、昆吾、元国、富国等5处冶铁监。元代铁冶有时也归山东盐司管辖。至元二十五年(1288)三月,改山东转运使司为都转运使司,兼办济南路酒税醋课。次年又以莱芜铁冶提举司隶山东盐使司。此后,山东运司的变革状况不得而知,但山东的冶铁业有所恢复和发展。

宋金元时期,山东在冶铁技术方面有很大提高。宋代,山东冶铁业中开始用煤炭做燃料炼铁。据史籍记载,“石炭自本朝河北、山东、陕西方出,遂及京师”[5]。用煤取代木材并应用于冶铁及其他行业,可谓冶炼技术的重大革新。其效果有:一方面可节约大量木材,有利于森林资源保护;另一方面可提高生产能力和冶铸质量,所制铁器更为坚硬犀利,经久耐用。20世纪80年代以来,考古工作者分别在山东曲阜、嘉祥发掘宋代铁犁铧、铁牛和铁猪,这些铁器做工精密,所铸铁牛、铁猪形象逼真,证明当时冶炼技术水平比唐代有很大提高。[6]

---

① 《元史·食货志》。
② 嘉靖《莱芜县志·碑刻·莱芜铁冶都提举司纪绩碑》。
③ 《元史·奸臣·铁木迭儿传》。
④ 《元史·食货志》。
⑤ 《猗觉寮杂记》卷上。
⑥ 中国社会科学院考古研究所编著:《新中国的考古发现和研究》,文物出版社1984年版,第636页。

五、宋金元时期的山东制盐业

宋金元时期，山东制盐业，不仅在北方地区久负盛名，而且在全国也处于领先水平。

（一）宋代的山东制盐业

北宋时期，山东的食盐产区主要分布在渤海沿岸的登州、莱州、滨州、青州和无棣县，以及黄海沿岸的密州涛雒盐场。其中密州涛雒场产盐最为丰富，“一岁鬻三万二千余石，以给本州及沂、潍，唯登、莱州则通商，后增登州四场（场名未载）”①。滨州场“岁煮盐二万一千余石，以给本州及棣、祁州杂支，并京东之青、淄、齐州”②。以上盐区所产食盐大部分供应山东地区人民食用，另有小部分销往外地。

宋代煮盐生产者被称为亭户或灶户，制盐之地被称为亭场。宋初，山东各盐区实行民制官卖的榷盐制度，由于经营管理不善，制盐灶户盐民破产逃亡甚众，官盐积压严重。宋仁宗庆历年间（1041—1048），因淄、潍、青、齐、沂、密等8州军连年灾荒，宋廷乃诏弛盐禁，听民贸易，官收其算。自此，榷盐政策渐废，山东盐业大兴。据《宋会要辑稿》载，京东东路徐、青、密、沂、登、莱、潍、淄州和淮阳军每年交纳盐税租额约132544贯，元丰年间（1077—1085）实收188630贯。京东西路兖、郓、齐州每年征收盐税租额约为47559贯，元丰年间（1077—1085）实收75261贯。③

宋神宗时，方兴盐铁，京东转运副使吴居厚“精心计，笼络钩稽，收羡息钱数百万”④，足见当时山东盐业生产之兴盛。为加强对山东盐业生产的运销管理，宋政府先后在密、登、青、滨等州设有6处盐场和6所盐务，分别管理当地的食盐生产。这些场务机构的设置，表明宋代山东盐业经营管理体制渐趋完善，客观上有利于山东盐业经济的发展。⑤

宋太宗雍熙元年（984）对食盐推行“折中法”，即由政府控制盐产，换取

---

① 《宋史·食货志》。
② 《文献通考·征榷考》。
③ 《宋会要辑稿·食货志》。
④ 《宋史·吴居厚传》。
⑤ 张照东：《宋元山东区域经济研究》，齐鲁书社2006年版，第137页。

商人物资,以供边塞军需。当时山东地区设立盐场或盐务的有密州、登州、青州、莱州、滨州及沧州等。著名的场务有密州涛洛场,年产盐 3.2 万石(每石 50 斤);滨州场,年产盐 2.1 万余石。宋神宗元丰三年(1080),山东盐税收入达 27.3 万余贯。宋仁宗庆历八年(1048),由于“折中法”弊端较多而改行“盐钞法”,即由政府卖钞给商人,钞中载明盐量(每钞一席 220 斤)及价格,商人持钞至产地交验,领盐运销。据知密州苏轼所言:京东河北由官榷改为私贩后,“盐课日增。元本两路祖额三十三万二千余贯,至熙宁六年(1073),增至四十九万九千余贯,七年(1074)亦至四十三万五千余贯”,密州盐税亦“比祖额增二万贯”①。宋徽宗政和三年(1113)食盐运销改行“引法”。“引”分“长引”和“短引”。“长引”销外路,“短引”销本路。商人凭“引”支盐运销。此为“盐引法”之始。商人运盐皆以袋装,谓之“官袋”,每引 1 袋,限定 300 斤。此为食盐袋装之始。② 宋钦宗靖康二年(1127),为便于缉私,在无棣县盐场四周修筑墙堑,此为盐场坨垣之始。

(二)金代的山东制盐业

金代山东制盐业依然发达,其食盐产区主要分布在黄海沿岸的密、莒、宁海州(今烟台牟平区)和渤海沿岸的登、滨等州,共有盐场 24 处。据《金史·食货志》记载,金初曾在山东莒州等州设置盐场 12 处,即涛洛、临洪、独木、板蒲、信阳、西由、衡村、黄县、巨风、福山、临海、文登。后又增设盐场 12 处,即密州 5 场,即墨、莱阳 2 场,宁海州 5 场(场名未载)。③ 山东食盐产量约占全国食盐总产量的 25%,是当时中国北方产盐最多的地区。

盐税为金朝财政收入之大宗,“国家经费唯赖盐课”。由于山东盐税收入在全国处于极其重要的位置,所以金代在山东实行民制官买的榷盐制度,并不断增加税课。据不完全统计,全国七大盐司旧征盐课岁入约为 6226636 贯,章宗承安三年(1198)增为 10774512 贯左右。山东盐课岁收原额约为 2547336 贯,至承安三年增为 4334184 贯左右,约占全国盐课岁收总额的 40%,名列全国第一位。④ 山东食盐产量约占全国食盐总产量的 25%,是当

① 《苏轼全集·奏议六首》。
② 无棣县《盐业志》。
③ 《金史·食货志》。
④ 《金史·食货志》。

时中国北方产盐最多的地区。

金代盐业实行民制官买的榷盐制度,盐利完全由政府垄断。史载,山东地区盐价变化较大,每斤食盐在30文至44文之间。为加强山东地区盐业的管理,金初,曾在山东益都、滨州两地分别设置盐司,职掌盐的生产与销售。金世宗大定十三年(1173),益、滨两盐司合并为山东盐司。其食盐运销范围大致包括山东东西路、大名、河南、南京、归德;苏北诸府路,以及许、亳、陈、蔡、颍、宿、泗、曹、睢、钧、单、寿诸州。其中涛洛场产盐行销莒州,临洪场产盐行销赣榆县,独木场产盐行销海州司候司、朐山、东海县,板浦场产盐行销涟水、沭阳县,信阳场产盐行销密州,以上五大盐场又通行沂、邳、徐、宿、泗、滕6州。西由盐场所产食盐行销莱州录事司及招远,衡村盐场所产食盐行销即墨、莱阳县,宁海州5盐场所产食盐皆鬻零盐,不用引目。黄县盐场所产食盐行销黄县,巨风盐场所产食盐行销登州司候司、蓬莱县,福山县盐场所产食盐行销福山县,以上3盐场所产食盐又通行栖霞县。宁海州盐场所产食盐行销司候司、牟平县,文登盐场所产食盐行销文登县。①

金代山东食盐产量丰富,所产食盐不仅自给有余,还远销河南、河北、江苏北部的部分地区,以保证上述地区人民的食盐供应。其行销路线主要通过海路及大清河、小清河运往各地。史载,金代素有"运盐河"之称的小清河,即为当时山东海盐从沿海产区向内地运输的重要渠道。当食盐外运盛季,曾出现"盐舟梗阻"②的景象,足见当时山东食盐运输和盐业贸易之繁忙盛况。

(三) 元代的山东制盐业

元代,山东制盐业发展较快,盐产量在全国各盐区中名列前茅。据史籍记载,元世祖至元六年(1269),山东盐产量仅有71998引。至大元年(1308)即猛增到31万引。统计资料表明,元代全国每年盐产量约为256万引。据推算,当时山东每年盐产总量约占全国总产量的12%,比宋代增加近百倍。③ 可见,元代山东制盐业是相当发达的。

从地理分布上看,山东产盐区域主要集中在益都、登、莱、莒、密等地,分

---

① 《金史·食货志》。

② 《齐乘·山水》。

③ 《元史·食货志》。

布区域比宋金时期更为广泛。当时全国共有重要盐区 9 个,山东的生产规模居第 4 位,足以证明其地位之重要。

为加强对山东制盐业的管理,元政府专门设置了山东盐运司,治所济南。盐运司作为管理盐业的专门机构,负责掌管场灶事务和食场销售,榷办盐货,收取盐课。盐运司之下设有分司和盐场,当时全国有盐场 160 余所,山东盐运司辖盐场 19 所,即:泳利、宁海、官台、丰国、新镇、丰民、富国、高家港、永阜、利国、固堤、王家冈、信阳、涛洛、石河、海沧、行村、登宁、西繇。[①]

元代盐的流通主要有两种方式:一种是"商运商销"方式,即由商人向国家买盐,运往各地,再按国家规定的价格卖给百姓。其具体办法有两种:行盐法与和籴法。所谓行盐法,即商人到盐运司交钱买引,然后凭盐引到盐仓支盐;所谓和籴法,是因为元军队粮食所需量大,其招募民之粟草,发给盐引,到盐司支盐。另一种则是"官运官销"方式,即由国家有关机构将盐运往各地,卖给百姓。其具体办法亦有两种:食盐法和常平盐局法。所谓食盐法,即按户籍分配盐额,按盐额征价款,这是一种强制性的摊派,如世祖中统四年(1263),下令"益都山东民户自买食盐三斤"[②]。所谓常平盐局法,即为确保盐之所需,存盐于局,盐价涨时低价售出,以利百姓之法。山东部分地区实行过常平盐局,但随着该法的制定者卢世荣在政敌的攻击下丧命,常平盐局法也在很短的时期内废止,行盐法大行其道。至元十二年(1275)设立山东都转运司,"岁办盐一十四万七千四百八十七引。十八年(1281),增灶户七百,又增盐为一十六万五千四百八十七引……二十三年(1286),岁办盐二十七万一千七百四十二引。二十六年(1289),减为二十二万引。大德十年(1306),又增为二十五万引。至大元年之后,岁办正、余盐为三十一万引"[③]。元政府垄断盐的生产,每年都掌握数以百万引计的盐,每引 400 斤,如此大数额的盐,除极少一部分用于供皇室、军队、工匠食用外,绝大部分都用来投入流通过程,换取货币,作为国家财政收入的一个重要来源。

元代山东食盐产量极为丰富,所产食盐不仅供应本地居民食用,而且行销河北和江苏的部分地区。[④] 也是从元代开始,中国古代私盐越来越泛滥,

---

① 张照东:《宋元山东区域经济研究》,齐鲁书社 2006 年版,第 140 页。

② 陈垣:《沈刻元典章校补》,文海出版社 1967 年版,第 51—54 页。

③ 《元史·食货志》。

④ 《续文献通考·征榷考》。

一次贩私数额动辄上万斤的情况并不少见。如元顺帝至正年间(1341—1368),山东、河北沿海私贩勾结盐场官吏、灶户,用海船公然贩私,“每船少者买贩数百引,多者千余引”①。

六、宋金元时期的山东酿酒业

宋代是山东酿酒业的高涨时期,酒的产量和品质都达到了当时一流的水准,而且名酒辈出,比比皆是。

朱弁《曲洧旧闻》卷七云:北宋时期,全国名酒203种,山东有近30种:揀米(青州),舜泉、近泉、清燕堂、真珠泉(齐州),莲花清(兖州),银光、三酘、白羊、荷花(曹州),风曲、白佛泉、香桂(郓州),重酝(潍州),朝霞(登州),玉液(莱州),宜城(济州),宜城、细波(濮州),宜城、杏仁(单州),碧琳(德州),石门、宜城(滨州),廷相堂(棣州),揀米、细酒(恩州)。山东名酒约占全国名酒总额的13.8%,名列全国第3位。②

张能臣的《酒名记》列北宋时山东名酒凡27品,有青州揀米酒,齐州舜泉酒、近泉酒、清燕堂酒、真珠泉酒,兖州莲花清酒,曹州银光酒、三酘酒、白羊酒、荷花酒,郸州风和酒、白佛泉酒、香桂酒,淮州(今鄄城)宜城酒、细波酒,潍州重酝酒,登州朝霞酒,莱州玉液酒,济州(今巨野)宜城酒,单州杏仁酒、宜城酒,滨州石门酒,德州碧琳酒,棣州(今惠民)延相堂酒,博州(今聊城)宜城酒、莲花酒。

这些山东名酒相互辉映,各具特色,曲山酒海,总居上游。“宜城”为汉晋时代的湖北名酒,天下共仰,而宋朝时山东有五州酒名假借其号。曹州的三酘酒、潍州的重酝酒,以酿造方法命名;而兖州的莲花清、曹州的荷花酒,又标以花香之号。其中最为突出的是齐州(今济南)酒,多以泉水为酒名。张能臣在《酒名记》中,专门对齐州真珠泉酒标以“第一也”三字,以突出其显赫位置。真珠泉,今称珍珠泉,是济南四大名泉之一,水质清澈。按《酒名记》中共列北宋酒200余种,独推真珠泉酒,足记其品质超群。宋代名酝遍地皆是,真珠泉酒在酒林夺冠,实属不易。③

---

① 《永乐大典·南台备要·蔑言盐法》。

② 张照东:《宋元山东区域经济研究》,齐鲁书社2006年版,第233—234页。

③ 王赛时:《古代山东酿酒述略》,《中国烹饪研究》1997年第2期。

宋代诗人对山东酒格外偏爱，挥笔颂咏者络绎不绝。当时，诗家常以“鲁酒”来统称山东酒名。周紫芝《太仓稊米集》卷三六《十月晦日郡席见鹅梨》诗云：“自从北郡无人到，不见鹅梨今几年。鲁酒谩倾犹病渴，并刀未下已流涎。”李石《方舟集》卷五《香橘二首》诗云：“鲁酒未妨杯雪冷，麝兰半杂袖风香。”张镃《南湖集》卷五《泛锦池霞川呈张以道二首》诗云：“娲黄静试醒松响，鲁酒聊倾旷荡杯。”梅尧臣《宛陵集》卷八《淮上杂诗六首》云：“客思无憀极，唯将鲁酒迷。”王之道《相山集》卷七《舟过三丫河》诗云：“吴柑迎齿冷，鲁酒著颜温。”可见，宋代诗人提及鲁酒，总是津津乐道，并从社会生活的各个角度来渲染鲁酒的知名度。①

对于山东各地的佳酿，诗家同样极力地捕捉入诗。如宋庠《宋元宪集》卷一〇《池上春物已烂漫寄东甫》诗云：“清明元已俱堪会，莫遣香槽玉液浑。”自注：“齐中酒名玉液者为上。”此处诗人清晰地点明了齐州的玉液名酝，并抱以羡赏之心。郭祥正《寄苏子由》诗：“历下攀游今几年……北郭浓覆入酒船”②，同样反映了齐州酒业的兴旺。青州酒业素来发达，诗家为之大发评议。苏辙《栾城集》卷八《送龚鼎臣谏议移守青州》诗云：“西山负海古诸侯，信美东南第一州。……铃阁虚闲官酿熟，应容将佐得遨游。”葛胜仲《丹阳集》卷一七《谢洛师蔡尹靖饷酒》诗云：“叩门赤县尹，来饷青州酒。底贡上天阍。余沥到衰朽。开尝正及卯，醇旨异失酉。公不数瑶泉，家还卑玉友。”欧阳修在青州任官，对当地好酒赞不绝口，他曾写诗云：“醉翁到处不曾醒，问向青州作磨生。公退留宾夸酒美，睡余倚枕看山横。”“莫笑青州太守顽，三齐人物旧安闲。……嘉客但当倾美酒，青春终不换颓颜。”③从宋代的诗咏中，我们可以充分地观察到山东酒业的繁荣景象。

宋代以后，即墨的老酒酿造已成为当地的一大行业，俗称“老干榨”。清朝光绪年间(1875—1908)，即墨城内有“隆盛栈”等有名老酒馆十几家。

宋元时期，山东地区崛起了著名的“秋露白”酒，成为齐鲁名酝中的佼佼者。田锡《曲本草》记载：“山东秋露白，色纯味冽。”秋露白酒是采用复式发酵法酿制的一种米酒，酒质纯正而气味芬香。元人许有壬《秋露白酒熟卧闻

① 王赛时：《古代山东酿酒述略》，《中国烹饪研究》1997 年第 2 期。

② 分别参见《山谷外集》卷六、《青山续集》卷五。

③ 嘉靖《青州府志》卷七、卷一八。

糟声喜而得句》诗云:“治曲辛勤夏竟秋,奇功今日遂全收。日华煎露成真液,泉脉穿岩咽细流。不忍拨醅斟瓮面,且教留响在床头。老怀块磊行浇尽,三径黄花两玉舟。”秋露白酒从夏季开始酿制,秋高气爽之时酿熟,在酿制过程中加入花露一类的串香材料,因而独具特色。①

秋露白酒以济南为主导产地,自宋始酿,沿及明清,在长达六七百年的历史中久领风骚,长葆盛名,成为齐鲁名酝中维持时间最长的一个品牌。顾起元《客座赘语》卷九排列明代名酒,其中就有“济南之秋露白酒”;顾清《傍秋亭杂记》卷下曾将“山东之秋露白”与淮安绿豆酒等 7 种品牌相提并论,评定为一代华夏名酝。据明人王世贞《弇州山人四部稿》卷四九记载:“秋露白,出山东藩司,甘而颜色白,性热”,流传时间已久,后来有薛生者,又把秋露白酒加以改进,“收莲花露酿之,清芬特甚”,一时称为稀世之酒。王世贞还写有《酒品前后绝句》组诗,其中咏秋露白之诗云:“玉露凝云在半空,银槽虚自泣秋红。薛家新样莲花色,好把清樽傍碧筒。”秋露白酒经过几代人的改酿与提高,在酒界中始持着顽强的竞争力,直到清朝,依然跻身于同行业之间,与南方同名品牌鼎立。曹雪芹之父曹寅路过山东,就挥笔写下了《南辕杂诗》,有云:“娄江酒董别酸甜,上第青齐落二三。”自注云:“慕庐宗伯与余评酒……领瓶第列,以露白为最。”(事见《楝亭诗钞》卷二)总之,秋露白酒为古代山东酒业争得了较多荣誉。②

七、宋金元时期的山东采煤业

山东原煤储量丰富,是我国较早开发利用煤炭能源的区域之一。早在2000 多年前的秦汉时期,章丘平陵居民就曾把煤炭试做燃料,该地现仍留有秦汉煤渣遗迹。但元代以前,山东地区只有零星的煤炭开采。山东淄水“土石黑,数里之中,波流若漆,故谓之淄水”③,此黑土石,即煤炭层。今在博山的周家地、田家地、走马岭等地考古发现,自唐代以来就有煤矿开采,只是限于技术条件,采煤数量甚少。到五代后周慕容超据青州,煤炭开采才有所增加。《续修博山县志》载,淄川寨里镇“相传自宋代即有用煤炭下层之

① 王赛时:《古代山东酿酒述略》,《中国烹饪研究》1997 年第 2 期。
② 王赛时:《古代山东酿酒述略》,《中国烹饪研究》1997 年第 2 期。
③ 〔唐〕李吉甫撰,贺次君点校:《元和郡县图志》,中华书局 1983 年版,第 310 页。

土,制粗罐、碗、盆,以供乡人需用者”。

至宋金时期,山东煤炭开发情况比前代有所改观。当时淄博部分陶瓷窑场中,已出现烧煤窑和烧煤炉。这一发现为我们研究这一时期的煤炭开采情况提供了重要实物依据。根据淄博陶瓷史编写组提供的发掘报告,该课题组在淄川磁村华严寺区发现煤烧窑2座、煤烧烘烤炉1座。经考古学技术鉴定,这批煤烧窑和煤烧炉均系北宋后期至金代的文物。其中煤烧窑由火膛、窑栅、灰坑、燃料室4部分构成,窑室呈圆形,火膛呈半圆形。火膛以放置炉栅位置为界,分为上下两层,炉栅以下为灰坑,燃烧室位于炉栅下方。灰坑用自然石块砌成,坑内遗留有燃烧后的煤灰、煤渣,以及未经燃烧的煤块。同期出土的烘烤煤烧炉炉膛内,也留有煤灰和原煤块遗物。[①] 以上考古发掘说明,进入宋金时期,煤炭作为一种新能源燃料,已在淄博个别瓷窑用作陶瓷烧制燃料。

另据淄博矿务局和山东大学有关专家实地调查,磁村本身就是一个独立煤田。该煤田以磁村为中心,整个磁村煤田区面积约5平方公里。其煤层结构复杂,煤层厚者达2米左右,最薄煤层仅几十厘米。磁村西堰边露头煤很浅,掘不到1米深就有黑炭出现。煤层露头处有一层黏土,这就是陶土,可做陶器原料。宋金时期,淄博陶瓷、煤炭的原料,皆为就地取材。煤烧窑、煤烧炉所用煤炭燃料,应当是在本地附近煤田开采的。可见,淄博生产的煤炭,除当地农家生活自给外,还提供给附近瓷窑用作燃料。[②]

此外,据枣庄滘口甘泉寺碑刻记载,相传唐宋时,该地有少量采煤活动。但由于文字记载简略,详情不得而知。[③]

元代以后,山东煤炭开采始有规模。山东产煤地区主要分布在峄州(今山东枣庄)和博山。峄州境内煤炭资源丰富,加之水陆交通便利,为煤炭的开采运销提供了良好的地理条件。考古工作者曾在枣庄发现甘泉寺雕龙石碑,该碑明确记载,元代峄州采煤业已有一定程度的发展。[④] 淄川煤炭在宋

---

① 山东淄博陶瓷史编写组:《山东淄博市淄川区磁村古窑址试掘简报》,《文物》1978年第6期。

② 淄博矿务局、山东大学合编:《淄博煤矿史》,山东人民出版社1986年版,第9页。

③ 枣庄市文物管理站:《山东枣庄古窑址调查》,《中国古代窑址调查发掘报告集》,文物出版社1984年版,第374、383、384页,并参考《枣庄煤矿史》一书相关考证。

④ 枣庄市文物管理站:《山东枣庄古窑址调查》,《中国古代窑址调查发掘报告集》,文物出版社1984年版,第383、384页。

金时期即有开采,至元代有所发展。1976 年,考古工作者在淄川磁村华严寺发掘元墓两座,墓葬周围有挖煤坑,证明元代淄川即为重要煤炭产区,其开采已有一定规模。① 博山煤炭开采始自元代,据《博山县志》记载:“邑煤采自元代,多在春冬两季,土人挖作燃料,时作时辍。”②因为元朝统治者对煤炭业控制甚严,只许官府开矿,不许民间采掘,所以各地的煤炭业亦不能例外。③

八、宋金元时期的山东建筑业

宋金元时期,随着生产力的进步,山东桥梁建筑、宗教建筑的成就突出。

(一) 桥梁建筑业

宋代山东河运发达,桥梁建筑相应极受重视。各地所建桥梁颇多,最负盛名者当数青州无柱式木拱飞桥,俗称“虹桥”。

虹桥建于宋仁宗明道(1032—1033)中,时“青州城西南皆山,中贯洋水,限为二城”④。每逢六七月间,“山水暴涨,水与柱斗”,往往冲垮原先所建有柱旧桥,成为青州城一大隐患。“会得牢城废卒有智思,叠巨石固其岸,取大木数十相贯”⑤,在洋水河上面架起一座无柱式飞桥。这座虹桥外观呈拱形,以大木纵贯联叠,结构坚固,在宋代使用 50 年而不坏,足见其高超的木拱桥建筑水平和较强的承受压力能力。

由于虹桥造型美观大度,气势雄伟,建造简便经济,且坚固耐用,承受力强,很快便传到外地。史载,庆历(1041—1048)中,“陈希亮守宿,以汴桥屡坏,率尝损官舟、害人”,影响漕粮运输和正常航运,便命模仿青州飞桥样式,建造汴京飞桥。自此,“沿汴皆飞桥,为往来之利”⑥。不久,宋廷专赐缣帛予以褒奖,并诏令各地效法青州飞桥桥型,广建无桥柱式垒梁拱

---

① 山东淄博陶瓷史编写组:《山东淄博市淄川区磁村古窑址试掘简报》,《文物》1978 年第 6 期。

② 民国《续修博山县志 · 实业志》。

③ 陈冬生、王赛时主编:《山东经济史(古代卷)》,济南出版社 1998 年版,第 377—378 页。

④ 《渑水燕谈录 · 事志》。

⑤ 《渑水燕谈录 · 事志》。

⑥ 《渑水燕谈录 · 事志》。

桥,自畿邑至泗州,皆有飞桥建筑。[1] 青州桥对宋代桥梁建筑之影响,由此可得到证明。

此外,宋金时期所建造的泗水汴桥、长清灵岩崇兴桥、青州南阳桥、潍坊空桥等桥梁,皆为颇有代表性的古桥建筑。这些桥梁大都保存完好,有些桥梁至今还在使用。[2] 其高超的建筑技术和优美的造型艺术,体现了山东古代劳动人民的聪明才智。有些建筑技术和样式,至今仍为桥梁建筑界所沿用。[3]

(二) 宗教建筑

宋金时期山东的宗教建筑技术也颇见实力。

从建筑技术水平考察,济宁八角楼阁式铁塔、长清灵岩寺楼阁式辟支塔,堪称这一时期宗教建筑的经典之作。其优美的造型、完整的建筑结构、浑厚大气的建筑风格、丰富生动的图案设计、精美细致的铸造工艺,均表现出建筑设计者、建造者卓越的智慧和高超的技巧。这些建筑大多保存完整,至今仍受到建筑界重视。现存宋金宗教建筑分布情况如下:

济南长清万德镇的灵岩寺辟支塔,建筑于北宋淳化至嘉祐年间(990—1063),样式为八角九层楼阁砖塔;济南历城柳埠镇的神通寺龙虎塔,建筑于北宋初年,样式为方形砖石结构塔;济宁市铁塔寺街的崇觉寺铁塔,建筑于北宋崇宁年间(1102—1106),样式为八角楼楼阁式;巨野县城的巨野梵塔,建筑于北宋嘉祐年间(1056—1063),样式为八棱等边四门楼阁式;滕州东郊的滕州龙泉塔,建筑于宋代,样式为八角形重檐砖石结构;邹县中心北门的邹城重兴塔,建筑于北宋嘉祐年间(1056—1063),样式为八角形楼阁式;兖州城内东北角的兖州兴隆塔,建筑于北宋嘉祐年间(1056—1063),样式为八角形楼阁式砖塔;聊城东关运河南岸的聊城铁塔,建筑于宋金之际,样式为八角形楼阁式砖塔;蓬莱水城西北丹崖山的蓬莱阁,建筑于北宋嘉祐年间(1056—1063),样式为重檐式楼阁。[4]

---

① 《宋史·陈希亮传》。
② 黄棣侯主编:《山东公路史》第1册,人民交通出版社1989年版,第42页。
③ 张照东:《宋元山东区域经济研究》,齐鲁书社2006年版,第205页。
④ 张照东:《宋元山东区域经济研究》,齐鲁书社2006年版,第205—206页。

九、元代淄博博山玻璃业的发展

从考古发掘所出土的文物标本来看，元代玻璃是以珠类和发饰为大宗，当时玻璃的产地主要是山东淄博博山（古称颜神镇）一处。关于元代淄博博山玻璃业的发展问题，赵华玲在其硕士学位论文《淄博地区古代玻璃历史发展的研究》中进行了较深入的探求。

（一）淄博博山元代玻璃作坊遗址及出土玻璃分析

1982年11月，在淄博市博山区大街兴建百货楼的工地上，发现了一处古琉璃作坊的遗址。由于这个遗址地处闹市，无法进行大规模的钻采发掘，文物工作者只能在400平方米之内的地槽中进行采集和清理，共发现大型炉址1座，小型炉址21座。这些炉排列得十分密集，炉与炉之间最近的距离仅有1米。赵华玲认为，倘若能作全面的发掘，当然远非此数，这足可以推断出当时颜神镇玻璃业的生产规模。在社会经济发展缓慢的古代社会，一个行业发展到如此规模，绝非短时间内所能达到的。元代存在不足百年，颜神镇玻璃业或许在金代甚至北宋时就已出现。

淄博市博山遗址中还出土了几只“硝罐”，即熔炼玻璃用的坩埚。其中，一只较完整的坩埚，高33厘米、口径8厘米、腹径28厘米。从硝罐断面上看，明显是用两种不同材料制成：里层质地紧密，外层质地疏松。里层紧密，可经受玻璃液的侵蚀；外层疏松，可有效地承受炉火的热冲击。从这些地方都可看出古代玻璃工匠生产经验的丰富和工艺技术的相对成熟。有考古专家根据现场地层情况和挖出的“洪武通宝”铜钱及元代瓷器窖藏等来推断，这个古琉璃作坊遗址的年代应属元末明初。①

淄博市博山遗址中出土的琉璃标本有：笄、簪、圆珠、瑶珠、扣、环等以及许多废弃玻璃料。琉璃的颜色有：无色透明、蓝、绿、砖红、黄、白、乳白、黑、茶晶等，其产品标本除珠类外，大多残破，以发饰类数量较多，珠环类次之。从这些标本中，还能够看到当时制作时采用的几种简单的装饰手法。比如玻璃发簪1，在白色簪的顶部蘸上黑、黄、绿等色的斑点，这应是近代“蘸花”的先驱。如玻璃发簪2，在各色簪的顶部压拉出四瓣花类型样式。如玻璃发

---

① 赵华玲：《淄博地区古代玻璃历史发展的研究》，苏州大学2008年硕士学位论文。

簪(残)3,在各色簪的颈部用钳压出几道沟痕。还有的是用棋子印出花纹。这些都是博山早期琉璃生产工艺的几种常用手法,反映了当时的工艺水平。①

淄博市博山遗址中“瑶珠”的发现,为探索早期博山琉璃的销售情况提供了重要的线索。孙廷铨在《颜山杂记》中曾说,博山琉璃的销路“南至百粤”,这几粒瑶珠也证实了这一点。这种瑶珠的形状像一只螺栓,是我国西南地区少数民族尤其是瑶族同胞缀在衣帽上的特需饰物。这种产品直到新中国成立后五六十年代仍大量生产,畅销于云南等省,说明当时博山琉璃产品已远销到我国西南的少数民族地区。②

博山玻璃发簪类产品的制作方法,在《颜山杂记·琉璃》记载“空之属”产品时说“凡为花簪,先得茎,后得顶,断而殊之,易手而燎之,后得峰末”,记述这种棒形发簪的制作程序和方法,其产品一直延续到明末清初还有生产。山东济宁、河北邯郸等地的琉璃发簪类器物,特别是2007年济南大明湖清理淤泥时清理出土有发簪类器物,从造型、颜色、质地判断,都与博山出土的器物相同,应属博山生产。③

淄博市博物馆的《淄博元末明初玻璃作坊遗址》一文,对元末明初颜神镇玻璃作坊遗址出土个别标本的化学成分进行了测试,中科院上海光机所硕士李飞于对淄博琉璃博物馆的部分藏品进行分析,结果可以看出:元末明初,博山琉璃配方与我国古代传统玻璃有所不同。其中除主要成分二氧化硅外,氧化钙和氧化钾的含量高,氧化钡和氧化铅的含量很少或没有。有研究者用化学法测出了PIXE法难以测定的氧化钠,氧化钠含量一般在3%—4%之间,个别样品氧化钠含量较少,在1%以下。多数含有铜、铁,说明主要用这两种元素做着色剂。④

(二)淄博博山玻璃(琉璃)的起源

博山是清雍正十二年(1734)立县的,古称颜神店,金代属淄州县管辖,元代称颜神镇,归属青州府益都县。宋代以前,此地已有陶瓷业。该地玻璃

① 赵华玲:《淄博地区古代玻璃历史发展的研究》,苏州大学2008年硕士学位论文。
② 赵华玲:《淄博地区古代玻璃历史发展的研究》,苏州大学2008年硕士学位论文。
③ 赵华玲:《淄博地区古代玻璃历史发展的研究》,苏州大学2008年硕士学位论文。
④ 赵华玲:《淄博地区古代玻璃历史发展的研究》,苏州大学2008年硕士学位论文。

生产始于何时，史料文献在明代以前未发现相关记载。《青州府志》（明嘉靖刻本）卷七《物产》项记载："琉璃器，出颜神镇，以土产马牙、紫石为主，法用黄丹、白铅、铜绿，焦剪成珠、穿灯屏、棋局、帐钩、枕顶类，晶莹可爱。"另《青州府志》记载：明洪武年间（1369—1399），内宫监在博山设"外厂"，为宫廷生产"青帘"等贡品。①

博山最早的志书叫《颜神镇志》，清康熙九年（1670）成书，该书在《物产》项下有关玻璃的记载是，"杂产则铅、铁、煤炭、明矾、黄丹、红土、五色琉璃、大小黑瓷……"《颜神镇志·集市》说："西关大街八巷，每月三八大集，东西街每月一、六中集，四、九小集，西关、西冶街专有琉璃市。"由此可见当时琉璃制品交易的繁荣景象。

清初王士禛撰《香祖笔记》载："益都县去郡二百里，地名，颜神镇，土多煤矿，利有窑冶……""窑"为瓷窑，"冶"即指琉璃（玻璃）。沿用至今的博山西冶街之名，该因琉璃而起。

孙廷铨在《颜山杂记》中写道："曾大父柳溪公，讳延寿……吾家自洪武垛籍所领内宫清廉世业也。"此记载说明孙家属琉璃世业，早在洪武初年已烧造琉璃了，烧造器物由内宫监造，供宫廷使用。查《博山孙氏族谱》重修序文中写道："吾族原籍枣强，洪武三年，祖克让迁居青州府东南隅，后有迁居笼水（即博山孝妇河）……应内宫监青廉，造珠灯、珠帘，供应内廷。"

赵华玲认为，博山在宋元时期已能够生产琉璃。她从以下几方面考证此事②：

第一，宋代时，博山已有较发达的陶瓷生产。《宋会要辑稿》中记载："瓷器库在建隆坊，掌授明、越、饶州、定州、青州白瓷器及漆器以给用，京朝三班内侍二人监库，宋太宗淳化元年（990）七月诏……"青州瓷即指青州辖区的博山一带产瓷区。当时除生产白瓷出名外，还生产茶叶末、雨滴釉等名贵品种。1952 年，博山西冶街北首宋家林古墓中出土 3 颗玻璃珠，直径 3 厘米，表面斑驳锈蚀。从锈蚀情况看，年代应远早于元代。淄川城区改造过程中出土的玻璃发簪和围棋子，与金代淄博窑三彩瓷片同时存在。

---

① 赵华玲：《淄博地区古代玻璃历史发展的研究》，苏州大学 2008 年硕士学位论文。

② 赵华玲：《淄博地区古代玻璃历史发展的研究》，苏州大学 2008 年硕士学位论文。

第二,研究表明,在内蒙古哲里木盟北部金代城址出土的浅蓝色玻璃器和采自扬州宋元遗址的浅蓝色玻璃残件与博山元末明初玻璃遗址出土的残玻璃器完全一样,并且是钾钙硅酸盐玻璃。山西大同也曾有玻璃珠出土。① 而山西琉璃制作是否与北魏时平城(今山西大同)月支人造“五色玻璃”有直接关系尚待考证。

第三,据姚家峪村民刘玉鸾老人说,1985 年的春天,他在该村小水库承包过一块菜地,他在田边挖土时,挖见了一个圆柱形的坑,坑的四周壁有烧过的痕迹,直径、高低有现在用的硝罐那么大。若此事属实,当年挖出的应该就是琉璃窑。

赵华玲得出如下结论:淄博的琉璃生产至迟在元代开始生产,至于确切的起始年代,有可能是宋金年代,山西(大同)与博山同样具备“窑、冶”发展必需的煤炭资源,两地的琉璃制备技术相互有牵连和传播是可信的。博山琉璃源于城西姚家峪说法可信。

(三)元代淄博博山玻璃(琉璃)的生产

《元史》中即有“设瑶玉局”的记载。据考证,在元代,瑶玉局实际上指烧造“瑶子玉”的官办作坊及主管机构。罐子玉亦称药玉,是一种仿玉玻璃器,药玉的名称直到明代仍有使用。从考古发掘所出土的文物标本来看,元代玻璃是以珠类和发饰为大宗,玻璃的产地,据目前看,主要有山东淄博博山(古称颜神镇)一处。②

清初孙廷铨所著的《颜山杂记》中《琉璃》一节就明确地说:“琉璃者,石以为质,硝以和之,礁以煅之”,“礁,猛火也,以攻外”。由于作者孙廷铨是本地人,又是饱学之士,作为地方物产之一的琉璃,他在书中较全面地从琉璃的冶炼、制作工艺、产品特色等方面进行了叙述,此书可称为中国有史以来最早、最全面的琉璃专著。

关于琉璃冶炼,《颜山杂记》写道:

> 琉璃者,以石为质,硝以和之,礁以煅之,铜铁丹铅以变之。非石不

---

① 杨伯达主编:《中国美术全集 10》,文物出版社 1996 年版。

② 赵华玲:《淄博地区古代玻璃历史发展的研究》,苏州大学 2008 年硕士学位论文。

成，非铜铁丹铅则不精，三和而后生。其始也（熔炼玻璃的开始阶段），石气浊，硝气未澄，必剥而争，故其火烟涨而黑；徐恶尽矣，性未和也，火得红；徐性和矣，精未融也，火得青；徐精融矣，合同而化矣，火得白。故相火齐音以白为候。

上述描述对琉璃冶炼需用的原料、作用和火候的掌握可谓准确。所谓以石为质，就是以石做基本原料，主要有三种：马牙石（长石）、紫石、凌子石。要生产五色琉璃，即给琉璃料染色，则需加变色物质，即“非铜铁丹铅则不精”。①

《颜山杂记》中《琉璃》篇中还记载了10种不同颜色的配方：“白五之，紫一之，凌子倍紫，得水晶；进其紫，退其白，去其凌子，得正白；白三之，紫一之，凌子如紫，加少铜及铁屑焉，得梅萼红；白三之，紫一之，去其凌子，进其铜，去其铁，得蓝；法如白焉，钩以铜啧，得秋黄；法如水晶，钩以画碗石，得映青；法如白，加铅焉，多多益善，得牙白；法如牙白，加铁焉，得正黑；法如水晶，加铜焉，得绿；法如绿，退其铜，加少啧焉，得鹅黄。”其中“白”当指马牙石，“紫”即“紫石”指莹石，“铜啧”是一种混生于煤层中的硫铁矿，“画碗石”即氧化钴，“水晶”指无色透明。②

《颜山杂记·琉璃》中还介绍了当时颜神镇琉璃制品中最贵者为“青帘”，其次为“佩玉、丁当”，再次为“华灯、屏风”，皆属高档产品，多供皇室使用，与明嘉靖《青州府志》所记载的“珠穿灯屏”相吻合。在介绍制作方法时写道：“围棋滴之，风铃范之，料方亦如之。条珠缠之，细珠写之，大珠缠之、嘎之……马瑙者珐琅点之，缠丝者以药夹丝，待其融之，引而施之。”可以看到珐琅作为琉璃的稀奇品种，在博山早已有之，从明朝景泰年间（1450—1456）至清康熙初年连续使用。

明万历三十九年（1611），由徐应元等发起建博山“炉神庙”，以中国古代神话中的女娲为炉神，世代供奉，至今香火不断。1617年（明万历四十五年），孙延寿等人发起结成博山琉璃业第一个行业组织——炉行“醮会”。《颜山杂记》里记载：明末清初博山琉璃产品已发展到数十种，销路北至北

① 赵华玲：《淄博地区古代玻璃历史发展的研究》，苏州大学2008年硕士学位论文。
② 赵华玲：《淄博地区古代玻璃历史发展的研究》，苏州大学2008年硕士学位论文。

京，南至两广，东至朝鲜，西至河套地区，博山已成为国内生产琉璃品的中心。[①]

十、元代的山东机械制造、印刷业

元代的山东机械制造、印刷业，成就也较显著。农学大师王祯为该领域杰出的代表人物。

王祯，山东东平人，曾任安徽旌德和江西永丰县尹。王祯经过10余年艰苦钻研，终于撰成我国古代农学史上的名著——《农书》。王祯在机械制造、印刷业方面多有创见。

王祯的《农书》记述了许多效率较高的机械装置，运用了杠杆、滑车、轮轴等简单机械，同时广泛使用了绳轮、齿轮、连杆、传动、曲柄等。这表明王祯在机械原理研究方面造诣颇深，对机械零件也极为精通。古代利用水力鼓风机炼铁的木排，至元代已经失传。王祯多方搜访，加以研究、改进，把皮囊鼓风改用木扇（即风扇）鼓风，大大提高了冶炼技术。[②]

此外，王祯还创制了木活字和转轮排字法，并成功地用来印刷。自北宋毕昇发明胶泥活字以来，我国印刷技术发展甚快。但胶泥活字难以使墨，且易印坏，故不能久行。王祯经过多年研究和试验，终于创制木活字3万多个，并发明了转轮贮字架。贮字架分韵轮和杂字轮两个，韵轮按音韵次序排列活字，杂字轮排列一般常用杂字。拣字工坐在两个轮子中间，只要转动轮子，就可以方便地取出所需活字。木活字和转轮排字法的发明，是王祯对印刷技术的重大贡献。这种排字法，明显地减轻了工人的劳动强度，并提高了工作效率。大德二年（1298），王祯用此法试印《旌德县志》，全书6万余字，不足一月即“百部齐成”[③]。不久，王祯将这次创制木活字的方法与排版、印刷经验，写成《造活字印书法》，并绘制《活字版韵轮图》附于《农书》末尾。此为世界上最早系统论述活字印刷术的文献，颇受科技界重视。[④]

---

① 赵华玲：《淄博地区古代玻璃历史发展的研究》，苏州大学2008年硕士学位论文。

② 张照东：《宋元山东区域经济研究》，齐鲁书社2006年版，第214页。

③ 参见张润生等《中国古代科技名人传》，中国青年出版社1981年版，第279页。

④ 张照东：《宋元山东区域经济研究》，齐鲁书社2006年版，第214—215页。

十一、宋金元时期山东手工业发展的特点

宋金元时期，山东手工业全面拓展，生产技术全面进步，明显地超过唐朝，在国内同行业中处于举足轻重的地位。

宋金元时期，山东手工业在发展中取得了显著的成就，逐步形成具有地方特点的四大手工业部门（即冶矿、纺织、制盐、陶瓷）和五大生产中心（青州、兖州、登州、莱州、淄州）。由此，为后来明清时期山东手工业生产的高涨打下了良好的基础。

综观宋金元时期山东手工业的发展，呈现如下三个极为显著的特点：

第一，宋金元时期山东手工业的发展，是中国封建者强化社会经济统治的必然。

宋金元时期的中央官府工业机构，是极其庞大而复杂的。宋代的官府手工业管理机构承袭唐代，除在原有中央设置的少府监、将作监、军器监、都水监等“四监”外，其组织机构还有扩大。宋代中央手工业组织机构扩大有内侍省的后苑造作所，司农寺的都曲院、水磨务、炭场等等。北宋的官府工业组织比唐代庞大，分工细密。如少府监所辖的文思院，是“掌金银犀玉工巧之物，金采缯素装钿之饰，以供舆辇、册宝、法物及器服之用”[①]的机构，领有打作、玉作、镀金作、犀作、绣作等，多达42作。另外，在内侍省下设置的后苑造作所，是“掌造禁中及皇属婚娶名物”的机构，共辖镂金作、玳瑁作、绣作、织罗作、戎具作等达81作。[②]

元代的官府手工业，系统繁多，机构庞杂，其中有不少是宋代所没有的。按史所载，元代的官府工业组织，有隶属于工部的局院，有隶属于将作院的局院，有隶属于大都留守司的局院，有隶属于武备寺的局院，有隶属于徽政院和储政院的局院。元代官府工业的管理机构，一般以“局”为基层单位，局以上为提举司（提举即管理之意），提举司之上则有各种不同的管理机构。元代的官府工业，从内容来说，有军事工业和日用工艺品制造两大部门；从地区来说，几乎分布于全国各地，尤其是军事工业分布的地区极广。[③]

---

① 《宋会要辑稿·职官》。

② 祝慈寿：《中国古代工业》，学林出版社1988年版，第20页。

③ 祝慈寿：《中国古代工业》，学林出版社1988年版，第21页。

宋金元时期中央手工业管理机构的设置，是中国封建社会“劳役”制度的一种典型体现，更是强化封建统治的鲜明标志。山东手工业机构是官府工业庞大而复杂机构的附属，宋金元时期的山东手工业，正是在这种严酷的封建制度下发展起来的，受剥削的程度极大。

第二，宋金元时期山东手工业的发展，反映了山东地区的经济实力。

宋金元时期，丝织、陶瓷、冶矿为宋代山东最具优势的3大行业，其产品数量、质量和生产技术，均属全国一流水平。据宋神宗元丰年间（1078—1085）统计，宋政府每年在京东路买绌绢约30万匹，其绫绢锦绮品的织造数量仅次于两浙、四川，山东居全国第3位。青州产白瓷，白瓷属陶瓷中珍品，为专门上供朝廷瓷器库的上等名瓷。淄博瓷器的生产规模和产品质量，也在全国享有很高声誉。冶矿业领域，京东路每年铁产量约为66万斤，山东约占全国铁产总量的12%，名列全国第3位。据宋神宗元丰年间（1078—1085）统计，山东登、莱二州岁收金课9583两，约产黄金47915两，金产量约占全国金产总量的89.5%。[①]

金朝统治时期，山东经济因受战争影响和女真奴隶主贵族破坏，曾出现短暂、局部的衰退、停滞局面。自金熙宗到章宗的50多年时间内，山东区域的经济逐步得到恢复，并在某些行业和部门得到一定程度的发展。丝织业领域，山东的丝、锦、绫、绢为金代土贡产品中的大宗名优产品，丝织品占相当大的比例。山东等地商旅以丝绢易茶，岁费达百万之多。山东丝织业在全国各产丝地区中，仍处于重要地位。陶瓷领域，山东淄博、枣庄等名窑强势不减，其生产规模、烧造工艺和装饰技术均有新发展。山东的主要瓷窑已普遍用煤炭做燃料，并采用匣钵叠烧新工艺。其制作技术和工艺水平、生产规模在金代位居前列。制盐业为金代山东手工业领域一大亮点。金政府在山东共置盐场24处，并设置山东盐司专门管理。据统计，金朝七大盐司旧征盐课岁人约6226636贯，金章宗承安年间（1196—1200）增至10774512贯左右。山东盐课岁收原额约为2547336贯，至承安年间（1196—1200）增至4334184贯，约占全国盐课岁收总额的40%，位居全国首位。山东食盐产量约占全国食盐总产量的25%，是当时中国北方产盐最多的地区。[②] 以上数

---

① 《宋会要辑稿·食货》。

② 《金史·食货志》。

据在一定程度上反映了山东手工业的经济地位。

元代,山东丝织、冶矿、制盐、采煤、陶瓷、玻璃业最引人注目。丝织业方面,生产规模扩大,产地分布更为广泛。考古资料证明,元代山东丝织技术水平高度发展,超过宋金时期。丝绸针织花纹图案精美,花纹苍劲雄健,被考古学家誉为丝织佳品。山东是元朝赏赐诸王贵戚户丝数量最多的地区之一,表明山东民间产丝数量大。冶矿业方面,山东的冶铁、冶金驰名全国。济南矿区辖冶户3000户,颇具生产规模。登州、栖霞采金户达4000户,年产金约5280两。制盐为元代山东手工业中一大亮点。元武宗至大年间(1308—1311),全国年产盐约为256万引,山东盐产量约为31万引,约占全国盐产总量的12%,比宋代增加近百倍,山东盐业生产规模居全国第4位。采煤业为山东新兴行业,元代山东峄州、博山煤炭开采已有一定规模。淄博玻璃业作为新兴行业,已成为元代著名玻璃生产中心。陶瓷业仍为元代山东经济领域中的优势行业,其生产规模比宋金时有所扩大,制瓷技术仍在全国处于领先地位。考古资料证明,淄川、枣庄两地出土的元代瓷器,种类繁多,装饰技法丰富多彩,造型优美,表现出很高的工艺技术水平。①

第三,宋金元时期山东手工业的发展,具有某些区域经济发展的突出特征。

综观宋金元时期山东手工业的发展历程,再与江苏、安徽、河南、河北等邻近地区作一横向比较,便可从中窥见宋元时期山东手工业区域经济发展的某些突出特征。

一是时间差异。从历史发展的时间顺序看,宋元时期山东经济发展很不平衡,三朝经济状况差异甚大。就整体经济而言,北宋是山东经济史上发展速度最快的时期之一,其经济开发的规模、广度和深度均超过汉唐,发展速度高于金、元两朝。就宋、金、元三朝本身而论,各王朝前期和中后期的发展水平,也不尽相同。②

据有关资料类比分析,宋真宗景德至哲宗元祐年间(1086—1093),山东经济状况最好,人口、赋税财政收入、丝织、陶瓷、金、铁、盐、商税、市镇等行

---

① 张照东:《宋元山东区域经济研究》,齐鲁书社2006年版,第225—226页。
② 张照东:《宋元山东区域经济研究》,齐鲁书社2006年版,第227页。

业的景气度,均出现一个峰值。元朝统治时期,元成宗大德至元文宗天历年间(1297—1328),山东经济状况最好,盐税、陶瓷、丝织、采煤、城市繁荣度、商税等指数最高,属稳定发展期。①

二是地域差异。从经济地理分布情况考察,山东各小区之间的经济发展水平,也高低悬殊不等。从工业产区分布来看,宋元时期,山东铁矿、金矿、银矿、铜矿、煤矿,主要集中在鲁南莱芜(铁矿),峄州(煤),鲁中济南(铁、银),鲁东登莱(金、银、铁),宁海(银),益都(铜)。盐业资源,主要集中在东部沿海地区,其中渤海沿岸的登、莱、滨、棣、青州,黄海沿岸的密州、莒州,为山东食盐主要产区。陶瓷生产,主要集中在鲁中淄博、鲁东青州、鲁南峄州。相比之下,鲁西、鲁西南、鲁北小区,矿产资源稀少。②

三是行业差异。个案研究表明,山东个别小区行业差异,在宋元时期表现得尤其突出。以鲁东小区登州和莱州为例,其冶矿业发展水平在山东名列前茅,黄金生产在全国处于领先地位。相比之下,农业经济则发展缓慢。

从部门、行业和生产结构等方面看,宋元时期山东手工业整体发展速度较快,而海外交通和海外贸易等局部行业则相对发展缓慢。与河南、河北、江苏、安徽等邻近区域相比,山东手工业种类比较齐全,从丝织、陶瓷、金、银、铜、铁、煤,到建筑、酿酒、制盐、笔墨砚、皮货、造船、采石业,几乎应有尽有。但各行业发展水平高低悬殊。就行业生产规模、技术水平和地位而言,宋元时期山东的丝织、陶瓷、冶金、冶铁、制盐、建筑 6 大行业,最具行业优势,处于国内领先水平,可称为山东手工业中的核心产业。③ 酿酒、造船业也比较发达。以北宋为例,北宋时期,全国名酒有 203 种,山东有 28 种,约占全国名酒总额的 13.8%,名列全国第 3 位。④

造船业领域,山东区域同样具有一定的产业实力。以宋代为例,仁宗庆历初年,"京东西濒河诸州,造战船五百只赴河北"⑤。从造船数量和质量看,山东造船业属于中上等水平。相比之下,宋元时期山东的银矿、铜矿、皮

① 张照东:《宋元山东区域经济研究》,齐鲁书社 2006 年版,第 225—228 页。
② 张照东:《宋元山东区域经济研究》,齐鲁书社 2006 年版,第 230 页。
③ 张照东:《宋元山东区域经济研究》,齐鲁书社 2006 年版,第 232—233 页。
④ 《曲洧旧闻》卷七。
⑤ 《宋会要辑稿·食货》。

革、漆器、铸钱等行业则较为薄弱，发展比较缓慢，生产技术和工艺也没有大的突破，在全国同行业中处于弱势地位。这种情况的产生，固然与山东所处的地理环境和资源分布不均有关，但也不能排除当时社会环境、政治、军事及人为因素的影响。[①]

① 张照东：《宋元山东区域经济研究》，齐鲁书社2006年版，第234页。

第六章　明清时期的山东手工业

明清时期是山东手工业生产发展的重要历史时期。在商品经济生产的影响下，明清时期山东的手工业生产进一步提高，轻型手工业有制盐、纺织、酿酒、制烟等业，重型手工业有矿冶、铸造、采煤等业，都相当发达，生产技术也有很大进步。资本主义萌芽在一定程度上促进了山东手工业的进步，但腐朽的封建统治又严重阻碍了山东手工业的发展。本章按明代与清代前中期(1368—1876)的山东手工业分别详细阐述如下。

一、明代的山东手工业

明代的山东手工业生产主要集中在矿冶、窑治、纺织及制盐等行业中，这些行业在明代都有不同的发展和变化。

（一）明代山东矿冶业的生产与发展

明代的矿冶业分为官营和民营两种。前者是朝廷派官直接经营管理，后者是按照政府的规定，取得许可，向官府缴纳一定的矿课。到明朝初期，山东的古代冶炼技术和生产能力在全国位居前列，主要有铁、金、银、铅、煤、铜、石等。①

1. 铁冶业

随着民营矿业的发展，明代后期出现了不少规模较大的冶铁手工工场。山东的铁矿开采和冶铁生产主要集中在济南府的泰安、莱芜和青州府益都县的颜神镇等地。据《大明会典》:“国初，定各处炉冶该铁，一千八百四

① 陈冬生:《明代山东手工业生产发展概述》,《东岳论丛》1991 年第 2 期。

十七万三千二十六斤。”其中，山东炉冶的冶铁额是“三百一十五万二千一百八十七斤”①。引文中的“国初”，是指“洪武初草创未定及吴元年以前者”②。山东的冶铁额占全国冶铁总数的1/6左右，可见当时官营铁冶生产规模之大。在“国初”的官营铁冶中，官府以户为单位向民间征调铁冶户，采取劳役制生产形态。因此，在官营铁冶从事劳动的生产者对生产不感兴趣，没有劳动积极性，从而最终导致了官营铁冶生产的衰落。洪武七年(1374)，明政府整顿官营铁冶，在全国主要铁冶生产之地设立13处铁冶所，“每所置大使一员，秩正八品，副使一员，秩正九品”。山东铁冶所设于莱芜，年冶铁额仅“七十二万斤”③，明显地反映了官营铁冶生产的衰落。洪武二十八年(1395)，明政府下令罢各布政司官铁冶，同时又“令民得采炼出卖，每岁输课三十分取二”④。这说明官营铁冶生产趋向崩溃，而民营铁冶生产已有了显著的发展。明中期以后，在泰安、莱芜、颜神镇等地的民营铁冶生产中，已普遍使用焦炭冶炼的技术，可见民营铁冶技术已达到了较高的水平。

2. 金矿业

山东是我国产金大省，黄金产量为全国之冠。山东黄金矿藏资源丰富，金矿主要在登州府地区的招远、栖霞、蓬莱、文登等地。早在隋唐时期，就由官府役使民力进行开采。宋元时期，采金达到鼎盛。明代，山东的金矿开采仍为官府把持，不许民间自采。嘉靖三十五年(1556)，沂州宝山发现金矿，同年采金“二百十七两”⑤。嘉靖三十六年(1557)，山东各金矿采金“八百二十五两”⑥。其他年代无记载。万历年间(1573—1620)，在兖州府及青州府等地也有了金矿开采。史书记载和传说有名有姓的古代在山东采金者是明代万历、天启年间(1573—1627)的魏忠贤。魏忠贤曾在山东沂水开采铜井一脉金，名为开铜矿，实则开的是金矿，采金以中饱私囊。

---

① 《大明会典》卷一九四。
② 《大明会典·弘治间凡例》。
③ 《明太祖实录·洪武七年四月》。
④ 《大明会典》卷一九四。
⑤ 《明世宗实录·嘉靖三十五年六月》。
⑥ 《明世宗实录·嘉靖三十六年十二月》。

3. 银矿业

银矿在山东开采最为普遍。银矿在明代除东昌府地区外,其余5府均有开采。其中,银矿集中之地在兖州府的沂州、济宁、费县、滕县,青州府的临朐、莒州、蒙阴及登州府的文登、宁海、蓬莱、莱阳、栖霞等地。明中期以后,随着白银作为货币使用量的增多,以及封建统治者贪求财富欲望的膨胀,各地官府纷纷驱使人们进山采银,从而促使银矿开采出现了空前的高涨。嘉靖十六年(1537),沂州地区开银矿“七十八所,得白金一万一千三百两”[①]。三十六年(1557),山东采银“八千一百四十三两”[②]。万历年间(1573—1620),矿监陈增督理山东矿政,在济南、青州、兖州、登州、莱州5府所属州县,各自“置棚厂开采”[③]银矿,“富者编为矿头,贫者驱之垦采”[④]。一时全省骚然,多次激起民变。政府对银矿实行严禁政策,不许民间私自开采,但由于银矿之利独厚,人民往往无视官府禁令,私自“盗采”。如在银矿集中的临朐,“银矿独易发,土人之顽者时啸聚邻邑”,“多至数千为群,相与盗采”[⑤]。在沂州,“山出金银矿石”,“揭竿鼓铸之奸,时时啸聚,为有司忧”[⑥]。嘉万时期(1522—1620),在各银矿生产之地,人们大规模自发组织起来,纷纷进山开矿冶银,已构成了对封建官府的严重威胁,表明民营银矿生产在与封建官府的斗争中有了进一步发展。

4. 铅矿业

明初,山东的官营铅矿开采规模很大,洪武十五年(1382),在济南、青州、莱州三府地区的官营铅矿就“役民二千六百六十户,采铅三十二万三千四百余斤”,后以“凿山愈深,而得铅愈少”[⑦],遂罢采。此后,官营铅矿逐渐衰微,而各地民营铅矿生产日益发展起来,由官府收取课银,民间自行开采。据文献记载,明代山东的民营铅矿点不下十五六处,遍布山东大部分地区,主要集中在益都、沂水、临朐、莒州、费县、颜神镇(今山东淄博博山区)、福

① 《续文献通考》《征榷考·坑冶》。
② 《明世宗实录·嘉靖三十六年十二月》。
③ 《天下郡国利病书·山东八》。
④ 《明史纪事本末·矿枕之弊》。
⑤ 嘉靖《临朐县志·风土志·山水》。
⑥ 万历《兖州府志·风土志》。
⑦ 《明太祖实录·洪武十五年十二月》。

山、济宁、沂州等地[①]，从中可见民营铅矿生产之盛。

5. 煤炭业

1976年，考古工作者在淄川磁村华严寺发掘元墓两座，墓葬周围有挖煤坑，证明元代时淄川即为重要煤炭产区，其开采已有一定规模。[②] 博山煤炭开采始自元代，据民国《续修博山县志》记载："邑煤采自元代，多在春冬两季，土人挖作燃料，时作时辍。"[③]

明代山东的煤炭业得到迅速发展，开采始有规模。明政府对煤矿的开采不像对金银矿控制得那样严格，允许民间自由经营，这是采煤生产比其他矿业生产发展迅速的一个重要原因。泰安、莱芜、淄川、颜神镇、峄县等地，是山东煤矿生产的主要地区。这些地区的煤炭，贮量丰富、质地优良，集中了大量的民营矿井从事采煤生产。如在峄县，民营"煤井之凿"[④]极为普遍，众多的煤井已引起了当地官府的严重不安，认为如此开采，"下掘重泉，伤绝地脉"[⑤]。在颜神镇，"隔府人民相挽，各县流移杂处"[⑥]，吸引了大批贫苦人民来此采煤谋生。这里开采的煤，"坚硬耐炼"[⑦]，且有数种，"或谓之煤，或谓之炭，块者谓之砄，或谓之砟"，"炼而坚之，谓之礁"[⑧]。"大车小车，皆所取给。"[⑨]淄川地区开采的煤，也足"以需上下之求"[⑩]。这些都反映了民营采煤生产的规模与采煤业的兴盛。

随着采煤业的兴盛发展，明代山东地区的采煤生产技术也达到了很高的水平，有经验的矿工，能够根据地表层岩石的走向与品种准确地判断出矿脉，"脉炭者，视其山石，数石则行，青石、砂石则否，察其土有黑苗，测其石之层数"，"因上以知下，因远以知近，往而获之"。对于煤井的选址与开凿，也有很高的技术要求：选择井址必须"避其沁水之潦"。开凿煤井

---

① 《天下郡国利病书·山东二》。

② 山东淄博陶瓷史编写组：《山东淄博市淄川区磁村古窑址试掘简报》，《文物》1978年第6期。

③ 民国《续修博山县志·实业志》。

④ 《古今图书集成·职方典·兖州府风俗考》。

⑤ 《古今图书集成·职方典·兖州府风俗考》。

⑥ 〔明〕李开先：《李开先集》，《闲居集·杂文》，中华书局1959年版。

⑦ 嘉靖《青州府志·物产》。

⑧ 《颜山杂记》。

⑨ 〔明〕李开先：《李开先集》，《闲居集·杂文》，中华书局1959年版。

⑩ 参见嘉靖《淄川县志·封域志》及《物产》。

必须“确尔而坚也。否,则削”。井下的隧道必须“燥以平也。否,则研”。为了保证井下通风,“故凿井必两,行隧必双。令气交通,以达其阳。攻坚致远,功不可量,以为气井之谓也”①。这些采煤经验和开凿技术,是明代采煤生产技术的一大进步,反映了山东民营采煤生产发展到了一个新的水平。

6. 铜矿业

明代山东铜矿的开采,较前代为多。周村还有铜响器加工作坊。明清之际泰安人王启贵、王启朴兄弟原来是制作铜盆、铜勺、铜镜等铜质生活用品的,后来见民间铜响乐器需求较大,便在周村专门从事铜响器的生产。

7. 采石业

明代山东的采石业注重山石料色青,质地优良。明代重要建筑均使用石厂村石料,采石厂由钦差督理,采石人员众多。明嘉靖年间(1522—1566),朝廷在石厂村北开设采石场,规模宏大。据嘉靖年碑文记载,“石匠头一千名,雇募夫役头一千五百名,营卫官军士二千名”。

(二) 明代山东的窑冶业官营与民营生产

窑冶是明代山东的一项重要手工行业,主要有陶瓷、制砖和琉璃。其中,陶瓷业多属民营,而制砖、琉璃两业,则多以官营生产为主。

1. 民营陶瓷生产

明代,山东地区的陶瓷业日渐恢复。明嘉靖年间(1522—1566),山东“其利民不下江右之景德镇”②。随着人民生活的安定、社会经济的恢复、新的原料资源的开发,陶瓷业空前繁荣。

陶瓷生产主要集中在淄川、颜神镇及峄县等地。据考古发掘,山东地区的陶瓷生产历史悠久。明代,山东的陶瓷生产业在前代的基础上有了进一步发展。这主要表现在以下几个方面:第一,这一时期的陶瓷业生产不是以官营为主,而主要是民窑生产。通过考古工作者对以上地区的古瓷窑址发掘研究表明,这些地方的瓷窑,均“属民窑”,或“由私家合办的民间瓷窑”③。

---

① 《颜山杂记》。

② 乾隆《临清直隶州志·市廛志》;《商贾便览》卷八。

③ 陈冬生:《明代山东手工业生产发展概述》,《东岳论丛》1991年第2期。

其产品多为缸、罐、盆、瓮、碗、碟、瓶等民用品，这些产品作为商品"注为郡境利用之资"[①]，是典型的商品性生产。第二，在烧造工艺上，从出土的器物看，施釉均匀明亮，主要有白、黑、酱、青等釉色，"色色颇精"[②]。对于民窑烧瓷，明政府曾有"禁私造黄、紫、红、绿、青、蓝、白地青花诸瓷器，违者罪死"[③]的禁令。因此，尽管民窑瓷器的釉色比较单一，但仍能反映出较高的工艺水平。第三，在陶瓷生产之地，集中了大量从事生产与贩卖的业陶者，生产、销售两旺，呈现出一派兴盛景象。如在颜神镇，嘉万时期（1522—1620），在该镇从事"陶者以千数"计，"鼓铸四方，贸易辐辏"[④]，"其民亦不下于江右之景德镇"[⑤]。其他如兖州府峄县、东昌府莘县、青州府安丘县等地也出产陶瓷，多有陶人、陶匠。大量民窑陶瓷业的兴盛，是明代山东陶瓷生产兴旺发展的一个重要表现。[⑥]

明代山东民用陶瓷的制造则以颜神镇为著。博山经过元末战乱后，明代又有新发展。明代，博山逐步发展成山东的陶瓷生产和销售中心。明洪武二十六年（1393），淄博的陶瓷生产得到恢复发展。主要产地集中在颜神镇一带，规模较大的窑场有李家窑、北岭、山头、窑广、八陡、西河、福山等。明嘉靖三十六年（1557），颜神镇窑业空前繁荣，"陶者以千数"，四方商贩，聚集于此，八陡窑以生产琉璃瓦独善其能。天启二年（1622），西河窑场殊盛，有窑百座，产缸、盆及黑釉碗等。业陶者在村东建窑神庙。崇祯十五年（1642），淄川大昆仑西山一带发现白釉石（白药石），继此，颜神镇附近窑场用以制作白釉产品。嘉靖三十八年（1559），博山出现"陶者以千数"的盛况，主要窑场有北岭、大街南首、八陡、西河、窑广、山头、李家窑等。天启年间（1621—1627），西河窑场有大、小窑百余座，成为名噪一时的陶瓷产地，还有"陈郝瓷镇"。据张岱南先生研究，陈郝瓷镇从南北朝开始，经五代、隋、唐、宋、元至明后期，古代陶瓷工业在此兴盛达千余年；明嘉靖时，陈郝陶瓷大户董家仍盛极一时。据传说，明朝末年，董家犯禁，被皇帝抄了家，陈郝的

---

① 嘉靖《青州府志·物产》。
② 〔明〕李开先：《李开先集》，《闲居集·杂文》，中华书局1959年版。
③ 《明史·食货志》。
④ 康熙《颜神镇志·遗文·重修别驾魏公生祠记》。
⑤ 嘉靖《山东通志·物产》。
⑥ 陈冬生：《明代山东手工业生产发展概述》，《东岳论丛》1991年第2期。

瓷工都去了博山,从此陈郝瓷器衰落了,博山瓷器兴盛了。陈郝瓷器虽然衰亡了,但作为中国北方的一大瓷镇,其兴衰原因、制品的质量和花纹样式仍有研究价值,其窑址和当年瓷镇的诸多遗迹还在。

2. 官窑制砖生产

明朝永乐初年,为了修筑长城和大规模营建北京宫殿城陵,政府调发"二百"窑户在临清设置官窑砖厂,以"工部营缮分司督之,岁额城砖百万"①。这是全国生产规模最大的官窑制砖厂。据实地考察,现存明代临清砖窑遗址不下200座,分布在临清西南和东南运河的沿岸,排列十分密集。从文献记载的窑户数与遗留下来的窑址数看,基本是一户一窑。在砖窑厂中,生产以"窑"为基本单位,一座"窑"实际上就是一个较大的手工作坊。从保存下来的明代旧砖遗物上的印记可知,在每座"窑"内,都由窑户、作头、匠人及工人四种人组成。窑户是官府调发来的管理窑场的窑主;作头是窑场生产的参与者与组织者,即工头;匠人是在窑场从事制砖技术的技术工人;工人则是在窑场从事取土、筛土、滤泥、踩泥、制坯、装窑、运柴、烧窑、洇水、出窑、装运等,是各个制砖工序上的直接劳动者。以上四种人,统称作"陶人"②。每座砖窑连同窑户、作头、匠人及工人一并计算,大约需要50人,以200座砖窑计,在临清官窑砖厂的"陶人",当不下万人。

临清砖是明代山东陶冶业最著名的产品。临清砖窑厂专为皇家烧制修筑皇宫城陵用砖,因此官府对砖的制作规格和烧制质量要求极为严格。烧制工艺包括选土、碎土、澄泥、熟泥、制坯、晾坯、验坯、装窑、焙烧、洇窑、出窑、成砖检验等复杂的烧制工艺。砖分城砖、副砖、券砖、斧刃砖、线砖、平身砖、望板砖、方砖8个品种,每种都有一定的尺寸规格,不容相差分毫。即一般长1尺,宽7.2寸,厚3.6寸。③ 窑户烧造的朝廷用砖,都经过官府派员逐一验收,烧制的成品,必须是棱角分明,光滑平正,色呈豆青,敲验无哑声者方算合格。入选后的砖,每块成砖用黄裱纸包好,搭装漕船或民船运往通州。在北京,利用临清砖修筑的各大宫殿城陵,历经数百年仍完好无损,其

① 乾隆《临清州志·关榷志·工部关·临砖附》。
② 乾隆《临清州志·关榷志·工部关·临砖附》。
③ 王守中、郭大松:《近代山东城市变迁史》,山东教育出版社2001年版,第23页。

生产质量之高,制作技术之精湛,于此可见。以银代役取代班匠轮役后,临清砖窑厂也由官办变成官督商办,由"部出砖直(值)","开窑招商"从事制砖生产。从此,民营制因素在砖窑业中逐渐发展,生产效益"视昔加倍"[①]。临清贡砖生产工艺是我国劳动人民在生产劳动中取得的独特经验,显示了临清贡砖烧制工艺的高超,是国家级非物质文化遗产。

3. 琉璃制造生产

琉璃业,又称炉料业。大约从元末明初起,山东琉璃业开始兴起。琉璃又叫作料货,从事烧制琉璃业的人被称为炉匠。琉璃业,是明代山东窑冶生产的重要行业。博山是古代中国琉璃的发源地,具备琉璃生产的技术条件。传说博山有一位制造陶器的工匠,有一次从窑中取出陶盆时,看到陶盆中有一块亮晶晶的东西。这位聪明又细心的工匠,经过一次次试验烧制,搞清了这亮晶晶的东西的成分,于是发明了后来的琉璃。琉璃制造业主要在益都的颜神镇。《益都县志》记载:"淄砚、琉璃、磁器,颜神镇居民独善其能。"博山有着琉璃生产的成熟技术条件:从生产原料的角度来看,颜神镇境内有岱庄蟠龙山、岳家庄东南山、东石马南山和岳阳山、黑山多处生产琉璃,并且原料色泽丰富;从生产技术的角度来看,陶瓷与琉璃的生产是有许多相似之处的。因此,颜神镇是山东琉璃制造的中心,也是全国琉璃生产的基地。嘉靖《青州府志》:"琉璃器,出颜神镇,以土产马牙、紫石为主,法用黄丹、白铅、铜绿、焦煎成珠,穿灯屏、棋局、帐钩、枕顶类,光莹可爱。"[②]颜神镇的琉璃生产,在元代就已具规模,入明后,官府编金窑户,入为匠籍,专门从事琉璃冶炼生产。据考古发掘证明,早在明初,颜神镇就有了颇具规模的琉璃生产的手工作坊。在一所琉璃手工作坊内,配有大炉 1 座,小炉 20 余座,大炉以生产制造琉璃品的料条为主,小炉则利用大炉生产的料条再专门加工生产某一种琉璃成品,生产过程采取流水作业方式。[③] 因此,在一处手工作坊内,往往需要众多的工匠,分别在各道不同的工序上,协同合作才能进行生产。明代,颜神镇的琉璃生产技术已达到了相当高的水平,工匠们已能根据不同原料的配比和熟练的吹制技术,制造出各种颜色、形状和用途的琉璃制品。[④]

① 乾隆《临清州志·关榷志·工部关·临砖附》。

② 嘉靖《青州府志·物产》。

③ 淄博市博物馆:《淄博元末明初玻璃作坊遗址》,《考古》1985 年第 6 期。

④ 《颜山杂记》。

在明代中期以前，产品主要有青帘、佩玉、叮当、连珠等，多用作官服及宫廷的装饰物。中期以后，废除匠籍制之后颜神镇的琉璃业转为民营，颜神镇的民营琉璃业显著发展，镇大街以西地区，“其民多业琉璃”，是民营琉璃炉冶的集中之地，有“西冶”之称。产品畅销“北至燕，南至百粤，东至高丽，西至河外”，“其行弥远”[①]。

（三）明代山东棉、丝纺织业的普及与发展

纺织业在明代作为一项家庭手工副业有着广泛的基础，山东的棉、丝纺织业正是在明代才获得了广泛的普及与发展。[②]

1. 棉纺织业

明初，官府颁布植棉法令与课棉之率，山东植棉生产发展很快。如在东昌府地区，种棉“尤多”[③]，“居人以此致富”[④]。兖州府地区，也是“地多木棉”，“五谷之利不及其半矣”[⑤]。而在济南府地区的大、小清河流域，“木棉之产，独甲他处”[⑥]。但作为家庭手工业的棉纺织，远不如植棉发展迅速，不少地区“虽多木棉，而鲜为布，男女有未尝识机抒者，故尽以资四远贩易”[⑦]。明中期以后，赋税征收改折银两，同时，国家对棉制品的需求仍维持巨额数量，这就极大地刺激了家庭棉纺织业在山东的普及与发展。过去一些不织布的地区，迫于税收的改变，也纷纷开始纺花织布。如在邹县，过去“民不织而资布于邻”。万历初年，本地官府“限以纺期，稽其匹丈”，遂织布大兴。后来“四邻不来鬻布”，并实现了“鬻布于邻”[⑧]。在登州府地区，“纺绩花布，以自衣被，穷乡山陬，无问男妇为之”[⑨]，达到了相当普遍的程度。在其他地区，“妇女缉布，夜纺车之声比屋相闻”[⑩]，已成为普遍现象。棉纺织业作为农村家庭副业，在各地都有了广泛的普及与发展。

---

① 《颜山杂记》。
② 陈冬生：《明代山东手工业生产发展概述》，《东岳论丛》1991 年第 2 期。
③ 嘉靖《山东通志·物产》。
④ 万历《东昌府志·地理志·物产》。
⑤ 万历《兖州府志·风土志》。
⑥ 顺治《临邑县志·风俗志》，引万历旧志文。
⑦ 嘉靖《濮州志·食货志》。
⑧ 《实政录·风宪约》。
⑨ 顺治《登州府志·风俗》。
⑩ 万历《滕志·风俗志》；又参见万历《汶上县志·政纪志》。

在棉纺织业普及发展的基础上，山东棉布的质量也有了大幅度提高。像濮州织的棉布，“其坚密不在南织下”[①]。定陶“所产棉布为佳，他邑皆转鬻之”[②]。历城等地织的“平机布”“阔布”“小布”，则更是边防军需不可缺少的用品。[③] 鉴于山东棉纺织业的发展，明政府也扩大了对山东棉布的征收数额。以万历六年(1578)为例，这年从全国征调棉布175万余匹，仅从山东一地就征收60.19万余匹，占全部棉布征收数的1/3强。[④] 随着山东棉纺织业的广泛发展，昔日棉花“泛舟而鬻诸南，布则泛舟而鬻诸北”[⑤]的现象，已开始被“今北方自出花布，而南方织作几弃于地矣”[⑥]的状况所代替。

2. 丝纺织业

山东曾是我国历史上的桑蚕发源地，也是最早利用蚕茧缫丝织绸的地区之一，向有“齐冠带衣履天下”的盛誉。魏晋以后，江南丝织业开始发展并逐渐超过北方。南宋以后，随着全国经济重心的南移，山东的大批蚕织工人南迁，加之战争的破坏，山东丝织业大大衰退。元代，政府重视农桑，编纂刊布《农桑辑要》以示劝导，山东桑蚕业又始见复苏。明初，颁布农桑征课之令，对农户实行强制性栽桑纳捐政策，与棉纺织业一样，丝织业作为农家重要的家庭手工副业，也获得了普遍的发展。如在登州府地区，“农作外间治蚕桑，铺眠分抬之劳，属之田妇，练丝之役，多男子共事”[⑦]。在兖州府地区，农家“妇女务为蚕桑，织丝为绢，亦能为绫”[⑧]。在桑蚕丝织业发展的基础上，也出现了一些质量佳、声誉高的丝织产品，像兖州府的“绫”，质地“坚密，不能为他织文矣”[⑨]。东昌府临清州的丝织机户，“工组织帕幔，备极绮丽”[⑩]。另外，像济南府的“齐河绢”[⑪]，章丘的“沙绢”等，都是“转鬻他方”

① 嘉靖《濮州志·食货志》。
② 万历《兖州府志·风土志》。
③ 崇祯《历乘·方产表·布帛》。
④ 《大明会典》卷二十六。
⑤ 《农政全书·木棉》。
⑥ 万历《嘉定县志》卷二。
⑦ 顺治《登州府志·风俗》。
⑧ 万历《兖州府志·风土志》。
⑨ 万历《兖州府志·风土志》。
⑩ 《古今图书集成·职方典·东昌府物产考》。
⑪ 《山左桑蚕考》。

“为利颇不赀”①的畅销品。随着桑蚕丝织业的广泛发展，明政府也扩大了对山东丝织品的征收数额。据《大明会典》记载，洪武时期（1368—1399），山东额定夏税纳绢23900余匹，弘治年间（1488—1505），增加到税丝2000余斤、丝棉折绢22100余匹，农桑折绢32800余匹。② 以后，此数遂成定额。这一方面反映了封建剥削量的加重，另一方面也反映了山东桑蚕丝织业有了很大程度的发展。

除桑蚕丝织外，明代山东还是全国柞蚕丝织业最发达的地区。柞蚕，俗称野茧或山茧，是一种主要以食柞、槲、椒、椿等树叶为生，放养在山间树丛中的野生蚕种。利用柞蚕丝纺织成的丝织品，称山茧绸。山茧绸具有色泽珠宝光艳，质地刚柔相济，穿着冬暖夏凉、久而不敝的优点，深受广大中下层人民的喜爱。

在明代，山东各地农民放养柞蚕、缫丝织绸极为普遍，几乎遍及所有山区地带。如在“青（州）济（南）属邑山民，多采茧织绸。其茧不借人力饲养，每春时，各民家入山就本业山场，布蚕子于树，或在椿，或在椒，或在道旁桲椤野丛间。俟结茧后，各采归，缫为丝线，妇女成织售于市”③。所织山绸“直（值）倍于白紬”④。在登莱地区，农户也都“以山茧丝缕缕织之，织为山紬”⑤。在鲁南兖州的山区中，农民“以野茧为紬”更为普遍。由于柞蚕比桑蚕放养面积大，饲养成本低，因而获利也较高，到明中后期，在部分农户中已出现了“不力耕而力织”的“织绸之家”⑥，开始了从家庭副业到家庭丝织专业化的变化，进而在部分丝织专业的农户中还出现了“有起家至巨万者”⑦的富户，在丝织业内部开始分化，表明山东的丝织业已在更深层次上发展变化。

3. 山东的“鲁绣”

明代，山东的“鲁绣”、上海的“顾绣”、东北的“辑线绣”及北京的“洒线绣”等都形成不同的地方风格而闻名于世。从故宫博物院陈列的明代鲁绣

---

① 万历《章丘县志·风土志》。
② 《大明会典》卷三十二。
③ 《稗说·山茧》。
④ 万历《安丘县志·方产考》。
⑤ 顺治《登州府志·风俗》。
⑥ 《稗说·山茧》。
⑦ 《稗说·山茧》。

《文昌出行图》《芙蓉双鸭图》《荷花鸳鸯图》等数件文物看，明代山东的“鲁绣”呈现这些特点：图案苍劲粗犷，质地坚实牢固，用色鲜明，针法豪放，朴实而健美。这些特色，既符合山东儿女固有的性格特点，又具有区别于其他绣种的风格。[①]

（四）明代山东制盐业的生产与变化

明代盐业为封建官府严格控制，是支撑王朝运转的重要物资基础。山东是明代主要产盐省区之一，盐业生产达到了较高水平，盐业运输在山东物资运输中占有重要地位。由于盐在国民经济生活中占有重要地位，而盐课又是封建国家财政收入仅次于田赋的第二大税收项目，因此，在明初，国家对盐的生产与经销实行严格的控制与专卖，是典型的官营制经营。随着社会经济的发展，明中期以后，在山东的制盐业中，官营制盐业逐渐衰落，而民营制盐业不断发展，从而成为明代山东制盐业发展变化的一个重要表现。

1. 明代山东地区的海疆区划

明代地域区划，特别是海疆区划基本沿袭元代，在东北地区设置都指挥使司，在华北、华东和华南设置府、州、县行政机构。其中，属于山东沿海地区的有济南府、登州府、莱州府、青州府。此四府所辖沿海州县有：济南府，治所在历城（即今济南历城区），所辖海丰、利津、沾化、蒲台等县濒海；登州府，治所在蓬莱，所辖蓬莱、黄县、福山（今烟台福山区）、招远、莱阳、牟平、文登、海阳、荣成等州县濒海；莱州府，治所在掖县，所属掖县、平度、昌邑、胶州、高密、即墨等濒海；青州府，治所在益都，所辖博兴、乐安、寿光、诸城、莒县等濒海。另外，位于沂州府南部的日照县，东南一面也濒海。这些州县，是山东海盐的主要生产地，制盐业也成为居民的谋生手段之一，“惟滨海泥质斥卤，富产盐鹾，居民借以谋生者甚夥”[②]。

2. 明朝廷对盐务的监管机构

明朝廷管理全国盐务的机构，经历了多次调整。明洪武初，盐务由中书省职掌。洪武十三年（1380），罢中书省，盐务改归户部。据《明史》卷七二《职官一》，户部下分四属部，即总部、度支部、金部、仓部。其中，金部掌渔

---

① 山东省博物馆编：《山东省博物馆藏鲁绣精粹》，文物出版社2010年版，第5—6页。

② 民国《莱阳县志·舆地志·海岸》。

盐。洪武二十三年(1390),又以“天下庶务浩繁”,分四部为河南、北平、山东、山西、陕西、浙江、江西、湖广、广东、广西、四川、福建等12部,每部“各领一布政司户口、钱粮等事”。明洪武二十九年(1396),又改12部为12清吏司。其后,又有损益。如明永乐十八年(1420),革北平司(后改为北京司),设云南、贵州司。明宣德十年(1435),又定为13司,遂为定制。在户部机构的设置中,“天下盐课,山东司兼领之”。其具体主管盐课税的部门则是山东清吏司的金科。①

虽然户部是明朝廷掌管“天下户口田粮政令”的最高行政机关,但其职能大体限于事务性的承办手续。为对地方盐业和各盐产区实行更有效的控制,朝廷通过设置运盐使司、分司、盐场盐课司三级盐务机构的办法,来实现对各盐区盐务的统管。

据《明太祖实录》,元至正二十六年(1366)正月,朱元璋攻取泰州、淮安盐区,于是沿元制,置两淮都转运盐使司,使司下辖分司及盐场盐课司。这是明王朝设置的第一个运盐使司,从此明王朝开始了对盐业的严格监管。②当时,在全国主要盐产区先后共设立了六个都转运盐使司,“曰两淮,曰两浙,曰长芦,曰河东,曰山东,曰福建”③。都转运盐使司,简称盐运司。

由于盐运司的所辖地域广大,为便于对盐业生产的严密管制,其下又设有分司,分司下再设若干盐场。盐运司的官制,据《明史》卷七五《职官四》记载,设都转运使一人(从三品)、同知一人(从四品)、副使一人(从五品)、判官无定员(从六品)。正如周庆云《盐法通志》卷十四《职官二·官制二》所言:“都转运盐使掌盐鹽之事,同知、副、判分司之。”各盐运司具体负责盐的生产、管理与纳税事宜,协调盐产区与行销区的关系。其属经历司,有经历一人(从七品),知事一人(从八品),库大使、副使各一人。所辖,各场盐课司大使、副使,各盐仓大使、副使,各批验所大使、副使,并一人(俱未入流)。④

此外,为加强对盐务职官的控制,明朝廷又设巡盐御使一人(正七品),履行对各盐产区职官的监察之责。就这样,明政府通过设置各级盐务机构,

① 郭正忠主编:《中国盐业史(古代编)》,人民出版社1997年版,第503—504页。
② 《明太祖实录·丙午二月己巳》。
③ 《盐法通志·职官二·官制二》。
④ 《明史·职官四》。

牢牢地控制了各地盐业的产、运、销体系。

3. 山东都转运盐使司的设立及其所辖盐场

山东设立都转运盐使司是在明太祖洪武二年(1369)。据《皇明世法录》卷二八《盐法·山东》记载:“山东都转运盐使司,洪武二年置。”另据《明太祖实录》卷四七“洪武二年十一月己丑”条记载:“设山东都转运盐使司,岁办大引盐十四万二千零五引有奇。”当时每引合400斤。

山东都转运盐使司濒临渤海与黄海,不仅管理各盐场的一切事务,还要掌管盐引,安排征课、疏销,负责山东盐业全局的生产与管理。其盐务机构,据《明史》卷八〇《食货志四》记载:“山东所辖分司二,曰胶莱,曰滨乐;批验所一,曰泺口;盐场十九,各盐课司一。”即山东都转运盐使司辖胶莱、滨乐两分司,泺口一个批验所和19个盐场盐课司。

山东的19个盐场,据嘉庆《山东盐法志》卷七《场灶上》记载:“山东旧设盐场十九处,信阳、涛洛、石河、行村、登宁、西由、海沧七场,隶胶莱分司;王家冈、官台、固堤、高家港、新镇、宁海、丰国、永阜、利国、丰民、富国、永利十二场,隶滨乐分司。”此即明朝在山东海盐产地设有的2个分司、19个盐场的名称。各盐场盐课司,虽散布在产盐各府州县境内,却是职掌一地盐业生产、盐产收购、盐课管理的基层部门,发挥着支配地方盐产资源的功能。①

山东19盐场所辖2个分司中,胶莱分司各场的分布比较分散,除掖县有两个盐场外,诸城、日照、胶州、莱阳各有一个盐场;而滨乐分司则不然,其所辖乐安县、利津县境内均有3个盐场,沾化县有4个,即在此黄河入海口处,比较集中地分布了一批盐场。②

这里有两点需要说明:其一,明代在山东设置的19个盐场,完全沿袭了元代的旧制。据《元史》卷九四《食货志二》所记,元太宗庚寅年(1230),在山东始立益都课税所;甲午年(1235),立山东盐运司。世祖中统三年(1262),命课税隶山东都转运司。至元二年(1265),改立山东转运司。至元十二年(1275),改立山东都转运司。武宗至大元年(1308)之后,岁办正、余盐为31万引。山东盐运司,“所隶之场,凡一十有九”。这19场是:信阳、涛洛、石河、行村、登宁、西由、海沧、王家冈、官台、固堤、高家港、新镇、宁海、

---

① 纪丽真:《明清山东盐业研究》,山东大学2006年博士学位论文。

② 纪丽真:《明清山东盐业研究》,山东大学2006年博士学位论文。

丰国、永阜、利国、丰民、富国、永利。其名称与坐落府县，亦与明代相同，说明明代山东盐场的设置基本沿元制。其二，明朝设置盐场和职官的目的，是为了督促、管理盐户完成盐业生产，并集中缴纳一定的课税，以充实国库，尤其是以资当时连年征战的军国之需。据民国《莱阳县志》卷二《政治志六·财政·盐法》记载："元明以来，更设场置官，掌治盐户；给草荡地以供刍薪，滩池地以资煎晒，区别疆界，各世其业。"此记载明确指出了山东盐运司设立盐场的作用：一是便于加强对盐户的统一管理；二是以盐场为单位，对灶丁、草荡、滩池地等灶课额的盐课征收，统一收缴。因此，盐场的设置，在明代的盐业经济发展中发挥着很重要的作用。①

4. 明代山东的盐税收入

明代山东地区是全国食盐主产区之一，并获得了很大比例的盐税收入。

明太祖洪武三年(1370)，仿宋代"折中法"，实行"开中法"。明洪武年间(1368—1399)，山东生产盐143200余引。② 后改为"纳钞法"，按户发盐，计口收钞，每户成人月供食盐1斤，未成年人减半。宣德五年(1430)，朝廷核准对"山东信阳等场盐课，每二大引折阔白棉布一匹"，这在全国各大盐场中首开盐课折色之例；正统年间(1436—1449)，盐课折色又扩大到官台等盐场；弘治年间(1487—1505)，朝廷开始对涛洛、富国、高家港三盐场的盐课改折银两，"每一大引，折征银一钱五分"；正德三年(1508)，折银范围又扩大到西由、信阳、登宁、行村、海沧、固堤、官台等八场。山东各盐场在官方督导下从事盐业生产，产量基本保持稳定。洪武二年(1369)，"岁办大引盐一十四万二千零五引有奇"③。

5. 明代山东的海盐生产技术

明代山东盐区，何时开始传入淋卤晒盐法，时间仍不可考。但据《明史·食货志四》记载："山东之盐，有煎有晒。"由此可明确地推断，明代山东的海盐生产，煎盐法和晒盐法两种技术都有采用。

(1)明代山东的煎盐法

煎盐法的基本原理，是利用火力制盐。煎盐的工具，明代时各盐区的称

---

① 纪丽真：《明清山东盐业研究》，山东大学2006年博士学位论文。

② 山东省地方史志编纂委员会编：《山东省志·一轻工业志》，山东人民出版社1993年版，第39页。

③ 《明太祖实录》卷四十七。

谓不一。据《盐法通志》卷三三引《盐法纲要》所载:“煎盐之器,淮南谓之㸑,长芦谓之锅,广东亦曰锅,山东谓之盘,浙江亦曰盘,福建谓之釜。”可知当时山东使用的煎盐工具主要是盘。

明代的煎盐取卤技术,渊源于宋元,但各海盐产区的采用方法则不尽相同。明代山东煎盐取卤的方法,灰压法、削土法皆有。

所谓“灰压法”,是指以稻麦草灰平铺于地,以其灰吸收地表盐分的一种方法。[①] 明代汪砢玉《古今鹾略》卷一引《山东盐志》,记载了山东的煎盐之法。据其所引,当时的山东盐区已有采用灰压法取卤的技术:

> 诘旦,仍出坑灰摊晒亭场间,至申,俟盐花浸入灰内,仍实灰于坑以取卤。……至于积灰,则又以年久为良。卤水清润,出盐尤多。然久旱则潮气下降,上燥而盐不生花;久雨则客水浸溢,亭场沾湿,晒灰反致销蚀。故以灰取卤,必雨旸时,若而后盐始丰。

这种用草灰吸取盐分的取卤法,据《古今鹾略》卷一引《山东盐志》,称之为“灰淋法”,是明代山东海盐生产技术的两种取卤方法之一。

《古今鹾略》卷一引《山东盐志》,同时具体记载了山东的煎盐工具——盘的形制和煎卤成盐的过程:

> 煎之之法,率以天时为本,而成之以人力。每岁春夏间,天气晴明,取池卤注盘中,煎之。盘四角榰为一,织苇护盘上,周涂以蜃泥。自子至亥,谓之一伏火。凡六干,烧盐六盘,盘百斤,凡六百斤,为大引盐一。明代行盐有大引、小引之分。一大引为四百斤,故余两百斤。

蜃泥是蛤蜊泥,明代海盐产区的盐民涂之以使盘坚固。如果将《山东盐志》的记载与两淮煎卤成盐的方法相比较,可知两者几乎完全相同。据嘉庆《两淮盐法志》记载:

> 两淮煎盐,自子至亥,谓之一伏火。凡六干,烧盐六盘,盘百斤,凡

---

① 刘淼:《明代盐业经济研究》,汕头大学出版社1996年版,第24页。

六百斤,为大引盐,余二百斤。[1]

由此可见,明代山东取卤、制卤、煎卤成盐的过程,在海盐产区是具有一定代表性的。

不仅有灰压法,明代山东盐场也用刮土法取卤煎盐。据明人王悦在《威海赋》中的记载:

盐之所产,于海之洼。潮波既退,男女如麻。区分畦列,刮土爬沙。漉水煎卤,灶灶参差。凝霜叠雪,积囤盈家。饮食贸易,资用无涯。[2]

据乾隆《威海卫志》,王悦为威海当地人。因此,我们在赞叹"古人咏盐工丽如此"的同时,也应肯定此赋描绘的是当地盐场煎盐生产的真实场景。通过此赋的描绘,我们可以清楚地分析出山东刮土法取卤煎盐的过程:一是取卤,二是淋卤,三是煎制。因此,当地盐民采用刮土法取卤、淋卤、煎盐的生产过程,这在当时的山东应有一定的代表性。

毫无疑问,煎煮成盐法,存在明显的缺点,主要有两点:一是生产成本高,工序太多,操作又复杂,还需大量的人力物力准备柴薪进行煎熬,但生产效率很低,盘每次只能成盐百斤;二是盐品质量低,煎制的盐,味苦性燥,已不能适应人民生活的需要。因此,明代中叶后晒盐法得到推广和应用,已是历史的必然。[3]

(2)明代山东的晒盐法

除煎盐法外,明代山东的海盐业已有晒盐法,但主要是淋卤法晒盐。所查有关山东晒盐法的文献,采用滩晒法制盐的记载尚未见有。

明代山东的晒盐法,其制取盐卤的方法,与煎盐法无异,也采用灰淋法与土淋法。灰淋法与土淋法,是明代取卤晒盐的两种主要方法,为沿海盐区所通用。[4] 土淋取卤,也称削土取卤、刮土取卤。据明汪砢玉的《古今鹾略》卷一引《山东盐志》载:

---

① 嘉庆《两淮盐法志·历代盐法源流考》。

② 乾隆《威海卫志·艺文志》。

③ 纪丽真:《明清山东盐业研究》,山东大学2006年博士学位论文。

④ 参见刘淼《明代盐业经济研究》,汕头大学出版社1996年版,第24—33页。

> 若夫晒盐之法，其取卤则又有灰淋、土淋之殊。土淋之法，以畚锸起咸碱潮滩土晒干，寘土池中，注水取卤，如灰淋法。每灶各砌石为大晒池，旭日晴霁，挽坑井所积卤水，渗入池中曝之，自辰逮申，不烦铛鬻之力，即可扫盐以输官。①

联系上文提到的山东煎盐时采用的灰淋法取卤，可知灰淋法与土淋法的主要区别在于借以取卤时采用的材料、物质不同，即一是用"积灰"，一是用"咸潮滩土"；但两者的晒盐工艺无异，即都是将吸附了海水盐分的灰、土，通过太阳光蒸发其水分，使盐分浓缩、凝集于灰或土之上，为淋卤提供原料。明代的山东盐民能根据不同的地理条件而采取不同的淋卤方式晒盐，显示出了他们的聪明才智。②

与煎盐法相比，淋卤晒盐法的优点是很多的。其一，可以免去煎盐这一辛苦、复杂的操作过程，代之以利用阳光这一自然力，让卤水经日光曝晒，自然结晶成盐，省却了盐民的煎熬之苦。其二，由于不用煎制卤水，制盐过程中就不需柴薪和煎盐之盘，从而节省了工时，降低了成本，大大提高了效率。其三，盐的质量也得到了提高，能更持续、更有效地发挥作用，大大方便了沿海居民在日常生活中腌鱼、腌菜。③

但是，此淋卤晒盐法也存在不足。一是对太阳光的依赖性很大，阴雨天气，"其盐不结"，是无法晒制成盐的。二是仍然需要灶民通过灰淋法、土淋法取卤，而为了获取大量的盐卤，盐民需要付出辛苦的劳作以至身残的代价。再加上在封建主义生产关系下官府的层层盘削，灶民即使终日劳作，生活仍然苦不堪言。实际上，这种矛盾是封建主义制度本身所无法解决的。

综上所述，明代山东的海盐生产，有煎有晒。山东的煎盐法和晒盐法工艺，在明代的海盐生产技术中都是有一定代表性的。这其中，既有两种方法并存的时期，也有煎盐法逐渐退出历史舞台、晒盐法逐渐胜出的时期。④

---

① 王赛时：《明清时期的山东盐业生产状况》，《盐业史研究》2005年第1期。
② 纪丽真：《明清山东盐业研究》，山东大学2006年博士学位论文。
③ 纪丽真：《明清山东盐业研究》，山东大学2006年博士学位论文。
④ 纪丽真：《明清山东盐业研究》，山东大学2006年博士学位论文。

二、清代的山东手工业

在生产力和商品经济发展的推动下,清政府又采取了“恤商”和“利商便民”的政策,并“首除烦苛”,尤其是对矿业开放民营,使清代的山东手工业得到前所未有的发展,突出表现为官营手工业的衰落和民间手工业的扩大兴旺。学术界研究清代山东手工业,最有代表性的论著是:裴广强的《清代山东煤炭资源开发的时空特征及其运销格局》、纪丽真的博士学位论文《明清山东盐业研究》、陈冬生等主编的《山东经济史》(古代卷)、姜颖的《山东丝绸史》、肖爱树的《清代中期山东商品经济的发展与资本主义萌芽》等。

(一)清代山东采煤业的发展

清代采煤业得到进一步发展。乾隆时下令:“凡产煤之处,无关城池龙脉及古昔帝王圣贤陵墓,并无碍堤岸通衢处所,悉听民间自行开采,以供炊爨,照例完税。如有豪强霸占,地棍阻挠,悉置于法。”[①]可以看出,清政府对合法的采煤是支持和保护的。清代山东的煤炭资源开发在全国来说居于领先地位,自乾隆以后,山东的采煤生产遂进入了一个空前发展的时期。山东省一些地市编写的矿业史著作,如《枣庄煤矿史》《枣庄煤矿志》《淄博煤矿史》等对山东的煤炭开发史论述较翔实。特别值得注意的是裴广强的《清代山东煤炭资源开发的时空特征及其运销格局》一文,从清代山东煤炭开采的时空特征及产量估计方面作了较深入的论述。

1. 清代山东煤炭的时间分布特征

清代,山东的煤炭生产过程中所用工具不同,可将煤矿分为土法和西法两类。土法煤矿指在煤炭开采过程中基本用人力,或使用简单劳动工具协助进行生产的一种煤矿。与此相对应的西法煤矿,指在提升、通风、排水三个主要生产环节上使用以蒸汽为动力的提升机、通风机或排水机,而其他生产环节仍然是多靠人力或畜力的煤矿。清代山东两类煤矿的数量差距明显,时空分布也颇有特点。概述如下:

土法煤矿是清代山东煤炭开采的主要形式。顺治朝(1644—1661)有博

---

① 《清高宗实录》卷一〇。

山1个县采用土法采煤，康熙朝（1662—1722）有临朐、益都、博山、莱芜、新泰、峄县、淄川、章丘8个县，乾隆朝（1736—1795）有临朐、益都、博山、兰山、莒州、郯城、费县、蒙阴、莱阳、海阳、栖霞、肥城、宁阳、莱芜、新泰、泰安、泗水、滕县、峄县、淄川、章丘21个县，嘉庆朝（1796—1820）有淄川、莱芜、滕县、峄县4个县，道光朝（1821—1850）有博山、潍县、蓬莱、泰安、滕县、峄县、淄川、章丘8个县，咸丰朝（1851—1861）有兰山、淄川、峄县3个县，同治朝（1862—1874）有乐安、淄川、博山、沂州府、即墨、潍县、蓬莱、新泰、泰安、章丘10个府、县，光绪、宣统朝（1875—1911）有昌乐、济宁州、博山、沂州府、日照、莒州、潍县、宁海州（今烟台牟平区）、福山、宁阳、莱芜、新泰、泰安、滕县、峄县、淄川、章丘17个直隶州、县。其中雍正朝有关山东煤炭开采的记载尚未见诸史籍。总而言之，清代山东煤炭土法开采具有“四起三落”的发展特点，即从顺治朝（1644—1660）至康熙朝（1661—1722）呈发展态势，雍正朝（1723—1735）衰落；乾隆朝（1736—1795）迎来发展高潮，嘉庆年间（1796—1820）衰落；道光朝（1821—1850）再次回升，开采县份增多，但咸丰年间（1851—1861）又渐衰落；同治（1861—1874）之后达至另一发展高峰。①

个别地区，如峄县、博山县、潍县、章丘县的采煤业尤其兴盛，且相对持续时间长。这从相关史料及实地调查的古煤井数目中也能推测出来。乾隆初年，峄县、枣庄一带便因长期的采煤作业，导致“混茫开凿地底空，老屋绵亘悬当中”。到光绪年间（1875—1908），方圆山东西数十里的范围内，竟出现了“几无实地”②之景。

淄博地区的古煤井数量也多得惊人。当地矿务局曾在1953年和1955年对涉及淄博煤田大部分地区的古井进行了一次普遍调查，发现仍遗存废煤井达3000（余）个，可以估计出属于百年前者尚有1000多个，呈蜂窝状毫无规则地漫布于山岭之间③。此外，英国驻烟台领事马奇雅木于1869年参观了潍县附近的一个煤矿区，看到“矿区在一个宽广的平原上，西南6英里

① 裴广强：《清代山东煤炭资源开发的时空特征及其运销格局》，《中国矿业大学学报（社会科学版）》2014年第1期。

② 光绪《峄县志》卷二十三，凤凰出版社、上海书店出版社、巴蜀书社2004年版。

③ 淄博矿务局、山东大学：《淄博煤矿史》，山东人民出版社1986年版，第14页。

外有些山丘,目前只有 10 个矿坑在挖掘,但平原上满布旧的矿坑”[①]。像“地底空”及“遍地煤井”之类微观地貌的形成,是短时间内煤炭开采无法达到的。

山东省的西法煤矿始创于光绪年间(1875—1908)。光绪六年(1880)时,峄县(今枣庄峄城区)中兴煤矿开始采用新式抽水机进行生产,之后此类煤矿不断增多。当时的淄川、博山、潍坊、峄县、宁阳、泰安、沂州、日照、莒州、掖县、章丘等地都有西法煤矿的建立。综合来看,采用此法进行开采的主要是一些资本较为雄厚、规模较大的煤矿。其中最具代表性的当属中资峄县中兴煤矿及德资德华矿务公司。

中兴煤矿是山东省内第一家近代化的大型煤矿,其由米协麟、戴华藻及峄县士绅于 1878 年创建。该矿成立之初依靠土法采煤,自 1880 年始购买 4 台抽水机[②],逐渐向西法煤矿过渡。但因资金匮乏,经营不善,曾一度遭到封禁。1899 年时,改组成立华德中兴煤矿公司。[③] 此后几年,矿内开始安装发电机[④],并且有了“起水、提重的小机器”[⑤],但“汲水虽用机器,而一切工作,挖煤、运煤仍用人力”[⑥]。据 1904 年 1 月的相关调查,厂房建筑极简陋,“没有升降机,也没有轨道。……只是普通用绞车和畜力的地方代之以蒸汽力而已”[⑦]。因此,严格地说,中兴煤矿只能算作半西法煤矿。

相比之下,德华矿务公司的采煤技术要先进得多。该公司由德国政府辅助德华银行于 1899 年 10 月在山东成立。其所需机器运自德国,且基本采用西法开采。如下属的坊子矿区在 1905 年时即已“开用洗煤机器”,且“亚细亚东方仅有此一部机器”,“每点钟可洗煤 150 吨”。到 1907 年,除洗煤机外,坊子煤矿还装有“分煤块大小之机器”“压煤机器、风筒”等各种机器,并建有煤砖厂。潍县的安呢煤井“所用器具一半用电力作

---

① 裴广强:《清代山东煤炭资源开发的时空特征及其运销格局》,《中国矿业大学学报(社会科学版)》2014 年第 1 期。

② 苏任山、学武:《“峄县中兴矿局”创办始末》,《山东史志资料》1984 年第 1 期。

③ 张玉法:《中国现代化的区域研究:山东省(1860—1916)》,台湾“中研院”近代史研究所,1982 年,第 527 页。

④ 光绪《峄县乡土志》。

⑤ 孙毓棠编:《中国近代工业史资料》第一辑(1840—1895 年)(上册),科学出版社 1957 年版,第 1095 页。

⑥ 〔清〕朱采:《清芬阁集》卷八,台北文海出版社 1987 年版。

⑦ 《捷报》1904 年 12 月 30 日。

工，现正装配”。淄川矿区“第二煤井业已兴工，器具亦已配好”①。整个德占煤田，俨然一机器轰鸣的大工业区，其机械化程度远超中兴煤矿及一般小矿。

2. 清代山东煤炭的空间分布特征

清代山东土法煤矿的分布范围十分广泛，具体包括济南府属的章丘、淄川、济阳3县，青州府属的博山、益都、临朐、昌乐4县，兖州府属的峄县、滕县、泗水3县，泰安府属的泰安、莱芜、新泰、宁阳、肥城5县，沂州府属的兰山、郯城、费县、莒州、蒙阴、日照6县（州），登州府属的蓬莱、福山、栖霞、宁海州、莱阳、海阳6县（州），青州府属的潍县、即墨、胶州3县（州），莱州府属的掖县及济宁州，共计8府32县（州），几占清代山东县级政区总数的1/3。

西法煤矿的开办地区虽也有10余县（州），但与土法煤矿相比，其范围相对有限。具体来说，西法煤矿主要集中在胶济铁路沿线的淄川、博山、潍坊，当时筹划建设的胶沂济铁路沿线的沂州、莒州、泰安、章丘以及大运河沿岸的峄县、滕县等地。这些地区交通便捷，煤炭资源丰富，开采历史悠久，风气也较为开放，易于引进西法采煤技术。而其他交通落后的山地、丘陵地区则难有西法煤矿的建立。

清末，西法煤矿依靠其政治背景和经济实力，不时调整矿区范围。受此影响，土法煤矿的分布范围也发生了不同程度的变化。以德华矿务公司为例，1900年签订的《德华矿务章程》规定，公司矿区包含胶济线、张博支线、津浦线（自济南起所经山东省内段）和胶沂济线（从青岛经沂州至津浦线济南以南段）沿线地区。1904年11月，德国驻华公使制定的《矿务续章》明确规定：从青岛经潍坊、张店至济南的胶济线和张博支线沿线30里内，只准德方用机器开采；在德方开矿的15里之内，不准华方开采，华方已开之矿亦得一律停止。② 到1907年，德华矿务公司还迫使山东路矿局与之订立了《关于淄川附近土法开采协议书》，规定在红线界以外的罗村、牟村、河东等地允许华民开采，而在红线界内的地区除可在小鸾桥南山一带“按现有规模之机

① 汪敬虞编：《中国近代工业史资料》第三辑（1895—1914年）（上册），科学出版社1957年版，第56—57页。

② 淄博矿务局、山东大学：《淄博煤矿史》，山东人民出版社1986年版，第42页。

器,任意经营矿业,但不得超过六处”[①]外,其余全予禁止。1910 年 11 月,山东地方政府遣派代表向德驻济南副领事提出交还除坊子、马庄(即山东淄川)、金岭镇三矿山以外的其他矿权。经反复商讨,双方议定淄川矿场南境“由大奎山起,斜线经龙口镇西北,至淄川东境止。所有矿地,亦让归华商自由开办”[②]。次年 7 月 24 日,中德双方代表签订了《收回山东各路矿权合同》。德国人虽然放弃了铁路沿线的大片矿区,但在坊子、淄川、金岭镇矿区有很大扩张,总面积达 1229 平方公里,并规定在矿区 30 公里内已开之华矿一律停止,全属德华矿务公司所有。[③] 德国人屡次要求清政府封禁博山、淄川、潍县三处新开土窑[④],致使上述三地土法煤矿的生存空间被迫收缩,原在淄川矿区内分布的近千个井口全部被关闭。另外,峄县中兴煤矿成立后,也曾作出“公司井口百里内不得再用机器采煤,十里内不许民人用土法取煤”[⑤]的规定。

值得一提的是,限于某些地区特定的煤层地质条件,一些土法煤矿已“不自觉”地运用了西法排水技术,这可看作“变相的”西法煤矿的扩展。比如靠近峄县中兴煤矿的“枣庄郭里集、大小甘林等处,煤苗一脉相连,一处提水,四路干涸”,因此常有民人俟中兴煤矿抽水作业后,“即旁开一井,坐享其利”[⑥]。淄川煤矿也曾发生类似事件,于是不得不规定:“凡民井出煤百筐,须以四成缴官,以资津贴。”[⑦]

3. 清代山东的煤矿管理

在清代,山东的煤矿一般是民营的,“悉听民间自行开采,以供炊爨,照例完税”[⑧]。从生产经营角度看,一般小民窑,“俱系小民自备工本开采”,出产不多,作为燃料自用,并不一定通商,是一种副业性质的采掘;而较大规模的煤矿,则生产销售城市需要的煤炭,进行商品生产。由此,在清代,合股做

---

① 王铁崖编:《中外旧约章汇编》第二册,生活·读书·新知三联书店 1959 年版,第 365 页。

② 宣统《矿务档·山东》,台湾“中研院”近代史研究所,1960 年,第 1317 页。

③ 淄博矿务局、山东大学:《淄博煤矿史》,山东人民出版社 1986 年版,第 47 页。

④ 丁文江:《外资矿业史资料》,1929 年,第 21—23 页。

⑤ 《山东路矿述闻》,《东方杂志》1911 年第 6 期。

⑥ 光绪《直隶总督裕禄奏为筹办山东峄县煤矿大概情形事》,中国第一历史档案馆藏光绪朝朱批奏折,档号:04-01-36-0111-0118。

⑦ 《益文录》1888 年 11 月 3 日。

⑧ 彭泽益编:《中国近代手工业史资料(1840—1949)》第一卷,生活·读书·新知三联书店 1957 年版,第 318 页。

窑是山东煤矿生产的基本经营模式。因而“民窑的业主们往往不可避免地会受到封建势力的侵凌”。具体表现为：一是业主拉拢封建官府的个别人物做靠山，二是旗下势力搭股或民窑业主勾结官府。①

这里，我们所研究的清代山东煤矿管理形式主要是较大规模的煤矿，山东的济南府、泰安府、兖州府、沂州府、青州府、登州府各邑，“俱有煤可采”。山东巡抚朱定元疏称：“今议于产煤之处，每窑产一窑户，民地以地主为窑户，其官山官地以领帖输税之人为窑户，照当税之例领帖办税。”②山东井也多由豪富有力之族主之。开采时必先相地，有炭苗然后出重资攻掘，井成炭多者利数倍。在这里，豪富有力之族主、地主成为煤炭企业主，其经营有方者可获厚利，雇工工价也较丰。③

下面，我们考察一下清代乾隆年间（1736—1795）山东博山煤矿的管理形式：

> 博山地寡民贫，多凿井穿洞，以资其利，盖自昔然矣。抑又闻之里中，武断规取山场，纠众敛钱攻采，其主事者必曰井头；率徒下攻者曰洞头；收发钱财者曰账房。此三人者，权莫大焉。输钱出份者谓之攻主。……井、洞头则一文不费，公私十倍坐获。及日久见疑，从而察之，账房又意为舛错，遂使攻主倾家入井，而山场业主办赋无从矣。于是作奸偷采，或攘臂明争，甚至放水淹人……事闻于官，与此三人若风马牛不相及也。④

以上引文，“输钱出份”的攻主和山场业主应是矿主，但他们都不管矿务。操矿务大权者是另外三个代理人，即井头、洞头、账房。井头是主事者，类似总经理，洞头和账房则分管下洞采煤和财务。由此可知：井头在整个生产组织的过程中发挥着很大的作用，他“规取山场，纠众敛钱”，是煤矿生产的发起人、募股人和实际经营者，从其“作奸偷采”等手段看，似乎已经“声

① 郑学檬主编：《中国企业史（古代卷）》，企业管理出版社 2002 年版，第 618—619 页。

② 《清朝文献通考·征榷》。

③ 郑学檬主编：《中国企业史（古代卷）》，企业管理出版社 2002 年版，第 519 页。

④ 民国《续修博山县志》卷七，转引自《中国资本主义的萌芽》，巴蜀书社 1987 年版，第 529—530 页。

高盖主”[①]了。

4. 清代山东的煤炭产量

清代，山东某些地区的土法煤矿产量较大。乾嘉时期(1736—1820)，峄县一年内“连樯北上”的漕船载煤“数百万石”，自不说销于省内的煤炭数量。“县内大族，如梁氏、崔氏、宋氏，以炭故皆起家，与王侯埒富。”[②]咸丰七年(1857)八月，京师制钱局决定改建炉房，“添铸铁制钱”，特令“山东巡抚照直隶官办煤炭之例，迅即提款，派员赶办焦子炭800万斤，解交京局”[③]。焦炭需“以煤炭炼成，约四斛炼一斛”[④]。按照10升为斗，5斗为斛，且1升合1市斤，1市斤约合现在1.2斤[⑤]的比例计算，“赶办焦子炭800万斤”约用煤3840万斤，合19200吨。这在当时不是一个小数目，可反映山东土法煤矿的产量之大。此外，据李希霍芬调查，同治年间(1862—1874)沂州府有两个地方开采煤炭“每天采煤约1万斤”，博山县福山村也有两个地方出炭，“一个坑每天出煤400筐(每筐300斤)，合80吨。另一个坑每天出煤300筐，合60吨”。他进而估计博山县每年出煤15万吨。[⑥] 据蒂姆·赖特计算，到1896年时中国大矿煤的总产量还没有超过50万吨。[⑦] 可见当时博山煤的产量应该算是很高的了。光绪以后，山东土法煤矿的产量没有大的提高，仍然维持其百余年前的生产技术，有的地区产量甚至还减少了。据统计，成立于1875年至1911年的11家煤矿，资本总额不过48600元，每日工数不过760人(不包括小新井煤矿和泰兴公司)，每年产量不过45906吨，年产值不过62344元[⑧]，远不能与西法煤矿相比。

中兴煤矿自1899年复矿以来到1911年的13年间，煤炭产量较为起伏，产量最多的年份为1900年的163046吨，而最低的年份则为1899年的

---

① 郑学檬主编:《中国企业史(古代卷)》，企业管理出版社2002年版，第538页。

② 光绪《峄县志》卷七，凤凰出版社、上海书店出版社、巴蜀书社2004年版。

③ 《文宗实录(四)》卷二三三，中华书局1987年版。

④ 《新泰县乡土志》，清光绪三十四年(1908)石印本。

⑤ 郭松义:《清代的量器和量法》，《清史研究通讯》1985年第1期。

⑥ 彭泽益编:《中国近代手工业史资料(1840—1949)》第二卷，生活·读书·新知三联书店1957年版，第159页。

⑦ 裴广强:《清代山东煤炭资源开发的时空特征及其运销格局》，《中国矿业大学学报(社会科学版)》2014年第1期。

⑧ 裴广强:《清代山东煤炭资源开发的时空特征及其运销格局》，《中国矿业大学学报(社会科学版)》2014年第1期。

17229 吨，相差近 10 倍。德华矿务公司自建矿以来，因生产设备先进，故其产量不仅高，且持稳定增长态势。坊子煤矿自 1902 到 1911 年的 10 年间，产量由 9178 吨增长到 205185 吨，平均每年增长约 213%；淄川煤矿自 1906 到 1911 年的 6 年间，产量由 14646.5 吨增长到 283208.5 吨，平均每年增长 183%。就山东省来说，德华矿务公司的产量比所有民营煤矿产量的总和还要多。例如 1910 年德华矿务公司的产量是 43.1 万多吨，而山东所有民营煤矿的产量只有 39.5 万吨，只有 1912 年和 1913 年其总产量才稍微超过德华矿务公司。①

（二）清代山东制盐业的发展与变化

清代，山东的盐业在沿海经济中有着重要地位。山东的盐业生产在管理体制和制盐技术方面都保持了相对稳定，其制盐技术达到了历史上的最高水平。《清史稿·食货志》记载："清之盐法，大率因明制而损益之。……山东旧有十九场，后裁为八，行销山东、河南、江苏、安徽四省。"即主要分布在信阳、涛洛、石河、行村、登宁、西由、海沧、王家岗、官台、固堤、高家港、新镇、宁海、丰国、永阜、利国、丰民、富国、永利等 19 个盐场，维持着元代盐场建置的基本格局。山东盐场，亦清沿明制，设山东都转运盐使司管理。但自康熙十六年（1677）至道光十二年（1832）间的 150 多年里，盐场先后裁并、调整过 4 次，清代山东的盐场终至 8 场。

1. 清代山东盐场的屡次调整

清代山东盐场的屡次调整，主要表现为裁并。第一次裁并，是在康熙十六年（1677），巡盐御史迈色会同山东巡抚题准高家港等 7 场裁并王家冈等 5 场管理。具体裁并情况为：将高家港、新镇 2 场裁去，归并王家冈场管理；将宁海、丰国 2 场裁去，归并永阜场管理；将利国场裁去，归并富国场管理；将丰民场裁去，归并永利场管理；将行村场裁去，归并石河场管理。② 第二次裁并，是康熙十八年（1679），将官台、固堤二场裁并潍县寿光管理。这次裁并，主要源于刑科给事中李迥的题奏得到准议，其奏称：官台场、固堤场、王家冈场"三场相望不过百有余里，而额征钱粮不过二千余金，请裁并场官或

---

① 《山东矿业报告：山东各煤田历年产额估计表》，山东省政府建设厅，1933 年，第 10 页。

② 《清盐法志·山东一·场产门一》。

归之于县,或合三为一。庶几省官所以省事,安灶即以安民户"[①]。第三次,是在雍正八年[②](1730),巡盐御史郑禅宝疏称:"请复设官台场,将已裁之固堤归并管理。以海沧西由两场连界事简,且海沧产盐无多。"后奏准:将海沧场裁并西由场管理;将已裁之固堤归并,复设官台场管理。[③] 山东盐场经过这三次调整,由原先的19场并为10场。正如嘉庆年间(1796—1820)新修的《山东盐法志》卷七《场灶上》记载:"现在设场十处,永利、富国、永阜、王家冈、官台等五场,隶滨乐分司;西由、登宁、石河、信阳、涛洛等五场,隶胶莱分司。"乾隆十九年(1754),富国场由沾化县城东60里,移驻昌邑县之瓦城村,专营利渔等三盐滩。[④] 于是,10个盐场的坐落,据王守基同治《盐法议略·山东盐务议略》所载,分别为:"山东盐场,旧一十有九,嗣后历经裁并,定为十场;一曰永利,坐落沾化县东北三十五里新集镇;一曰永阜,坐落利津县东北五十里辛庄;一曰富国,坐落昌邑县西北四十里瓦城社;一曰官台,坐落寿光县东北五十里驻侯镇;一曰王家冈,坐落乐安县东北乡,距县城百里,皆滨乐分司所辖;一曰西由,坐落掖县西由庄;一曰登宁,坐落福山县北五里盐场村;一曰石河,坐落胶州,距州城二里;一曰信阳,坐落诸城县东南隅;一曰涛洛,坐落日照县南乡,皆胶莱分司所辖。"

山东10个盐场的设置,持续了百年有余。道光十二年[⑤](1832),又裁登宁并入西由,裁信阳并入涛洛。这是第四次归并。山东盐场几经裁并,至此只保留8场。这8场分别为:西由、涛洛、石河、永利、永阜、王家冈、富国、官台。光绪二十年(1894),黄河大水冲毁了永阜盐场,山东盐场到清末实际只剩7场。

在清代,对盐场进行裁减、合并,是一种较普遍的现象。其原因主要有两个:一是为了便于管理,将分布较密集处的盐场归并。二是根据实际的产

① 《清盐法志·山东一·场产门一》。

② "雍正八年",此据《清盐法志·山东一·场产门一》;《盐法通志·疆域一·产区一》,亦如是。但郭正忠主编《中国盐业史》(古代编),人民出版社1997年版,第686页,记为"雍正十年(1732)",不知何据。

③ 《清盐法志·山东一·场产门一》。

④ 《清盐法志·山东一·场产门一》。

⑤ "道光十二年",据《盐法通志·疆域一·产区一》,而《清盐法志·山东一·场产门一》中载为"道光十三年"。山东方志中,如光绪《增修登州府志·盐法》、民国《莱阳县志·政治志二·财政·盐法》中,多为"道光十二年"。以《盐法通志》为据。

盐数量和生产规模,将产盐量少甚至已荒废的盐场裁并。对盐场进行调整,这是清代各盐区采取的一种措施,这是一方面。另一方面,山东盐场由清初的 19 场,到清后期裁并为 8 场,说明山东各盐场长期沿袭小规模生产方式,虽然海盐业生产技术较明代更为成熟,但开滩辟地、挖沟掘井、淋卤制卤、收运集坨,基本全赖手工,受季节、天气等客观条件的影响比较大。在长期的封建生产关系和连年不断的灾荒条件下,扩大再生产能力较差。这与近代、现代山东盐业的大规模生产是无法相提并论的。①

2. 清代山东盐场的管理

清朝,山东盐务机构为山东都转运盐使司,设盐运使 1 人、吏 9 名。② 自 1677 年(康熙十六年)至 1831 年(道光十一年),山东原有 19 个盐场相继裁并为 8 个,即官台、王家冈、石河、富国、永阜、永利、西由、涛洛盐场。1729 年(雍正七年),设盐官管理。凡灶户产盐,除计口留食外,都要集运坨中,进行注册,编设保甲,互相稽查。为强化缉私,又在盐场派驻了军警。在运销管理上,先后推行了官督商销、官运商销、商运商销、商运民销、民运民销等形式。1837 年(道光十七年),为便于盐政管理,山东盐区由长芦巡盐御使管理改由山东巡抚管理,除管理 8 个盐场外,还兼管河南、江苏、安徽等部分地区的盐务。③

具体来说,清代对山东盐滩的管理可分为两个阶段:前中期对盐滩实行严格、统一的管理;后期在清末,因永阜场被黄河大水冲毁,对盐滩的管理出现了松动。

第一个阶段占据的时间很长,大致在清同治六年(1867)以前,对盐滩的管理都很严格,主要表现在以下三个方面。

(1)各盐场的盐滩形制,均有定制,不许违禁超越。山东各盐场沟滩、井滩的定制,各场并不相同,各盐场在管理中,严格依各场“定制”办理。如嘉庆二十二年(1817),“申明西由场盐滩定制,禁止违例开滩”④。西由场定

① 纪丽真:《明清山东盐业研究》,山东大学 2006 年博士学位论文。

② 山东省地方史志编纂委员会:《山东省志·一轻工业志》,山东人民出版社 1993 年版,第 70 页。

③ 山东省地方史志编纂委员会:《山东省志·一轻工业志》,山东人民出版社 1993 年版,第 77 页。

④ 《清盐法志·山东四·场产门四》。

制,是盐锅40面,滩池60副,每滩一副五圈四池二亩。若灶户私添池地,就属违例开晒。由此可知,定制包括一定的圈数和亩数;而因为水有咸淡,故池数不定。圈数和亩数若有超出或不相同,则需裁改。如,嘉庆二十四年(1819),“申明富国场盐滩定制,令将溢额亩数悉行裁改”。富国场的定制,是在近海碱滩掘井,周围广12丈,井上畔开五圈:圈之外开四池,池四区,共广一亩。由此可知,该场池有定制而圈无定则。其四区亩数是以一亩为准,当地灶民扩大了此数,故被令“溢额亩数”悉行裁改。

(2)各盐场的盐滩数额,均有定量,严禁私开,即“盐滩原有限制,不准私开”①。如道光元年(1821),富国、西由两场小滩被严禁,即是例证。当时,富国、西由两场灶户,在两场毗连之地方、逼近海滨处,堆土淋卤,平地成盐,私开小滩,被严行查禁。

(3)对盐滩的管理,还表现在移立盐滩或对滩池的正常修整,也得盐大使或商人或当地巡抚,奏报朝廷批准。前者,如,光绪九年(1883),因西由场当时地窄滩多,挨次排比,竟无余地可以安置,运使黄大鹤禀请将此场滩池挪移到地方宽余的海沧场。光绪十二年(1886),票纲总商晋裕隆等也禀请移永利场被湮没的滩池。后者,如咸丰三年(1853),山东巡抚李惠奏疏,请求对被淹的永阜场269副滩池以及冲坍的盐垣、滩屋,拨库存运本修复。如光绪六年(1880),山东巡抚周恒祺奏,请准借给工本银修复永阜场滩池。光绪十八年(1892),引纲商人禀准挑筑永阜潮沟滩坝。再如,宣统二年(1910),运司详准永利场修浚大滩一副,小滩四副。②

第二阶段,清末,因永阜场最终被淹,产盐短绌,对盐滩的严格管理方法有所松动。

当时,永阜场被黄河水浸灌,产盐量大减,为增加产额,保证盐课,曾重新开筑滩池。如同治六年(1867),在永阜场开筑大滩22副,小滩3副,以资兴晒。后自光绪二十年(1894),永阜场被淹,王家冈、官台两场盐池,所产之盐,不敷春运,运使丰伸泰请准各商在该两场开滩济运,王家冈、官台两场滩池,遂逾限制,弛放盐禁,于是沿海居民,往往有开制盐之事。如,光绪二十二年(1896),山东巡抚李秉衡奏准:山东利津县吕家洼黄河决口,永阜场滩

① 民国《牟平县志·政治志二·实业·盐业》。

② 纪丽真:《明清山东盐业研究》,山东大学2006年博士学位论文。

池冲没，仅存7副，于官台、永利、西由、王家冈等场，开新滩400余副，富国场新开40副；同年，乐陵典商福恒又禀准在永利场开滩12副。光绪三十年（1904），职商萧锡纶禀准在官台场所属地方开沟滩10副，井滩100副。光绪三十二年（1906），商人禀准在官台场开井滩60副；同年，滨州知州江瑞钟禀准在永利场修旧滩5副，添开新滩2副。宣统元年（1909），复准在永利场开滩13副。弛放盐禁，并不是说灶民可以随便开滩。清朝廷规定了严格的“开滩手续”，即必须“先向该管场署呈准，给予制盐特许证”[①]，方可。此是为防灶民的私盐行为。

允许灶民开滩制盐，使山东的盐滩管理在清末至民国时期，发生了很大变化，出现了以下三种方式并存的局面：一是滩户仍沿旧习、滩为灶有、民户不得置买，实际上是滩为灶有而官管，如莱州、金口[②]、涛洛三场；二是滩为商有，如永利场盐滩皆为商有，制盐滩户由各商雇用：三是其余各场，规定凡办理开滩手续后，灶民可自行开滩晒盐。山东的盐滩从单一的官方管理，到清末民国时期分化成滩为官有、滩为商有、滩为灶民自开三种形式并存的局面，从某种程度上表明了对盐滩实行统一管制的制度，在清末开始式微。山东产盐数量较大。其中，1644年（顺治元年），山东盐场计额定年产18768745斤。清末宣统年间（1909—1911），山东年产盐2713000担。[③]

3. 清代山东的海盐生产技术

虽然明代中叶后山东已出现滩晒法，但直到清代，有些盐场还保留着传统的煎盐工艺，使清代山东的盐场，在很长一段时间内保持着有煎有晒的格局。

保留并采用煎盐法的原因，大致有以下三个方面：一是从唐宋开始使用的煎盐法，流传时间长，生产工具和生产方法很难立即取消或废除，且开滩晒盐需一次性投入较大成本，并非所有灶户都有这个能力，所以传统的煎盐法与晒盐法共存了很长时间。二是晒盐虽然无须草荡、煎锅等生产资料和工具，但仍然受天气的影响，在阴雨季节，晒盐是无法进行的，即“少阴晦则

① 民国《牟平县志·政治志二·实业·盐业》。
② 金口场，即石河场，原在胶县，民国二十年（1931）移于即墨县（今青岛即墨区）金沟镇。
③ 山东省地方史志编纂委员会：《山东省志·轻工业志》，山东人民出版社1993年版，第39页。

无盐”①。三是那些离海滩较远的地方,仍继续采用煎盐法。

(1)清代山东的煎盐法

据同治《盐法议略·山东盐务议略》记载,清代山东各盐场的“煎盐之法,亦候潮汐,其摊灰刮土,淋卤试莲,与浙粤大同小异”。由此可知,清代山东采用的煎盐法,与明代山东基本相同,采用摊灰或刮土法取卤→淋卤→试卤→煎卤成盐。

山东盐区用盘煎盐的方法,据嘉庆《山东盐法志》所记,应为:煎盐时,将盘放在灶上,用织苇护在盘的四周,再用蛤蜊灰泥(即蜃泥)加固,在盘下面,排列炉灶。之后各灶同时加柴点火煎盐,每昼夜为一伏火,可煎盐六盘,每盘得盐100斤。②

(2)清代山东的晒盐法

如前所述,在海盐制法史上,晒盐法的出现,是一个极大的进步,是由量变到质变的一个飞跃。因此,煎盐法终要退出盐业生产的历史舞台,晒盐法终会胜出。山东各盐场在走过了煎、晒法并存的一段时间后,到清末民初已基本采用了晒盐法。正如《盐法通志》卷三三《场产九·制法一》所载:“东盐初本成自煎晒二法,近则悉出于晒。”正是因为晒盐法比煎盐法成本低,产量大且质量高,所以不断受到人们的“青睐”,各盐区在渐知晒盐法后,逐渐淘汰了煎盐法。③

清代山东的晒盐法比明代有进一步的发展。其主要表现在于,除采用淋卤晒盐法外,还普遍采用了滩晒法。两种工艺的区别在于,淋卤晒盐仍然需要制取大量的卤,然后晒制成盐;滩晒法却不再需要淋卤,而是充分利用太阳光的能量,将引入池内海水中的水分蒸发掉,从而使海水浓缩为盐卤,即可结晶成盐。与淋卤晒盐法相比,滩晒法的优点是,不仅大大减少了制卤过程中大量人力、物力的投入,而且可以增加产量。但是,晒盐法的这两种技术,在清嘉庆(1796—1820)以前,基本上是并存于不同盐区的生产中的;而在道光(1821—1850)以后尤其在咸丰年间(1851—1861),滩晒法才普及于山东各盐场。④

---

① 民国《增修胶志·财赋志·清代盐法》。

② 纪丽真:《明清山东盐业研究》,山东大学2006年博士学位论文。

③ 纪丽真:《明清山东盐业研究》,山东大学2006年博士学位论文。

④ 纪丽真:《明清山东盐业研究》,山东大学2006年博士学位论文。

4. 清代山东盐民的贩私斗争

清代中期以后，山东盐民冲破官府禁令，贩卖私盐的斗争是人民群众反对封建经济剥夺斗争的重要组成部分。盐作为人们的日常生活必需品，其生产和经销受到政府的严格控制，灶丁和盐商在官府的监督管理下从事生产与经销，并由政府对他们课以盐税。为了防止盐税流失，垄断盐税的巨额利润，清政府制定了种种禁止私盐生产和经销的法律条令。因此，在盐业经济领域中，私盐与官盐的斗争自清初以来就从未间断，并随着社会经济矛盾的发展而愈演愈烈。乾隆中期以后，统治阶级日益腐败，国势日衰，为了获得更多的财政收入，以维持各项庞大的经济开支，清政府对盐连续加引、加斤、加价，不择手段地扩大盐课收入，从而大大加重了灶丁、盐商及广大消费者的经济负担，广大人民与封建官府的矛盾进一步加深，由此也导致了人民贩私斗争的广泛开展。[①]

乾隆时期，在山东参加盐民贩私队伍的主要是一些破产的灶丁、漕丁、车夫、小贩及流落难民等所谓“既失旧业，无所依赖”的无业贫民。这些人大部属于社会的最底层，饱受封建的剥削与压迫，对现实和官府抱有强烈的敌意，因此具有强烈的斗争性。贩私盐民往往成帮结伙，少则几十人，多则几百人，并拥有自己的武装，斗争的矛头直接指向官兵和官盐店，是山东盐民贩私斗争的主体。其中，活动在鲁中及鲁南地区盐民的贩私斗争就颇具代表性。如乾隆三十年（1765），活动在益都、寿光、临朐、沂水、蒙阴、博山等地的盐民，多次“聚集，贩私抢店，拒捕伤人”。在沂水县地，“盐徒乘地方官公出，挑取私盐，雇觅枪手，公然赴集肆卖，巡役前往查拿，即煽诱赶集乡民，随同抢夺”[②]。由于私盐没有课税负担，不受引地限制，因而价格较官盐便宜，盐民贩私所到之处，无不“群相买食”[③]，拥有广阔的市场。盐民贩私的盐斤主要来源于盐场的“老少”余盐。所谓“老少”余盐，是指“贫穷老少男妇，挑负四十斤以下者不许禁捕”[④]的盐。贩私盐民往往“私雇穷人在场，如数携出，彼即从旁收买，一落其手，仍可积少成多，贩行无忌”[⑤]。广大的盐民正

---

① 陈冬生、王赛时主编：《山东经济史（古代卷）》，济南出版社 1998 年版，第 627—628 页。

② 《清高宗实录·乾隆三十年六月》。

③ 《清高宗实录·乾隆三十年六月》。

④ 嘉庆《山东盐法志·谕旨·乾隆元年五月奉上谕》。

⑤ 嘉庆《山东盐法志·谕旨·乾隆四十二年十二月奉上谕山东峄县地方盐枭聚众一案》。

是利用清政府对“老少”余盐的放松，而进行贩私的斗争。如乾隆四十二年(1777)十月，在兖州的峄县，有49名贩私盐民，装载40多辆“老少盐斤”的盐车到处贩卖。当地官府前来缉捕，贩私盐民群起反抗，“拒捕伤毙巡役，仍推车而逸，查缉无踪”[①]。峄县盐民的贩私斗争震动了朝廷，乾隆皇帝惊呼：“竟以老少之利源，转变而为私枭之弊薮”，遂下令对“一切肩挑背负之利”的“老少盐斤”“悉行停业”[②]，企图以此杜绝贩私的来源。“老少盐斤”停后，不仅没有遏止盐民贩私，反而促使盐民贩私斗争更加深入地开展起来。

乾隆以后，盐民贩私的规模不断扩大，参加人数也明显增多，盐民贩私斗争进入了一个新阶段。

鲁南的沂州府地区，一直是贩私盐民斗争活动的主要地区。该地区远离山东诸盐场，山东盐引行销此地已成强弓之末。但该地区界连苏北，位于全国最大的两淮盐区的前沿。因此，盐民在沂州府地区的斗争尤为活跃。如日照、莒州、兰山、郯城等地，因“与江南海州、赣榆地界毗连，向为私枭出没之处”。由于私贩兴盛，在嘉道之际，官盐在这些地区严重滞销，官商“每致歇业”，私盐却“日益充斥”[③]。活动在沂水、蒙阴等地的贩私盐民，人数众多，斗争性强，嘉庆年间(1796—1820)，“屡有私枭聚众抢劫盐店，殴伤巡差，积案累累”。嘉庆十八年(1813)，贩私盐民在与官差的冲突中，将一人戕毙，另一人剜去右眼，割去左耳。[④] 仅嘉庆十八年(1813)十二月到嘉庆二十一年(1816)五月，发生的盐民“戕毙巡役，割耳挖眼，以及抢店毁埝、截劫派买”事件就达“七十二案”。[⑤] 沂蒙两地的贩私盐民斗争沉重地打击了封建统治的势力，致使“私枭益无顾忌，聚至百数十人，携带鸟枪器械，每逢市集之期，装载私盐，公然设场售卖，竟与官盐无异”[⑥]。鲁南地区的盐民贩私斗争，已引起了朝廷的极大不安，他们惊呼：“东省鹾务，官引滞销，总由私枭充斥，沂州府各属尤甚。”[⑦]

进入道光以后，山东盐务日益凋敝，盐民贩私却日趋兴盛。盐民的贩私

---

① 《清高宗实录·乾隆四十二年十月》。
② 嘉庆《山东盐法志·谕旨二》。
③ 《清宣宗实录·道光二年七月》。
④ 《清仁宗实录·嘉庆十九年五月》。
⑤ 《清仁宗实录·嘉庆二十一年闰六月》。
⑥ 《清仁宗实录·嘉庆十九年五月》。
⑦ 《清宣宗实录·道光十一年四月》。

斗争更直接深入到了各大盐场，并公开进行大规模的抢夺。盐场比较集中的武定府，是贩私盐民的聚集之地，也是盐民贩私斗争的重点地区。如在利津县的永阜盐场，贩私盐民往往“结众多人，径向滩内劫盐”。在沾化县的永利等盐场，来自利津、滨州及本地的盐民，经常“结聚二三百人，以至五六百人，执持兵器，赴滩劫盐”。蒲台、乐安、博兴等地各盐场，“向来盐枭尚少，近亦数十成群，不时窃发”，“以致私枭日炽，官引不销”①。位于鲁东南滨海地区的日照、诸城各盐场，也“时有枭匪纠众抢滩售卖”“未能归坨”的大量散盐。② 广大盐民深入各大盐场进行贩私斗争，有力地冲击了封建政权对盐场的控制，从而加速了官府盐法的败坏。

嘉道时期，随着贩私斗争的深入发展，广大的盐场灶丁及运销盐商也纷纷加入到了贩私斗争的行列。如在掖县的西由盐场和昌邑的富国盐场，广大制盐灶丁无视官府对盐池滩地和开晒日期的限制，纷纷“私添池地，违例开晒”③，“以致额灶官滩，启闭无期，滩无定额，私盐涌出”，“各灶家藏私盐如阜”④，是盐民贩私的物质基础。由于两盐场灶丁与贩私盐民“勾通贩私”⑤，周围行销官票盐地的沂水、临朐、益都、寿光、昌乐、潍县、安丘等地的“官盐壅塞”，不能尽售，而私盐畅销无阻，完全占据了鲁中地区的票盐市场。在制盐灶户参与贩私的同时，一些运销盐商也充分利用运销之便，通过对配运盐包私加盐斤，多方浮舂，大肆贩运私盐。据《清宣宗实录》载：在道光初，“山东盐引，每引浮舂多至三五十斤至百余斤不等，通计山东每年五十万引，多舂五千万斤，抵官引二十余万道”⑥。为了制止盐商浮舂，道光七年（1827），清政府曾“准其援照长芦之例，量为加耗”，每引加 20 至 25 斤（10—12.5 千克）⑦，过量即视为浮舂，然而盐商根本无视定例，配运盐包，“陆续加斤”，“浮舂无度”，贩私更盛。在利津县的永阜盐场，“盐商浮舂，较前更甚，每包竟有三百余斤”⑧。如道光十七年（1837），盐商霍崇德在永阜

---

① 《清宣宗实录·道光十一年五月》。
② 《清宣宗实录·道光四年闰七月》。
③ 《山东盐法续增备考·西由场灶户私添池地违例开晒奉饬照例改难》。
④ 《山东盐法续增备考·富国场灶户私开滩池聚众侵害等情一案》。
⑤ 《山东盐法续增备考·西由场灶户私添池地违例开晒奉饬照例改难》。
⑥ 《清宣宗实录·道光六年二月》。
⑦ 《清宣宗实录·道光七年五月》。
⑧ 《清宣宗实录·道光十一年五月》。

盐场舂给的“八百包”盐，“较例盐每包多至一百三十余斤不等”[①]，每包实重合175千克，仅此一次就贩运私盐5万余千克，可见贩私的数量与规模之大。随着盐商贩私的发展，旧的盐引运销制度开始逐渐瓦解，从而更有利于区域市场的形成与统一。当然，盐商的贩私主要是通过“场官收受陋规”[②]的手段达到浮舂贩私的目的，这与广大贫苦盐民与灶丁采取的贩私斗争手段有着根本的不同。但是，盐商的参与，壮大了贩私斗争的队伍与力量，扩大了贩私斗争的作用与影响，进一步加速了官府盐法的败坏，因此仍具有一定的积极意义。

（三）清代山东纺织业的发展与变化

清代的山东纺织业，作为家庭副业经营的小商品生产，比明代有了显著的发展变化，特别是出现了一些新的特点。

1. 棉纺织业

清代的纺织业有了进一步的发展。清前期，山东的棉纺织业各府都有，主要集中于沿黄河一线，特别是济南、兖州、东昌、曹州几府。清代中叶前后，山东已有60个州县开展棉纺织生产，并形成几个重要的商品布输出区。济南府齐东、章丘、邹平、长山一带所产棉布，多汇集于周村，输往关东等地，形成产业辐射。

山东棉纺织业作为农村家庭手工业的主要形式，在清代的情况是：过去一些家庭纺织手工业不很普遍的地区，入清后也开始纷纷纺花织布。如在济南府，“乡中妇女勤纺织”；历城县棉布有“平机、阔布、小布三种”，不同品种的布匹长短宽窄不同，各有不同用途与销路；禹城县“其力作通财者，有棉线、布匹”；寿张县“妇女纺织，几于家喻户晓”。定陶县明代已有棉布输出，“所产棉布为佳，他邑皆转鬻之”，清代棉布仍是重要输出品。[③] 在鲁中地区的齐东县，农家“昼夜之作，自农功而外，自此一事”的是“纺花织布”[④]。在肥城，“妇女则勤于纺织”，“百里之内，机轴之声不绝”[⑤]。在博兴县，也是

---

① 《清宣宗实录·道光十七年十二月》。
② 《清宣宗实录·道光十一年五月》。
③ 道光《济南府志》卷一三；乾隆《历城县志》卷五；嘉庆《禹城县志》卷五。
④ 康熙《齐东县志·杂录编》。
⑤ 嘉庆《肥城县志·风俗》。

“贫富皆纺织,无待人而农衣”①。在鲁西北的利津县,“妇女无老少贫富,皆事纺织。用纺车擘棉为缕,继用机杼织以为布,女红之勤,兹邑称最”②。在惠民县,“女事纺织,农忙之外,机杼无暇日”③。在滨州,也是“妇女皆勤于织纺”,“乡閭比户,杼轴之声相闻”④。在鲁西地区的茌平县,“男耕之外,尤恃女织”⑤。在清平县,“女工以纺织为事,多用纺车,织成之后,治机织布。或售或留,一家衣被,日用皆取给焉”⑥。

随着棉纺织业的发展,山东各种棉制品也大大增多。以棉布为例,在青州地区,布有“平机”“干机”“立机”之别;在武定府地区,布则有“半头”“长头”“庄布”⑦之分。过去的一些著名棉布产地,如济南府历城、东昌府临清及曹州府定陶等地的棉布,除继续保持其盛誉外,这时又涌现出长清的“阔布”⑧、章丘的“花布”⑨及泰安的“平机布”⑩等大批优质产品。

值得注意的是,在清代前期的棉纺织业中,山东农家的棉纺织已由自给性生产向商品性生产方面转化。如在济南府地区,农家“皆抱布以期准集市场”。仅齐东县一地出产的棉布,就“通于关东,终岁且以数十万(匹)计”⑪。乾隆时期,武定府地区农家所织棉布,除“既以自给”外,还有相当数量的布是作为商品“抱而贸于市”⑫,“商贩转售,南赴沂水,北往关东,閭阎生计多赖焉”。在东昌府各县,由于大量棉布投入市场,以至在本府各县的“市集,以布行为大宗”⑬。棉布商品化的普遍发展说明,山东农家棉纺织已由自给性生产向商品性生产方面转化了。

在棉纺织商品性生产发展的基础上,乾隆以后,山东棉纺织业内部已呈现出由自纺自织到纺、织分离的分工分业趋势。特别是在棉纺织业比较发

---

① 咸丰《青州府志·风土考》。
② 光绪《利津县志·舆地图·风俗》。
③ 光绪《惠民县志·风土志·民俗》。
④ 咸丰《滨州志·风俗志》。
⑤ 宣统《茌平县志·职官志·宦绩》。
⑥ 嘉庆《清平县志·户书第二》。
⑦ 乾隆《蒲台县志·物产》。
⑧ 道光《长清县志·食货志·采办》。
⑨ 《郭嵩焘日记·咸丰九年十一日》。
⑩ 乾隆《泰安府志·方城志·物产》。
⑪ 康熙《齐东县志·志继·布市论》。
⑫ 咸丰《滨州志·风俗志》。
⑬ 宣统《茌平县志·职官志·宦绩》。

达的地区,分工分业的趋势更加明显。[①] 如在临清的棉纺织品市场上,设有专供织布用的“线子市”,“凡女红所需,每日辰刻,携线而至者,约一二千斤”[②],以供临清及附近地区的机织户采购。棉纺与棉织的分离,促使一些专事棉布生产的地区相继出现。如在泰安,“吉贝花非泰安出,阔布岁输一千匹”[③]。在长清县(今济南长清区),因“机户甚多”,专织阔布,遂成为官府采办布匹的主要地区。[④] 在章丘县(今济南章丘区)龙山镇,当地“皆以织卖花布为业”[⑤],以至形成了“纷纷机匠织龙山”的局面。专事织布地区的形成,表明棉织业中的分工业已向地区化的分工方面发展。

在清代,山东的纺织技术也有了新的提高。1840 年以前,山东的手工机织技术在制造高档、精美产品的领域也已达到很高的水平。各地因地制宜地广泛使用传统的大花本花楼机、丁桥[⑥]形多综多蹑(踏板)机、竹笼式提花机、绞综纱罗织机等多种织机,用来织造丰富多彩的丝、麻、棉、毛织品。特别是清代的鲁绣,向世人展示出鲁绣绣饰鲜明而不脱离实用的民间艺术风格。清代康熙、雍正、乾隆年间(1662—1795),鲁绣到了一个高速发展时期。仅清末民初,山东潍县刺绣作坊就有 30 多家,绣工之多遍及潍城四乡,因此,潍县素有“九千绣花女”之誉。潍绣发展为商品后,广大妇女为生计所迫,以绣花作为一种家庭副业。她们都千方百计地提高技艺,精工制作。据《潍县志》记载:“潍县绣花初仅作堂地装饰之用,如套袖、裙子、枕顶等类,嗣后技术日精,凡围屏、喜帐、戏衣等皆能绣制,其优美过于南绣。”

2. 丝纺织业

在清代,丝织业(包括桑蚕与山蚕)作为家庭手工业,同棉纺织业一样,也呈现不断发展的趋势。据山东方志中的“风俗与特产”记载,清代的山东栽桑养蚕、缫丝纺织,已成为一种普遍的家庭副业。如在曹州府地区,“妇女务蚕桑,织丝为绢,亦能为绫、木棉,转鬻他方,其刊颇盛。茜草、靛青可以为

---

① 陈冬生、王赛时主编:《山东经济史(古代卷)》,济南出版社 1998 年版,第 572—573 页。

② 乾隆《临清州志 · 市廛志》。

③ 张应昌《清诗铎 · 善政》。

④ 道光《长清县志 · 食货志 · 采办》。

⑤ 《郭嵩焘日记 · 咸丰九年十一月》。

⑥ 丁桥,在密排的踏板上有散布的与过河踏步石相似的凸栓,以备足踏,避免相邻踏板的动作互相干扰。

染,田间多种之"[1]。在青州府地区,临淄"商贾治丝布、业香屑而止",博兴"士习淳朴,学兼农桑。农务本业,无怠岁事者。……妇女无长幼贫富,皆纺织,无待人而衣者",乐安"滨海斥卤,农务耕桑",寿光"平原沃土,桑麻蔽野,人皆务农,逐末皆少",昌乐"民务农桑,鲜逐末者",临朐"农务耕桑织纴"。[2] 在登州府地区,"农作外间治蚕桑,其铺眠分抬之劳,属之田妇,练丝之役,多男子共事。其野蚕则食槲、柞叶,蓄之树杪,无铺眠劳,然亦勤于护视,防为鸟雀所伤","蚕丝织本色绢,山蚕之丝,缕缕积之,织为山䌷,甚朴质"[3]。在济南府地区,"桑间采尽千条,机上抽成万缕丝"[4],其章丘清平乡"地宜蚕桑";邹平"惟以农桑为务……士亦多识耕,妇女勤绩织",长山"俗多务织作,善绩山茧。茧非本邑所出,而业之者颇多,男女皆能为之",齐东"民业耕桑……妇女针管之外专务纺绩",济阳"民务农桑",禹城"民皆务本",临邑"男耕女织,内外勤事",德州"妇女亦勤操作,不为冶饰",德平"民不事商贾,男耕耨女组织,终岁不倦",平原"妇女慎内,闲修女事"。[5] 在兖州府地区,"妇女务为蚕桑,织丝为绢,亦能为绫。绫甚坚密,不能为他织文……茜草、靛青可以为染,田间多种之",峄县"民以耕桑自给",金乡县"民务耕织,朴直敦厚",曹县"民务耕桑",定陶"世植桑养蚕,设别室焉",费县"以山蚕为䌷,朴而坚密,古所谓檿丝也"。[6]

以山蚕业为例,清代山东山蚕业的兴起和发展,是山东蚕桑丝绸业发展的一个亮点。山蚕是放养在山区树丛中的野生蚕种,又叫作野蚕。蚕老做茧后,称为山茧,可加工纺织成绸类,称之为山茧绸或山绸。山茧绸色泽珠宝光艳,质地刚柔相济,具有冬暖夏凉、久而不敝的优点。山蚕主要以柞、槲、椿、椒等树叶为食,所绣之茧按树命名,依次为柞茧、槲茧、椿茧和椒茧。因椒树具有特殊的香气,因此椒茧所织之绸最为珍贵。清代《阅世编》说:"山东茧绸,集蚕茧为之,出于山乐椒树者为最佳,色苍黑而带椒香,污秽着之,越岁自落,不必浣濯而洁,在前朝价与绒等,用亦如之。"[7]在曹州、青州、

① 乾隆《曹州府志·风土》。
② 咸丰《青州府志·风土卷》。
③ 光绪《登州府志·风俗》。
④ 崇祯《万乘·方产表》。
⑤ 道光《济南府志·风俗》。
⑥ 康熙《兖州府志·风土志》。
⑦ 姜颖:《山东丝绸史》,齐鲁书社2013年版,第274—275页。

沂水、登州、莱州与兖州等地的山区，山蚕放养已成为农家一项重要的商业性农业经营。这些地区的山蚕放养户，利用山蚕茧缫丝织绸，名曰山绸，向以色泽光亮、经久耐用著称，与江南的缎绸、山西的泽绸同被清政府定为与新疆及边疆地区进行经济贸易的主要商品。栖霞、寿光、诸城、沂水、费城、曲阜、莱芜等县都产山绸。山东茧绸一直是当地重要的手工业品之一。自乾隆时起，山东的柞蚕业逐渐向各地推广传播，贵州、陕西、四川、湖北、湖南、安徽、河南、河北、云南、辽宁等地相继引进蚕种，推行柞蚕放养，取得一定成效，出现了一些新的蚕丝产区，这些地方的丝织业也随之发展起来。[①]总之，无论是丝纺织品的数量，还是丝织业的普及程度，都已超过明代，而成为山东山区农家另一种主要的手工副业。[②]

特别值得提出的是，清代山东蚕桑丝绸业的发展出现了一些新的特点。其突出表现在：

一是山东蚕桑丝绸业内部出现了明显的新兴雇佣关系。即清代中前期山东山蚕放养规模很大，出现了蚕场，以及带有租佃雇佣关系的经营方式。

在沂州、青州、兖州、登州、莱州等地区的山区，农民利用自然的优势，在岭坡洼限之处种树畜蚕，结果往往是“弥山遍谷，一望蚕丛”，人们称这些地方为蚕场。在蚕场内部，“主场者，曰山主；饲蚕者，曰蚕工。蚕种出于蚕工，伙食则山主计日资送，茧成均分”[③]。由于蚕场规模很大，山主便雇蚕工饲蚕，蚕工出蚕种和体力，山主出资金、场地、蚕林、伙食，最后利益均分，双方形成了一种雇佣合作的关系。这表明，当时山蚕业的发展已达到了相当高的程度，从而极大地促进了山东蚕桑丝绸业的发展。

二是山东蚕桑丝绸业内部出现了明显的缫与织分工的趋势。即清代乾隆以后出现了专门出售山蚕茧和专门从事缫丝、纺织的专业户，甚至出现了专门从事缫丝或纺织的生产区域。

据方志记载，在盛产桑蚕和柞蚕丝的临朐，“丝有生熟二种，聚于冶源

---

① 方行等主编：《中国经济通史·清代经济卷》（上），经济日报出版社2000年版，第589—590页。

② 陈冬生、王赛时主编：《山东经济史（古代卷）》，济南出版社1998年版，第573页。

③ 《野蚕录·青蚕》。

集”，然后贩运到各织机地。[①] 在博山县，各养蚕之家“有直接卖茧的，有缫丝卖丝的”，蚕丝并不在本地织绸，而是“大都向周村丝庄去”[②]。在鲁南的费县，每当蚕茧成熟，本地蚕户皆缫丝，“城市镇各处设肆收买，土人呼为丝市”[③]。在鲁中地区的淄川，每年夏初“蚕茧作成”，“缫丝……售于邻境周村商贾织造”[④]。

缫与织的分离，促进了专事织丝业的发展。如在东昌府的临清，机户利用来自各地的蚕丝，织成哈达等丝织品远销西宁、西藏等地。[⑤] 清乾隆年间（1736—1795）纂修的《临清直隶州志》就已有了哈达（当时称纯绢丝）的记载，以后日渐发展，到清朝末年，临清全境有机房700余处，浆房七八处，收庄10余家，织工5000人，年销货值达一百数十万元。[⑥] 而周村镇，更是集中了大批的丝织机户，吸收了来自山东及邻省的大量蚕丝，成为清代山东最大的丝绸织造中心。

三是明末清初，山东丝织业中心从青州移至周村，清末又有烟台、莱州等丝织业中心形成。

周村原来只是个“民居三百家”的小村店，叫作“周村店”，位于长山县城南，隶属济南府长山镇。明朝万历年间（1573—1620），丝织业就成为周村五大行业（丝织、毛毡、小布、银炉、铜作坊）之首。自清初起，周村逐渐发展起来，成为山东商业重镇。周村的发展，带动了鲁中一带养蚕业、丝织业和商业的发展。如青州府的益都、博山、寿光、临朐、安丘、诸城等县，济南府的长山县，以及南边的沂州府、泰安府的部分县，都有桑蚕或柞蚕生产，并将蚕茧或丝织品大多运往周村销售，如长山县城南近周村镇处之人多为商贾。[⑦] 光绪年间（1875—1908），临朐所产山绸“聚于九山村市间，有贩至周村者”[⑧]。临淄人农闲时节，“辄出将车以谋食，或纬萧为业。

---

① 咸丰《青州府志·风土考》。

② 民国《博山乡土教本》下册《蚕业》。

③ 光绪《费县乡土志》。

④ 光绪《淄川县乡土志》。

⑤ 乾隆《临清州志·市廛志》。

⑥ 王守中、郭大松：《近代山东城市变迁史》，山东教育出版社2001年版，第18页。

⑦ 道光《济南府志·风俗》。

⑧ 道光《临朐县志·风土》。

商贾治丝布，业香屑而止；工则梓匠圬墁，并以巧闻”[①]。由于原料茧的增加和集中，许多丝绸商及地主富商等纷纷在周村投资。从1875年开始，周村出现了第一家专营丝织业的机坊——三合永机坊。随着光绪三十年(1904)周村被辟为商埠，丝绸需求量大增，周村更是成为山东最大的丝绸集散地和丝织手工业中心。1908年，专营丝织业的机坊发展到五六十户，有织机二三百台。[②]

烟台作为山东的缫丝业生产中心，是在清末形成的。烟台机器缫丝厂主要有3家：

第一家，烟台缫丝局。这既是山东第一家机器缫丝厂，也是全国第一家专缫柞丝的近代机器工厂。该厂1877年由德商在烟台建立，1880年即有进口机器200架。该厂的设备均从外国进口，使用法国“开奈尔式”缫丝机及其他配套设备。在生产技术方面主要有两项改进：一是在缫丝方面，缩小丝车直径，将山东传统的70多英寸的丝车直径缩小为22英寸，同时将以往每绪用茧10至20个固定为5至6个，所产的小𬘓丝克服了传统的大𬘓丝粗细不匀的缺点。其二是在染色方面，对丝线进行了化学处理，使之易于上色。1882年，该厂改组为股份有限公司，由中德合办，德方任经理，但大多数股东是中国人。1885年，该厂由于负债过多而歇业。1886年年底，以3万两银价转让给烟台道台，变为官办，但将机器设备闲置了五六年，致使蒸汽机开始生锈。[③] 1892年，该厂再度装置部分动力设备，一半使用蒸汽机，日产量从50斤增至70斤。但因茧资源不足和经营不善，经常入不敷出，1895年租给华商梁浩池开设的兴泰号，并改名为华丰𬘓丝厂。该厂全部改用蒸汽机生产，每日产丝量增至150斤。1990年左右，该厂有法国缫丝车550台，蒸茧锅38台，占地38亩，雇用职工600人，日产丝250斤。[④]

第二家，华泰𬘓丝厂。该厂1899年由梁浩池在烟台开设，1901年开业。该厂占地20亩，汽机32匹马力，蒸茧器28个，缫丝机530台，职工578人，

---

① 咸丰《青州府志·风土考·风俗》。

② 淄博市志编纂委员会编：《淄博市志》，中华书局1995年版，第1176页。

③ 李平生主编：《论近代山东蚕丝业改良》，《历史文化论集》，齐鲁书社2000年版，第879—880页。

④ 徐新吾主编：《中国近代缫丝工业史》，上海人民出版社1990年版，第509页。

每日的产丝量从20—80两不等(日本两,约等于中国16称1钱2分)。①

第三家,益丰缫丝房。1902年由芝罘富豪谦豪丰开设,规模较大,经营缫丝及织绸。据1903年烟台《海关关册》记载:“内中规模胥以新法,普遍布电灯,气象至属壮丽。计本埠机器缫丝厂已鼎足而三矣。”②

总之,据记载,1890年后,烟台市内已有规模较大的手缫局16家,多家均有丝车200台以上,最大的有700台,最小的也有150台。③ 另据《野蚕录》记载:“烟台之商务,以缫丝为大宗,沿海百余里内之市镇,亦莫不以缫丝为恒业,缫房之大者,往往安车一二百架或数十架不等,是名内軖;无业贫民及妇女之无事者,授以茧而代缫于家,是名外軖;人烟辐凑之区,车声聒耳,比比皆然,且一年之中,除盛暑月余不缫外,余则无月不缫。”④

须指出的是,莱州作为山东的缫丝业生产中心,也是在清末形成的。据记载:“今之茧绸,以莱为盛,莱之昌邑柳疃集,为丝业荟萃之区,机户如林,商贾骈坒,茧绸之名,溢于四远,除各直省外,至于新疆、前后藏、内外蒙古,裨贩络绎,不绝于道,镳车之来,十数里衔尾相接。”⑤

3. 蚕桑丝绸业生产技术

清代山东的蚕桑丝绸业生产技术,涉及桑柞种植、养蚕、缫丝、纺织、练漂染整等方面。这里仅就山东的缫丝、纺织、练漂染整等技术作如下阐述。

(1)关于缫丝技术

所谓缫丝技术,指的是制茧的方法。在宋元时代,山东就有晒茧、盐浥瓮藏、笼蒸三法。明清时代,山东最为流行的是笼蒸法,因为所蒸之茧,不损光亮。同时,清代又出现了新的制茧法,即烘茧法。该法主要是利用北方的暖炕资源。当炕烧热时,将茧摊于炕上,随时翻动,以干透为度。此法要求炕热度均匀,忌用有烟之柴,也忌烘得过焦,只不过烘茧易伤丝的色泽。⑥

一是桑蚕缫丝技艺。清代“各省缫火丝者多,缫水丝者少”。因此,山东

① 姜颖:《山东丝绸史》,齐鲁书社2013年版,第299—300页。
② 徐新吾主编:《中国近代缫丝工业史》,上海人民出版社1990年版,第511页。
③ 徐新吾主编:《中国近代缫丝工业史》,上海人民出版社1990年版,第506页。
④ 《野蚕录》卷三。
⑤ 《野蚕录》卷四。
⑥ 姜颖:《山东丝绸史》,齐鲁书社2013年版,第292—293页。

所用仍是火缫法。所用缫车结构与宋元时代基本相同,仍然包括灶、釜、钱眼(即丝窝)、锁星、丝钩、丝軖、曲柄、踏绳、足踏板等部件,但略有改动,如由二人对缫改为一人独缫。缫丝者坐于车前,以脚踏足踏板,使丝軖运转,以手索绪、理丝,自踏自缫,工作方便,效率亦高;另一人负责添茧、续柴烧火。依此法,一人一天能缫 30 两丝。对于缫丝过程中所存在的断绪问题,仍沿用宋元时期的自然带绪接头法,但清代山东又出现了以箸代指法,即以箸夹乱丝向钱眼猛提的带绪法。这种方法解决了手不耐热的问题,便于沉着操作,提高缫丝质量。①

清末山东在缫丝方面出现了一些重大变革。光绪末年,长山县知县曹大兴从南方招雇了一批小框丝工人,将小框丝生产技术带到周村。1911年,李友三与马文山三兄弟合资 3 万元左右,在周村建立了裕厚堂缫丝厂,设意大利座缫机 100 台,国产卧式三节锅炉二座,从此将蒸汽动力缫丝机引进山东。②

二是柞蚕缫丝技术。明代和清代前期,山东的柞蚕缫丝技术基本上延续的是元代的柞蚕缫丝方法(纩丝法),即主要是靠手工捻纺成丝。其方法是,先将茧置入草木灰浓液中并加温,待适当火候捞出,剥除蚕蛹,再用温水洗茧,晒干后,将丝绪理出,根据所需目的纤度,用一个纺锤,挂于丝绪的下方,捻丝者右手提丝并捻动持丝的两个手指,左手理绪,这样,依靠纺锤的重力、地球的引力、右手的捻动力,丝线在纺锤的旋转中形成。这种方法全凭操作者的技术和感觉,所捻出的丝很难粗细均匀。③

清末山东起初最普遍使用的是手摇缫丝车。这种缫车,登莱人称軖,缫丝称軖丝。据文献记载,"一人摇车,一人理丝,每车用二人,再加一司火者,是每车用三人矣"。后改为脚踏缫丝车,是 1881 年由乳山县崖子镇山西村人木匠宋氏制成的。脚踏式纩丝车"名为蹭軖,以手理丝,以脚踏车,一人可兼二人之事","则迟速得自由,旋转如意"④,既提高了工效,又使丝粗细匀整。因为脚踏缫车增加了脚踏板及相关部分,包括丝眼、丝椿(又名响绪)、丝钩、丝秤(添梯)、牡娘墩、车轴、贯脚、车床、踏脚板等,这种车的造价与性

① 姜颖:《山东丝绸史》,齐鲁书社 2013 年版,第 294 页。
② 姜颖:《山东丝绸史》,齐鲁书社 2013 年版,第 295 页。
③ 姜颖:《山东丝绸史》,齐鲁书社 2013 年版,第 295 页。
④ 《野蚕录·缫丝·缫车》。

能均优于"洋軠",因此颇得烟台缫丝坊欢迎,各场纷纷改装,并很快传至辽宁、安徽。[①]

据《野蚕录》卷三记载:柞蚕缫丝工序包括:剥茧、练茧、蒸茧、缫丝、卸丝、打捆、装箱等。

(2)关于桑蚕丝的纺织工艺

在清代,桑蚕缫丝纺织之前,有四道治丝程序:一是络丝。就是把缫成的丝绞再加工,整理到籰上,以俟牵经织纬之用。二是牵经。就是整经,把经丝整理成人们所需要的长度。三是穿综。就是在牵好的经缕间加交竹,捆好过湖(或不过湖),卷到杠的上面,再将丝绪穿过综框上的织筘的过程。四是治纬。就是把络至籰上之丝,织成緯莩,以供织纬。[②]

当四道治丝程序完成后,就进入到对桑蚕丝的纺织。清代的山东基本上延续了明代的织作方法。所用桑蚕系织机主要有织花纹的花机与织平面纹的腰机,但从清代山东整体来说,当时使用最广泛的、适合于广大手工业纺织者的,应该是腰机。腰机从形制上说,与王祯《农书》中的卧机基本相同;不同的是,它特别要求织作者腰间用力,即"织匠以熟皮一方置坐下,其力全在腰尻上"。腰机是用于织平纹绸绢、窄幅、无拉力、很粗的丝织品的工具,构造简单,操作简易,操作者足蹬踏板,手投织梭,手足并用,分别完成着移综、开交、投梭、打纬四项织作运动,以及卷布和放经的操作。[③]

(3)关于柞蚕丝的纺织工艺

柞蚕丝所织之绸,为野蚕茧所织,有不同的名称,本名为山绸,系打线和捻线所织,粗而多颣,俗称为毛绸;缫丝业出现后所织之绸,为了与原来的山绸相区别,而称为茧绸。茧绸的生产,就产地来说,山东以莱州之昌邑为上,登州次之,青州、沂州又次之;就织作方法来说,有单经双纬者,有双经三纬者;就茧本身来说,以伏扣子(伏天出蛾的破口茧,茧底甚白)所织之绸质量最好,"映日视之,光闪烁作金星",最受国外欢迎。不过,伏扣子由于茧已破,所以不能练,只能直接蒸和缫,若在釜中翻弄,会因茧头处丝皆脱落而不

① 姜颖:《山东丝绸史》,齐鲁书社 2013 年版,第 296 页。
② 姜颖:《山东丝绸史》,齐鲁书社 2013 年版,第 300—302 页。
③ 姜颖:《山东丝绸史》,齐鲁书社 2013 年版,第 303—304 页。

能缫。①

在清代，织绸的工序包括浆丝、络丝、倒经、倒纬、牵经、上机、下机等。为了将所缫之丝分开，免致黏结不清，茧绸在织之前，一般先要浆丝。当所缫之丝下车后，先以热水淘去碱气，再置入土粉和豆浆搅拌搓揉，取出挂在长杆上，漉去渣滓，用力抖之，丝缕便条条分开，不再黏结，这相对于桑蚕纺织来说，又是一种特殊的工序。在倒经、牵经和倒纬方面，按《野蚕录》所载，择其细而匀者为经丝，倒经时，山东用芦筒和牵经板，先用芦筒倒为繀，再将繀贯于牵经板上牵之，这与南方用籰倒不同。倒纬与倒经相同，只是单经用双纬，双经用三纬。倒纬时需注意，山东所用梭扁而长，故须做长繀放置于梭中，然后抽内丝头穿过梭眼，倒为小繀贯于梭中不同。②

清末机制很多，高机、平机都可用来织茧绸，织时用综二副，将经缕根根穿过综环，再将经缕前后二根相并，穿过筘齿，以数丝挽为一结，贯在小竹棍上，牵引经缕，缚在卷幅上，用撑幅二根撑紧，然后一人脚踩踏竿，推撞抛梭，便自然成幅。不过，由于野丝性涩，所以当筘齿往来时，需要用油(如石油)进行润滑。莱州昌邑柳疃集是清末山东丝业荟萃之地。

(4)关于练漂染整的工艺

清朝生丝帛的精练技术是对以往技术的总结与发展。《天工开物·乃服篇》中的《熟练》一文记载："凡帛织就，犹是生丝，煮练方熟。练用稻藁灰入水煮，以猪胰脂陈宿一晚，入汤浣之，宝色烨然。或用乌梅者，宝色略减。凡早丝为经，晚丝为纬者，练熟之时，每十两轻去三两。经纬皆美好早丝，轻化只二两。练后日干张急，以大蚌壳磨使乖钝，通身极力刮过，以成宝色。"这表明，当时传统的水练、灰练等法，以及新兴的生物化学技术，如胰酶精练生丝法都在使用，并且精练后再经磨、刮等整理，以增加丝身光泽。昼暴夜宿，这种方法到清代仍然使用并有所发展，当时出现了三种方法：一是"上暴法"，在曝晒时，以二人牵绸两头，中一人执之，用手轻摇，如春风煽动，"待其干后，色最鲜明"，这是最好的暴练方法，但一匹绸需三人照顾，浪费劳力，工作效率低；二是"中暴法"，乘天气晴朗，暴于郊外河干旷地，色亦鲜艳，且用人力少；三是把丝绸悬之杆上，风吹日晒，这是最为简易的方法，市中多用

① 姜颖:《山东丝绸史》，齐鲁书社 2013 年版，第 304 页。
② 姜颖:《山东丝绸史》，齐鲁书社 2013 年版，第 304—305 页。

之,但所练漂之丝帛非病燥,即病暗。此外,在练漂中特别重视了温度和水质问题。[①]

鸦片战争后,海禁大开,国外纺织品进入内地,它们以其鲜艳的色彩和美丽的图案吸引着国民,山东织染业因而得到复兴和发展。此时山东织染业的一个重要中心就是周村。当时的人们认为,染棉织品的作坊同时也可以染丝织品,于是,一部分染棉织品的作坊兼营或直接改染丝织品。同治六年(1867),周村的庆成染坊(后来改为庆来永)就是从染棉织品改染绸绫。当时的染色与上浆成为这一行业的两大类别,1900 年,周村已有染坊 70 余家,浆坊 40 余家,其中最大的是义生永染坊,从业者 40 余人,年加工色绸绫 7 万匹。[②] 在染色方面,当时主要用植物染料,山东本身就有染料生产,如曹州、兖州府志中都有田间多种茜草、靛青的记载。光绪初年,茜草以及紫草从烟台输出达 4000 担,五倍子达 2 万余担,用红花制成胭脂绵输入日本的数量也很可观。[③] 由此可见,明清时代,山东的植物染料仍然是相当丰富的。

4. 丝织品的种类

清代中前期,由于丝绸业中心地位的丧失,山东高档丝织品的生产及品种明显减少,除济南织染局外,当时所生产的主要是一些实用性强、市场上销量较好的民用丝织品。19 世纪 70 年代以前,周村只能织小绸子、小绫子、小方绸、大绫子,如二八绸子、三二绸子、二丈绫子、滚宁绉等,分量轻,绸面窄,组织简单,没有花样,主要用于做京花、彩旗、寿衣之类,因而利润很低。清代后期,随着对外贸易的加强,山东丝织品种类增加,如周村一带,机坊不断增加,所织的产品分量逐渐加重,面子加宽,20 世纪初已能织"洋绉",如双绫洋绉、单绫洋绉、五二洋绉、五四洋绉等。为了迎合西方人的口味,当时还出现了创新,如将丝绸上加漆,可变为雨衣;青州府还出现了仿效湖绉,多用水缫方法,使用细丝进行纺织。[④] 条带业、花边业、刺绣业是清末兴起的产业,其产品种类众多,如辫绳、绑腿、花边、板带(一种特制的护腰带),以及刺

---

① 姜颖:《山东丝绸史》,齐鲁书社 2013 年版,第 305—306 页。

② 山东省淄博市周村区志编纂委员会:《周村区志》,中国社会科学出版社 1992 年版,第 199 页。

③ 上海市纺织科学研究院:《纺织史话》,上海科学技术出版社 1978 年版,第 143 页。

④ 姜颖:《山东丝绸史》,齐鲁书社 2013 年版,第 308—309 页。

绣业中的妇女挽袖、绣花衣边、男子扇带、荷包、官员命妇之花衣霞帔等。这些行业主要集中在周村、济南、青岛和烟台等地，开始于清末，发展于民国时期。其生产原料，花边业中含有茧绸；在人造丝进入山东之前，条带业主要是丝、棉。由于清代有留发辫的习俗，北方人也有绑腿的习惯，所以山东的辫绳业和腿带业以及相关的丝带、丝边（花边）、板带等行业相继发展起来，1884 年济南一间楼、东生昌最早开业生产丝带、丝边产品，烟台一带家庭妇女也多织花边。19 世纪 90 年代，周村人仿制日本新式脚蹬机织造腿带，从此成为当时山东腿带业的重要产地。①

此外，特别值得一提的是临清的哈达，这是临清境内出口的最大宗丝织品，是一种工艺品，称粉绢行，一名哈达庄。收买运销者曰丝店，织户曰机房，染工曰浆坊。该行业在临清的出现与运河有关，会通河开通后，随着运河贸易的加强，江苏等地的哈达生产工艺传到临清。清代是临清哈达业最为发达的时期，全境机房 700 余，浆坊七八处，收庄 10 余家，织工 5000 人，织机有大小之别。出品有净货、浆货之分，净货为佛像、佛字、丈哈达、八宝通血等，浆货为浇花浆、本丈绢等，一律销至内外蒙古、察哈尔、绥远、东三省、西藏等地。②

总之，山东绸是清代山东重要的丝织品牌。山东绸是用柞蚕丝织成的丝织品的统称，包括用手捻线而织的山绸（捻线绸、毛绸），也包括后来出现的用缫丝而织的茧绸。山绸用手工捻线，织物有自然的疙瘩花纹，风格粗犷而豪放，活泼而自然，带有珍珠般的光泽，坚固耐用，穿着舒适，在国际上享有盛誉。

5. 鲁西南的民间织锦③

从清代后期开始，鲁西南地区的菏泽、济宁、聊城等地的民间仍有许多妇女自己织布。由于鲁西南的土布质地厚实，色彩绚丽，织染工艺独特而复杂，不仅具有实用价值，也是一种极具审美意义的民间手工艺织品，因此定名为“鲁西南织锦”，简称“鲁锦”。

元明之际，随着棉花在黄河流域的大面积种植，鲁西南人民将传统的

---

① 姜颖：《山东丝绸史》，齐鲁书社 2013 年版，第 309 页。
② 民国《临清县志·经济志》，民国二十三年（1934）铅印本。
③ 李新华：《齐鲁工艺史话》，山东文艺出版社 2004 年版，第 91—96 页。

葛、麻、丝、织绣工艺糅进棉纺工艺，形成了独特的鲁西南织锦。经过明清两代的不断发展改进，鲁锦成为一种技术成熟的优秀民间手工艺织品。据清光绪年间（1875—1908）修订的《曹州府志》记载："……地产木棉，以之为布。而无苎麻，妇女务蚕桑，织丝为绢，亦能为绫，木棉转鬻他方，其利颇盛，茜草靛青可以为染，田间多种之。曹县民务耕桑，鬻菏同俗。定陶植桑蚕，所产生棉布为佳他邑，郓城县地广衍饶沃土，宜木棉，贾人转鬻江南为市……"可见以菏泽地区为代表的鲁西南织锦，清代时在全国已颇具影响。

鲁锦作为一种优秀民间工艺织品，其工艺特点首先体现在成熟而复杂的手工纺织技术上。鲁锦的纺织生产，从采棉纺线到上机织布大大小小要经过72道工序，主要工序大致可概括为以下15种：轧花、弹花、纺线、打线、浆染、沌线、落线、经线、刷线、做综、上杼、掏综、吊机子、栓布、织布、了机。每道主工序里还有很多子工序。可以想象，织锦中蕴藏着多少繁杂的劳动。

其中，工艺较复杂的提花彩锦，通常以色线交织成的几何图案为主，经纬结构的反复循环变化，加上着色经纬的错综交叉，可以产生变化无穷的几何纹样图案。提花彩锦的织造方法，主要有双经纬、单经单纬、纬线提花和经线提花等几种，经过纺线、染线、浆线、经线、上杼、做综、上梭以及手工操作土织布机织造等工序，有时还要兼施平织、打花、挑花等手法，才能织出交织紧密、耐穿耐磨、图案新颖、色彩华丽、富有诗情画意的彩锦。

其次，鲁锦的工艺特点体现在其独特的染色工艺上。鲁锦的染色大都就地取材，诸如靛蓝、槐黄、榴黑、豆灰、泥紫等天然物质是主要的染色原料。用这些天然染料染出的鲁锦，色彩和谐生动，古朴典雅。

鲁锦的艺术特点表现在变化丰富的色彩和设计独特、意境美妙的图案上。鲁锦的色线有22种，常用色线有大红、桃红、湖蓝、靛青、绿、黑、紫、黄、棕、白等十几种。就用这22种基本色线，经过民间织锦艺人的精心设计，便可以变幻出1990多种绚丽多彩的图案。

鲁锦，在清代曾作为御用品进贡朝廷。中央美院研究所收藏着清代鄄城数百个品种的鲁锦。

6. 潍县刺绣

刺绣，是用彩色丝线、绒线、棉线、金银线等线材料，在绸、缎、绢、帛、布等织物面料上，织绣出图案、花纹或文字的一种民间缝纫艺术。清代康熙、雍正、乾隆年间(1662—1795)，鲁绣到了一个高速发展时期。清光绪初年，山东潍县刺绣则盛极一时。

清代潍县刺绣，原是潍县城乡一种广泛的家庭副业。清光绪初年，因年岁不登，生活艰难，潍县一带妇女学习南绣者渐多，民间绣花盛极一时。在潍县城里经营绣货的作坊、店铺达 30 余家，先后经营绣货的有同祥、金祥、天庆赓、同盛福、协同义、泰丰祥等知名商号，所以潍县当时有“九千绣花女”之称。清代乾隆年间(1736—1795)，郑板桥在潍任县令 7 年之久，他在《潍县竹枝词》中生动地描写过当时妇女的穿戴，“罗绮成箱绣作堆，春衫窄袖好新裁”，“迎婚娶妇好张罗，彩轿红灯锦绣拖”，说明潍坊刺绣已成风气。

清代潍县刺绣的主要特点是：取材广泛，以象征寓意的表现手法表达主题；配色鲜艳明快，色彩对比强烈，图案美观大方；绣工精制，针法端庄细腻。

（四）清代山东的陶瓷业、玻璃制造

1. 陶瓷制造业

中国精美的瓷器举世闻名。清代瓷器制造业在世界上一度处于领先地位。山东清代的瓷器产地以博山县最为著名。

雍正十二年(1734)清廷下令割益都县孝妇、怀德 2 乡，淄川县簸箕掌、赵庄、大峪等 21 庄，莱芜县(今济南莱芜区)乐疃、樵岭前等 7 庄新建博山县，县治颜神镇。此后颜神镇始称“博山”。清乾隆年间(1736—1795)，博山的瓷器业发展较快，形成了北岭、务店、山头、窑广、八陡、福山等 7 大窑场，成为我国北方陶瓷生产中心销售影响较大的地区。到清末，帝国主义势力扩大了对山东经济的掠夺，大量倾销“洋瓷”，淄博地区的陶瓷生产受到冲击，生产规模不断萎缩，产品以生产青花和彩绘瓶、缸、罐、枕等瓷器为主。这些瓷器胎粗器大，釉面发灰，晶润明亮度不高。其次是生产粗瓷大缸、盆、罐等大型粗糙的日用陶瓷。前代创烧出的雨点釉、茶叶末釉等优秀瓷器技艺多已失传。如果说在这一时期淄博地区生产的瓷器较有特色的产品，当数青花“大鱼盘”。这种青花“大鱼盘”是当时民间婚丧嫁娶中普遍使用的日用陶瓷。其直径在 30 厘米左右，陶胎挂釉。盘内多以蓝色绘制一条大鱼，故民间称其为“大鱼盘”。这种鱼盘的烧制工艺并不高，但由于盘内的大

鱼是由民间不同的陶瓷艺人手绘的,其形象生动活泼、栩栩如生,造型变化多端,独具情趣,被收藏家视为民间日用陶瓷艺术的上品。[①]

光绪二十一年(1895),清政府宣布"变法",推行"新政"。一些维新派官僚,也发出开办新式企业、发展民族资本主义工商业的呼吁。在这样的情况下,时任山东省工艺传习所总办的黄华,于光绪三十一年(1905)委派古董商王子久于博山下河街设立工艺传习所,研究改良博山陶瓷。这个"传习所"事实上是山东出现的第一个官办窑厂。

黄华开办博山工艺传习所的目的是改变博山陶瓷明清以来的粗俗面貌,学习先进的生产方式,促进当地博山陶瓷业的振兴。工艺传习所成立后,对陶瓷的烧制工艺进行了一定的改革,并相继研究出了白瓷、蓝釉、绿釉、黑釉、纹片釉等艺术陈设瓷。另外还仿造了景德镇的古彩和青花。工艺传习所最重要的一项成就是研究恢复了久已失传的"茶叶末釉"烧制工艺。这项研究的主要功臣是陶瓷艺人陈希龄。陈家是陶瓷世家,到他这一代主要以烧制红泥壶著称。陈希龄被招聘到传习所以后,主要致力于瓷器新釉色和新造型的研究。宣统二年(1910),他成功恢复了茶叶末釉烧制工艺。博山工艺传习所的建立,对博山瓷器业的复兴起到了一定的推动作用,但并没有像黄华希冀得那样,恢复其昔日的繁荣。

2. 玻璃制造业

清代,山东博山县颜神镇在明代玻璃生产的基础上得到了更大的发展和提高。

第一,博山县颜神镇成为清代玻璃生产的重镇。

据清初孙廷铨所著《颜山杂记》中的记述,明末崇祯十三、十四年间,江北旱灾殃及颜神镇。该镇玻璃工匠死于灾荒者达90%,严重地摧残了玻璃制造业。但过了20余年至康熙四年(1665),当地的玻璃烧造业不仅完全恢复,而且有了初步发展。博山县颜神镇玻璃生产,自清初至康熙朝和雍正朝的发达兴盛之后,进入短暂的极盛时期。在这一时期,博山的玻璃生产有了显著的提高。颜神镇及其周围地区,经历了清代八九十年的恢复和发展,于雍正十二年(1734)设博山县,县治在颜神镇。这时该镇居民稠密,市场繁

---

① 李新华主编:《山东民间艺术志》,山东大学出版社2010年版,第90—91页。

荣,已成为地方的政治、经济、文化中心,玻璃业生产进入极盛时期。①

鸦片战争之后,博山仍是我国制造玻璃的一个中心。英国人维廉顺记述博山于同治八年(1869)以前的情况是:采用一种磷石块与硝酸钾化合制作玻璃,制有窗片、葫芦、模制刻画杯、灯笼、念珠以及各种装饰品,还制造长约二尺半的玻璃条束成捆,运销国内各省,时值每斤仅百钱。他称博山玻璃"玻色澄清,彩色者艳美绝伦,手术颇灵敏,所制各种器皿亦多精巧完美"。

19 世纪 70 年代以前,博山玻璃生产似乎未受英国入侵的影响,照旧正常生产。到了 19 世纪末,博山玻璃业仍然是男女幼孩分工共事,城外窑厂工场密布。这时还以家庭手工业和手工业作坊为主的博山,仍然是清代制造精良玻璃器的著名产地。当地所产的有似白玉的玻璃以及玻璃瓦片等,多为北京商人所收买,号曰"京料"②。

光绪三十年(1904),清廷在实行新政的幌子下,由鲁督胡廷幹等在博山城东北柳坑设立玻璃公司,聘请 7 名德国技师制造玻璃,产品尚属不劣。本地玻璃工匠学习掌握了德国技师的生产技能,当宣统末年(1911)公司停办后,工人们便在西冶街设厂生产平板玻璃,开始了以本地工人为主独立生产平板玻璃的历史。③

第二,博山颜神镇玻璃有着独特的生产工艺过程。

明代嘉靖《青州府志》记述,颜神镇玻璃的原料是以马牙石、紫石为主,法用黄丹、白铅、铜绿焦煎成。明末至清前期颜神镇玻璃原料是马牙石(方解石,亦说长石)、紫石(佛石)、凌子石(石英石)、硝、铜、铁、丹、铅等。制成的玻璃应属钠玻璃。估计这种配方沿用至清末。

据《颜山杂记》载,清代制造玻璃的过程大体是:各种原料粉末按需要搭配,装入硝罐,放入炉内,点火燃烧,即进入熔炼阶段。当时没有仪器可凭,主要依靠工匠们在长期的生产实践中积累的经验,观察火候的变化,即"相火齐者"。随着焦炭的炽烈燃烧,炉内温度上升,石粉熔解,各种化学元素在高温时互为影响,互为作用。这时尚有浊质,硝气也仍未澄清,所以火烟是

---

① 杨伯达:《清代玻璃概述》,《故宫博物院院刊》1983 年第 4 期。

② 杨伯达:《清代玻璃概述》,《故宫博物院院刊》1983 年第 4 期。

③ 王荫桂修、张新曾纂:《续修博山县志》,1937 年 8 月。

"涨而黑"。继续烧炼,排除了杂质,尚未达到饱和时火焰变得通红,再慢慢灼烧,火度达到相应温度,几种原料逐渐熔合,但还未达到精炼的程度,火焰呈色是青的。最后石粉的精髓彻底熔融,几种矿物完全化合,浑然融成一体,这时火焰由青变白,表示玻璃熔炼过程的终结。所以观察火候的工匠以见白为限。简言之,"相火齐者"在熔炼矿石时,需紧紧抓住火焰发色由黑、红、青到白的变化,并将其作为熔炼的几个主要过程的标志,随时调节火候。①

博山玻璃的基本原料如前述,以"马牙石为干,紫石为软,凌子石以为莹"。而各色玻璃的配方,也是配比这三种原料和金属呈色剂。如水晶玻璃和正白、梅萼红、蓝、秋黄、映青、牙白、正黑、绿、鹅黄等10种各色玻璃,其配方如下(焰硝数量除外):

水晶玻璃配方:马牙石5,紫石1,凌子石1。

正白玻璃配方:增加紫石,减少马牙石和凌子石。

梅萼红玻璃配方:马牙石3,紫石l,凌子石1,加少量铜和铁屑。

蓝玻璃配方:马牙石3,紫石1,减去凌子石,加少量铜,减去铁。

秋黄玻璃配方:同正白玻璃,再加极少量的铜磺。

映青玻璃配方:如水晶玻璃,加以极少量的画碗石。

牙白玻璃配方:如正白玻璃,加铅,多多益善。

正黑玻璃配方:如牙白玻璃加铁。

绿玻璃配方:如水晶玻璃加铜。

鹅黄玻璃配方:如绿玻璃减少铜,加少量磺。

各种玻璃成品的加工方法基本有两种:一种是实心玻璃加工法,如加工玻璃青簾、佩玉、碁子等,是用滴、范、缠、写、缠戛、错等技术。还有杂色玻璃的制作方法,如砗磲玻璃料是杂二色玻璃而糅之,玛瑙玻璃是加珐琅点即可,缠丝玻璃用有色玻璃夹丝与胚胎结合成一体后,再引而旋转,即告完成。另一种是空心玻璃加工法,如玻璃泡灯、鱼瓶、葫芦等的成型方法。凡作空心玻璃器,首先用铁吹筒将已熔解的玻璃液挑引出来,再用口吹气而成。吹玻璃技术难度较高,在吹气时手要旋转,密切配合,才能使玻璃料不流不凝。气吹得过急,玻璃料容易流滴,太缓慢了玻璃料又容易凝固,达不到所需的

---

① 杨伯达:《清代玻璃概述》,《故宫博物院院刊》1983年第4期。

圆度和尺寸。总之,吹制玻璃器要有丰富的经验,做到旋转快慢、吹气急缓和气量大小恰到好处,配合协调,产品才能完善。①

清代造办处生产的玻璃器物多种多样,主要有炉、瓶、壶、钵、杯、碗、尊及烟壶等,颜色丰富多彩,有涅白、黄、蓝、青、紫、红等30多种,装饰方式也有许多种,如金星料、搅胎、套料、珐琅彩等。玻璃铺丝是山东博山的历史名产,它是将玻璃料在炉内熔化后,用铁杖引出缠在铁桩上拔制而成。这种玻璃丝料,细匀透明,洁白光亮,用以代替玻璃和绢丝,如用来制作各种工艺品,轻薄鲜明,更觉高雅名贵。② 博山颜神镇玻璃行销国内,"北至燕南,南至百粤,东至朝鲜,西至河外"③,方圆万里的范围。

第三,博山颜神镇玻璃原料、工匠、工艺开始进入清宫与北京地区。

康熙三十六年(1697),清政府在内廷设立玻璃厂,专门为皇室制造各种玻璃器皿。清宫养心殿造办处是专门管理那些为皇帝及其宗族服务的皇家手工作坊的内廷机构。皇帝指令内务府大臣,总理造办处事务,另委派内务府郎中、员外郎负责日常管理工作。造办处下设若干房、厂、作。这些管理机构和作坊的首领是主事、笔帖式、领催(催总)、司库。工匠是从各地招募而来,或从旗籍、包衣中挑选。玻璃厂是奉康熙旨意于康熙三十五年(1696)成立的,后隶属养心殿造办处,至宣统三年(1911)清亡为止,长达215年。④

清代养心殿造办处玻璃厂所用工匠,早期来自广州,但主要是从山东博山来的。如乾隆二十二年(1757)山东博山县玻璃匠何崇福于十二月二十三日起程赴京应役。烧制玻璃的匠师是从山东博山召募的。如嘉庆十七年(1812)至二十二年(1817)有博山县吹活匠郝珍、郝兰兄弟,嘉庆二十二年(1817)以后有郝兰、郝海二人。在一个时期里还有少数西洋传教士在厂内工作。所用玻璃原料马牙石、凌子石等,大部分来自山东。北京玻璃业也主要是从博山买进"料",用来烧造各种玻璃成品。

清代皇家玻璃厂,始用博山颜神镇配方。乾隆五年(1740)至十八年(1753)间,养心殿造办处玻璃厂的配方是马牙石面、盆硝、硼砂、砒霜、紫石

---

① 杨伯达:《清代玻璃概述》,《故宫博物院院刊》1983年第4期。

② 傅海伦编著:《山东科学技术史》,山东人民出版社2011年版,第355—356页。

③ 杨伯达:《清代玻璃概述》,《故宫博物院院刊》1983年第4期。

④ 杨伯达:《清代玻璃概述》,《故宫博物院院刊》1983年第4期。

(砩石)、定粉等。经换算所占比例是:马牙石面 47.5%、盆硝 28%、硼砂 12.3%、定粉 5.1%、砒霜 5.1%、紫石 2%。这可能与西方传教士参与玻璃厂的生产有关。清代中后期(当传教士纪文离开清廷后),皇家玻璃厂又恢复了博山颜神镇配方。即以颜神镇玻璃配方为准,其中以马牙石、紫石、凌子石、硝为基本成分。清代,皇家玻璃厂内务府中的博山工匠仍占多数。在这里南北两地工匠互相交流,共同切磋,提高了传统的玻璃制造工艺水平,制造了大量玻璃器,创制出一些新的品种,比较突出的是"套"或"兼套"玻璃的出现。①

第四,琉璃世家——博山孙氏与琉璃业的传承。

山东博山是著名的鲁中古镇、琉璃之乡,明清时期人文荟萃,名家辈出。其中赵、孙、钱、蒋四姓,有"四大家族"之称。四姓之中,孙氏为琉璃世家,孙廷铨的《颜山杂记》是国内唯一一部涉及古代琉璃生产的专著。

自明初直至清中叶,在琉璃业的传承与兴盛过程中,博山孙氏的贡献可谓首屈一指,堪称琉璃世家,清初因孙廷铨官拜礼部尚书而成为当地的望族。

孙氏始祖于洪武三年(1370)由直隶枣强迁至益都城东南隅,后徙居西乡之颜神镇,自孙禹(字克让)起即隶匠籍,以制造琉璃为业,"应内宫监青簾匠,业琉璃,造珠灯、珠簾,供用内庭"②,成为博山琉璃业最初的供役工匠。孙克让九世孙孙廷铨亦云:"余家自洪武垛籍,所领内官监青簾世业也。惟国家营建郊坛飨殿,则执治其棂扉簾幌之事。……隶籍内廷,班匠事焉,故世执之也。"③此后,孙氏家族作为在籍的宫廷匠役,管理着一部分入了匠籍的"轮班匠"(定期轮换或分散在外地服役的工匠),为明宫廷提供琉璃供品,长达 270 余年。

至六世之孙延寿(1548—1625,号柳溪),于隆庆、万历间(1567—1620)以制作贩卖琉璃致富,成为博山琉璃业的领袖。万历三十九年(1611)十月十六日,孙延寿与徐应元、李世立作为邑人领袖创建了炉神庙④;万历四十六年(1618),孙延寿、房宗义、徐应元等人又发起组成了"炉行醮会",是颜神

① 杨伯达:《清代玻璃概述》,《故宫博物院院刊》1983 年第 4 期。

② 《重修颜山孙氏族谱序》。

③ 《颜山杂记》。

④ 《修建炉神庙碑文拓片》,博山博物馆藏。

镇琉璃行第一个行业性组织,规定每年三月初三为祭祀祖师的日子。这一天全行业停产,炉工们可以在炉神庙中饮酒作乐,各类商贩也都汇集于此,逐渐形成了博山地区的三月三炉神庙会习俗。

家业殷实后,孙氏始尚读书。孙延寿长子孙霁,有文名,颇得时誉,曾历馆缙绅之家,中乡试副榜,官湖南湘潭县丞,著有《南岳集》。孙霁之弟孙震(1577—1642),贡生,官潍县教谕,与兄有"颜山双凤"之誉,即孙廷铨祖父。

孙廷铨(1613—1674),颜神大街(今博山大街)人,崇祯十三年(1640)进士,官永平府推官,明末请归。入清出仕,官至吏部尚书、内秘书院大学士,深得信赖倚重。康熙三年(1664)以疾归,帝曾亲书"为帝者师""帝赉良弼"二匾额赠之,居家10年卒,谥文定。著有《沚亭自删诗集》一卷、《沚亭删定文集》二卷、《颜山杂记》四卷、《汉史臆》二卷、《南征纪略》二卷、《琴谱指法省文》一卷等,汇刻为《孙文定公全集》。其著述中最著名的当属记录颜神镇的风物笔记——《颜山杂记》四卷,是国内唯一一部涉及古代琉璃生产的专著,作于康熙四年(1665),即孙廷铨卸任归里的第二年。尤其是卷四《物产》部分记博山之琉璃、陶瓷、石炭、冶铁等事极详,具有极高的科技文献价值。其中关于琉璃的记载是现存最早、最翔实的琉璃科技文献。它全面、系统地记述了当时颜神镇的琉璃生产工艺,包括琉璃产品的种类以及烧造琉璃的原料、工具、配色、熔炼、吹制、火候等。①

(五)清代山东的榨油业

山东的物产志中很多都有油类,多为"香油""麻油""胡麻油",或直书为"油",说明此时这些地区以芝麻油为主,又有部分棉油、菜油。山东潍县,"油坊营业远在明代",乾隆县志货产类中有"油"一项。齐东县"有麻油、棉油、菜油、蓖麻"。诸城县"脂麻尤贵重"。平原县有"芝麻油、棉子油"。乐陵县有"脂麻油,最盛,有蓖麻油"。道光时博兴县商人主要经营白酒、布、棉,"而近界乐安者兼业胡麻油"。武城县有"蓖麻、棉花子油、菜子油"。直到光绪时,山东省有的地方仍旧只有这几种油。如郓城

① 周潇:《明清山东博山四大望族与博山文化》,《青岛大学师范学院学报》2012年第1期。

县有“麻油、菜油、棉油”，东平州有“麻油、苏油、菜子油”。[①] 总体来看，清前期这些地方虽都有榨油业，但产地分散，且芝麻并非高产作物，香油属于高档食品，“味高而品贵”，大多数地区产量也不会多。不过，上述资料显示，清前期油菜种植已扩展到山东，棉花种植也进一步向山东深入，使山东的菜油、棉油业得到发展。

山东这些地区豆油加工业的普及大约始于嘉道时期（1796—1850）。嘉庆时，山东禹城县，“其力作通财者有……麻油、豆油、棉子油”，道光时，东阿县有“麻油、豆油”，平度州“利藉豆饼，州多种之”[②]，可能已有一定发展了。花生油加工业的发展又晚于豆油。据记载直到光绪初年，“华北人士食（花生油）者尚鲜”[③]。花生大约在乾嘉时（1736—1820）已在这些地区种植，其普遍推广要到咸同（1851—1874）以后。山东宁阳县嘉庆初有“齐家庄人齐镇清试种之，其生颇蕃”，道咸（1821—1861）时，“则连阡接陌几与菽粟无异”。费县据光绪时（1875—1908）记，落花生“百年前仅有种者，今则连阡累陌，……取其仁打油，兴，贩四出”[④]，百年前正是乾嘉时期（1736—1820），花生榨油业随着花生种植的推广而发展起来。光绪以后，由于油、饼输出的刺激，山东的豆油、花生油业都迅速发展，同时机器榨油业建立，榨油业成为一项重要行业。[⑤]

（六）清代山东的酿酒业

酿酒业是一门古老的手工业。清前期，酿酒业也是农产品加工中的重要行业之一，每年有大量粮食耗于酿酒。清代的酿酒业继续实行民营政策。随着人口的增加，酒的生产与消费也大量增加，“用酒之人比户皆然”[⑥]，从而加重了日益突出的粮食问题。因此，至少从康熙朝起，政府就采取了禁酒

---

① 民国《潍县志稿》卷二四；乾隆《潍县志》卷一；康熙《齐东县志》卷一；乾隆《诸城县志》卷一二；乾隆《平原县志》卷三；乾隆《乐陵县志》卷二；道光《博兴县志》卷五；光绪《郓城县志》卷三；光绪《东平州志》卷三。

② 嘉庆《禹城县志》卷五；道光《东阿县志》卷二；道光《重修平度州志》卷十。

③ 引彭泽益编《中国近代手工业史资料（1840—1949）》第二卷，生活·读书·新知三联书店1957年版，第301页。

④ 咸丰《宁阳县志》卷六；光绪《重修费县志》卷十。

⑤ 方行等主编：《中国经济通史·清代经济卷》（上），经济日报出版社2000年版，第631—632页。

⑥ 《乾隆三年八月十三日，孙国玺奏》，《历史档案》1987年第1期。

政策，限制民间大量造酒。终清之世，禁酒禁曲政策始终未变。[①]

北方酿酒业以直隶、河南、山东、陕西、山西五省为盛，时人称为“北五省”，“北五省向多开设烧锅，以酒为业”[②]。乾隆时（1736—1795）有人说，西北五省“烧坊多者每县至百余，其余三斗五斗之谷则比户能烧”[③]，反映了北方酿酒业的普遍。[④]

山东省“烧锅踩曲者，习俗相仍，颇不为少”[⑤]。鱼台县有谷亭地方，“一聚落也，贾人陈椽其中，鬻曲蘖岁以千万”[⑥]。滕县“下地多麦，而商人市之为曲蘖，贱其贾，农民病焉”[⑦]。当乾隆初禁酒最严的时候，违禁私酿的情况仍然很多，“私踩私烧聚集之所，如阿城、张秋、鲁桥、南阳、马头镇、景芝镇、周村、金岭镇、姚沟，并界联江省之夏镇，向多商贾在于高房邃室踩曲烧锅，贩运渔利”[⑧]。博兴县的酒与棉花地位相等，“其货物广为民利者尤以棉花白酒为最”[⑨]。

城乡酒店铺户造酒是一种广泛存在的生产形式。酒店铺户自踩自酿，零星沽卖，按照清代政策，也属于自造自用，不是兴贩图利，因而不在禁止之列，酒店铺户普遍合法存在。乾隆时（1736—1795）有人说：“北方之黄酒，以谷为之，烧酒以杂粮为之，二者皆取资于酒肆。然黄酒惟城市镇店始有，而烧酒则凡有村落之处，即有开造之家，其沽之也甚便。”山东“三家之村，亦有酒肆”[⑩]。

有关清代山东酒坊规模的记载较少。一些资料可以反映出清代酒坊的一般生产能力。乾隆时（1736　1795），“西北五省烧酒之坊本大者分锅叠烧，每岁耗谷二三千石，本小者亦二三百石”[⑪]，如以每年开工300天

---

① 方行等主编：《中国经济通史·清代经济卷》（上），经济日报出版社2000年版，第645—647页。

② 光绪《畿辅通志·胡聘之疏》。

③ 光绪《畿辅通志·方苞疏》。

④ 方行等主编：《中国经济通史·清代经济卷》（上），经济日报出版社2000年版，第647页。

⑤ 《乾隆九年六月十一日硕色奏》，《历史档案》1987年第4期。

⑥ 《古今图书集成·职方典》。

⑦ 道光《滕县志》卷三。

⑧ 《乾隆八年十一月六日喀尔吉善奏》，《档案》1987年第4期。

⑨ 道光《博兴县志》卷五。

⑩ 道光《滕县志》卷一二。

⑪ 前引方苞文。

计(下同),则每个烧坊每日耗谷,小者在一石左右,大者在六七石以至十余石。大体算来,每个缸房每日耗粮,小缸房在一二石左右,大缸房在四五石至六七石。道光时(1821—1850),山东滕县,“酿户大者池数十,小者三四,池日一酿,酿费粟一石二斗”①,为保持连续生产,酒池要轮流周转,每个酿户每天酿一池至数池,耗粮至少在一石至数石。济南“境内烧锅百余家,家以二池综计之,约糜粟五万七百六十石,麦一万七千二百八十石”②,每年共耗粮68000余石,即二池的酒坊每日耗粮二三石。直到民国初年,泰安县的酒坊平均每家有酒池三四个,每日出酒50—70斤③,按手工造酒的粮食出酒率,即每家酒坊每日耗粮一二石。④

总之,清前期山东的酿酒业是在官方禁酒政策的夹缝中生长发展的。总体上说,还是停留在分散的小生产状态,以手工作坊为主要形式。

（七）清代山东的制烟业

所谓制烟业,通常是指熟烟即烟丝的加工制作。制烟过程大致为:烟叶采摘后首先烤晒或阴干制成干烟叶,又称生烟。将生烟加入香料、油脂,用烟刨推成细丝,制成烟丝,又称熟烟。⑤

烟草种植自明中叶传入中国,明末以后很快向内地传播推广。到清中叶,各地已普遍种植。随着烟草种植的推广,制烟业发展起来,并由于吸食者众多,很快成为清代的一个新兴手工业行业。⑥

明代中叶,烟草首先在东南沿海的福建推广种植,以后逐渐扩展到各地。清前期,山东、河北、江西、湖南、湖北、福建、陕西、四川、浙江等省,种植尤多,陇亩相望。一些烟草种植较多的地方,也形成了制烟业的集中区。

山东的烟草种植几乎遍及各州县,以兖州、青州等府较为集中。同时,在济宁、滋阳、临朐等临近水道、交通便利的地方,制烟业的发展也比

---

① 道光《滕县志》卷一二。

② 〔清〕张鹏飞:《清经世文编补》卷二八。

③ 民国《重修泰安县志》卷三。

④ 方行等主编:《中国经济通史·清代经济卷》(上),经济日报出版社2000年版,第664—665页。

⑤ 方行等主编:《中国经济通史·清代经济卷》(上),经济日报出版社2000年版,第702页。

⑥ 方行等主编:《中国经济通史·清代经济卷》(上),经济日报出版社2000年版,第702页。

较突出。济宁州产烟，质量“甲于诸郡”，从事制烟的也多，道光时（1821—1850）记载，济宁“出产以烟叶为大宗。业此者六家，每年买卖至白金二百万两，其工人四千余名”①，6家业烟者不仅仅是买卖，也兼加工，4000余名工人不会全是从事制烟的，但其中从事制烟的人数一定不少。滋阳县自顺治初年开始植烟，康熙时（1662—1722），“相习渐广，至今遍地栽烟，每岁京客来贩，收卖者不绝”。滋阳北乡大概是个加工烟末的地方，据光绪时（1875—1908）记载，滋阳附近宁阳县所产的优质烟叶都运到滋阳加工，“本境烟质柔润，都门大贾恒挚资购取，于滋阳北乡碾末运去，以供鼻烟之用”②。滋阳植烟早在清初就开始了，其烟草加工的发展估计也会较早。③

清前期，山东生烟的加工过程通常是由植烟户采摘后或烤或晒而成，也就是说，是在农民家庭里接续完成的。由于方法简单，尚称不上是家庭手工业，只能说是农业经济作物生产的一部分。熟烟则不同，各地资料表明，熟烟即烟丝加工主要是在城镇中的制烟铺坊进行的，这是制烟业的主要生产形式。前述山东济宁的6家业烟者，每年交易额达200万两，有雇工4000余名，平均每家六七百名，其中必有一部分是制烟工人。④

（八）清代山东的造船业

山东造船业的资料稀少。清前期在临清、登州、胶州设有官船厂，修造漕船、战船，民间造船业少见记载。山东掖县（今烟台莱州市）临莱州湾，有海庙乡，“多船户，工师造船”，造船的某些工序已经形成专业，如“木之隙缝必贯以铁具加桐油杂石灰碎绳以塞之，业此者名曰粘匠”⑤，照所述时间推断，这最晚是道咸时候的事。

山东的木帆船制造，在宋元时已经发展到很高的水平，在船舶构造、运载能力、船型种类等方面都居世界领先地位。清前期造船业地域扩大，山东

---

① 乾隆《济宁直隶州志》卷二；《安吴四种》卷六。
② 康熙《滋阳县志》卷二；光绪《宁阳县乡土志·物产志》。
③ 方行等主编：《中国经济通史·清代经济卷（上）》，经济日报出版社2000年版，第703页。
④ 方行等主编：《中国经济通史·清代经济卷（上）》，经济日报出版社2000年版，第707页。
⑤ 民国《四续掖县志》卷六。

造船数量明显增多。道光初年,“山东海船五千余只”[①]。

(九)临清的裘皮工业

临清的裘皮工业,指的是用带毛的羊皮鞣制而成的裘革。其作坊多集聚于州城西北部,大都为回族民众所开设,“附近居民以缝皮为生者千数百户”[②]。其产品主要有羔皮、滩皮和千张皮三种。原皮多贩自西口[③],也有少量束鹿皮,在临清硝熟加工而成。临清的此类手工业明代已经出现,清代益加发展。其中最著者为羔皮,一名珍珠毛,即用一岁以内的小羊皮缝制的裘皮。早在周代,这种羔裘就已成了大夫的服饰,或诸侯之朝服。因为临清加工生产的这种羔裘做工较优,1727 年,山东巡抚塞楞额曾以此做贡品进献朝廷,受到清廷的赏识。1741 年,清廷发出皮样,令山东巡抚朱定元“岁进大西皮一千张,西皮一千张,珍珠隽毛一千张”,每岁春冬,各裘皮作坊向临清钞关领价办理。故而,临清羔皮,又称贡皮。其次为西口二毛,俗称滩皮。临清所制滩皮“殊非甘肃所产”,而是用分布于宁夏黄河沿岸的滩羊皮硝制而成的,而尤以位于银川平原的贺兰县所产原皮最佳。二毛皮是指用生后一月左右的滩羊羔皮制成的裘革。大概这种裘皮的价格较适中,能为士绅阶级所享用,所以“此宗产品,销路最广”。再次为千张皮,即把裁剪所余碎皮剪成正方形或长方形小块缝缀而成的裘革,其皮色搭配和缝制技巧都很讲究,因而成为一种民间工艺品而受到人们的青睐。[④]

(十)清代山东手工业的资本主义萌芽

手工业贸易是以发达手工业为基础的,其发展又促进了手工业的发展,其中孕育出资本主义萌芽。[⑤]

1. 手工业品成为重要的商品

手工业在山东有着悠久的历史,入清以后仍处在缓慢发展之中。到乾隆年间(1736—1795),一些手工业品的商品性日益加强,也形成了专业性的

---

① 钱泳撰,孟裴校点:《履园丛话》卷四,上海古籍出版社 2012 年版,第 72 页。

② 徐子尚修:《临清县志·经济志》,民国二十三年(1934)刊,第 38 页。

③ 过去,山西省长城诸口称西口,河北省长城诸口称北口。

④ 王守中、郭大松:《近代山东城市变迁史》,山东教育出版社 2001 年版,第 18—19 页。

⑤ 肖爱树:《清代中期山东商品经济的发展与资本主义萌芽》,《齐鲁学刊》1998 年第 2 期。

生产区域。

在蚕桑地区，丝织品是主要的副业产品，行销省内外。在青州府，各县山绸多"集益都，估者购至京师"，衣料之外"为纶巾、韬穗、带绅之属，货行远方"①。当时还出现了缫丝与织绸分业的现象。临朐县是一个山茧产区，蚕丝多"聚于冶源集"②，而后由商人贩运到外地。而一些非蚕桑区，却专事织作。在淄川县，"邑人近事槲绸，然茧不产于淄而织于淄"③。在乾隆以后，长山县也是"俗多务织作，善绩山茧。茧非本邑所出，而业之者颇多，男妇皆能为之"④。男子从事家庭手工业劳动，表明自然经济下男耕女织的传统社会分工开始有了变化。

在产棉区，植棉织布成为棉农的主要营生手段。如齐东县棉农，"惟恃纺花织布，而男女昼夜之所作，自农工而外，只此一事"。由于生产的专门化，"是以远方大贾，往往携重资购布于此，而市民赖以活"⑤。在棉纺织业比较发达的临清，还出现了专门为织户而设的"线子市""白布巷"，"凡女红所需，每日辰刻，携线而至者，约一二千斤"⑥。在章丘的龙山镇，更出现了"纷纷机匠织龙山"⑦的局面。

山东的采煤业在乾隆年间(1736—1795)进入了一个空前发展的阶段。除原来已开采的峄县、博山和泰安等地的煤矿外，新泰、肥城、宁阳、滕县、泗水、兰山、郯城、费县、蒙阴、莒州、益都、临朐、莱阳、海阳和潍县等地的煤矿也相继得到开采。由于煤矿勘探和采掘技术的不断改进，煤炭产量有了很大提高。如峄县煤矿，在乾嘉年间(1736—1820)，"盛时每岁数塘并开，锤凿之声闻十余里"，"漕运千艘连樯北上，载煤动数百万石"。因"矿业大兴，而县诸大族，若梁氏、崔氏、宋氏以炭故皆起家，与王侯埒富"⑧。

在城镇，手工业不仅发达，而且门类齐全，更能反映这一时期手工业的水平。仅济宁一地，就有酱菜业、榨菜业、酿酒业、铜器业、皮革业、造纸业、

① 道光《青州府志·物产》。
② 咸丰《青州府志·风土考》。
③ 乾隆《淄川县志·舆地考·物产》。
④ 道光《济南府志·风俗物产》。
⑤ 康熙《齐东县志·游牧马处题辞》。
⑥ 乾隆《临清直隶州志·市廛》。
⑦ 〔清〕张应昌:《清诗铎》卷一。
⑧ 光绪《峄县志·物产略》。

竹器业、铁器业、木货业、丝织业等，并都有专门的行业街道和独立的行规。其他手工业，如莱芜的冶铁业、博山的陶瓷业、胶东的制盐业，以及各地的酿造业，也比前代有了较大的发展。

2. 清代山东乡村工副业生产的扩张

清代山东农村在粮食生产以外，还出现了诸如种植经济作物，开发山区林果和煤炭资源，用农作物秸秆或动物毛皮编织和加工各种生活必需品，进行渔业捕捞和制盐等工副业。清代山东农民的工副业生产，在农家经济中的重要性日益增强。①

山东淄川县，"淄之俗务本而重农，以谷为先，乃山多田少，又无舟车之通，间以攻炭为事"②。滕县"城东地多山险，宜粟菽，其俗好种树而饶于枣梨，贫者务农毕则入山樵采治炭；妇女绢布夜纺车之声比屋相闻"③。肥城县"昔日之草莱，今则开垦无遗，固人力之勤，亦生齿日繁也。但不讲积储，不惟无三年之蓄，止知为终岁之谋。一遇凶荒，流亡载道，饿殍遍野矣。妇女勤于纺织，贫者得以赡家，富者亦以自给，百里之地，机轴之声不绝"④。惠民县"惠邑士多硗瘠，民鲜藏……女事纺织，农忙之外，机杼无暇日"⑤。临朐县"邑诘曲万山，十九皆石田，硗确蟹螺……山居者或取糊口薪炭筐莒，或煅石鬻灰，平土者或陶工为瓴甋砖瓦之属，或鬻菜纬萧"⑥。荣成县"男子耕读，贫者渔樵为业，妇人纺织营生"⑦。历城县"历之人皆种田艺圃，贫者樵采佣工，间有贸易，远贩者少，乡中妇女勤纺织，男子冬月无事抱儿负暄，使妇女无旷织"⑧。邹平县"地狭民贫，其山多石，境内古渠率皆枯竭，民无所取利，惟以农桑为务。北境土沃可兼种木棉……妇女绩织，禾稼入场，并以佐农功"⑨。长清县"邑之东多山林，则事樵采；邑之南多园圃则种菜茹；邑之西多木棉，则勤纺织。然皆有事亩，亩以食其力"⑩。德平县"道里不通

① 徐浩：《论清代华北乡村工商业的扩张与局限》，《江海学刊》2000 年第 1 期。
② 乾隆《淄川县志·舆地志》。
③ 道光《滕县志》卷三。
④ 光绪《肥城县志·方域志》。
⑤ 光绪《惠民县志·风土志》。
⑥ 光绪《临朐县志·风土志》。
⑦ 道光《荣城县志·疆域志》。
⑧ 道光《济南府志·风俗物产志》。
⑨ 道光《济南府志·风俗物产志》。
⑩ 道光《长清县志·舆地志下》。

商贾,男以耕耨为生,女以纺织为业,终岁不倦”[①]。平原县“鲜树桑,久无蚕事,而纺棉织布或织线毯线带,近时士夫家闺阁亦然,民间则男子亦为之”[②]。夏津县“夏之物产多棉花,而少五谷,谷少则籴易贵,而家无余谷矣。所恃棉花利重可易于得钱(买谷)”[③]。利津县“邑之土产木棉最多,与五谷等。妇女无老少贫富者,事纺织用纺车掰棉,为缕用机杼织以为布,女红之勤兹邑称最”[④]。济南府“贫者任犁锄,间亦负贩自给。妇人针管之外,专务纺织,一切公赋及终岁经费,多取办于棉花”[⑤]。

3. 清代山东手工业资本主义萌芽的出现

清代中期的山东,手工业品的商品化与商业手工业城镇的繁荣,表明商品经济已发展到前所未有的水平。而商品经济的发展,又是在瓦解自给自足的自然经济的基础上,以破坏旧有的生产关系为特征的。研究清代山东商品经济的发展,我们可以清楚地看到:从乾隆年间(1736—1795)开始,在商品经济发达的运河两岸地区和济南至青州间的鲁中地区,资本主义萌芽已出现于手工业的若干经济部门中。[⑥]

农作物的区域化种植和农产品的商品化,不仅为手工业的发展提供了更多的原料,而且为手工业品开辟了广阔的市场,从而有力地刺激了手工业的发展。在市场经济的竞争中,由于生产条件的优劣差异,少数人积累了财富,得以扩大再生产,变成使用雇工进行生产的工场主;多数人则陷于贫困破产,失去生产资料,成为出卖劳动力的雇佣工人。乾隆年间(1736—1795),在山东的丝织、采煤、酿造等行业中,一些资本主义萌芽性质的手工工场开始出现。

淄川树荆堂毕家,自乾隆时(1736—1795)开设恒盛丝织机坊,当初只有几架织机,雇工不多。到道光时期(1821—1850),恒盛丝织机坊已拥有20多架织机。此后,规模不断扩大,至光绪年间(1875—1908)达到极盛时期,拥有场房26间,织机72架,雇用选丝工、牵刷工、绕繀工和织工100

① 光绪《德平县志·方域志》。
② 乾隆《平原县志·疆域志》。
③ 乾隆《夏津县志·食货志论》。
④ 光绪《利津县志·舆地图》第一。
⑤ 道光《济南府志·风俗物产志》。
⑥ 肖爱树:《清代中期山东商品经济的发展与资本主义萌芽》,《齐鲁学刊》1998年第2期。

多人,月产丝绸300匹。按当时每匹3000文的市价计算,除去成本和雇工工资,每匹可赚500文。此外,毕家还经营了一个毡帽工场,雇工也是100多人。工人大都是无地农民,上工手续很简单,由老工人或亲戚介绍,经掌柜同意即可上工,无书面契约。场主对工人不加任何人身约束,也没有规章制度,实行计件工资制,工人全部领取货币工资。① 恒盛丝织机坊由最初的小机户发展成为资本主义剥削性质的手工工场,表明小商品生产者正在趋向分化,一部分人开始向资产者发展和过渡。

周村手工业最发达的是纺织业和铜锡业。清中叶以来,丝织业是周村最重要的手工业,包括丝织业和棉织业。棉织业以脚踏木机织布,有大布、小布之分。史称"棉花寸土皆有""织机十室必备"。《中国实业志》载:"逊清初叶,周村丝绸备受各处之欢迎,销路日增,于是有雇人常年织造者。"据《淄川乡土志》载:"本境虽能缥丝,而仍售于邻境周村商贾织造。"清乾隆年间(1736—1795),周村栗家在毕丰连备有织机一架,生产山绸到周村集卖。后来生产有了积累,又添了几架木机,开始雇工生产。周村市区,道光年间(1821—1850)已出现了一些大的丝绸庄,丝绸商人一方面在市场上收购丝织品,另一方面又以原料供给手工业者为他们加工丝绸,产品几乎行销全国。这样,养蚕人、手工业者、丝绸商人之间就形成了互相依赖、循环互利的关系,形成了带有资本主义萌芽性质的丝织业集团。

博山,自嘉庆年间(1796—1820)就"凿井穿洞以资其利",出现了"主事者""井头"(煤矿经营者)、"洞头"(生产管理者)、"攻主"(股东),以及雇佣工人"徒"等,表明当时生产力和生产关系的新水平。德国人李希霍芬1868—1872年曾7次到中国各地考察,在其著作中曾谈到,博山"是我在中国迄所见到的最大工业区","而这些工业通过若干世纪发展下来"。博山还是陶瓷琉璃业的发展中心,1869年另一名外国人到博山访问,记述说:"当地(博山)居民即从事琉璃。我看到他们……制造灯、珠子,以及各种装饰品。""琉璃玉纯,着色极美,其操作已臻相当纯熟之境。许多产品且经精心磨制。"

临清,在清代盛产哈达,"收买运销者曰丝店,织户曰机房,染工曰浆

① 景甦、罗仑:《清代山东经营地主底(的)社会性质》,山东人民出版社1959年版,第73—74页。

坊”。在其盛时,“全境机房七百多,浆坊七八处,收庄十余家,织工五千人”。“收庄”多系山西商人,用资金购买原料,并设丝店发放原料,推销产品,在一定程度上起到组织机户生产的作用,具有商业资本向工业资本转化的性质。清代济宁玉堂酱园,有掌握生产资料的股东孙冷两家,有作为股东代理人的经理和管理人员,有被雇佣按月计酬的工人。其规模发展到300多人,标志着清代运河沿岸城市资本主义萌芽的最高水平。①

乾、嘉时期,山东的采煤业也很兴盛,许多小煤窑也采用了雇工剥削方式。据乾隆《博山县志》记载:“博山地寡民贫,多凿井穿洞,以资其利。”而煤矿的情况大多是:“武断规取山场,纠众敛钱攻采,其主事者必曰井头,率徒下攻者曰洞头,收发钱者曰账房,此三人者,权莫大焉。输钱出份者谓之攻主。煤已见矣,给以难攻采无算矣,仍以繁费为辞。彼攻主犹怀欲取姑与之心,任其苛派销算,而井、洞头则一文不费,公私十倍坐获。及日久见疑,从而察之,账房又意为舛错,遂使攻主倾家入井,而山场业主办赋无从矣。”②上文所谓“徒”即矿工,是雇佣工人;“井头”“洞头”“账房”是生产的组织者和记账员;“攻主”是股东或称工场主;“山场业主”则是山场地皮的所有者,即出租山场的地主。从“攻主”的“输钱出份”来看,“徒”是领取货币工资的。“攻主”和“权莫大焉”的“井头”“洞头”“账房”尽管存在着利益分配上的矛盾,但都直接或间接地参与瓜分矿“徒”所创造的剩余价值,而“山场业主”则参与矿“徒”所创造剩余价值的再分配。不难看出,采煤业的这种雇工剥削方式,已具有明显的资本主义萌芽性质。

济宁的玉堂酱园也创办于乾隆年间(1736—1795),当初只有3间临街铺面。嘉庆初年,股本为4万吊制钱。到光绪时期(1875—1908),资本为10万银元,雇工近400人。多数工人是流入城市的无地农民,通过亲戚或朋友介绍来玉堂酱园做工的。在待遇上,学徒工没有工资,但东家供给伙食和剃头钱;长工有固定的工资,到年底还能分得奖金。玉堂酱园是济宁一家规模较大的资本主义萌芽性质的手工工场,生产的各种酱菜和白酒远销省内外,获利颇丰。值得注意的是,玉堂酱园的生产组织分工也相当细密,设有酱菜屋、咸菜屋、辣作屋、酿酱屋、酒屋、醋屋和编制竹篓的篓屋,每个屋配有

① 张连国:《山东准近代化城市之近代化简论》,《东岳论丛》1995年增刊。
② 乾隆《博山县志·物产》。

一定的技术工人和辅助工人。在生产过程中，工人大都同时投入某道工序，有“一处”“七行”“八作”“一个老鸹占一个枝”①之说。这表明，有些资本主义萌芽性质的手工工场已开始向简单协作阶段发展。

4. 清代山东手工业资本主义萌芽的特点

综上所考，清代中期山东的封建经济内部，由于商品经济的发展和封建社会周期性的土地高度集中，传统的自给自足的自然经济和租佃经营方式开始动摇，乃至部分地瓦解，从而滋长出新的生产关系的质点，即资本主义萌芽。它预示了山东的封建经济与全国一样，已经进入了衰落时期。②

当然，资本主义萌芽作为资本主义生产关系的最初形态，与获得充分发展的资本主义生产关系还不能同日而语。不过，资本主义萌芽从明代中期在江南五府和沿海一带地区出现，到清代中期在山东和其他省份的发生，完全可以说明这一新型的生产关系正经历着一个从少到多的量变过程，这个量变过程甚至一直持续到鸦片战争以后的19世纪60年代。如果没有外国资本主义的侵略，山东和全国一样，也会缓慢地发展到资本主义社会。③

与江南五府地区和东南沿海一带最早出现资本主义萌芽相比，山东资本主义萌芽的出现有着明显的滞后性。这主要是山东的社会经济没有南方的发达，以及山东社会经济遭受战争破坏较为严重的缘故。两地资本主义萌芽的出现，虽然有一个200年左右的时间跨度，但都是在商品经济发展、区域性市场形成和雇佣劳动力出现的前提下发生的历史现象。所不同的是，山东农业中的雇工经营方式要比江南的普遍，更具有典型性；手工业中出现资本主义萌芽的部门也比江南的多，只是纺织业中手工工场的规模不如苏、杭一带的大。④

与同一时期的江南相比，山东的资本主义萌芽显然要逊色得多。这主要是说，山东的纺织业、采矿业、酿造业和烟草加工业，无论是数量、规模，还是分工的细密程度，都比不上江南的纺织业、制瓷业、制铁业、制茶业、制糖

① 济宁市党史委、地方史志编纂办公室：《济宁市史料》1983年第2辑，第104页。
② 肖爱树：《清代中期山东商品经济的发展与资本主义萌芽》，《齐鲁学刊》1998年第2期。
③ 肖爱树：《清代中期山东商品经济的发展与资本主义萌芽》，《齐鲁学刊》1998年第2期。
④ 肖爱树：《清代中期山东商品经济的发展与资本主义萌芽》，《齐鲁学刊》1998年第2期。

业、造纸业、伐木业和铜矿业。但是,南方农业中的雇工经营方式仍不如山东的普遍。其原因主要是,南方的佃农所拥有的永佃权有了进一步的发展,租佃地主多实行定额租制,因而使租佃经营方式有了一定程度的调适;而山东的土地集中程度在当时居于全国前列,租佃地主占有较大份额的分成租制比较盛行。因此,无地或少地农民不到万不得已,宁可去做雇工,也不愿租种地主的土地。

就山东本省来看,资本主义萌芽的出现,是山东封建经济进入衰落阶段和商品经济进一步发展的必然结果。但从总体上讲,资本主义萌芽这种新型的生产关系在当时的社会生产中所占的比例还十分微小,而且在地区分布上具有不平衡性。这主要有三个方面的原因:其一,山东的租佃地主占有农村绝大部分土地,佃农遭受残酷的剥削和压迫,陷入极端贫困和落后的境地,无力扩大再生产,很难突破自然经济的束缚;经营地主的雇工经营方式虽然较为普遍,但经营地主大都同时采用租佃经营方式,只是在力所能及的情况下雇工经营适量的土地,多在几十亩到数百亩之间。其二,在资本主义萌芽所出现的手工工场中,封建色彩依然非常浓厚。工场主大都兼有地主身份,他们仍把兼并更多的土地作为财富的象征。剥削所得又主要用于生活消费和购置土地,很少转化为资本。其三,交通条件也是制约商品经济发展乃至资本主义萌芽的重要因素。山东的资本主义萌芽,首先出现于运河沿岸和鲁中大道两侧地区,主要是得益于这些地区水陆交通便利,商品经济发达,容易形成区域性市场,并与国内其他市场发生联系。而其他广大地区则由于交通闭塞,商品经济落后,没有为资本主义萌芽提供历史前提。①

总之,清代山东资本主义萌芽的出现,不仅预示着中国封建制度已开始走向衰落,而且表明新的生产关系的出现是社会发展的必然。

三、明清时期山东手工业发展的特点

明清时期是中国历史上最后两个专制大一统朝代,也是中国古代从强盛走向衰落的转折点。明清时期的山东手工业,不仅逐渐发展,而且从明朝中后期开始,一种新制度的萌芽——资本主义的萌芽在封建社会内部产生并逐步增长,日益瓦解山东自然经济。

---

① 肖爱树:《清代中期山东商品经济的发展与资本主义萌芽》,《齐鲁学刊》1998 年第 2 期。

明清时期山东手工业的发展演变，十分清晰地呈现如下鲜明特点：

（一）清代前期山东手工业生产总体发展迅速

第一，从总体上来看，清代前期山东手工业生产发展迅速，某些领域超过了以往历代。相比之下，清代山东手工业发展的基础与社会经济条件发生了许多重要变化，手工业是随着整个社会经济的发展而发展起来的。

第二，清代山东手工业继承了前代手工业发展的基础。山东手工业发展到明代，在生产工具、生产技艺等方面达到了很高水平，积累了丰富经验。明代后期匠籍制度开始瓦解，山东手工业者得到人身自由，增强了手工业生产的活力。

第三，清代山东农业生产发展迅速，特别是作为手工业原料的经济作物种植面积扩大，为手工业发展提供了物质基础。同时，全国人口剧增导致对山东手工业品的需求扩大，刺激了从衣食住行的日常用品，到生产所需的生产资料，以至奢侈性消费的各种手工业品的生产。在那些人口密度较大的地区，农民依靠手工业以增加收入，也导致山东手工业生产的兴旺发达。①

第四，山东手工业的生产发展与清政府的政策紧密联系在一起。如纺织业，作为传统奖励耕织的重农政策的一部分，清政府一贯采取提倡鼓励的态度。为了推广蚕丝业，一些地方官府曾出资购置桑苗，无偿发放给农户，并从发达地区雇来工匠高手，仿制缫丝、织造工具，教授方法。政府还鼓励利用自然资源，在有条件的地方发展柞蚕丝织业。榨油、制糖、造纸等行业，作为农村多种经营的一部分，既可解决农民生计，又可活跃地方经济，政府在生产方面从不限制。酿酒、制烟两个行业因妨碍农业生产、影响民食，政府一贯采取限制、禁止的态度，但在政策执行上时紧时松，所以，清代酿酒业的发展还是超过前代，而烟草加工业主要是在清代发展起来的。在矿业方面，自乾隆时起开放矿禁，听任民间开采，各矿业都得到发展。至于造船业，自康熙时开放海禁，限制造船的政策逐渐松弛，造船业也在发展。总体来说，清政府的手工业政策对手工业的发展起到了推动作用。②

---

① 方行等主编：《中国经济通史·清代经济卷》（上），经济日报出版社2000年版，第845页。

② 方行等主编：《中国经济通史·清代经济卷》（上），经济日报出版社2000年版，第846页。

（二）明清时期山东官营手工业趋向衰落，经营范围减少

第一，总体来说，明清时期山东官营手工业曾经相当庞大，内容庞杂，是封建经济的一个重要组成部分。明初的官手工业与前代相比，经营范围已有所减少，但仍相当庞大。[①] 经营范围集中在营缮、织造、烧造（陶瓷、砖瓦、石灰）、冶铸、军器火药、造船、皇室器用制造以及制盐等几方面。工匠实行匠籍制度，没有人身自由。[②]

第二，明代中叶以后，商品经济的发展导致山东官营手工业发生一系列变化。经营范围减少，一部分官手工业停废，官府所需物品改由向市场购买。匠籍制度趋向瓦解，徭役制改为货币税后，一部分山东官府所需工匠改为雇募制，临事招募。山东官营手工业已在走下坡路。

第三，清代的山东官营手工业继续趋向衰落，经营范围进一步减少。在山东官营手工业的两大部分中，其第二部分，即盐、铁、有色金属矿等，已完全放开民营。在所保留的为满足皇帝、皇室、政府所需的一部分经营门类中，生产规模也在缩小。同时，山东官营手工业中生产关系发生根本变化。清顺治二年（1645）明确规定，“各省俱除匠籍为民”[③]，明令废除匠籍制度。官营工业及临时兴工均采用雇募制，计工给值。山东官营所用工匠数也大大减少。其他行业，如织造、窑冶等所用工匠数均有减少。

（三）清代前期山东手工业的社会分工发达

第一，清代前期山东手工工场内的分工，以官营工场内的分工最为发达。官营丝织、陶瓷、造船工场中都有非常细致的分工，工匠各司其职，技术熟练高超，官营工场中的产品常常代表了当时手工业技艺的最高水平。

第二，清代山东手工业分工突出的是社会分工的发展。一个是山东手工业行业内的社会分工，再一个是山东手工业与农业、商业的分离。一方面，山东手工业行业内的社会分工越来越细，生产专业化程度提高。在丝织、陶瓷、铁器等行业生产发达的地区，生产过程的各工序或某种产品的生

---

① 方行等主编：《中国经济通史·清代经济卷》（上），经济日报出版社 2000 年版，第 535 页。

② 陈诗启：《明代官手工业的研究》，湖北人民出版社 1958 年版，第 71 页。

③ 彭泽益编：《中国近代手工业史资料（1840—1949）》第一卷，生活·读书·新知三联书店 1957 年版，第 391 页。

产分别独立,从业者分别构成独立的生产单位,形成社会化专业性生产。另一方面,山东手工业与农业、商业出现了分离的趋向。在丝织、酿酒、榨油、造纸、制茶、制盐、陶瓷、冶铁、采煤、铁器制造、造船、砖瓦等重要行业中,都同农业有不同程度的分离,有一部分从业人员开始脱离农业,专门从事手工业,以手工业为生。一些人虽有土地但不自耕,而是租给他人耕种。有的甚至以经营手工业而致富。有的虽与农业还有一定联系,但从收入来源、劳动时间等方面看,农业已处于从属地位,而以手工业为主了。清代山东手工业与商业分离的趋势并不明显,但也出现了一些迹象。盐业中运商和场商的分离,场商脱离了运销,直接经营盐场。同样的情况还有矿业,商人投资经营矿山,而将产品销售给运销商。①

(四)清代前期山东手工业生产出现了量性的扩张

第一,清代前期山东手工业生产量性扩张的突出表现为产品产量增加,进而表现为山东手工业产品商品量增长,商品运销发展,外销量扩大。这种扩张的原因有分工的作用,主要是由于人口膨胀而产生的需求刺激,引起劳动投入量增加,以及商品生产与商品流通发展,市场扩大。特别是流通扩大对于手工业发展的影响是非常明显的。②

第二,清代前期山东手工业生产地域上有较大扩展,表现为一些新开发区的手工业迅速兴起,以及传统手工业生产区域扩大。一些手工行业突破传统的集中区域,向其他地区扩展,形成新的集中产区。如柞蚕丝织业,原以山东半岛为主要产区,清前期随着山东移民大量进入东北地区,柞蚕放养与丝织技术也传入东北,辽东半岛的柞蚕丝与丝织业很快发展,成为又一柞蚕丝织区。③

第三,清代前期山东也有手工业生产单位不断扩大的事例。山东淄川县栗家庄毕家地主经营的恒盛机房,自乾隆至道光年间(1736—1850),从一

---

① 方行等主编:《中国经济通史·清代经济卷》(上),经济日报出版社2000年版,第861—865页。

② 方行等主编:《中国经济通史·清代经济卷》(上),经济日报出版社2000年版,第868—869页。

③ 方行等主编:《中国经济通史·清代经济卷》(上),经济日报出版社2000年版,第869—870页。

张织机扩大到二十几张织机,以后继续扩大,到光绪年间(1875—1908),发展为有场房26间,织机72张,雇工100余人的丝织机房。[1]

从总体上看,清代前期山东手工业中简单再生产的特征明显,更常见的是长期规模不变的生产。也就是说,清前期山东手工业生产量性扩张,是资本与劳动投入量的增加,在生产组织上表现为生产单位数量的增加,无数小型生产单位长期分散生产,限制了资本的集中,进而限制了生产关系的演变。[2]

(五)清代山东手工业的生产组织形式发生了合伙制的演变

第一,手工业合伙制至少在明代后期,在山东某些行业中已经出现。合伙形式历经长期发展,到清代,已不仅仅是一种筹资方式,也成为一种广泛采用的企业组织形式。它也得到官府的认可。在清代手工业的发展中,这种企业组织已具有一定地位。

第二,清代中后期,在某些地方的少数行业中,合伙成为主要的企业形式。综合起来,山东大致有以下几种形式:劳动合伙,即合伙人主要以劳动入伙,收益按劳动量分配;资本与劳动兼有的合伙;资本合伙,所有权与经营权统一;资本合伙,所有权与经营权分离。

第三,劳动合伙在山东采煤业中较为普遍。采煤合伙有多种形式,包括劳动合伙。如山东博山采煤业发达,有一种"份子井",有8—10人,由每家每户各出资金、劳力、工具,合伙开挖浅井,工具只有辘轳、粗绳、条筐、镐头等。[3] 工具相当简单,且不是共同财产,合伙者主要是投入劳动。[4]

第四,山东采煤业发达,大的煤井经营多为资本合伙。"凡攻井,合众财,其利视本多寡为差。"不过出资本者只坐收其利,并不亲自经营,真正经理煤窑的有井头、洞头、账房。[5] 山东的煤井,深者达二三百尺,雇工人数"畚捅上下,率以百计",加之开采煤井的投资风险,因此出资本者往往也是比较谨慎的,"其治井也,必先相地有炭苗,然后出重资攻掘。井成得炭多者利数倍,井不成或炭少而瀵浸于地水者,家产多荡然"。

---

① 方行等主编:《中国经济通史·清代经济卷》(上),经济日报出版社2000年版,第878页。
② 方行等主编:《中国经济通史·清代经济卷》(上),经济日报出版社2000年版,第878页。
③ 淄博矿务局、山东大学:《淄博煤矿史》,山东人民出版社1986年版,第20页。
④ 方行等主编:《中国经济通史·清代经济卷》(上),经济日报出版社2000年版,第888—889页。
⑤ 方行等主编:《中国经济通史·清代经济卷》(上),经济日报出版社2000年版,第906页。

第七章　清末时期的山东工业

清末时期(1876—1911),中国积贫积弱,几千年的封建统治对人民形成无形的枷锁,清政府的闭关锁国政策使国家资本主义没有发展的余地,而同一时期的西方列强于工业革命之后在经济、政治、军事上已把中国远远地抛在后面。统治中国的清政府是造成中国近百年来落后挨打、割地赔款的罪魁祸首。清末时期的山东工业,在帝国主义和中国封建主义的双重压迫下艰难地前行。本章主要从以下六个方面对清末时期山东工业加以阐述。

一、外国资本主义的早期侵略及影响

1861 年 8 月 2 日,烟台海关在英国的干预下宣布成立,烟台开埠。① 清政府命登莱青道尹崇芳兼任东海关监督。1862 年 3 月,烟台海关由莱州迁于烟台,设立了常关,专收帆船之税。同年冬,清政府总税务司赫德,派英人汉南担任烟台海关第一任税务司。从此,烟台海关管理权长期为外国人把持。烟台开埠之初,有少数英国、德国人借旅游考察之名,到山东境内收集矿产资源情报,随后就有少数英、美商人进入山东内地非法找矿、开矿,同时也开始了在烟台投资设厂的活动。

(一) 外国资本在山东的开矿活动

19 世纪 60 年代起,德、英等国的地质学家、传教士、外交家和商人等,以

① 第二次鸦片战争中于 1858 年签订的《天津条约》规定,开放山东的登州为通商口岸。战争结束后,英国公使马礼逊经过实地考察认为,登州不适合作为通商口岸,并提出烟台港为最佳。根据马礼逊的报告,英国遂决定将开埠口岸登州改为烟台,得到了清政府的许可。

旅游、考察为借口，深入到山东境内，到处探寻收集山东矿产资源情报，成为德、英侵略山东的急先锋和马前卒。

1860 年，德国地质地理学家李希霍芬曾以科学家特派员的身份，作为普鲁士远征队的一员前来中国，到过香港、广州和上海。之后，1868 年至 1872 年，他又到中国共作了 7 次旅行，跑了 13 个行省。其中第三次旅行考察的是山东的情形。他特别注意调查了山东的煤炭资源，记录了沂州府两个煤矿、博山两个矿坑的产量以及章丘、潍县的煤价格和产销情况，并弄清了矿权获得的办法和范围，了解了矿工的工资情况。他认为这个煤田靠近海岸金家口，可以用一条铁路来连接，所以用外国资本来开采实属非常便宜。因此，他希望采取“用外国(资本)榨取位置优越的煤田的方法”，“以达到外国资本断然地侵入中国的目的”①。他通过考察认为：“山东的煤品质优良，乌黑而坚硬，火焰明亮，能制成上等焦煤；这种焦煤具有高度的热力。”因此指出：“占据胶州湾的国家，将会控制华北海面煤的供应。”进而他对德国政府提出建议，胶州湾是适合德国占领的理想之地。② 后来，德国政府之所以选择胶州湾为侵略中国的据点，并把山东作为它的势力范围，显然是采纳了李希霍芬的建议。

1865 年前后，英国传教士威廉臣曾多次到山东各地旅游，考察山东矿产，发现了几处已经开采和未开采的煤矿，如博山煤矿、潍县煤矿等。他提醒外商们注意：山东不仅盛产煤，而且金、银、铜、铁、石棉等矿产资源也很丰富。1866 年，东海关税务司 F. G. 卢逊私自沿着烟黄大道深入山东腹地，对莱州、潍县、青州、济南等地进行了详细考察，向英国当局提供了山东资源分析的详细情况。

山东有着丰富的煤矿和金属矿藏，不仅引起英、美商人探寻的兴趣，更刺激了他们伺机攫取的欲望。早在 1857 年《天津条约》谈判的前期，烟台的英国商人就曾向英国驻华公使阿礼国提出深入山东、河南、山西等省进行贸易、开矿等项要求，并设想修一条从烟台到济南的铁路，以获得开采这一地区煤矿的特权。英、美公使在本国商人的督促下，不断向清廷提出开矿的要

---

① [德]施丢克尔著，乔松译：《十九世纪的德国与中国》，生活·读书·新知三联书店 1963 年版，第 93—94 页。

② 王守中：《德国侵略山东史》，人民出版社 1988 年版，第 41 页。

求。当这些要求被清廷拒绝后，他们便串通外商干起私开矿藏的勾当，有时甚至亲自出马，伙同外商一同从事非法找矿、采矿活动。

1867 年 9 月，美国驻烟台领事山福尔，伙同清美洋行商人花马太，借旅游之名，曾到距烟台 27 公里的矿区，企图开采那里的煤矿，未得逞。之后他们又闯入平度州地方境内，在三座山、庙东涧雇用 100 多人挖金矿。平度州地方官获悉此事后，立即禀告三口通商大臣崇厚，“私开金矿，任意滋扰，实属有违和约”，请求崇厚通过总理衙门照会美国领事，勒令山福尔速回烟台。[①] 同时，平度官员又派出差役前往矿区弹压，将所雇矿工遣散。11 月，清廷总理衙门多次照会美国公使，要求停止美商的非法开矿活动。在清朝各级政府的多方阻止和当地民众的抵制下，他们最终只得离开矿区。

随后，在临近烟台的宁海州矿区，英、美、德、法、意、丹麦等国商人猖狂的盗采金矿活动也相继被制止。

清廷各级官员多方劝阻外国人私挖金矿的行为，但是这些人仍旧肆无忌惮。最后，清廷不得不从天津调来洋枪队，并照会各国驻烟台领事：如有洋人继续聚众挖金，“仍冥顽不灵，即难理喻，必以势逐，然后加之以兵。”[②]

19 世纪 70 年代，外国资本由于多次的勘矿采矿努力未能获得成功，加上地方政府的抵制和矿区人民的强烈反对，其在山东的开矿活动才暂时趋于沉寂。

（二）外国资本在山东的投资设厂活动

外国资本在山东的早期工业投资，基本上集中于船舶修理业和原料加工业。烟台开埠后，成为 19 世纪下半叶山东唯一的对外贸易中心，外国进出烟台港的船只增加很快，每年都在 600 只以上。为适应外商轮船沿海航运发展的需要，德商在烟台开办了李契曼船舶修理制造厂，并配置机械设备，承接修理来往烟台的外国船只。1872 年，美国商人在烟台创办了一家蛋粉厂。1877 年，德国资本又在烟台创办山东第一家机器缫丝厂——烟台纩丝局。到 19 世纪末，在烟台设立的外国公司达到 26 家，其中英国 7 家，

---

① 台湾“中研院”近代史研究所编：《中国近代史资料汇编 · 矿务档》（二）山东，1960 年，第 737 页。

② 台湾“中研院”近代史研究所编：《中国近代史资料汇编 · 矿务档》（二）山东，1960 年，第 866 页。

德国4家,美国3家,法国2家,日本10家。这些公司除经营进出口贸易活动外,对工业也进行了一定的投资。①

1877年,德国商人创办烟台纩丝局,这是一家缫丝兼织绸的工厂,初创资本白银4万两。1882年以前,该局的机器全部为手摇机。缫丝和织绸两个主要工序完全用手工完成。缫丝日产为25公斤。织绸机200台。织出的绸子经过化学处理后与用桑蚕丝手工织的绸子一样质量优良。该局能织出许多花色,当地的手工做不到。该局1881年又进行大的改组,以图吸纳华商资本,扩大经营,同时也想利用中国官僚的势力,改组后的纩丝局称股份公司。资本由原来的4万两扩大到10万两,其中新增加的资本基本由中国人出资。东海关道和海关税务司对公司事务持有"秉公评断"之权,这在一定程度上使得公司得到了庇护和照应。其业务也由原来的织绸为主,转为以缫丝为主,以便装运出口,销售国外。1882年,公司又添置了机器,实行部分机器生产。公司经营刚有点起色,即转为黯淡。1884年,公司勉强维持一年,第二年被迫歇业。1886年年底,烟台道台以关平银3万两收购了这家公司。②

中日甲午战争之前,外国资本在山东的投资设厂活动不是以资本输出为目的,仅仅是作为扩大商品输出的辅助手段,"它主要是扩大原料和制成品之间的不平等交换"③。外国资本经营的工业企业,不但直接利用当地廉价劳动力赚取最大利润,而且还对手工业产生排挤作用。

二、洋务事业与山东新式工业的产生(1875—1911)

19世纪60年代,中国经受鸦片战争打击和太平天国起义的冲击,一部分掌握中央和地方实权的官僚,本着"中学为体,西学为用"的宗旨,以期达到"求强寓国""求富寓民"目的,相继创办了一批军工企业和民用企业。这一部分事业被称为洋务事业,这一部分官员也因此被称为洋务派。在洋务派思想的影响下,时任山东巡抚的丁宝桢、张曜提倡创办新式企业。这一时期山东创办了9家新式的军工企业和民用企业,其中外资2家,官办和官督

---

① 刘大可、张照东主编:《山东经济史(近代卷)》,济南出版社1998年版,第45—46页。

② 孙毓棠编:《中国近代工业史资料》第一辑(1840—1895年)(上),科学出版社1957年版,第78页。

③ 刘大可、张照东主编:《山东经济史(近代卷)》,济南出版社1998年版,第47页。

商办4家,商办3家,办得最有成绩的是山东机器局和枣庄中兴煤矿,具体情况见表7－1。

表7－1　　19世纪下半叶山东境内开办的新式企业表①

性质	企业名称	所在地	开办年代	创办人	概况
外资	烟台蛋粉厂	烟台	1872	德国商人	制造蛋粉,系试验性质,不久就停闭
	烟台缫丝局	烟台	1877	德国商人	缫丝织绸。初用手摇机,有织机200台。1882年改为中德合办,1886年复改组。1892年始用蒸汽机
官办	山东机器局	济南	1875	丁宝桢（巡抚）	主要制造枪弹、火药。创办经费约18.6万两,常年经费约3.6万两
	淄博铅矿	淄川	1887	张曜（巡抚）徐祝山（候补知府）	铅质不佳,不久即停止采炼
	淄川煤矿	淄川	1888	张曜（巡抚）王梅初（副总兵）	1891年张曜去世后停采
官督商办	中兴煤矿	枣庄	1880	戴华藻（候补知县）	
商办	协成机械厂	烟台	1890		资本1500元,修理机器零件
	山东金矿	平度、招远	1883	李宗岱（道台）	1891年,因经营不善,管理失宜,被关闭
	张裕酿酒公司	烟台	1895	张弼士（华侨）	张弼士独资,资本200万元,工人300名

（一）山东机器局的创办与发展

1.山东机器局的创办

山东机器局是由山东巡抚丁宝桢于1875年奏请设立的,属于洋务派创办的军事工业之一。丁宝桢之所以创办该局,主要是基于两个方面的原因:一是他在19世纪60年代曾跟随僧格林沁镇压宋景诗率领的农民军,以后

① 本表摘自孙毓棠编:《中国近代工业史资料》第一辑（1840—1895年）（上册）,科学出版社1957年版,第237—238页;下册,第1171—1172页。

又协同李鸿章的淮军使用洋枪、洋炮围剿捻军起义,他对洋枪洋炮的威力有了深刻认识。二是外敌入侵的危机。19 世纪 70 年代,外国列强对中国的侵略步步紧逼,边疆危机频繁发生。如 1870 年天津教案爆发后,各国兵舰多艘闯入烟台示威;1874 年日本侵略台湾,沿海各省又同时告急;1875 年云南发生"马嘉理事件",英、法、美各国军舰再次闯入烟台示威,逼迫清政府签订了《烟台条约》。时任山东巡抚丁宝桢对此颇为担心,他从 1870 年起多次向清廷密奏加强山东海防。天津教案发生后,丁宝桢就向清廷密陈在山东沿海要地屯兵设防,"今则夷务方殷,水师实第一切务"①,并主张自造火药和炮弹,以济实用。1874 年日本侵台,丁宝桢又上奏,强调山东"以修筑炮台与安设制造药丸,及修理枪炮制机器两事为先务"②,并着手山东机器局的筹划工作。1875 年年初,各国兵船再次闯入烟台,更进一步坚定了丁宝桢创办山东机器局的决心。

丁宝桢对机器局的选址也颇费思量,经过多番考察和权衡,最终选择了济南北郊的泺口镇附近,其出发点主要是从安全和交通等方面考虑的。1876 年,丁宝桢在《机器局置器造厂规模大备折》中讲道:该局"设厂内地,不为彼族觊觎,万一有他事,仍可闭关自造,不致受制于人,利一也。附近章丘、长山等县煤铁矿产素饶,民间久经开采,但就内地材料,已觉取资无穷,纵有闭关之时,无虞坐困,利二也。秦、晋、豫、燕、湘、鄂各省由黄、运溯流而上,一水可通,将来制造军火有余,可供各省之用,转输易达,利三也"③,同时,通过小清河,也可将军火运往山东沿海各地。由此可见,丁宝桢选择山东机器局的地址是比较合适的,因而成为他的最得意之作。

为筹建山东机器局,丁宝桢非常重视人才挑选,也是多费周折,直到 1875 年最终物色到张荫桓、徐建寅、薛福辰、曾昭吉等人后,才决定建厂。张荫桓原任湖北候补道,"熟悉洋务,而于炮台、机器各事在粤时常与西人讲求,闻见极多,足资襄赞"④。徐建寅是我国著名科学家徐寿的次子,在江南制造总局工作,翻译过多种书籍,在化学、机器、枪炮、军火多领域均有涉猎和研究,尤其熟悉中外情形,被委任为山东机器局总办。薛福辰是著名洋务派谋士薛福成的堂兄,时任山东济东泰武临道道员,思维缜密,熟悉机器、洋

---

① 〔清〕丁宝桢:《丁文诚公遗集》卷八,清光绪十九年(1893)刻本,第 39 页。
② 〔清〕丁宝桢:《丁文诚公遗集》卷十一,清光绪十九年(1893)刻本,第 20 页。
③ 〔清〕丁宝桢:《丁文诚公遗集》卷十二,清光绪十九年(1893)刻本,第 45 页。
④ 〔清〕丁宝桢:《丁文诚公遗集》卷十一,清光绪十九年(1893)刻本,第 20 页。

务事业,被委任为山东机器局会办。曾昭吉不善言谈,但对于洋务各项机器能冥心独造,擅长设计,在山东机器局中实际担任制造枪炮工程师的角色。可以说,这四个人是当时懂工程和制造技术的杰出人才,绘图、订购机器、建厂、试制各种军火,均由四人负责,一切进行得非常顺利。山东机器局当时没有雇用一个外国技术人员,这在当时是非常罕见的。

1875 年秋,丁宝桢到山东后,旋即就在泺口以东购地 300 余亩,开始建厂房,第二年冬厂房全部建成,计有机器厂、生铁厂、木样房、画图房、物料库,以及火药厂的提硝房、蒸磺房、熠碳房、碾硫房、碾硝房、合药房、碾药房、压药房、成粒房、筛药房、光药房等。各厂烟筒高自 40 丈至 60 丈,大小 10 余座,亦俱完工。同年,丁宝桢派徐建寅去上海购买制造洋火药和马氏呢枪的机器。为了加快运输速度,还特地从福建调来"万年青"号轮船专事运输。1875 年年底机器就安装到位。

山东机器局的创办经费,丁宝桢最初向李鸿章求援,但遭到拒绝。之后,丁宝桢又提出从清政府每年拨付的北洋军费中开支。李鸿章也断然拒绝,他说:"拟设炮台机局,皆为筹防本省(指山东)之计,与北洋大局无甚关系,自未便分用此款,致有窒碍。"[①]因此,山东机器局的创办经费都是在山东自筹的,动用了山东藩库、粮道库、临清关等处款项。

至此,山东机器局的全部工作创建完成。1877 年正式投入生产。

2. 山东机器局的发展

自 1877 年投产至 1911 年辛亥革命为止的 30 余年间,山东机器局大致经历了三个发展阶段,其发展状况见表 7-2、表 7-3。

表 7-2　　1875—1899 年间山东机器局各类产品产量统计表

年份	产品					
	马的尼枪(杆)	火药(磅)	铜帽(粒)	铅丸(粒)	煤炭(斤)	各类炮(杆或尊)
1875—1877	120 余杆	29740				
1877—1878	若干	108024	若干		3832650	
1879	89 杆	118338	240000	105000	1725000	

① 《李文忠公全书·朋僚函稿》卷十五。

续表

年份	产品					
	马的尼枪(杆)	火药(磅)	铜帽(粒)	铅丸(粒)	煤炭(斤)	各类炮(杆或尊)
1880	121杆	114141	2848130	776500	3952560	
1881		121100	5823388	539357		
1882		42100	1494096	489372		4
1883		59465	4442928	801116		
1884		123351	6160736	3692260		
1885		180019	11048920	627850		1
1886		122400	805368	794000		
1887		79200	8133070	365000		
1888		88725	4661008	493000		
1889		97816	4091904	1096800		
1890		108650	4978000	2490000		
1891		88960	1394960	805000		
1892		100725	1447000	923000		2
1894		156960	720000	1390450		9
1895		196200	4429700	1590050		
1899		115000	4146000	1602219		

表7-3　　1875—1899年间山东机器局各类产品产量统计表

年份	产品					
	拉火(枝)	各类炸弹炮子群子(个)	各类枪子(粒)	坚利远火抬枪(杆)	步枪(杆)	各类洋枪(杆)
1875—1877						
1877—1878						
1879						
1880						
1881						
1882						

续表

年份	产品					
	拉火(枝)	各类炸弹炮子群子(个)	各类枪子(粒)	坚利远火抬枪(杆)	步枪(杆)	各类洋枪(杆)
1883						
1884	17060	2950	50000			
1885	17060	1630	238000			
1886			470000			
1887	33500		335000			
1888	15000	100	440000			
1889	20000	570	503000			
1890	43000	1650	490000			
1891	42000	1500	568000			
1892	37000	2460	600000			
1894	44000	3090				
1895	62000	109361		216	6	
1899					865588	2382

注:火药计算单位,1883年以前是磅,1883年以后是斤。①

第一阶段,从1877年至1881年8月为初步发展阶段。

山东机器局初创时,丁宝桢计划同时制造枪炮和弹药,建立一个自成体系的制造新式军火的工厂。但终因经费不足,技术力量薄弱,以及守旧官僚的阻挠反对,未能如愿。因此,山东机器局投产时,仅生产火药。到1879年周恒祺上任山东巡抚后,才开始生产铜帽、铅丸、枪子、地雷和一些简单的机器和机械配件。

山东机器局的经费全部由山东地方自筹。在丁宝桢任内,购地、建厂和购买机器等共支出银18.68万两,其中由藩库拨9.4万两,粮道库拨银7.28万两,临清关银2万两。② 山东机器局刚建成,丁宝桢就于1876年10月升任四川总督,离开了山东。文格继任山东巡抚后,在章丘用土法采

① 数据来源:孔令仁、商鸣臣《山东机器局述论》,《文史哲》1983年第3期。

② 〔清〕丁宝桢:《丁文诚公遗集》卷十二,清光绪十九年(1893)刻本,第47页。

煤和生产备料及支付员工薪金等，又用银3.6398万两。[①] 当时，山东机器局共有职员58人，工人250人。熟练工匠主要雇自浙江和直隶，学徒工是本地招雇的。

山东机器局生产的军火不在市场上自由出售，全部由清政府统一调拨给各地驻军使用。一部分拨给山东驻军使用，如登荣水师、烟台练军，一部分调拨四川。1877年，丁宝桢上任四川总督后考虑到山东机器局经费紧张，就上奏清廷要求山东机器局供给四川一部分军火，四川省给山东机器局解决一部分经费。1880年，清廷又令山东机器局调拨一部分军火支持吉林，共运走1.5万斤火药和60万粒铜帽。

山东机器局供给各地的军火，尽管可以收回一部分成本费，但是因收费较低，仍难以维持机器局的正常生产，因此，每年都要从山东官府中调拨一部分经费。例如，1879年机器局的支出是27181两，收入官库拨银为19000两，收回成本为8181两；1880年机器局支出为46226两，收入官库拨银为27000两，收回成本为19226两；1881年机器局支出为41352两，收入官库拨银为27000两，收回成本为14352两。[②]

总体来说，山东机器局从创办到1881年以前，尽管没能实现丁宝桢最初制造枪炮和弹药并举的愿望，也遇到诸如经费短缺、守旧官员的百般阻挠等困难，但这个阶段的发展还是比较顺利的，在基本建设、生产设备、生产技术等方面都打下了基础。

第二阶段，从1881年9月至1894年8月为缓慢发展阶段。

1882年至1894年8月这段时间，国内外形势相对稳定，军火需求量趋缓，山东财政拮据，以及部分保守官员的不作为，导致这段时间山东机器局发展较为缓慢。

1881年，任道熔上任山东巡抚。8月，任道熔接管山东机器局。他一上台就对机器局生产进行压缩。他在给清廷的奏折中说："当以海防事机非急，而库银支绌万分，一切规模自应力求撙节，随饬将不急器具概行停止，但做洋火药、铜帽、铅丸以资操防。委员、司事及工匠等亦只择要酌留，视制造

① 中国史学会主编：中国近代史资料丛刊《洋务运动》（四），上海人民出版社1961年版，第311页。

② 中国史学会主编：中国近代史资料丛刊《洋务运动》（四），上海人民出版社1961年版，第313—314页。

之多寡随时增减，期归核实。”①在巡抚任道熔的压缩政策下，机器局生产制造只限于火药、铜帽、铅丸3项，部分工匠、工人也被裁撤，生产规模缩减。

1883年1月，陈世杰继任山东巡抚。陈世杰曾经担任山东机器局总办，对机器局生产和发展自然就极为关心和支持。他给机器局配置了齐全的生产枪子的机器，该局的产品增添了后堂洋枪和林明敦枪，其生产有所起色。

1884年中法战争爆发后，各地军火需要增多。清政府又重提和重视海防建设事宜。此时，山东机器局又得到一部分增拨的经费。机器局又派人到上海购买原料，使生产得以恢复。

这一时期，山东机器局的常年支出经费为：1882年为14481两；1883年为23333两；1884年后，每年多的达6万余两，少的则4万两，一般在5万两左右。② 该局常年经费低于沪、宁、闽、津4个大型军事局厂，但高于其他各省军事局厂。其经费花费主要用于购买机器、用具和制造军械弹药。山东机器局生产产品的品种和总量增加了，同时，质量也有明显的提高。

第三阶段，从1894年9月至1911年10月为扩展阶段。

1894年9月至1911年10月这一时期，中日甲午战争、八国联军侵华战争等重大战事频发，军火需求旺盛。山东省府加大了对机器局的投入，此阶段山东机器局的扩充发展极为迅速。

1894年，中日甲午战争爆发。沿海各省纷纷添营增兵，军火需求旺盛。时任山东巡抚的李秉衡抓紧和加大了山东机器局的军火生产，使山东机器局的生产达到了建厂以来的全盛时期。1895年年初，他上奏清廷说，自上年秋天起，山东机器局各厂工匠增加了1倍，“从前月造枪子五万粒，今则月造十万粒。铅丸、铜帽、白药等项皆数倍于平日”③。为进一步扩大山东机器局的生产规模，他对运销食盐的官办南运局进行整顿，把其撙节盈余的4万余两尽数用于机器局的扩建，1897年扩建工作才大体完成。当时除了进口能造抬枪、毛瑟枪的机器60余种外，还动用了12万两银子建造了炮厂、枪子厂、翻砂厂、熟铁厂、轧钢厂、火药厂等。至此，山东机器局的规模较以

---

① 中国史学会主编：中国近代史资料丛刊《洋务运动》（四），上海人民出版社1961年版，第314页。

② 中国史学会主编：中国近代史资料丛刊《洋务运动》（四），上海人民出版社1961年版，第316—327页。

③ 〔清〕李秉衡：《李忠节公奏议》卷六，第10—11页。

前扩大了70%左右，大大增强了生产枪械的能力。

1899年12月，袁世凯上任山东巡抚后，为了加强新军装备，也对山东机器局进行了扩充。他派专人到湖北、江南、上海考察枪炮制造各局办法及布置事宜，并添设无烟火药及磺强水等厂。到1901年，山东机器局已经有枪厂、枪子厂、翻砂厂、熟铁厂、轧钢厂、火药厂、电料厂、水工厂等8个分厂，成为不仅能制造枪炮、子弹、火药等军火，而且还能制造机器、锅炉、电灯、电池等民用设备的综合性机器工厂。

周馥继任山东巡抚后，又对山东机器局进行了扩充。为了使机器局能生产出当时各地军队已经改用的小口毛瑟枪，1904年向德商瑞记洋行订购了42台机器及全套修理器具。这些机器安装后，每年能造枪子六七千粒。直到清王朝灭亡，山东机器局一直维持比较兴旺的发展势头。

1875年由丁宝桢创办的山东机器局，经历了30多年的坎坷起伏发展。它是晚清创办的比较有成就的一个中等规模的军工企业，也是山东第一家初步具有资本主义性质的近代企业。它在抵御外侮、培育山东近代企业、培养近代技术人才、打开山东封闭的视野等方面的影响是显而易见的。①

（二）山东兴办的新式的民用企业

19世纪80年代初，洋务派开始在山东陆续创办民用企业。先后兴办的民用企业有电信事业和金属采矿业、煤矿开采业。在兴办方式上，采取了官办、官督商办和商办三种方式。其中官督商办企业规模较大，经营成效也较大。

1. 官办民用企业的创立

(1)电报业

电报业作为近代科学发展的成果，早在19世纪60年代初就被西方殖民者介绍到中国，主要担当西方国家侵略中国的工具。对此，清政府持断然否定态度。70年代后，洋务派官僚认识到电报在通讯方面的重要作用，转而主张在中国架设电线。80年代，电讯业便成为洋务派着力经营的部门。1881年，盛宣怀请丹麦大北公司架设上海至天津的电线，并在沿线设7处电报分局，济宁就是其中一处。1882年，电报局因亏损召集商股，改为官督商

① 刘大可、张照东主编：《山东经济史（近代卷）》，济南出版社1998年版，第64—66页。

办的形式。同年,济宁分局又接线至烟台。1883 年,电报总局又在德州开设电报局。次年,李鸿章奏准在胶州设立电报局。1885 年,山东境内自黄河南岸济宁起,经济南、青州、莱州、登州到烟台铺设电线。其费用由山东省自筹 5 万两,不足之额由清廷拨款补齐。[①] 1887 年,潍县也设立了电报局。又从莱州展线 80 公里至胶州。到中日甲午战争前夕,由中央和山东地方政府兴办的电报线和电报局已遍布山东各主要城市。1894 年中日甲午战争爆发后,军报迅速增长。北洋大臣、山东巡抚命电报局在山东省沿海各口架设官线。胶州—青岛间、威海卫—成山头间、烟台—登州间三条官线架设完成。以上三线工程花费 3.9 万余两。[②] 山东主要城市及沿海主要口岸间的电线架设,除具有军事意义外,对山东的民生和防汛也有一定的积极作用。

(2)矿产业

清政府在各省设立了许多军事工业,使得军火规模扩大,对铅、煤等原料的需求量急剧扩大。为了解决原料急需,19 世纪 80 年代中期山东开办了淄川铅矿和淄川煤矿两个官办企业。

第一,淄川铅矿。淄川是近代山东著名的铅矿产区,尤其是槲木沟等处铅矿,“产苗甚旺,质色尤佳”。1886、1887 年,李鸿章先后建议开办淄川铅矿。北京银元局过去主要以云南、贵州两省所产的铅为原料。因该两省距离较远,辗转需时,且不敷应用,因此,李鸿章于 1886 年 1 月和 1887 年 5 月,两次向清政府提出开采淄川铅矿的建议,并函商山东巡抚张曜,取矿样寄至上海化验,皆称极好。张曜又请外国矿师前往勘察,得淄川槲木沟等处铅铁甚多,非仅质美,而且矿线甚长,择定正脉开挖,自必取之不尽。张曜遂派知府前往主持,雇用本地人开挖,实行官炼、土炼两种办法。1888 年 10 月,李鸿章提取官炼、土炼之铅各 1000 斤,因官炼之铅每百斤得银 3.6 两,土炼者得银 1.2 两,悬殊甚大,故李鸿章欲裁土炼之法。

淄川铅矿,最初估计炼矿石可得七成之铅,每日每炉出铅 1600 斤。开炼之后,只有四成左右,每日出铅只有 900 余斤。而土炼者,每炉熔化矿石 1600 磅,五炉才得铅 1600—1700 斤,产量更低。无论官炼、土炼,均不敷成本。鉴于此,主持于 1889 年年底因“炼铅劳瘁”,卸任离职。此后铅厂虽勉

① 台湾“中研院”近代史研究所编:《海防档》电线第 4 册,1957 年,第 143 页。
② 台湾“中研院”近代史研究所编:《海防档》电线第 5 册,1957 年,第 1552 页。

强维持，但终因所产之铅质色不佳，含铅太少，其售价低，大批产品堆置矿场无人问津，不得已于1892年被迫关闭。①

第二，淄川煤矿。1887年，山东巡抚张曜聘请外国矿师勘查后，决定在淄川苏家堤开矿，即淄川煤矿。1888年张曜委派副手王梅初主持开矿事宜，用机器抽水，初见成效。旁有民井10余处，悉由官井代为抽水，其报酬是民井每出煤百筐，须以四成缴官，以资津贴。但秋天连逢大雨，井中积水太深，官井出煤不多，渐至亏损，积欠工银巨大。时有矿工三五百人。1891年张曜去世，煤矿被关闭。②

2. 官督商办及商办采矿业

在官办采矿业的同一时期，私人资本投资采矿业也非常活跃。私人资本投资煤矿和金矿的矿主多是地方官绅和商人。为了解决资金不足，减少当地守旧势力的阻挠和干预，他们大多寻找各种途径，期望得到洋务派官僚的庇护，大都拉上"官督商办"的关系，借以作为企业的靠山。所谓"官督商办"，就是"由官总其大纲，察其利弊"，"所有盈亏，全归商人，与官无涉"③。19世纪80年代初，洋务派开始陆续在山东创办民用企业。先后兴办的民用企业有电信事业和金属采矿业、煤矿开采业。在兴办方式上，采取了官办、官督商办和商办三种方式。其中官督商办企业规模较大，经营成效也较大。

(1)山东中兴煤矿。中兴煤矿设于枣庄的峄县，是直隶总督兼北洋大臣李鸿章于1880年委派直隶候补知县戴华藻集股2万两开办的，虽为商股，但属于官督商办性质。先经戴华藻在枣庄查得煤苗最旺之旧井20余处，因人力无法取水，关闭多年。后由天津机器局道员王德均定购汲水机器，运往该处，租地建屋，初次试开3井，后又即开9井，煤层2丈以外，质色并佳，远近争相购买。运至金陵、天津机器局试烧，比日本上等煤还好，与英国松白煤相仿。峄县与濒临运河之台儿庄相距仅80余里，由台儿庄以达金陵、上海，一水可通，运输较为便利。李鸿章认为，此后扩充办理，不难敌洋煤而塞漏卮。1883年，煤矿又添购大汲水机器两台，雇用华匠经理，推广采运，以

① 孙毓棠编：《中国近代工业史资料》(1840—1895年)第一辑(下册)，科学出版社1957年版，第687—689页。

② 孙毓棠编：《中国近代工业史资料》第一辑(1840—1895年)(下册)，科学出版社1957年版，第690—691页。

③ 〔清〕李鸿章：《李文忠公全集·译署函稿》卷一，第40页；《奏稿》卷二〇，第33页。

济南北洋兵商轮船和机器制造各局所需，免致远购外洋，并可被徐州利国驿矿炼铁之用，冀以收回利权。为了支持办好中兴煤矿，李鸿章于1883年又向清政府奏准，中兴局所产煤炭，仿照“台湾、开平、湖北等处开煤奏准成案，煤每吨完出口正税银1钱，各省兵商轮船、机器制造局用煤，准其一律免税。完税之后，经过常关，应准呈验税单放行。运煤船只完纳船钞，免征船料”①。这一措施使该煤矿的煤炭销路更加顺畅。当时在峄县境内，专门从事煤炭运销的栈商多达30多家，这些煤大多经运河销往江南地区。1887年9月17日的《捷报》报道：“山东峄县的煤矿甚为活跃，很多大的沙船装载上等的煤斤运往清江浦。”为适应生产需要，中兴煤矿在1883年计划扩大规模，进一步扩大再生产，在上海公开招股，拟召资本10万两。② 因正逢上海金融恐慌，使得扩充资本、添购机器设备的打算未能实现。

中兴煤矿在组织生产方面采用雇佣制。开矿初期，煤矿雇用工人数百人。后来随着生产规模的扩大，雇用工人的数量逐渐增加。煤矿把工人分为正掘井班和公令班两种。正掘班为固定工；公令班为临时工，按日计工，每日轮班替换。这样可以根据生产的淡旺季随时增减工人，使再生产连续不断地进行。

中兴煤矿在李鸿章的支持下，取得了一些免税的优惠待遇，并初步战胜地方地主绅士势力派的阻挠，但其生产并不顺利。由于资金不足，除机器抽水外，生产的其他环节如挖煤、运煤等，仍然全用人力，基本上都是手工操作。一方面，由于生产技术落后；另一方面，由于矿井大大延伸，使工人的工作条件非常恶劣，伤亡事故时有发生。1893年，中兴煤矿的半截筒子煤井就发生了透水事故，淹死矿工100多人，损失惨重。③ 加上中兴自己没有运输设备和营销点，专靠本地行商坐贾运销，不能降低运销成本，因而经营十数年，未能盈利，股东内部发生矛盾，再加地方势力的反对，1895年被山东巡抚李秉衡封禁，停止营业。后经中兴股东张莲芬不断上诉力争，1898年经北洋大臣批准，才又恢复营业。因资金不足，计划招收德国商股。预定招股200万，由负责开平煤矿的张翼筹招六成为督办，天津税务司德国人德璀

---

① 〔清〕李鸿章：《李文忠公全集·奏稿》卷二〇，第33页。

② 《申报》光绪九年(1883)二月初四日。

③ 中共枣庄矿务局委员会等编著：《枣庄煤矿史》，山东人民出版社1959年版，第8—9页。

琳招收德股四成为洋总办,前山东运司张莲芬为华总办。因发生义和团运动,德股未能招成。此时,张莲芬调授兖沂曹济道缺,东挪西借,勉力支持。1905—1907 年,杨士骧任山东巡抚,指示山东商务局总办朱钟琦帮助招股,该矿经费才渐充裕,并于 1907 年修筑了台枣铁路。中兴煤矿营业日渐发达,成为我国较有成绩的煤矿之一。[①]

(2)山东平度招远金矿。1883 年,时任济东道李宗岱禀请开办山东平度招远金矿。同年成立矿局,先开栖霞金矿,因民情不顺,由登州府禀请停办。1885 年开办平度州金矿,由李鸿章作保,先后向英国汇丰银行贷款 18 万两,向淮军银钱所借款 6 万两,招集商股 21 万两,共投资 45 万两,聘请外国矿师,从美国购买了碾石淘金蒸汽机。该机 60 马力。初用 40 马力,每天用煤 3 吨多,可碓碾矿石 50 吨。1887 年 4 月,机器运至平度之双山矿场并安装完毕,这是当时中国第一台采石机器,机器落成开工后,"来观者数万人"[②]。平度矿局当时雇工 600 人,工人分为 3 班,每班 200 人,"轮流换班,昼夜不停",从事挖掘、洗练等工作。[③] 平度矿务局的设备在当时的国内采矿业中是较为先进的。它拥有机器厂两座。矿场内敷设了运送矿石的轻便铁道。其主要工序是使用机器,由蒸汽机提供动力。矿局还有不少的锤机、碾机,其中最主要的机器设备为舂矿机,日加工矿石 50 吨,通过化学处理每日可获得硫磺金 6 吨。1885—1887 年是矿局开采的最盛时期,日产金达 96 两。随着矿井的不断延伸,矿石中硫化铁的含量增大,含金量减少。矿局缺乏必要设备和技术,无法从矿石中分离杂质,提纯金砂,因而所出金砂价值不高。金砂运往美国及欧洲后,除去运费,价值所剩无几。1889 年,矿局无法盈利,因而失败。

1889 年,李宗岱又会同候选道马建忠、陈世昌、同知徐麟光及旧金山华侨林道琚和中书衔李赞芬等,计划再招股本 30 万两,开采宁海州之金牛山和桂山金矿。因股本未齐,仅试采 9 个月即停。

李宗岱为广东巨富,自总办矿务以来,不仅借款和所集股本完全花光,而且家资也荡尽,亏债累累。他避至京师,对矿场搁置不理。鉴于此,连一向支持李宗岱的李鸿章也认为"李做事不实",但反对"逼以权势",在平度

---

① 中共枣庄矿务局委员会等编著:《枣庄煤矿史》,山东人民出版社 1959 年版,第 11—13 页。

② 《申报》光绪十三年闰四月初七日(1887 年 5 月 29 日)。

③ 《申报》光绪十三年闰四月十九日(1887 年 6 月 10 日)。

金矿查封期间,仍接受登莱青道盛宣怀的建议,让李宗岱重整旗鼓,另开局面。1896年李宗岱和旧金山华侨林道琚拟再集股开办招远金矿时,山东巡抚李秉衡以"历办矿务并无成效"为由,奏请查封。[①] 至此,李宗岱所办矿务完全失败。

上述官办、官督商办及商办的采矿企业,除中兴煤矿几经坎坷终于维持下来了,其他都失败。其失败的原因有五个方面:一是矿质欠佳,技术落后;二是交通不便,运费过高;三是官员不懂企业的运作规律,经营管理不善;四是资本不足,负债过高;五是地方封建势力的阻挠。尽管山东这些早期新式的采矿企业大都失败了,但他们身上表现了可贵的探索精神,开创了风气之先。[②]

三、德国等外国资本的工业经济侵略

1897年11月,德国以2名德籍传教士在巨野被杀事件为借口,强行对胶州湾实行军事占领,并逼迫清政府于1898年3月6日签订了《胶澳租界条约》。其主要内容有:(1)德国租借胶州湾为军港(租期99年)。(2)德国在山东境内修建两条铁路:其一是由胶澳经过潍县、青州、博山、淄川、邹平等处往济南及山东界,其二是胶澳经沂州及由此处经过莱芜县至济南府。(3)德国在铁路沿线15公里内享有开矿权,允准德商开挖煤等项及须办工程各事,亦可由德商、华商合股开采,其矿务章程,亦应另行妥议。(4)德国在山东省内开办的各项事务中享有优先权。[③] 根据这一条约,德国不但将胶州湾据为己有,而且把侵略势力扩大到山东内地,使山东成为德国的势力范围和殖民地。

(一)德华矿务公司的经营活动

《胶澳租界条约》签订后,德国政府于1899年6月1日发布特许命令,成立德华山东铁路公司,负责胶济铁路的勘探和修筑事项。与此同时,德华的财团们为了获得山东矿业的开采权,也组织了一个德华山东矿

① 孙毓棠编:《中国近代工业史资料》第一辑(1840—1895年)(下册),科学出版社1957年版,第1122—1135、1172、1193页。

② 王守中、郭大松:《近代山东城市变迁史》,山东教育出版社2001年版,第178—180页。

③ 王铁崖编:《中外旧约章汇编》第一册(1689—1901),生活·读书·新知三联书店1957年版,第738—740页。

务公司(以下简称德华矿务公司)。德国政府也颁布了一项山东矿务公司的特许令,并规定:已立案的公司5年内在铁道两旁15公里勘探发现各种矿产时,有呈请获得开采矿山的特权;矿业公司分配红利占股本5分以上时,应将红利的一部分报效给德国的胶澳政府;公司采出的煤炭应优先供应德国海军。

1899年10月10日,由德华银行等14家企业在柏林正式成立了山东矿务公司(德华矿务局)。其资本为1200万马克。公司在柏林本部。公司在青岛设立的事务所负责具体的办理开矿事宜。

《胶澳租界条约》本来规定,开采各铁路沿线的矿产,由德商、华商合股开采,并且另行妥议章程。但德国政府无视条约规定,特许德商擅自单独开挖;而德华矿务公司亦不与中国另议章程,就自行开挖。早在1898年6月,米海里·司米德就以德国上海礼和洋行的名义,在潍县东南乡宁家沟、俭疃庄买民地40余亩,呈请该县税契拨粮,准备开挖煤井。① 1900年7月,潍县秉禀称:德国人在潍县南乡办理矿务,南至马司,北至二十里铺,需开井六七眼之多,占地10余亩之广。7月1日早,当地群众围攻该公司,焚毁其草房7间,迫使该公司停工。②

基于山东当地民众的反对,德华矿务公司不得不与山东巡抚进行交涉、谈判。1900年2月,袁世凯在与德国铁路公司议定《胶济铁路章程》的同时,也议定了一个《山东德华矿务公司章程》。其主要内容有:公司应召集部分中国官商股份;华人股份超过10万两时,可选派人员入公司代表华股利益;公司不准使用外国兵队保护;若需用保护时,应由山东巡抚派兵前往;铁路附近30里以外,未经山东巡抚许可,一律不得私自开矿;在30里内,只准华人和德国人开矿;华人已开之矿,准继续办理。③

山东矿务公司成立后,便派遣探矿队在胶济铁路沿线各地进行大规模勘探,并确定重点在坊子、淄川两处煤矿区实行开采。

(1)坊子煤矿。根据德国探矿队的查勘,德华矿务公司决定首先开挖潍

---

① 台湾"中研院"近代史研究所编:《中国近代史资料汇编·矿务档》(二)山东,1960年,第909页。

② 转引自王守中:《德国侵略山东史》,人民出版社1988年版,第224—225页。

③ 王铁崖编:《中外旧约章汇编》第一册(1609—1901),生活·读书·新知三联书店1957年版,第948—952页。

县的坊子煤田。1901 年 10 月,矿务公司制订日产 1500 吨的计划,在坊子开凿第一口竖井,即坊子竖井,翌年 9 月出煤。10 月,坊子竖井生产的煤由胶济铁路运至青岛,成为当时青岛轰动一时的一大新闻。[①] 为扩大生产规模,公司于 1904 年 5 月和 1905 年 5 月又分别开凿了第二、第三口竖井,即安尼竖井和敏纳竖井。

1906 年 8 月,坊子煤矿建成机械洗煤厂,翌年又建成炼焦厂。至 1908 年,煤矿设备大致装配完成。井上建起洗煤厂 2 座,井下安装了较为先进的机械设备。煤井建筑也较传统土式煤窑有很大进步。竖井采用了砖砌圆拱形工艺。井下运输也改变了以往的旧方式,在竖井底部铺设了铁轨,从而加快了出煤速度。

坊子煤矿投产后,成为德国在山东掠夺煤炭资源的重要基地。1902 年至 1914 年 8 月,煤矿的年产量分别为:9179 吨、60601 吨、100603 吨、136990 吨、164437 吨、149307 吨、250214 吨、273355 吨、193497 吨、250185 吨、126215 吨、198988 吨、122042 吨,共计 2035631 吨。[②] 1912 年因凿穿老井,发生水灾,港道排水工程过大,无法复工,公司遂将该矿的大部分机器设备拆运到淄川洪山煤矿。

(2)淄川煤矿。1903 年,山东矿务公司开始派人到淄川钻探勘测。1904 年 6 月,在淄川车站东南的洪山开凿了第一口井,即淄川竖井。1906 年,淄川竖井开始出煤。1910 年 6 月,开凿了第二口竖井,称为海特尔井。淄川煤矿储量丰富,煤质和煤层都很好,公司决定重点开发淄川煤矿。1911 年,公司又开凿了第三口井。之后,坊子安尼竖井的全部设备搬至洪山。这样,淄川煤矿的建筑规模和设备都超过了坊子煤矿。为了加快煤炭外运,淄川煤矿还修建了自矿井通往淄川车站的铁路支线,使煤炭可以经胶济铁路直接运往青岛。1910 年,淄川煤矿的产量为 237544 吨,超过了坊子煤矿;1913 年,煤产量达到 41.4 万吨,是同期坊子煤矿的 2 倍多。[③] 洪山煤品质优良,很适合做锅炉燃烧用煤和家庭取暖之用。洪山煤绝大部分供海军、航轮和山东铁路公司使用。

---

① 山东省政府建设厅:《山东矿业报告》第 4 次,1934 年,第 159—160 页。
② 王守中:《德国侵略山东史》,人民出版社 1988 年版,第 229 页。
③ 山东省政府建设厅:《山东矿业报告》第 3 次,1934 年,第 169 页。

山东矿务公司经营的山东煤矿，在当时成为外国资本在中国经营的著名煤矿之一。公司在机械化程度、资金和煤产量三个方面在全国煤矿中均有着突出的表现，并占有重要地位。就机械程度而言，该公司与直隶开滦、河南福公司、奉天抚顺并列，是当时机械化程度较高的四大煤矿之一。就资金而言，矿务公司创办时实际投资为152.7万元，随着经营活动的展开，投资额逐渐增加，1913年扩大到758.8万元，增加了近4倍（见表7－4）。1899年，投资占外国在华资本经营煤矿的第五位。除去中外合资的煤矿，单就外国独资的煤矿来说，山东矿务公司仅次于英国的福公司，占第二位。[①] 从1902年坊子煤矿第一煤井出煤到1912年公司结束，山东矿务公司累计生产煤284.5万吨，仅次于开滦和抚顺煤矿，居全国第三位。就山东本省而言，该公司的煤产量超过了所有民营矿产量的总和。[②]

表7－4　　山东华德公司历年的投资及坊子、淄川煤矿产量统计

（资本：千元　　产量：吨）

年份	坊子煤矿		淄川煤矿		两矿合计			
	产量	产量指数 1902＝100	产量	产量指数 1906＝100	资本	资本指数 1899＝100	产量	产量指数 1902＝100
1899					1527	100		
1900					1479	96.8		
1901					1548	101.3		
1902	9178	100			1764	115.5	9178	100
1903	60601	660			1744	114.2	60601	660
1904	100631	1096			3201	210.0	100631	1096
1905	136990	1492			3045	199.4	136990	1492
1906	164437	1781	14646	100	2782	182.1	179083	1951
1907	149307	1626	40899	279	2807	183.8	190206	2072
1908	250214	2726	72467	494	6823	446.8	322681	3515
1909	273354	2478	183449	1252	7029	460.3	456803	4977
1910	193497	2108	237544	1621	6774	443.6	431041	4696

① 汪敬虞编：《中国近代工业史资料》第二辑（上），科学出版社1957年版，第12—13页。

② 山东省政府建设厅：《山东矿业报告》第4次，1934年，第43—44页。

续表

年份	坊子煤矿		淄川煤矿		两矿合计			
	产量	产量指数 1902 = 100	产量	产量指数 1906 = 100	资本	资本指数 1899 = 100	产量	产量指数 1902 = 100
1911	205185	2235	283208	1933	6798	445.2	488393	5321
1912	126215	1375	299652	2045	5992	392.4	425867	4640
1913	198988	2168	414000	2826	7588	496.9	612988	6678
1914	122040	1329	322000	2198			444293	4840

注:1914 年产量只统计到 7 月。[①]

山东矿务公司在经营的 10 余年时间里,表面看煤产量逐年递增,经营状况似乎不错,但实际上公司的营业收入并不佳。1904 年至 1908 年,公司累计盈利 661359 马克;1905 年后累年亏损。至 1908 年,累计亏损 3243069 马克,盈亏相抵,共亏损 2581710 马克。[②] 其亏损的原因有两个:一是胶济铁路运费过高,煤价随之提升,无法与开滦煤等竞争,影响了销路;二是煤矿投资过大,加上煤矿频频发生透水和火灾事故,致使生产成本一再提高,效益不断下降。

在亏损逐年增加的情况下,矿务公司的董事们最后不得不决定将公司合并。1913 年 1 月,公司对煤矿全部资产进行了清资估价,核定资本为 540 万马克,再重新募集新股 60 万马克后,将全部资产转入德华铁路公司。3 月,经德国政府许可,矿务公司的股票换成了铁路公司的股票。矿务公司正式成为铁路公司的一部分。

(二) 德国资本的投资设厂活动

德国占领胶州湾后,力图把青岛开发为以贸易市场和商品转运港为主要功能的现代港口城市,同时也关注青岛的工业投资和发展。德国殖民政府一方面拨付巨额财政预算,有针对性地建设一些急需的企业;另一方面鼓励德国企业界到青岛投资设厂,经营工业。因德国资本家看不到青岛投资的远大前景,不太愿意染指青岛的工业投资,投资规模并不大。因此,在殖民地早期,德国资本在青岛工业的投资设厂活动,其主力主要是德国殖民当

① 汪敬虞编:《中国近代经济史(1895—1927)》上册,经济管理出版社 2007 年版,第 452 页。
② 刘大可、张照东主编:《山东经济史(近代卷)》,济南出版社 1998 年版,第 107—108 页。

局官办企业,主要投资创办了一些急需的工业,如造船厂、发电厂、机车厂和屠宰场等。

1. 青岛造船厂

1901 年至 1906 年,德国海军殖民当局用了 6 年时间,耗资 500 万马克,在大港建成青岛造船厂。该厂设备齐全先进,拥有 1.6 万吨的浮船坞。该厂可容长 145 米、排水量 1 万吨以上的船舶进港修理。船厂码头还设有 150 吨电动起重机。造船厂平时有德籍职员 50 人、华工 1500 余人,工忙时使用华人达 1800 余人。[①] 1902 年,开始设立华人徒工学校即艺徒养成所,招收华人青年在校学徒,培养熟练工人。第一期招收学徒 76 人,学制 4 年,所学课程有机械、电器、冷作、木工、铜匠、锅炉匠、制图、会计等。养成所在德占时期先后毕业 8 届学徒,共 1000 余人,除 300 余人留在船厂外,其余学徒后来散布于青岛及山东其他城市,成为近代山东机器制造行业的一批技术骨干力量。[②] 1906 年至 1912 年,该造船厂共承造货船、客船、舰艇等各种船只 22 艘。当时北洋舰队的舞风炮艇即为该厂所造。造船厂除修造船外,还承揽各种加工业务,如制造蒸汽机、各种机械以及铸造铜铁器具。

2. 青岛发电厂

1898 年,德国西门子公司在青岛建立电灯房。其发电能力为 75 千瓦。该电灯房为山东电业和电灯照明之始。1901 年,公司因亏损严重宣布破产,厂房设备由租借地政府以 200 万马克全部收买。1903 年,德国政府又投资 100 万马克。扩建发电厂,装设 2 台 170 千瓦蒸汽发电机和 1 台 410 千瓦发电机,发电机总功率达 750 千瓦。后来德国政府又在电厂安装锅炉 2 台,添购 1 台 1000 千瓦发电机,延长线路,供应整个市区的照明和工业用电。日德交战时电厂几乎全部被毁。[③]

3. 四方机车厂

1901 年,胶济铁路修至丈岭时,德国铁路当局利用艺徒养成所的技术工人和当地的木工、铁工建成机车修理厂。该厂经数次扩建,共有各种机器设备 212 台。其业务为修理机车并兼制铁路器材。此外,对外面工厂不能

---

① [日]青岛守备军民政部:《青岛研究资料》,1919 年,《德逸时代之青岛》,第 20—21 页。

② [日]青岛守备军民政部:《青岛研究资料》,1919 年,《德逸时代之青岛》,第 19 页;山东省档案馆馆藏档案:山东分局长期卷,29,《青岛市机器鋏工业统计表》,1949 年 8 月。

③ 王正廷:《青岛》,北京督办鲁案善后事宜公署,1922 年。

修理的机械或不能加工的零部件,该厂也代为修理加工。该厂后来发展成为胶济铁路四方机车厂。

4. 青岛屠宰场

为了加速畜产品的出口,德国殖民政府于1903年投资75万马克,在青岛设立现代化的屠宰场。该场于1906年建成。屠宰场规模大,引进了德国先进的机器设备,附设有1座制冰池和冷藏仓库。除经营商业外,屠宰场还兼司检疫之责。凡民间要宰杀的牲畜,必须到该屠宰场办理手续,接受检查,否则不准随意宰杀。检验不合格之肉,必须遵照规定处理,违者即酌情罚款或监禁,重者罚款1500元,或监禁3个月,轻者罚款75元,或监押14天。[①] 这些规定虽然严厉,但对保证市内卫生和防疫是十分必要的。

上述四厂是德国殖民当局所创办的官营企业,除此之外,德国商人资本也在青岛投资创办一些企业,其中最主要的是德华(沧口)缫丝厂和青岛啤酒酿造公司。

1901年,德商在柏林创办了德中蚕丝工业公司。1902年至1903年,该公司投资20万马克,在青岛沧口兴建大规模蒸汽缫丝厂,即沧口缫丝厂。工厂于1904年开始试生产,分缫丝部和纺织部两个部门。机器设备为德制最新式样,生产采用新的缫丝工艺。起初他们用诸城一带所产的野生蚕茧进行试制,由于丝的韧性不够而失败;其后采用东北所产的野蚕茧试制获得成功,逐渐生产出了色泽鲜艳、质料匀净的精良产品。工厂年生产能力达到300担。缫丝厂有女工约400人,男工约600人。工厂开设有专门的训练班,以提高工人的操作技能。到1907年,已有1200名职工接受了培训。工厂生产出的优良产品在欧洲市场上的销售价格,比烟台地区出产的最佳蚕丝高出40%,而它的生产成本比烟台同类产品才高25%[②],这就大大增加了工厂的生产效益,拓宽了销路。1908年,德华缫丝公司因与青岛公司的经理发生了误解和意见分歧,突然宣告停闭,后来转售给了由中国商人组成的责任有限公司。

为了适应青岛外国侨民和中国市场对啤酒的需要,德、英等国商人于1904年在青岛创办了山东第一家啤酒厂——日耳曼啤酒公司。公司总部

① 王守中、郭大松:《近代山东城市变迁史》,山东教育出版社2001年版,第219页。

② 青岛市档案馆编:《帝国主义与胶海关》,档案出版社1986年版,第129页。

设在香港。其资本多由居住在中国沿海口岸的德、英、法、美等国商人筹集，因此公司又称英德麦酒制造厂。该厂投资总额为44万元。工厂的主要设备为德国肯尼次厂制造。啤酒厂生产黑、白两种啤酒，味道醇厚，年产量130万升。1904年上市后，很快驰名于中国沿海各城市，销路甚好。从1904年至1913年，公司获利43万元。① 该厂啤酒供应青岛市，并运销到北方各海港。1911年，该厂出口啤酒数量为3.2万加仑。

德商利用青岛当地廉价的劳动力和内地丰富的农业资源，还开设了若干家加工农畜产品的企业。1897年，德商礼和蛋厂成立，专门从事蛋品收购和蛋粉加工出口。1909年，德商又创办了第二家蛋粉厂——哥伦比亚有限公司。至1911年，该厂出口蛋粉达4000担左右。1911年，德商卡尔·爱培斯公司成立，加工生产干蛋品和湿蛋品，当年产量达2400担左右。② 1907年，德商在青岛创建了一座小型机器面粉厂。该厂日产面粉300余包。

此外，德国商人还在青岛开办了制冰厂、矿泉水厂、肥皂厂、精盐制造厂、香肠加工厂、制革厂、砖瓦厂等。这些企业技术不太复杂，投资少，见效快，比较适合当地的情况，再加上殖民地当局给予的种种优惠，也大都获得成功。这些企业也在一定程度上为近代工业生产技术的引进提供了机会，培养了一批技术力量，并刺激了民间资本投资设厂的热情。

四、清末“新政”时期山东的工业改革举措(1901—1911)

甲午中日战争失败，民族危机加深。康有为等维新派发动戊戌维新变法被镇压后，国内外反对清政府的声音此起彼伏。以慈禧太后为首的清政府实际上濒临内外交困、摇摇欲坠的崩溃境地。为了挽救其统治，清政府于1901年推出“新政”，提出“振兴实业”的口号，制定和推出了一系列发展农工商务的举措。时任山东巡抚袁世凯及其继任者首先响应清廷的“新政”，相继推出变革的措施，应对德国、英国③殖民者对山东侵略的危机以及尖锐的社会矛盾，推动了全省改革事业的发展，也在一定程度上推动山东近代工业的兴起与发展。

---

① [日]青岛守备军民政部：《青岛之商工业》，1918年，第69页。

② 青岛市档案馆编：《帝国主义与胶海关》，档案出版社1986年版，第130页。

③ 1898年7月，英国与清政府签订了《中英议租威海卫专约》，坐镇威海，觊觎扩张。

（一）“新政”的推行

1901 年 1 月，清政府颁布“变法”上谕，要求在京大臣及各省督抚“就现在情弊，参酌中西政治，举凡朝章国政、吏治民生、学校科举、军制财政，当因当革，当省当并”，“各抒己见”，“悉条议以闻”。上谕下达后，各省巡抚大吏纷纷条陈上奏。同年 4 月，时任山东巡抚袁世凯率先上奏《遵旨敬抒管见上备甄择折》。奏折中提出 10 条变法建议，即：（1）慎号令；（2）教官吏；（3）崇实学；（4）增实科；（5）开民智；（6）重游历；（7）定使例；（8）辨名实；（9）裕度支；（10）修武备。袁世凯 10 条建议的核心在于“广植众材”，培养造就“熟审治法”的各类人才。① 同月，清政府设立督办政务处。督办政务处综合处理“新政”事宜。

清政府推行“新政”的最初三年主要涉及三个方面：一是提倡和奖励私人资本办工业；二是废除科举考试制度，设立学堂，提倡出国留学；三是改革军制，逐渐裁撤旧式绿营、防勇，组织新式军队。

在清末推行“新政”的过程中，山东第一个具有改革思想的巡抚是袁世凯。1899 年 12 月 26 日，袁世凯在前任巡抚毓贤支持的义和团活动高涨之时，受清政府之命，从直隶带着他的 7000 名新建陆军到山东接替毓贤任巡抚。在 1900 年镇压了山东义和团之后，袁世凯立即制定了一项首先在济南推行的改革方案，其内容包括：（1）兴建现代学校，其中包括一所军事学校和一所学院水平的高等学校；（2）出版一份日报；（3）开设一家银行；（4）创设工艺局；（5）建立现代警察制度等。② 清政府推出“新政”后，袁世凯在其山东巡抚任上（1899 年 12 月—1901 年 11 月），在经济、教育及军事上采取了改革措施。这期间，袁世凯主要做了三件事情：一是 1900 年至 1901 年创办了一个教养所和一个工艺局；二是 1901 年 9 月在济南创办了一所山东大学堂；三是创设了山东省商务总局，并倡导各地商人成立商会。

继袁世凯之后的张人骏、周馥、胡挺干、杨士骧、吴廷斌、袁树勋、孙宝琦等历任山东巡抚，在推行“新政”中，莫不以“振刷庶政”为己任而不遗余力。袁世凯、周馥等山东巡抚，既是清末“新政”的倡导者，又在山东积极贯彻了

---

① 天津图书馆、天津社会科学院历史研究所编：《袁世凯奏议》（上），天津古籍出版社 1987 年版，卷九，第 268—277 页。

② 王守中、郭大松：《近代山东城市变迁史》，山东教育出版社 2001 年版，第 262—263 页。

清廷的各项改革政策,并以省会城市济南为改革基地,推动了全省改革事业的发展。

(二)实业机构的设立与宗旨

1901年,清政府推出“新政”,鼓励实业发展,设立商部(1906年又改为农工商部),建立制度,并推出对新式工业的奖励措施。

清政府提倡新工业,最初的两年并未见实效。戴振考察各国工商业归国后,于1903年春设立商部。商部以戴振为尚书,陈璧与伍廷芳为左右侍郎,提倡工业,始有专职机关。商部设立注册局,奏定《公司注册试办章程》18条、《商人通例》9条、《公司商律》131条,并奏请颁布奖励工商业的办法。其主要内容为:(1)通下情:中国风气未开,官商每多隔膜,滋生弊端。今欲使之沟通,故须设立各项公司及商律、商报馆。(2)定官制:朝廷设官分职,具有成规。今为对商界人士,予以爵秩之荣,遂宜于慎重之中,稍寓变通之意,则各司官之与商董,不得不分途并用。(3)立课程:六部衙门,积弊在一切档案稿件,皆归胥吏经理,遂得上下其手。今臣部必使司官亲手办理,一人可抵数人之用;倘有商人赴署求见,不得有丝毫的阻隔。推之收发文件,批示禀牍,不允有斯须逗留,故厘订此种课程。(4)严赏罚:商务为利源所在,弊窦易乘,欲使各司官等砥砺廉隅,非厚给薪俸,不足以激励清流。然奖励之余,尤须用法,使知儆畏,庶人人争自濯磨,尽祛招摇牟利之弊,故赏罚宜严明。①

清政府在设置商部与建立制度的同时,还提出几种奖惩措施,诸如实行实业赏爵(办1000万以上的实业者赏男爵,2000万元以上的实业者赏子爵)、专利与免税、设置劝工陈列所等等。

山东巡抚袁世凯及继任者依照清政府的“新政”,以“振兴实业为宗旨”,设立实业机构,定章规制,鼓励各种实业发展。

1. 设立商务局,后改为农工商务局

1901年,袁世凯奏设商务局,并制定《试办商务局暂行章程》(以下简称《章程》)。《章程》规定:“确系有裨商务,能兴巨利而著明效者”,资本不足,商务局可酌酬金给予资助;“凡创设公司,扩充商业,振兴工艺,借以开通风气,利益民生”,确有成效者,将“分别给奖,以为通商惠工者劝”。《章程》还

① 参见祝慈寿:《中国近代工业史》,重庆出版社1989年版,第395—396页。

保护工商人士学习西法工艺制造各种日用工业产品，鼓励商人兴建商务学堂、出国考察商务、刊印商务报刊、宣传中外商情、调查全省物产以利贸易出口和成立商会。商务局成立后，袁世凯调“洞谙交涉，练习商情”的唐绍仪总司局务，并委任本省富商、候补道员孟继笙和试用道员萧应椿会同办理。[①]1902年，商务局改为农工商务局，统一管理全省的商务、栽种、桑蚕、垦殖、工艺等各项实业。同时，该局内另设有物产调查所。该所负责对全省各类资源进行分类调查注册，作为兴办各种实业的依据。

2. 增设工艺局、垦务局、湖田局、农桑总会和矿政调查局

1902年，为了促进工艺制造业的发展，增设工艺局（后改为工艺传习所），“专以教授工徒，改良土货为宗旨”[②]。该局下设铜铁、绣花、毛毯、织布、木器、人力车6个分厂。各厂还兼制造玻璃丝屏、嵌银丝、洋蜡、洋胰、电镀、毛巾等产品。

1903年，相继设立了垦务局和湖田局。垦务局先设在莱阳，后来迁移至济南，主要以调查清丈海滩河淤及荒地为职责。湖田局主要负责清丈运河岸湖泊淤地。对调查清丈的滩涂淤地，均招佃承租，以辟地利。[③]

1903年，巡抚周馥在济南设立农桑总会，聘请日本农业技师传授农业技术；成立农业学堂（兖州）和桑蚕学堂（青州），培养农业专门人才；建立农事试验场，从事引种优良品种，试验机器农具，使用化学肥料，研究土地利用。同时，在泰安、兖州、沂州、曹州、济宁等地设立农桑分会，“凡属可兴之利，可植之物，均令试种考验”，“农桑树艺，一律兴办”。[④]

为抵制德国在山东矿务利益的扩张，“以振兴华矿”，1905年，始建矿政调查局。总局设于济南，另于峄县、淄博、泰安设矿政调查分局。矿政调查局专门负责对全省矿藏进行调查，并经理官办矿务，同时协助办理民办矿务。[⑤]

至1905年，农、工、商、矿诸实业都先后成立了专门的管理机构及民间

---

① 天津图书馆、天津社会科学院历史所编：《袁世凯奏议》（上），天津古籍出版社1987年版，卷十，第344—347页。

② 宣统《山东财政说明书·岁出部》。

③ 宣统《山东财政说明书·岁出部》。

④ 宣统《山东财政说明书·岁出部》。

⑤ 宣统《山东财政说明书·岁出部》。

团体组织。这些机构及组织在振兴农工商务、发展各种实业中,起到了一定的促进作用。在举办各项实业中,山东官府鉴于财力不足,对兴办的各种实业分别采取官办、官督商办与“民捐民办”等多种形式,并规定:“事业办成,确有明效,或予以专利,或酌量请奖。”[①]由于政府的提倡与鼓励,山东兴办实业的风气渐开。从此,大批民办企业相继发展起来。

3. 济南、潍县、周村开埠

1903 年,清政府商约大臣吕海寰在奏折中提出广辟商埠。奏清朝廷令各省督抚通饬所属详细查勘,如有形势扼要,商贾荟萃可以自开通商口岸之处,随时奏明请旨开办。山东巡抚周馥于 1903 年 10 月 10 日收到外务部咨送的奏折后,当经通饬所属,详加查勘,又与北洋大臣袁世凯往返函商,于 1904 年 5 月 1 日,二人联名上奏朝廷,请求将济南、周村、潍县自开为通商口岸。他们在奏折说:“山东沿海通商口岸,向只烟台一处。自光绪二十四年德国议租澳以后,青岛建筑码头,兴造铁路,现已通至济南省城,转瞬开办津镇铁路[②],将与胶济之路相接。济南本为黄河、小清河码头,现又为两路枢纽,地势扼要,商货转输较为便利,亟应援照直隶秦皇岛、福建三都澳、湖南岳州府开埠成案,在于济南城外自开通商口岸,以期中外商民咸受利益。至省城迤东至潍县及长山县所属周村,皆为商贾荟萃之区。该两处又为胶济铁路必经之道,胶关进口洋货,济南出口土货,必皆经由于此。拟将潍县、周村一并开作商埠,作为济南分关,更于商情称便,统归济南商埠案内办理。”[③]获准后,1904 年在济南成立商埠总局,于潍县、周村各设分局。

济南、潍县、周村开埠,促进了商贸的快速发展,尤其是济南经过清末 10 多年的改革发展,迅速超越了周村、潍县、烟台、济宁,一跃而成了山东内陆第一大商贸中心。济南、潍县、周村的开埠,同时也为手工业、近代工业的发展提供了便利的条件。

4. 设立综合实业管理机构——劝业道

随着各种实业的兴办和发展,为了便于管理与统筹安排,山东巡抚吴廷斌于 1908 年奏请清政府批准设立劝业道。劝业道是全省的综合实业管理

---

① 周馥:《秋浦周尚书(玉山)全集 · 奏稿 · 筹办农桑工艺兼筹商务基础折》。

② 津镇铁路即津浦铁路。该路原拟由天津通至镇江。故先称津镇铁路,后改为津浦铁路。

③ 天津图书馆、天津社科院历史研究所编:《袁世凯奏议》(中),天津古籍出版社 1987 年版,第 929—930 页。

机构，也是在全国最先设立的省级劝业机构之一。劝业道设立后，原农工商务局、垦务局、湖田局、矿务调查局等实业机构相应归劝业道管理。肖应椿任第一任道员。在劝业道内设有劝业公所。公所下设总务、农务、商务、工艺、矿力、邮传等科。[①] 各项实业，分科经理，改变过去那种机构重叠、各行其是的弊端。为推动各项实业发展，综合规划，劝业道提出三项方针，并出台三项措施。

三项方针：(1)调查本省未办各项实业，则其费用少而收效速者先行试办，投资多而收效迟者可先招商劝办；(2)调查本省已办实业，无论官办、民办，均应考虑其办理是否得宜，有成效者给予奖励，无成效者督其改良；(3)各项实业有需资助者，千两以下先拨后报，千两以上先报后拨。[②]

三项措施包括劝农、劝工和劝商三个方面。(1)劝农：间矿种树，编制专书，制造肥料，讲求畜牧；(2)劝工：成立商品陈列所，编考工书，行惠工法，招商兴办工业；(3)劝商：减免土货出口税，裁撤厘金税卡，拓通运道以利流通，维持市面，实行公司查账。[③]

这些措施有些付诸实施，有些并未实施。但总体来说，劝业道成立后，在鼓励发展农工商务方面采取了一些有效的措施。如在农业方面，饬令各州县设立农桑会，引进与推广国外农作物优良品种，开垦荒地，兴修水利，提倡蚕桑及林渔业改良等；在商业方面，督促各地成立商会，举办商品陈列馆，鼓励土货出口，发展交通航道以利商品流通等；在工业方面，在谋求发展官办工业的同时，鼓励民间私人开办工厂，组织各地工艺技工参观学习，改良旧工艺，引进先进技术，并对一些新式企业给予支持与奖励。总之，在劝业道的扶植鼓励下，山东陆续创办一批近代工商企业，从而促进了民族资本主义经济的发展。

（三）手工业的改进与推广

“新政”时期，山东对手工业的改进是在旧手工业的基础上改良推广的。其动力主要来自官府的提倡和推动。1900 年至 1901 年，袁世凯任山东巡抚

---

① 宣统《山东财政说明书·岁出部》。

② 《济南日报要牍》清光绪三十四年(1908)九月。

③ 《山东官报》清宣统二年(1910)九月七日。

期间,在济南率先创办了教养局和工艺局。教养局,“专教贫民无业者学做粗工”,开办经费为2.3万两,岁需成本一万数千两,主要生产布匹、靴鞋、木器、绳席、毛巾等,1905年时有工人500多名。工艺局,“考求各项精巧工作”[①],设铜铁、毛毯、织布、绣花、木器、洋车等6厂,开办经费5万两,岁需成本2万两。1904年,巡抚胡廷干又添拨两局经费,并于教养局附设小学堂,以期进而益上。

工艺局不仅是管理手工业改良的机构,还肩负着生产的任务,在推动地方手工业改良和推广中起着非常重要的作用。因此,山东官府在济南设立工艺局之后,各州县也纷纷设立相关机构。1903年,山东官府分别在曹州、沂州、莒州、峄县、潍县设立工艺分局,在益都、寿张、泰安设立习艺所,在德州、诸城、禹城成立草帽辫公司,在博山建立玻璃公司。它们主要对纺织、嵌银、草帽辫及玻璃等手工业生产进行推广改良。[②]

1908年,《顺天时报》报道:“山东迩来颇能讲求工艺,统计全省所设之工艺局不下数十处,皆向浙江及上海聘请教习,所出之物品往往较南方为优。”这些工艺局或传习所,大都是一些综合性工厂,也有制造某一专门产品的工厂。如高苑工艺局(1907年设立)的产品主要是纺细洋绉、熟罗、官纱、东洋花布、五色被面等;平度习艺所(1906年设立)的产品主要是毛巾、绒毯、线毯、东洋提花各色布匹等;潍县工艺局(1903年设立)的产品主要是绣花、嵌银、梭布、栏干、白铜首饰等;德平、平原、高河、曹县等地的工艺局或习艺所,大都主要生产布匹或草帽辫等单一产品。据1910年调查统计,全省共建有工艺局和传习所114处。[③] 每县至少1处,有的州县多达二三处。这些工艺局或传习所为推动本地手工业生产的改进起到了一定的积极作用。下面仅以棉纺织业为例,作一介绍。

清末山东各城镇的纺织业都有了一定程度的发展,主要依赖于地方官府对纺织业的提倡和纺织技术的改进。面对洋布的冲击,各府州县设立的工艺局、传习所等,大都以振兴棉织业为主。如清末山东设立的114家官办局、所中,从事织布业的就有63家,占了全局、所的一半多。另据资料显示,

---

① 《光绪朝东华录》,中华书局1958年版,第5276页。

② 〔清〕周馥:《秋浦周尚书(玉山)全集·奏稿·筹办农桑工艺兼筹商务基础折》。

③ 彭泽益编:《中国近代手工业史资料(1840—1949)》第二卷,生活·读书·新知三联书店1957年版,第536—538页。

1907年海阳县还有利东织布厂的设立,1908年蓬莱县有实业公司的设立,1911年荣成县也有利东纺织厂的设立。这些手工织布工场,其生产方式仍很传统,而且大部分局面既小,款项又绌,无力聘招精良技师,唯雇订下等工人,招致孤贫竖子,“教以纺织拙法,聊以支撑局面”。所以多数都“赔损折阅”①。但各地方官绅普遍地组织局、所、厂、公司等发展实业,这在山东历史上是空前的,当时也是走在全国前列的。

各地官绅重视发展纺织业,还表现在注意购买新式机械、改良生产技术等方面。如1904年,馆陶向知县在产棉区李家庄设立机器轧花厂,以加速子棉的加工。1905年,沂州知府托人购买日本织布钢机,以更替纺织局原用之木机。1906年,东昌知府派人至天津购纺织机1台,轧花机10台,弹花机1台,开设纺织厂。博平县知县也购入布机3架,开办一纺织局,每机日产布4丈。

在地方官员的提倡带动下,各地绅商也纷纷购买新的机械改良纺织技术。如1905年,淄川人王某购买机器10台,在淄川开办织布局,织花素各种洋布。1907年,莒州管健侯购织机20台,开办织布局,找人学习新法织布,并附设工余学堂,以求进步。诸城吴元瑞等则集股创办纺织公司,也附设工余半日义务学堂。平度县许崇越购买东洋大机,试制宽面布匹。此外还有淮商在泰安设立了绒毛公司,向西洋购置头号纺毛机器,仿照西法制造各种毡毯、斗篷、衣包、暖帽、毡袜等件,并生产各种军服和操衣等。

在推进手工业生产的改良过程中,山东官府为了提高手工业产品的质量,于1909年令各地举办“地方物产会”②,鼓励选送产品参加省外或国外的博览会,对获奖产品给予重奖,对激励与提高产品质量起了积极的作用。

“新政”时期,在山东官府的倡导和推进下,民间兴办企业的风气大盛,特别是在纺织、印染、榨油、缫丝、丝织、造纸、火柴、玻璃、酿酒等行业中相继出现了一批近代民用企业,促进了民族资本主义经济的发展。

五、传统手工业与新兴手工业

第二次鸦片战争后,越来越多的外国商品涌入山东。尤其是甲午中日

---

① 彭泽益编:《中国近代手工业史资料(1840—1949)》第二卷,生活·读书·新知三联书店1957年版,第535页。

② 《顺天时报》清宣统元年(1909)二月二十四日。

战争以后,随着外国资本主义侵略势力的进一步扩张,外国资本和外国商品对山东传统社会经济的冲击更加猛烈。大量外国的机器制品如棉纱、棉布、金属、蜡烛、火柴、煤油、染料、纸张等,纷纷进入山东境内,严重打击着山东原有的农村家庭手工业和城镇手工业。面临着洋货的一波一波不断冲击,山东传统手工业逐渐衰落,同时也刺激一些新兴手工业部门的崛起,使山东的手工业结构也发生新的变动。

(一) 洋货冲击与传统手工业的衰落

手工棉纺织业是山东最大的手工业部门。它的遭遇和命运,代表着近代山东相当一部分手工业的遭遇和命运。外国资本主义对山东手工棉纺织业的破坏,首先表现在洋纱的大量进口打击了本地的手工纺纱,使纺与织分离。19 世纪 70 年代初,烟台开始批量进口洋纱。到 1890 年,进口高达 10 余万担,洋布进口达 130 万匹。[①] 1894 年至 1913 年间,外洋棉纱在华北市场上是占绝对优势的,而国产纱的相对比重不足 20%。19 世纪 90 年代,商人每年大约要输入价值 200 万海关两的外国纺织品。同期,济宁、兖州、沂州每年也要从镇江输入棉布 15 万匹、棉纱 32 万余担。青岛开港后,外国纺织品在山东又多了一条输入通道。1903 年,青岛进口棉纱 13.7 万担、棉布 47.6 万匹。从 1901 年到 1910 年的 10 年间,烟台、青岛平均每年输入山东的棉纱多达 26.5 万担。[②] 如果再加上天津、镇江等口岸的输入量,其数量额会更大。廉价的洋纱如同潮水一般,从烟台、青岛口岸涌进山东内地。这一流入过程也就是洋纱代替土纱的过程。

从 19 世纪 80 年代后期,外国纺织品的进口便开始对山东手工纺织业构成严重威胁。从前,在山东全省"纺织业是许多贫苦妇女的靠山",但"棉纱进口的增加严重影响了当地的纺纱业"。到 19 世纪末 20 世纪初,停纺土纱,改用洋纱,在各地已成为普遍现象。邹县"自洋纱畅销,而邹人之纺业顿

---

① 交通部烟台港管理局编:《近代山东沿海通商口岸贸易统计资料(1859—1949)》,对外贸易教育出版社 1986 年版,第 136 页。

② 交通部烟台港务管理局编:《近代山东沿海通商口岸贸易统计资料(1859—1949)》,对外贸易教育出版社 1986 年版,第 140、173 页。

失”[①]。滕县“织户全用洋纱,妇女之纺车久歇矣”[②]。随着手工纺纱业的停歇破产,大批手工织布者不得不转而购用洋纱洋布。在临淄,织布原料“用洋线者三分之二”[③]。安丘“棉布为产大宗,旧用土线,近年皆用洋线”[④]。滋阳从前“棉业甚盛……人民衣料皆仰给于自纺自织制土布”,但自从“洋纱输入,价廉物美,纺棉者日少”。嘉祥县“纺纱向为妇女专业。近因厂纱充斥,手工纺纱遂为机器所夺,日就衰落”[⑤]。

手工织布业在一些地区也面临着与手工纺纱业相同的命运。尤其是沿海某些地区,甚至出现了完全停织的现象。在宁海,织土布“原为家庭一种副业”,“海禁开后,洋布渐入,喧宾夺主,无法自存”,“此种旧式之纺织,遂至逐渐消灭”。[⑥] 同期,莱阳、黄县的手工织布业也都大部“消歇”。在广大内地,手工纺织业的破产给人民生活造成了严重后果。在馆陶县,“妇女纺织为业”,使用土法,“费工多而利少”,“洋布洋线盛行东境,业此者几不足谋生”。[⑦] 外国棉货的大量进口,极大地破坏了山东传统的手工棉纺织业。

外国商品在争夺棉制品的同时,也争夺其他日用品的市场。山东的手工冶铁业、制蜡业原来很兴盛。但自从 19 世纪七八十年代以来,这些手工业部门也同手工纺织业一样,面临着破产的命运。外国钢铁进口后,因“土铁在价格上很难与洋铁竞争。此外,它的品质也较洋铁为劣”[⑧],再加上“洋铁的形式便利”,“较易加工,品质又纯”[⑨],所以工匠弃土铁而用洋铁。土铁销路逐渐萎缩,致使山东为数不多的冶铁场先后倒闭。一向以生产剪刀著称的泰安范庄剪行出产的剪刀行销各省,但是“自洋剪入,几无有过问者矣”[⑩]。烟台手工蜡烛制造业,在清代中叶很兴盛,“自煤油、洋蜡入口,而此业益衰”。东昌府灯烛制造业产品原先“远销各州县,自煤油、洋烛入口,而

---

① 光绪《邹县乡土志》。

② 宣统《滕县续志稿》。

③ 光绪《临淄县乡土志》。

④ 光绪《安丘县乡土志》。

⑤ 《中国实业志·山东省·工业》。

⑥ 民国《牟平县志》。

⑦ 光绪《馆陶县乡土志》。

⑧ 彭泽益编:《中国近代手工业史资料(1840—1949)》第二卷,中华书局 1962 年版,第 172 页。

⑨ 彭泽益编:《中国近代手工业史资料(1840—1949)》第二卷,中华书局 1962 年版,第 174—175 页。

⑩ 民国《泰安县志》卷四。

此业益衰”。胶东地区原先有许多制造火镰的手工作坊,“自洋火盛行,人乐其便,外货畅销,日甚一日”。火镰作坊和火镰遂为火柴所取代。

到20世纪初,凡是有外国商品大量进口的地方,手工业生产都不同程度地受到排挤。受到倾轧的手工业者只能步步退却,直到最后陷入破产的境地。

山东手工业生产在洋货倾销下的衰落,一方面造成日益增多的失业队伍,另一方面又使原来在手工业中已经萌芽的资本主义因素的正常发展遭到摧残。

(二)新兴手工业部门的崛起

外国资本在向山东输出商品、抢占手工业品市场的同时,还从山东大量进口农副产品和农副产品加工品,把山东作为廉价原料供应地。在农产品加工和手工制品大批出口的刺激下,一些新兴的手工业部门如草辫业、花边业、发网业迅速发展起来。这些手工业部门的兴起,改变了传统的手工业格局,使手工业结构发生了深刻变化。

1. 草辫业

草辫是制作草帽的原材料。国际市场上草帽需求旺盛,刺激了山东草辫业的发展。据《中国近代手工业史资料》记载,中国草辫产地以直隶、山东、河南、山西为主,而以“山东为尤多,几占输出总额之六成”①。山东草辫业开始于1862年左右,起初仅局限于烟台一地,到19世纪70年代逐渐发展到登、莱、青三府的广大乡村。在对外贸易的促进下,草辫业逐渐遍及沿海和内地许多地区。1870年,山东草辫开始出口。其主要销路有两条:一条是由山东直接出口,以供应欧美各国制造草帽所需;另一条是运往国内其他口岸如天津、上海等地制作草帽或转运出口。在甲午战争以前,山东草辫因价廉物美,颇受欧美市场欢迎,占山东出口货物的第一位。莱州、登州、兖州、武定等府属各县都盛产草辫,其中“莱州所属之潍县及沙河镇,所产尤多,约占全省总产额的三分之一”。山东全省所产草辫,通过多条渠道运往烟台。北京一带所产草辫也沿运河运往烟台。烟台港每年出口草辫都在几万担以上。其中1894年烟台港出口草辫达60238担,占全国草辫出口量的

① 彭泽益编:《中国近代手工业史资料(1840—1949)》第二卷,生活·读书·新知三联书店1957年版,第699页。

60%，占烟台出口货物总值的26%。烟台成为全国最大的草辫出口港。[①]

19世纪90年代末到20世纪初，欧美各国因工业化的发展，对原料的需求增加。英、法等国草帽工业的发展促进中国草辫出口量的扩大。当时东西方航程大大缩短，以及欧洲和中国的海底电缆接通，使在华外商的经营具有稳定性和安全性。德国占领胶州湾后，兴建了胶济铁路。交通运输业的发达，进而促进了草辫业的大量出口。胶济铁路沿线各地及沙河的商人，将草辫改由铁路运往青岛。胶济铁路降低运费，再加上德国殖民政府也实行保护政策，规定"凡内地所出货物，予以种种之便利"，亨宝轮船公司对运往欧洲的草辫从1906年起"亦大减运费"，甚至"不收从青岛到上海之运费"[②]。因此，青岛草辫贸易快速增长，每年出口以100万海关两的速度增长，逐渐超过天津、烟台、上海诸港的出口量。

20世纪初，随着草辫业的快速发展，山东草辫业出现两个变动。一个变动是官营手工工场的广泛设立。山东巡抚周馥主政时曾多次强调："凡富民以农利为先，而教养无业闲民则以工艺为急。"[③]在他的倡导下，济南教养所、官立工艺局聘请教师传授草辫的编结技术。在山东巡抚的倡导和示范下，各州县的官府也纷纷行动起来。如诸城、平度知县都曾捐廉设立草辫局，招生徒学习。到1911年，山东各地官办草辫局和兼营草辫业的工艺局已有31处。[④] 这些工艺局，为各地草辫业的发展培养了一批技术力量，使草辫业成为山东部分地区的主要手工业。另一变动是部分绅商投资兴办草辫加工工场。1906年，潍县绅商创办了合丰公司；1907年，济南商人创办永阜草辫公司；1907年，黄县绅商投资5万两，创办草辫公司；1907年，即墨商人创立即昌草辫公司。这些公司将相当一批专业编织工人集中在工场从事生产。工人按照公司统一要求从事生产，各道工序合理分工，使生产效益大大超过了分散的家庭生产。

草辫业生产的集聚和产量的进一步增长，进而促成一批草辫贸易商行的兴起。外国资本在山东设有洋行，控制山东草辫交易。盎斯、和记、三井

---

① 刘大可、张照东主编：《山东经济史》（近代卷），济南出版社1998年版，第164页。

② 《东方杂志》第8卷第2期，第22页。

③ 〔清〕周馥：《秋浦周尚书（玉山）全集·奏稿·筹办农桑工艺兼筹商务基础折》。

④ 彭泽益编：《中国近代手工业史资料（1840—1949）》第二卷，生活·读书·新知三联书店1957年版，第534—538页。

央行垄断了烟台草辫出口。在青岛经营草辫贸易的洋行中,其中德国12家、法国2家、英国2家。与此同时,山东在各地出现了一批收集草辫的辫庄、辫行。辫庄买进草辫,加以整理、包装,输给辫行,属于小的贸易商。辫行一般是地区性比较大的贸易商,在辫庄之上。辫庄一般有两种途径卖给输出港的辫行:一种是将草辫委托给辫行,并缴纳部分酬劳金,由辫行向输出商出卖;一种是接受辫行的订货,通过中间人将草辫卖给输出商。辫庄的资本大小不一。其中最大者有20万海关两,小者则二三万两。第一次世界大战前,山东各产区辫庄林立,盛极一时,仅沙河就有40多家。浮邱、马头、宁阳、寿光各有10余家。山东辫行以掖县沙河势力最大。他们将从钱庄、典当、盐业中所获得的资本设立辫行。第一次世界大战前,青岛辫行就有16家全是莱州府沙河镇人开设的。①

2. 花边业

花边是衣服上的装饰品。近代山东花边业的兴起也是国际市场需求所引起的。山东出口花边业起始于烟台。花边最早出现在春秋时期的山东青州。但到近代,花边才开始出口。山东花边业先是由美国基督教会乔治·赫士夫妇倡导,继而由马茂兰夫妇推广。1893年,马茂兰利用传教士的国家津贴在烟台大马路创办"詹姆士·马茂兰公司",中文名为仁德洋行。仁德洋行在全省范围内有一个联络网。他为外商倾销商品,同时搜购中国的土特产品。1895年,马茂兰的夫人在烟台设立了一所教会学校。该校专门收容贫苦子女入学,教习花边工艺。花边业最初主要集中于登州、莱州、青州三府各县。烟台附近有数以千计的借此业生活之妇女。栖霞是投入花边生产比较早的地区。当时的花边生产经营规模还比较小,一般是向有经纪人自备原料,分布各地女工,然后以制品的优劣,给予工值。花边开始仅仅是用作本国妇女的衣边装饰,投向国际市场后却成为与英国、比利时、法国花边相媲美的产品。至此,山东花边从无足轻重的乡间小手工品,一跃成为国际市场上深受欢迎的生活用品。烟台花边曾在1904年美国圣路易赛会上获金质奖牌,在1907年澳大利亚妇女工艺赛会上又获得优等凭照。② 从此,烟台花边声誉鹊起,很受世界

---

① 彭泽益编:《中国近代手工业史资料(1840—1949)》第二卷,中华书局1962年版,第403—404页;陈重民:《今世中国贸易通志》,商务印书馆1924年版,第182—183页。

② 亮父:《烟台之丝织品》,《直隶实业杂志》1915年第3期。

市场欢迎。烟台、栖霞一带成为花边业的中心。1904 年栖霞有花边业女工 200 余人,到 1910 年前后,烟台附近地方已有数以千计的妇女从事花边生产,“仿照比、法两国花样,加工织制,乃与欧洲花边开始竞争”①。

随着花边生产地区的扩大、出口数量的增加、技术的不断改进,在花边业集中的地方出现手工业工场。烟台于 1902 年开始出现花边工场,至 1912 年,已发展到数十家。牟平县花边工场比纺织工厂还多。海阳县于 1912 年设立勖勤花边工厂。

花边生产的发展,促成了花边商行的出现。李虹轩、柳絮桥、曲秀峰等人原供职于仁德洋行,离职后创办华资出口商行。1906 年,李虹轩创办烟台裕丰公司,经营花边及其他工艺品的出口。裕丰公司在天津、上海、北平、阿根廷等国内外设有分公司。柳絮桥创办丰顺花边庄,并派人到德国柏林开设分行,将花边从德国市场推广到北欧市场,扩大了山东花边及其他工艺品在国际市场上的影响。

3. 发网业

发网是一种妇女用的头上饰品。近代山东发网业的发展也是由国际市场需求所引起的。发网业的兴起几乎与花边业同时。它是 1894 年在烟台附近展开的。当时欧美盛行用发网包套头发。因中国人头发资源丰富,工价低廉,一些德国商人见在山东经营发网业有利可图,便在胶济铁路沿线村镇传授编织方法,利用农村妇女儿童“就地制网”,然后运回德国发售,获利巨大。宣统年间(1909—1911),发网业以烟台为中心,在胶东牟平、文登、荣成、威海、福山等地广为发展,成为该地区一项以妇女劳动为主的重要家庭手工业。

发网加工业在内地的加工和组织是由中间商和发网庄来组织生产销售的。发网庄介入输出商与加工农户之间,在有担保人担保的条件下,输出商将原料贷给发网庄,与发网庄订立合同,约定交货规格、数量、期限和收购价格,合同交货期通常为两个月。发网庄在订立合同后,便分别将原料转发给编织农户,由农户按要求加工,按件计酬。有时发网庄也以自有资本金购进原料,分发给农户加工,收集回发网后,随行就市,转卖给输出商。②

---

① 彭泽益编:《中国近代手工业史资料(1840—1949)》第二卷,中华书局 1962 年版,第 409 页。
② 日本外务省:《芝罘日本领事馆馆内状况》,1921 年,第 157 页。

发网业的生产与销售完全依赖于国外市场,伦敦、曼彻斯特、纽约、巴黎是主要进口地。国外市场的大量需求,刺激了发网业加工和出口的不断增长。1909 年,英国商人开始从烟台等地购入发网,发运出口。外商由此获得丰厚的利润,1916 年时输出商经营发网贸易,购入价与出口价之比为 1∶3.9。

草辫、花边和发网业,是 19 世纪后半叶在山东传统手工业遭受打击、破坏之后,适应国外市场对农产品加工及工艺加工品的需要而发展起来的新兴手工业。它们的生产主要是家庭手工劳动的重要形式,但是不论是从生产、流通还是社会经济效益上看,与传统的家庭手工业都有本质的不同。

其一,草辫、花边、发网生产的产品,绝大多数不是为自用,而是为了满足国外市场的需要,与世界市场紧密相联。世界市场的行情既是这些行业的晴雨表,也是决定能否生存的重要杠杆。外商既操纵这些商品的价格,又控制了产品的检验权。他们可以通过暗码电报及时了解国外市场的供求、价格、汇率、运输等状况的信息,又有外国银行资本融通,加之有特权保护,便操纵了草辫、花边、发网的生杀大权。

其二,在生产关系上,手工业者在很大程度上受包买商——辫庄、花边庄、发网庄的控制。草辫、花边、发网业的生产,是由经纪人发给原料,由散处于乡间的村民从事制作,因而包买商的活动极为活跃。小生产者按照要求的规格进行生产,实行计件工资。而价格由包买商控制。农民为了维持生活,时常不得不在低价的情况下为包买商生产成品。因而农民在获得收入维持生活的同时,还得自己承担市场风险,并受商人的控制和盘剥。

(三) 手工业结构的变动

洋货冲击和新兴手工业部门的兴起与发展,打破了传统的农村经济结构。耕织结合的自然经济开始向农副工贸相结合的商品生产形式发展。原有的一些手工业部门此时也呈现出商品化发展的倾向。而新兴手工业的开辟又使农民中的一部分人(多是妇女、儿童)脱离出来独立从事草辫、花边、发网的编织。所有这些因素都引起山东近代手工业结构的变化。

1. 山东手工业生产的部门构成发生了变化

其一,部分传统手工业生产部门受到冲击,濒临消亡的命运。在两次鸦片战争以后,山东的手工业产品抵挡不住在特权保护下的外国廉价商品的冲击。许多手工业行业遭到严重摧残,陷入困境。如洋纱洋布进入山东境内,摧毁了农村手工纺织业,洋铁进口冲击了土铁业,洋蜡、煤油的倾销使土蜡业衰落。

其二,部分传统手工业随着商品经济的发展和外贸的需求有了一定的发展。1900年以后,随着国外对丝和蚕绸需求的增长和出口量的逐年增加,烟台的手工缫丝业也迅速发展起来。这一时期,投资蚕丝业的山东商人,纷纷在烟台开设作坊,烟台成了山东缫丝业的重要生产基地。清末,烟台手工缫丝作坊呈逐年递增的趋势。烟台手工缫丝工场不仅数量多,而且规模大。其具体数据详见表7－5。

表7－5　**清末烟台手工缫丝工场调查表**[①]

商号	缫车数目	工人人数	出丝数目以石计	商号	缫车数目	工人人数	出丝数目以石计
义丰恒	472	613	473	西德记	357	356	275
义丰兴	520	677	527	东三裕	424	530	424
义丰德	600	780	600	和聚兴	576	747	576
祥茂公	518	670	518	源记	188	240	188
丰记	600	780	600	和记	160	205	160
义孚同	630	820	630	裕兴昌	170	220	170
公晋和	506	656	506	义隆德	155	200	150
裕德源	504	654	504	永记	679	879	679
双聚兴	488	632	488	广顺利	184	238	184
裕记	369	477	369	同泰顺	372	482	372
义昌	316	416	316	同兴隆	226	298	226
东兴玉	224	395	224	福盛长	226	298	226
泰安	283	367	283	利记	428	548	428
祥记	239	310	239	长生利	232	310	232
顺记	296	383	296	成和昌	300	390	300
信记	200	260	200	益兴德	194	347	194
东德记	352	457	352	总　计	11988	15635	11909

① 彭泽益编:《中国近代手工业史资料(1840—1949)》第二卷,中华书局1962年版,第362页。

从表7－5可以看到，当时烟台的手工缫丝工场，多数都有缫车300架以上，工人350人以上，其中最大的“永记”号有缫车679架，工人879名，年出丝679石。各缫丝场所产的丝，在出口总额中占重要的比重。如1903年烟台共出口丝25159担，其中烟台各缫丝场生产的就有8250担，占出口总额的33%；1906年出口23960担，其中烟台所产10546担，占出口总数的44%；1911年出口33567担，其中烟台产14000担，占出口总数的42%。

榨油业在鸦片战争以后又有发展，烟台在1899年有油坊40家、职工1000人，以榨豆油为主。每家有榨机2—4盘。1908年，从日本输入蒸汽榨油机。宣统年间(1909—1911)，烟台油坊增至56家，共有油碾147盘，每盘油碾日榨油10石左右。油坊规模较大的是裕庆升油坊，有油碾10盘，其次是裕增号、常恒升两家油坊，各安设油碾6盘。[①] 青岛油坊以榨花生油为主。总之，山东各地的榨油业比较发达，所产豆油、花生油分别占全国第一、第二位。据《中国实业志》(山东省)的记载，自1876年到1911年，山东约有榨油工场83家，到1915年增至6448家，从业人数达25819人。清末，在周村、临清、德县、胶县及济南等地还有比较兴盛的铜、锡器等五金手工业。

粉丝加工业原是山东一项具有农村副业性质的家庭手工业，具有悠久的生产历史。烟台开港后，粉丝开始销往中国香港、美国及东南亚地区。清末烟台出口粉丝集中产于登州府属各县，年总产值达21万包(1包约150斤)，其中宁海年产量10万包，福山年产5万包，黄县年产3万包，招远年产2万包，蓬莱、莱阳年产各5000包。19世纪末20世纪初，粉丝加工业商品化生产的发展，使粉丝产品的商品率达到了相当高的水平。当时全省各地平均年产粉丝40万担，年输出粉丝20余万担。1915年，烟台、龙口两港输出粉丝近29万担，占全省粉丝年总产量的72%。

榨油业和粉丝业是山东手工业传统的农产品加工部门，原先产品仅供应省内及南方沿海地区市场，开埠通商后，随着出口量的增加，生产的商品化程度大大提高，生产组织形式也发生了相应变化。这种变化的结果，一方

① 李文治编：中国科学院经济研究所中国近代经济史参考资料丛刊《中国近代农业史资料》(1840—1911)第一辑，生活·读书·新知三联书店1957年版，第142页。

面使生产过程和产品销售为行栈资本所控制，另一方面也使产品对国外市场的依赖日益加深。

其三，一些新的手工业兴起。主要是指因出口的需要而产生的行业，如草辫、花边、发网业等。

2. 山东手工业的生产结构发生了变化

19 世纪下半叶至 20 世纪初，随着一部分传统落后的手工业遭淘汰、破产，一部分传统的手工业适应了商品经济的发展和外贸的需求而生存发展下来，也有一部分手工业因外贸的需求而形成新的手工业行业。这些生存下来的传统手工业行业和新兴的手工业行业的生产结构发生了明显变化：一是这些手工业产品的原料多半以上来自流通领域，打破了耕与种、纺与织固有的生产方式；二是这些手工业产品绝大多数投入国内外市场出卖，不是为了自用，打破了农民长期以来实行的自给自足的生产生活方式；三是有些手工业行业开始出现了手工工场的组织生产方式，新式机器相继被引进，技术改进在加快，由此开始了由家庭手工业向手工工场的过渡。这样，农民和市场就形成了更加紧密的联系，其生产的产品呈现日益商品化的倾向。表现最明显的行业就是手工棉纺织和手工缫丝业。

第一，手工棉纺织业生产日益趋向商品化。

在经受外国纺织品尤其外国棉纱的冲击后，传统的耕、纺、织相结合的经济体系开始分离。在市场经济日趋活跃的形势下，棉纱与棉布生产从原料到成品越来越多地依赖市场。这一变化的结果，导致了棉纺织业的自给性质在一些地区发生了变化。

各地农民大批停止纺纱，改用廉价的棉纱从事纺织。到 20 世纪初，山东各地用棉纱织布的现象非常普遍。在乡镇市场上，农民成为最大的棉纱购买者。手工织布原料对市场的依赖越来越大，使手工纺织业突破了自给体系的壁垒，向商品化迈出了第一步。

传统手工织布业，因受机制棉布的竞争和冲击，曾在一些地区出现了严重衰落的现象，但是它遭受破坏的程度要比纺纱业轻。随着改用洋纱织布，手工织布业在一些有着长期商品生产传统、织布收入在农民生活中居主要地位的地区，甚至出现了新的发展。在这样的地区，家庭手工业用洋纱织成土布，与市场的联系越来越密切。土布不再只是为了满足织布者自身的需求，而通过行商、布店（包买商）远销到外地市场。

在鲁西北,伴随着土布生产的盛行,越来越多的土布被卷入市场。在织布业一向发达的齐东,用土纱织成的棉线布和用洋纱织成的洋线布大量“远销京津诸处”①。与此毗邻的高宛,用洋线织成的小布,则“皆向周村贩运,由此处漂房漂制干净,再贩他处”②。黄河北岸的惠民,“土布为大宗,陆运则由车发往泰安、潍县、穆陵关等处销行,亦赴天津、芦台、平谷等处销售;水运则由海丰县埕子口即大沽口河口装船渡海,赴东三省销行”③。地处黄河之滨的蒲台,“土布由各处商人至本境购买,每岁销行十四万匹”④。在阳信,“热河、平谷等处商客拨来银两,行店代为收买,陆运发至热河、平谷等处,交本行销售”⑤。活跃于土布产区的包买商,不但向农民收购土布,而且还经常向他们提供棉纱原料。此时,农民虽仍在自己家里用自己的机器织布,但他们的购纱织布劳动已经逐步为商人所控制,他们的劳动产品也越来越深地依赖于市场。

在鲁西和鲁西南,农村家庭织布业中的商品生产因素也有较大发展。如恩县出产的土布,由“布客将买运往奉天、山西二处出售”⑥。20 世纪初,冠县年产土布多达 30 万匹,其中外销量约占 3/5。农民购纱织布出卖,直接依靠的市场是乡村集市。通过集市布贩与包买商,农民织成的土布走出集市狭小的天地,进入更为广阔的商品流通领域。

农民买进洋纱,织布卖出,在表面上保存了与小农业相结合的家庭纺织业,但实际上它的自给性质发生了改变。农民不仅在产品销售上与市场发生联系,而且在原料取得上也依赖市场。一部分农民迫于生计,不得不循环地买进棉纱,卖出棉布,从而成为实实在在的商品生产者。这时,农民为了适应市场对棉布质量的要求,也会购买部分新式织布机,改进技术,以应对市场的变化。同时,农民也在一定程度上受到外国商人和包买商的控制。

第二,手工缫丝业和丝织业生产日益趋向商品化。

---

① 光绪《齐东县乡土志》。
② 光绪《高宛县乡土志》。
③ 光绪《惠民县乡土志》。
④ 光绪《蒲台县乡土志》。
⑤ 光绪《阳信县乡土志》。
⑥ 光绪《恩县乡土志》。

在国内外市场需求不断增长的条件下，从19世纪80年代起，山东胶东地区的榨丝缫丝和织绸业获得较快发展。烟台逐渐成为该地区缫丝业的生产贸易中心，而昌邑、宁海（今山东烟台市牟平区）、栖霞则发展成为该地区蚕绸织造的中心。1881年，昌邑有织机500架，宁海有100架，栖霞有150架，淄川恒生织丝机坊有织机71架。

烟台及周边地区的缫丝业以前一直是以家庭副业形式为主。19世纪末，烟台开始零星出现拥有上百架缫车的手工缫丝工场。20世纪初，发展的势头就比较快。1903年，烟台已有手工缫丝工场16家，机器缫丝工场3家，工人5500余人，年产丝约8250担。[①] 1906年，手工缫丝工场增加到20家，工人8500人，年产丝10546担，其中直接出口2258担。1909年，烟台各纩丝局因获利颇丰，将纩丝器大为增加。当时烟台有手工纩丝局38家，机器纩丝局3家，工人1.7万人。各工场资本总额达500万两。[②] 1911年，烟台缫丝工场发展到40家，工人1.4余万人，年产榨丝1.4万担。这一时期烟台附近的文登、宁海、栖霞、海阳、莱阳等地也出现了一些手工缫丝工场。

在胶东榨丝蚕丝缫丝业兴盛的同时，内地家蚕丝缫丝业也获得了较快的发展，并逐步形成了临朐、周村、青州3个州缫丝生产和集散中心。清末，临朐一代年产丝10万公斤，周村年产2.5万公斤。周村丝的年集散量为15万公斤。截至1911年，临朐先后设立德太、天增义、恒裕、永源4家手工缫丝工场。青州最早的缫丝工场——郁祥福成立于1909年，拥有资本20万元。1910年，又有义泰昌、利亨泰、聚丰泰3家工场成立。周村除裕厚堂一家采用蒸汽机器外，缫丝生产几乎完全靠家庭手工。周村共有手工工场1400余家、织机2500台。

手工缫丝业商品生产的发展，一方面促使缫丝业开始由家庭手工业向手工业工场过渡，另一方面也加深了缫丝业对国外市场的依赖。首先，在原料供应上，烟台每年都要从东北输入大批蚕茧，以供沿海地区缫丝业之需。1908年至1911年，烟台蚕茧输入量平均每年为20余万担。其次，在流通领域，沿海地区缫丝业生产的生丝，除部分供织绸外，“全赖销售于外洋”。如

① 《光绪二十九年通商各关华洋贸易总册》下卷，1904年，烟台口，第13页。
② 《宣统元年通商各关华洋贸易总册》下卷，1910年，烟台口，第23页。

烟台缫丝工场，“所纩之丝，均为上海洋商定作之货”①。此时不论是柞蚕丝、黄丝，还是白丝，都已经成为重要的出口商品，其出口量年均值占土货出口的50%以上，其中1904、1905、1906年3年接近50%，其他年份均超过50%。具体数据详见表7－6。

表7－6　　清末烟台丝和蚕绸出口情况表②

货种 年份	丝		茧绸		合计值（海关两）	占土货出口总值的百分比
	担	海关两	担	海关两		
1903	25159	5198329	7164	2003920	7204249	53
1904	20141	4743996	3660	1178587	5922583	46.6
1905	22471	4707858	3402	1076519	5784377	48
1906	23960	4681037	3726	1178903	5859943	49
1907	21926	4172255	4275	1352610	5524865	51.5
1908	28907	5003663	5689	1807395	5811058	52
1909	24142	5812261	9460	5439500	11251761	61.6
1910	35572	8487179	7394	3133207	11620386	78.9
1911	33567	7113234	5876	2655731	9768965	70.2

山东的手工绸丝业，集中于烟台附近的栖霞、宁海、昌邑等地。清末，栖霞、宁海、昌邑等地的织绸业开始由家庭手工业向工场手工业过渡。织绸工场一般雇织工和辅助工人10人至数十人，拥有织机5—10架。较大的工场有织机数十架。1911年，栖霞、宁海、昌邑三地的手工工场共有织机764架，三地年产绸产量约15万匹。清末，以桑蚕丝为原料的绵绸制造业也有较大的发展。周村织绸业原为家庭手工业，这时逐渐出现了雇工织造的手工工场。在滋阳，绸缎业有机房数十家，所产缎子以制便帽为主，远销省外。寿光机房所织绢绸，行销青州、潍县等地，另外还有部分细纱产品远销俄国。清末，临清织工制织丝质哈达，远销西藏。制织哈达的机户叫作机房。当时，临清共有机房700余家、织工5000余人，另有浆坊七八家，收买庄十几

① 《通商各关华洋贸易总册》1897年，烟台口，第9页。

② 资料来源：交通部烟台港管理局编《近代山东沿海通商口岸贸易统计资料（1859—1949）》，对外贸易教育出版社1986年版，表72，第147页，后两栏参照第7页有关数据计算。

家。根据织机大小和加工形式不同,机房所织产品分为净货和浆货两种,据统计,清末民初这两种丝织品的年销售额为 100 余万元。[①]

外国资本主义侵入山东后,生丝和蚕绸成为他们重点组织输出的手工业产品。丝和丝织品的大量出口,一方面刺激了缫丝业和织绸业的发展,促使行业内资本主义商品生产因素的迅速增长;但另一方面又使缫丝业和织绸业深深陷入依赖外国资本主义市场的境地,即生产随着外国需求的增长而增长,也随着其需求的减少而衰落。

六、民族工业的兴起与发展

甲午中日战争《马关条约》签订后,允许日本及西方列强在中国投资设厂,进行资本输出。1897 年,德国抢占胶州湾,次年签订《胶澳租界条约》,允许德国在山东修两条铁路,而且,德国取得了铁路沿线 15 公里以内矿产的开采权。1904 年 6 月,随着胶济铁路的通车,山东的矿产开采权也丧失殆尽。由此,山东绅商学界于 1906 年至 1910 年发起一波又一波收回路矿利权的运动,进而也刺激山东绅商投资民族工业的激情。1901 年,清政府推出“新政”以及山东官府出台的振兴实业的政策,客观上也推进了山东民族工业的兴起与发展。

(一)民族工业的兴起与发展

1. 山东绅商学界争取路矿利权的情况

1897 年胶州湾事件后,山东成为德国的势力范围。德国囊括了山东的铁路修筑权和矿山开采权。1898 年签订的《胶澳租界条约》,允许德国在山东修筑两条铁路:一条由胶州湾经潍县、青州、博山、淄川、邹平到达济南并进入山东腹地(即胶济铁路);一条自胶州湾经沂州(今山东临沂)、莱芜到济南(即后来的胶沂铁路),并准许德国人在铁路沿线 15 公里以内地区开矿。1904 年 6 月,随着胶济铁路的通车,山东的矿产开采权也丧失殆尽。面对山东路矿利权相继丧失的严重局面,山东各界爱国人士奋起疾呼,强烈要求收回山东的路矿利权。

山东收回利权运动,首先是从津镇铁路(后改为津浦铁路)借款、要求

---

① 民国《临清县志》之《经济志 · 旧工艺》,1935 年版。

“废约自办”开始的。1898 年 10 月,清政府与英国汇丰银行、德国德华银行签订津镇铁路合同。按合同规定,德国承办天津至山东峄县段,英国承办峄县至镇江段。德国人在主持津镇铁路修筑的过程中,为了利用其在山东享有的沿路开矿权,有意舍济宁而选择曲阜、滋阳、邹县一线筑路,以图掠取沿线丰富的煤矿资源。此举引起了济宁及其附近地区绅商强烈的愤慨和不满。自 1907 年,济宁绅商各界就不断推举代表,向筑路当局力争将津浦路改道济宁。1909 年,要求改道的斗争更加激烈。同年八九月间,济宁绅商先后推举杨毓泗等人为代表向清政府力争。济宁绅商的要求虽然遭到邮传部的拒绝,但也迫使邮传部作出让步,并采取了一个折中方案,即由兖州修一支线到济宁,使济宁与津浦线相连。兖济支线的修筑,无疑是山东绅商收回利权斗争的一个胜利,对鲁西南地区的经济发展起了积极作用。

在收回路权的斗争中,山东绅商学各界对自办铁路表现出极大的热情。他们认为收回路权自办,不仅可以抵制列强的侵略,而且有助于推进实业的发展。1905 年,山东商人倡议自筑胶济铁路支线——小清河铁路。1906 年,山东农工商局出资,委托山东铁路公司筑成该路。1907 年,峄县中兴煤矿公司倡议修筑台儿庄至枣庄的铁路,几经周折,终于 1910 年 4 月竣工通车。1906 年胶沂铁路收回路权后,山东绅商便于 1909 年集议筹款自办。同年,济宁绅商也筹款自办兖豫铁路。

为了抵消胶济铁路和青岛港对烟台的不利影响,烟台绅商各界也提出了商办烟潍铁路的要求。可是,商办烟潍铁路之事自始至终遭到了两个方面的干扰与破坏,并最终夭折。一是德国帝国主义的干扰破坏。德国侵略者为了垄断山东全省的交通命脉,不允许中国人独立发展自己的交通事业。商办烟潍铁路的事一提出,德国就乘机要求“合办”,被烟台绅商拒绝。德国又勾结津浦铁路北段总办李德顺,于 1909 年春暗招 400 万元,由李德顺着其至亲赵德涵出面,禀请邮传部立案。因李德顺办理津浦铁路北段工程“乘便营私”,“靡费巨款”,经直隶人民揭发、力争,清政府将李德顺撤职查办,德国人勾结李德顺暗中夺取烟潍铁路权的阴谋也随之破产。德国侵略者觊觎该路之心并没有终止,后德国又派驻华公使直接出面,到清政府外务部去要求修筑烟潍铁路,“当被外部严词拒驳”①。

---

① 《续记烟台商人议办烟潍铁路事》,《东方杂志》1909 年第 6 卷第 11 期。

面对德国人明目张胆的侵略行径,烟台绅商学各界没有退缩。山东旅京同乡会路矿保存会得知德国公使雷克司要求修路的消息后,立即电知烟台商务总会,希望他们“迅速设法兴办,以杜外人之窥伺,而保我省之路政”。烟台商会接此电后,立即刊布传单,连日召集各界开会,讨论入手办法。莅会者有300多人。烟台渔业公司总办王锡藩在会上发表演说:“该路关系紧要,某国屡拟攫夺,此诸君所知也。我能自己迅办,非惟可以振兴本埠之商务,亦可以杜某国觊觎之心。诸君各宜努力协助。赴京招募股份,有愚一人担任。”①王锡藩曾做过清政府的礼部右侍郎,因赞扬戊戌六君子之一的林旭,被慈禧革职回籍,在烟台从事商业活动,他的讲话有一定的号召力。大家一面认招股份,一面派人调查路线,绅商们为爱国心驱使,集款迅速增加。

二是山东咨议局插手,使商办烟潍铁路夭折。正当招股积极进行之时,新成立的山东咨议局突然拟订了7项办法,主张由山东巡抚派烟台及登、莱二府绅商为招股办路委员,由山东官府监督,严格限定股东权限。咨议局插手的目的,显然是想在绅商出资的前提下,把铁路纳入抚院和咨议局的控制之下。这种揽权干预的做法,引起了入股股东们的强烈不满,他们纷纷撤股。之后,孙宝琦又以招股总理孙文山“不胜总理之任,不甚与之款洽”②,再度给予处境艰难的招股公司以打击,致使各股东有星散之势。这样,本来颇有生机的铁路招股公司中途夭折。辛亥革命后,袁世凯政府又以“统一路政,取缔民办”为借口,否决了烟台各界提出的修筑烟潍铁路以繁荣烟台商务贸易的建议。

在收回路权斗争兴起的同时,山东绅民又发起了收回矿权的斗争。峄县煤矿于1899年被让与德华中兴煤矿公司开采,在公司股份中,华股占6成,德股占4成。德璀琳任洋总办。1908年,因德股未招成,华股议定收回自办,给德璀琳酬股3万元、利股1.7万元,把峄县煤矿改组为山东峄县中兴煤矿公司。同年秋天,山东同盟会会员陈干、刘冠三等人,在青岛成立保矿会,联络全省各界,反对德国侵夺矿权,力争民族权益。

1908年夏,济南学界陈干、周树标等领导掀起了反对山东矿政局与德华公司续订德商继续勘探开采茅山等5处矿产合同的斗争。他们与绅商界

① 《续记烟台商人议办烟潍铁路事》,《东方杂志》1909年第6卷第11期。
② 《续记烟台商人议办烟潍铁路事》,《东方杂志》1909年第6卷第11期。

联合发表《敬告煽动商学旅外诸同学浅说》，揭露德国掠夺路矿权利给山东人民带来的危害。当时，德商一方面迫于收回矿权的斗争的压力，一方面因勘探仍无结果，无法从事正式开采，便借机照会山东巡抚，提出要山东当局用80万两巨款赎回茅山等矿。该矿在当时无法开采。

对于德国的赎买方案和无理要求，山东绅商学界和在京官吏一致表示反对。他们要求按约废止合同，无偿地收回矿权。当时担任巡抚的孙宝琦却担心德方要挟，不愿采纳这一合理的要求和主张。在德国不断施压的情况下，孙宝琦不顾舆论的反对，一味妥协，最后于1909年12月31日与德华公司签订了《山东收回德商五矿合同》，以付给德方34万两银的代价，赎回了茅山等5处矿权；款项分4年交付。[①] 孙宝琦等人的屈辱忍让激起省内外爱国人士的强烈抗议。

1906年至1910年的收回路矿利权运动是由绅商资产阶级参加的运动，整个运动表现出鲜明的民族主义、爱国主义特点。这场运动促进了绅商资产阶级民族意识的迅速觉醒，增强了民族资产阶级的投资实业热情，1905至1909年商人资本掀起了实业投资办厂的小高潮，从而促进了民族资本主义的发展。

2. 官办企业的扩充和官商合办企业的创立

甲午战争后，山东创办的官办军事工业，不但维持下来，而且随着老厂的扩建和新厂的设立还有一定程度的发展。原先一些官办或官督商办的民用企业，因政府经费短缺，转为官商合办或纯粹商办。这一时期，政府出面兴办的企业的形式主要是官商合办。

1895年至1911年，山东政府所创办的官办军事企业除山东机器局继续发展外，还有李鸿章于1902年在德州设立的德州机器局。

1902年秋，袁世凯在山东创设德州机器局。1900年八国联军进犯天津时，北洋机器局（原天津机器局）全部被毁。此时，北洋大臣李鸿章、袁世凯动用清廷的拨款，在山东办起了直属北洋的官办军事企业。1904年8月底，德州机器局基本建成。袁世凯把天津机器局的残存设备全部移至德州，并购置新机器。德州机器局占地700余亩，开办费68.9万两，分12个厂，生

---

① 台湾“中研院”近代史研究所编：《中国近代史资料汇编·矿务档》（二）山东，1960年，第1213页。

产火药、枪弹、炮弹、机器，仍以生产弹药为主。其中，火药场内附设有生产硫酸和硝酸的装置，硫酸日产量为2700磅，硝酸日产量为1600磅。1907年，德州机器局又进行了一次较大规模的扩建。清末民初，工厂的动力设备为蒸汽动力468马力，电力78马力，雇用职工1260人、杂役123人。该局的生产品种与能力已相当于原天津机器局，也称北洋机器局。当时，北洋机器局是仅次于江南、汉阳等少数几家局厂的大型兵工厂。

1904年之后，在继续创办官办军事企业的同时，山东官府创办了少量的官办民用企业，其中最有代表性的就是博山陶艺工艺传习所。

1905年，山东工艺局局长黄华在博山创办了全省第一个官窑厂，即博山陶艺工艺传习所。该所创办的目的在于，用新技术实现对博山陶瓷业的改造，从而提高本地陶瓷产品的质量和档次。开始是在博山北岭租窑试产。后由山东巡抚衙门拨库银2万两，在博山下河建立窑厂，延聘专门人才研究改良瓷器生产。此后每年由公费出资3000两，委任济南古董商王子久为总办。王子久精于陶瓷工艺，主事之后，锐意进取。他一方面在本地走村串户，发现并聘用一些能工巧匠，一方面又从江西景德镇聘请多名制瓷工人来传授先进技术。传习所在陶瓷原料、生产设备、制作工具等方面有所改进，所制出的白色、茶色瓶碗及工业用瓷质量不亚于进口货。[①] 1914年，博山商会会长石冠英继任总办。同时，该所更名为博山瓷业公司。后因经营不善，公司“年年赔亏”，不得不缩小规模，裁减人员。[②] 最后终因亏损过多，公司于1924年被迫停办。

这个官窑厂，创办近20年，尽管时间不是很长，却培养了一批熟练掌握制瓷工艺的技术人才，这在淄博陶瓷发展史上意义重大，影响深远。博山从此掌握了利用当地原料生产日用细瓷的工艺。在这里工作过的工匠，分散各地，成了陶瓷业的生产能手和技术骨干。

20世纪初，清政府已无力继续单独投资兴办新的民用企业，但又不想放弃对资本主义工业发展的控制。民族资本因资金薄弱，也无法独资兴办规模较大的企业。正是在这种形势下，官商合办企业应运而生。所谓官商合办，就是私人与政府订立合同，规定各自的权利、义务及盈余分配方法，各

---

① 民国《续修博山县志》卷七《实业志·工业》，1937年。

② 白眉初：《中华民国省区全志·山东省志》，1925年第7卷第4章，第1—2页。

按入股比例出资,各举代表参加企业管理。山东官商合办规模较大的企业为泺源造纸公司和博山玻璃公司。

1906 年,道员丁道津在济南铜元局旧址创立了泺源造纸公司。泺源造纸公司是一家官商合办的企业,1909 年开工。原定资本 26 万两,其中省方官股 13 万两(铜元局地产、厂房和蒸汽锅炉折合 10 万两,现金 3 万两),由劝业道担保从银行借款 10 万两。[①] 公司在山东省享有专卖权,并规定股东不得将股票转让给外国人。公司所用造纸机械是从德国购进的,并聘请德国技师负责安装调试和技术指导。这是山东省第一家机器造纸厂,所用原料 2/3 为破布、1/3 为外国进口的木纸浆。最初产品为粉连纸、有光纸、成品纸,日产量不到 300 担。[②] 公司使用动力设备和各种专用机器设备,大大提高了劳动生产率,同时也增加了纸产品的品种。泺源造纸公司从成立之日起,就受到外国进口纸的竞争,产品销售受到严重影响。因公司管理在官僚控制之下,人浮于事,生产浪费严重,成本费用高,所以只能勉强维持收支平衡。

1904 年,山东第一家机器玻璃厂——官商合办的博山玻璃有限公司成立。1903 年,直隶候补知府顾恩远呈请巡抚周馥批准创办。1904 年,山东巡抚胡挺干、直隶候补知府顾恩远等人集官股 5 万两、商股 15 万两,在博山城北柳行庄成立博山玻璃有限公司。经商务局奏准,公司享有专利 10 年。公司经理由商务局派员担任,其余用人由商家选举。关于公司利润,公司章程规定:“公司试办年终,得有余利,分作十成,以 成报公,一成公积,五成作财股,三成作花红。”从 1905 年春开始建厂,设有熔炉、烘片、裁片、装箱、红砖、砖瓦、碾泥等厂,规模宏大,至 1906 年 10 月,全部竣工。次年 3 月,公司又从德国购进机器设备,并正式投入生产。各厂设备颇具规模,有发电机、粉碎机、煤气发生机、伸张式熔炉、制灯泡机、电力制磨机、改良窑等。这些设备使公司成为当时全国能够制造平板玻璃的大型工厂之一。

公司最初聘请德国技师做指导,德国技师在不了解当地原料特性的情况下,一味机械地搬用德国的制作方法,结果所出玻璃存在一系列质量

---

① [日]青岛守备军民政部铁道部:《山东铁道沿线重要都市经济事情》下册,1919 年,第 418 页。
② 青岛市档案馆:《帝国主义与胶海关》,档案出版社 1986 年版,第 128 页。

问题。1909 年,又改聘日本技师,但仍未能解决质量问题。技术问题长期得不到解决,致使生产一直未能达到年产 5 万箱玻璃的设计能力。公司全年仅能生产 5000 箱。[①] 公司开始机器设备投资过大,产品销路不佳,因而在经营过程中出现了严重的资金不足。1910 年,公司为了筹集流动资金,经山东地方政府批准,向社会发行抽奖彩票。不久,公司又向大清银行借款 50 万两,才勉强维持生产。1911 年工厂锅炉损坏,经多次修理仍无法使用,被迫于年底停工。[②] 公司开办期间培养的技术工人,后来分散于博山各地,继续从事小玻璃业生产,为民国初年民间玻璃制造业的发展提供了技术基础。

这一时期所创办的官商合办民用企业,其最显著的特点就是以现代企业的方式组织生产,诸如采用股份制的形式,使用机器生产,聘请国内外技师、工匠作技术骨干等,无疑给山东经济注入了新的活力。这种官商合办企业,虽然解决了商人资金不足的问题,但是地方官员主导管理企业不善的弊端仍然难以根除,存在着技术不接地气、生产浪费和成本过高等诸多问题。

3. 商办企业的初步兴起与发展

19 世纪末 20 世纪初是山东民族工业的初兴时期,商办工矿业是兴办实业、投资设厂热潮中的主流。《马关条约》签订后,西方列强虽获得在中国投资设厂的特权,但最初几年还未来得及实施。山东商人开始向纺织、酿酒等轻工行业投资设厂,办厂地址大多集中在烟台。随着清末"新政"在山东的推行,1905 至 1909 年这段时间,山东又出现创办实业、投资设厂的小高潮。其投资扩散到榨油、卷烟、火柴、制铁、电灯、电话、印刷等轻工行业,呈全面开花的局面。投资的城市也由沿海的烟台、青岛向内地扩散。据 1911 年不完全统计,民族资本经营的厂矿企业有 66 家,其中资本在 1 万元以上的厂矿企业就有 18 家。[③] 最早使用机器生产的商办企业是张裕酿酒公司和华丰纩丝厂。

1895 年,广东籍华侨张弼士在烟台创立了张裕酿酒公司。1891 年,盛

---

① 青岛市档案馆:《帝国主义与胶海关》,档案出版社 1986 年版,第 127—128 页;民国实业部国际贸易局:《中国实业志 · 山东省》,1934 年,(辛),第 511 页。

② [日]田原天南:《胶州湾》,1914 年,第 394 页;赵幼祥、陈富春:《博山玻璃工业调查报告》,《青岛工商季刊》1933 年第 1 期。

③ 刘大可、张照东主编:《山东经济史(近代卷)》,济南出版社 1998 年版,第 185 页。

宣怀邀请张弼士，到烟台商讨兴办铁路、开发矿山事宜。张弼士是广东大埔(今广东梅州市大埔县)黄堂乡人。张家全盛时期在国内外全部资产达七八千万两之多，张弼士是一位很懂得经营之道的华侨企业家。他在烟台通过实地考察，确认烟台土壤、气候宜栽葡萄，具备兴办葡萄酒厂的优越条件。1892 年，张弼士一边通过盛宣怀上报呈批，一边着手筹建酒厂。1895 年，北洋大臣、直隶总督王文韶批准开设酿酒公司，并许以专利 15 年，免税 3 年。张弼士先后在烟台张裕酿酒公司独自投资 300 万元用于建筑厂房、酒窖，定置机器，购买土地等。1896 年公司正式开办。

公司成立后，张弼士聘其侄子张成卿为经理。1893—1895 年，张弼士曾先后聘请几个外国人任酿酒技师，但都因各种原因未获成功。1896 年，改聘奥地利技师，并从引种栽种葡萄着手，先行引种美国葡萄 2000 株，后分两次引种法国葡萄 64 万株，引种品种达 120 万株。[1] 引种初期，成活率只有三成，其后试验采用根接法推广栽培，获得成功。从烟台东山、西山购得荒山 1000 余亩，雇工 1000 余人，劈山造田，建造葡萄园。同时，公司还购地 100 亩，建筑厂房和一处贮酒 10 万箱的大酒窖。生产所用机器大部分购自国外，少部分来自国内仿制。1908 年，张裕公司已能生产 20 余种红、白葡萄酒。1909 年，公司又设立玻璃料器厂。该厂除制造凹底和平底酒瓶外，还制造多种玻璃容器。[2] 当时，"张裕"被誉为中国"第一酿酒厂""远东有数之酿造业"。1912 年 8 月 20 日，孙中山先生来烟台参观了张裕公司，并题赠了"品重醴泉"四个字。1915 年，在美国旧金山举行的巴拿马国际商品比赛会上，张裕的白兰地酒荣获最优等奖和金质奖章。从此，张裕公司生产的白兰地酒被题名为"金奖白兰地"，公司也成为国内外驰名的企业。

在缫丝业中，山东最早的一家机器缫丝工厂是德商宝兴洋行于 1877 年在烟台兴办的纩丝厂。1895 年，纩丝厂经营不佳，租让给华商顺泰号，并改名为华丰纩丝厂。华商接办后，扩大生产规模，改用蒸汽机作为缫车动力。当时工厂共有 38 个蒸汽蚕锅，安装法国制缫丝机 550 台，雇用缫丝工 550 人、剥蚕工等杂工 47 人，日产缫丝 150 斤。1900 年缫丝日产达 250 斤。到

① 汪敬虞编：《中国近代工业史资料》第二辑（1895—1914 年）（下册），科学出版社 1957 年版，第 999—1000 页。

② 《光绪三十四年通商各关华洋贸易总册》下册，1909 年，烟台口，第 18 页。

1912 年,华丰纩丝厂有丝机 676 台。

1899 年,顺泰商号投资兴建了第二个机器缫丝厂——华泰纩丝厂,资本 7 万元,占地 20 亩。1901 年 5 月,该厂正式开工。该厂拥有意大利制造的 32 马力蒸汽机 1 台,法国制生丝纩机 8 台、蒸蚕锅 28 台、缫丝机 530 台。该厂所缫生丝全部出口。①

到 1903 年,烟台已有华丰、华泰、益丰三家机器缫丝厂。每家工厂各有缫车 700 台左右。由于机器缫丝厂设备投资庞大,生产耗费高,加上缺乏熟练的技术工人,各厂经济效益反不如当地的手工缫丝工场。1906 年,关册记载:烟台汽机纩局三处,因而有二处停歇。②

继烟台机器缫丝厂之后,周村商人资本于 1909 年也投资成立了一家新式缫丝厂——裕厚堂机器缫丝厂,这是一家规模较大、设备较先进的商办企业。该厂资本 10 万元,内分动力机部、蒸蚕部、缫丝部和打包部,有蒸汽机锅炉和法国制缫丝机等设备,有一百二三十名职工,其中缫丝工 100 余人,其余工人从事蒸蚕、选蚕、杀蛹、换缫、打包等项工作。日产缫丝约 50 斤。工厂生产的丝质地匀细,但价格昂贵,加之内地绸场无相应的捻合机械,该产品不在当地销售,而是运往上海。③

烟台、青岛开埠后,外国机制卷烟大量输入口岸城市和内地,使传统的土烟制造业受到冲击。一些民族资本家鉴于洋烟倾销、机制烟有利可图的形势,开始设法吸收国外制烟技术和产品式样,着手试办新式卷烟厂。

1890 年,兖州宝翠制烟公司成立。公司投入资本 5 万两,制造卷烟和刻烟丝。1903 年,兖州县丞赵仰投资 1.4 万元在兖州创办琴记雪茄烟厂。1905 年,天津官商合办的北洋烟草厂在烟台设立分厂。该厂资本 2 万元,使用机器生产纸烟。此后数月之间,烟台又有中安(唐世鸿,资本 2.8 万元),隆盛(王廷彬),仁增盛(孟昭颜,资本 5.6 万元),恒利(易怀远,资本 7 万元)4 家机器卷烟厂相继成立。这 4 家工厂成立之初,产品不仅行销国内市场,而且还向国外出口,产销一度比较兴旺。但好景不长,开工没几年,4 家卷烟厂便不同程度地陷入困境。由于经营管理不善,产品质量

---

① [日]峰村喜藏:《清国蚕丝业大观》,1902 年版,第 284—286 页。

② 彭泽益编:《中国近代手工业史资料(1840—1949)》第二卷,生活·读书·新知三联书店 1957 年版,第 359—360 页。

③ [日]青岛守备军民政部:《山东之物产》第 4 编《家蚕》,1920 年版,第 72—73 页。

不稳定,再加上外商烟草公司产品的竞争倾轧,各厂忍痛压价出售,结果造成各厂长期入不敷出,最后被迫相继关门停业。① 1906 年,在烟草种植业中心的潍县,以邱天锦为首的当地华商集资兴办济和烟草公司。该公司注册资本 5 万元,日产纸烟 20 万—25 万支。② 但这家公司开工不久便因产品质量不佳而停业。这一时期山东商人创办的机器卷烟厂,其投资的资本相对来讲不算很少,但呈现旋开业旋停业的特点,企业经营只有两三年的时间,其主要原因是都处在技术模仿的初级状态,水土不服,质量不过关,外资倾轧。

清末,火柴销售市场的扩大和生产技术的传入,为山东商办火柴工业的产生创造了条件。1907 年,潍县士绅集股 3 万两,设立宝群制造厂。该厂先行制造火柴,依次又开办面粉、肥皂、纺织各事。③ 同年,在济宁成立的裕华实业有限公司,除开设榨油厂,也生产火柴。1908 年,又有华商在胶州成立胶州火柴厂。

在粮油加工行业中,烟台华商设立了一家机器磨面局,这是山东最早的一家新式机器磨坊。1899 年,这家磨坊因麦价过高,兼以运来美国面粉价格低廉,很难获利而被迫停业。④ 1907 年,泰安华商投资设立了一家机器碾米厂。因成本 3 倍于土法碾米,该厂不久就停业。⑤

19 世纪末 20 世纪初,榨油业的发展与竞争,促使机器榨油业兴起。1907 年,济宁商人吕庆圻招集股银 50 万两,在济宁创办了裕华实业有限公司。该公司采用机器榨油,并兼制火柴。⑥ 1908 年,烟台一些资本雄厚的油坊从日本购买一批蒸汽榨油机,用以代替传统的手工榨油机。1909 年,寿光人张克亮(字采丞)在济南商埠开设兴顺福机器油坊。后来,这家榨油坊发展成兼制面粉的面粉厂。

在机器工业兴起和城乡手工业发展的过程中,加工企业有越来越多的机器设备需要修理和添置,这就出现了对机器机械修造业的需求。与此同

---

① 佚名:《中国北部之烟草情形》,《农商公报》1916 年第 3 卷第 1 册第 25 期。
② 《东方杂志》1906 年第 3 卷第 6 期。
③ 《东方杂志》1908 年第 4 卷第 12 期。
④ 《光绪三十四年通商各关华洋贸易总册》下册,1900 年,烟台口,第 8 页。
⑤ 《捷报》1907 年 8 月 2 日。
⑥ 《东方杂志》1907 年第 4 卷第 6 期。

时，外国机器设备的进口以及上海等城市机器修造业的兴起，也为机器修造技术的传播提供了一定条件。正是在这种情况下，山东近代机器修造业应运而生。

1906 年，烟台商人创办协成铁工厂，从事机器零件的修理。1907 年，登州人杨滋勋、李文林召集股本在烟台开设登武公司，专门从事机器维修和制造。所制造机器有榨油机、压棉机等，供各处工艺局就近选用。[①] 同年，周庆冕等人集资在济南创设济和机器公司。该公司"制造各种机器及一切铜铁各货，以开通风气，抵制洋货"。1910 年，黄全材在济南创办全启泰铁工厂。该工厂拥有资本 2 万元、工人 65 名。1911 年，青岛华商成立和顺成铁工厂。该厂制造机床，并能修理多种机器。辛亥革命前，山东民族机器铁工业主要集中于济南、烟台、青岛 3 个城市。其制作规模和技术水平都很简陋，尚无法跟外资工厂及官办工厂相比。

随着近代城市规模的扩大，工业、手工业以及商业的发展，民族资本兴办的电业也开始兴起。20 世纪初，继青岛德商电厂创办后，济南、烟台相继出现了民族资本兴办的电厂。1905 年，道台刘恩驻、庄式如等人集资 4 万两，在济南城内院后街创办济南电灯公司。该公司安设 42 千瓦发电机 2 台，并在城区敷设电线，供官商用户照明。1911 年，济南电灯公司迁址到顺河街，扩充资本至银 20 万两，添置西门子公司生产的 210 千瓦蒸汽发电机 2 台，并修改路线，逐步将供电范围扩展到商埠及整个旧城区。[②] 1905 年，烟台华商孙克选在烟台创办烟台电灯公司。该公司拥有资本 21 万元，建立了小型发电机组，向市区供电。

这一时期，民族资本兴办的采矿业也有一定程度的发展。其中，中兴煤矿发展成为全国影响比较大的煤矿之一，是山东新式采矿业具有代表性的企业。

前面介绍过中兴煤矿发展的基本状况。1906 年以后，中兴煤矿创造生产新法，同时增置设备，使煤产量大增。枣庄地处偏僻，交通十分不便。从 1899 年中兴煤矿在这里开矿后，煤炭的销售外运全靠人力、畜力运到 49 公里以外的台儿庄码头装船，再由运河运到南方销售。随着生产规模的不断扩大和产量的增加，运销问题逐渐突出起来。到 1910 年，存煤已

---

① 《东方杂志》1907 年第 4 卷第 6 期；1908 年第 4 卷第 12 期。

② ［日］青岛守备军铁道部：《山东铁道沿线重要都市经济事情》下册，1919 年，第 433 页。

达16.6万吨。要解决这个问题,最好的办法就是修一条枣庄至台儿庄的铁路。在津浦路督办朱启钤的帮助下,矿局取得交通和保商两家银行200万元借款用于筑路。1912年1月,台枣铁路通车。同时,津浦路支线临城至枣庄段通车。有了这两条铁路通道,中兴煤矿的煤炭运销畅通。中兴煤矿的煤产量和销量进一步增加。到1913年,中兴煤矿资本增至155万两,年产煤10余万吨,因而达到了"出产日丰,畅销日旺,洵足抵制洋产,自保矿权"①。

1909年,米汝厚、李幼恒等10余人集资4.2万元,在宁阳创办了华丰煤矿。华丰煤田从明代末叶就开始开采。19世纪中叶,当地的县衙门从维护地主阶级的利益出发,曾规定:民间开办煤窑,一定以地主为窑主,否则就不准开采。在华丰开办过煤窑的地主很多,其中有本地的孔家、宁家和王家,济宁的米家、唐家、乔家,河南的上官家。米家即指米汝厚而言。米汝厚是济宁有名的官僚地主。他集股开办华丰煤矿之时,正值民族资本主义工商业有较大发展、对煤炭燃料的需求进一步增长之时。当时的华丰煤矿有近10个矿,矿工两三千人。办矿之初,仍然使用人力磨车等生产工具。后来经过设备更新,机械化程度大大提高。主要矿井都是用德国制造的大汽缸轮齿绞车,并安装了1部发电机、15座锅炉,井下的大巷都铺了铁轨供用木矿车运煤。生产技术的改进,使矿井延伸大大增加,年产量在三四万吨到五六万吨之间。华丰煤矿投产后,由于"当时已得风气之先,他处采煤者尚少,故该矿之销路售价,均占优势"②,1911年煤矿年产量已达2万吨。

1895年甲午中日战争后到1911年辛亥革命前,山东商办机器工业取得了一定程度的发展。这一时期商办机器工业的兴起与发展过程有以下三个特点:其一,商办工业的资本组织形式,除个别企业采用了股份制外,大部分企业是独资或合伙经营。其中合伙又是较大企业的主要组织形式,它不仅建立在资本关系之上,而且建立在家族关系和地方帮派关系之上。这种组织形式不利于广泛吸收社会资本进入企业,从而限制了企业的扩大与发展。

---

① 汪敬虞编:《中国近代工业史资料》第二辑(1895—1914年)(下册),科学出版社1957年版,第769页。

② 山东省政府建设厅:《山东矿产报告》第1号,1936年,第123—124页。

其二,商办企业一般规模不大,资本的有机构成很低,由于资本薄弱,无力引进先进的技术设备,企业机器设备不得不因陋就简,生产工艺陈旧,影响了生产能力的提高。其三,私人资本几乎没有涉足重工业领域,资本活动的领域大都局限在丝绸、卷烟、榨油、火柴等少数几个轻工业部门。轻工业固然投资少,能够比较快地获取利润,但是在缺乏重工业支持的条件下,工业的发展也就失去了坚实的基础,机器设备和原料等方面不得不依赖国外市场和外国资本提供。

（二）产业工人队伍的成长

工人阶级是近代工业的产物。山东工人阶级的形成,与山东近代工业的产生与发展是同步的。山东工人阶级形成于19世纪70年代。经过甲午中日战争和辛亥革命,山东工人阶级的人数已有明显增加。第一次世界大战期间,山东工人阶级队伍又进一步发展壮大。

19世纪70年代至甲午战争爆发,是山东近代工业发展的初期。在这一时期,山东的近代工业主要集中于烟台、济南、淄川、枣庄等地。据不完全统计,外国资本和本国资本在山东办了12个工矿企业(表7-7)。

表7-7　　山东工矿企业(1872—1895)

厂矿名称	开办时间	开办地点
烟台蛋粉厂	1872	烟台
烟台缫丝局	1877	烟台
华丰工厂	1886	烟台
协成机器厂	1890	烟台
山东机器局	1875	济南
山东中兴煤矿	1880	枣庄峄县
淄川铅矿	1887	淄川
淄川煤矿	1888	淄川
轮船招商局分局	1873	烟台
天津电报局分局	1881	济宁
招远平度金矿	1883—1887	招远、平度
张裕葡萄酿酒公司	1895	烟台

在这批工矿企业中,产生了山东第一批产业工人。这批产业工人的人数,据不完全统计,在5000人左右(表7-8)。

表7-8　　　　1895年山东产业工人人数(1872—1895)①

企业类型	企业性质	外资企业		民族资本企业								合计	
				官办		官督商办		商办		不明			
		企业数	工人数	企业数	工人数	企业数	工人数	企业数	工人数	企业数	工人数	企业数	工人数
轻工业	食品	2	200					1	300			5	1150
	缫丝	1	450							1	200		
重工业	矿山			1	500	2	2100	1	1000			6	4430
	机械			1	800			1	30				
交通业	运输					1	50					2	80
	邮电					1	30						
合计		3	650	2	1300	4	2180	3	1330	1	200	13	5660

从表7-8的统计数字可以看到,山东这一时期的产业工人多数集中在官办、官督商办和商办企业里,而在外国资本经营的企业中比重不大;在产业分布上,主要是矿山、缫丝业,其次是饮食、机器、码头、交通、邮电等业。

工人大多数来源于当地农民。他们是"亦工亦农",即农闲时是工人,农忙时是农民。一部分操作机器的工人即机师、工匠、机匠等,来自工业比较发达的直隶、江苏、浙江、广东等地。十几个近代工矿企业的工人分布在全省,对社会的影响极小。因此,这一时期,在山东以机器生产为特征的近代产业工人阶级仅处于孕育萌芽阶段。

甲午战争后,德、英、俄、法、日等列强竞相瓜分中国。1897年,德国出兵抢占胶州湾,次年迫使清政府签订《胶澳租界条约》,把山东划为其势力范围。1898年7月,英国与清政府签订了《中英议租威海卫专约》,坐镇威海,觊觎扩张。德国、英国在山东境内建港、筑路、设厂、开矿,进行残酷的经济

① 资料来源:山东省地方史志编纂委员会编《山东史志资料》第二辑,山东人民出版社1983年版,第100页。

掠夺。全省各业工人的数量也随之增加。

据不完全统计，在1899—1909年的10年间，外国资本、民族资本在山东先后开办了80多家厂矿企业。1911年辛亥革命前，山东至少有产业工人3万人。这是山东省第一代的产业工人，他们是山东新生生产力的代表，他们的产生标志山东以产业工人为核心的工人阶级队伍正式诞生。

从山东近代工业企业发展的历程可以清楚地看到，山东产业工人是伴随着外国资本主义的侵略与山东官僚资本企业以及民族资本企业的建立而产生和发展起来的。除产业工人外，当时属于工人阶级成员的还有海员、船员、码头工人、运输工人、城市建筑工人、手工业工人、人力车工人、清洁工人、商业店员、沿海盐工、农村雇工以及其他城乡无产者。他们的总数比产业工人的数目要大好几倍。产业工人直接从事机器生产，代表先进生产力的发展方向，具有中国产业工人阶级的一般特点，即具有较强的组织纪律性和彻底的革命性等，毫无疑问成为山东工人阶级的核心力量。

第一次世界大战期间，随着西方列强放松对中国经济的侵略和控制，中国民族资本主义经济有了进一步的发展，山东的民族工业也有较快的发展，这时山东工人阶级队伍也成长壮大起来。至五四运动爆发的前夕，山东产业工人迅速发展到10万人左右。加之各种手工业者，人数已达到80万之众。

山东工人阶级作为中国工人阶级的一部分，是在中国由封建社会逐渐沦为半殖民地半封建社会的过程中形成的。山东近代产业工人由于本省地理、历史、政治、经济、文化等因素的影响，具有以下一些特点：

其一，山东产业工人队伍主要集中在外国在山东开办的工矿企业中。山东近代工业殖民地化程度比较高。19世纪末20世纪初，德国侵占胶州湾，英国强租威海卫。德、英两强尤其是德国几近疯狂地在山东筑路开矿，广大中小生产者失去生产资料，大批涌向了城市街头和矿山，成为列强实行经济侵略的廉价劳动力。据统计，大约有56.5%的产业工人在帝国主义直接开办的厂矿工作（表7-9）。

表 7－9　　1895—1909 年山东外资、华资部分企业工人约数①

<table>
<tr><th rowspan="2"></th><th colspan="3">外资企业</th><th colspan="3">华资企业</th><th colspan="2">合计</th><th colspan="2">产业合计</th></tr>
<tr><th>企业数</th><th>资金额</th><th>工人数</th><th>企业数</th><th>资金额</th><th>工人数</th><th>企业数</th><th>工人数</th><th>企业数</th><th>工人数</th></tr>
<tr><td>煤矿</td><td>2</td><td>1800 万马克</td><td>4500</td><td>2</td><td></td><td>3000</td><td>4</td><td>7500</td><td rowspan="4">14</td><td rowspan="4">14259</td></tr>
<tr><td>金属矿</td><td>2</td><td>400 万马克
60 万元</td><td>700</td><td>1</td><td></td><td>2500</td><td>3</td><td>2500</td></tr>
<tr><td>机械</td><td>2</td><td></td><td>2714</td><td>2</td><td>70 万两
2 万两</td><td>365</td><td>4</td><td>3079</td></tr>
<tr><td>电业</td><td>1</td><td>200 万马克</td><td>250</td><td>2</td><td>49 万元</td><td>230</td><td>3</td><td>480</td></tr>
<tr><td>纺织业</td><td>2</td><td></td><td>500</td><td>3</td><td></td><td>600</td><td>5</td><td>1100</td><td rowspan="5">21</td><td rowspan="5">4370</td></tr>
<tr><td>食品</td><td>3</td><td>其一 44 万元</td><td>900</td><td>3</td><td>145 万元</td><td>450</td><td>6</td><td>1350</td></tr>
<tr><td>卷烟</td><td></td><td></td><td></td><td>7</td><td>24.8 万两</td><td>1270</td><td>7</td><td>1270</td></tr>
<tr><td>火柴</td><td></td><td></td><td></td><td>2</td><td>33 万元</td><td>350</td><td>2</td><td>350</td></tr>
<tr><td>造纸</td><td></td><td></td><td></td><td>1</td><td>26 万元</td><td>300</td><td>1</td><td>300</td></tr>
<tr><td>铁路</td><td>1</td><td>5400 万马克</td><td>2000</td><td></td><td></td><td></td><td>1</td><td>2000</td><td rowspan="2">1</td><td rowspan="2">2000</td></tr>
<tr><td>交通</td><td></td><td></td><td></td><td></td><td></td><td></td><td></td><td></td></tr>
<tr><td>砖瓦</td><td>2</td><td></td><td>500</td><td>1</td><td>4.2 万元</td><td>250</td><td>3</td><td>750</td><td rowspan="3">5</td><td rowspan="3">1080</td></tr>
<tr><td>玻璃</td><td></td><td></td><td></td><td>1</td><td></td><td>130</td><td>1</td><td>130</td></tr>
<tr><td>自来水</td><td>1</td><td>140 万马克</td><td>200</td><td></td><td></td><td></td><td>1</td><td>200</td></tr>
<tr><td>合计</td><td>16</td><td></td><td>12264</td><td>25</td><td></td><td>9445</td><td></td><td>21709</td><td>41</td><td>21709</td></tr>
</table>

其二，山东产业工人绝大多数来自破产农民，因而与农民有着天然的血缘联系。在帝国主义入侵前，有一部分农民移入城市，靠做苦力维持生活。随着帝国主义入侵的加深，以及封建主义压迫的日趋严重，破产农民日趋增多。自 19 世纪 70 年代开始，破产农民大批涌进山东各城镇，这就为近代工业的发展提供了廉价的劳动力。一些矿山的工人来自当地农民，具有“亦工亦农”两重性。山东近代产业工人在形成初期，不仅深受帝国主义、封建主

① 资料来源于刘大可、张照东主编：《山东经济史（近代卷）》，济南出版社 1998 年版，第 194 页。

义和官僚资本主义的三重压迫，而且自身也带有浓厚的小生产者分散性和保守性的特点。

其三，山东产业工人具备一定的生产技能。在烟台等地的外商企业里，产生了掌握现代技术的产业工人，这些工人起到了传播现代技术的作用。19 世纪 70 年代中期，丁宝桢在创办山东机器局时，曾从天津和浙江一带招来一批技术工人，传授并带动本地工人技术水平的提高。当他调任四川总督创建四川机器局时，又从山东机器局带走了一批技术工人。山东机器局所用的外国机器设备，包括碾压、旋床、火药碾制机、蒸汽机和碾硝机等，全由中国技术工人自己装配。可见，山东产业工人已掌握较高的生产技术，产生了一批熟练工人。他们是近代中国新生产力的代表者。

其四，山东产业工人自身有若干弱点。首先，产业工人数量少，而手工业和其他各业工人数量较多。1919 年，山东产业工人大约有 10 万人，这在同期全国 200 万产业工人中所占的比例仍然是较低的。产业工人数量较少，难以形成强大的政治力量，影响其战斗力的有效发挥。其次，受封建主义和小生产者的影响较深。许多工人具有"亦工亦农"的特点，因而避免不了狭隘自私的小生产者意识。再次，产业工人的文化水平普遍较低。在山东产业队伍里，济南、烟台、青岛等地工人的文化水平稍高一些，但大多是文盲。

山东产业工人深受帝国主义、封建主义和官僚资本主义的剥削和压迫，其境况是非常惨烈的。换言之，山东产业工人用生命的磨难甚至是生命的代价换来了近代工业的发展。经济上深受剥削，不仅表现为微薄的工资，更主要是较高的劳动强度和较长的劳动时间以及恶劣的劳动环境。青岛码头设有刑庭和牢狱，工人稍有不慎就会被抓去受刑、坐牢。德国人经办的潍县坊子煤矿，有持枪的德国监工。他们如同看管犯人一样对待工人。矿工们在皮鞭下，冒着生命危险，每天劳动十几个小时，上井后即被集中在像牢房一样的屋子里，巡警昼夜监视。矿工的劳动条件异常恶劣，煤矿既无医疗设施，又没有安全保护措施。1907 年 7 月 11 日，坊子煤矿发生井下爆炸事故，致使 150 多名矿工死亡。

在官办、官督商办的厂矿企业里，工人的境遇也很糟糕。如在德州机器局，山东工人技术精湛，连洋人也不得不称赞："其仿造（外国机器）极为精巧，殆与原物无甚异点，且中国职工不仅能完全仿造，即或少有损坏，亦能完全修理。中国人之能力诚可惊叹!”①但是,山东工人所受到的非人待遇,并未有丝毫改变。官督商办的峄县中兴煤矿公司的矿工在大井干工者,一昼夜两班,每班干 12 小时;在小井干工者,一昼夜一班,干 24 小时。工人们过着饥寒交迫的生活,只能吃最粗劣的饮食,住茅棚土屋,穿褴褛的衣服。在中兴煤矿,因工作致死的工人家属只能得到“大钱百串”的抚恤金,折合面粉为 250 公斤。1891 年,招远金矿总办李宗岱为了强挖传说中的“金梁玉柱”,逼着矿工通过老空区,结果发生大塌方,造成 30 多名矿工死亡。这个金矿把由于各种事故和矽肺致死以及被贫困折磨而死的工人尸体,都扔到玲珑山的赵家沟里。

成千上万名女工和童工的遭遇更为凄惨。如华丰煤矿的童工,一般在十一二岁上下,最小的只有八九岁。他们大多充当戽水的“水夫”或添油灯的“饮灯”。他们同成年人一样,在井下要连续工作 24 小时。不少童工泡烂双脚,还时常挨老鼠咬。把头对小矿工非打即骂。小矿工受尽凌辱,但工钱很低,只有八九百钱,相当于成年男工工钱的 1/4 到 1/3。

山东产业工人不仅受到残酷的经济剥削,而且也受到沉重的政治压迫。华丰煤矿实行包柜制,即经理并不直接管理每个矿井的生产,而是把矿井包给包柜头。包柜头就是矿井的土皇帝。这种制度带有明显的封建性。包柜头对矿工开口就骂,动手就打。资本家为维护自己在政治上的统治和经济上的利益,还设立了“公安局”,并豢养了一支“矿警队”。中兴煤矿则“用民窑之制,而以官法行之”,设置监工、班头、筐头及包工头等爪牙对工人进行管理。1903 年,中兴煤矿奏请清政府设立“保甲局”(1907 年更名为“路矿巡警局”),将煤矿工人置于严密监视和统治之下。

近代山东工人阶级所受剥削和压迫也是世界罕见的。因此,在它诞生那一天起就不断地掀起反抗斗争。20 世纪初,博山玻璃公司的工人发起了一场捣毁官僚资本所办的玻璃公司的斗争。1902 年,山东候补知府赵尔萃借其两兄(时任四川总督赵尔巽)的势力,在博山开办了博义玻璃公司。他残酷压榨工人,并垄断了博山玻璃业市场,致使玻璃工人无法经营与生存。工人们愤怒地捣毁了该公司。1907 年坊子煤矿发生了井下爆炸致 150 多人

① 山东省地方史志编纂委员会编:《山东史志资料》第二辑,山东人民出版社 1983 年版,第 107—108 页。

死亡的事故后,全矿工人冲破了帮派界限,举行了同盟总罢工,一直坚持了几个星期。总体来说,这一时期山东工人阶级的反抗斗争规模还比较小,形式简单,政治影响不大。直到五四运动时期,随着马克思主义在中国的广泛传播,山东工人阶级才开始觉悟,并作为中国工人阶级的一部分,登上了中国的政治舞台。

(三)民族工业发展的局限性与困难

从甲午战争到第一次世界大战期前的20年,山东民族工业获得了初步的发展。民族工业投资主要集中到纺织、酿酒、榨油、卷烟、火柴、制铁、电灯、电话、印刷等轻工行业,而重工业只有采矿业一业,显然是个巨大的缺失。山东的民族工业主要集中在烟台、青岛、济南、博山、枣庄等地。山东民族工业创立的过程中,在外面临着西方列强尤其是德国资本主义的经济侵略和掠夺,内无市场保障的环境中,凭着山东官商的一腔热血投资民族工业,经历着不断挫败的艰难考验。其结果是,这些初创的企业只有少数能够通过自身的积累扩大再生产规模,多数企业因其生产设备简陋、技术落后、资本不足,很快就停业倒闭了。山东民族工业发展的局限性与困难,主要有如下几点:

第一,山东殖民地经济色彩浓厚,海关定价权长期被英国人和德国人把持,挤占了民族工业发展的空间。

1861年,英国人罗伯特·赫德在上海担任海关总税务司,1863年正式接替担任海关总税务司,直到1908年离职回国。英国人把持中国海关长达半个世纪之久。烟台开埠后,清政府总税务司赫德派英国人汉南担任烟台海关第一任税务司。从此,烟台海关的管理权长期为外国人把持。青岛海关的管理权自然落到德国殖民当局手里。英国人、德国人取得协定关税,保护进口而阻碍出口,即中国的进口关税低而出口关税高,而且外国洋商和外国银行垄断了山东进出口贸易的品种、数量和价格。这无疑对山东工业产品在国内市场的销售是一个极大的损害。

从投资和融资的角度看,德国在山东取得特权后,依靠政府直接投资和银行贷款以及个人筹资多个途径筹措资金,在山东展开投资设厂活动。其融资数量是国内无法比的。譬如,德华山东矿务公司的两个煤矿资金额达1800万马克、金矿达400万马克,而此时山东机器局是当时最大的融资企业，其金额才达到70万两（见表7－9）。两者比较，其差距显而易见。德国靠资金优势抢占山东矿产的开采。

再从同时期山东产业工人就业的企业人数看，在外资企业包括煤矿、金属矿、机械、电业4个行业就业的人数是华资企业的57.26%，在扩充的轻工、铁路交通等行业，这个比例依然达到56.5%。单就从工人就业人数百分比，就可以看到外资企业处于优势，华资企业处于劣势（见表7－9）。其殖民地经济色彩浓厚是显而易见的事情。

第二，当时山东处在市场初期，全国范围内的平均利润水平尚未形成，地租和高利贷货币资本投入产业资本获利少，因而使产业资本家难以在市场上筹到款项。

民族工业要发展，必须具备一定的客观条件，如封建自然经济结构解体、统一的国内市场、平均利润的形成等。但是，农村中的封建土地关系仍占统治地位。地租收入、高利贷利益很高，这使一部分官僚、地主、商人把来自土地或高利贷的收入，在投入工业之后，却又常常再退回去转而从事土地或高利贷，不能完成向产业资本的转化。当市场初兴时，产业资本不能给地租、高利贷者优厚利润，他们就不愿意投资实业，因而使产业资本家难以在市场上筹到款项。

我们看到的现象是，1911年统计的民族资本经营的厂矿企业有66家，其中资本在1万元上的厂矿企业有18家，只占27.27%，不到1/3。[①] 在这样少的经营资本的情况下，购买新机器需要花去大部资金，使用新机器、学习熟悉技术也需要成本和时间，这样就使在建厂前一二年时间里盈利空间不大，甚至可能亏损。如果经营资本少的话，很难渡过这个艰难期。张裕酿酒公司和当时创办的一批烟草公司相继倒闭就是正反两个例子。张弼士资本雄厚，建厂第一年聘请好几个外国技师，但都没有解决技术问题。第二年改聘奥地利技师，又从葡萄选种引种方面把控原料的品质，终于解决问题。而当时建立的一批烟草公司，之所以很快倒闭，究其原因，一是资本金少，难以渡过技术难关；二是没有从原料上把控质量关；三是国外卷烟的倾销。换个角度讲，市场初期，中国非常缺乏懂市场、善经营的企业家。

第三，产品市场狭小，难以与外货竞争。

① 刘大可、张照东主编：《山东经济史（近代卷）》，济南出版社1998年版，第185页。

资本主义工业发展的基本条件之一,是要有广阔的不断扩大的国内市场与国际市场。就国内市场而言,鸦片战争以后,大量的商品输入和巨额的军事赔款,造成了大量白银外流。中国的手工业者和小农,大部分丧失了生产资料和自己的土地。但是这些生产资料和资金,并未能集中到中国的资本家手中。因此,失去土地的自耕农和失去生产资料的小手工业者,就不能转变为产业工人。

这种变化,使生产资料市场的扩大极为缓慢。至于消费品的国内市场,不仅不会不断地扩大,有时反而会缩小。另一方面,清政府把赔款转嫁给广大人民,从而使老百姓只有最低的购买能力。

即使是这种狭小的国内市场,大部分也被外国商品(包括进口的商品、外资在华所设工厂制造的商品)占去了,从而使本来十分狭窄的民族工业品市场变得更加狭窄。

第四,封建专制制度的束缚,加上沉重的捐税负担,使很多企业经营难以为继。

甲午战争后,清政府对工业的控制尽管有一定程度的松动,但实际上,专制制度、官僚机构与陈腐的传统,仍然束缚着民族工业的发展。民间投资兴办企业的要求,往往在各种传统势力的阻挠压抑下难以实现。1906 年至 1910 年,农工商部针对民间开设厂矿的请求,批示"应毋庸议"者可谓连篇累牍。尤其矿业部门,开矿要求"大半为官长所误"①。各种名目的捐税,也给民间资本的经营带来沉重负担。以煤矿税为例,名义上矿务章程规定,除纳出井税外,"其内地厘卡,概不重征",但事实上,"各省所收厘税,往往于出井、出口两项外,借词加征"。如中兴煤矿在归华商接办后,产煤 1 吨出井税不过 1 钱,而向各卡所纳的厘税则高达 3 钱 7 分,对此,当时的商部也不得不承认"部章几同虚设"②。沉重的税捐负担,严重影响了企业的经营效益,使企业无法有效进行内部积累,难以实现扩大再生产。

七、清末时期山东工业发展的轨迹与特点

清末时期(1876—1911),山东工业在行业结构、生产技术以及生产组织

---

① 《东方杂志》1906 年第 3 卷第 4 期。

② 山东清理财政局:《山东清理财政局编订全省财政说明书》第 5 册《岁入部 · 杂税》,1910 年,第 5 页。

形式等方面发生了巨大变化，特点也较为明显。

（一）清末时期山东工业的艰难发展

第二次鸦片战争后，随着烟台、青岛、济南等城市的相继开埠，山东与国际市场的联系加强。外国资本家在山东建厂矿、修铁路、设洋行，大量倾销商品，掠购土货产品，给山东传统的社会经济、工业造成强烈冲击。

1. 第二次鸦片战争至19世纪80年代的山东工业

第二次鸦片战争至19世纪80年代的山东工业，是在曲折艰难中向前发展的。

其一，在第二次鸦片战争后，英国逼迫清政府开放烟台口岸。烟台开埠之初，有少数英国、德国人借旅游考察之名，到山东境内收集矿产资源情报，随后就有少数英、美商人进入山东内地非法找矿、开矿，同时也开始了在烟台投资设厂的活动。到19世纪末，在烟台设立的外国公司达到26家，其中英国7家，德国4家，美国3家，法国2家，日本10家。这些公司除经营进出口贸易活动外，对工业也进行了一定的投资。

其二，19世纪60年代，在洋务派思想的影响下，时任山东巡抚的丁宝桢、张曜提倡创办新式企业。1875年由丁宝桢在济南创办的山东机器局，属于洋务派创办的军事工业之一。丁宝桢聘请了张荫桓、薛福辰、徐建寅、曾昭吉等中国一流技术人才到机器局任职，完全依靠中国自己的技术人才组织机器设备的安装，生产弹药枪支。它是晚清创办的比较有成就的一个中等规模的军工企业，也是山东第一家初步具有资本主义性质的近代企业。

其三，19世纪80年代初，洋务派开始在山东陆续创办民用企业。先后兴办的民用企业有电信事业和金属采矿业、煤矿开采业。在兴办方式上，采取了官办、官督商办和商办三种方式。其中，官办企业主要有天津电报局济宁分局、淄川铅矿、淄川煤矿等，官督商办企业主要有枣庄中兴煤矿、招远平度金矿等。其中，中兴煤矿是经营最有成效、影响最大的企业。这些企业相比较而言，官督商办企业规模较大，经营成效也较大。

其四，1897年11月，德国强行占领了胶州湾，并于次年逼迫清政府签订了《胶澳租界条约》。德国获得山东两条铁路的修筑权及铁路两旁15公里内矿产的开采权，为此德国政府特许组织了一个德华山东矿务公司。德华矿务公司在山东经营的煤矿包括坊子煤矿和淄川煤矿。这两家煤矿在当时成为外国资本在中国经营的著名煤矿。在全国煤矿中，德华矿务公司的机械化程度、资金和煤产量均有着突出的表现，并占有重要地位。该公司的煤产量超过了山东所有民营矿产量的总和。

其五，德国占领胶州湾后，将青岛开发为贸易市场和商品转运港为主要功能的现代港口城市，同时也关注青岛的工业投资和发展。德国殖民政府一方面拨付巨额财政预算，有针对性地建设一些急需的企业，主要有青岛造船厂、四方机车厂、青岛发电厂和青岛发电厂；另一方面鼓励德国企业界到青岛投资设厂，主要有青岛沧口缫丝厂、青岛啤酒厂和蛋粉厂。

2. 19 世纪 90 年代的山东工业

19 世纪 90 年代山东工业的曲折发展轨迹是：

其一，1901 年，清政府推出“新政”，鼓励实业发展，设立商部（1906 年又改为农工商部），建立制度，并推出对新式工业的提倡奖励措施。山东巡抚袁世凯及继任者依照清政府的“新政”，以“振兴实业为宗旨”，设立实业机构，定章规制，鼓励各种实业发展。“新政”时期，在山东官府的倡导和推进下，民间兴办企业的风气大盛，特别是在纺织、印染、榨油、缫丝、丝织、造纸、火柴、玻璃、酿酒等行业中相继出现了一批近代民用企业，促进了民族资本主义经济的发展。

其二，第二次鸦片战争后，外国资本和外国商品对山东传统社会经济的冲击更加猛烈，严重打击着山东原有的农村家庭手工业和城镇手工业，部分传统落后的手工业逐渐衰落；同时也有部分传统手工业诸如手工织布业、织丝业、榨油业等行业随着商品经济和外贸的需要有了一定的发展；并刺激了一些新兴手工业部门如草辫、花边、发网等部门的崛起，其中烟台花边花样质量上乘，屡获国际大奖，声名鹊起。

其三，1905 年至 1909 年这段时间，山东又出现创办实业、投资设厂的小高潮。其投资由最初的酿酒、纺织扩散到榨油、卷烟、火柴、制铁、电灯、电话、印刷等轻工行业，呈现全面开花的局面。其投资的城市也由沿海的烟台、青岛向内地扩散。据 1911 年不完全统计，民族资本经营的厂矿企业有 66 家，其中资本在 1 万元以上的厂矿企业有 18 家。最早使用机器生产的商办企业是张裕酿酒公司和华丰纩丝厂。张裕酿酒公司是广东华侨张弼士于 1895 年在烟台投资创办的，公司不仅有雄厚资本，而且注重从葡萄品种引种上把控原料的品质,其生产的白兰地酒获国际金奖,成为驰名中外的企业。

（二）清末时期山东工业发展的特点

纵观清末时期的山东工业,其民族工业的兴起和发展,经历了一个迂回曲折、艰难的发展过程,呈现如下四个特点:

1. 殖民地经济挤占了山东民族工业发展的空间

第一,1861 年,英国人罗伯特·赫德在上海担任海关总税务司,1863 年正式接替担任海关总税务司,直到 1908 年离职回国。英国人把持中国海关长达半个世纪之久。烟台开埠后,清政府总税务司赫德派英人汉南为烟台海关第一任税务司。从此,烟台海关管理权长期为外国人把持。青岛海关权自然落到德国殖民当局手里。英国人、德国人取得协定关税,保护进口而阻碍出口,即中国的进口关税低而出口关税高,再加上外国洋商和外国银行垄断山东进出口贸易的品种、数量、价格,这无疑极大地影响了山东工业产品在国内外市场的销售。

第二,从投资和融资的角度看,德国在山东取得特权后,依靠政府直接投资和银行贷款以及个人筹资多个途径筹措资金,在山东展开投资设厂活动。其融资数量是国内无法比的。譬如,德华山东矿务公司的两个煤矿资金额达 1800 万马克、金矿达 400 万马克,而此时山东机器局是当时最大的融资企业,其金额才达到 70 万两。两者比较,其差距显而易见。德国靠资金优势抢占山东矿产的开采。

第三,从同时期山东产业工人就业的企业人数看,在外资企业包括煤矿、金属矿、机械、电业 4 个行业就业的人数是华资企业的 57.26%,再扩充到轻工、铁路交通等行业,这个比例依然达到 56.5%。单就从工人就业人数百分比看,显然外资企业处于优势,华资企业处劣势。山东的殖民地经济色彩浓厚。

2. 山东工业结构发生了结构性的变动

清末时期山东手工业发生了手工业生产部门、手工业生产结构两个方面的变化。具体表现为:其一,在清末时期山东手工业生产部门中,一部分落后手工业衰落破产,一部分随着商品生产发展和外贸的需求有了一定的发展,还有一些适应外贸需要而刺激产生了新的手工业。其二,清末时期山东的手工业生产结构也随之发生了变化,原先那种耕与种、织相结合的经济体系开始分离,向耕与种、纺织和卖分离的方向发展。也就是说,农村手工业者不再是自给自足的小生产者,而是从市场上购买生产资料,生产的产品再卖到市场,逐渐向商品化生产转变,当时表现突出的就是棉织业和丝织业,其生产日趋商品化。与此同时,也随之产生手工业个体生产向手工工场的过渡。

3. 山东民族工业在艰难中兴起与发展

19 世纪 70 年代至 90 年代中期,主要是以官办和官督商办的形式创办山东机器局、淄川铅矿、淄川煤矿、招远平度金矿、中兴煤矿等重工业的企业。甲午战争后至辛亥革命前,虽有官办和官商合办的企业诸如德州机器局、博山陶瓷工艺传习所、博山玻璃厂等,但这一时期的主流是商人资本创办的诸如酿酒、纺织、榨油、卷烟、火柴、制铁、电灯、电话、印刷等轻工行业,并在 1905 年至 1909 年掀起了商人资本投资的小高潮。这时的民族工业企业,还只有少数能够通过自身的积累扩大再生产规模,多数则因其生产设备简陋、技术落后、资本不足,很快就停业倒闭了,因此处在发展的最艰难的时期。

4. 19 世纪末 20 年代初山东产业工人队伍诞生

山东产业工人队伍,是最先进生产力的代表,其纪律性、组织性、革命性最强,进而成为工人阶级的核心力量。但当时产业工人只有 3 万人左右,人数少,而非产业工人占绝大多数。1919 年,山东产业工人人数大约有 10 万,这在同期全国 200 万产业工人中所占的比例仍然是较低的,而山东非产业工人已达 70 万。

第八章　民国时期的山东工业

民国时期的山东工业，是近代中国经济的重要组成部分，同时它又为中华人民共和国成立后山东工业的发展奠定了一定的基础。本章着力从北洋军阀政府统治时期、国民党统治时期、日伪统治时期、山东根据地与解放区时期四个方面作较深入的阐述。

一、北洋军阀政府统治时期的山东工业

1912 至 1927 年的 16 年间，山东处在北洋军阀政府统治时期。这一时期，北洋军阀政府颁布了一批新的、奖励发展工商业的法规制度，客观上促进了全国新工业的勃兴。这个时期，山东工业发展比较迅速，表现为山东城镇设立机器工厂的数量、资本总额显著增加。其中，济南历年设立资本总额在 5000 元以上的工业企业 66 家，资本总额为 16439000 元。[①]这一数据，与辛亥革命前相比，仅济南一地就超过前 40 年（1870—1911）山东全省的总和。1914 至 1927 年间，青岛民族资本设立了 44 家企业（包括 1 家中日合办），除官办的四方机厂和另外两家资本未宣布外，41 家总资本为 7710010 元，5000 元以上的有 16 家。[②] 烟台、潍县、周村、济宁等地也有一定的发展。但 1925—1927 年张宗昌督鲁期间，战争人祸不断，山东工业发展速度有所下降。第一次世界大战后，日本取代德国在山东的侵略权益（1915—1927），开始大规模的在山东的投资设厂活动，加速了

---

① 数据来自何炳贤主编：《中国实业志 · 山东省》，民国实业部国际贸易局，1934 年，辛部，第 1—836 页统计表；孙宝生编：《历城县乡土调查录》，历城县实业局，1928 年刊，第 87—88、148—170 页统计表；周传铭：《济南快览》，济南世界书局 1927 年版，第 224—234 页统计表。

② 青岛市社会局编：《青岛工商业概览》，《青岛工厂概况表》，1932 年刊，第 15—39 页。

对山东工业经济的渗透。

（一）近代工业资本的构成及变化

中华民国建立以后，北洋军阀政府颁布了一批旨在推动新式工业发展的方案，如1912年12月5日的《奖励工艺暂行章程》、1914年的《公司条例》、1917年的《改订工业试验所章程》、1923年的《工厂暂行规则》，并采取了“机制货物减税特典”，以及对输出野蚕丝、纽带、发网、罐头食品免出口税，减轻草辫及地席出口税，举办工业品展览会，等等。[①] 北洋军阀政府颁布的这些奖励发展工商业的法规制度，客观上促进了全国新工业的勃兴。

随着北洋军阀政府保护、奖励发展工商业的法规制度的颁布实施，山东的官僚、地主、商人聚集游资，投资实业的越来越多，一批新式工厂在山东城镇迅速建立起来。据统计，1915年，山东大小936家工厂中，使用动力的已有121家，工人24774人。到1933年，济南一市的机器工业达20家，资本总额7191355元；半机器工业216家，资本总额1389100元。[②] 青岛的机器工厂达101家，总资本额226530元。其他如烟台、潍县、周村、济宁、泰安、临清、威海等城市，也建有数量不等的新式工厂。同时，山东新式手工工场、作坊也有较大的发展。需要指出的是，在民族资本迅速发展的同时，此时外国资本几乎垄断了山东大部分重要工业。

这一时期的山东工业有了比较快的发展，加之外资的快速入侵，从而引起了山东工业资本在其构成上也发生了显著的变化。山东工业资本主要由三部分组成：官僚资本（含有官商合办资本）、民族资本、外国资本。

1. 官僚资本（含有官商合办资本）

山东工业兴起于洋务派创办的军事企业。1875年，山东巡抚丁宝桢创办了山东机器局，采用机器生产。民国以后，山东机器局先后更名为山东兵工厂、济南新城兵工厂，产品仍以军火为主，属于官办企业。1929至1937年间，又更名为济南兵工厂，除造枪弹、火药外，还制造飞机、炸弹、手榴弹、导火索等。

---

① 祝慈寿：《中国近代工业史》，重庆出版社1989年版，第397—400页。

② 何炳贤主编：《中国实业志·山东省》，民国实业部国际贸易局1934年版，丁部，第19—20页。

中兴煤矿由商办改为官商合办后,得到了快速的发展。进入民国后,中兴煤矿大胆聘用各类人才,引进德国先进设备,初步尝试机械化采煤。机械化的运用,使中兴煤矿的生产规模不断扩大,仅1913年和1914年两年就产煤45.8万吨。1915年2月,中兴煤矿南井发生特大透水和瓦斯爆炸事故,近500名矿工死亡。中兴煤矿遭受重创。1916年,中兴煤矿公司在天津召开董事会,设总公司于天津,设总矿于枣庄,推举军政要人徐世昌为董事长,戴绪万为驻矿经理。徐世昌等军政要人被吸纳为股东,使中兴煤矿公司壮大了声势,增强了实力,终于使其得以东山再起。中兴煤矿公司遂利用各种关系"联络南北股东,增加资金",数年间,股金扩至750万元,生产规模扩大,效益也随之大增。中兴煤矿公司尝到了借助军阀和大财阀的甜头,在以后几年间,不断地改组董事会,吸纳军阀和财阀做靠山。从1916至1925年累计当选为董事和监事的26名大股东中,大官僚大军阀就有15人。先后担任中兴煤矿公司董事会会长的是徐世昌、黎元洪两位总统;董事和监事中有周自齐、朱启钤、赵尔巽等6位部长、省长以上的大官僚;全国著名军阀张作霖、张学良、张勋、张怀芝、倪嗣冲和大银行家任振采、陶湘,都是中兴煤矿公司的大股东。① 正是由于这么多的高级军政要员做股东,中兴煤矿公司在不到10年的时间得到了迅速的扩张。从1921年到1924年,公司又建成北大矿井,还增开了山家林、陶庄、汤庄、佟楼、韩家岭等小矿井多处。到1924年年底,中兴煤矿公司已拥有2座新式大井和140余座小井,年产煤炭83.7万吨;拥有近百座炼焦池,年产焦炭1.6万吨;拥有分销厂、栈20余处,有自办铁路和运煤船舶。此时,中兴煤矿公司已成为当时仅次于抚顺煤矿(日资)、开滦煤矿(中英合资)的中国的第三大煤矿。之后,公司又经历了1926年至1930年的衰落期,1931年又得到快速恢复和发展。1932年产煤99.1万余吨,超过了历史上最高年产量。1933年闯过了年产百万吨大关,1936年年产达到了173万吨,创造了历史上的最高年产水平。②

民国以后,官僚资本有所发展,其所办的企业集中于矿产、水电、电信、铁路、军工等方面,但总体来说发展规模不大。如1915年设立的沂水金矿

① 贺荣第编著:《枣庄矿区斗争》,中共党史出版社2005年版,第25页。
② 贺荣第编著:《枣庄矿区斗争》,中共党史出版社2005年版,第32页。

局,资本8000元,1916年产金1200两。德县兵工厂,总动力为586马力,年耗煤9000吨。津浦铁路机器厂(济南),总动力898马力,年耗煤1869吨。[①] 另外,1923年8月,中日合办的鲁大公司在天津成立。中方投资入股者多为山东籍的京津籍遗老及军阀、政客、官僚,如靳云鹏、张怀芝、王占元、潘复等人。

总体来讲,官办、官督商办、官商合办企业在市场兴起的初期有其官方经济资源以及政治资源的优势,但不管是军用产品还是民用产品都不是按市场需要组织生产和销售的。因此,其经营存在着严重的缺陷。生产经营管理往往不能遵守商品生产的规则,管理上人浮于事,冗员充斥,产品不计成本且与市场脱节,运营资金不是来源于市场销售,而是依靠财政接济。至于官督商办及官商合办企业,也避免不了政府的干预。结果,多数企业成立不久即面临资金枯竭的局面,支撑不了几年便停歇关闭。民国建立以后,官办企业虽然有一定的发展,但相对民族资本来讲已经不是主流。

2. 民族资本

民族资本在民国后有了较大的发展,商人资本成为工业投资的主体。特别是第一次世界大战时期,再加上北洋政府推行鼓励和奖励新式工业发展的政策措施,山东民族工业十分繁荣。民族资本投资主要集中于与民生相关的轻工行业,新设立工厂不仅数量增加,而且资本总额也迅速扩大。这些民族资本企业主要集中在济南、青岛、烟台、潍县、周村、博山等城镇,各地资本企业形成各具特色的行业。

济南在1912至1927年的16年间,新设立企业66家(见表8-1),总资本额为1845.6万元。其中,面粉业10家,资本额520万元,占总资本额28.2%;其他饮食业64家,资本额548.8万元,占总资本额的29.7%;棉纺织业39家,资本额240.9万元,占总资本额的13.1%;其他编织业49家,资本额207.5万元,占总资本额的11.2%。以上四业的资本额占总资本额的82.2%,面粉和饮食业两项就占57.9%。同时,在化工、机器五金、造纸印刷、建筑材料、卷烟等业也有工厂设立。

---

① 《中国年鉴1924》(第一回),上海商务印书馆1924年版,第1438—1439页。

表 8－1　济南民国前期(1912—1927)历年所设 5000 元以上民用工业一览表①

年份	企业名称	资本额(千元)	产品	备注
1912	济南蓄冰公司	8	冰块	
1913	兴顺福铁工厂	150	机器	
	郭天成铁工厂	5	轧花机、布机	
	南洋兄弟烟草公司	500	纸烟	
	济南胜绍公司	20	鲁烟	
	上海食品公司	200	食品	
	美业烟卷公司	10	卷烟	
	兴顺福面粉厂	50	面粉	1920 年初停业
1914	振业火柴公司	500	火柴	
	大东制帽公司	300	草帽	
	胶东制革厂	6	鞣革	
1915	兴华造胰厂	40	肥皂	
	义昌永	5	地毯	
	鲁丰纱厂	220	棉纱	
1916	丰年面粉厂	1000	面粉	
	庆年公司	5	机制挂面	
1917	恒丰铁工厂	30	机器	
	天成水	20	地毯	
	普利玻璃工厂	30	灯壶、灯罩	
	泰康食品公司	10	罐头、糕点	
	兴顺福碱料公司	20	洋碱	
	中国精益眼镜公司	70	眼镜	
	东元盛漂染厂	10	染布	1916 年由周村迁济南
1918	茂新面粉工厂	500	面粉	
	惠丰面粉厂	300	面粉	
	中华魁料器厂	40	玻璃瓶、灯罩、灯壶	
	济新砖瓦公司	15	洋式砖瓦	

① 数据来自何炳贤主编:《中国实业志・山东省》,民国实业部国际贸易局,1934 年,辛部,第 1—836 页统计表;孙宝生编:《历城县乡土调查录》,历城县实业局,1928 年刊,第 87—88、148—170 页统计表;周传铭:《济南快览》,济南世界书局 1927 年版,第 224—234 页统计表。

续表

年份	企业名称	资本额(千元)	产品	备注
1919	华兴造纸厂	1000	各种纸张	
	普利工厂	32	洋式砖瓦	
	济丰工厂	20	砖瓦	
	裕兴染料公司	100	煮青	
1920	溥益糖厂	5000	糖、火酒	
	民安面粉厂	1100	面粉	
	全盛铁工厂	5	轧花机、切面机	
	益华烛皂厂	5	肥皂、洋烛	
	厚德贫民工厂	46	面粉袋	公立民用企业
1921	成丰面粉厂	1000	面粉	
	恒兴面粉厂	400	面粉	
	华庆面粉厂	500	面粉	
	正利厚面粉厂	200	面粉	
	齐鲁铁工厂	40	锅炉、引擎、造胰机、印刷机	
	义和东	15	洋式砖瓦	20世纪20年代初停业
	丰华针厂	100	针	
	合盛祥榨油厂	30	豆油	
	新民织布厂	5	布	
1922	大业制革厂	5	皮革	
	德昌工厂	2000	地毯	
	北洋料器厂	7	玻璃器皿	
	山东印刷公司	200	印刷书刊报纸	
	乐山森林公司	5	造林、木材	
1923	同丰面粉厂	2000	面粉	
	和祥工厂	5	肥皂、洋烛	
	履丰织袜厂	100	洋袜	
	济新公司	15	洋灰	
	陆大铁工厂	5	柴油机、旋床、凹泥船	

续表

年份	企业名称	资本额(千元)	产品	备注
1924	东裕隆榨油厂 瑞兴和丝边厂 裕顺窑厂	100 10 25	花生油 丝边 砖瓦	
1925	恒兴永制革厂 大兴窑厂	10 30	皮革 洋式砖瓦	
1926	裕昌窑厂	30	洋式砖瓦	
1927	绍兴南酒厂 泰华烛皂厂	5 5	烧酒、黄酒 洗衣皂、洋烛	
不详	裕华发网公司 德昌发网工厂 达隆发网工厂	5 5 10	发网 发网 发网	

青岛在1914年德国势力垮台后至1927年的14年间,新设立的企业44家,资本总额在771万元左右。其中,纺织类6家,资本额272.37万元,占总资本额的35.33%;饮食品工业4家:1家盐厂,1家冻粉厂,2家油坊,共计352.8万元,占总资本额的45.76%;电气印刷工业8家(1家电气公司为中日合办,从事电力和全市电力输送业务,余下7家皆为印刷企业),资本额为105.245万元,占总资本额的13.65%;机器工业类20家,有两家不详,可考18家,资本额3.886万元,占总资本额的0.504%;化学工业4家,资本额36.7万元,占总资本额的4.76%。纺织和饮食业投资额占总资本额的80.1%。

表8-2　1918—1927年青岛民族资本历年开设工业企业一览表①

年份	企业名称	资本额(银元)	备注
1918	永记窑厂	5000	

① 数据来源于青岛市社会局编:《青岛工商业概览》,1932年刊,第15—40页"中国工厂概况表";何炳贤主编:《中国实业志·山东省》第八编"工业"各有关部分;《胶济铁路经济调查报告分编·青岛市》第12—18页;杜恂诚:《民族资本主义与旧中国政府》(1840—1937)附录"历年所设本国民用工矿、航运及新式金融业一览表(1840—1927)";《胶海关十年报告》(1922—1931)。

续表

年份	企业名称	资本额(银元)	备注
1919	新华纱厂	2700000	一战前已购买了厂房和部分机器设备,初办资本120万元
	协泰工厂	600	
1920	新业玻璃厂	2000	
	东益工厂	10000	
	复记工厂	1500	一说资本额20000(银)元
	同合工厂	1800	一说资本额10000(银)元
	同文印刷厂	800	
1921	通盛公工厂	1300	
	鲁东工厂	15000	
	同合窑厂	800	
	元祥泰窑厂	不详	
1923	裕记工厂	1500	
	盛记工厂	500	
	胶澳电气公司	1020000	
	新华印刷局	2850	
	胶东印刷局	3000	中日合资、日方资本未计
	永裕精盐厂	3200000	
1924	恒兴面粉厂	300000	
	朱同兴工厂	1000	一说成立于1929年
	茂源油坊	5000	
1925	协成工厂	2000	
	同心恒工厂	300	
	荣发工厂	1400	一说资本额4400(银)元
	协兴工厂	1860	一说资本额4000(银)元
	义和工厂	400	
	文生东印刷厂	1000	
	贯华冻分厂	20000	一说资本额300000(银)元

续表

年份	企业名称	资本额(银元)	备注
1926	振业工厂	150000	一说资本额300000(银)元
	华北工厂	200300	
	德聚成工厂	300	
	益和昌工厂	500	一说资本额40000(银)元
	公聚窑厂	不详	
	德昌工厂	1500	
	中华印刷厂	10000	
	福昌印刷厂	7000	一说资本额14500(银)元
1927	新大纶工厂	20000	一说资本额30000(银)元
	兴记工厂	100	
	源盛炉工厂	700	一说资本额3000(银)元
	长顺工厂	800	一说资本额5000(银)元
	义聚盛工厂	1500	一说资本额3000(银)元
	华昌大印刷局	7800	
	海丰油坊	3000	一说资本额6000(银)元

烟台工业的进步与发展,主要表现为棉纺织业、面粉业、火柴业、罐头食品业、钟表业、酿酒业、烛皂业、精盐业、电业等一批近代化工业行业的兴起和发展,以及一些传统手工业,如发网、花边、丝织、榨油、砖瓦等行业的技术革新与改造,或采用机器生产等方面,其中有的行业诸如酿酒、钟表、精盐、罐头等制品、品牌及技术,居省内乃至国内领先地位,享誉国内外。①

1919年前,潍县只有坊子电灯公司,1920年以后,潍县的近代工业有了迅速的发展,初步统计有30家。但这些企业的布局是围绕土布业而形成轧布、漂染乃至铁工业的发展。因此,以土布为轴心的工业格局,随着机器大工业特别是近代棉纺织业的发展,是很难维持其发展势头的。

① 王守中、郭大松:《近代山东城市变迁史》,山东教育出版社2001年版,第529—530页。

表 8 - 3　　民国前期潍县华资机器工厂工业一览表①

年份	企业名称	资本额（千元）	主要产品	年总产值（千元）
1918	坊子电灯公司	30	电	不详
1920	华丰机器厂	88	织布机、灌田机、弹棉机、柴油发动机	210
1922	裕鲁颜料工厂	100	颜料	340
1923	潍县电灯公司	100	电	不详
	鸠鲁轧布厂	3	布匹	6
1925	洪丰铁工厂	55	织布机、水车、弹花机	146.2
1927	兴中铁工厂	7	织布机、水车	20
	阜丰铁工厂	5	织布机、水车	16.25
1929	天丰铁工厂	16	织布机、水车、弹花机	65.1
	新华铁工厂	2	织布机、水车、弹花机	33.55
	利丰工厂	1.4	织布机、水车、弹花机、榨油机	8.88
	华胜东轧布厂	4	布匹	5
	隆丰轧布厂	7	布匹	6
1930	蚨丰铁工厂	10	织布机、水车、弹花机	38.05
	大华染厂	100	阴丹士林布、爱国布等	不详
	德信亨工厂	8	各种布匹	55
	裕生轧布厂	2	布匹	4
20 世纪 30 年代初	中和兴面粉厂	6	面粉	不详
	潍东面粉厂	5	面粉	不详
1931	永聚铁工厂	4	织布机	10.5
	惠丰火柴公司	40	火柴	90
	鹤丰烟草公司	57	卷烟	13523.5
	统立轧布厂	8.2	布匹	9

① 资料来源：《胶济铁路经济调查报告分编·潍县》，第 9—13 页；何炳贤主编《中国实业志·山东省》，民国实业部国际贸易局，1934 年，辛部，第 529、645 页；《潍城区志》"大事记"第 1912—1932 年部分。

续表

年份	企业名称	资本额（千元）	主要产品	年总产值（千元）
1932	大丰铁工厂	10	织布机、水车、弹花机	18.55
	元聚工厂	62	各种布匹	不详
	信丰染印公司	120	各种布匹、褡裢绒、法兰绒	870
	平民工厂	6	各种布匹	5.14
	华东面粉厂	5	面粉	不详
	华东制革厂	5	皮革	24
不详	实业花边工厂	不详	妇女饰用花边	不详

周村在民国以后新设立的机器工业企业有 16 家（见表 8－4），地方特色尤其突出。其中 4 家机器缫丝厂，至 20 世纪 30 年代初，为山东境内中国人自己仅有的 4 家缫丝厂，因而周村成为近代山东机器缫丝业中心。4 家机器榨油厂，所用原料为豆类。依当地习俗，重饼不重油，厂家都在春秋两季需豆饼下田施肥之时开工，其他时间不生产。2 家轧绸厂，为丝绸生产和贸易服务，“以代客轧绸为主”，兼做轧布生意，成为山东境内 3 家机器轧绸厂的主力。4 家染厂，为山东机器染厂家数的一半，其业务与济南、潍坊两地漂染布匹不同，“以染丝麻织品为主”，为本地丝织业服务。① 其他还有 1 家面粉厂和 1 家电器公司。

表 8－4　　民国前期周村民族机器工厂工业一览表②

年份	企业名称	资本额（千元）	主要产品	年总产值（千元）	备注
1912	安昌缫丝厂	100	丝	不稳定	原名恒兴德缫丝厂
1920	同丰缫丝厂	100	丝	不稳定	
	周村电气公司	140	电	52.25	1923 年前隶属同丰丝厂
1924	元丰缫丝厂	15	丝	不稳定	

① 何炳贤主编:《中国实业志·山东省》,民国实业部国际贸易局,1934 年,丁部,第 145—147 页;辛部,第 559—562、591—592 页。

② 资料来源:何炳贤主编《中国实业志·山东省》,民国实业部国际贸易局 1934 年版,丁部,第 146—147 页;辛部,第 55—58、163、206、425、436、559—562、593、771 页;子部,第 137 页。

续表

年份	企业名称	资本额（千元）	主要产品	年总产值（千元）	备注
1928	鸿昌油坊 东和益轧绸厂	18 5	豆油、豆饼 绸	50766 5	
1929	恒丰油坊	10	豆油、豆饼	11.2	
1930	新记缫丝厂 三合涌油坊 新民染厂 新华染厂	60 28 5 5	丝 豆油、豆饼 布 布	不稳定 17.933 5 6	
1931	丽新轧绸厂 人和染厂	2.5 2.4	绸 布	1.5 3	
1933	东和染厂	4	布	2.5	
不详	民丰面粉厂	20	面粉	24	1932 年前为福春恒粉厂

中华民国建立以后，济宁一度出现了兴办近代工业的高潮，“自济宁电灯公司、电话公司、济宁面粉厂、同济蛋粉厂、义昌蛋粉厂、华纬织布工厂、济美织布厂，成绩良好，由是绅商各界咸知工业之利益，而思有以提倡之”①。但由于之前提倡和参与甚至动用权力准备扶植这里发展的官僚相继失势，20 世纪 20 年代济宁近代工业的发展便陷入停滞甚至衰落状态，截至 30 年代初，几经波折，最终坚持下来的大型近代机器企业有：济丰宝面粉公司、济宁电灯公司、振业火柴分公司、天成蛋厂、同兴祥蛋厂及济宁电化分公司数家。

博山在民国以后，民族资本投资采煤、陶瓷、玻璃三业的热情高涨，由此形成了博山的三大特色产业。

(1)采煤业。自清末起，博山就有中国人机器开采煤矿者。1914 年，北洋军阀政府颁布了矿业条例，提倡和鼓励民间开矿发展实业，博山开始出现“注册领照之较大煤矿公司”。此后，适逢第一次世界大战期间，“煤价高涨，各矿获利颇厚”，刺激了办矿热潮的兴起。截至 20 世纪 30 年代初，博山

① 林修竹：《山东各县乡土调查录》，山东省长公署教育科 1920 年刊，第 2 卷第 67 页。

先后组建煤矿公司79家,其中22家组建于第一次世界大战期间,12家组建于一战后至1922年胶济铁路收回之前,余下45家则均成立于1923至1930年间,由此可见博山采煤业20世纪20年代就进入大发展的时期。同时,各煤矿公司的采掘经营方法也日渐改进,大多数已用机器升降。其中"博东""悦升"两大公司最为先进。两公司资本额分别为150万元、140万元,设备齐整,在采掘、组织管理、营运各个环节,"一切都是新式的",已经发展为现代矿业企业。1930至1931年间,博山采煤业达到极盛,年产80万吨左右。1932年之后,博山采煤业逐渐进入萧条期。①

(2)陶瓷业。博山的陶瓷业于20世纪20年代末至30年代初也达到最盛时期。据《中国实业志·山东省》记载,"民国以来,人民对于地方实业,渐知提倡振兴,博地窑户,争相改进,加以欧战期间,外来货物顿塞,国货聚见畅销,博山窑业,大有起色"②。至1930年,共有窑190座,窑工6000多人,产值几近百万元,产品销往东北、华北各地及河南、江苏一带。

(3)玻璃业。玻璃业包含玻璃和料器两业。民国以后,博山玻璃业随着兴办实业热潮而兴起。原先于1911年停办的博山玻璃公司的工人,"本其所学,在西冶街一带设厂制造",虽然规模小,无新式设备,但因第一次世界大战期间,"外资几绝",为博山平面玻璃生产的发展提供了机遇,一时设厂达到二三十家,炼炉180余座,每年输出额达1.3万余吨。一战结束后,外货充斥市场,再加上生产缺乏创新,质量欠佳,产品销路日滞,至1933年,仅有4家维持开工,年产值6.3万元,约为全盛时期的1/5。博山玻璃业另一分支——料器,其生产的基本原料与玻璃相同。除了碱、硝石等辅助材料需进口,其余基本原材料像白药、紫石、沙石末、石灰石、菱石、铁石等,全部产自当地或邻近地区,只是料器在制作玻璃溶液的基础上,进行各种定型加工,或加以绘画和上色,尚需颜料或铜、铁、铝、蓝矾等矿物质。总体来说,除玻璃丝外,其他如灯罩、灯壶、台灯、文具、各类陈设品、念珠、鼻烟壶等,工艺稍微复杂,但市场广阔,销路顺畅,20世纪20年代初,出品总产值达20万元。至30年代初,各种原因导致各厂营业不如昔日之盛,虽然"研究改良,

① 何炳贤主编:《中国实业志·山东省》,民国实业部国际贸易局,1934年,丁部,第181—189页;《胶济铁路经济调查报告分编·博山县》,文华印刷社,1934年,第13页;《续修博山县志》卷七,第18—23页。

② 何炳贤主编:《中国实业志·山东省》,民国实业部国际贸易局,1934年,丁部,第165页。

未或稍懈。恢复旧观,当非难事”①。

1912年至1927年山东各地民族资本企业发展状况,表现出两个明显的发展趋向:

一是民国初期中小资本主要集中投向机会成本比较低的行业,即对中低档次产品有广泛需求的制造业,技术构成和生产工艺相对简单、产品技术含量低的劳动密集型行业,资本构成较低、设备投资较少、资本化程度不高的行业。这些行业的中小企业的投资规模和水平与当时私人资本的积累水平相当,固定资本往往只有几万元,甚至数千元,生产设备简陋,加工过程使用大量的人力劳动,产品只是对舶来工业品的低层次仿制。但是,由于市场对低档工业品存在着广泛的需求,这些企业的产品成为最初的进口替代商品,如火柴、机器制针业、“土制棉纱”等,同时企业经营也为商办工业发展积累了经验。

二是20世纪二三十年代大中资本工业投资出现了集中化和投资主体多元化的倾向,公司制、股份制成为当时兴办大企业采用较多的资本组织形式。民国以后,工业投资主体先是集中在面粉、火柴工业,而后是在染料、纺织工业中,并普遍采用股份有限责任公司的资本组织形式。例如,采用股份制的振华火柴厂有济南、青岛、济宁三家分厂,股东投资总额100万元,产量相当于十几家小厂的总和;而化学染料煮青的产量则集中在裕兴、裕鲁两家股份制工厂。与此同时,投资主体也随之出现多元化的现象。例如,由张采丞创办的华庆面粉厂股份有限公司,股东总数超过180人,在40万总股本中,有1/3为商人投资,另外2/3为农村富商出资,而出任董事长的张采丞本人的股份只有60股(每股面值100元)。成立于1933年的济南成通纱厂,总股本15000股(每股面值100元),共有股东409人,由苗杏村代表的苗氏资本占股本总额的60%,其余40%的股份则由人数众多的小股东持有。另一纱厂——济南仁丰纱厂,股本总数为2万股,投资股东多达341人。近代股份制企业的发展,不仅促使企业规模扩大,生产水平提高,同时对山东工业的进一步发展产生重要的影响。这种影响主要表现为:它为增量资本投资工业提供了渠道;实现了投资者与经营者某种程度的分离,使企业的经营可

① 《胶济铁路经济调查报告分编·博山县》,文华印刷社,1934年,第14—15页;何炳贤主编:《中国实业志·山东省》,民国实业部国际贸易局1934年版,丁部,第515—520页。

以更多地由懂技术和管理的人负责;为工业生产向集中化发展提供了条件。①

3. 外国资本

在近代工业化进程中,外国资本一直在工业资本构成和工业生产中占据举足轻重的地位,尤其是像青岛殖民化程度严重的口岸城市,外国资本更是占据优势。

民国以后,外国资本几乎垄断了山东大部分重要的工业部门。德国入侵山东后,在铁路、煤炭、电力等方面大量投资设厂。尤其是日本趁第一次世界大战之机以武力入侵山东后,接收德国在山东的铁路、矿山及资产的经营权,并在青岛设立了一批工业企业。据统计,外资于 1915 至 1927 年间在青岛先后设立并一直维持生产的工业企业有 37 家(设立年代不详者未统计),其中日本 31 家,占绝对优势,美国 3 家,英国 2 家,德国 1 家,资本总额为 7590.1 万元(资本不详者未计),日资企业为 7576.1 万元,为同期开办的民族资本企业资本总额的 9 倍多。②

37 家外资企业,不但涉及所有重工业门类,有的甚至独占鳌头,而且大多资本雄厚,规模宏大,技术设备先进。

纺织类 8 家,其中日本棉纱厂 6 家,资本总额为 6898 万元,内外棉纱厂为山东机器棉纺工业中最大的一家,资本、设备也独占鳌头;丝厂 1 家,独步青岛丝织业;德国地毯厂,资本额不详,在青岛地毯业一枝独秀。

化学工业 6 家,均为日资企业。其中染料厂 1 家,资本额 6 万元;火柴厂 4 家,资本额共计 122 万元,1916 至 1926 年间,基本垄断青岛火柴制造业;造胰厂 1 家,资本 3 万,为本期青岛唯一一家制造肥皂厂家。

铁器、木器制造及砖瓦等业,包括铁器制造、机件修配,以及使用机器制造砖瓦、木器、火柴原料、油桶等企业,共计 10 家,其中日资 8 家。铁工厂 4 家,资本额总计 3.6 万元,以生产各种铁器为主,兼修配机件,虽说无足称道,但与同行业民族资本企业相比,4 家企业平均资本额 9000 元,也算规模较大的;木料及火柴秆厂 1 家,资本 24 万元,同行业民族资本也难望其项背;砖瓦窑厂 2 家,资本额未宣布,无从考证。另外 2 家为美国的

① 庄维民:《近代山东市场经济的变迁》,中华书局 2000 年版,第 490 页。

② 王守中、郭大松:《近代山东城市变迁史》,山东教育出版社 2001 年版,第 476—477 页。

美孚石油公司和德士古石油公司，分别于 1915 年和 1921 年设立制桶厂，专门压制白铁皮高立方形油桶，每桶容量 5 加仑，专用制桶工厂的资本额及年产量不详。

印刷业 5 家，均为日资开设，资本额共计 6.5 万元，最高的青岛印刷株式会社资本额为 4 万元，最低的东洋印刷所为 2000 元，平均资本额 1.3 万元，为民国前期同行业民族资本所不及。

食品及烟草工业有 8 家，其中日资开设 5 家。其中，1 家制冰公司，属总部设在大连的分公司，资本额不详；1 家烟草公司，资本额 50 万元，与英国一家公司垄断青岛制烟业；1 家油坊，资本额 100 万元，为青岛无论民族资本还是外资同类企业的魁首；1 家面粉公司，资本额 50 万元，1 家啤酒公司，资本 100 万元，分别独占本期青岛机制面粉和啤酒制造业。另外 3 家，有美国资本开设的油坊 1 家，资本额 8 万元；英国资本开设的培林蛋厂和大英烟厂各 1 家，蛋厂资本额 6 万元，烟厂资本额不详。

综上可见，1915 年至 1927 年间，青岛外资所设工业企业无论从家数还是资本额方面看，日本都占据了绝对优势，欧美资本有据可查者 4 万多元。很显然，日本几乎垄断了青岛大部分重要的工业部门。20 世纪 30 年代，外资工厂尽管在面粉、机械、染料等行业有所退缩，但在纺织、卷烟、榨油等行业的资本和生产规模仍数倍于华商企业。

外国资本经营的工业企业拥有雄厚的资本和先进的技术设备，在竞争中处于优势，其产品在许多行业占有相当大的市场份额，形成一种限制阻碍民族工业发展的市场垄断力量。外国工业资本不仅拥有资本、技术上的优势，而且还享有不平等条约所给予的种种特权，而民族资本则缺乏必要的关税保护，缺少必要的政治和经济上的支持，在当时恶劣的经营环境条件下，许多企业往往一开始便落入不利的境地，在竞争中遭受严重的挫折或失败。但我们也应看到，外国资本在开埠城市大量投资，并兴建一系列市政设施，一方面强化了他们对投资地的控制和影响，另一方面也间接为民族工业的发展提供了基础条件。①

① 庄维民：《近代山东市场经济的变迁》，中华书局 2000 年版，第 490—491 页。

（二）近代工业的结构与规模

在市场需求和资本结构变化的影响作用下，随着工业企业的不断增加，20 世纪 30 年代中期，加工制造业体系的雏形基本形成。新兴工业的基本结构由棉纺织、丝纺织、农产品加工、化工、机械制造五个行业构成，另外能源工业中的煤炭、电力也有所发展，水泥、造纸、制糖、造碱等制造业只有个别企业，没有形成行业。

在这一新兴的工业结构中，整体上来讲工业化水平较为低下，各工业部门的发展极不平衡。就以 1933 年为例，在山东工业总产值中，食品行业产值占 54%，纺织工业占 29%，重工业部门产值只占 17%。① 显然轻工业部门比例极大，重工业部门比例极小。

就企业布局结构而言，企业多数集中于日用消费品生产领域，生产资料部分的发展极为缓慢，多数企业只能生产技术档次低的日用消费品，能够生产生产资料的重工业企业为数甚少，而作为工业基础的钢铁、重化工等部门则基本是空白。基础工业发展的滞后，使得机器、火柴、橡胶、染料工业生产所需原料基本依靠从国外进口，企业主要机器设备和技术工艺也需从国外引进。

就地域分布结构而言，近代机器工业主要集中在济南、青岛、烟台、潍县等少数几个开埠城市。这种集中与上述城市商人资本的发展有关——新型企业的创办者多为靠贸易起家的城市商人，他们对投资工业有着浓厚的兴趣；另外，也与开埠城市的基础设施相对完善有关，因为城市是交通、商业、金融与资本汇聚的中心，聚集了大量廉价自由的劳动力，原料、技术易于获得，产品也易于销售。

就企业设置规模而言，1912—1927 年的 16 年时间，济南历年创设资本额在 5000 元以上的工业企业 66 家，资本总额为 16439000 元。其中，1912 年至 1923 年新设立企业逐年增加，如 1914—1918 年第一次世界大战的 5 年间，新设企业 19 家，资本总额 310 万元；第一次世界大战后 1919—1923 年的 5 年间，新设立企业 28 家，资本总额 1200 余万元，新设企业比第一次世界大战期间的 5 年多了 9 家，资本总额则接近前 5 年的 4 倍。1924 年以后，由于张宗昌祸鲁、国内战乱、交通梗阻而使民族工业急剧下降，新设企业

① 陈新岗、张秀娈：《山东经济史》，山东人民出版社 2011 年版，第 256 页。

家数明显减少,资本额也大不如从前。这期间,青岛设立民族企业44家,其中41家资本总额达7710010元。

20世纪30年代前期,城市机器工业的规模有了成倍的增长。据1933年不完全统计,济南共有机器、半机器工业企业236家,资本总额858万元,年产值809.6万元;潍县有机器工厂30家,资本总额99万元,产值219万元;烟台有机器工厂13家,资本总额385.6万元。[①] 同期,青岛机器工厂共有200多家,分布于40余个行业,其中华商工厂160余家,资本总额1300余万元;外资工厂50多家,资本总额8200余万元。

近代工业企业集中于纺织、丝织、农产品加工、化工、机械制造五个行业,基本形成了加工制造业体系的雏形。由于新式企业广泛采用机器生产,以蒸汽、电气或石油为动力,从而带动了煤炭、电力和石油的开发建设。20世纪20年代,青岛、济南、烟台、潍县、济宁、威海、临清、泰安等13个城市,先后建起了16座发电厂。[②] 同时,也进一步促使农产品商品化。如新的大型纺纱厂陆续在青岛、济南等地建立,各厂所用棉花的需求量每年达到1146510担,大都来自山东黄河流域的产棉区,有力地推动了山东棉花种植面积的扩大和棉种的改良。当时北洋军阀政府和山东当局,曾多次引进美国棉种在山东、河北两省黄河流域试种,山东当局并于1918年在临清设立了省立第一个棉种试验场,专门从事自美国引进棉种的试种和育种事宜。1926年,又在齐东县设立了省立第二棉种试验场。其间,北洋军阀政府也在山东设立了三处棉种试验场。在各级政府的推动下,山东的棉花种植面积不断扩大,品种得到改善,除为山东各纱厂提供了大批优质棉花外,还陆续有部分出口。[③]

开启于清末的中国近代工业化进程,受到传统经济和近代市场变迁因素的双重影响,形成了近代工业和传统手工业并存的"二元结构"。在纺织、印染、丝织、农产品加工、化工、机械制造等行业,近代工厂与传统手工作坊并存,机器制造与手工制造并存,在部分行业,供需之间甚至表现为一种相

---

① 何炳贤主编:《中国实业志·山东省》,民国实业部国际贸易局1934年版,丁部,第19—20、66、86—87页。

② 何炳贤主编:《中国实业志·山东省》,民国实业部国际贸易局1934年版,丁部,第19—20、66、86—87页。

③ 王守中、郭大松:《近代山东城市变迁史》,山东教育出版社2001年版,第651—652页。

互依存的关系。如机器纺纱业的产品大部分供应给手工织布业,而机器印染业的原料则来自于手工织布业,机械制造业为手工业提供改良织机和提花机,而染料工厂的大部分产品实际提供给了手工染坊。

在二元结构下,中国产业改革沿着两条路径发展:一条路径是手工业受到近代工业的影响,逐步改进生产工具和采用新工艺。如织布业中脚踏铁轮机对抛梭木机的替代,榨油业中楔式榨机向螺旋式榨机的过渡,缫丝业中脚踏缫机和小框缫丝部分替代手摇缫机和大框缫丝,织绸业中加柯尔提花机取代旧式木机,等等。这一方向的改进,是传统制造业适应市场变化所做出的反应,也是手工业在经受进口商品和国内工业品的冲击后,仍能生存甚至有所发展的重要原因。另一路径是机器工业自身技术及管理的改进、创新和提升。对私人资本和民族工商业而言,不断增加投资、扩大设备规模、改进生产技术,是企业能够在外国商品和外资企业的竞争下顽强生存并得到发展的根本。20 世纪二三十年代,民族纺织业、面粉业、火柴业、染料工业正是通过不断扩充设备,改进技术,才得以在竞争中获得发展。比较而言,后一路径是产业现代化的必由之路。然而,产业沿着这一路径的发展极为缓慢,工业化给传统产业带来的变化只是局部的,"近代的"与"传统的"始终在二元结构中并存。①

(三)近代手工业的发展与转型

近代山东沿海城市开埠后,草辫业、花边业、发网业等新式手工业部门开始出现。民国以后,这些新式的手工业部门逐渐走向兴盛。同时,传统手工业诸如棉纺织业、缫丝业、织绸业、榨油业和粉丝业等,通过手工机器更新和技术改进得到进一步发展,并逐步实现了手工业的近代转型。

1. 新式手工业部门的发展与兴盛

(1)草辫业。1912 年至 1925 年,山东草业辫产量及出口达到了鼎盛。从 1918 年开始,青岛取代烟台成为全国最大的草辫输出港(见表 8 - 5)。其实,从表 8 - 5 可以看出,青岛、烟台、龙口港的草辫出口量呈现互为消长的状况。虽然山东各港口的草辫出口总额受一战的影响有所下降,但在全国出口总额中所占的比重依然呈高企态势。1917 年山东草辫输出总额占

---

① 庄维民:《近代山东市场经济的变迁》,中华书局 2000 年版,第 493 页。

全国同类产品的80.22%，达到历史最高水平。一战后一直到1924年，出口值平均保持在200万海关两以上。其中，1919年达到顶点，为314.64万海关两。

表8－5　青岛、烟台、龙口与占全国草辫出口百分比的对照表[①]

（单位：万海关两）

年份	青岛	烟台	龙口	百分比（%）
1917	85.10	107.17	0.79	80.22
1918	128.20	105.91	0.15	56.21
1919	202.19	112.28	0.17	40.77
1920	154.76	57.28	0.27	47.31
1921	106.15	25.96	0.57	38.44
1922	178.02	16.81	1.43	37.16
1923	178.10	21.41	1.84	36.98
1924	191.31	13.96	1.58	37.50

（2）花边业。清末时期山东花边业就出现比较好的发展势头，花边质量上乘，享誉国内外。1913—1922年为山东花边业最盛时期，每年出口值达350万海关两左右。1921—1922年为出口的最高峰，每年出口值达500多万海关两。这一时期，美国成为花边的主要销售市场，1914年输入花边总值为412海关两，到1921年高达419.55万海关两，7年内增加了1万倍。1926年，烟台附近村庄从事花边业者有4.5万人，可见花边生产、出口之盛况。[②]

（3）发网业。发网是一种妇女用的头上饰品。清末时期，山东发网业适应国际市场需求而产生了这一新式手工业。宣统年间（1909—1911），发网业逐渐发展成为胶东地区广大农村的一项重要的家庭手工业。烟台作为山东发网业的发源地和出口总汇点，发网出口在1921年达到历史最高水平——717万海关两。1923年，由山东各港出口的发网总额为296.75万海

① 数据来源：叶许春《山东草辫调查记》，《附录》。

② 彭泽益编：《中国近代手工业史资料（1840—1949）》第二卷，生活·读书·新知三联书店1957年版，第701、703页。

关两,占全国总额的61.32%,1925年出口总额有所下降,但在全国输出总值中的比重有所上升,达到71.5%。发网业虽自20世纪20年代中期开始衰落,但一直到30年代前期,出口额仍保持在60万海关两以上。①

(4)猪鬃业。猪鬃是制作牙刷等生活用刷的主要原料。近代山东猪鬃业也是由于国际市场需求旺盛而产生的。山东猪鬃的主要产地是潍县。民国初年,潍县的猪鬃出口量是年均4000担,占同期青岛猪鬃出口量的80%左右。20世纪20年代,潍县猪鬃发展达到极盛期,每年出口额达100万至300万元不等。20世纪30年代,每年由潍县运往青岛出口的猪鬃额达150万元。②

总之,草辫业、花边业、发网业和猪鬃业,是清末时期由于国外市场的需求而兴起的新式手工业部门,民国前期,这些行业获得新的发展并达到了鼎盛时期,促进和带动了榨油业、粉丝业、玻璃业、烤烟业等山东近代手工业的整体发展。

2. 传统手工业部门的近代转型

鸦片战争后,中国成为世界市场体系的一部分,国内的手工业生产也开始朝着不同的方向发展:一部分沿着上行的路线发展,即由传统手工业进化为大机器工业;一部分则沿着平行的轨道运行,在继承传统的生产方式和经营特点的同时,开始更新手工机器设备,改进生产技术,从而实现传统手工业的近代转型。其中,手工棉纺织业、手工丝织业和织绸业是最早实现近代转型的部门。

(1)手工棉纺织业的转型。鸦片战争后,洋纱很快取代了土纱。大部分人被迫放弃手工纺纱业而转向利用洋纱经营手工织布业,并在20世纪20年代用手工织布业的脚踏铁轮纺机取代抛梭木纺机,基本完成了手工纺织业的近代转型。1920年,"桓台荣庄人购洋机,邻村效之","嗣渐推广,增值四千余张,且改拉梭为足踏铁机"。③ 同时,济南城关及泺口一带,"购用新机改良织物者,约三十家,出品为爱国布、提花布、斜纹布、毛巾、织袜之类"。曹县、寿光、临朐、诸城、日照等地,也有部分织布工场和织户采用铁机织布。

① 何炳贤主编:《中国实业志·山东省》,民国实业部国际贸易局1934年,第123页。
② 陈新岗、张秀娈:《山东经济史》,山东人民出版社2011年版,第253页。
③ 民国《桓台志略》卷二,1933年。

另外，菏泽、定陶等经济闭塞落后的农村地区，经县纺织传习所的多方倡导，已开始将投梭机改为拉梭机，结果使织布效率提高1倍，布的长短宽窄也随之统一。1923至1924年间，铁轮机的使用逐渐扩展至潍县南北各乡，织户生产的土布、斜纹布年收入达720万两。[①]

山东织布业以潍县最为著名，20世纪二三十年代，形成了以土布为轴心，轧布、漂染和织布机制造相配套的相对完整的织染漂产业链。据不完全统计，30年代初，全县有脚踏织布机5万台，昌邑约有3万台，寿光、昌乐两县有2万台。单是潍县从事织布业者就达15余万人，土布产量1080万匹，并出现了10余家专门制造织布机、漂染整理布匹的工厂。潍县每年经铁路运出的土布有7200吨，经邮局寄出的布匹包裹有12万至13万件，所产土布占山东全省年产量的60%，行销河南、河北、陕西、山西、甘肃、四川、江西、湖北、湖南、安徽、江苏、浙江、福建、云南、贵州、绥远等十几个省。[②]

（2）手工丝织业的近代转型。近代山东省的丝织业主要包括缫丝业和榨丝业，二者都在不同程度上实现了近代转型。缫丝业以桑蚕为原料。将桑蚕茧抽出蚕丝的工艺称为缫丝。原始的缫丝方法，是将蚕茧浸在热盆汤中，用手抽丝，卷绕在丝筐上。盆、筐是原始的缫丝器具。近代以来，传统缫丝业不断采用机器进行生产。传统缫丝车有手摇、足踏两种，而以手摇车为主，所缫的丝均为大框丝。近代欧洲各国人力缫车也有手摇、足踏两种，但两者所缫的丝均为小框丝。19世纪末，山东缫丝业为适应向欧洲出口的需要，小框丝车开始逐渐取代大框丝车，缫丝技术也相应出现了变化和改进。

经过几十年的发展，到20世纪初，烟台已成为国内小框丝缫丝业的中心。1903年，烟台有手工缫丝工场16家、机器缫丝工厂3家，工人5500余人，年产丝约8250担。1911年，烟台缫丝业工场发展到40家，缫丝工人1.4万余人，年产丝1.4万担。1912年，缫丝工场达44家，缫丝车总数达14629台，年产量约为15.7万担。[③] 民国初年为烟台缫丝业发展的鼎盛时期，小框丝产量达2万担，其中1.4万担用于出口，6000担供烟台织绸机坊织绸。这

① 佚名：《山东省之织业》，《中外经济周刊》1924年第3期。
② 何炳贤主编：《中国实业志·山东省》，民国实业部国际贸易局，1934年，第47—49页。
③ 《光绪二十九年通商各关华洋贸易总册》下卷《烟台口》，1904年刊，第13页。

一时期,全省柞蚕丝年产值达500余万元。但是,在文登、牟平、栖霞、莱阳、海阳等地的100余家缫丝工场,多数仍然在使用大框丝①,所缫大框丝只能供当地机户织土绸。

1919年,山东省立蚕丝劝业场制丝部从临朐招收徒工,传授制丝技术,徒工学成后由各处丝场聘用,对小框缫丝技术的推广起了一定的作用。同年,章丘人张相南、孟希文等人合资10万元,在周村创办同丰公司,购进人力小框丝车100台。此后,周村永聚公等七八家丝厂也相继开始使用小框缫车。随着周村小框缫丝业的发展,临朐、益都、莱芜等县缫制大框丝的手工业者多到周村学习技术,或聘任周村工人前去传授技术。1923年,临朐小框丝工场发展到90余家。由于小框丝丝质好、销路广、收入高,第二年临朐小框丝工场又增加到130余家,连同大框丝缫户共300余家,年产丝300万斤,产值达600余万元。同期,益都改良小框丝场也有10余家。②

1924—1925年前后,山东家蚕丝业进入最盛世期。各地丝场(厂)纷纷成立,全省共有丝场360家,年产黄白丝达8000箱。在桑蚕主要产区,小框丝基本维持原有的水平。1927年,临朐、益都、周村小框丝工场共有148家,缫丝车2242台。据统计,1930年,山东26个产丝县的大框丝总产量为478300斤,而小框丝总产量为462500斤。小框丝地域分布并不均匀,只有益都、临朐、周村、莱芜、沂水5县盛行,其中临朐、周村、益都3地的产量均大大超过大框丝,而其余21县仍继续沿用旧时的大框缫丝。1925年后,辽东地区输入胶东的柞蚕数量逐年减少,烟台缫丝工场因缺少原料也随之减少。1930年,胶东牟平、栖霞、文登共有柞蚕缫丝工场263家,缫丝车8182台,缫丝工9910人,年产值7327担,丝产量比民国初期缩减2/3。1924—1925年,山东生丝年总产值约为390万银两,而1934年总产值仅三四万元。③

(3)织绸业的发展。随着烟台开埠,乳山生产的宁海绸成为胶东的大宗出口商品之一。民国初期,宁海绸以其质地柔软、穿着舒适、色泽自然、冬暖

---

① 张兆麟:《胶东之丝绸业》,《工商半月刊》1934年第5期。

② 林修竹撰,丙申编:《茂泉实业文集》,1926年,第110页。

③ 《山东建设公报》,1935年第241期。

夏凉等特点在国际市场上声誉鹊起,需求量急剧增大,织绸业日趋兴旺。20世纪30年代初,乳山境内除农家土法织绸外,缫丝作坊发展到16处,从业人员达到702人,木织机185台,年产绸20万米以上。宁海(今山东烟台市牟平区)绸盛名之下,乳山的白宣绸、生丝绸、20码绸等在国际市场上的需求也很旺盛。[①] 抗战爆发后,周村成为省内的织绸中心,吸引了许多富商来此投资设立机房。

传统手工业部门的近代转型,是近代工业化进程的必由之路。外国商品的大批涌入、市场的扩大,尤其是海外市场的巨大需求,使得传统手工业部门纷纷采用机器生产,并通过工厂制造加工实现,其产品销往国内外市场,产品商品化率日益提高,从而也使得传统手工业生产具有资本主义性质。这无疑是山东手工业史上的一个具有里程碑意义的进步。

(四) 张宗昌的横征暴敛与民族工业的困境

张宗昌系奉系军阀。1925年4月,张宗昌任山东军督办。7月,兼任山东省省长。至1928年8月,兵败下野。张宗昌督鲁4年期间(1925—1928),设立官办企业,大肆排挤民族工业,横征暴敛,捐税多达50种,使大批民营企业被迫停业、倒闭。

1925年9月10日,张宗昌设立官印局,委任第一军交际处处长毛希蒙为局长。官印局资本11万元,内设电力机4架。张宗昌此举,就是为了垄断和争夺印刷业的利润。官印局成立时即规定:凡是官厅契约、表册、公函纸并商家簿据等,均须归该局承印。而后又发布布告取缔民营印刷业:"计如民用典卖契约、呈式纸、合同、租借卷、婚柬、当票、公益宣传品等,向购自市肆者,嗣后均须向官印局购用,以昭划一。"[②]官印局的设立,使民营印刷以及经营印刷品、纸张的行业备受打击。

为了充实军饷,张宗昌于1925年7月企图强行接收中日合办公司鲁大公司中的中方股份,将其变为"省有"。"省有"问题一提出,立刻遭到日本人的坚决反对。外交部把日方的抗议转农商部,委婉劝阻张宗昌。张宗昌对此不予理睬。外、农商两部无奈,又联名具呈政府,恳请严厉制止。张宗

---

① 陈新岗、张秀娈:《山东经济史》,山东人民出版社2011年版,第255页。

② 《晨报》1925年10月15日。

昌仍坚持己见。9 月 8 日,他将“省有”决定通告鲁大公司:如不服从,就武力解决,派兵接收。12 日,又令该公司华人各股东将股票悉数交付省署。事情陷入僵局。

鲁大公司华股的“省有”决定公布后,鲁大公司内部反应十分强烈。日方董事们坚决反对华股“省有”,但允许张宗昌个人入股。日本官方也采取了稍微灵活的态度,但坚持企业经营权必须完全委托日方掌握。张宗昌经过考虑,为不失去日本这个靠山,便屈从对方的意见,收回“省有”成命,只从收买部分华股方面去考虑。嗣后,由于鲁大公司内华人股东反对激烈,也由于张宗昌忙于战争,此议终于作罢。

军阀出身的张宗昌,穷兵黩武,横征暴敛,使山东民族工业遭受沉重的打击。在张宗昌统治下,“全山东的工厂,除军械方面者外,至少是缩小范围”。济南仅有的一家纱厂,因外纱倾销的影响和捐税过重,自 1927 年起就出现资金周转困难的情况,到 1928 年年初则停止夜工并准备歇业。[①] 面粉工业,在五四运动以后曾迅速发展。济南面粉工厂数量增至 9 家。但自奉军入鲁,面粉业大受打击。1925 年,正利厚厂随即破产停业。1926 年,由于张宗昌进行战争,交通堵塞,面粉无法外运,而日本面粉又趁机倾销,因此各厂营业极为萧条。1927 年,由于军用票和市场情况的影响,丰年面粉厂竟负债 48 万元(场内尚积存军用票七八十万两)。该厂因资金周转不灵而一度停产。[②] 火柴经营状况也不佳。济南第一家火柴厂振业火柴厂于 1927 年设立青岛分厂。该分厂由于火车停运,产品无法外销,只好静待货运恢复。通益精盐公司,因被张宗昌勒索军费 10 万元和捐税过重,于 1926 年 9 月被迫停业。铁工业在张宗昌督鲁前有短暂的发展,张宗昌督鲁后,外国进口机器增多及外商在济南设立铁工厂,使民族铁工厂大受排挤。几家大型工厂如兴顺福、金启太等,在 1925 年就倒闭。此后,虽曾有成丰、陆大等厂设立,但一般也不能进行正常生产。一部分转向加工、修配来维持经营;一部分厂家转向军火加工生产,为张宗昌加工或铸造迫击炮弹皮、手榴弹皮,制造步枪配件和子弹壳等,从中获得利润。到 1928 年年初,多半铁厂濒临倒闭。命运最惨的是印刷业。印

① 济南市志编纂委员会编:《济南市志资料》第三辑,1982 年,第 30 页。
② 济南市志编纂委员会编:《济南市志资料》第三辑,1982 年,第 30 页。

刷业在五四运动之后曾迅速发展,济南一地的印刷公司由 10 家增至 100 余家。张宗昌督鲁后设立官印局,独揽了一切印刷业务,使民营印刷公司遭受打击和排挤。官印局一设立,就使济南纸店和印刷公司"营业顿失三分之一"。随着官印局业务的扩充和垄断的加强,民营印刷业更无法维持,纷纷倒闭。寥寥幸存者,与官方勾结,从官印局兜揽业务,但所得也仅为残羹而已。

矿业也大受破坏。山东的矿产主要是煤。由于连年战争,运输停顿,各煤矿的生产经营均处于萧条状态。1926 年,淄川、博山、章丘各煤矿公司裁减了 20%—30% 的工人。山东煤商因煤捐过重,多次停业,以示反抗。到 1928 年年初,山东矿业生产几乎陷入停顿,"枣庄早已停止开采,博山继续倒闭。全山东燃料之供给,现只靠大荒地一隅地。然较之以往产量不过三分之一"①。因此,造成全省烧煤紧张,城市煤价飞涨。

总起来说,张宗昌督鲁的 4 年间,军阀战乱,再加上其对民族企业的排挤及横征暴敛,打乱了民族工业发展的正常进程,民族工业发展速度有所下降。

(五)日本等外国资本对工业经济进一步渗透

第一次世界大战前,山东主要遭受德国的侵略。第一次世界大战后,日本取代德国成为山东最大的外国侵略势力,凭借武力在占领区内设立机构,夺取德国在山东的侵略权益,对山东人民进行残暴的统治。同时,日本开始较大规模地在山东投资设厂,以便充分利用山东廉价的劳动力、原料和广阔的销售市场,从而获取暴利。

1. 日本取代德国在山东的侵略权益

1914 年,第一次世界大战爆发,西方列强无暇顾及中国及亚洲事务。日本瞅准时机,趁机向德国宣战,抢夺德国在亚洲所得的侵略权益。其中最重要的军事行动就是大规模武装入侵山东。

日军占领青岛后,立即宣布设立青岛、李村军政署,在青岛地区实行"军政"管制。随后又宣布撤销军政署,改设青岛民政部,仍归青岛守备军司令部统辖。同时,还在李村、坊子、张店、济南等地设立民政分署。日本还设立

① 刘大可、张照东主编:《山东经济史(近代卷)》,济南出版社 1998 年版,第 247 页。

了一系列机构和巡警组织。在青岛，日本设立了海军防备队、临时陆军运输部、山东铁道管理部、林务署、港务部、埠头局、青岛野战邮政局、海军无线电信所、测候所、发电所、水道部、邮政局等，并设立了3个宪兵队。宪兵队本部设于守备军司令部内。宪兵队分置于台东镇及水上，负责行政司法的巡警事务。胶济铁路沿线重要城镇，如坊子、博山、潍县、昌乐、青州、张店、济南等地，不仅有大量的日本守备军和宪兵，还有法西斯组织——“在乡军人会”(会员数千人)。

日本侵入山东后，将德国在山东的工厂、房产、土地、港口、铁路、矿山等全部霸占，并凭借武力对山东丰富的资源进行掠夺性的经济“开发”，在各个行业部门进行资本渗透。

日本在出兵侵占胶济铁路的同时，先后控制了德国投资的淄川、坊子煤矿和金岭镇铁矿。1915年3月20日，青岛守备军宣布日军所控制的山东铁道、矿山均归山东铁道管理部统制。该部隶属青岛守备军司令部。1917年10月，青岛守备军公布的民政部条例规定：路、矿必属青岛守备军民政部铁道管理部管辖；设采矿课，负责淄川、坊子、金岭镇3矿山事务。通过直接经营、租用包采、委托经营等形式，日本大量掠夺山东的矿山资源。

2. 日本在山东的投资设厂活动

随着日本在山东经济统治地位的确立和中日贸易盈余的增加，日本开始较大规模地在山东投资设厂。特别是1916年11月寺内内阁上台后，改变了大隈内阁赤裸裸的对华侵略政策，采取了所谓“菊分根”的政策，即通过对华大量资本输出，扩大经济侵略，进行政治欺骗，以确保“在华之经济基础”，采取直接企业投资、合办企业投资和借款三种投资方式来实施他们的政策。1917年，山东督军张怀芝曾向“中日实业公司”借款150万元；1918年，张怀芝又以援粤用款为由向该公司借款200万元。这两笔借款均是日本兴亚、中国台湾、朝鲜的3家银行提供的。

日本接管坊子煤矿和淄川煤矿后，坊子煤矿由日本资本家包工开采，淄川煤矿由日本守备军铁道管理部统制。1914年以后，淄川煤矿在日本势力的控制下，采用粗放的经营方式，产量逐年提高(见表8-6)。在日管时期，淄川煤矿所产煤炭总量中的约40%供应军需，其余投放市场。据统计，从1915年至1921年，淄川煤矿每年都有很多盈利，盈利较大的年份如1916年和1920年，各为500余万日元，最低的年份是1919年，盈利是62万日元，一般年份如1915年、1917年、1918年和1921年，盈利则在100余万日元到400余万日元之间，7年间合计盈利总额是2200余万日元。

表8-6　　日本管制时期淄川煤矿产量统计①　　（单位：吨）

年份	产量	指数 1915年=100
1914	17827	6.8
1915	259611	100
1916	448346	172.7
1917	457543	176.2
1918	402814	155.2
1919	468828	180.6
1920	485989	187.2
1921	574169	221.2
1922	619550	238.6
1923	200047	77.1

1922年《解决山东悬案条例》签订后，中日合办的鲁大矿业股份有限公司接管了坊子煤矿和淄川煤矿。坊子煤矿仍承包给私人开采，公司全力经营淄川煤矿。鲁大公司的利润随着开采各矿产量的上升，销路顺畅，逐渐增加。1928年至1930年，淄川煤矿产量出现缩减，公司呈亏损状态。因淄川煤在上海市场的畅销直接影响了日本煤的市场份额，所以日方资本集团强制淄川煤矿减产，并导致其亏损。

日军占领青岛后，迅速展开了对青岛的投资设厂活动。1915年至1925年，日本仅在青岛投资就达5亿元。其中投入纺织业就达1亿多元。1916年到1923年，日本在青岛开办的大型纱厂有6家，即日本内外棉株式会社青岛内外棉纱厂、大日本纺织株式会社青岛大康纱厂、日本富士瓦斯纺织株式会社青岛富士纱厂、日本钟渊纺织株式会社青岛钟渊纱厂、日本日清纺织

① 数据来源于淄博矿务局、山东大学编：《淄博煤矿史》，山东人民出版社1986年版，第97页。

株式会社青岛隆兴纱厂、日本长崎纺织株式会社青岛宝来纱厂。[①] 这一时期日本在青岛开设的主要工厂还有日华蚕茧丝公司青岛分厂、青岛制粉公司、大日本麦酒公司、青岛磷寸公司、山东火柴厂、东洋制油公司、东和公司、蜂村洋行、三井油坊、山东窑业公司、石桥洋行、大星公司、大连制冰公司青岛分公店、维新化学工艺社、丰盛公司铁工厂等。另外，日本还开办了屠宰、皮革、烟草、轧花等专业性工厂。这些企业多为日本大财团和大资本家投资设立。他们以雄厚的资本势力和技术力量压制、排挤中国民族工业的发展，使青岛成为“日本工业的独占地带”。

除直接的企业投资外，日本还通过与华商合办企业的形式进行投资活动，以达到在非中国人不得开办企业的地区开办非中国人不能开办的企业。合资企业在青岛有中日盐业公司、青岛冷藏股份公司、山东兴业股份公司，在博山有日化窑业股份公司，在潍县有华兴火柴工厂，在章丘有旭华矿业公司、协泰矿业公司、同泰矿业公司。日本往往依靠其势力和特权操纵经营合办企业。如1924年7月设立的中日合办的博东公司，开采博山黑山煤矿，资本额100万元（中日各半）。中方资本除以矿区作价50万元之外，其余部分均向日本贷款，公司所属工程技术工作又多由日本承担。因而，从生产到经营均操纵在日方手中。日本通过合办的形式吞噬了中国的民族资本，扩大了侵略权益，加强了在山东的经济渗透。张宗昌督鲁时期，日本利用与张宗昌的关系，迅速扩大对山东的侵略。到1928年，日本在济南投资资本总额达到733万元，在青岛达到14688万元，在博山达到121万元。[②]

二、国民党统治时期的山东工业

1928年至1936年9年间，山东处于国民党政府统治时期。这一时期山东主要是韩复榘主政（1930年8月—1938年1月），时局比较稳定，山东经济发展状况有所好转。尤其在工业方面，山东开展了声势浩大的资本投入和实业教育活动，使山东的民族工业有了进一步的发展，如纺织业、面粉业、

① 山东省总工会工运史研究室、青岛市总工会工运史办公室编：《青岛惨案史料》，工人出版社1985年版，第509—521页。

② 济南市志编纂委员会编：《济南市志资料》第三辑，1982年，第150页。

火柴业、制盐业等行业出现较快的发展。其中,纺织业在山东民族工业中独占鳌头,面粉业在全省民族工业总值中占1/5,山东火柴工业产量处于全国前列,盐业产量居全国首位。因此,这一时期被资本家誉为民族工业发展的"黄金时期"。

20世纪30年代初,山东工业主要分布在济南、青岛、烟台、周村、济宁、潍县等城镇(详见表8-7)。主要的工业有纺织(纺纱、棉织、丝织)、漂染、化学染料、机械、酿造、玻璃、火柴、面粉、精盐等。在20世纪30年代前半期,工业在某些部门有所发展,同时也有一些新型工厂相继设立。

表8-7①　　**20世纪30年代初各城市机器工厂表**[1]　　单位:千元

城市	工厂数	资本总额	年产总值	资料来源
青岛	101	2266530[2]	69493[3]	丙,第54—56页
济南	236	8580	31687[4]	丁,第19—20页
烟台	13	3857		丁,第66—67页
潍县	30	994	2193	丁,第86—87页
周村	12		5145[5]	丁,第145—146页
济宁	11	819		丁,第244页
龙口	4	137		丁,第79—81页
泰安	3	113	228[6]	丁,第199—201页
博山	6	90		丁,第166—174页
威海	4[7]	53		丙,第74页

(一) 纺织业

纺织业包括机器棉纺织业和机器丝织业。20世纪二三十年代,纺织业在山东民族工业中独占鳌头。

① [1]此表摘自何炳贤主编:《中国实业志·山东省》,民国实业部国际贸易局,1934年,丙、丁各页。所谓机器工厂,是指用电力或汽力做动力的工业。[2]《中国实业志·山东省》丙,第53页所记工厂数与资本总数均不确,此据丙,第54—56页所载各业具体数字合计得出。青岛的资本总额中,中日资占绝对优势,仅日资6家纱厂总资本就达1.6亿多元,占该市各厂全部资本的70%多。[3]年产总值中缺建筑材料9厂数。[4]济南的工厂中,包括半机器工业216家,资本总额138.9万元,年产总值547.5万元。[5]周村的年产总值中包括全部手工业产值在内。[6]泰安孤贫院面粉厂是教会所办的,无固定资本和产值。[7]威海工厂数未包括电厂在内。

1. 机器棉纺业

1928 年至 1931 年间，山东棉纺织业发展最快，并在山东民族工业中占据第一位。仅济南的鲁丰、成通、仁丰和青岛的华新纱厂 4 家资本为 756 万元，占全省各类工业资本的 22.5%。全省产值为 3200 余万元，占全省民族工业产值的 29.17%。①

(1)鲁丰纱厂。1915 年，山东第一家民族资本纺纱厂——鲁丰纺纱厂开设筹办。1916 年，由前山东实业司司长潘复在济南设立事务所。1917 年年初，事务所共募集资金 50 万元(包括发起人和各县募集款)，6 月投资 13 万元在济南标山修建厂房。1919 年 9 月，鲁丰纱厂正式开工投产。纱厂机器购自英国，有纱锭 1.6 万锭，生产 10、12、13、16 支粗纱和少量 20 支纱。纱厂开工后，产销两旺，颇有盈利。1922 年添购纱锭 1 万锭，嗣后又增添纱锭 2000 锭。1923 年纱厂增资 100 万元，加上原有资本和盈利转增资本，股本总额达 186 万元，纱锭总数 2.8 万锭，发动机总动力 900 马力，纺纱生产也由原先只能纺织粗纱到能纺织 32 支细纱。② 后来，因管理不善、事权不一、机器设备老化等原因，自 1933 年起，鲁丰纱厂连年亏损。1933 年纱厂亏损 33.6 万元，1934 年亏损 26.4 万元，1935 年亏损 18.8 万元，当年 11 月，纱厂终因巨额亏损宣告停业倒闭。翌年 3 月，成通纱厂以月租 3000 元，对该厂实行租赁经营，但未能改善经营状况，复工仅 4 个月就再次停工。11 月，成通纱厂董事长苗杏村以个人名义租赁该厂，改名为成大纱厂，重新恢复生产。1937 年 7 月，因抗战爆发，纱厂再度停工。

(2)华新纱厂。1919 年，天津华新资本集团的周学熙商集戚友“集资”，在青岛创办了山东第二家民族机器纺纱厂——华新纱厂。是年，纱厂从上海美兴公司订购美国怀丁式纺纱机 14688 锭，第二年又加购了 4500 锭。1920 年初，从利津、安丘等地招募工人进厂培训，5 月纱厂正式开工生产。1921 年，华新纱厂又再次扩大生产规模，添置美国文素式纱机 11968 锭，用以纺织细纱。此时，华新纱厂资本总额达 120 万元，纱锭 3.2 万锭。③

---

① 刘大可、张照东主编：《山东经济史(近代卷)》，济南出版社 1998 年版，第 285 页。

② 山东省政府实业厅：《山东工商报告》，1931 年，第 10—11 页。

③ 青岛华新纱厂编：《青岛华新纱厂特刊》，1937 年，第 1 页；周志俊：《青岛华新纱厂和华北棉业一瞥》，山东省政协文史资料委员会编《山东工商经济史料集萃》第一辑，山东人民出版社 1989 年版，第 1—24 页。

1921—1924 年,日资已在青岛设立 6 家纱厂,纱锭总数达 21 万锭,到 1926 年纺锭进一步增至 24.5 万锭,形成了庞大的日资机器纺纱工业体系。为了摆脱经营困境,抵御日资纱厂的竞争,在日资扩张的同时,华新纱厂只得不断设法注入新资金,扩大设备规模,改进生产技术和工艺,努力为企业争取生存空间。

1926 年,华新纱厂购置 2 部合股线机。1927 年,又增加合股线机 10 部、并筒机 6 部、精梳机 6 部、并卷机 1 部,开始试纺 42 支以上细纱。1928 年,纱厂将蒸汽动力传动改为电力传动,并添购怀丁式纺纱机 5 部,共 1920 锭。1931 年,纱厂顺应日益进步的纺织技术,开始仿制日式大牵伸机,同时向上海信昌洋行订购英国斯迈雷士细纱机 22 部,共 8832 锭。1933 年,纱厂经理周志俊赴英、美、德、法等国考察纺织技术。第二年,纱厂从德法两国买进烧毛机,从英国购进圆筒精梳机,纺织 60 支烧毛纱线;购进英国机 200 台,日本自动机 170 台,开办织布厂,并筹办漂染厂;同年,纱厂还安设大纲领合线机,试纺 6 股纱线,为各地花边生产提供原料,而这些设备和生产技术都是当时日资纱厂所没有的。1935 年,华新纱厂"一方面扩充布厂,筹足五百台;一方面筹办印花厂,以完成纺、织、染、印四项之连锁"。随着机器设备和生产技术的不断改进,纱厂由最初只能纺 16 支和 20 支纱,逐步发展到能纺 32 支细纱以及 42 支双股线、42 支三股线,后来还试纺成功 60 支双股线并转入批量生产。60 支双股线因技术要求高,当时国内各纱厂极少能纺。经过几次增资和扩充设备,到抗日战争全面爆发,华新纱厂已拥有近 5 万纱锭、500 台织机和全套印染设备,成为纺织印染的全能厂。[①] 正是依靠自身实力的扩充和技术改进,华新纱厂才得以在日资纱厂的包围中脱颖而出,生产经营不断有所发展。

(3)成通纱厂。1932 年,桓台苗氏资本集团的苗杏村、苗星垣联合张念初、王冠东等工商、金融界人士 50 人,在济南发起设立成通纺织股份有限公司。按招股章程规定,公司额定资本为 150 万元,分为 1.5 万股,每股 100 元。公司最初募集股金 75 万元,投资股东共 431 人,其中苗氏资本集团的成丰面粉厂董事投资占 56 万元,为资本总额的 75%。公司原拟购置新式纱机 1 万纱锭,因募集资金不敷使用,遂通过无锡荣氏资本集团

① 青岛华新纱厂编:《青岛华新纱厂特刊》,1937 年,第 2—3 页。

担保,向英商怡和洋行赊购1万纱锭的全套设备,并向安利洋行赊购1套1500千瓦蒸汽发电机组,另由苗氏集团的成丰铁工厂承制细纱机40台及其他配套设备。1933年5月,纱厂正式开工,厂内有工人600余人,纱锭1.48万锭。

成通纱厂投产后,产销两旺,“所出之纱,色泽白润,纱条均匀,拈度适当,拉力特强,分量加重,较之内外各厂之出品,实有过之而无不及”①。凭着产品的质量,纱厂很快在济南及周边地区打开了销路,产量和收益逐年增长。1934年,棉纱产量1.4万捆,盈利68969元;1935年,棉纱产量增至15324捆,盈利100542元;1936年,棉纱产量达1.7万捆,盈利达37万元。成通纱厂之所以在短短的几年时间得到快速发展,主要原因有三个方面:一是以盈利转增投资,扩大再生产;二是以资本为纽带,建立原料和成品供销网;三是重视生产经营管理。严格的管理,使纱厂生产成本大大降低,每件纱的成本由投资初期的40元降至28元。②

(4)仁丰纱厂。1932年,山东工商界知名人士穆伯仁、崔景三、辛铸九、马伯声等10余人,在济南发起创办仁丰纱厂。最初的招股简章确定,纱厂额定资本为150万元。次年,发起人以发行记名股票的方式募集资金55.8万元,并向英国普拉特厂订购细纱机30台,纱锭总数1.26万锭。1934年6月,纱厂正式开机生产。纱厂开工后不久,市场便受“棉麦借款”和“币制改革”影响,纱价大幅上涨,纱厂也因此获利丰厚。1935年,纱厂扩大规模,资本总额由55.8万元增至93万元,额定资本仍为150万元,同时增加设备,从三井洋行订购丰田式细纱机6台共2784锭,从新井洋行订购阪本式织布机240台,另从三菱洋行订购和歌山染机、漂染机28台及全套印染辅助设备。③ 1936年,随着新增设备的陆续投产,仁丰纱厂已成为能够纺纱、织布、印染的全能企业。

抗日战争全面爆发前,仁丰纱厂下设纺线厂、织布厂、染色厂、发电厂、锅炉厂、修机部、花栈和线栈8个厂部,日常生产以纺16支纱为主,兼纺32支、26支和20支纱,另外还专纺22支、23支纱供布厂使用。仁丰纱厂纺、

---

① 李寿亭:《仁丰成通两纱厂调查参观记》,《山东工商月刊》1936年创刊号。

② 济南成通纱厂:《济南成通纺织股份有限公司第三年度营业报告》,1935年。

③ 济南市两会文史办公室:《解放前的仁丰纱厂》,《济南工商史料》1987年第2辑。

织、染三个部门的生产都实行流水作业,其中纺纱厂的生产流程为:原棉—混棉—清棉—梳棉—并条—头道粗纱—二道粗纱—细纱—摇纱—绞纱—打包—入库。机器布列与生产工艺流程相对应,并符合便于传输的要求。纺纱工序中的若干主要机器设备和传动技术,与国外同类纱厂的设备相比,具有比较先进的水平,尤其是采用单独电机传动减轻了牵伸过程中有害的机械振动,“在我国纱厂传动上开一新纪元”①。同时,在技术和管理上实行了机械简单化、管理科学化、设备合理化的工厂管理模式,极大地提高了纱厂的生产效率。

由于采取了一系列严格的管理和成本控制措施,加之纱厂设备较新,即纺机及配套设备均为 1933 年出厂新品,仁丰纱厂的生产效率一直处于同行业较高水平,经营盈利很可观。1934 年,纱厂投产当年就盈利 3. 1 万元。1935 年,棉纱产量 17280 捆,产值 319. 7 万元。1936 年,棉纱产量 12801 捆,产值 272. 7 万元,纺纱、织布、染布三项盈利合计为 314533 元。②

从 1919 年鲁丰纱厂投产到抗日战争全面爆发前的 1936 年,民族纺纱工业有了一定的发展,但是发展的速度并不快,规模远逊于日资纱厂。抗日战争全面爆发前,民族资本经营的纱厂只有青岛的华新、济南的鲁丰(后改为成大)、成通、仁丰 4 家,而日资纱厂则有内外棉、富士、公大、隆兴、宝来、大康、山海纺织、丰田 8 家。1935 年,华商纱锭为 104684 锭,日资为 489620 锭;1937 年 8 月,日资高达 71 万锭。日资纱厂在纺织工业中占据绝对优势,纺锭占棉纺业总数的 81% ,产量占总产量的 74% 。

1936 年,华商纱厂资本总额为 756 万元,工厂电力 2400 千瓦、蒸汽动力 900 千瓦,工人 4759 人,纺锭总数 104692 锭,年产棉纱线 68469 包,原棉消耗 24 万担。③

2. 机器丝织业

山东丝纺工业,机织始于清末的烟台。民国初年,机器缫丝业成为民间资本投资经营的方向之一。第一次世界大战结束后,周村丝织业曾一度发展较快,出现了裕后堂、同丰、恒兴德、源丰四大机器缫丝厂。

---

① 佚名:《济南新创仁丰纱厂与合理化》,《青岛工商季刊》1934 年第 2 卷第 1 期。
② 李寿亭:《仁丰成通两纱厂调查参观记》,《山东工商月刊》1936 年创刊号。
③ 庄维民:《近代山东市场经济的变迁》,中华书局 2000 年版,第 388 页。

(1)裕后堂丝厂。1911年,李敬义在周村设立当时山东规模较大、设备较先进的华商资本缫丝厂——裕后堂丝厂。是年,丝厂购进和安装蒸汽机及动力缫丝机,开始机器缫丝生产。工厂资本10万元,厂内设动力部、蒸蚕部、缫丝部和打包部,主要设备有国产卧式三节蒸汽锅炉1台、法国制缫丝机100台、小型煤油发电机1台(供照明用),厂内工人约260人,其中缫丝工人100余人,其余从事选蚕、杀蛹、换缫、打包等项工作。工厂缫丝使用小框,每3人负责缫锅3口、丝框2架。普通缫丝工一天定额制丝7两。丝厂全年开工6—9个月,平均日产丝40余斤(一说50斤),1918年缫丝产量约100箱(每箱约100斤)。[①] 裕后堂出产的生丝质地优良,一般不在当地销售,而是悉数运到上海出口。

(2)同丰丝厂。1922年,同丰公司缫丝厂改旧式手工缫丝为机器动力缫丝,安装意大利制座缫机200台、锅炉2台,每年用鲜蚕30万斤,出丝180箱。丝厂产品由胶济铁路转海路运往上海益丰长货栈,再由行栈转销于洋行,输往欧美市场。

(3)恒兴德丝厂。1924年,周村恒兴丝厂经理孙子山增加投资8万两,建厂房2540平方米和37米高烟囱1座,安装炉胆式锅炉2台、24马力单汽缸蒸汽机1台、意大利制座缫机80台(后又增加80台),翌年开始机器生产缫丝。丝厂有技师2人,职工280人。丝厂开工后,恰逢国内外市场对黄丝的需求量剧增,丝厂生产形势大好,每年生产10个月,耗用蚕茧30万斤,产丝约200箱。其产品大部分由上海转口,运往欧美市场销售。

(4)源丰丝厂。1924年,长山人张敏斋投资1万元,在周村设立源丰丝厂。丝厂开始就采用蒸汽机做动力,缫丝机是济南兴顺福铁工厂仿照日本产品制造的,共50台。工厂每年耗用鲜茧6万斤,产丝50箱。

裕后堂、同丰、恒兴德、源丰4家丝厂使用机器缫丝后,正值生丝价格上涨,因而各厂营业兴旺,获利丰厚。但是到1929年后,欧美国家发生经济危机,蚕丝出口顿减,同时因日本等国人造丝大量输入,大部分机坊改织人造丝产品,国内的生丝销路也随之锐减,生丝价格暴跌,每箱丝由20年代中期时的一千五六百元跌落至六七百元。4家丝厂因经营亏损,30年代初相继

---

① 王永熙:《周村丝织业调查报告》;山东工业试验所:《山东工业试验所第一次报告书》,1921年,(四),第211页;[日]青岛守备军民政部:《山东之物产》第4编,《家蚕》,1920年,第72—73页。

停业改组。1930 年,裕后堂因负债和内部纷争,改组为新记丝厂。同年,同丰丝厂也因亏损,被迫将厂房设备抵押给上海益丰长货栈。1932 年,源丰丝厂停业。1933 年,恒兴德丝厂也因亏损严重,被迫将全部设备抵押给上海银行及钱庄,改组为安昌丝厂。当时山东各家丝厂共欠上海丝栈 140 余万元。①

1933 年后,丝价稍稍回升,山东省政府根据周村丝业公会的请求,在周村发行丝业救济券,扶持各厂收蚕缫丝,随后新记、安昌等厂相继复工。但几经周折,始终未能恢复到 20 年代中期的水平。这期间,周村共有 4 家机器缫丝厂,资本总额约为 27.5 万元,工人总数近 800 人,原料用量约为 5100 担,缫机总数为 510 台。

在周村的机器动力缫丝业兴起的同时,山东另一蚕丝生产中心——青州也开始出现新式缫丝工厂。最先设立的机器缫丝厂是青州省立蚕丝劝业场织丝部所属织丝厂。1919 年正式开工,开办经费约为 1.8 万元,厂内设有小型锅炉 1 台、日本制缫丝机 60 台。1924 年,因蚕丝劝业场业务重点转向制育蚕种,制丝厂转归商办,厂名改为同业丝厂。该厂规模虽小,但使用的是新式缫丝机器,生产率和出丝质量远比旧式手工缫制优越。在该丝厂的带动下,后来当地民族资本开办的德昌福、义昌泰两家丝厂,也相继采用机器缫丝。1934 年,当地两家丝厂共有缫丝锅 150 口。

（二）农产品加工业

中华民国建立之后,随着济南、青岛等近代城市的崛起,城市人口相对集中,对农产品的需求量日益增加,从而刺激农产品机器加工业的兴起及快速发展,如面粉业、榨油业、卷烟业、食品饮料业等,其中面粉业发展尤其突出。

1. 面粉工业

第一次世界大战期间,“洋粉”输入锐减,而机制面粉的市场需求有增无减。由此,给山东机器面粉工业的兴起带来契机。同时,山东盛产小麦,为面粉业的发达奠定了基础。1915 年,山东第一家大型机器面粉厂——丰年面粉厂诞生,山东以工厂化生产组织、新式厂房设施、大马力发动机、整套流水式磨面机器系统为特征的机器面粉厂开始出现。机器面粉厂大多采用股

---

① 佚名:《考察胶济铁路沿线工商状况之随记》,《青岛工商季刊》1933 年第 1 卷第 1 期。

份有限责任公司制，广泛吸收民间各界入股，初步实现了资本与经营权的分离，进而促进了近代机器面粉工业的长足发展。20世纪20年代初，山东面粉工业发展比较快，产地主要集中于济南。从1915年至1925年间，济南就有12家机制面粉厂相继投产。济南以外，青岛、济宁等也有新式面粉厂设立。到1933年，全省共有新式面粉厂20家。全省面粉工厂年产面粉271万袋（每袋44斤），价值3050万元，在全省民族工业总值中占20.95%。①

（1）丰年面粉厂。1915年，山东商业银行行长张子衡邀集王少农等人集资22万元，在济南创立山东第一家大型机器面粉厂——丰年面粉厂。当时工厂的主要设备有精麦机2组（每组有4台机器）、精粉机2组（每组有机器4台）、钢磨8部、麸皮机2台、传送机16部、打包机10台，另有90马力发动机1台，工人40名，面粉日产能力1600包（每包44斤）。1920年，工厂因获利丰厚，增招股金，资本额达75.19万元，并正式注册为有限公司。在增资的同时，工厂还扩建厂房，增加设备，进一步提高生产能力。扩建后的工厂共有新型复式钢辊磨19部，英制500马力内燃机1部，日产面粉增至5700包。②

（2）济丰面粉厂。1916年6月，济宁人刘韵樵在当地发起成立济丰面粉股份有限公司，资本20万元，主要股东有吕仲符、刘子玉、靳云鹏、张勋、潘复、褚玉璞、徐佩云等人，上海阜丰面粉厂以全套旧设备入股。该厂设备为美国爱礼斯厂1904年制造，有钢磨12部、打麦机2台、刷麸机和扒砂机各1台、精粉机4台、漂粉机3台、250马力蒸汽机1台以及打包车、缝口机等。1917年，工厂开始装机，翌年7月开始正式生产，日加工小麦300石（1石约为320斤），出产面粉2100袋。当时面粉厂生产的宝塔牌面粉，因质优价廉，畅销京、津等地，开工一年多即获利20万元。1920年，工厂增添新磨10部、500马力蒸汽机1台，资本也增加至40万元，日产面粉增至4000袋。③

---

① 胶济铁路车务处编：《胶济铁路经济调查汇编》总编（上），文华印书社1934年版，第21页。

② 苗永荃：《解放前的济南机制面粉工业》，山东省政协文史资料委员会编《山东工商经济史料集萃》1989年第一辑，第259—260页。

③ ［日］青岛守备军民政部：《大运河及临运河沿岸都邑经济事情》，1932年，第210页；仲跻忠、王鲁元：《济丰面粉公司今昔谈》，山东省政协文史资料委员会编《山东工商经济史料集萃》第一辑，山东人民出版社1989年版，第272—276页。

（3）惠丰面粉厂。1918 年，济南商会会长穆伯仁与王兴斋等人集资 30 万元，在济南创办惠丰面粉厂。是年修建厂房，安装美制“脑达克”复式钢辊磨 6 部，次年 8 月正式开工生产。工厂投产后，产销两旺，1921 年又增资 20 万元。1924 年，面粉厂因粉尘爆炸，厂房被烧毁。1927 年，工厂重建制粉车间，安装美制 32 英寸和 36 英寸复式钢辊磨 6 部，以及瑞士 360 马力蒸汽机、英国“拔柏葛”锅炉等设备，生产规模也有所扩大，日产面粉 3600 袋。①

（4）茂新面粉公司济南四厂。1919 年 4 月，江苏无锡茂新面粉公司荣氏家族荣宗敬在济南设立茂新第四厂。5 月，正式开机生产。当时工厂拥有美制“爱立斯”复式钢辊磨 12 部，德制 250 马力煤气内燃机 1 台，全部设备投资 18 万元，日产面粉 2800 袋。②

（5）华庆面粉厂。1921 年，寿光籍行栈商张采丞、冷振邦等人筹资 30 万元组建股份制企业——华庆面粉厂。工厂 1921 年建成投产。生产设备最初为美制“脑达克”复式钢磨 6 部，1926 年又增加钢磨 6 部；动力设备原为兴顺福铁工厂制造的兰开厦式锅炉和 1 台 180 马力蒸汽机发动机，后因设备效能低、耗煤多，1924 年另行安装英制“拔柏葛”水管式锅炉 3 台，400 马力蒸汽机 1 台。工厂职工 160 人，日产面粉 5700 袋。③

（6）成丰面粉厂。1922 年，桓台苗氏集团的苗杏村、苗星垣联合商人王冠东等人，集资 20 万元创办成丰面粉厂，其中苗杏村的恒聚成粮栈出资 4.6 万元，苗星垣、王冠东的同聚长粮栈出资 3.66 万元，广茂恒银号出资 6.1 万元。1921 年，工厂通过无锡荣氏资本集团从国外赊购面粉加工机器，购进美国鲁滨孙厂复式钢辊磨 7 部、英国马旭尔厂锅炉 1 台和 15 马力发动机 1 台。1922 年正式生产，日产面粉 2000 袋。当年获利全部转作投资，使企业资本额增至 30 万元。此后，企业的设备和资产每年都有所扩大，1923 年资

---

① 山东省实业厅：《山东工商报告》，1931 年，第 2—3 页；王庆通等：《惠丰面粉厂简史》，山东省政协文史资料委员会编《山东工商经济史料集萃》1989 年第一辑，山东人民出版社 1989 年版，第 269—271 页。

② 山东省实业厅：《山东工商报告》，1931 年，第 4—5 页；继颀：《面粉业调查》，《东方杂志》1925 年第 22 卷第 22 期。

③ 山东省实业厅：《山东工商报告》，1931 年，第 6 页；《面粉业调查》，《东方杂志》1925 年第 22 卷第 22 期；苗永荃：《解放前的济南机制面粉工业》，山东省政协文史资料委员会编《山东工商经济史料集萃》1989 年第一辑，山东人民出版社 1989 年版，第 264—265 页。

本增至60万元。1924年,达100万元,复式钢辊磨也增至19部,并增加了2台锅炉和1台350马力马旭尔发动机。1929年,工厂又购进1台瑞士苏尔寿厂850马力发动机。当时厂内职工有240人,日产面粉5000余袋。1932年,成丰面粉厂自制钢磨6部及打麦机、淘麦机、筛麦机等配套设备,使全厂钢磨总数达25部。厂内职工251人,日产面粉达8000包。① 此时的成丰面粉厂已成为山东设备规模最大、产量最高的机器面粉厂。

20世纪20年代初,山东面粉工业的发展达到鼎盛,当时"因面粉价昂,而市场需求甚切,各厂营业俱称发达",盈利可观。1922年后,发展势头趋缓。由于外商面粉的大量涌入以及同行竞争,那些开办较早、设备陈旧、规模小及资金缺乏的面粉厂陷入困境。1925年,兴顺福、正利后先后停业。1928年,日本军队在济南制造"五三惨案",导致交通中断、市场萎缩,工商业受到很大冲击。是年,同丰厂停业,恒兴厂改组为宝丰面粉厂。多家面粉厂出现亏损。民安厂1928年因停工亏损1.7万元,1929—1930年累计亏损6.6万元;丰年厂1927年尚能盈利8万元,1928年盈利下降一半,1929年因受山东商业银行倒闭连带影响而一度停工;茂新四厂1928年停工,1929—1930年亏损8万元。这一时期,只有个别企业因增加新设备、生产效率提高而获利。如惠丰厂1927年重建,安装复式钢磨12台,于次年盈利10万元,1929年盈利12万元。经营状况最佳的成丰厂,因设备新,管理比较完善,1927年盈利15万元,1928—1930年累计盈利37万元。② 1932年,成丰厂凭借资金实力将停业的民安厂兼并,改组为成记面粉厂。

1931年,南京政府与美国订立借购小麦45吨的协议,1933年又与之签订"麦面借款"合同,于是美国小麦和机制面粉大量涌进,导致国内小麦、面粉价格暴跌,面粉价格由每袋3.2元跌至2.2元,民族资本的面粉工业再次出现新的危机。成丰、惠丰、宝丰、成记等厂均出现不同程度的亏损。其他未亏损的企业,盈利水平也大幅下降。到1934年,面粉业才逐渐出现转机。1935年,南京政府实行币制改革,米麦及面粉进口税率增高,刺激粮价上涨,市场对国产面粉的需求也有所增加。各面粉厂趁机囤购小麦,竞相扩大

① 山东省政协文史资料委员会等编:《苗氏民族资本的兴起》,山东人民出版社1988年版,第55、71—73页。

② 山东省政府实业厅:《山东工商报告》,1931年,第1—8页。

生产,面粉工业在经过复苏之后又重新兴盛。

2. 卷烟业

清末,外国机制卷烟大量输入口岸和内地。在“洋烟”的竞争刺激下,烟台等地的商人资本曾引进外国制烟技术和产品样式,开设多家新式卷烟工厂。但是,这些烟厂没开几年便停业。民国以后,随着美烟引进和栽培面积的扩大,机制卷烟工业由烟台转移至济南、青岛、潍县和济宁等地,烟厂的机器设备也向大型化发展。

1913 年 1 月,济南美业卷烟无限公司设立,公司注册资本 6000 元,专门生产卷烟。同年 5 月,济宁裕华股份有限公司成立,资本 5 万元,制售纸烟和佛手牌、仙鹤牌雪茄烟,并在上海万源商号设立发售处。①

20 世纪 20 年代中期,华商在青岛台西镇设立鹤丰烟草公司。烟厂主要设备有卷烟机 3 台、切烟机 2 台,以及烤烟机、制合机、12 马力电动机各 1 台,日产卷烟 10 大箱,所产卷烟多为低档烟,“货粗价廉,仅供平民吸用”。开业数年后,烟厂效益不佳,被迫于 1930 年迁往潍县。② 鹤丰烟厂迁至潍县后,在当地注册资本为 10 万元,生产改用柴油发动力做动力,年产纸烟 3000 箱。当时潍县还有一家名为家庭烟工厂的烟厂,年产纸烟 200 箱。两家烟厂年产值合计约为 42 万元。③ 在鹤丰烟厂之后,华商又先后在青岛设立了山东、崂山、胜利三家烟草公司。山东烟草公司设立于 1928 年,注册资本 20 万元。该烟厂机械化程度较高,1933 年生产纸烟 4080 箱,1934 年产量为 7560 箱,产值约 45 万元。崂山烟草公司设立于 1932 年,资本 2 万元,厂内有卷烟机 2 部,生产能力为月卷烟 180 箱。④ 三家烟厂共有工人 500 余人,规模远不能与外资烟厂相抗衡,但因“质料、价格合于一般人民需要,尚能经营”⑤。

20 世纪 20 年代后,美烟在胶济铁路沿线地区的引种和推广,使这一地区成为国内美烟的集中产区之一。外商资本在大量收购山东美烟出口的同时,还在青岛投资兴办机器卷烟厂,利用廉价烟叶和当地的廉价劳动力,就

① 佚名:《民国行政统计汇报》,《农商公报》1917 年第 4 卷第 4 册第 40 期。
② 民国《胶澳志》卷五《食货志 · 工业》,1928 年版。
③ 山东大学化学社编:《科学的山东》,1935 年,第 89 页。
④ 山东大学化学社编:《科学的山东》,1935 年,第 89 页。
⑤ 董志道:《青岛工业之鸟瞰》,《都市与乡村》1935 年第 13 期。

地加工生产各种档次的纸烟，然后分销于口岸城市和内地城镇。1923 年，英商颐中烟草公司首先在青岛设立机器卷烟厂，安设卷烟机 13 台，每天生产纸烟 50 余箱。1926 年，颐中公司将烟厂迁至青岛孟庄路新址，并将规模进一步扩大。新厂在当地有成大英烟厂，投资总额为 300 万元，卷烟机多达 62 台，有员工近 2000 人，月生产能力 1.5 万箱。[①] 1933 年烟厂生产纸烟 15.97 万箱，价值达 1920 万元，1936 年共生产 50 多个牌号的纸烟 350 亿支。青岛另一家外资烟厂为日商华北烟草株式会社。华北烟厂设立于 1936 年，资本额为 50 万元，其中设备投资额近 10 万元，厂内安装新式卷烟机 4 台及刻烟机、干燥冷却机、加香机、压展机等当时较先进的机器设备。烟厂共有员工 260 人，每月产纸烟 3000 箱。

20 世纪 30 年代，山东机制卷烟工业获得了一定的发展。1931 年 10 月，东莱银行行长于耀西在济南设立东裕隆烟草公司。烟厂注册资本 2 万元，有卷烟机 3 台、切烟机 2 台，职工 160 人。厂内生产分拣叶、配料、烘焙、上机、包烟、装箱 6 道工序，工序间分工明确，工人操作专业化程度较高。1932 年，烟厂生产纸烟 3600 箱，产值 52.2 万元。[②] 继东裕隆之后，华商又相继开办了铭昌（1931 年）、鲁安（1933 年）、华通（1934 年）、成安（1934 年）4 家机器卷烟厂，每家烟厂资本在一两万元。东裕隆等 5 家烟厂共有卷烟机 10 部，职工 428 人。产量以东裕隆最高，年产纸烟 3600—4000 箱，其余 4 家烟厂产量均在一两千箱。[③]

当时民族卷烟业发展的一般状况是：虽然机器卷烟业已在一些地区取代了传统手工制烟业，但是手工制烟业因成本费用低廉，投资少，适合下层消费者的需要，在一定的市场条件下，仍有着较强的生存力。而工厂生产的卷烟产品，消费者多为社会中上层，在市场销售上要最先受到外国进口烟的竞争排挤，在生产经营上又受生产成本和折旧费高、缴税负担重的因素影响，销售稍有不顺，就会导致经营性亏损。这一情况，是近代机器卷烟业与手工卷烟业长期共存的原因，也是制约机器卷烟业发展、使机器卷烟工厂无法代替家庭作坊的一个重要因素。

---

① 山东大学化学社编：《科学的山东》，1935 年，第 89 页。

② 胶济铁路管理委员会编：《胶济铁路经济调查报告汇编》，1934 年，分编六，济南市。

③ 佚名：《济南卷烟业调查》，《中行月刊》1934 年第 9 卷第 5 期。

3. 榨油业

民国初年,烟台已有部分油坊开始使用机器榨油。一般使用柴油发动机和磨碎机加工原料,机器通常由大连购进,功率一般为 16 马力,原料大豆大多来自东北。1915 年,烟台 33 家油坊中就有 6 家使用柴油机和磨碎机。20 世纪 20 年代,由于东北大豆减少输入,1921 年烟台油坊减少到 18 家,机器油坊仅剩 1 家。

第一次世界大战后,青岛兴起了以花生为原料的新式机器榨油工厂,主要是日商为主的工厂。1915—1922 年,日商共设立了 15 家机器榨油工厂和精制油工厂。日本榨油厂以其雄厚的资本、先进的设备,控制了整个青岛榨油业。当地华商“虽有数十家之油坊,不能敌日商一家产量”[①]。

华商机器榨油厂集中于泰安、济南等地。而在广大内地城乡,旧式榨油和土法榨油完全居主导地位。

1919 年 4 月,泰安商人在大汶口设立永丰机器榨油股份有限公司,投资 30 万元,购置汽压机,从事新法榨油。大约同期设立的还有济南恒升和机器榨油厂。1922 年和 1924 年,又有同丰太、东裕隆两家机器榨油厂先后设立,其中东裕隆设备较好,资本 10 万元,采用水压机榨油。

从 20 世纪 20 年代初到 30 年代中期,山东不少地方盛行改良式土法榨油,即原料粉碎采用电磨碎机或柴油磨碎机,榨油则使用传统楔式或手工螺旋式榨机。据调查,1933 年省内(不包括济南)共有改良油坊 20 多家,其中青岛 11 家、长山 4 家、邹平 2 家、桓台 3 家、临清 2 家、牟平 1 家、临朐 1 家、夏津 1 家。[②] 这种机器与手工并用的改良式油坊,与早年烟台的机器油坊一脉相承,是传统手工业向机器工业过渡的产物,而创办于 1909 年的济南兴顺福榨油厂就是这类改良油坊的典型。

兴顺福榨油厂是 1909 年创办的手工土法楔式油坊。20 世纪 20 年代中期改良土法榨油,购进安装新式榨油设备,由螺旋式榨油取代旧式楔式榨油工艺,一举成为济南最大的榨油厂。油厂厂房为 3 层楼建筑,顶楼安设筛尘机 1 部,一楼有转轮机(磨碎机)3 台、加热器 6 座、螺旋压榨机 80 台。工厂榨油方法是将原料由动力输送带送至三楼筛机,筛去原料中的尘土后,送至

① 民国《胶澳志》卷五《食货志 · 工业》,1928 年。

② 何炳贤主编:《中国实业志 · 山东省》,民国实业部国际贸易局,1934 年,辛部,第 163 页。

二楼“湿浆”(即用水喷湿原料),然后下送至一楼转轮机,转轮机二轮反向运转,原料经二轮碾压挤成扁片,在加热器内蒸两三分钟装入草包,用铁圈圈成饼形,置于压榨机上,叠放10余层至顶部,顶为螺旋,用人力推木杠转动螺旋使之下压,油即被榨出。螺旋式榨油每次费时6小时左右,每120磅豆子约可出油17斤,每100斤花生约可出油30余斤。兴顺福榨油厂当时日产约3吨。①

至20世纪30年代,全省华资油厂共有1826家(机器榨油和土法楔式榨油),总资本额达285.4497万元,年总产值约为1487.381万元。花生油和豆油在全国各省区同类产品中分别占第一位和第二位。花生油为山东重要的出口商品之一。②

(三) 制盐业

近代山东的盐业生产在全国仍占有重要的地位。山东盐业在继续使用煮盐、晒盐等传统盐业生产技术的同时,机制盐日益增多,并通过盐业公司组织生产,从而开始了山东盐业的近代转型。近代山东盐业产量一度居全国首位,盐的销售市场不断扩大,精盐销往长江流域地区,食盐、工业盐则销往日本、朝鲜、海参崴及中国香港地区。抗战前,山东盐业主要由北洋军阀政府和国民党南京政府控制。外国列强也极力插手山东盐业:英国在1898—1930年侵占威海卫的盐场,德国则于1898—1914年侵占胶澳盐场,日本在1914—1922年侵占胶澳盐场。

近代山东盐业包括精盐业和工业盐业,主要由盐业公司采用机器组织生产销售盐制产品。其中精盐产量在全国占主导地位。

山东精盐业发端于青岛。1915年12月,日本商人在青岛创立第一家再制盐工厂,日产精盐1吨。1917年,日商又成立青岛盐业株式会社,兴建大型精盐工厂,一年生产精盐18.7万担。至1921年,日商先后在青岛开设精盐工厂19家,年生产精盐150万担,洗盐、粉盐200万担。③

1919年9月,华商林之有在烟台设立了通益精盐公司,生产粉盐、砖盐

---

① 刘向荣:《我国榨油工业之调查》,《自然界》1926年第1卷第8期。

② 陈新岗、张秀娈:《山东经济史》,山东人民出版社2011年版,第274页。

③ 景本白:《胶州湾盐业调查录》,1922年,第43页。

和精盐。公司最初资本25万元，1925年增至40万元，1931年又增至60万元，1932年再增至100万元。[①] 厂内设备有烘干机1部、脱水机5部、轧盐机3部、搅拌机2部、晒盐机3部、抽水机3部等。所需原料盐，分别购自山东石岛、金口、莱州、威宁各场，每年约需33万担。据1922—1929年的统计，平均实际产量为17.6万担。1933年达到34.6万担，1934年达到35.1万担。1937年为24.2万担，占全国八大精盐公司（东三省除外）总产量的26%。实际销量，1922—1929年平均每年约为17.1万担。

1923年，中国近代化工工业的开拓者范旭东和青岛商人丁敬臣合资设立永裕精盐公司，后改为永裕精盐股份有限公司，资本80万元。1925年正式投产。厂内安装洗盐机1部、抽水机8部、打盐机3部、装盐机10部、真空罐4个、离心机6部，并有车床、钻床、磨床各1部，马达8具，产品为精盐、粉碎盐及洗涤盐。所需原料盐，从胶澳场采购，每年需要98万担。产品以粒为主，采用洗涤法和真空罐制造法，是当时国内生产效率最高的一种精盐加工方式，代表了山东精盐制造水平，处于全国领先地位。[②] 永裕公司原定年产量150万担，但实际生产并没有达到预期目标。1925—1928年平均每年实产约9.7万担，1937年年产为16.6万担，占全国八大精盐公司总产量的18%。

总体来看，近代山东盐业生产呈逐渐上升的发展势头。自1922年中国收回青岛至20世纪30年代，山东盐业有较大的发展。1933年山东盐产量为930余万担，约占全国食盐产量的21.6%，居全国首位。1933年以后，国民党政府整理盐产，大量铲除分散零星的盐摊及硝土盐，因而山东盐产量锐减。至1936年全省盐产量仅704万担，约占全国盐产量的15.8%，但仍居全国首位。[③]

（四）化学工业

山东近代意义上的化工生产开始于清朝光绪年间（1875—1908）。1875

---

① 胶济铁路管理委员会编：《胶济铁路经济调查报告汇编》，分编二《烟台》，1934年。

② 吴祖耀：《青盐志略》，1933年，第89—91页；佚名：《我国精盐业概况》，《青岛工商季刊》1934年第2卷第2期。

③ 山东省档案馆、山东社会科学院历史研究所编：《山东革命历史档案资料选编》第二十一辑，山东人民出版社1986年版，第419页。

年设立的山东机器局,除制造枪械外,还从事黑火药生产。生产黑火药所使用的原料主要为硫酸、硝酸钾,而这两种原料均为化工产品。

清末民初,民间资本开始投资于化学工业,进行集资设厂,引进动力机器和近代化工技术,相继兴办起新式火柴、染料、造纸、制革、橡胶等企业,生产各种化工产品。20世纪20年代末至30年代初,化学企业的家数有明显的增长,机器设备规模逐步扩大,生产工艺和制造技术也有一定程度的提高。

1. 火柴工业

清末,民族资本曾先后在潍县、胶州等地开设火柴厂,尝试引入技术,自行生产火柴。民国以后火柴工业受到国内消费需求的带动,出现了较快的发展,生产技术水平也有所提高。

(1)振业火柴公司。1913年,丛良弼等人在济南创立了山东第一家大型火柴公司——振业火柴公司。公司注册资本20万元,有工人800余人。丛良弼原为烟台东顺太商号大阪庄经理,在经销火柴时学会了火柴制造技术和经营管理知识。他看到国内日货充斥和火柴的丰厚利润,便决定回国兴办企业,发展本国的火柴工业。公司成立后,从日本购进了全套设备,有排杆机26台、卸杆机11台、理杆机2台、整杆机2台及油盘、药盘各1部,设备水平在当时国内是比较先进的。火柴厂聘用天津丹华火柴厂张厚庵为总教习,主持火柴厂生产,并聘用日本技师为指导。当时国内多数厂只能生产黄磷火柴,而振业火柴厂则能生产蜘蛛牌硫化磷火柴,日产40大箱(1大箱为60小箱,1小箱为240包)。工厂投产后,获准在周围300里范围内拥有15年专利权,业务进展顺利。① 1919年五四运动爆发,提倡国货、挽回利权的爱国运动高涨,振业火柴因此获得发展机会。1919年工厂增资10万元,在济宁设立分厂,1921年正式投产。此后,振业火柴厂产品的销售范围扩展至鲁西南和江苏丰、沛、萧等地区。

(2)中蚨火柴公司。1916年,烟台第一家火柴厂——中蚨火柴公司在烟台西沙旺成立。公司实行股份制,额定资本10万元,实收5万元。火柴

---

① 蔡吉庭、张锐:《济南火柴厂与济南火柴工业》,山东省政协文史资料委员会编《山东工商经济史料集萃》第二辑,山东人民出版社1989年版,第242—244页;《农工商公报》1917年第4卷第4册第40期《报告门》。

生产分厂内、厂外两部分，厂内有男女职工400人，装盒包装则由乡间妇孺承接加工。工厂所有原料从天津和大阪购入，出产的青蚨牌、九星牌火柴行销于鲁东地区。1919年，工厂因火灾而停产。①

1919年，华商资本在青岛设立了第一家中资火柴厂——胶东火柴厂。胶东火柴厂自投产起，就遭到日资火柴厂的排挤。1924年，随着青岛主权的收回和国货运动的兴起，日商资本的行业垄断被打破，这时民族资本相继在青岛地区兴办了一批中小火柴企业。1925年，济南振业火柴厂再次实行资本扩张，投资20万元，在青岛设立第二分厂。1928年正式投产，厂内安装排杆机25台，日产火柴达80大箱。同年，华商华北火柴公司在青岛设立，1929年投产。公司开办时注册资本只有4.5万元，由于管理经营有道，数年后，企业通过内部积累资本增至20万元，排杆机增加到36台，产量也迅速增加，成为青岛最大的华商火柴厂。②

1928年济南"五三惨案"后，山东社会各界发起了抵制日货、提倡国货运动。1931年"九一八"事变后，全国各地掀起声势浩大的抗日风潮。受此影响，日货受到市场冷落，国产火柴则赢得市场青睐，销路大畅。在这种形势下，不仅原有火柴厂增加了生产，而且不断有新厂成立。1917—1926年成立的火柴厂为6家，1927—1931年成立的火柴厂达16家，1932年和1933年两年，又有6家火柴厂成立。③ 1929—1931年的3年间，单就青岛一地，先后就有鲁东、明华、信昌、兴业、华盛等5家火柴厂成立。20世纪30年代后，济南的火柴工业也有较大的发展。除振业火柴厂第三次增资，资本达100万元外，先后有洪泰、东源、鲁兴、益华等火柴厂成立。另外，即墨、潍县、青州、烟台、临清、益都、威海、胶县、龙口等地也均有华商开办火柴厂。据统计，到1933年3月，山东各地先后开办的火柴厂已达39家之多（当时有6家停业，1家在筹建），在国内开工的88家火柴厂中，山东占了33家，火柴产量超过20万吨，比1920年增长了1倍。另据统计，1933年国内火柴工业共生产火柴701616箱，其中山东火柴工业生产369805箱，占国内火柴产量的一半以上。同年，青岛火柴产量为230675箱，居国内第一位，是居于第二位

---

① ［日］青岛守备军民政部：《东北山东调查报告》，1920年，第455—456页。

② 王超凡：《青岛火柴工业发展史略》，山东省政协文史资料委员会编《山东工商经济史料集萃》第二辑，山东人民出版社1989年版，第263—265页。

③ 何炳贤主编：《中国实业志·山东省》，民国实业部国际贸易局1934年版，辛部，第604页。

的上海的 1 倍多(产量为 100894 箱),济南火柴工业的产量居当时国内的第三位。总体看来,山东火柴工业比较发达,年产值 650 万元,工厂数和资本总额都超过了安徽、陕西、广西、湖南、甘肃等省份。

2. 染料业

传统手工染坊染布,以天然植物或矿物为染料,使用最广的是蓝靛。清末化学染料由口岸输入,“洋蓝”“洋红”等进口染料开始为城乡染坊所采用。日德交战之际,进口染料迅速减少。之后,华商资本开始着手兴办化学染料厂,打破“洋靛”的垄断,适应城乡染织业发展的需要。国内最早开办化学合成染料的企业是青岛维新化学工业社和济南裕兴颜料厂。

(1)维新化学工业社。1919 年,青岛福顺泰商号出资、其职工张忠卿发起成立维新化学工业社。工厂开办之初,设备非常简陋,厂内安设 10 口大锅,聘请 2 名日本技师做指导,靠人工混合搅拌进口原料,生产硫化青黑色染料(煮青),日产 4 箱(每箱 100 斤)。① 1922 年,维新化学工业社迁厂至四方,添置新生产设备,改用汽锅生产,日产量增至 35 箱。

(2)裕兴颜料厂。1919 年末,青岛裕东泰经理王敬亭联合源裕兴等两家商号在济南设立裕兴颜料厂。颜料厂最初资本只有 3 万元,规模很小,生产的产品也是硫化青染料。生产所用的原料如硫磺、硝酸、硫化碱等,多购自日本。1921 年,颜料厂进行改组,由东莱银行行长于耀西、济南官磺局局长车百里、山东兵工厂厂长李正卿以及苗星垣、王雨宸、刘之山等人加入股金 8 万余元,连同裕兴厂原有注册资本 20 万元,组成山东裕兴颜料股份有限公司。于耀西任董事长兼总经理,王敬亭任厂长。1924—1931 年为裕兴颜料厂发展的鼎盛时期。1922 年,颜料厂陆续从日本购进日制 8 马力发动机、冷冻机、英制化学反射炉等机器设备,扩大生产规模,改进技术工艺,年生产能力达到 1 万箱(约合 500—600 吨),年盈利 10 万元左右。1946 年,上海出版的《化学世界》上有一篇文章曾谈到我国硫化青染料“起源于山东,继兴于沪市”。所谓起源于山东,就是指的裕兴。②

(3)裕鲁颜料股份有限公司。1923 年,振兴火柴厂创办人丛良弼与张

---

① 王第荣:《青岛染料工业的萌芽与发展》,山东省政协文史资料委员会编《山东工商经济史料集萃》第一辑,山东人民出版社 1989 年版,第 89—93 页。

② 艾鲁川:《济南裕兴化工厂简史》,山东省政协文史资料委员会编《山东工商经济史料集萃》第二辑,山东人民出版社 1989 年版,第 181—184 页。

荆芳等人在潍县设立了裕鲁颜料股份有限公司。张荆芳早年在日本经商，目睹日本颜料工业之发达，并设法在日本学会了硫化青染料的生产工艺。回国后，张荆芳邀集丛良弼等人投资 5 万元，在潍县火车站附近建厂房，创办颜料公司。1924 年，从潍县当地铁工厂定制全套生产设备，招收 30 余名工人，于 6 月正式投产，生产能力最初为年产硫化青煮膏 1000 箱。1925 年，裕鲁又增资 5 万元，资本额扩至 10 万元。工厂生产的煮青染料价格低廉，适销对路，数年后销路便由本省扩展至河南、河北、江苏、陕西等省。[①] 裕鲁公司扩充规模后，生产经营获利颇丰，1918—1934 年累计盈利 22.3 万元。

从 20 世纪 20 年代中期到 30 年代中期，是山东染料工业发展较快的一个时期。尤其是 1931 年后国民党南京政府采取了保护国内染料工业的政策，对进口染料实行高额关税，限制其进口，由此刺激了染料工业的发展。[②] 1933 年，裕兴生产染料 8000 箱，产值约 35 万斤。裕鲁生产染料 1 万箱，产值 45 万元。根据当时生产和市场的需要，各染料厂相继更新和改进设备，扩大生产规模。1933 年，裕兴厂增设制罐和印铁全套设备。1935 年，裕鲁厂由青岛铁工厂购进汽锅 4 口、苛性锅 4 口、二硝基汽锅 2 口、五节锅炉及 25 马力蒸汽机各 1 台，从此铁锅生产全部改为汽锅生产。随着设备的增加，工厂资产总额扩大至 56 万元，工人增加到 100 余人，年获利达 10 万元。裕兴厂产销两旺，获利丰厚，年获利达 10 万元。1934 年，裕兴和裕鲁两厂的煮青年产量均达到 1.6 万箱，成为当时国内第一和第二大化学染料厂。

1931 年，在进口染料新税刚实行之际，华商资本分别在青岛、济南设立了正业颜料公司和振华颜料厂。其后，又有华商济南天丰颜料厂（1933 年）、华丰颜料厂（1935 年）、潍县华德颜料厂相继成立。到 1935 年，山东先后成立的化学染料厂已达 10 家，年生产能力 10.8 万担，这年开工生产的 6 家企业，共生产化学染料 5.35 万担。但 20 世纪 30 年代后开业的染料厂多为小厂，设备简单，一般只有石料反应锅数口，只能生产单一的煮青染料，因产品浓度不一，品质欠佳，市场销售也不稳定。染料工业销售市场，本省占

① 王中廷：《潍县裕鲁颜料股份有限公司概况》，山东省政协文史资料委员会编《山东工商经济史料集萃》第二辑，山东人民出版社 1989 年版，第 94—99 页。

② 民国实业部中国经济年鉴编纂委员会：《中国经济年鉴》，1934 年，(K)第 392—393 页。

2/3,外省占1/3。1933年,山东产化学染料销售于本省、河南、江苏2.5万担,河北5000担,陕西、甘肃1200担,山西3100担。[①]

3. 橡胶加工业

橡胶制品是在开埠通商后才出现的一种消费品,与城镇居民日常生活和交通工具的改进有着密切的关系。但橡胶工业的兴起,则是比较晚的。1929年,中威胶皮工厂和烟台同成橡皮工厂相继设立,开创了山东橡胶工业企业的先河。

(1)中威胶皮工厂。1929年,威海商人孟显初在威海创办了山东第一家橡胶企业——中威胶皮工厂。工厂注册资本4万元,从日本大阪和东北购进机器设备,购有75马力蒸汽机1台、2.2吨兰开夏式锅炉1台、12寸和14寸碾胶机各1台、缝纫机60余台、织布机10余台,聘请日本技师任生产技术指导,4名朝鲜技工负责硫化和辗胶工艺,工人140人。厂内设总务部、庶务部、铸造部、机器部。1929年6月正式投产,生产橡胶雨鞋和运动鞋。开厂第一年,其生产产品的质量和技术不过关,经营出现亏损。第二年又做了生产技术和产品式样改进,年产鞋20余万双,产值24万元,行销于东北三省,为风靡一时的名牌产品,其他产品则销售于青岛、烟台及山东各地,年销售量达16万双,并获利1.5万元。1931年"九一八"事变后,东北销路遇阻,工厂于1932年6月停工。1935年工厂复工,这时资本总额为13万元,各种胶鞋产量为30万双,营业总额约为50万元。日军占领威海后,工厂经营困难,机器设备被日伪军破坏,1942年被迫停产。[②]

(2)烟台同成橡皮工厂。1919年,烟台第一家橡胶加工独资企业——烟台同成橡皮工厂成立。工厂最初资本只有2000元,职工33人。工厂租借日本商人的柴油发电机和4台碾胶机,从朝鲜购进旧胶皮,产品以胶鞋底为主,年产胶鞋底50万双,产值只有6.4万元。[③] 其产品主要销于烟台及周邻各县。

20世纪30年代初,青岛民族资本先后创立了福字胶皮厂(1930年)、隆裕胶皮厂(1931年)、同泰胶皮厂(1932年)3家胶皮厂,1936年又开办了山东胶皮厂。4家胶皮厂资本总额为24万元,机器设备及工艺水平与中威胶皮厂大

---

① 何炳贤主编:《中国实业志·山东省》,民国实业部国际贸易局1934年版,辛部,第632页。

② 沈德容:《威海的中威橡皮工厂》,山东省政协文史资料委员会编《山东工商经济史料集萃》第二辑,山东人民出版社1989年版,第235—237页。

③ 山东省政府实业厅编:《山东工商报告》,1931年,第101—103页。

致相当，制造模具依靠进口，原料也大部分依靠进口半成品，产品局限于胶鞋、胶鞋底、自行车内外胎及人力车内外胎。其中，福字胶皮厂资本额10万元，男女工人100余人，“用机器制造胶皮鞋，产品精良，堪与舶来品相抗衡”[①]。

据有关资料统计，抗日战争全面爆发前，青岛橡胶制品的年生产能力为自行车内外胎各250万条，汽车内外胎12万套，胶鞋960万双。1936年，各橡胶制品厂共生产自行车内胎87万条，外胎74万条，胶鞋370万双。从生产能力和产量上看，青岛已是当时北方最大的橡胶工业中心。[②]

（五）机械制造业

山东机械制造业兴起于民国时期，主要集中于青岛、济南和潍县三城市，其他城市烟台、威海、博山、高密、临清等地只有几个规模较小的企业。这一时期，城市制造机械与机器零部件的铁工厂竞相开业，企业数骤增。适应当时铁轮机织布业以及面粉、火柴、印刷等行业的需要，一些工厂已能批量生产机械整机，并能零星制造少量金属加工机器和动力机器。20世纪30年代，随着企业设备和技术水平的提高，部分铁工厂已能制造柴油机、发电机、蒸汽机和工艺较复杂的金属切削机床，并能制造成套面粉加工机器和动力榨油、织布、印染设备。

1. 济南机器制造业

民国初年，济南的机器铁工业开始兴起。1912年，郎洪升开设洪升铁工厂。次年，兴顺福铁工厂、河北交河资本的晋太铁工厂相继成立。这些铁工厂资本一般在三五千至一两万元不等，多半只能加工维修零配件，不能生产整机。1917年，齐鲁铁工厂成立，厂房、机器均租用原工艺局的旧物，机器有大小车床5台、刨床2台、钻床1台和5马力电动机1台，工厂除修理各种机器、制造机械零配件外，还曾试制出锅炉和蒸汽发动机。[③] 1919年，义发成机器铁工厂设立，工厂属独资经营，最初设备仅有人力鏇床1台，后逐渐增加设备，开始制造弹花机、面条机、织布机等简单机械。[④]

---

① 佚名：《青岛工业考察团报告书》，《青岛工商季刊》1934年第2卷第2期。

② 龙树德：《青岛橡胶工业之过去与现在》，《青岛橡胶》1947年第1期。

③ 《山东实业公报》1932年第9期。

④ 山东省档案馆馆藏档案：《山东分局长期卷、济南特别市机器工业概况初步调查材料》，1949年。

第一次世界大战后至20年代中期，是济南机器制造业发展较快的一个时期，企业设备和技术水平有所提高，产品种类也有所增加。1920年，金启泰、兴顺福等老厂先后增添了动力设备，其后又有陆大等4家工厂设立。当时几家规模大的铁工厂已能制造气泵、小型锅炉、蒸汽机、榨油机、印刷机、造胰机、面粉机、矿山用汽绞线以及部分理化仪器，虽然出品数量不多，但已突破了修配限制，能生产整机。另外，十几家中型铁工厂已能小批量制造弹花机、轧花机、切面机、水车等简单机械产品。天津郭天成、郭天利两家铁工厂在济南设立分厂，专门装配铁轮织布机。

1925年后，机械制造业又有成丰（1928年）、华兴（1929年）、同丰、春聚德、新新、顺兴等六七家新厂设立，但制造水平无显著提高，再加上外国机器设备大量进口的冲击，其产品没有竞争的优势，造成兴顺福、金启泰等几家铁工厂在1925年后相继倒闭。另外一些转以修配维持营业，或转向为军阀制造迫击炮弹及枪械配件。

20世纪30年代初，济南机器制造工厂以齐鲁、成丰、华兴、陆大、义发成5家规模最大，工厂一般都有全套的车、铣、刨、钻等加工设备，并附设小型翻砂车间，设备比较完善的陆大工厂还拥有柴油发动机、冲床、磨床、喷气压力机等机器。成丰工厂原为成丰纱厂的铁工部，开始负责厂内维修，工人二三十个，后来设备和人员不断地扩充，工人增加至400人，工厂主要业务也转向制造各类机床和面粉加工机器。1932年，工厂仿制出鲁滨孙式钢磨及全套制粉机器，此后又为成丰西安分厂制出德式带齿轮40寸钢磨20台、精粉机12台以及打麦机和漂粉机，这些设备在当时西北面粉加工业中算是最先进的。同期，陆大工厂的制造技术也有很大提高，不仅能制造普通车床和柴油机、蒸汽机等动力机器，而且还自行设计制造出用以疏浚小清河的挖泥船。1932年，陆大工厂制造的“黄台”号、“石村”号两只挖泥船，每只船造价7.3万元，船身长26米，装有4汽缸125马力柴油机，每小时挖泥量为160立方米，送泥距离为19米，是当时国内制造水平比较高的内河挖泥船。①

1930年，济南东元盛染厂扩建，需加工制作大量的机器零配件，而工厂所属铁厂难以适应加工要求，染厂投资2000元，购进车床、刨床、钻床等加工机器，将铁工部改组扩充为单独核算的铁工厂。1933年，东元盛铁工厂

① 丁礼卿：《整治山东小清河之工程》，《科学的中国》1934年第3卷第4期。

先后仿制出15马力、35马力两种型号的柴油机,并销于河北高阳等地,以后又生产榨油机、轧花机,行销于鲁北产棉区。抗战全面爆发前,铁工厂的月生产能力为10尺车床2台、织染机器2台、兰开夏式锅炉1台及8寸直径水泵1台,成为机械制造业中较具实力的企业。①

截至1936年年底,济南共有机器铁工厂23家,资本总额26.78万元,陆大资本最多达10万元,义发资本最少为800元,其余工厂资本大多在2000—5000元之间。各家工厂所需铜铁原料大多购自鞍山及日、美等国,制品以手工机械、简单机器、机器零部件为主,机器整机为数很少,行业全年制造总值为71.7万余元。②

2. 青岛机器制造业

1915—1919年,随着青岛市政工程、一般加工业和纺织业的发展,修造纺织机械与加工机械的修配厂首先发展起来。这类工厂如东益铁工厂、复记铁工厂、顺源炉、永丰铁工厂等,最初只修配纱厂机器零部件,铸造市政建设用铁管和金属配件,后来逐渐发展到能制造一些简单机械。同期,日本人也在青岛设立了十几家铁工厂和铸造厂,其中1915年设立的丰盛公司铁公所(资本10万元)、稍后成立的天德铁工厂(资本30万元),是当时规模较大的机械修造厂。1919年,青岛已有各类铁工厂、铸造厂、铁工作坊43家,其中华商23家,日资20家。这些铁工厂和作坊大多数资本很小,华商资本一般在1000—3000元,资本不足1000元的有14家,大多数铁工厂没有动力机器,只有永顺铁工厂(资本4000元)、朱同兴翻砂工厂(资本3000元)和永利号铁工厂(资本2万元)3家企业使用动力机器。③

进入20世纪20年代后,青岛华商资本的机器铁工厂规模有所扩大,设备与技术水平也有了一定程度的提高。1921年,稍具有规模的华商铁工厂和铸造厂共有6家,而日商铁工厂和铸造厂则有11家之多。④ 20年代中期,随着青岛主权的收回,华商铁工厂发展到17家,日商铁工厂则减少为4家。规模

---

① 张东木:《济南东元盛铁工厂史料简述》,山东省政协文史资料委员会编《山东工商经济史料集萃》第一辑,山东人民出版社1989年版,第194—198页。

② 济南市政府秘书处编:《济南市机器及金属制品制造业调查统计报告》,1937年3月,第1页。

③ [日]青岛守备军民政部:《青岛的工业》,1919年,第72—74页。

④ 佚名:《青岛及铁路沿线日本人及中国人所经营工场之调查表》,《山东实业学会会志》1921年第5期。

较大的华商工厂有华昌、东益、同昌泰、复记等厂。华昌铁工厂有工人 100 人，主要机器设备为车床 16 台、铣床 3 台以及刨床、钻床、卷板机等，工厂动力 10.5 马力，能够制造面粉加工机械和日用五金器材。东益、复记两厂都成立于 1919 年。东益工厂的资本为 2 万元，设备有车床、铣床、钻床、熔铁炉等，20 年代该厂已能制造刨床、铣床、钻床等多种机床。复记工厂的设备水平与东益大致相同，主要制造榨油机、面粉机，并能制造柴油机。[①] 当时机械制造业中的技术骨干或经理人，多半出身德占时期的水师工务局和四方机车技工学校。

20 世纪 30 年代初，青岛共有包括机器制造企业在内的中外资铁工厂 47 家，资本总额 280 万元，职工 2800 人。[②] 当时最著名的华商机器制造企业为东益、复记、利生、金城 4 家工厂。此外，在机械制造和修理方面，规模较大、设备水平较高的企业还有源盛炉、德顺炉、华兴、源兴、得聚成、陆丰、绒发、复元兴、同昌泰等工厂。整个机器制造行业不仅已能制造车、铣、刨、钻的金属切削机器，而且还能制造火柴机、制杆机、面粉机、榨油机等动力加工设备。1923 年设立的利生铁工厂制造的车床、刨床、钻床等机床，性能在许多方面不亚于进口货，而价格则大大低于进口货。当时 1 台 12 英尺美国车床售价 2000 元，而利生厂制造的同类车床售价仅 800 元。利生厂产品销路很好，远及汉口、天津等地。1936 年，仅车床一项就销售 80 台。[③]

1931 年，尹致中在青岛设立冀鲁制针厂，工厂设立后注重改进机器设备，生产各种民用针和工业用针，行销全国各地，并出口东亚各国。它填补了中国制针业的空白，结束了依赖洋针进口的历史。工厂由天津公裕号、济南公裕东和尹致中三方出资，尹致中任厂长。为了提高产品质量和产量，工厂不断研究改进机器性能，经过两年的努力，在 1933 年发明研制出连三速度制针机。连三速度制针机将压鼻、搓油、钻孔、切鼻 4 道工序同时在一台机器上完成。新式制针机除速度提高外，还能省工料，降低成本。尹致中的这项发明，曾获得南京国民政府实业部一等奖章，并于 1936 年 10 月由实业部奖励工业技术审查委员会颁予专利权，他本人也因此获得“制针大王”的荣誉。1934 年，尹致中又在青岛创办中国兴华实业工厂，内设机械厂，专门

---

① 民国《胶澳志》卷五《食货志 · 工业》，1928 年。

② 青岛市档案馆编：《帝国主义与胶海关》，档案出版社 1986 年，第 214 页。

③ 山东省档案馆馆藏档案《山东分局长期卷》二九，《青岛市及其铁工业统计表》1949 年 8 月。

研究制造新式机械。[1]

20 世纪二三十年代，青岛的机器制造业取得了一定的进步，并制造出多款质量颇佳的产品，行销山东及全国各地。但由于民族资本资金薄弱，设备和技术受种种条件限制，除个别企业外，多数企业的制造工艺和产品局限于仿制，其整体水平还是比较低下，发展比较缓慢。

3. 华丰机器厂与潍县布机制造业

1920 年后，潍县土布织造业、漂染业发展很快，织染加工业的发展使新式脚踏织机的需求激增，同一时期，潍县手工作坊数和手工工场数以及当地商人资本的实力也在增长，这就为当地机械制造业的兴起和发展提供了市场、资本和技术工人。

1920 年，滕虎忱创立了潍县第一家机器制造厂——华丰机器厂，工厂发展成为华北最大的机器厂之一。滕虎忱是潍县东乡人，19 岁就在青岛水师工务局学徒，后又在马尾船坞工作 7 年，学会了有关机器制造的许多知识和技能。华丰成立之初，资金只有 3000 元，设备只有车床 2 台、小型汽油发动机和发电机各 1 台，只能制造公路桥梁用夹板、螺丝等。同年 10 月，工厂增资至 1 万元，扩建厂房，增添设备，开始试制织布机。滕虎忱以一架"石丸式"织布机为样机，试制出脚踏铁轮织布机。后来这种机器经多次改进，每日可织 40 码"洋布"一匹。1931 年，山东工业试验所对华丰机器厂制造的改进脚踏织布机进行性能试验，在鉴定报告中评定为"足踏织布，机架坚固，运转正确，有间接卷取装置及他动的送出装置，则纬线密度均匀，工作迅速，欲定织品之疏密，即交换卷取之齿轮与增减经轴上重锤之分量，视布之用途若何耳。该机每日工作 12 小时，能织平面布百尺，其他斜纹、条纹布均能织，诚为现代人力织机之良品"[2]。脚踏机批量生产后，产销顺畅。1920 年华丰工厂只能生产 100 余架，1927 年增至 700 架，1930 年又增至 1000 架，1934 年达 3500 架，经统计历年销售于潍县、昌邑、寿光、济南、桓台、即墨等地的织布机达 1.22 万架。[3]

1927 年，华丰工厂建起大型厂房，陆续增添车床、刨床等加工设备，购

---

① 言志：《初访制针大王尹致中》，《新世界月刊》1946 年 12 月号；佚名：《实业部特许专利之工业新发明》，《科学的中国》1936 年第 8 卷第 12 期。

② 《山东农矿厅公报》1935 年第 2 卷第 8 期，训令 1818 号。

③ 何炳贤主编：《中国实业志 · 山东省》，民国实业部国际贸易局 1934 年版，辛部，第 660 页。

有20.5马力柴油机，并根据当时农村需要，开始制造灌田水车、轧花机、弹花机、棉籽剥皮机、榨油机等多种机械，产品行销于山东、江苏、河南及辽宁。[①] 1931年，山东工业试验所对华丰机器厂制造的水车、弹棉机试验鉴定，认为构造精密，质量上乘，坚固耐用。

1931年，滕虎忱根据对国内柴油机需求不断增加的趋势，决定自行试制柴油机。是年冬，工厂自上海购进大摇臂钻、气锤、龙门刨等加工设备，并从青岛聘请技师王宏茂，以德国设计、英国制造的15马力狄塞耳式柴油机为样本，从事研究仿造。1932年秋，第一台15马力卧式单缸低速柴油机试制成功，使用效果不次于英国产品。此后，又陆续试制成功8马力、25马力、40马力柴油机以及2千瓦—25千瓦不同功率的发电机。华丰工厂虽然试制的是小型号的柴油机，但当时国内只有上海、无锡两地工厂经与外商协作才能制造，而华丰完全是用自己的设备制造。1932年，华丰机器厂资本已达12万元，当年生产盈利5万余元。[②]

抗战全面爆发前，华丰工厂的机器制造能力已发展到相当水平，年制造柴油机70台、轧棉机700台、弹棉机400台、榨油机80台、发电机25台、抽水机80台、纺纱机400台、水车250部。产品行销山东和华北、西北以及江苏、辽宁等地。

20世纪20年代中期，在华丰机器厂的带动下，潍县制造织布机、水车和弹花机的铁工厂纷纷成立。自华丰建厂到1937年“七七事变”，先后在华丰工作过的工人有千余人，其中留厂工作的约500人，一部分技术工人则转到其他工厂任技术员，少数有条件的则筹集资金开办生产水车和织布机的工厂，如洪丰、阜丰、天丰、阜丰、大丰、新华、益农、育秀等铁工厂，其创办经营人都曾在华丰工作过，与华丰有着一定的渊源关系。从1920年华丰铁工厂设立到1932年，潍县先后有11家铁工厂成立，年产织布机7100架，占全省织布机制造总数的83%；年产水车920部，占全省水车制造总数的80%。[③] 通过一家工厂的示范影响，带动当地机器制造业由小到大，逐步形成一定规模，成为潍县机械制造发展的突出特点。

---

① 《山东实业部公报》1932年第9期；潍坊市工商联：《滕虎忱与潍县华丰机器厂》，山东省政协文史资料委员会编《山东工商经济史料集萃》第一辑，山东人民出版社1989年版，第151—159页。

② 佚名：《考察胶济路工商状况之随记》，《青岛工商季刊》1933年第1卷第1期。

③ 何炳贤主编：《中国实业志·山东省》，民国实业部国际贸易局1934年版，辛部，第660页。

从整体上讲,20 世纪 30 年代中期山东机器制造业取得了长足的进步,有较高技术水平的企业如华丰铁工厂,也有驰名的拳头产品。但从制造规模、产品结构和技术水平等综合考察,山东机械制造业只能算是处于起步阶段,带有明显的新旧交织、传统与近代并存的特征。

(六) 电力工业

近代山东电力工业是伴随着城市崛起和机器采矿业的兴起而发展起来的。1898 年,德国人在青岛设厂发电是山东电力工业发展的起点。1901 年,德国人在坊子煤矿装设柴油发电机发电是山东电力工业开启工业用电的起点。最初,山东资本电力企业主要是德国资本,如 1900 年德国库麦尔电气股份有限公司在青岛新建青岛电灯厂,除供德军兵营和机关用电外,还向市区供电。1906 年,德国人欧斯特在淄川炭矿所发电,成为当时山东最大的发电厂。尔后,本国资本也开始投资电力,如 1902 年天津机器局兵工厂迁至德州,配有两台由涡轮机驱动的发电机,是德州电业的开端。1905 年,山东机械局总办刘恩柱创办的济南电灯房,是山东第一个民族资本电力企业,也是济南最早的电厂。同年,烟台商人孙克选购置 1 台小型发电机组,成为烟台电业的开始。1911 年,中兴煤矿有限公司在枣庄安装 1 台 45 千瓦蒸汽引擎发电机组,供该公司建设一号大井和经理处照明用电。

1898—1911 年期间,山东电力工业初步建立。当时电力的投资主体有外国资本、民族资本和国家资本。电力主要用于采矿等工业部门,商用的较少。到 1911 年,山东共有电厂 6 家,装机 12 台,总容量 2237 千瓦。省内电厂除青岛和济南两个电厂为公用电厂外,其余均为工矿业自备电厂。各电厂均为燃煤的火力发电厂。原动机全部采用复式蒸汽机,青岛电厂和济南电灯公司还装有两级膨胀式往复蒸汽机。这个时期,最大单机容量为 400 千瓦。至 1911 年,山东有电气事业 7 处,装机总容量 2815.7 千瓦……最大单机容量 410 千瓦。①

1912—1937 年,山东电力工业快速发展,从 1912 年的 2237 千瓦到 1937 年的 107670 千瓦,增速明显。电力除工业用途外,商用领域也进一步扩大。

---

① 山东省电力工业局史志编辑委员会:《山东省电力工业志》,山东友谊出版社 1996 年版,第 2 页。

电厂大多为近代化的股份有限公司,建立有相对完善的公司治理结构。电力投资主体主要有日本资本、民族资本与官僚资本,其中民族资本占主导。

1. 胶澳电气股份公司

第一次世界大战爆发后,日本政府接管了青岛电灯厂,1915 年更名为青岛发电所。日本于 1922 年将青岛发电所交还中国,根据《山东悬案细目协定》,将其改为中日合办公司,即胶澳电气股份公司。公司资本 200 万元,实际投入 150 万元。总股本 12 万股中,中方股本 6.48 万股,占 54%;日方股本 5.52万股,占 46%。华商隋石卿任董事长,村地卓尔任副董事长,王子雍任经理,日商桥光隆任经理[①],创办了中日合资经营的胶澳电气股份公司。在胶澳电气公司的经营下,1933 年年底,公司发电装机总容量为 1.38 万千瓦。1934 年又建四方发电所。截至 1937 年 4 月,全公司发电能力达到 4.38 万千瓦。

2. 济南电气股份有限公司

1919 年,为适应社会各业用电增多的需求,济南电灯公司发起招股集资。后来,改名为济南电气股份有限公司。1921 至 1928 年,公司增装美国奇异公司制造的 1 台 500 千瓦和 1 台 1000 千瓦汽轮发电机组,增装 1 台从青岛胶澳电气股份有限公司购进的日本三菱公司制造 1200 千瓦机组。因股东之间矛盾突出,经营每况愈下,国民党山东省政府主席韩复榘于 1934 年 12 月派员接管了该公司,并更名为济南电气公司。次年增装 1 台英国派生公司制造的 5000 千瓦汽轮发电机组,至抗日战争全面爆发前夕,装机总容量达到 8120 千瓦。[②] 1937 年将该公司交还原商股董事会经营。

3. 鲁大公司发电所

第一次世界大战期间,淄川炭矿所电气厂被日本接管,更名为鲁大公司发电所。到 1937 年,该所装机容量达到 7250 千瓦。同时,淄博地区的煤矿、丝厂、铁路经营者在博山、周村、张店共办了 8 个自备电厂,使淄博地区的装机容量达到 1.51 万千瓦。

在此期间,烟台、枣庄、潍县的电业也有较大发展。1920—1937 年,泰安、平原、东平、临清、益都、高密、济宁、滕县、聊城、菏泽、威海、荣成等中小

---

① 胶澳电气股份有限公司:《中华民国十二年第一期营业报告》,1923 年。

② 山东省电力工业局史志编辑委员会:《山东省电力工业志》,山东友谊出版社 1996 年版,第 3 页。

城镇,也陆续兴办了民营小型发电厂,大多为小型柴油发电机组。1937 年“七七事变”前,全省 500 千瓦及以上的电厂达 23 个,共装 63 台机组,总容量为 10.77 万千瓦,最大单机容量为 1.5 万千瓦,最大的电厂是青岛四方电厂,装机容量为 3.5 万千瓦。在全省总装机容量中,民族资本经营的电厂装机容量为 32044 千瓦,占全省装机容量的 48.3%,占全国装机容量的 8.2%。[①]

三、日伪统治时期的山东工业

1937 年 7 月 7 日,日本发动全面侵华战争。12 月 23 日,日军分两路强渡黄河,侵犯山东。1938 年 5 月,徐州会战结束,山东大多数城市、战略要地和交通干线相继沦陷。日本为确保对重要军需资源的占有和开发,实行“工业独占”政策,对沦陷区的华资工矿企业采取“军事管理”“委任经营”“中日合办”“强买”“租赁”等掠夺手段,迅速将各工矿企业部门劫夺占有。同时,日本对济南、青岛等主要城市,大肆地进行资本扩张和投资活动,并疯狂地掠夺山东的煤、铁、盐等资源,形成殖民地工业体系。山东经济直接遭受到战争破坏和随之而来的掠夺、统制,并进而沦为日本经济的附庸,使之前逐渐积累起来的山东工业基础崩溃瓦解,迟滞了山东工业近代化的进程。

(一)日本对华资工矿企业的军管与统治

日本侵占山东初期,实行“工业独占”政策,对沦陷区的华资工矿企业采取“军事管理”“委任经营”“中日合办”“强买”“租赁”等掠夺手段,迅速将各工矿企业部门劫夺占有。最初,日本对占领区的山东工矿企业的掠夺主要是采取军事管制和委托经营两种形式,迅速控制和占领山东的工业资源。日本特务机关对军事管理企业,一般委任日本企业经营,少数企业由日本军队自行经营,这类工矿企业的所有权操纵在军队手里。委托经营是将华资工矿企业移交日本国家企业经营。1938—1939 年,日本则主要又采取“收买”“合办”的形式控制山东民族资本比较集中、现代化程度比较高的行业和企业。日本的这种攫取政策和行为,是军事强权下的占有行为,结果是华商资本被强行占夺,日本资本实力大增,占有绝对优势,形成殖民地工业体系。

---

① 山东省地方史志编纂委员会编:《山东省志·电力工业志》,山东人民出版社 1991 年版,第 6 页。

日本占领军对占领区工矿业的军事管理,最先是从济南的华商纺织、面粉工厂开始的。1937 年 12 月 27 日日军占领济南后,日本济南特务机关宣布对成大纱厂、仁丰纱厂、成通纱厂 3 厂实行军事管制,并分别委托给日本的东洋纺、钟渊纺、丰田纺三大企业集团经营。与此同时,济南 7 家面粉厂除惠丰、华庆、茂新 3 家外,有 4 家被军事管理。成记面粉厂委托日清制粉株式会社经营,改称军管理第四工厂;成丰、丰年、宝丰面粉厂委托东亚制粉株式会社经营,改称军管理第十、第十一、第十二工厂。同时,致敬水泥公司委托日本盘城水泥公司经营,改称军管理山东第九工厂。随即,济南电灯公司、电话公司、中国打包公司、兴华造纸厂等先后被军管理,并委托日资企业经营。委托经营程序一般是先由日军占据查封,再由日本特务机关指定委托经营机构,厂方清账造册,在日本军方的监督下由原业主与日方签订代管协议,由日资企业接收管理。

1938 年 1 月 10 日日军侵占青岛后,迅速对港湾、铁路、海关实行军事管制,以保证城市经济活动恢复运转。与此同时,日本占领军还对青岛四方机厂、海军工厂、永裕盐业公司、茂昌蛋品厂、冀鲁针厂等工厂实行军管理,分别按统制企业(即与战争关系紧密的电力、交通、矿产、盐业等部门的企业)和自由企业(即与战争关系不大的企业)委托日本企业经营。

日军沿铁路线占领煤矿区后,便立即对主要矿井实行军管理,对煤矿企业实施全面控制。1938 年 1 月,日军发布命令,宣布淄川地区煤矿统归鲁大公司管理统制,博山地方煤矿统归东和公司管理统制,要求各矿呈交“宣誓书”,表示服从管理,如有违反则严厉处罚。对山东其他占领区的煤矿,如中兴煤矿、华丰煤矿、华宝煤矿等,在实行军管理后,委托兴中公司经营。兴中公司接受委托经营后,又通过协作公司制由日本大资本财团协助其经营受托的煤矿企业。协作公司的选择,由兴中公司通过日本煤炭联合会,根据各财阀的实力和煤炭的地理位置来决定。山东峄县中兴煤矿于 1938 年 3 月交由占日本国内采煤量 1/4 的三井财阀经营;宁阳县华丰、泰安宝来煤矿,则于同年 1 月交由日本第二大财阀三菱来经营。三井、三菱两家大财阀插手山东煤矿的经营管理,可见其对获取山东煤矿资源的重视。全面侵华战争初期,日本对山东煤炭资源的军管理,为 1939 年 2 月经兴亚院批准华北煤炭经营 7 大集团的形成奠定了基础。7 集团在山东有 3 个,即由山东矿业公司经营的胶济集团,以淄川、博山矿区开发为中心;由三井矿山公司经营的中兴集团,以枣庄矿区开发为中心;由三菱矿业公司经营的大汶口集团,开发大汶口及周围地区矿区。

日军管理山东工矿企业以统制经济为其根本目的，很大程度上带有保障军事需要的临时应急性质。然而，军队不可能对所涉足的产业进行有效管理，也不利于日本国家资本和民间资本攫取、兼并占领区民族资本。随着日占区的扩大和各类资本的涌入，"收买""合办"成为控制山东民族资本和经营开发的主要形式。"收买""合办"的对象多为民族资本比较集中、现代化程度较高的行业和企业，具体实施过程是在日本殖民机构及伪政权的主导参与下进行的。"收买""合办"集中于1938—1939年，涉及的主要行业部门有如下行业：

1. 电业

日军占领山东各城市后，即将电力部门军管，并委托兴中公司经营，随后兴中公司采用"合并"方式加以占据。日军占领济南后，兴中公司即受命接收电灯公司，1938年7月与市公署设立合办的齐鲁电气公司，资本金400万元，原厂方实物折算200万元，兴中公司、东邦电业公司各100万元，发电能力7700千瓦。全面侵华战争前，青岛中日合办的胶澳电气公司是当时山东最大的电力企业，兴中公司接管后，即将资本金由原来的200万元增至800万元，中方296万元，占37%，日方504万元，占63%，成为日本控制企业。1938年6月，在军管理的基础上，兴中公司与烟台生明电灯公司签约，合办芝罘电业公司，年底电业公司由华北开发公司继承，翌年3月1日正式设立。公司资本金120万元，其中华北开发公司、东亚电力兴业公司各占30万元，原生明电灯公司60万元，发电能力3400千瓦。[①] 除对大城市电力公司以合办形式加以控制外，日本还对其他城镇电厂以不同方式加以控制。潍县商办民丰电气公司被日军接管后，于1938年11月改称鲁东潍县电气公司。黄县龙黄电灯公司和威海卫光明电气公司被日军接管后，交由芝罘电业公司负责恢复运营。其他城镇如周村、博山、济宁、临清、泰安、滕县、邹县、蓬莱、坊子、刘公岛等地的电灯公司均被日军接管，数十家厂矿企业的自备发电设备也被日本以不同方式加以控制，成为其实施电业统制的基础。

2. 面粉业

面粉业因与日本军需品供应关系重大，全面侵华战争初期是日本实行

---

① 庄维民、刘大可：《日本工商资本与近代山东》，社会科学文献出版社2005年版，第545—546页。

军管理的重点行业，在对济南 4 家、济宁 1 家机器面粉厂实施军管理的同时，对青岛华商企业则实施收买政策。此时日本在华北有 4 家企业集团面粉公司，其中东亚制粉公司的大本营就在青岛，该公司先后收买了华商恒兴、中兴面粉厂，改为东亚制粉第一工厂、第二工厂，并受托经营济南成丰、丰年、宝丰面粉厂和济宁济丰面粉厂。1941 年 7 月，济南、济宁的 5 家面粉工厂解除军管理后均被迫与上述日本企业实行合办。日本在山东采用军管理、委托经营、收买、合办等形式吞并华商企业，使日本的工业资本在面粉工业占有绝对优势。通过委托经营这一方式，华北地区 30 多家民族面粉厂的大部分被日东、日清、日本制粉三大日资面粉会社控制。据统计，日本在中国占领区利用各种方式控制经营的机器面粉厂共 76 家，日生产能力 21 万包，其中山东 7 家，日生产能力 31900 包，分别占 9.2% 和 15.2%，生产能力仅次于东北地区（46050 包）和上海（33800 包）。①

3. 纺织业

日本在对济南鲁丰、成通、仁丰 3 家华商纱厂实行军管的同时，对青岛唯一一家华商纺织企业——华新纱厂则实行了收买。抗战全面爆发前，华新纱厂拥有纱锭 480044 枚、线锭 10640 枚、织机 371 台，并有全套的印染设备，是山东最大的民族纺织印染企业。抗战全面爆发后，华新纱厂部分机器纱锭装船运往上海，其余产业售予美商中华平安公司，试图借美国的势力得以保护。日军占领青岛后，鉴于青岛的各日本纱厂均被炸毁，恢复尚需时日，于 1938 年 4 月强制平安公司以 196 万的低价将固定资产 500 万元（1936 年估值）的华新纱厂转售日本国光纺织公司，以使受损的日本纺织资本减轻压力，加快恢复经营。

济南鲁丰、成通、仁丰 3 家近代纺织企业在 1941 年 7 月结束军管理后，成为第一批所谓“返还”工厂，但不久便被迫与东洋纺、钟渊纺、丰田纺等日本纺织公司实行合办。合办企业的运营形式是原业主作为股东领取红利，无权过问生产经营，全部事务全由日方独揽。原业主虽在“合作”过程中就资产评估、红利分配、人事安排进行过抗争，并竭力拖延，但最终未能摆脱在

① 上海市粮食局等编：《中国近代面粉工业史》，中华书局 1987 年版，第 73—74 页。

强权下被“合办”的命运。[①]

4. 火柴业

抗战全面爆发前，山东是国内火柴工业较为集中的地区，全省拥有30多家火柴工厂。全面抗战开始后，华商火柴企业曾全部停业。随着日资工厂的开业，华商工厂在观望一段时间后也陆续复业。日本一方面扩大原有工厂的生产规模，另一方面收买合并华商工厂，利用联营形式统制火柴工业。1938年8月，原日资鲁兴火柴公司与华商东源、洪泰火柴厂实行合并，组成齐鲁合同火柴公司，成为济南最大的火柴企业。抗战全面爆发前，青岛华商华北火柴公司曾是日资工厂的有力竞争对手，1938年9月日商强行入股，资本金达到100万元，日商青岛燐寸、山东火柴、华祥燐寸均成为大股东，占55%，华商华北火柴公司占45%。此后，日商在火柴业中的实力超过华商，到1939年其生产量已占总产量的65%左右。[②]

火柴工业在得到一定喘息和恢复后，1938年8月，在兴亚院的示意下，日资火柴工厂开始续办中华火柴产销联营社，并将总社由上海迁至天津(后迁北京)，继续按照华北、鲁豫、华中三个区在天津、青岛、上海成立三个分社。青岛分社理事长和济南支社主任由日本人担任，两地火柴工厂全部加入联营社。联营社按照抗战全面爆发前的分配比率限定各厂的产额，并实行集中发售。由联营社、工厂、经销店组成网络，依照合同进行生产销售，由日人出任查核员，驻厂进店监督。通过对原料采购、生产和销售诸环节的控制，日本完成了对占领区火柴工业的统制，华商火柴厂的生产经营因多方面限制而逐渐衰落。

5. 印染业

印染业是全面抗战前民族资本实力较强的部门之一，手工印染与机器印染并存。日军侵占济南后，当地17家印染工厂中有4家机器印染厂成为日本收买、合办的对象，结果2家被迫合作，2家停工。利民染厂是全面抗战前济南最大的华商印染企业，日军占济南后，东洋纺织公司就派人与厂方谈判合办的问题，合办资本为35万元，日方20万元，中方15万元(其部分厂

---

① 山东省政协文史资料委员会等编:《苗氏民族资本的兴起》，山东人民出版社1988年版，第148—152页。

② [日]青岛日本商工会议所:《所报》1940年12月第14号，第8页。

房和库存被战火焚毁),经营管理由日方负责。德和永染厂开办于1933年,因战争遭水淹火焚及抢劫而陷于停顿。1938年年初,日商富士瓦斯纺织公司提出合作,最终以资本25万元实行合作,日方13万元,中方12万元。1942年,工厂漂染设备被强行拆除,改为印刷厂。中兴诚染厂、东元盛印染厂也在日本的逼迫下被迫停工。[①] 青岛阳本印染厂是抗战全面爆发前,山东唯一使用印花机器印染花布的工厂,产品销路很好。日军占领青岛后将该厂查封,1938年强迫合作,更名为兴亚染织公司。合办后日方投资添置新设备,生产规模有所扩大。全面抗战前,潍县是华北三大土布生产中心之一,当地有6家机器印染工厂。1933年8月开工的信丰印染公司规模最大,工厂资本12万元,职工200余人,年纯利润五六万元。日军侵占潍县后,信丰公司被改为军营。1939年9月日商井上洋行、菱田洋行出资30万元,信丰公司以厂房设备折抵20万元,双方实行合办。此后日方利用坯布、颜料优先采购,扩大生产,产量达到全县色布生产的近7成。[②] 潍县其他几家未合办的印染工厂或停业,或复工后遭遇种种困难,生产经营无法与全面抗战前相比。

6. 机械制造业

济南机车工厂原是专业机车维修工厂,抗战全面爆发前主要机器设备已转移内地。日军接管该厂后,于1939年改称"华北交通公司济南铁路工厂",接管时期曾进行扩建,生产规模进一步扩大。青岛海军工厂原是海军舰船修理厂,1931年正式建厂。青岛陷落前,工厂的主要设备拆运四川。日军占领后,1938年3月由浦贺船渠株式会社将该厂与竹内造船所、市河造船工厂、大洋海事工业所兼并重组。工厂开工后更名为海军工厂,主要业务是修理日军舰船和商船,并建造挖泥船、破冰船及小型货船,成为青岛机械制造业中规模最大的企业。[③]

利民铁工厂是抗战全面爆发前青岛最大的华商机器制造厂,原以生产纺织机械为主,1938年1月被三井财阀的丰田式织机公司青岛支社以14万元强行收买,改名为丰田铁工厂,5月开工生产,主要为青岛日商制造织机,

---

① 中国民主建国会济南市委员会、济南市工商业联合会编:《济南工商史料》第2辑,1988年,第59—82页。

② 潍坊市工商联:《潍县信丰染印公司今昔》,山东省政协文史资料委员会编《山东工商经济史料集萃》第一辑,山东人民出版社1989年版,第100—104页。

③ 辛元欧:《中国近代船舶工业史》,上海古籍出版社1999年版,第89页。

年生产能力1500台。[1] 1940年11月,该厂扩建,分设11个工厂,开始为军工生产服务。青岛冀鲁制针厂原是抗战全面爆发前中国唯一的制造民用和工业用针的华商股份制企业,抗战全面爆发初期其设备南迁上海。青岛沦陷后被查封,1938年12月日商以10.1万元强行收买,设立冀鲁制针工厂株式会社,资本金18万元,重新恢复生产。[2]

潍县华丰机器厂30年代成为华北最大的机器制造厂之一。1938年年底,该厂被迫折价50万元与日方合办,改名为华丰机器株式会社,改为制造军火。1939—1940年,该厂设备被拆卸运往济南,改为历山工厂,专事军工生产。

除上述工业部门外,在日军及殖民机构的主持策划下,日占区其他工业也遭到程度不同的侵吞。抗战全面爆发初期,日本在山东军管理、合办、收买的民族资本工矿企业近60家,详见表8－8。

表8－8　　山东被军管理、委托经营、强买的民族工矿企业

企业名称	军管日期	强买日期	备注
新华纱厂		1938年4月	更名为国光纺织第二工厂
成大纱厂	1938年2月		更名为军管理山东第一工厂
仁丰纱厂	1938年3月		更名为军管理山东第二工厂
成通纱厂	1938年3月		更名为军管理山东第三工厂
中兴面粉厂		1938年8月	更名为东亚制粉株式会社第二工厂
成记面粉厂	1938年3月		更名为军管理山东第四工厂
成丰面粉厂	1938年5月		更名为军管理山东第十工厂
丰年面粉厂	1938年5月		更名为军管理山东第十一工厂
宝丰面粉厂	1938年5月		更名为军管理山东第十二工厂
济宁面粉厂	1938年4月		更名为军管理山东第八工厂
益丰火柴厂	1938年		
东源火柴厂		1938年8月	两厂合并为齐鲁火柴公司
洪泰火柴厂		1938年8月	

① [日]青岛日本工商会议所:《经济时报》1939年3月第13号,第89页。

② 张凌云:《中国制针工业的创始人尹致中》,山东省政协文史资料委员会编《山东工商经济史料集萃》第一辑,山东人民出版社1989年版,第187—193页。

续表

企业名称	军管日期	强买日期	备注
鲁丰火柴厂		不详	
华盛火柴厂		不详	
大中华就将裕生分厂	不详		
中兴煤矿	1938 年 3 月		
华宝煤矿	1938 年 1 月		
华丰煤矿	1938 年 1 月		
淄川煤矿	1938 年 1 月		
博山煤矿	1938 年 1 月		
阳本印染厂		不详	更名为兴亚染织厂
和顺染织厂		1939 年 3 月	
利民染厂		1939 年 12 月	
德和永染厂		1940 年 3 月	
冀鲁针厂	1938 年 1 月		更名为冀鲁制针厂株式会社
利生铁工厂		1938 年 1 月	更名为丰田式铁厂
海军工厂	1938 年 3 月		更名为青岛工厂
青岛四方机厂	1938 年 1 月		
永裕盐业公司	不详		
致敬洋灰公司	1938 年 5 月		更名为军管理山东第九工厂
济南电灯公司	1937 年 12 月		更名为济南电力株式会社
中国打包公司	1938 年		更名为山东打包公司
傅益制糖厂	1938 年		更名为山东制糖厂
青济胶厂		1938 年	
宏大卫生材料厂		1938 年 6 月	
华兴造纸厂		1939 年	更名为济南造纸厂
济南电话公司	1938 年 2 月		
兴华造胰厂		1940 年	

续表

企业名称	军管日期	强买日期	备注
东裕隆卷烟厂		1939 年	为日本东亚烟草公司收买
昌安卷烟厂		1939 年	
铭昌卷烟厂		1939 年	
中国颜料厂		1939 年 3 月	
茂昌蛋品公司	1938 年 1 月		更名为东亚蛋粉株式会社
义利油厂		不详	
瑞丰酿造厂		不详	
山东烟公司		不详	

上述这些被霸占的企业，在民族企业中属于资本较多、对日本同类企业具有一定竞争力的企业。它们被霸占后，转换门头就成为日资企业，结果使日资势力大增，占有绝对优势，形成殖民地工业体系。以青岛、济南为例，据 1939 年青岛日本商工会议所的调查，青岛的 20 个工业行业中，纺织、面粉、啤酒、橡胶等行业的华商企业几乎全部被日本资本收买合办，机械器具、榨油等行业基本处于日资独占状态，除金属加工、骨胶、蛋品加工、烟草加工等 4 个行业日资比例在 50% 以下，其余行业均在 50% 以上。① 据"满铁"调查部 1939 年 3 月的调查，在济南的 18 家日本工业企业，资本额 1213. 32 万元，工人总数 4810 人，年产值 3676125 元；华商工厂 123 家，资本额 612. 865 万元，工人总数 4094 人，年产值 4997277 元。日本企业的资本高出华商企业 1 倍。在 18 家所谓日资企业中，至少有 11 家原是华商工厂，其中纺织业 3 家、面粉业 5 家、水泥业 1 家、火柴业 1 家、电气业 1 家，这些企业原先是济南民族工业的佼佼者，均被日方通过军管理或合办方式变为日资企业。

（二）日本企业的扩张活动与投资活动

日军占领山东后，日本帝国主义在占领区内疯狂掠夺重要资源和企

① 庄维民、刘大可：《日本工商资本与近代山东》，社会科学文献出版社 2005 年版，第 556—557 页。

业财产,同时投资经营各种产业。从事企业扩张和投资活动的,既有日本国策公司和日本军部有着密切联系的财阀(如三井、三菱等财阀),也有尾随日军而来的投机商、冒险者。他们所进行的各种活动都是在军事占领的条件下展开的,并且与战争掠夺融为一体,从属于侵略战争的需要。

日本的企业扩张和投资活动,主要集中在已有相当经济基础的城市中进行,并且是以占领者的身份通过军管理、强买、“合办”等掠夺方式开展的。根据“以战养战”的侵华政策,日本利用中国充裕的原料和廉价的劳动力,实施企业开发和重点产业开发,以补充国内生产不足,供应其侵略战争的物资需要。此外,日本利用城市原有的技术力量、技术条件和便利的交通、水电设施,建立殖民经济体系,挤压中国民族企业,以达到日本垄断资产阶级对外扩张和经济掠夺的目的。日本在山东进行企业扩张和投资活动规模最大、数量最多的是济南、青岛两大城市。

日军占领青岛之初,针对青岛工业大半为日资企业,且大部分被炸毁的现状,制订了工业复兴的方针和一系列实施措施。关于日商纱厂的“复兴工事”,第一期要求达到39万枚纱锭、3.2万枚线锭和7000台织机的生产能力。所需纱锭54%是日本国内停开纱锭,41%是已经订购纱锭,5%是其他公司订购而转让的纱锭。所需资金的4000万元,大都是公司债或实交股金,不足之数以政府的保证赔偿向银行抵押借款,再有不足,向政府申请低利贷款。据日本外务省1938年10月的报告,仅青岛国光纺织、丰田纺织和上海一家日本纺织企业就得到日本政府补偿金1095万日元。1939年4月,各纱厂开始全面运转。同年生产棉纱81458捆、棉布116853383平方码,完全控制了山东棉花市场和纺织工业。

在青岛日资纺织业恢复的同时,橡胶、火柴、榨油、机械等行业的日资企业也有程度不同的恢复和扩展。随着工业“复兴”计划的实施,日本工业资本重新确立了在青岛工业中的优势地位,如同抗战全面爆发前一样,青岛仍为日本在山东投资最为集中的城市。借助日本当局的支持,1938—1940年间,日本工商资本以收买、合办华商工厂和恢复旧厂、开设新厂等方式,不断扩张在青岛的工业势力。据青岛日本商工会议所的调查,1938年青岛日资工厂共有138家,1939年增至192家,1940年7月达到283家。其中百万元以上的企业约40家,其余多数仍为中小企业。到1941年,日本在青岛直接的工业投资为 1.234 亿元，比 1936 年的 9499.5 万元增加了 2843.7 万元（不包括纺织业的恢复性投资）。[①]

1939 年后，青岛各类日资开设的工业企业逐年增加，到 1942 年，使用机器的日资工业企业由 1939 年的 79 家增至 151 家，资本由 13276.8 万元增至 49492.3 万元；中日合办企业略有减少，由 17 家减为 12 家，资本由 1375.8 万元增至 1731.2 万元。据 1944 年的统计，日本在青岛的工业资本优势更加明显，纺织业、化学工业、铁工业、木材加工业、橡胶工业、食品与烟草制造业、窑业与玻璃工业、造纸工业等 8 个类别共有 194 家工厂（其中 65 家为全面抗战前开设），资本总额为 82799.6 万元，每厂平均 426.8 万元，工人总数为 142885 人（见表 8－9）；同期华商各类工厂（包括手工作坊）有 1624 家，资本总额为 5561.86 万元，每厂平均 3.43 万元，工人总数为 30555 人（见表 8－10）。华商工厂数增加为分散化、小型化缘故所致，资本实际增加有限。由于日资工厂资本和生产规模迅速扩大，华商与日资企业的差距进一步拉大。

表 8－9　　青岛日本工业企业统计（1944 年 1 月）[②]

行业	厂家数	资本额（千元）	工人数
纺织工业	56	412471	124119
化学工业	27	22326	2568
铁工业	35	72128	6504
木材工业	6	6220	528
橡胶工业	6	25600	2997
食品与卷烟工业	49	287966	5049
窑业与玻璃制造	12	935	853
造纸业	3	350	267
合计	194	827996	142885

① 庄维民、刘大可：《日本工商资本与近代山东》，社会科学文献出版社 2005 年版，第 571—572 页。

② 资料来源：青岛特别市社会局《青岛市工业概况》，1944 年 1 月，第 119 页。

表 8－10　　青岛华商工业企业统计(1944 年 1 月)①

行业	工厂家数	资本额(元)	工人人数	行业	工厂家数	资本额(元)	工人人数
纺织业	97	642360	3115	砖瓦制造	18	574000	1427
染织业	76	2580400	3110	玻璃石料	7	95000	220
丝织业	16	584000	302	制帽纽扣	8	79800	69
线带毛巾	14	85150	400	针织	31	194000	748
地毯轧棉	27	180100	315	服装制作	18	224500	278
火柴制造	13	19105000	1619	胶鞋制造	29	147120	568
燃料制造	9	198600	244	制革	9	111500	110
肥皂化妆品	42	813700	402	橡胶修理	13	28550	62
骨胶骨粉	14	2139000	488	制盐、榨油	54	4413380	1132
制碱	21	234700	227	酿造	69	739050	854
机器制造	36	630600	1011	汽水、罐头	9	230000	194
机器修理	126	414375	1513	糖果饼干	35	442100	388
针钉铁丝	15	478000	498	制药	2	120000	29
铜铁器具	21	38000	232	烟草蛋粉屠宰	3	950000	1182
度量衡器	8	15700	72	面粉加工	401	2596390	2372
翻砂铸造	42	436650	825	造纸	19	3588600	826
车船件制造	9	103500	180	印刷	67	544210	877
车船修理	9	86500	226	文具仪器	6	37600	40
锯木	15	428500	227	钟表眼镜	3	80000	70
火柴梗片	10	154000	520	电镀气焊	27	24710	214
木器制作	99	164900	951	制绳毛刷	30	81860	190
土木建筑	27	734000	1595	纸盒加工	13	3680	75
自来水电气	3	10000000	495	杂工业	4	54800	60
				总计	1624	55618585	30555

在整个日占期间,日本同样以掠取的华商工厂为基础,扩大了在济南的工业投资。1940 年,济南“中日合办”的较大企业就有 20 家,资本总额为 2431.1 万元。同年,济南各类工商业(包括工业、手工业、商业)为 11294 家,总资本额

① 青岛特别市社会局《青岛市工业概况》,1944 年 1 月,第 7—11 页。

2603.5 万元。其中日本控制的资本占 48.3%。当时济南全部的纺织业、84%的面粉业、17%的火柴业、60%的印染业被日本垄断。[①] 至 1944 年，在济南的日资企业(包括强买、"合办"的华商工厂)共有 263 家，其中纺织业 17 家、金属业 1 家、机械器具 21 家、窑业 5 家、化学工业 19 家、食品工业 58 家、木材加工 7 家、家具加工 9 家、面粉工业 5 家、火柴业 1 家、烟草工业 1 家、杂工业 45 家、印刷业 10 家、土木建筑 64 家。[②] 从企业资本金登记情况看，263 家日资企业绝大多数为几千、数万至数十万元的中小企业。行业分布中企业户数最多的为食品和建筑业，占企业总数的 50%，这与当时日侨大量移居济南，移民生活需求增加以及大肆兴建房屋建筑有直接关系。

日占区城市工业基本延续了全面抗战前以轻工业为主的工业结构，重化工业一如抗战全面爆发前，没有什么大的投资和扩展，工业构成主要以农产品加工工业为主，如纺织、榨油、面粉、蛋品加工、卷烟、酒精等；其次为进口原料为主的橡胶、染料、火柴、酿酒等工业；以及为这些工业服务的电力、机械、窑业等。除统制行业外，各类工业部门逐渐呈小型化和手工业化的趋向。抗战全面爆发前最能代表华商实力的染料、火柴、面粉等民族工业部门，出现了严重的萧条和衰落，生产规模已大不如从前。有实力的日资企业在一般加工制造业中形成行业部门垄断和控制，而华商企业因受到压迫和排挤，生产经营处境艰难，往往靠承接日本统制部门或企业的加工任务来维持，沦为日资企业的附庸。

(三) 日本对煤、铁等矿产资源及盐业的掠夺

日本帝国主义在对华经济侵略过程中，始终把煤炭和铁矿作为重点获取的战略资源，视为"最主要的部门"。山东原煤储量较为丰富，而且品位较高。当时日本特别缺少空隙少、硬度高的炼焦用煤即强黏结煤。中兴煤矿和博山煤矿已经大量开采这种煤。坊子、淄川、南定、旭华、官庄等煤矿生产的无烟煤，属于发热量高、挥发性小而又耐烧的蒸汽用煤和家庭用煤。

山东煤炭产量在战前居华北各省第 2 位，并早已被日本所染指。1937 年，山东煤炭产量 498 万吨，与日资有关系的鲁大、南定、善芳、旭华、博东各矿出产

① 济南市志编纂委员会编:《济南市志资料》第三辑，1988 年，第 134 页。

② [日]济南工业统制组合联合会:《济南工业概况》，1944 年 11 月，第 1—15 页。

134万吨，占胶济铁路沿线300万吨的43%，占全省产煤量的26.9%。[①] 日本侵占山东后，一方面继续加紧对淄博煤矿的开发，另一方面对中兴煤矿、华丰煤矿、华宝煤矿实行军事管理。当时日本将华北产煤区划为7个区(不包括英国资本的开滦煤矿)。其中山东便有3个：由山东矿业公司经营的胶济集团，以淄川、博山矿区开发为中心；由三井矿山公司经营的中兴集团，以枣庄矿区开发为中心；由三菱矿业公司经营的大汶口集团，开发大汶口及周围地区矿区。

1938年11月，华北开发公司正式设立后，就获得了原中兴公司的全部股份。这样，山东三大煤炭集团均成为华北开发公司的附属公司。1940年11月，中兴煤矿矿业所、大汶口煤矿所成立后，华北开发公司作为股东，各投资181万元、125万元。在与三井矿山、三菱矿业公司对两矿区投资相等的情况下，华北开发公司开发经营中兴煤矿和华丰、华宝煤矿。1939年4月，"满铁"曾向日本内阁呈请由华北开发公司替代它作为山东矿业公司的主要投资者。于是，华北开发公司投资1651万元开发山东矿业公司经管的淄川、大昆仑、坊子、章丘、南定等矿区。到1942年，华北开发公司便替代"满铁"成为山东矿业公司的主要投资者。

日本帝国主义对山东各地煤矿的投资，使全省煤炭产量超过战前水平。煤炭成为日本掠夺的最重要的战略物资之一。到1940年，以枣庄、陶庄煤矿为主的中兴集团和以华丰、华宝煤矿为主的大汶口集团的煤产量均超过1936年的产量(见表8-11)。1941年，以博山、淄川、坊子、章丘矿区为主的胶济集团的煤产量也超过了1936年的产量(见表8-11)。

表8-11　　山东主要煤矿产量(1936—1941)[②]　　(单位：万吨)

	1936年		1937年		1938年		1939年		1940年		1941年	
	产量	指数	产量	指数	产量	指数	产量	指数	产量	指数	产量	指数
中兴集团	150	100	166	111	42.7	28	147.3	98	193.9	129	240	160
大汶口集团	12	100	13.6	113	6.3	53	5	42	13.4	112	37.6	313
胶济集团	289.5	100	283.7	98	45.3	16	174.3	60	262.8	91	412.1	142

① 庄维民、刘大可：《日本工商资本与近代山东》，社会科学文献出版社2005年版，第684—685页。

② 资料来源：[日]浅田乔二《日本帝国主义占领下的中国》，东京乐游书房1981年版，第244页。

山东矿业公司除采取收买、合办、独营等方式对淄川、博山各较大煤矿实行统制与吞并外，还于 1940 年 3 月成立了山东产销公司，向中小民营煤矿渗透。其业务为“胶济铁路沿线煤的生产、运销、分配的统制，煤的开发、复工与改良，金融、技术之协助，供应品之供给及其附带的事业范围”。该公司通过贷款统制民营煤矿的生产和销售，扩大了对煤炭的掠夺。1940 年到 1945 年 8 月，该公司总计贷款给博山 20 家民营煤矿 1897 万元。① 太平洋战争爆发后，日本更加疯狂地开采原煤。1943 年，山东矿业公司增加投资 3000 万元，着重开发淄川、博山、坊子、章丘等地的煤田。1941 年，日本从胶济铁路沿线各煤矿共掠运煤炭 338 万吨(为 1938 年运出煤炭的 9.5 倍)，其中运往日本、东北、华中的煤及军用、铁路、船舶用煤占 63.6%。② 1942 年，日本对山东煤炭的开发达到高峰。

日本在全面侵华战争时期内，从山东掠走了大量煤炭。据不完全统计，日本从淄博煤矿共掠走 19137808 吨，共盗运煤炭 15794108 吨。③ 枣庄煤矿历年被盗采，除炼焦自用及当地出售 97 万吨外，其余绝大部分运往日本，或转运鞍山昭和制铁所。④ 日本在各煤区采用直掠式开采方法，不顺煤田布局，吃肥丢瘦，多采大槽煤，甚至连保安煤柱、运输大港的煤也开采一空，致使井筒走动、泵房扳裂、运道低陷，大大缩短了煤矿寿命。日本还不断勘探找矿，开发新矿井。1939 年，日本开始试掘莱芜安位煤矿，1942 年投入采煤，至全面抗战结束时共掠走 72 万吨优质煤。1943 年至 1945 年，日本从大汶口张庄煤矿掠走 72 万吨煤。为增强煤炭开采能力，日本筹建了一批修理厂、炼焦厂、电厂。1942 年建成的博山颜山铁工厂，专修矿山机械设备。同年扩建的博山洪山电厂的装机容量达到 15300 千瓦。到 1944 年，淄博煤矿共有 5 个发电厂、16 台发电机，总装机容量达 32100 千瓦。日本三菱矿业株式会社于 1939 年底在新泰建成占地 100 多亩、装有 3 个机组、总容量 4700 千瓦的楼德火力发电厂。该厂专为华丰等煤矿供电。这些措施为日本加紧掠取山东原煤提供了条件。

日本对山东铁矿、铝土矿资源也极为重视。全面抗战前就被日本开

---

① 淄博矿务局、山东大学编:《淄博煤矿史》，山东人民出版社 1986 年版，第 292 页。
② 淄博矿务局、山东大学编:《淄博煤矿史》，山东人民出版社 1986 年版，第 294 页。
③ 淄博矿务局、山东大学编:《淄博煤矿史》，山东人民出版社 1986 年版，第 294 页。
④ 中共枣庄矿务局委员会等编著:《枣庄煤矿史》，山东人民出版社 1959 年版，第 117 页。

采的金岭镇铁矿在这一时期继续被大量开采。该矿当时有3处露天采掘场、6处主要坑道,日产铁矿石800吨。1942年开采量达10万吨,1943年为24.7万吨,1944年为14.6万吨。[①] 为解决铁矿石长途运输的困难,日本在青岛投资设立炼铁厂,利用金岭镇矿石炼铁。1941年春,华北开发公司所属的华北矾土矿业公司对淄博地区的铝土矿进行投资开发。至1943年,已开采100余万吨。除部分在南定氧化铝工厂加工外,其余全部由青岛港运往日本。

山东海盐产量丰富,也是日本帝国主义为支撑侵略战争而大规模掠夺的主要原料之一。原盐被广泛应用于化学工业。尤其以原盐为主要制造原料的各种工业碱对于石油、油脂、纤维、化学药品、燃料、铝制品等有必不可少的作用。从盐中直接提制的氯气、芒硝更是化学武器、火药制造的重要原料。因此,日本竭尽全力大规模开发山东原盐。1937年2月,日本3家商社共同出资100万元在青岛设立山东盐业株式会社以开发胶澳盐田。次年4月,三井矿产、三菱商事两会社加入,并将资本金增至1000万元。随后,日本从统制原盐生产、销售和新辟盐田入手,扩大盐业生产和输出。日本先后在青岛附近后韩家、女姑口等地开辟新盐田。除胶澳盐场外,石岛、金口、威宁、涛洛等盐场的生产和销售也先后被山东盐业株式会社控制。华商原盐加工企业永裕公司以70万元被该株式会社强买。1941年4月,山东盐业株式会社被并入华北开发株式会社,成为其子公司。抗战全面爆发前山东年产原盐约50万吨,1939年增至53.34万吨。从1937年至1945年,山东盐业株式会社共掠夺山东原盐216万吨以上。[②] 此外,日本军队还强索大量免费军用盐,并从事原盐走私活动。据不完全统计,1938年至1943年,日军从青岛地区征用的原盐分别为:320吨、248吨、480吨、557.41吨、4780.1吨。[③]

四、山东根据地与解放区的工业

抗战全面爆发后,山东各地发动了20多次武装起义,随后八路军一一五师主力及一二九师津浦支队挺进山东,开创抗日根据地。1940年7月,在

① 陈真编:《中国近代工业史资料·第四辑·中国工业的特点、资本、结构和工业中各行业概况》,生活·读书·新知三联书店1961年版,第758页。

② 《青岛——过去、现在、未来》(内刊),1985年,第108页。

③ 山东省档案馆档案,全宗号临12,目录号12,卷九五二。

沂水成立全省统一的行政机构,即山东省战时工作委员会,各地也随即成立抗日地方政权。为了解决根据地的困难和军需民用产品,民主政府一方面采取保护私人资本、恢复农村原有手工业生产的措施,另一方面提倡组织生产合作社,进行资金、产销扶持,解决群众生产困难,使个体经济向集体经济过渡,提高生产效率,保障了抗日军民工业用品特别是棉布、粮油的需求。同时,民主政府业开始注意工业建设,随着区域的扩大和人口的逐渐增多,逐渐向织布、染织、造纸、文具、化工、工具等军民日用品行业扩展,在有条件的地方进行了煤矿、金矿开采。1945 年春,山东各战区主要公营工厂有 88 家,资金 3002 万元。

(一) 山东抗日根据地的建立

1937 年 7 月抗战全面爆发,日军先后占领北平、天津等地,并迅速向华北地区大肆扩张。9 月底,日军逼近山东,国民党山东政府主席韩复榘为保全其第三路军,且战且逃,先是弃黄河以北大片土地,再弃济南、泰安、济宁,最终退至鲁西南曹县、临城一带。1938 年上半年,山东大部分地区沦陷。国民党军队在津浦线中段阻击日军的计划遂告失败。山东国民党各级政权趋于崩溃,大批地方官员也纷纷弃职潜逃。

中共山东省委根据中共中央的指示,抓住国民党政府及其军队溃散和日军立足未稳的历史机遇,于 1937 年 11 月至 1938 年上半年领导发动了 20 多次武装起义,组织抗日武装队伍,建立抗日民主政权,开创抗日根据地,开展山东地区的抗日游击战争。1938 年 7 月,八路军一一五师第五支队和一二九师津浦支队奉命由冀南进抵冀鲁边乐陵、宁津地区。1938 年 12 月,中共中央军委决定派一一五师主力挺进山东。一一五师入鲁后,在山东纵队(1938 年 12 月组建)和各地方武装的配合下,开辟和扩大了冀鲁边、鲁西、泰西、湖西、鲁中、路南等抗日根据地。

1940 年 7 月,在沂水县南部青驼寺召开山东各界联合会,成立了全省统一的行政机构——山东省战时工作委员会,选举产生了全省的民意机构——山东省临时参议会。到 1940 年年底,山东已先后建立了鲁西、清河 2 个行政主任公署、12 个专员公署和 79 个县政府,辖有鲁中、鲁南、滨海、胶东、清河、湖西、鲁西、冀鲁边和苏皖边区等。

山东统一的抗日民主政权的成立和各级抗日民主政权的建立,标志着山东抗日根据地的形成。

（二）农村手工业的恢复和发展

山东抗日根据地处在落后的农村,创建之初几乎没有工业企业,所需工业用品主要依靠从敌占城市取得。由于日本帝国主义的掠夺和封锁,工业用品很难流入根据地,因此抗日军民被迫采用土产品,着手恢复和发展农村手工业。

山东抗日根据地民主政府在工业生产上实行公私两利的方针,以手工业生产和群众生产为主,争取根据地所需工业品的自给和半自给。基于此,民主政府一方面采取保护私人资本、恢复农村原有手工业生产的措施,另一方面提倡组织生产合作社,进行资金、产销扶持,解决群众生产困难,使个体经济向集体经济过渡,提高生产效率,以保障抗日军民工业用品特别是棉布、粮油的需求。

近代山东是全国纺织业中心区域之一。20 世纪 30 年代初期,潍县一代年产土布 1000 万匹。山东也是全国主要产棉区之一。渤海区年产棉 1000 万公斤,除自用 300 万公斤外,尚可输出 700 万公斤。鲁中、鲁南、滨海、胶东各区由于大力倡导植棉和调剂输入,大致可以满足纺线所需。① 为保证纺织原料充足,民主政府颁布条例规定:禁止棉花出境资敌,棉商购运 50 公斤以上须持有县政府发放的运销证。同时,工商管理部门收购储存棉花,平抑市场棉价。上述措施为纺织手工业的恢复和发展提供了有力的政策保障,并创造了有利的条件。

1942 年以前,山东抗日根据地的农村纺织手工业主要是个体生产和市场自由交易。机关、部队、学校人员所需布匹通过市场购买或由区外城镇输入。当时群众的纺织生产一般有两种方式:一种是由政府供给原料,收回成品,发给工资;一种是群众自备原料纺线织布,自产自销。对于群众性的纺织生产,民主政府主要采用贷款形式予以扶持,如滨海区每部木制织机可贷到 500—1000 元,铁制织机可贷到 2000—4000 元,纺车每架可贷到 5—80 元。② 民主政府的大力提倡和扶助,促使纺织业迅速恢复和

---

① 刘大可、张照东主编:《山东经济史(近代卷)》,济南出版社 1998 年版,第 413 页。

② 《大众日报》1942 年 9 月 22 日。

发展。1942 年下半年,滨海区有纺车 7778 架、织机 790 部,月产土布 3000 余匹。[①] 由于战时洋纱布洋布价格不断上涨,加上敌人的经济封锁,根据地军民的衣被供给严重不足。为此,1942 年冬,各地开设纺织局,建立纺织小组、纺织合作社,当年即投资 200 万元,以争取抗日根据地所需布匹达到自给自足。纺工织工组合成的纺织小组一般有四种类型:一是为政府纺线织布,领取工资,称附属小组;二是自备原料,独立生产,称独立小组;三是分别由纺工或织工组成,称纺线小组或织布小组;四是由一个织工联合若干纺工组成,称混合小组。纺织小组有专人负责领棉交线或领线交布,领取工资,或受小组成员委托代为买棉卖线或买线卖布,使纺工织工节省时间而增加生产。1942 年,胶东区纺纱 3.28 万公斤、织布 25 万匹(每匹 2 丈),并缫丝 10 余万两,织绸 3900 余匹;鲁中区织布 19330 匹;滨海区织布 22516 匹。到 1943 年夏,鲁中区有纺车 9000 余架、织机 1189 部,滨海区有纺车 2.4 万架、织机 1438 部。[②]

在纺织小组发展的基础上,为了达到根据地所需布匹自给,各地从 1943 年开始大规模发展纺织生产合作社,以扩大生产和经营规模。纺织合作社一般由纺织附属小组发展为独立小组,再由若干独立小组合并发展而成。这种建立在私有制基础上的资金和劳动力结合的生产合作社,是私有经济向集体经济的过渡。参加这种合作社组织的家庭手工业者,可以依靠合作社帮助他们采购原料、推销产品、解决生产中的各种困难。在合作社组织内,纺工织工按劳动数量和质量领取一定数额的工资。纺线女工一般 4 天可纺 0.5 公斤线。一等线每公斤 30 元,二等线 24 元,三等线 18 元。当时根据地一般维持每公斤线价值约为 10 公斤高粱的水平。织布工人每天可织布 1 小匹,可得工资 30—40 元。合作社将线和布出售所得盈利大致是 40% 按资金分红,40% 按劳动力即纺线织布数量分红,10% 留作公积金或公益金,10% 用来奖励社员。合作社为群众生产服务,因而调动了农民的生产积极性,促进了纺织业的发展。1943 年,莒南县臧家庄模范合作社引导、帮助群众开展纺

---

① 《大众日报》1942 年 9 月 21 日。

② 山东省档案馆等合编:《山东革命历史档案资料选编》第十二辑,山东人民出版社 1983 年版,第 278 页。

织生产,使该村由原来的2架纺车很快发展到100架纺车、20部织机,并带动起周围十几个村庄的纺织生产。不少地区的合作社生产和经营规模不断扩大,个别的突破了村的界限。如滨海区日照县利民合作社和聚丰合作社,到全面抗战胜利后均已发展成为拥有两三千架纺车、数百部织机的中心社,推动了附近几十个村庄纺织手工业的发展。渤海区博兴县万兴成纺织合作社成立一年便扩展到五六十个村庄,将纺工织工组成若干个生产小组,专门纺纱织布,仅1943年就生产了25万多匹土布,供应军需被服之用。①

1944年和1945年,山东抗日根据地的纺织手工业取得了显著成绩。鲁中区组织纺织合作社200多处,资金100多万元,有纺车2.8万架(比1942年增长1倍)、布机2900架(比上年增加2.5倍)、纺织工人3.5万人。滨海区有纺织合作社118处、铁机1143部、小机3453部、弹花机19架、纺车52502架。胶东区仅东海、北海两个专区,就有纺织合作社366处、社员35493人、股金2455223元、纺车105700架、铁机272部,轧花机170部、弹花机101架、大轮合股机22架。渤海区为山东抗日根据地纺织业最为发达的地区。渤海区有纺线工人72579人、纺车62147架,共纺线1050067.5公斤;有织布工人13586人,出产布匹16011000千尺(潍坊合尺),可供500万人全年单衣。鲁南区也达到军民所需布匹的自给或大部分自给。全解放区共生产土布140万大匹(大小布431万匹),总计可收入5.6亿元。到1945年上半年,全解放区平均每30人就有1架纺车,每200人就有1部织机,参加纺织手工业的人数达80万人。② 抗战胜利时,山东抗日根据地已有纺车100万架、织机16万部,全年可生产土布180万—200万大匹,完全达到了自给自足。

山东半岛海岸线漫长,原盐成为主要的输出物资。抗日民主政府收复旧盐场,开拓新盐场,设立运盐通道,扩大运销,实行贸易统制,增加盐税收入。1938年3月,胶东抗日游击队第三支队和掖县抗日民主政权成立财经委员会,专设盐务征收处,在掖县崔家、沧上、土山设立盐务分处,组织盐民恢复生产。1938年,掖县区内共有朱家、崔家、沧上、隋家、土山、海仓、于

① 商业部商业经济研究所编:《革命根据地商业回忆录》,中国商业出版社1984年版,第233页。
② 朱玉湘:《山东近代经济史述丛》,山东大学出版社1990年版,第240—241页。

家、李家等8处盐场(盐滩)。文登、荣成建立县政府后,于1940年先后开辟了姜家、海崖、龙家、曲家、神道、慕家、泊子、东墩、慈家、南厫、花岛、崔家、叶家、雀岛、涨濛、竹村等16处盐场(盐滩)。

自1940年起,在清河、胶东、滨海等沿海产盐地区,抗日民主政府开始直接管理盐业,实行广泛增产和轻税倾销的政策,恢复和发展原盐生产。抗日民主政府取消旧政权征收的一切苛捐杂税,减轻盐田主及高利贷者对盐民的剥削,开放大片沿海滩涂,准许盐民自由开垦,发放盐业贷款与盐民救济粮,建立盐民联合组织,为盐民安心生产创造条件。濒临渤海湾的清河区,孤立旧滩(敌伪控制),开辟新滩、分散滩。1942年,在广饶县北部新开辟盐滩200余处,在寿光、沾化、无棣等县沿海百余村也相继开建了盐田。1942年1月至3月,胶东区北海银行发放盐业贷款40万元。1942年,荣成、牟平两县的盐滩数量分别达到167处和125处,盐民平均每人生产600担和740担;文登县盐田面积达到12502亩。[①] 滨海区在组织盐垦合作社、发动私人开滩晒盐方面取得了很大成绩。

太平洋战争爆发后,山东的原盐外销锐减。敌伪控制的沿海滩池全部或大部停产。抗日根据地各级民主政府抓住这一有利机会,广泛收复大片盐区,扶持盐民开辟新滩,恢复废弃旧滩,迅速扩展盐田面积,提高盐产数量。截至1944年,山东各抗日根据地共有盐滩4640处、64970.25亩,年产原盐244万担;1945年扩展到123878.24亩,年产原盐309万担。[②]

山东是花生的主要产区。近代以来,山东榨油业较为发达。抗战以来,山东花生生产遭受极大破坏。花生油成为紧俏商品得以畅销,敌我双方均大量购存。农村榨油业多为旧式作坊的手工业生产。民主政府采取开办油业合作社的方式对农民加以扶持和帮助。农民以实物(花生及工具)或资金均可作股金入油业合作社,合作社实行集体生产、集体经营,盈利后按资金、劳力分红。民主政府还通过贸易统制掌握市场油价,不因季节差价而使榨油者吃亏。山东抗日根据地花生油年产4000万公斤,年输出250万公斤。

---

① 中国人民银行金融研究所、中国人民银行山东省分行金融研究所编:《中国革命根据地北海银行史料》第一册,山东人民出版社1986年版,第456页。

② 山东省档案馆等合编:《山东革命历史档案资料选编》第十二辑,山东人民出版社1986年版,第436页。

榨油业的发展也推动了制油篓业的发展。每年外销的花生油需25万个油篓(约值2000万元)。

在山东抗日根据地手工业生产中,除上述行业部门外,渔业、木匠、铁工、粉坊、编席、砖瓦、卷烟、养蚕、熬硝、制革、制鞋、造纸、医药等行业也均有不同程度的恢复和发展,对于活跃根据地经济、保障军需民用、促进物资交流,发挥了巨大的推动作用。

(三)公营工业经济的建立

山东抗日根据地建立后,民主政府就开始注重工业建设。山东解放区的公营工业发轫于军工企业,随着区域的扩大和人口的增多,逐渐向织布、染织、造纸、文具、化工、工具等军民日用品行业扩展,在有条件的地方进行了煤矿、金矿开采。到1940年秋,已有织布工厂19处、织机工厂2处、制鞋工厂3处。淄博开办煤矿10余处。胶东开办了隆兴金矿,有工人200余人,两个月即获纯利5万余元。鲁西地区创办了织布工厂10余处,其中铁机工厂3处。清河地区成立了能制作全区军服的裁缝厂1处、织布工厂数处。[①] 处于战时的农村环境之中,公营企业的规模一般较小且比较分散。其生产成品主要是解决机关、部队、团体的军事、文化及日用品的供给,在可能的条件下尽量扩大生产规模,增加生产数量,解决群众生产生活所需。当时企业工作的母机来源于两个方面:一是从敌人手中缴获的机器;二是利用手工业自制各种简单的机器,如弹花机、轧花机、水车、油印机、石印机等。这些企业多采用手工业生产方式,注重培养熟练技术工人,研制各种急需的和实效好的产品,以满足军民不断增长的需要。

为适应敌后的战争环境,山东抗日根据地的公营工业生产采取统一领导、分散经营的方法,提倡增设小型工厂,改良生产技术。在着力发展兵工、纺织生产的同时,还大量发展轧花、弹花工业以及造纸工业,试制颜料,制造肥皂、牙刷、牙粉、毛巾、鞋袜等日用品,发展化学工业,试制各种药品及硝磺等军工原料,开办铁木工厂,制造各种工具及农具,利用自然资源开采各种矿产。1943年冬,在胶东成立的山东新华药厂,开始时仅是10余人的

---

① 朱玉湘主编:《山东革命根据地财政史稿》,山东人民出版社1989年版,第59—60页。

制药小组，只有磨、碾和几十个泥盆、泥碗，到1944年已能制造药品30多种及药棉、药布等，所产药品除供给军用外，还出售给群众。胶东区东河兴、义平、大北、隆茂等公营铁工厂制造出石印机、水车、织布机、弹花机、铜制钢嘴钳、50千克重的铁钻、14磅重的铁锤、利民犁、风车、机器磨等机具20余种。其中机器磨每天能磨300—350千克小麦；水车每月可产225架，利民犁较旧式犁耕得深且效率高，深受广大农民欢迎，故称之利民犁。到1944年，胶东区已有公营工厂约70家，资金126万元。其中有4家铁厂，能制造弹花机、织布机、抽水机等；3家肥皂厂的产品已销往华中乃至上海；8家织布厂每月产布460匹；3家织绸厂资本额30万元；3家造纸厂每月产纸6万张。①

胶东区公营工业最为发达，其他各战略区的公营工业也有不同程度的发展。鲁中区利源工厂是生产日用品的骨干厂，1941年有资金2万元，1944年秋，资金增至为200余万元，有工人100余人。该厂所生产的肥皂，不仅质量好，而且价格比洋货低50%。当时为解决中共山东分局机关报《大众日报》印刷纸张困难的问题，该报社印刷所就地取材，土法生产，先将桑树皮和麦秸秆碾碎放在水中浸泡化成纸浆，再用细筛子捞出晒干，制成四开大小的纸张。此种纸张被命名为"文化纸"，并一直使用到抗战胜利。1943年，鲁中区采用手工业方式在新泰开办了小煤窑，并在铜井地区开采黄金。1944年，鲁中区产煤900万公斤。② 鲁中东兴烟厂生产的金星烟、五星烟及孔雀牌上等纸烟，已能抵制外来香烟。滨海区1942年生产肥皂5万条，并拥有10个纸厂。滨海区生产的纸张已经能达到全部自给。渤海区建立了被服厂、印刷厂、纸厂等。到1944年被服厂已能满足全区的服装供应。1944年8月，山东各根据地举办了工业展览会。公营工厂的产品琳琅满目，尤为参观者所重视。到1945年春，山东各战区的主要公营工厂有88家，资金3002万元（参见表8－12），包括织布、被服、染织、丝绸、造纸、化工、采矿、铁工等行业。

---

① 朱玉湘主编：《山东革命根据地财政史稿》，山东人民出版社1989年版，第235页。

② 薛暮桥：《抗日战争时期和解放战争时期山东解放区的经济工作》，山东人民出版社1984年版，第135页。

表 8－12　　1945 年山东根据地公营工厂情况①

地区	工厂数	职工数	工人数	资金数
胶东	55	1240	1985	1783
滨海	10	130	531	691
鲁中	14	149	299	306
鲁南	4	5	90	154
渤海	5	5	56	68
合计	88	1592	2961	3002

（四）山东根据地和解放区的军事工业②

山东军事工业是山东工业的重要组成部分。山东军事工业发轫于 1937 年 12 月的“一担挑”随军修械所，1938 年 3 月又在黄县建起山东第一个兵工厂——圈杨家兵工厂，到 1949 年 6 月间（除冀鲁豫根据地所辖鲁西军工外），已拥有大小兵工厂 37 家，职工 20890 人，主要为山东地方武装部队、八路军、人民解放军生产军火弹药，为抗日战争和解放战争的胜利作出了巨大的贡献，并支援了山东地方工业的建设。1938—1949 年，为山东兵工事业发展的鼎盛时期（山东兵工厂大部属于自建，一部分由华中转来，人数约 2500 人）。

1. 山东兵工厂的创建

随着抗日武装的迅速发展，为了解决武器弹药的严重不足，山东各支起义军便在随军修械所的基础上，自力更生，就地募人取材，征借机器设备建立自己的兵工厂。

(1)修械所。1937 年 12 月 24 日，中共胶东特委领导胶东人民在文登县天福山举行抗日武装起义，成立山东人民抗日救国军第三军。曾为昆仑山红军游击队修过枪械的小炉匠王风祥，挑着自己的箱炉，随军修械，成为山东人民军工创建的开端。1938 年春，随军修械所如雨后春笋般地相继

---

① 薛暮桥：《抗日战争时期和解放战争时期山东解放区的经济工作》，山东人民出版社 1984 年版，第 134 页。

② 山东省军工史料征集委员会编：《山东人民军工史资料（初稿）1937—1949》上册，山东省图书馆藏书：地方文献编号 E296-19：1，第 1 页。

诞生。[①]

(2)圈杨家兵工厂。1938 年 2 月初,中共蓬莱县委发动武装起义,成立抗日救国军第三军第三大队。随后三大队军械处创建随军修械所。修械所有民间工匠杜世贤、苏里才等三四人挑担随军修枪。在此基础上,同年 3 月第三军三大队在黄县城东圈杨家村建立了山东根据地第一个兵工厂——圈杨家兵工厂。工厂组织机构比较健全,厂部下设总务、公务两科。公务科下辖八个部,不久又在院下建立圈杨家兵工厂南厂,扩大生产规模。年底,该厂已拥有职工 500 人、机器设备 50 余台,生产能力达到月产“七九”式步枪 20—50 余支(最高达 80 支)、“七五”迫击炮 3—5 门、炮弹 500 发、子弹 6 万余发、手榴弹 5000 余枚、地雷 200 多个。[②] 该厂研制的“七九”步枪、迫击炮、手榴弹等武器,经射击和实战检验,效果良好。1939 年 1 月,圈杨家兵工厂因遭日军袭击转移到平度县涧里村,职工只剩下 200 余人,工厂改名为第五支队兵工厂。

(3)兵工局。1938 年 3 月,山东八路军抗日游击队七支队二大队由潍县东去黄县,与山东八路军抗日游击队七、八支队合编成立了八路军鲁东游击队指挥部。当七支队二大队去黄县时,集合了 150 余名潍县失业工人,经指挥部决定,将这批工人编为八支队修械所,随即将修械所改为兵工局。5 月,兵工局奉命转移到掖县郑家。此时兵工局得到了较大的发展,征集和采购设备共有 77 台(套)、红炉 4 座、虎钳 50 余把,并自行设计制造 4 门“七五”迫击炮、400 发炮弹。职工按照工种分为车工、钳工、红炉、修械、铸工、木工、制药、装配等作业组。山东人民抗日救国第三军各修械所归并后,职工发展到 200 余人。[③] 1938 年 7 月,随部队转战到鲁中沂水县桃峪建厂,改为鲁中第二兵工厂。

2. 山东军事工业在抗日战争中的发展

1939 年春至 1943 年年底,是山东抗战最艰苦的时期。一方面抗日力量不断壮大,抗日工作不断深入;另一方面反动势力极为猖獗,敌、伪、顽沆瀣一气,疯狂地围攻进犯,蚕食我根据地。敌人每次“扫荡”都把兵工厂作为重

---

① 王樾夫编著:《抗战时期的八路军兵工厂》,中共党史出版社 2005 年版,第 2 页。

② 山东省军工史料征集委员会编:《山东人民军工史资料(初稿)1937—1949》上册,山东省图书馆藏书:地方文献编号 E296-19:1,第 63 页。

③ 王樾夫编著:《抗战时期的八路军兵工厂》,中共党史出版社 2005 年版,第 5 页。

点攻击目标之一，不少兵工厂多次遭到严重破坏。在这种形势下，各兵工厂为粉碎敌人“扫荡”，经常疏散转移，并抓住有利时机扩大和发展军工生产。

胶东军工为应对日伪军进犯“扫荡”和其他严重困难，被迫多次转战迁址，先后建立5个兵工厂，并加强科研攻关，不但生产规模和产品数量进一步扩大，而且各厂的军工生产开始向专业化发展，从而使胶东军工一直处于全军领先地位。1939年1月以后，胶东兵工厂多次奉命迁址。首次迁到平度县涧里村，6月迁到栖霞县高家沟，9月迁到牙山老庙后。尽管每次迁址都造成一些损失，但总的趋势是发展的。第一次迁址建厂，改编为山东纵队五支队第一兵工厂，即胶东第一兵工厂，月生产手榴弹3000枚、迫击炮弹100余发、地雷100余个。第二次迁址建厂，月产“七五”“八二”迫击炮5门、炮弹200发、复装子弹1万发、手榴弹4000枚、地雷300个。第三次迁址建厂后，工人由200人发展到300人，蓬黄战区指挥部百余人的兵器厂，11月并入胶东第一兵工厂。1940年，一厂迁址更为频繁，但一直坚持生产，月产“七五”“八二”迫击炮4门、炮弹200发、100毫米迫击炮4门、炮弹50发、复装子弹3万发、手榴弹5000枚、地雷200余个、步枪200余支。1940年1月，五支队在招远县又建立胶东兵工二厂，有职工200余人，月产步枪20—30支、手榴弹3000—5000枚、地雷30—40个、步枪子弹3000—5000发。[①] 1940年年底至1941春，又在昆仑山、牙山李老铺等村和牙山前县（今乳山市）上沙家、下沙家村分别建立胶东第三、四、五厂。三厂成立初期，有职工160余人，主要生产手榴弹、复装步枪子弹，试制步枪和机枪。1941年五六月间，该厂技师陈惠人设计制造出铜铣床和深孔钻床，技工殷逢林等人用这些机床试制出胶东第一挺仿“捷克”式轻机枪，并批量生产。1941年4月成立胶东兵工生产委员会，胶东军工有了新发展，各厂军工生产开始向专业化迈步。制造各种地雷、手榴弹需要大批黑色炸药，而黑色炸药的主要成分之一便是硫磺。胶东东海工业研究室采用木炭混料烧硫铁矿的办法提取硫磺，而后又大胆试验采用国外奥克拉法，建造熔化炉，经过反复试验获得成功。1944年硫磺产量达到1.75万公斤。为生产硫酸，该研究室洋法土干，将瓷缸摞起来，中间用耐酸水泥加以固定，建成生酸塔和脱硝塔。制出的硫酸浓度低，再用陶瓷盆逐级浓缩，终于制成浓度高、无色透明的高质量

① 王樾夫编著：《抗战时期的八路军兵工厂》，中共党史出版社2005年版，第26—27页。

硫酸。用硫酸分解硝石,又制出硝酸。另外还用花生油做钙皂,分离母液,提取甘油。钙皂加热分解,又能提炼汽油、煤油、柴油。木焦油在当时是工业新产品,世界各国尚未公布其制造方法。他们便从松木中粗制木焦油,经分离器提取轻油、中油和生油。这些产品是根据地急需的军工原料和重要物资,因而对发展军工生产、解决武器弹药供给、提高抗日根据地的科学技术水平起到了积极的促进作用。

以沂蒙山区为中心的鲁中地区是日军"扫荡"的重点地区,兵工厂尽管遭到敌人严重破坏,但仍有较大发展。1938 年年底,石匣峪兵工厂为躲避日军袭击,先后迁到鲁山南麓的朱阿、黄崖、千人洞、织女洞,改称鲁中第一兵工厂。该厂有职工百余名,有 4 部皮带车床、1 部钻床、1 口化铁炉,还有大风箱、虎钳等,主要生产手榴弹。由胶东转战到沂水县桃峪建厂的鲁中第二兵工厂,在转移途中仍然坚持生产。1939 年 2 月,转移到沂水县马站古村时,工人们利用部队休整时间,在机师曹曰岚带领下,用仅有的一部六尺机床试制出山东军工自己制造的第一挺仿"捷克"式轻机枪。1940 年春,山东兵工建设主任邹国资奉山东纵队的命令,在芦山、孟良崮一带山区以二厂为基础,重新调整鲁中兵工机构和技术力量及设备,建起鲁中兵工总厂。总厂以产品种类为基础设置分厂,下设三个分厂、一个修械所和一个步枪子弹生产小组。一分厂是炮弹厂,有职工 80 余人,生产轻机枪、"八二"追击炮弹、枪榴弹筒,还为其他两厂制造设备;二分厂在大碾、猴子窟,有职工 120 余人,生产手榴弹、地雷、枪榴弹;三分厂在书堂子,有职工 40 余人,生产刺刀;修械所在石旺圈,有职工 50 余人;步枪子弹制造小组在夹山里。[①] 在这里,鲁中军工有了大发展,一直坚持至 1941 年 10 月。后因日军"扫荡"搬迁转移。1942 年 3 月,鲁中兵工总厂撤销,在耿家官庄建立鲁中军区军工科,统一领导鲁中兵工生产和建设。1943 年冬,建起鲁中火药研究室,开始研究无烟火药和炸药,由此推动鲁中弹药生产技术的新发展。

地处小清河流域的清河根据地的军工也有较大的发展。1940 年,八路军鲁东游击队在临淄县郑家辛庄的炸弹所,三支队十团在临淄县崔家郭村的修械所,八路军寿光独立团在巨淀湖的修械所及郑家辛庄的子弹所,统一

---

① 山东省军工史料征集委员会编:《山东人民军工史资料(初稿)1937—1949》上册,山东省图书馆藏书:地方文献编号 E296-19:1,第 12—13 页。

编归为八路军山东纵队三支队供给处军实科领导。4月,因环境恶劣,炸弹所和子弹所奉命迁往广饶县黄家渠高,合并成立山纵三旅炸弹厂,后称炸弹一厂,有职工三四十人,生产手榴弹,修理枪械。7月,在寿光巨淀湖修械所的基础上成立三旅三团兵工厂,有职工四五十人,有一部六尺车床。10月,编为炸弹二厂,任务是修理枪支,生产手榴弹。1942年3月,清东、清中、清西兵工厂合并,在博兴县康家坊成立清河兵工总厂,有职工180余人,孙子贞任厂长。总厂下设炸弹部、炮弹部、子弹部、铁工部(亦称一、二、三、四厂)。炸弹部月生产手榴弹2000枚;炮弹部月产炮弹300发,还制造"六〇"迫击炮和"八二"迫击炮;子弹部月产复装子弹8000发;铁工部月产刺刀200把,还生产马刀、马鞍、驮炮架等。[①] 1942年,清东、清西在县委的领导下,都建立了地方兵工厂,生产武器弹药供县大队和民兵使用。

地处莒(县)、日(照)、诸(城)、赣(榆)等县的鲁东南地区,统一被称为滨海地区。1939年2月,山东抗日游击二支队修械所在莒南县成立,有职工19人。1940年9月,二支队整编为山纵二旅,原二支队修械所随之改称山纵二旅修械所。后又扩建为山纵二旅手榴弹厂,有职工30余人。1939年10月,八路军一一五师供给部修械班随部队来到鲁南,年底在费县抱犊县黄山口村扩编为生产社,有职工30余人。1940年10月,生产社改编为一一五师供给部军工科,钟少华任科长。军工科下设炸弹厂、子弹厂、修械股、电器股等。后随部队转移到滨海地区临沭县,这时有工人200余人。其中,炸弹厂有工人40余人,月产手榴弹8000枚;子弹厂有工人100余人,月产复装子弹8000—10000发;修械股有工人三四十人。[②] 1943年4月,滨海独立军分区改编为滨海军区后,一一五师军工科同滨海军区后勤部军工厂合编成立滨海军区军工总厂,胡邦凯任总厂厂长。总厂下设工务股、材料股、总务股和政委办公室。下辖机器厂、子弹厂、手榴弹厂和修械所,均驻莒南县,全厂总人数近千人。

1944年,山东各抗日根据地开始向日军发起局部反攻。抗日根据地不断扩大,逐渐连成一片。山东各地在收编伪顽军队的兵工厂的同时,又扩充并兴建一批新厂。胶东军区,1944年2月缴获顽军赵保原部的河源西沟兵

---

① 王樵夫编著:《抗战时期的八路军兵工厂》,中共党史出版社2005年版,第30—31页。

② 王樵夫编著:《抗战时期的八路军兵工厂》,中共党史出版社2005年版,第32页。

工厂一所，11 月缴获伪顽王豫民部的兵工厂一所，同时海阳县武委会又在郭城建立了一所近 200 人的民兵工厂。1944 年秋，鲁南军区在赵博县（今兰陵）牡丹池村建立一所 140 余人的手榴弹厂，日产手榴弹 1000—1500 枚，还产刺刀 30 余把。年底，鲁南一、二、三军分区各建立起一所兵工厂。一军分区兵工厂有 80 人，生产手榴弹；二军分区兵工厂日产手榴弹 500 枚；三军分区兵工厂后移到九女山，成立鲁南军区第二兵工厂，除负责枪械修理外，还生产无烟药。渤海军区，1944 年收编由桓台城解放过来的兵工，从而使兵工队伍扩大到近 600 人，兵工总厂将炮弹厂的修械部扩建为修造厂。渤海第五军分区在寿光县寇家坞的兵工厂已发展到 300 人。[①] 鲁中军区和滨海军区的兵工队伍都有较大的发展。

与此同时，1944 年春，各根据地兵工厂普遍开展以技术革新为核心内容的创模运动。一方面，各根据地普遍开展技术革新运动。如渤海区，一年搞了 5 项设备改造，首先以马拉“弹弓”为动力，代替手摇脚蹬，接着设计鼓风机代替了人拉大风箱，造出简易卧式铣床、台式钻床大型砂轮机等，大大提高了生产效率。同时，把兵工厂的技师升到连级，提高技师的政治地位。胶东军区第一兵工厂子弹部自造子弹壳成功。该厂实验室在胶东工业研究室王旭九等技术人员的指导下用可从敌占区买到的“卫生球”、肥田粉等做原料，试制成功二硝基萘、硝酸铵混合炸药。从此，逐渐以高级炸药代替黑色炸药，大大提高了迫击炮弹和手榴弹的爆炸威力。鲁中军区，在军工科一分会技术主任——劳动英模曹曰岚的带领下，制造出压力机、拔长机、压尖机、切边机、收口机等 5 部机器。又于 9 月将首次缴获的缺少许多部件的旧制“四一式”山炮修复好，后来这门山炮屡立战功，称为“功劳炮”。鲁南军区兵工一厂试制成功鹿柴雷、枪榴弹和枪榴筒。通过技术革新，提高了生产能力，从而增强了我军的战斗力。另一方面，各根据地开展创模运动，召开评选和表彰英模大会。如 1944 年 3 月，鲁中军区后勤部政治部召开第一次英模表彰大会，创造 5 部机器的曹曰岚被评为“创造英雄”，受到军区奖励；贾汉文等 15 名技术人员被评为“劳动模范”，均受奖励。渤海军区于 1944 年 9 月 18 日举行了第一次劳模表彰大会，对 14 名甲等模范和 82 名乙等模

---

① 山东省军工史料征集委员会编：《山东人民军工史资料（初稿）1937—1949》上册，山东省图书馆藏书：地方文献编号 E296-19:1，第 22 页。

范进行了表彰和奖励。同年 11 月，胶东军区后勤处召开兵工系统首次英模代表会，从各厂选出的 140 名英模代表中，选出军区级劳动英雄于得水、刘卉卿、董永芳，一等劳动模范 5 名，劳动模范 8 名，分别奖给 2000 元至 150 元不等。①

3. 山东军事工业在解放战争中得到新发展

1945 年 8 月 15 日，日军宣布无条件投降。山东各抗日根据地在随我军进军的过程中，又接收一批日伪兵工厂，壮大了山东军事工业，人力、物力和技术力量都有增加，生产得到发展，所生产武器弹药数量增加，质量提高，保证了我军战斗所需军火武器的及时供应，为自卫战争作出了贡献。

日军宣布投降后，鲁中军区的人民武装相继收复博山、淄川、莱芜、新泰等地。鲁中兵工总厂从博山、南定、安仙、孙村等工矿区获得 40 多部机床、一部分电动机、1 套 4000 千瓦发电机组、2 台蒸汽锅炉，还获得大批钢材、电器材料、五金工具等。鲁中兵工厂的设备有了很大改善，同时还从淄博、莱芜矿区接收一批机械和电器技术工人，鲁中兵工的技术队伍得以壮大。这时鲁中军区所辖一、二、三军分区兵工厂有 200 余名职工，也先后集中编到鲁中军区兵工厂。随着兵工规模的扩大，鲁中军区司令部和后勤部决定建立鲁中兵工总厂。总厂厂长为邹国资，副厂长为何凤鸣。总厂职工 1800 余名，按产品品种生产分为 8 个厂。一厂为火药厂，二厂是机工厂，三厂是“八二”迫击炮弹厂，四厂是手榴弹厂，五厂是铁工厂，六厂是修械所，七厂是手榴弹厂，八厂是木工厂。各厂厂址设在蒙阴、莱芜县境内。

滨海地区人民武装缴获日伪兵工厂的各种机器设备四五十部和部分器材，并接收部分技术工人，兵工发展到近千人。生产条件进一步好转，已能生产枪榴弹筒、“五五”小炮及炮弹、地雷、手榴弹，还试制了燃烧弹。1945 年秋，兵工总厂及所辖 4 个兵工厂均迁移集中到莒南县。1946 年元旦，新四军七师军工部职工 200 余人到达临沂城南傅家庄。2 月，根据中央军委的决定，将新四军一师军工部与滨海军工部合编成立新四军兼山东军工部，程望任部长。滨海军工得到进一步加强。

1945 年 9—10 月间，渤海军工科下属各厂陆续迁到渤海中心蒲台城（今滨州市）。1946 年 2 月德州解放，缴获驻德州日伪兵工厂一批机器设

---

① 王楗夫编著：《抗战时期的八路军兵工厂》，中共党史出版社 2005 年版，第 36—40 页。

备,装备了渤海兵工厂。同年5月,渤海军区兵工厂由蒲台迁到沾化县泊头镇黄升店一带。在军工处的领导下,兵工进行调整,将缴获德州敌人兵工厂的机器设备及招收一批工人合并到子弹厂,称一厂;将原渤海炮弹厂与炸弹厂的一部分合并成立二厂;三分厂负责装配;四分厂负责翻砂;将原渤海子弹厂的化工研究组及炸弹厂的一部分合并组成化学厂,称三厂;将原铁工厂称四厂。原渤海技术研究室改为工务科,领导上述四个厂。军工处月产手榴弹2.5万枚,各种炮弹2000发,还生产信号弹、复装子弹,修理工具,制造刺刀等。

胶东军区抽调千名兵工技术骨干随部队赴东北,支援东北军工事业建设。军区后勤部继续贯彻以弹药为主的生产方针,积极创造条件扩大弹药生产。为满足日益扩大的弹药生产的需要,胶东军区后勤部在牟平县昆阳区卧龙村,建成一套日产1/10吨和2/3吨66°硫酸塔式制造装置,之后又在胡家口和玲珑两处建成塔式制酸厂。这三处制酸装置建成后,日产硫酸6吨左右。

解放战争爆发后,山东成为国民党军队进攻的重点地区。山东各军区为解决在大兵团运动中连续战斗的军火供应,决定进一步贯彻以弹药生产为主的生产方针,积极创造条件扩大生产。1947年1月23日,根据中央军委的命令,山东军区军工部与华中军区军工部合并成立华东军区军工部,任命汪道涵、程望为华东军区军工部部长。华东军区军工部的建立,使山东军工事业从组织上、人力上和技术上都得到了加强。

胶东军区为增加军火产量,一方面积极扩建新厂,一方面充分调动技术工人的生产积极性。1946年7月,在昆嵛山区高家庄成立兵工六厂,有职工270余人。年底,又在牙前县水牛栏村建立第七兵工厂,有职工240人。1947年1月,胶东军区将东海军分区造枪厂、弹药厂及修械所合并于胶东军区第六兵工厂,这时六厂职工达680人。4月,胶东兵工总厂以地方大众铁工厂为基础,从各兵工厂抽调一批技术工人和机器设备,成立第八兵工厂。8月,胶东军区军工部以第五兵工厂为基础,扩大成立了兵工化学总厂,下设3个分厂。同时,兵工战士发扬革命英雄主义精神,大搞技术革新,生产取得惊人成绩。1947年4月,兵工四厂接受紧急任务,“八二”迫击炮弹由月产4000发增至1万发,全厂职工昼夜苦战,胜利完成任务。1947年胶东军区兵工厂的各种产品产量大大超过1946年,有的炮弹产品是1946年的

45倍。①

渤海军区军工的技术水平也不断提高,生产规模不断扩大。1946年7月,渤海军区军工处将原有的实验人员同渤海行署工业生产实验室人员合并,在蒲台城组建军工实验室,主要任务是对生产火药的原料和自制的火药进行定量定性分析,帮助一厂改进硫酸生产方法,提高硫酸产量,为扩大各种火炸药生产打下基础。年底,渤海军区第一分区将原来的一个50余人的兵工厂扩大到370人,并扩编为4个厂。1947年5月,原华中兵工与渤海军工处合并,王新民任渤海军工处处长。这时渤海军工处职工发展到3413人,设备数量已达到150余部,质量也有提高。军工处下设8个厂:一厂是子弹厂,有职工233人;二厂是炮弹厂,有职工522人;三厂是化学厂,有职工564人;四厂是武器制造厂,有职工448人;五厂是"六〇"炮弹厂,有职工357人;六厂是"八二"迫击炮弹厂,有职工496人;七厂是翻砂厂,有职工110人;直属厂是工具厂。1947年6月的一个晚上,华东军区司令员陈毅召见王新民,令渤海军工处在两个月内,把现有军工生产能力增加一倍,要为部队提供大批手榴弹、迫击炮弹和硝化甘油炸药。渤海军工处遵照陈毅司令员的指示,抓紧技术改造,努力生产弹药。3个月后,就把步枪子弹的生产能力提高4倍,生产其他弹药的能力均大幅度提高。

鲁南军区军工在这期间也有较大的发展。1946年7月,枣庄解放后,缴获一批机器和物资。在原生产的基础上,在费县邵庄建立了一个"八二"迫击炮弹生产工厂。同年10月,鲁南军区在费县大邵庄成立军工部,吴际霖任部长。军工部下辖4个兵工厂,职工700余人。这4个厂是:费县葛家峪兵工厂,职工250余人;赵博县(今兰陵县)九女山兵工厂,职工200余人;费县大邵庄兵工厂,职工150余人;费县营子兵工厂,职工50余人。1947年2月,原华中军工部三厂、四厂转移到鲁南,合并为鲁南五厂,职工390人。原华东军工部七厂转移到鲁南九女山,与鲁南军工二厂合并。不久,国民党军大举进攻鲁南,鲁南兵工厂奉命将所有的机器设备进行疏散埋藏,后又奉命将九女山第二兵工厂继续生产,其余兵工厂同鲁南党政机关一起向渤海转移。第二兵工厂突遭敌军包围,奉命北撤。后又有鲁南军械处率兵工重返

① 山东省军工史料征集委员会编:《山东人民军工史资料(初稿)1937—1949》上册,山东省图书馆藏书:地方文献编号E296-19:1,第43—45页。

鲁南，组织力量生产手榴弹，解决前方部队之急需。

鲁中军区兵工厂迁到莱芜东部郑庄不久，即遭到国民党军大举进犯。军工奉命由郑庄向蒙阴县境山区（今沂源县井旺庄一带）搬迁，1947年3月基本搬迁完毕，生产基本恢复到搬迁前的水平。奉参谋长陈士榘命令，鲁中兵工厂立即在一个月内完成制造1.8万把铁锹、200口行军锅的军需任务。在孟良崮战役中，驻朱位的兵工厂在战斗激烈的前线山下，边生产边将弹药运往前线，所造的20余万发炮弹及手榴弹，在孟良崮战役中发挥了重要作用。孟良崮战役后，驻朱位的兵工奉命转移，大部分北撤渤海，一部分转移滨海，一部分由程望带领，转移至胶东。1947年6月驻井旺庄的鲁中兵工厂也奉命埋藏机器设备，由厂长邹国资带领1200余名职工及家属向渤海转移。11月，大部分国民党军队撤出鲁中，形势基本稳定。邹国资又率领鲁中兵工回到井旺庄，重整家业，恢复生产。

滨海军工于1947年1月与新四军北撤山东的部分兵工合并，改编成立了8个厂。一厂由原马蹄山一厂和涝坡二厂合编而成，职工200余人；二厂由原新四军一师机械厂组建而成，职工130余人；三厂为军工部成立的工具厂；四厂由原涝坡二厂分出之装配部分同新四军四师军工部合编而成，职工200余人；五厂由新四军部分军工同渤海军区部分修械职工合并而成；六厂由华中军工部七师二厂组成；七厂由滨海军区二厂分出之翻砂组和新四军七师军工部翻砂一大队组合而成，职工200余人；八厂由滨南、滨中两个手榴弹厂合并而成。以上各厂的厂址均在莒南县。同年4月，国民党第十三师向滨海进犯，滨海军工奉命转移。7月，国民党军再次进犯滨海，滨海军工又一次被迫停产转移。进犯滨海的国民党军被赶走后，兵工战士又迅速回到工厂进行生产。尽管不断地受到国民党军的袭扰，兵工战士仍然利用战争的空隙抓紧生产。1947年11月之前，仍生产出“八一”迫击炮弹5292发、“八二”迫击炮弹56220发、手榴弹80655枚、拉雷1403个、地雷470个，修配山炮47门、重机枪247挺、步短枪2162支①，为粉碎国民党军队的重点进攻作出了贡献。

1947年12月，华北解放区兵工会议明确提出了山东兵工生产下一年

① 山东省军工史料征集委员会编：《山东人民军工史资料（初稿）1937—1949》上册，山东省图书馆藏书：地方文献编号E296-19:1，第40页。

(1948年)的具体任务。经过1年的昼夜奋战,1948年山东军工生产了下列数量的军品:枪榴弹2.4万发、"八二"迫击炮弹30万发、"七九"子弹120万—220万发、手榴弹120万枚、信号弹36万发、硝化甘油炸药123万斤、"六〇"迫击炮弹18万—24万发。[①] 山东军工生产出一批批优质产品供应主力部队,保证了解放战争中我军所需武器和弹药的供应。

4. 山东军事工业的转型

至1948年4月,山东除济南、青岛、烟台等少数城市尚未解放,其他的城镇、乡村纷纷获得解放。鲁中、鲁南、滨海、渤海、胶东等战区连成一片。5月6日华东财政经济委员会办事处工矿部(简称华东财办工矿部)在淄博成立,原华东军工部撤销。山东军工从此开始转由地方人民政府领导,兵工厂开始步入向企业化发展的新阶段。

1948年7月,华东财办工矿部决定山东军工成立三个军工局:第一军工局是由鲁中、鲁南、滨海三个军区的兵工组成,第二军工局是胶东军工局,第三军工局是渤海军工局。上述三个军工局成立后,一方面着手接收济南等解放城市的国民党兵工厂,整合搬迁兵工厂,继续为前线部队生产军火弹药;另一方面开始将兵工厂逐步转向企业化。

1949年7月,华东财办工矿部接中央兵工局电示:由于形势发展,兵工紧缩,山东兵工一律停产,进行精简、转业、整编。从1949年8月开始,在华东财办工矿部的领导下,山东各地兵工进行转业、复员、整编工作。山东原有兵工20911名,在精简、转业、整编中,有7002人留在兵工队伍中,占原兵工总人数的33.48%;转业分配到矿山及民用企业人员6771人,占原兵工总人数的32.38%;复员回家的2778人,占原兵工总人数的13.28%;分配到矿警队及部队的1463人,占原兵工总人数的7.00%;分配到文化学校学习的462人,占原兵工总人数的2.21%;分配到地方工作的188人,占原兵工总人数的0.90%;尚待处理的2247人,占原兵工总人数的10.75%。[②]

1949年年底,山东兵工经过精简、复员、整编后,留在兵工队伍的人员重新组合,组建成三个兵工厂和一个直属工具厂,即"八二"迫击炮弹厂、子

---

① 山东省军工史料征集委员会编:《山东人民军工史资料(初稿)1937—1949》上册,山东省图书馆藏书:地方文献编号E296-19:1,第45—46页。

② 山东省军工史料征集委员会编:《山东人民军工史资料(初稿)1937—1949》上册,山东省图书馆藏书:地方文献编号E296-19:1,第53页。

弹厂(生产“七九”“六五”子弹)、“六〇”迫击炮弹厂三个厂和山东兵工局直属厂。

总之,山东军事工业的转型,不仅表明中国共产党担负起了领导近代化的历史任务,而且带领中国人民赢得了1949年的民族独立,建立了新中国,为现代化的迅速发展创造了条件。

五、民国时期山东工业发展的轨迹与特点

民国时期(1912—1949),是中国历史上大动荡大转变的时期,半殖民地半封建社会的终结阶段。民国时期,山东工业的发展是曲折的、不平衡的,特点也是十分明显的。

(一) 民国时期山东工业发展的轨迹

民国时期,山东工业的演变经历了北洋军阀政府统治时期、国民党政府统治时期、日伪统治时期、根据地和解放区四个阶段。

1. 北洋军阀政府统治时期的山东工业

1912至1927年的16年间,山东处在北洋军阀政府统治时期。这一时期,山东工业发展比较迅速,表现为山东城镇设立机器工厂的数量、资本总额的显著增加。

近代山东沿海城市开埠后,草辫业、花边业、发网业等新式手工业部门开始出现。民国以后,这些新式的手工业部门逐渐走向兴盛,并促进和带动了榨油业、粉丝业、玻璃业、烤烟业等山东近代手工业的整体发展。同时,传统手工业诸如棉纺织业、缫丝业、织绸业、榨油业和粉丝业等通过手工机器更新和技术改进得到进一步发展,并逐步实现了手工业的近代转型。

1925—1928年的4年间,山东处于奉系军阀张宗昌统治时期。从1925年4月开始,张宗昌在督鲁的4年期间,设立官办企业,大肆排挤民族工业,横征暴敛,捐税多达50种,使大批民营企业被迫停业、倒闭,民族工业的发展速度有所下降。

第一次世界大战前,山东主要遭受德国的侵略。第一次世界大战后,日本取代德国成为山东最大的外国侵略势力。日本凭借武力在占领区内设立机构,夺取德国在山东的侵略权益,对山东人民进行残暴的统治。同时,日本开始较大规模地在山东投资设厂,以便充分利用山东廉价的劳动力、原料

和广阔的销售市场获取暴利。

2. 国民党政府统治时期的山东工业

1928 年至 1936 年 9 年间,山东处于国民党政府统治时期。这一时期山东主要是韩复榘主政(1930 年 8 月—1938 年 1 月),时局比较稳定,山东经济发展状况有所好转。尤其在工业方面,山东开展了声势浩大的资本投入和实业教育活动,使山东的民族工业有了进一步的发展,如纺织业、面粉业、火柴业、制盐业等行业出现了较快的发展。其中,纺织业在山东民族工业中独占鳌头,面粉业在全省民族工业总值中占 1/5,山东火柴工业产量处于全国前列,盐业产量居全国首位。因此,这一时期被资本家誉为民族工业发展的“黄金时期”。

3. 日、伪统治时期的山东工业

1937 年 7 月 7 日,日本发动全面侵华战争。12 月 23 日,日军分两路强渡黄河,侵犯山东。1938 年 5 月徐州会战后,山东大多数城市、战略要地和交通干线纷纷沦陷。日本为确保重要军需资源的占有和开发,实行“工业独占”政策,对沦陷区的华资工矿企业采取“军事管理”“委任经营”“中日合办”“强买”“租赁”等掠夺手段,迅速将各工矿企业部门劫夺占有。同时,日本对济南、青岛等主要城市大肆地进行资本扩张和投资活动,并疯狂地掠夺山东的煤、铁、盐等资源,形成殖民地工业体系。山东经济直接遭受到战争破坏和随之而来的掠夺、统制,并进而沦为日本经济的附庸,使战前逐渐积累起来的山东工业基础崩溃瓦解,迟滞了山东工业近代化的进程。

4. 根据地和解放区时期的山东工业

抗日战争全面爆发后,山东各地发动了 20 多次武装起义,随后八路军一一五师主力及一二九师津浦支队挺进山东,开创抗日根据地。1940 年 7 月,在沂水成立全省统一的行政机构,即山东省战时工作委员会,各地也随即成立抗日地方政权。为了解决根据地的困难和军需民用产品,民主政府一方面采取保护私人资本、恢复农村原有手工业生产的措施,另一方面提倡组织生产合作社,进行资金、产销扶持,解决群众生产困难,使个体经济向集体经济过渡,提高了生产效率,保障了抗日军民工业用品特别是棉布、粮油的需求。同时,民主政府也开始注重工业的建设,随着区域的扩大和人口的逐渐增多,逐渐向织布、染织、造纸、文具、化工、工具等军民日用品行业扩展,在有条件的地方进行了煤矿、金矿开采。1945 年春,山东各战区主要公营工厂有88家,资金3002万元。

山东军事工业是山东工业的重要组成部分,是抗日战争和解放战争时期山东的重点工业。山东军事工业发轫于1937年12月的"一担挑"随军修械所,1938年3月又在黄县建起山东第一个兵工厂——圈杨家兵工厂,到1949年6月间(除冀鲁豫根据地所辖鲁西军工外),已拥有大小兵工厂37家,职工20890人。山东军事工业主要为山东地方武装部队以及八路军、新四军、人民解放军生产军火弹药,由此造就和培养了一批军工科技人才和精湛的军工队伍,为抗日战争和解放战争的胜利作出了巨大的贡献,并支援了山东地方工业的建设。

(二)民国时期山东工业发展的特点

纵观这一时期的山东工业发展状况,经历了1912—1937年快速发展到日本侵占山东的迅速跌落再到山东抗日根据地和解放区的纺织、军事等工业艰难发展的过程,呈现如下五个特点:

1. 山东工业资本构成结构发生明显变化

民国时期,山东工业资本由三部分构成:一是官僚资本所办的企业虽然有一定的发展,主要集中于矿产、水电、电信、铁路、军工等方面,但相对民族资本来讲已经不是主流。二是民族资本在民国后有了较大的发展,民族(商人)资本成为工业投资的主体。民族资本投资主要集中于与民生相关的轻工行业,新设立的工厂不仅数量增加,而且资本总额也迅速扩大。这些民族资本企业主要集中在济南、青岛、烟台、潍县、周村、博山等城镇,各地资本企业形成了各具特色的行业。三是外国资本一直在工业资本构成和工业生产中占举足轻重的地位,尤其是像青岛殖民化程度严重的口岸城市,外国资本更是占据优势。

2. 山东加工制造业体系的雏形基本形成

20世纪30年代中期,山东新工业体系的基本结构由棉纺织、丝纺织、农产品加工、化工、机械制造五个行业构成;另外,能源工业中的煤炭、电力也有所发展,水泥、造纸、制糖、酸碱等制造业只有个别企业没有形成行业。这样的新工业体系的特点为:一是就企业布局结构而言,企业多数集中于日用消费品生产领域,生产资料部分的发展极为缓慢,多数企业只能生产技术档次低的日用消费品,能够生产生产资料的重工业企业为数甚少,而作为工业基础的钢铁、重化工等部门则基本是空白。二是就地域分布结构而言,近代机器工业主要集中在济南、青岛、烟台、潍县等少数几个开埠城市。三是在近代化进程中形成了近代工业和传统手工业并存的"二元结构",在部分行业,供需之间甚至表现为一种相互依存的关系。

3. 山东工业发展呈现趋向性的特点尤为明显

民国时期,山东工业在其发展过程中呈现三个趋向性特点:一是民国初期中小资本主要集中投向成本比较低的行业,即对中低档次产品有广泛需求的制造业,技术构成和生产工艺相对简单、产品技术含量低的劳动密集型行业,资本构成较低、设备投资较少、资本化程度不高的行业。二是20世纪二三十年代大中资本工业投资出现了集中化和投资主体多元化的倾向,工业投资主体先是集中在面粉、火柴工业,而后是在染料、纺织工业中,并普遍采用公司制、股份制的资本组织形式。三是山东民族企业在采用公司制、股份制的基础上产生了一批在国内外有影响的知名企业及企业家。如面粉业的苗杏村、苗星选、王冠东和他们创办的成丰面粉厂,火柴业的丛良弼和他的振业火柴厂,染料业的王敬亭和他的裕兴颜料厂,纺织业的穆伯仁等和他们的仁丰纱厂,酿酒业的张弼士和他的张裕酿酒有限公司,制针业的尹致中和他的冀鲁制针厂,机械制造业的滕虎忱和他的华丰机器厂,等等。

4. 日、伪统治时期山东工业沦为附庸

日军占领区山东的城市工业基本延续了抗战全面爆发前以轻工业为主的工业结构,重化工业一如战前,没有什么大的投资和扩展,工业构成主要以农产品加工工业为主,如纺织、榨油、面粉、蛋品加工、卷烟、酒精等;其次为进口原料为主的橡胶、染料、火柴、酿酒等工业,以及为这些工业服务的电力、机械、窑业等。除统制行业外,各类工业部门逐渐呈现小型化和手工业化的趋向。战前最能代表华商实力的染料、火柴、面粉等民族工业部门,出现了严重的萧条和衰落,生产规模已大不如前。有实力的日资企业在一般加工制造业中形成行业部门垄断和控制,而华商企业因受到压迫和排挤,生产经营处境艰难,往往靠承接日本统制部门或企业的加工任务来维持,沦为日资企业的附庸。

5. 根据地和解放区时期山东工业承担重任

山东军事工业是适应抗日战争和解放战争的需要而产生发展起来的,承担着保家卫国的重任,有着独特的特点:一是山东军工企业是以生产弹药为主,诸如手榴弹、迫击炮弹、复装子弹、地雷等,还生产刺刀及少量小型迫击炮、轻机枪、步枪等。二是弹药生产形成专业化生产格局,各军区兵工厂都设有专门弹药分厂。三是山东军工企业的发展,造就和培养了一批军工科技人才和精湛的军工队伍。四是山东军工企业完成使命后,大部分转为地方工业企业,支援了山东地方工业的建设。

综上所述,一部山东工业史,就是一部山东经济发展史的主篇,就是一部中华物质文化发展史的缩影。它留下的是山东先民所创造物质文明的历史足迹,更彰显着山东先民以聪明智慧创造的精神财富。

参考文献

一、史书典籍

[1]〔西汉〕司马迁撰:《史记》。

[2]〔东汉〕班固撰:《汉书》。

[3]〔南朝宋〕范晔撰:《后汉书》。

[4]〔西晋〕陈寿撰:《三国志》。

[5]〔唐〕房玄龄等撰:《晋书》。

[6]〔唐〕李延寿撰:《北史》。

[7]〔唐〕令狐德棻等撰:《周书》。

[8]〔北齐〕魏收撰:《魏书》。

[9]〔南朝梁〕沈约撰:《宋书》。

[10]〔唐〕魏徵等撰:《隋书》。

[11]〔北宋〕欧阳修、宋祁撰:《新唐书》。

[12]〔元〕脱脱等撰:《宋史》。

[13]〔元〕脱脱等撰:《金史》。

[14]〔明〕宋濂等撰:《元史》。

[15]〔清〕张廷玉等撰:《明史》。

[16]〔西汉〕桓宽撰:《盐铁论》。

[17]〔元〕马端临撰:《文献通考》。

[18]〔东汉〕王充撰:《论衡》。

[19]〔北宋〕乐史等编纂:《太平寰宇记》。

[20]〔西汉〕刘歆著,〔东晋〕葛洪辑:《西京杂记》。

[21]〔北宋〕李昉等编纂:《太平御览》。
[22]〔唐〕李林甫等修:《唐六典》。
[23]〔唐〕李吉甫撰:《元和郡县图志》。
[24]〔北宋〕宋敏求编:《唐大诏令集》。
[25]〔北宋〕司马光编著:《资治通鉴》
[26]〔南宋〕李焘撰:《续资治通鉴长编》。
[27]《周礼》。
[28]〔北魏〕贾思勰撰:《齐民要术》。
[29]〔明〕李东阳等纂:《大明会典》。
[30]〔北宋〕秦观撰:《蚕书》。
[31]《明太祖实录》。
[32]〔清〕谷应泰撰:《明史纪事本末》。
[33]〔清〕陈梦雷编纂:《古今图书集成》。
[34]《管子》。
[35]〔西汉〕戴圣编纂:《礼记》。
[36]〔明〕刘敕撰:《历乘》。
[37]〔元〕王祯编纂:《农书》。
[38]〔北宋〕徐兢撰:《宣和奉使高丽图经》。
[39]〔明〕姚广孝、解缙等主编:《永乐大典》。
[40]〔清〕张廷玉等撰:《清代文献通考》。
[41]《清高宗实录》。
[42]《清宣宗实录》。
[43]〔清〕王定柱编:《山东盐法续增备考》。
[44]〔清〕王元廷辑:《野蚕录》。
[45]〔清〕李鸿章撰,〔清〕吴汝纶编:《李文忠公全书》。
[46]〔清〕丁宝桢著,〔清〕罗文彬编:《丁文诚公(宝桢)遗集》。
[47]〔清〕李秉衡撰:《李忠节公奏议》。
[48]〔清〕周馥撰:《秋浦周尚书(玉山)全集》。
[49]〔清〕宋起凤撰:《稗说》。

二、地方志

[50] 嘉靖《山东通志》、康熙《山东通志》、雍正《山东通志》、宣统《山东通志》、民国《山东通志》。

[51]〔清〕叶先登等编纂:《颜神镇志》。

[52] 周庆云辑:《盐法通志》,1918 年版。

[53] 乾隆《博山县志》、民国《续修博山县志》。

[54] 道光《济南府志》。

[55] 乾隆《历城县志》、民国《续修历城县志》。

[56] 乾隆《淄川县志》、宣统《三续淄川县志》。

[57] 光绪《峄县志》。

[58] 乾隆《德州志》、民国《德县志》。

[59] 嘉庆《禹城县志》。

[60] 同治《临邑县志》、民国《续修临邑县志》。

[61] 乾隆《平原县志》、民国《续修平原县志》。

[62] 宣统《重修恩县志》。

[63] 乾隆《夏津县志》、民国《夏津县志续编》。

[64] 光绪《惠民县志》。

[65] 民国《阳信县志》。

[66] 光绪《利津县志》、民国《利津县续志》。

[67] 民国《重修博兴县志》。

[68] 康熙《齐东县志》、光绪《齐东县志》、民国《齐东县志》。

[69] 咸丰《青州府志》。

[70] 道光《安邱(丘)新志》、民国《续安邱(丘)新志》。

[71] 咸丰《滨州志》。

[72] 康熙《靖海卫志》、乾隆《威海卫志》。

[73] 光绪《登州府志》。

[74] 康熙《莱阳县志》、民国《莱阳县志》。

[75] 民国《牟平县志》。

[76] 道光《长清县志》、民国《长清县志》。

[77] 康熙《泰安州志》、乾隆《泰安府志》、民国《重修泰安县志》。

[78] 光绪《肥城县志》。
[79] 道光《章邱(丘)县志》。
[80] 光绪《宁阳县志》。
[81] 乾隆《兖州府志》。
[82] 道光《滕县志》、宣统《滕县续志》、民国《续滕县志》。
[83] 万历《汶上县志》、康熙《续修汶上县志》。
[84] 乾隆《曹州府志》。
[85] 嘉庆《东昌府志》。
[86] 民国《清平县志》。
[87] 民国《茌平县志》。
[88] 乾隆《临清直隶州志》、民国《临清县志》。
[89] 〔清〕宋金镜、熊廷献等辑:《馆陶县乡土志》,清光绪三十四年(1908)刊本。
[90] 〔清〕袁馥村等纂修:《齐东县乡土志》,清宣统二年(1910)刊本。
[91] 〔清〕周家齐纂修:《高唐州乡土志》,清光绪三十二年(1906)刊本。
[92] 〔清〕王学曾、王润生纂修:《惠民县乡土志》,清光绪三十二年(1906)刊本。
[93] 〔清〕陈汝玉纂:《阳信县乡土志》,清光绪年间(1875—1908)本。
[94] 〔清〕汪鸿孙、刘儒臣纂修:《恩县乡土志》,清光绪三十四年(1908)刊本。

三、著作

[95] 安作璋主编:《山东通史》(全 7 卷),人民出版社 2009 年版。
[96] 安作璋等主编:《齐鲁文化通史》(全 8 册),中华书局 2004 年版。
[97] 安作璋主编:《济南通史》(全 6 册),齐鲁书社 2008 年版。
[98] 王阁森、唐致卿主编:《齐国史》,山东人民出版社 1992 年版。
[99] 李英森等:《齐国经济史》,齐鲁书社 1997 年版。
[100] 张光明:《齐文化的考古发现与研究》,齐鲁书社 2004 年版。
[101] 张学海:《考古学反映的山东古史演进》,山东文艺出版社 2004 年版。

[102] 王守功、张振国编著:《山东考古新发现》,山东人民出版社 2006 年版。
[103] 李发林:《齐故城瓦当》,文物出版社 1990 年版。
[104] 宣兆琦、李金海主编:《齐文化通论》(上),新华出版社 2000 年版。
[105] 山东省博物馆、山东省文物考古研究所编:《邹县野店》,文物出版社 1985 年版。
[106] 山东省文物管理处、济南市博物馆编:《大汶口——新石器时代墓葬发掘报告》,文物出版社 1974 年版。
[107] 王永波、张春玲:《齐鲁史前文化与三代礼器》,齐鲁书社 2004 年版。
[108] 山东省文物考古研究所等编:《曲阜鲁国故城》(古代卷),齐鲁书社 1982 年版。
[109] 山东大学历史系考古专业教研室编:《泗水尹家城》,文物出版社 1990 年版。
[110] 苏秉琦主编:《考古学文化论集(二)》,文物出版社 1989 年版。
[111] 陈冬生、王赛时主编:《山东经济史(古代卷)》,济南出版社 1998 年版。
[112] 陈新岗、张秀娈:《山东经济史》,山东人民出版社 2011 年版。
[113] 姜颖:《山东丝绸史》,齐鲁书社 2013 年版。
[114] 祝慈寿:《中国古代工业史》,学林出版社 1988 年版。
[115] 林甘泉主编:《中国经济通史》(秦汉卷)(上下册),中国社会科学出版社 2007 年版。
[116] 吴承明、江泰新主编:《中国企业史》(近代卷),企业管理出版社 2004 年版。
[117] 吴仁敬、辛安潮:《中国陶瓷史》,团结出版社 2006 年版。
[118] 张保丰:《中国丝绸史稿》,学林出版社 1989 年版。
[119] 朱新予主编:《中国丝绸史(通论)》,纺织工业出版社 1992 年版。
[120] 郭正忠等主编:《中国盐业史》(古代编),人民出版社 1999 年版。

[121] 山东省地方史志编纂委员会编:《山东省志·一轻工业志》,山东人民出版社 1993 年版。
[122] 郑学檬主编:《中国企业史》(古代卷),企业管理出版社 2002 年版。
[123] 杨宽:《中国古代冶铁技术发展史》,上海人民出版社 2004 年版。
[124] 陈直:《两汉经济史料论丛》,陕西人民出版社 1980 年版。
[125] 刘玉峰:《唐代工商业形态论稿》,齐鲁书社 2002 年版。
[126] 山东省博物馆等编:《山东汉代画像石选集》,齐鲁书社 1982 年版。
[127] 张照东:《宋元山东区域经济研究》,齐鲁书社 2006 年版。
[128] 刘淼:《明代盐业经济研究》,汕头大学出版社 1996 年版。
[129] 淄博矿务局、山东大学编:《淄博煤矿史》,山东人民出版社 1986 年版。
[130] 方行等主编:《中国经济通史·清》(上),经济日报出版社 2000 年版。
[131] 淄博市志编纂委员会编:《淄博市志》,中华书局 1995 年版。
[132] 徐新吾主编:《中国近代缫丝工业史》,上海人民出版社 1990 年版。
[133] 王守中:《德国侵略山东史》,人民出版社 1998 年版。
[134] 刘大可、马福震、沈国良:《日本侵略山东史》,山东人民出版社 1991 年版。
[135] 刘大可、张照东主编:《山东经济史》(近代卷),济南出版社 1998 年版。
[136] 庄维民、刘大可:《日本工商资本与近代山东》,社会科学文献出版社 2005 年版。
[137] 王守中、郭大松:《近代山东城市变迁史》,山东教育出版社 2001 年版。
[138] 汪敬虞主编:《中国近代经济史(1895—1927)》(上册),经济管理出版社 2007 年版。
[139] 祝慈寿:《中国近代工业史》,重庆出版社 1989 年版。
[140] 孙毓棠编:《中国近代工业史资料》第一辑(1840—1895 年),

科学出版社 1957 年版。
[141] 汪敬虞编:《中国近代工业史资料》第二辑(1895—1914 年),科学出版社 1957 年版。
[142] 山东省地方史志编撰委员会编:《山东史志资料　一九八三年第三辑(总第 5 辑)》,山东人民出版社 1983 年版。
[143] 庄维民:《近代山东市场经济的变迁》,中华书局 2000 年版。
[144] 彭泽益编:《中国近代手工业史资料(1840—1949)》,生活·读书·新知三联书店 1957 年版。
[145] 中共枣庄矿务局委员会等编著:《枣庄煤矿史》,山东人民出版社 1959 年版。
[146] 陈真编:《中国近代工业史资料·第四辑·中国工业的特点、资本、结构和工业中各行业概况》,生活·读书·新知三联书店 1961 年版。
[147] 商业部商业经济研究所编:《革命根据地商业回忆录》,中国商业出版社 1984 年版。
[148] 薛暮桥:《抗日战争时期和解放战争时期山东解放区的经济工作》,山东人民出版社 1984 年版。
[149] 王樵夫编著:《抗战时期的八路军兵工厂》,中共党史出版社 2005 年版。
[150] 朱玉湘主编:《山东革命根据地财政史稿》,山东人民出版社 1989 年版。
[151] 朱玉湘:《山东近代经济史论丛》,山东大学出版社 1990 年版。
[152] 山东省军工史资料征集委员会办公室、国营山东机器厂兵工史领导小组办公室:《山东人民军工史资料(初稿)1937—1949》,1988 年版。

四、论文

[153] 张实:《先秦时期的纺织》,东华大学 2006 年硕士学位论文。
[154] 曹艳芳:《山东出土商代青铜器研究》,山东大学 2006 年博士学位论文。
[155] 纪丽真:《明清山东盐业研究》,山东大学 2006 年博士学位论文。

[156] 赵华玲:《淄博地区古代玻璃历史发展的研究》,苏州大学 2008 年硕士学位论文。
[157] 吕世忠:《先秦时期山东的盐业》,《盐业史研究》1998 年第 3 期。
[158] 逄振镐:《史前东夷饮食生活方式》,《中国农史》1994 年第 4 期。
[159] 徐学书:《战国晚期官营冶铁手工业初探》,《文博》1990 年第 2 期。
[160] 李鸿雁:《齐国漆器及相关问题初探》,《管子学刊》2014 年第 4 期。
[161] 蔡锋:《秦汉手工业政策略论》,《西北师大学报(社会科学版)》2004 年第 5 期。
[162] 蒋英炬、吴文祺:《山东文登发现秦代铁权》,《文物》1974 年第 7 期。
[163] 郑同修:《东平陵两汉手工业重镇》,《文物天地》1996 年第 5 期。
[164] 张照东:《古代山东食盐产地考略》,《盐业史研究》1991 年第 1 期。
[165] 王赛时:《古代山东酿酒述略》,《中国烹饪研究》1997 年第 2 期。
[166] 林仙庭、崔天勇:《山东半岛出土的几件古盐业用器》,《考古》1992 年第 12 期。
[167] 贾振国:《西汉齐王墓随葬器物坑》,《考古学报》1985 年 2 期。
[168] 姜颖:《秦汉时期山东的蚕桑丝织业》,《管子学刊》2013 年第 2 期。
[169] 安作璋:《两汉时期山东的社会经济和农民起义》,《山东师院学报(哲学社会科学版)》1979 年第 4 期。
[170] 逄振镐:《两汉时期山东冶铁手工业的发展》,《东岳论丛》1983 年第 3 期。
[171] 逄振镐:《秦汉时期山东制铜业的发展》,《东岳论丛》1985 年第 6 期。
[172] 逄振镐:《两汉时期山东纺织手工业的发展》,《齐鲁学刊》1983 年第 1 期。
[173] 逄振镐:《两汉时期山东漆器手工业的发展》,《齐鲁学刊》1986 年第 1 期。
[174] 逄振镐:《汉代山东制陶业的发展》,《齐鲁学刊》1987 年第 5 期。
[175] 朱亚非:《山东早期的纺织业与北方海上丝绸之路》,《管子学刊》1993 年第 1 期。
[176] 高纪洋、唐济川:《西汉时期山东漆器及其纹饰的美学意味》,《山东师范大学学报(人文社会科学版)》2011 年第 6 期。
[177] 孟迎春、王同海、傅萍:《从山东日照汉墓出土漆器管窥汉代文

化》,《东方收藏》2013 年第 2 期。

[178] 蒋宝庚、殷汝章:《山东文登县的汉木椁墓和漆器》,《考古学报》1957 年第 1 期。

[179] 蒋英炬、吴文祺:《临沂银雀山四座西汉墓葬》,《考古》1975 年第 6 期。

[180] 沈毅:《山东临沂金雀山周氏墓群发掘简报》,《文物》1984 年第 11 期。

[181] 孔次青:《山东曲阜纪庄发现汉代空心砖》,《考古》1964 年第 9 期。

[182] 余华青、张廷皓:《汉代酿酒业探讨》,《历史研究》1980 年第 5 期。

[183] 吴文祺:《从山东汉画像石图象看汉代手工业》,《中原文物》1991 年第 3 期。

[184] 吉成名:《论魏晋南北朝食盐产地》,《盐业史研究》2012 年第 2 期。

[185] 李取勉:《隋唐时期山东制瓷业述论》,《聊城大学学报(社会科学版)》2009 年第 5 期。

[186] 宋百川、刘凤君:《山东地区北朝晚期和隋唐时期瓷窑遗址的分布与分期》,《考古》1986 年第 12 期。

[187] 王百灵、于海洋:《山东出土瓷器综述》,《管子学刊》2007 年第 3 期。

[188] 董健丽:《山东淄博磁村窑址调查》,《中原文物》2010 年第 3 期。

[189] 卢建国:《论唐代制瓷业的大发展》,《文博》1985 年第 2 期。

[190] 魏传来:《山东淄博窑金代三彩陶器欣赏》,《陶瓷科学与艺术》2009 年第 5 期。

[191] 孔令仁、商鸣臣:《山东机器局述论》,《文史哲》1983 年第 3 期。

[192] 陈冬生:《明代山东手工业生产发展概述》,《东岳论丛》1991 年第 2 期。

[193] 裴广强:《清代山东煤炭资源开发的时空特征及其运销格局》,《中国矿业大学学报(社会科学版)》2014 年第 1 期。

[194] 徐浩:《论清代华北乡村工商业的扩张与局限》,《江海学刊》2000 年第 1 期。

[195] 肖爱树:《清代中期山东商品经济的发展与资本主义萌芽》,《齐鲁学刊》1998 年第 2 期。

后　记

《山东工业史》是由韩寓群同志任主编，由山东师范大学地方史研究所组织编写的《山东地方史文库》专史系列中的一部。

山东是中国工业的发源地之一，有着悠久灿烂的工业发展历程。给这一宏大而丰富的工业场景写史，探寻发展规律，总结经验教训，对于作者来讲，无疑是一种挑战。加之前人已有丰富的研究成果，更增加了写作的难度。好在我们尽心尽力、精诚协作，使得这一工作变得较为充实和愉快。经过3年多的写作，《山东工业史》终于呈现在读者面前。

本书酝酿于2012年10月至12月，具体撰稿分工如下：刘德军负责前言和第一至第六章，张玉玲负责第七、八章，孙毅负责图片制作与初校第一稿，刘雁负责全书的录入。全书由刘德军总体设计、统稿、修改与定稿。

在本书写作中，我们受到了全国人大常委会原委员、山东省原省长韩寓群同志，著名历史学家、山东师范大学教授安作璋先生，山东省政府有关部门领导，山东师范大学社科处，山东师范大学地方史研究所朱亚非教授，《东岳论丛》杂志翁惠明研究员及山东省图书馆地方文献阅览室的关心和支持；山东人民出版社的马洁编辑也为本书的出版花费了心血；同时，本书还参考了学术界诸多的研究成果。在此，我们一并表示衷心的感谢。

最后，尤需说明的是：撰著《山东工业史》是一项浩大的工程，我们虽然用心尽力，但总感到有不尽如人意之处，还请山东地方史研究专家、学者及知情者多提宝贵意见，以便再版时予以修订与完善。

刘德军

2016年12月30日

图书在版编目（CIP）数据

山东工业史/刘德军，张玉玲著．--济南：山东人民出版社，2018.12

ISBN 978-7-209-10818-8

Ⅰ.①山… Ⅱ.①刘… ②张… Ⅲ.①工业史—山东 Ⅳ.①F429.52

中国版本图书馆CIP数据核字(2017)第116852号

山东工业史

SHANDONG GONGYE SHI

刘德军　张玉玲　著

主管单位　山东出版传媒股份有限公司
出版发行　山东人民出版社
出 版 人　胡长青
社　　址　济南市英雄山路165号
邮　　编　250002
电　　话　总编室（0531）82098914
　　　　　市场部（0531）82098027
网　　址　http：//www.sd-book.com.cn
印　　装　山东临沂新华印刷物流集团有限责任公司
经　　销　新华书店

规　　格　16开（169mm×239mm）
印　　张　34.5
插　　页　10
字　　数　570千字
版　　次　2018年12月第1版
印　　次　2018年12月第1次
印　　数　1—1000
ISBN 978-7-209-10818-8
定　　价　195.00元